Verwaltungsprozessrecht

Verwaltungsprozessrecht

Sachentscheidungsvoraussetzungen
und Begründetheit wichtiger Klage- und Verfahrensarten
Normenkontrollverfahren
Vorläufiger und vorbeugender Rechtsschutz
Widerspruchsverfahren

von

Prof. Dr. jur. Rolf Schmidt

Hochschule für Angewandte Wissenschaften
Hamburg

18. Auflage 2016

Schmidt, Rolf: Verwaltungsprozessrecht
18. völlig neu bearbeitete und aktualisierte Auflage – Grasberg bei Bremen 2016
ISBN 978-3-86651-170-5; Preis 22,50 EUR

Autor: Prof. Dr. Rolf Schmidt c/o Verlag Dr. Rolf Schmidt GmbH

Druck: Pinkvoss GmbH, 30519 Hannover

Verlag: Dr. Rolf Schmidt GmbH, Wörpedorfer Ring 40, 28879 Grasberg bei Bremen
Tel. (04208) 895 299; Fax (04208) 895 308; www.verlag-rolf-schmidt.de
E-Mail: info@verlag-rolf-schmidt.de

Für Verbraucher erfolgt der deutschlandweite Bezug über den Verlag versandkostenfrei.

Vorwort

Anliegen dieses nunmehr in der 18. Auflage vorgelegten Buches ist es, die Grundstrukturen des Verwaltungsprozessrechts in einer verständlichen Sprache zu vermitteln, ohne die Komplexität der Materie zu verschleiern oder prüfungsrelevante Detailfragen auszuklammern. Dementsprechend hat sich auch die Neuauflage zum Ziel gesetzt, Schwieriges nicht auf ein unzulässiges Maß zu reduzieren, sondern den Stoff mit Bezug auf den Aufbau von Klausuren so aufzubereiten, dass der Leser einen realistischen Einblick in die Erwartungen und Bewertungen hinsichtlich Übungs- und Examensarbeiten erhält. Im Mittelpunkt stehen dabei die Vermittlung von Grundlagenwissen und die Methodik der Falllösung. Der Leser wird nicht nur systematisch durch die Sachentscheidungsvoraussetzungen und die Begründetheit aller wichtigen verwaltungsgerichtlichen Verfahren und des Widerspruchsverfahrens mit Bezügen zum Allgemeinen und Besonderen Verwaltungsrecht geführt, sondern er lernt durch die konsequenten Hinweise auf den jeweils in Betracht kommenden Rechtsschutz auch die strukturelle Einordnung der Materie in den Klausuraufbau.

Der Konkretisierung und Veranschaulichung dienen zahlreiche Beispielsfälle mit Lösungsvorschlägen. Zudem werden durch Zusammenfassungen, Prüfungsschemata, hervorgehobene Lerndefinitionen und Klausurhinweise das Lernen und die Examensvorbereitung deutlich erleichtert.

Mein Mitarbeiter, Herr Marc Bieber, hat zuverlässig Korrektur gelesen. Dafür danke ich ihm sehr herzlich.

Kritik und Verbesserungsvorschläge sind weiterhin willkommen und werden unter *rs@jura-institut.de* erbeten.

Hamburg, im April 2016 *Prof. Dr. jur. Rolf Schmidt*

Inhaltsverzeichnis

Abkürzungsverzeichnis

a.A.	anderer Ansicht
a.a.O.	am angegebenen Ort
abl.	ablehnend (-e, -er)
Abl.	Amtsblatt
Abs.	Absatz
AEUV	Vertrag über die Arbeitsweise der Europäischen Union
a.F.	alte(r) Fassung
AG	Aktiengesellschaft; Ausführungsgesetz
AGVwGO	Ausführungsgesetz zur Verwaltungsgerichtsordnung
AktG	Aktiengesetz
AL	Ad Legendum (Zeitschrift)
allg.	allgemein (-e, -er)
Alt.	Alternative
ÄndG	Änderungsgesetz
Anm.	Anmerkung
AO	Abgabenordnung
AöR	Archiv des öffentlichen Rechts (zitiert nach Bänden und Jahrgang)
Art.	Artikel
ASOG	Allgemeines Sicherheits- und Ordnungsgesetz
AsylG	Asylgesetz
AtomG	Atomgesetz
AufenthG	Aufenthaltsgesetz
Aufl.	Auflage
AWG	Außenwirtschaftsgesetz
Bad.-Württ.	Baden-Württemberg, baden-württembergisch
BAföG	Bundesausbildungsförderungsgesetz
BAG	Bundesarbeitsgericht
BauGB	Baugesetzbuch
BauNVO	Baunutzungsverordnung
BauR	Baurecht, Zeitschrift für das gesamte öffentliche und private Baurecht
Bay	Bayern
BayObLG	Bayerisches Oberstes Landesgericht
BayVBl	Bayerische Verwaltungsblätter
BayVerf	Verfassung des Freistaats Bayern
BayVerfGH	Bayerischer Verfassungsgerichtshof
BB	Der Betriebs-Berater (Zeitschrift)
BBauG	Bundesbaugesetz, aufgehoben und ersetzt durch das BauGB
BBesG	Bundesbesoldungsgesetz
BBG	Bundesbeamtengesetz
Bbg.	Brandenburg, brandenburgisch
Bd.	Band
BDG	Bundesdisziplinargesetz
BDSG	Bundesdatenschutzgesetz
BeamtStG	Beamtenstatusgesetz
Berl.	Berlin
BFH	Bundesfinanzhof
BGB	Bürgerliches Gesetzbuch
BGBl	Bundesgesetzblatt Teil I-III
BGG	Behindertengleichstellungsgesetz
BGH	Bundesgerichtshof
BGHZ	Entscheidungen des Bundesgerichtshofs in Zivilsachen
BImSchG	Bundesimmissionsschutzgesetz
BJagdG	Bundesjagdgesetz
BNatSchG	Bundesnaturschutzgesetz
BNotO	Bundesnotarordnung
BR	Bundesrat
Brand.	Brandenburg, brandenburgisch
BRAO	Bundesrechtsanwaltsordnung
Brem	Bremen, bremisch

BSE	Bovine Spongiforme Enzephalopathie („Rinderwahnsinn")
BSG	Bundessozialgericht
bspw.	beispielsweise
BtMG	Betäubungsmittelgesetz
BT-Drs.	Drucksache des Deutschen Bundestages (Wahlperiode und Nummer)
Buchholz	Sammel- und Nachschlagewerk der Rechtsprechung des BVerwG (zitiert mit Gliederungsziffer, §, Entsch-Nr.)
BundesPolG	Bundespolizeigesetz
BVerfG	Bundesverfassungsgericht
BVerfGE	Entscheidungssammlung des Bundesverfassungsgerichts
BVerfGG	Gesetz über das Bundesverfassungsgericht
BVerwG	Bundesverwaltungsgericht
BVerwGE	Entscheidungssammlung des Bundesverwaltungsgerichts
BW	Baden-Württemberg, baden-württembergisch
DAR	Deutsches Autorecht (Zeitschrift)
DB	Der Betrieb (Zeitschrift)
ders.	derselbe
DÖD	Der Öffentliche Dienst (Zeitschrift)
DÖV	Die Öffentliche Verwaltung (Zeitschrift)
DRiG	Deutsches Richtergesetz
Drs.	Drucksache
DV	Die Verwaltung (Zeitschrift)
DVBl	Deutsches Verwaltungsblatt (Zeitschrift)
EGGVG	Einführungsgesetz zum Gerichtsverfassungsgesetz
ET	Energiewirtschaftliche Tagesfragen (Zeitschrift)
EU	Europäische Union
EuGH	Gerichtshof der Europäischen Gemeinschaften
EuZW	Europäische Zeitschrift für Wirtschaftsrecht
EV	Vertrag zwischen der Bundesrepublik Deutschland und der Deutschen Demokratischen Republik über die Herstellung der Einheit Deutschlands (Einigungsvertrag)
f.	folgende(r/s)
FeV	Fahrerlaubnis-Verordnung
ff.	fortfolgende
FGO	Finanzgerichtsordnung
FlurbG	Flurbereinigungsgesetz
Fn.	Fußnote
Fs/Fs.	Festschrift
FStrG	Bundesfernstraßengesetz
G	Gesetz
GastG	Gaststättengesetz
GemO	Gemeindeordnung
GenG	Genossenschaftsgesetz
GentechnikG	Gentechnikgesetz
GewArch	Gewerbearchiv
GewO	Gewerbeordnung
GewStG	Gewerbesteuergesetz
GG	Grundgesetz
GmbH	Gesellschaft mit beschränkter Haftung
GmbHG	Gesetz betreffend die Gesellschaft mit beschränkter Haftung
GO	Gemeindeordnung
GSOBG	Gemeinsamer Senat der Obersten Gerichtshöfe des Bundes
GüKG	Güterkraftverkehrsgesetz
GVBl	Gesetz- und Verordnungsblatt
GVG	Gerichtsverfassungsgesetz
GWB	Gesetz gegen Wettbewerbsbeschränkungen

Hamb.	Freie und Hansestadt Hamburg, hamburgisch
HandwO	Handwerksordnung
HdbStR	Handbuch des Staatsrechts, herausgegeben v. Isensee u. Kirchhof, 3. Auflage 2003 ff.
Hess.	Hessen, hessisch
HGB	Handelsgesetzbuch
h.L.	herrschende Lehre
h.M.	herrschende Meinung
HochschG	Hochschulgesetz
HRG	Hochschulrahmengesetz
Hs.	Halbsatz
i.d.F.	in der Fassung
IFG	Informationsfreiheitsgesetz
IHK	Industrie- und Handelskammer
IHKG	Gesetz zur vorläufigen Regelung des Rechts der Industrie- und Handelskammern
InfSchG	Infektionsschutzgesetz (früher: Bundesseuchengesetz)
i.S.e.	im Sinne eine (r) oder (s)
i.V.m.	in Verbindung mit
JA	Juristische Arbeitsblätter (Zeitschrift)
JöR	Jahrbuch des Öffentlichen Rechts der Gegenwart
JR	Juristische Rundschau (Zeitschrift)
Jura	Juristische Ausbildung (Zeitschrift)
JuS	Juristische Schulung (Zeitschrift)
JuSchG	Jugendschutzgesetz
JZ	Juristenzeitung (Zeitschrift)
KöR	Körperschaft öffentlichen Rechts
KrWG	Kreislaufwirtschaftsgesetz
KWG	Kreditwesengesetz
LadenschlussG	Gesetz über den Ladenschluss
LAG	Lastenausgleichsgesetz
LBO	Landesbauordnung
LFGB	Lebensmittel-, Bedarfsgegenstände- und Futtermittelgesetzbuch
lit.	Buchstabe
Lit.	Literatur
LKV	Landes- und Kommunalverwaltung (Zeitschrift)
LS/Ls.	Leitsatz
LStrG	Landesstraßengesetz
LuftVG	Luftverkehrsgesetz
LVwG	Landesverwaltungsgesetz
MeckVor	Mecklenburg-Vorpommern, mecklenburg-vorpommerisch
m.w.N.	mit weiteren Nachweisen
Nds.	Niedersachsen, niedersächsisch
NdsSOG	Niedersächsisches Sicherheits- und Ordnungsgesetz
n.F.	neue Fassung
NJ	Neue Justiz (Zeitschrift)
NJW	Neue Juristische Wochenschrift (Zeitschrift)
NKVwGO	Nomos-Kommentar zur VwGO (herausgegeben von Sodan/Ziekow)
NRW	Nordrhein-Westfalen, nordrhein-westfälisch
NuR	Natur und Recht (Zeitschrift)
NVwZ	Neue Zeitschrift für Verwaltungsrecht
NVwZ-RR	NVwZ-Rechtsprechungs-Report
NWVBl	Nordrhein-Westfälische Verwaltungsblätter (Zeitschrift)
OBG	Ordnungsbehördengesetz
OLG	Oberlandesgericht

ÖPNV	Öffentlicher Personennahverkehr
OVG	Oberverwaltungsgericht
OVGE	Rechtsprechungssammlung der Oberverwaltungsgerichte Münster und Lüneburg
OWiG	Gesetz über Ordnungswidrigkeiten
PAG	Polizeiaufgabengesetz
PartG	Parteiengesetz
PatG	Patentgesetz
PBefG	Personenbeförderungsgesetz
PersVertrG	Personalvertretungsgesetz
POG	Polizeiorganisationsgesetz
PolG	Polizeigesetz
PostG	Postgesetz
PUAG	Untersuchungsausschussgesetz
RelKErzG	Gesetz über die religiöse Kindererziehung
RhlPfl	Rheinland-Pfalz, rheinland-pfälzisch
Rn	Randnummer
Rspr.	Rechtsprechung
S.	Satz oder Seite
s.	siehe
Saarl.	Saarland, saarländisch
Sächs	sächsisch
SchlHolst	Schleswig-Holstein, schleswig-holsteinisch
SeeArbG	Seearbeitsgesetz
SG	Sozialgericht
SGB I-XII	Sozialgesetzbuch (die römischen Ziffern bezeichnen das jeweilige Buch)
SGG	Sozialgerichtsgesetz
s.o./u.	siehe oben/unten
SOG	Gesetz über die öffentliche Sicherheit und Ordnung
SoldatenG	Soldatengesetz
Sp.	Spalte
st. Rspr.	ständige Rechtsprechung
StAG	Staatsangehörigkeitsgesetz
StBerG	Steuerberatungsgesetz
StGB	Strafgesetzbuch
StGH	Staatsgerichtshof
StPO	Strafprozessordnung
StVG	Straßenverkehrsgesetz
StVO	Straßenverkehrsordnung
StVZO	Straßenverkehrs-Zulassungsordnung
TA	Technische Anleitung (Luft, Lärm)
Thür.	Thüringen
ThürVBl	Thüringische Verwaltungsblätter
TierGesG	Tiergesundheitsgesetz (vormals Tierseuchengesetz)
UIG	Umweltinformationsgesetz
UmwRG	Umweltrechtsbehelfsgesetz
UPR	Umwelt- und Planungsrecht (Zeitschrift)
UWG	Gesetz gegen den unlauteren Wettbewerb
Var.	Variante
VBlBW	Verwaltungsblätter für Baden-Württemberg
VereinsG	Gesetz zur Regelung des öffentlichen Vereinsrechts
VerfGH	Verfassungsgerichtshof
VerfGHG	Verfassungsgerichtshofsgesetz
VermG	Vermögensgesetz
VersG	Versammlungsgesetz
VerwArch	Verwaltungsarchiv (zitiert nach Bänden und Jahrgang)

VerwR	Verwaltungsrecht
VG	Verwaltungsgericht
VGH	Verwaltungsgerichtshof
vgl.	vergleiche
VIG	Verbraucherinformationsgesetz
VR	Verwaltungsrundschau (Zeitschrift)
VwGO	Verwaltungsgerichtsordnung
VwVfG	Verwaltungsverfahrensgesetz
VwVG	Verwaltungsvollstreckungsgesetz
VwZG	Verwaltungszustellungsgesetz
WaffG	Waffengesetz
WaStrG	Bundeswasserstraßengesetz
WBO	Wehrbeschwerdeordnung
WDO	Wehrdisziplinarordnung
WHG	Wasserhaushaltsgesetz
WRV	Weimarer Reichsverfassung
z.B.	zum Beispiel
ZBR	Zeitschrift für Beamtenrecht
ZfBR	Zeitschrift für deutsches und internationales Baurecht
ZHR	Zeitschrift für das gesamte Handelsrecht und Wirtschaftsrecht
ZPO	Zivilprozessordnung
zust.	zustimmend (-e, -er)

Lehrbücher, Grundrisse und Kommentare

Eyermann, Erich (Begr.): Verwaltungsgerichtsordnung, Kommentar, 14. Auflage 2014
Gersdorf, Hubertus: Verwaltungsprozessrecht, 5. Auflage 2014
Hufen, Friedhelm: Verwaltungsprozessrecht, 9. Auflage 2013
Jarass, Hans D./Pieroth, Bodo: Grundgesetz für die Bundesrepublik Deutschland, Kommentar, 13. Auflage 2014
Kopp, Ferdinand O./Ramsauer, Ulrich: Verwaltungsverfahrensgesetz, Kommentar, 16. Auflage 2015
Kopp, Ferdinand O./Schenke, Wolf-Rüdiger: Verwaltungsgerichtsordnung, Kommentar, 21. Auflage 2015
Kuhla, Wolfgang/Hüttenbrink, Jost: Der Verwaltungsprozess, 3. Auflage 2002
Mann, Thomas/Wahrendorf, Volker: Verwaltungsprozessrecht, 4. Auflage 2015
Maurer, Hartmut: Allgemeines Verwaltungsrecht, 18. Auflage 2011
Pietzner, Rainer/Ronellenfitsch, Michael: Das Assessorexamen im Öffentlichen Recht, 13. Auflage 2014
Redeker, Konrad/Oertzen, Hans-Joachim von: Verwaltungsgerichtsordnung, Kommentar, 16. Auflage 2014
Schenke, Wolf-Rüdiger: Verwaltungsprozessrecht, 14. Auflage 2014
Schmidt, Rolf: Allgemeines Verwaltungsrecht, 19. Auflage 2016;
Schmidt, Rolf: Grundrechte, 19. Auflage 2016
Schmidt, Rolf: Öffentliches Baurecht, 16. Auflage 2015
Schmidt, Rolf: Polizei- und Ordnungsrecht, 18. Auflage 2016
Schmidt, Rolf: Staatsorganisationsrecht, 16. Auflage 2016
Schmitt Glaeser, Walter/Horn, Hans-Detlef: Verwaltungsprozessrecht, 15. Auflage 2000
Schoch, Friedrich/Schneider, Jens-Peter/Bier, Wolfgang: Verwaltungsgerichtsordnung, Kommentar, Loseblattsammlung, Stand: Oktober 2015
Stern, Klaus/Blanke, Hermann-Josef: Verwaltungsprozessrecht in der Klausur, 9. Auflage 2008
Würtenberger, Thomas: Verwaltungsprozessrecht, 3. Auflage 2011

Weitere Literatur, insbesondere Aufsatzliteratur, ist in den Fußnoten angegeben.

1. Kapitel – Übersicht über die Verwaltungsgerichtsbarkeit und die Rechtsbehelfe

A. Überblick über die Verwaltungsgerichtsbarkeit

Obwohl Art. 20 III GG die Bindung der Verwaltung an Gesetz und Recht festschreibt, bedarf es einer **gerichtlichen Kontrolle**. Zum einen fordert dies schon das Gewaltenteilungsprinzip, das eine gegenseitige Hemmung und Kontrolle der drei Staatsgewalten vorsieht[1], und zum anderen sind auch Verwaltungsbehörden nicht unfehlbar und wenden, wenn i.d.R. auch in gutem Glauben, gelegentlich das Recht fehlerhaft an. Daher hat es Art. 92 GG Bund und Ländern zur Aufgabe gemacht, eine Gerichtsverfassung (besser: Gerichtsorganisation) zu schaffen, die es den Bürgern ermöglicht, mit Hilfe von Rechtsbehelfen eine gerichtliche Überprüfung von Verwaltungsentscheidungen zu erreichen. Die Möglichkeit der Beschreitung des Rechtswegs ist umso wichtiger, als die Verwaltung i.d.R. die von ihr getroffenen Verfügungen im Rahmen der Selbstvollstreckung zwangsweise durchsetzen darf, also nicht wie Privatpersonen eines gerichtlichen Vollstreckungstitels bedarf. Im Rahmen der allgemeinen Verwaltungsgerichtsbarkeit hat der Bundesgesetzgeber – gestützt auf die konkurrierende Gesetzgebungskompetenz gem. Art. 74 I Nr. 1 GG für die Regelung des gerichtlichen Verfahrens – die Verwaltungsgerichtsordnung (**VwGO**) erlassen. Ergänzende Regelungen finden sich in den landesrechtlichen Ausführungsgesetzen zur VwGO (AG-VwGO). § 2 VwGO enthält eine einfachgesetzliche Ausformung der gem. Art. 92 GG erforderlichen Gerichtsorganisation für die allgemeine[2] Verwaltungsgerichtsbarkeit. Diese ist durch einen **dreistufigen Instanzenzug** gekennzeichnet (§ 2 VwGO). Unterste Instanz sind die Verwaltungsgerichte (VGe). Die Mittelinstanz bilden die Oberverwaltungsgerichte (OVGe), die in Baden-Württemberg, Bayern und Hessen die Bezeichnung Verwaltungsgerichtshof (VGH) führen (vgl. § 184 VwGO). Verwaltungs- und Oberverwaltungsgerichte sind Landesgerichte. Oberste Instanz ist das Bundesverwaltungsgericht (BVerwG) mit Sitz in Leipzig (§ 2 VwGO), dem der Status eines obersten Bundesgerichts (Art. 95 I GG) zukommt. 1

Bei den **Verwaltungsgerichten**, die sachlich zuständig sind für Streitigkeiten des ersten Rechtszuges (vgl. § 45 VwGO), sind Kammern gebildet, die in der Besetzung von drei Richtern und zwei ehrenamtlichen Richtern entscheiden (§ 5 II, III VwGO), soweit nicht (wie im Regelfall) ein Einzelrichter entscheidet (vgl. § 6 VwGO). Bei den **Oberverwaltungsgerichten**, die nicht nur Rechtsmittelgerichte sind, sondern auch erstinstanzlich entscheiden (vgl. §§ 46-48 VwGO), bestehen Senate, die in der Besetzung von drei Berufsrichtern entscheiden. Die Landesgesetzgebung kann vorsehen, dass die Senate in der Besetzung von fünf Richtern entscheiden, von denen zwei auch ehrenamtliche Richter sein können (§ 9 III S. 1 VwGO; zu den Fällen des § 48 VwGO vgl. § 9 III S. 2 VwGO). Beim **Bundesverwaltungsgericht**, das zwar primär als Revisions- und Beschwerdegericht (vgl. § 49 VwGO), in den Fällen des § 50 VwGO aber auch als erst- und letztinstanzliches Gericht tätig wird, sind Senate eingerichtet, die in der Besetzung von fünf Richtern entscheiden, bei Beschlüssen außerhalb der mündlichen Verhandlung in der Besetzung von drei Richtern (§ 10 III VwGO).[3]

---

[1] Vgl. dazu näher *R. Schmidt*, Staatsorganisationsrecht, Rn 161 ff.

[2] Da auch die Finanz- und Sozialgerichtsbarkeit (spezielle) Arten der Verwaltungsgerichtsbarkeit darstellen, diese jedoch in anderen Gerichtsordnungen (FGO, SGG) geregelt sind, kann die Verwaltungsgerichtsbarkeit jenseits dieser „Spezialfälle" als allgemeine Verwaltungsgerichtsbarkeit bezeichnet werden.

[3] Zu den sachlichen und örtlichen Zuständigkeiten der Gerichte vgl. eingehend Rn 106 ff.

Da die einzelnen Senate in Bezug auf eine Sachlage unterschiedlicher Meinung sein können, bestehen beim Bundesverwaltungsgericht und den Oberverwaltungsgerichten (§§ 11, 12 VwGO) je ein aus dem Präsidenten und sechs Richtern zusammengesetzter Großer Senat, der von einem Senat, der von der Rspr. eines anderen Senats oder des Großen Senats abweichen möchte, angerufen werden kann. Der Zweck dieses Verfahrens besteht darin, Meinungsverschiedenheiten zwischen den einzelnen Senaten in Rechtsfragen beizulegen und eine einheitliche Rechtsprechung bezüglich des anzuwendenden Rechts herbeizuführen.

B. Arten der Rechtsbehelfe

2 Hinsichtlich der Art der dem Bürger zur Verfügung stehenden Rechtsbehelfe ist zwischen den **formlosen** und den **förmlichen** Rechtsbehelfen zu unterscheiden.

I. Formlose Rechtsbehelfe

1. Rechtsnatur der formlosen Rechtsbehelfe

3 Die formlosen Rechtsbehelfe lassen sich aus dem Petitionsrecht des Art. 17 GG ableiten.[4] Sie können formlos erhoben werden und sind auch nicht an Fristen gebunden.[5] Anders als die förmlichen Rechtsbehelfe setzen sie zudem keine eigene Beschwer voraus, sodass auch Popularbeschwerden möglich sind. Dafür besitzen sie aber auch im Vergleich zu den förmlichen Rechtsbehelfen einige Nachteile (vgl. dazu Rn 8 f.).

2. Die einzelnen formlosen Rechtsbehelfe

a. Petition (Eingabe)

4 Nach Art. 17 GG (und den entsprechenden Bestimmungen der Landesverfassungen) kann sich jedermann (der Petent) mit einer Eingabe an eine zuständige Stelle (z.B. die Kommunalvertretungen wie Gemeinderäte oder Kreistage) und an die Volksvertretung (Bundestag und die Landesparlamente) wenden und ein bestimmtes Verhalten kritisieren oder bestreben. Wendet sich der Bürger an eine Volksvertretung, handelt es sich um Petitionen i.e.S. (verfassungsrechtliche Petitionen). Petitionen i.w.S. liegen vor, wenn sich ein Bürger generell mit einer Eingabe an einen Träger öffentlicher Gewalt wendet.

b. Gegenvorstellung (Remonstration i.w.S.)

5 Mit der Gegenvorstellung kann sich der Betroffene an die Verwaltungsbehörde wenden mit dem Ziel, den fraglichen Verwaltungsakt oder die fragliche schlichte Verwaltungshandlung nochmals auf Recht- und Zweckmäßigkeit hin zu überprüfen.[6]

c. Fachaufsichtsbeschwerde (Aufsichtsbeschwerde i.w.S.)

6 Mit der Fachaufsichtsbeschwerde kann sich der Betroffene an die Fachaufsichtsbehörde wenden mit dem Begehren, diese solle eine von der Ausgangsbehörde vorgenommene Verwaltungshandlung, die der Beschwerdeführer für nicht rechtmäßig und/oder nicht zweckmäßig hält, aufheben oder ändern. Da dies letztlich auch Ziel des förmlichen Rechtsbehelfs *Widerspruch* gem. §§ 68 ff. VwGO ist, sind Abgrenzungsprobleme immanent. Liegen die Voraussetzungen des Widerspruchs vor, ist das Begehren als

[4] *Hufen*, VerwProzR, § 1 Rn 45.
[5] Vgl. auch *Schenke*, VerwProzR, Rn 2.
[6] Vgl. *Schenke*, VerwProzR, Rn 3; *Hufen*, VerwProzR, § 1 Rn 45; BVerwGE 93, 9 ff.

Widerspruch zu bewerten, da nur mit dem Widerspruch ein Suspensiv- und Devolutiveffekt verbunden sein kann (zur Abgrenzung vgl. Rn 216 ff.).

d. Dienstaufsichtsbeschwerde (Aufsichtsbeschwerde i.e.S.)

Die Dienstaufsichtsbeschwerde ist an den Dienstvorgesetzten eines Angehörigen des öffentlichen Dienstes gerichtet. Sie ist nicht auf eine Überprüfung des Ergebnisses eines Verwaltungshandelns gerichtet, sondern zielt auf eine dienst- bzw. disziplinarrechtliche Würdigung des angegriffenen *persönlichen* Verhaltens durch die Dienstaufsichtsbehörde.[7] **7**

3. Wirkung der formlosen Rechtsbehelfe

Nachteil dieser formlosen Eingaben ist, dass sich aus ihnen kein Anspruch auf eine Sachentscheidung ableiten lässt. Es besteht also kein bestimmter Bescheidungsanspruch (man sagt daher, die formlosen Rechtsbehelfe seien „form-, frist- und fruchtlos"). Allerdings hat der Beschwerdeführer einen Anspruch darauf, dass die Behörde den formlosen Rechtsbehelf entgegennimmt, sich mit ihm beschäftigt und ihn auch beantwortet (Anspruch auf **informatorischen Bescheid**).[8] Kommt die Behörde dieser Pflicht nicht nach, stehen dem Beschwerdeführer die förmlichen Rechtsbehelfe der VwGO, gerichtet auf Befassung mit der Sache und zur informatorischen Verbescheidung, zur Verfügung. **8**

Schließlich ist zu beachten, dass die formlosen Rechtsbehelfe weder einen Suspensiv- noch einen Devolutiveffekt entfalten (vgl. zu diesen Rn 883 ff.). Die Einlegung eines formlosen Rechtsbehelfs führt also weder dazu, dass die in Frage stehende behördliche Maßnahme in ihrer Vollziehung gehemmt wird, noch, dass die Aufsichtsbehörde durch eine Aufsichtsbeschwerde eine eigene Zuständigkeit erhält. Im Rahmen einer Aufsichtsbeschwerde erhält die Aufsichtsbehörde also keine eigene Sachentscheidungskompetenz, sondern kann der Sache nur durch innerdienstliche Weisung an die untere Behörde bzw. den Amtswalter abhelfen. **9**

II. Förmliche Rechtsbehelfe

Förmlichen Rechtsbehelfen kommt eine verbindliche Wirkung zu. Der Rechtschutzsuchende hat ein Recht auf Entscheidung in der Sache, sofern die Sachentscheidungsvoraussetzungen des Rechtsbehelfs vorliegen. Zumeist ist der Rechtsbehelf form- und fristgebunden; auch ist eine materielle Beschwer erforderlich. Über ihn entscheidet je nach Art des Rechtsbehelfs die Verwaltung oder das Gericht. Wichtigster außergerichtlicher förmlicher Rechtsbehelf ist der **Widerspruch** als Verwaltungsverfahren (vgl. dazu ausführlich Rn 1063 ff.). Förmliche Rechtsbehelfe, über die die Gerichte entscheiden, sind die verwaltungsgerichtlichen **Klagen** und andere Verfahrensarten. Zwar hat die VwGO auf eine (enumerative) Aufzählung der Klagearten verzichtet, nach den in Betracht kommenden Individualklagebegehren lassen sich aber – wie sich aus § 43 I, II VwGO ergibt – drei Klage**formen** festmachen, Leistungs-, Gestaltungs- und Feststellungsklagen. Daneben kennt die VwGO sonstige Verfahrensarten wie die Normenkontrolle nach § 47[9], das Widerspruchsverfahren nach den §§ 68 ff. in seiner Funktion als Vorverfahren und den vorläufigen Rechtsschutz nach den §§ 123, 80 V, 80a und 47 VI. **10**

---

[7] Vgl. *Schenke*, VerwProzR, Rn 5; *Hufen*, VerwProzR, § 1 Rn 48.
[8] Vgl. auch *Schenke*, VerwProzR, Rn 6.
[9] Der Systematik nach ist das verwaltungsgerichtliche Normenkontrollverfahren ein Unterfall der Feststellungsklage. Aufgrund der vielen Besonderheiten wird sie aber i.d.R. als eigene Verfahrenskategorie behandelt.

Klagen nach der Verwaltungsgerichtsordnung

Leistungsklagen	Gestaltungsklagen	Feststellungsklagen
Verpflichtungsklage, Allgemeine Leistungsklage	Anfechtungsklage, Abänderungs- und Vollstreckungsabwehrklage	Allgemeine Feststellungsklage, Zwischenfeststellungsklage, Fortsetzungsfeststellungsklage

Zu den Klage- und Verfahrensarten im Einzelnen gilt:

1. Klageform - Leistungsklagen

11 Die Leistungsklage i.w.S. ist eine Klage, die der Geltendmachung von öffentlich-rechtlichen Ansprüchen auf ein Handeln, Dulden oder Unterlassen dient. Es werden folgende Klage**arten** unterschieden:

a. Verpflichtungsklage, § 42 I Var. 2 VwGO

12 Bei der Verpflichtungsklage handelt es sich um die *besondere Leistungsklage* entweder in der Form der Versagungsgegenklage, die sich auf Verurteilung zum Erlass eines abgelehnten begünstigenden Verwaltungsakts bezieht (§ 42 I Var. 2 VwGO), oder in der Form der Untätigkeitsklage, die sich auf Erlass eines unterlassenen begünstigenden Verwaltungsakts richtet (§ 42 I Var. 2 VwGO i.V.m. § 75 VwGO).

Beispiel: Insbesondere größere Bauvorhaben sowie Bauvorhaben, von denen bestimmte Gefahren ausgehen, bedürfen der Baugenehmigung (siehe die Landesbauordnungen). Die Baugenehmigung und auch deren Versagung sind Verwaltungsakte. Versagt die Behörde die beantragte Baugenehmigung, kann der Bauherr daher (nach erfolglos durchgeführtem Widerspruchsverfahren) Verpflichtungsklage in Form der Versagungsgegenklage erheben (§ 42 I Var. 2 VwGO). Hat die Behörde noch nicht einmal den Bauantrag abgelehnt (ist also „untätig" geblieben), kann der Bauherr unter den Voraussetzungen des § 75 VwGO Verpflichtungsklage in Form der Untätigkeitsklage erheben.

Auf die Verpflichtungsklage wird im Einzelnen bei Rn 325 ff. u. 749 ff. eingegangen.

b. Allgemeine Leistungsklage, §§ 40 I S. 1, 43 II S. 1, 111, 113 IV, 170 VwGO

13 Die in der VwGO nicht explizit geregelte, aber an einigen Stellen als existent vorausgesetzte und wegen der Rechtsschutzgarantie aus Art. 19 IV S. 1 GG anzuerkennende *allgemeine Leistungsklage* ist entweder auf Vornahme (Leistungsvornahmeklage) oder auf Abwehr bzw. Unterlassen (Leistungsunterlassungsklage) schlichten Verwaltungshandelns gerichtet.

Beispiele:

(1) Warnt die Regierung (eine Warnung stellt keinen Verwaltungsakt dar, sondern schlichtes Verwaltungshandeln) die Bevölkerung vor angeblich gesundheitsschädlichem Wein und meidet diese die genannten Weine, können die betroffenen Winzer und Weinhändler infolge der mit der Warnung verbundenen Umsatzeinbußen einerseits auf Widerruf der Äußerung (= Folgenbeseitigung mit Hilfe der Leistungsvornahmeklage) und andererseits auf Unterlassung weiterer Warnungen klagen.[10] Droht eine erstmalige Warnung, ist die allgemeine Leistungsklage in Form der vorbeugenden Unterlassungsklage statthaft.

(2) Die gleichen Rechtsschutzmöglichkeiten bestehen für jemanden, dessen Mitgliedschaft in der Scientology-Organisation offengelegt wird und der dadurch in seinen Grundrechten beeinträchtigt ist.[11]

(3) Auch die Warnung vor einer (Jugend-)Sekte kann die genannten Rechtsschutzmöglichkeiten auslösen. Auch hier kann die betroffene (Jugend-)Sekte wegen möglicher Verletzung ihrer Grundrechte (insbesondere Art. 4 GG) auf Widerruf der Warnung und auf Unterlassung weiterer Warnungen klagen.[12]

(4) Des Weiteren ist die allgemeine Leistungsklage statthaft, wenn es um die Geltendmachung von Erfüllungs-, Erstattungs- und Schadensersatzansprüchen aus öffentlich-rechtlichen Verträgen und um die Geltendmachung von (sonstigen) allgemeinen Folgenbeseitigungs- und Erstattungsansprüchen geht.

Die Erläuterungen zur allgemeinen Leistungsklage finden sich bei Rn 365 ff. u. 790 ff.

2. Klageform - Gestaltungsklagen

Die Gestaltungsklagen dienen der unmittelbaren – klägerbegünstigenden – Änderung **14**
der Rechtslage. Die Rechtsänderung tritt durch das Urteil mit dessen Rechtskraft ein (vgl. § 121 VwGO). Innerhalb dieser Klage**form** werden folgende Klage**arten** unterschieden:

a. Anfechtungsklage, § 42 I Var. 1 VwGO

Die Anfechtungsklage ist gerichtet auf die Aufhebung eines den Kläger belastenden **15**
(nicht notwendigerweise an diesen gerichteten) Verwaltungsakts wie beispielsweise des Kostenbescheids über die Erhebung von Abschleppkosten eines vermeintlich rechtswidrig geparkten Kfz. Da die Behörde im Regelfall dem Bürger gegenüber in der Handlungsform *Verwaltungsakt* auftritt, kommt der Anfechtungsklage zur Geltendmachung eines Abwehranspruches eine überragende Bedeutung zu. Zu der Klageart *Anfechtungsklage* siehe die ausführlichen Erläuterungen gleich im Anschluss an diese Einführung.

Beispiel: Bauherr B hat ein nicht genehmigtes, aber genehmigungspflichtiges Haus errichtet. Als die Bauordnungsbehörde davon erfährt, erlässt sie gem. den Vorschriften der Landesbauordnung eine Baubeseitigungsanordnung (= Verwaltungsakt). B ist der Meinung, dass der Bau genehmigungsfähig und die Anordnung daher rechtswidrig ist. Nach erfolglos durchgeführtem Widerspruchsverfahren erhebt er Anfechtungsklage (§ 42 I Var. 1 VwGO).

Die Erläuterungen zur Anfechtungsklage finden sich bei Rn 116 ff. und 627 ff.

b. Abänderungs- und Vollstreckungsabwehrklage, § 173 VwGO i.V.m. § 323 ZPO; § 167 I VwGO i.V.m. § 767 ZPO

Eine Abänderungsklage (§ 173 VwGO i.V.m. § 323 ZPO) ist eine Klageart, bei der eine **16**
vorausgegangene Verurteilung über künftig fällig werdende Leistungen abgeändert werden soll, weil eine wesentliche Änderung derjenigen Verhältnisse eingetreten ist, die für die vorausgegangene Verurteilung maßgebend waren. Die Vollstreckungsabwehrklage (Vollstreckungsgegenklage) hingegen zielt darauf ab, die Vollstreckung für unzulässig zu erklären, indem entgegenstehende Einwendungen gegen den im ur-

[10] Vgl. BVerfGE 105, 252 ff. (Glykolwein).
[11] Vgl. BVerwG NJW 2002, 3458 ff. (Offenlegung der Scientology-Mitgliedschaft).
[12] Vgl. BVerfGE 105, 279 ff. (Sektenwarnung).

sprünglichen Urteil festgestellten Anspruch geltend gemacht werden. Insbesondere geht es hierbei um Einwendungen, die erst nach dem für die Entscheidung maßgeblichen Zeitpunkt entstanden sind und daher keine Berücksichtigung fanden.[13] Nicht anwendbar ist diese Regelung für die (Selbst-)Vollstreckung von Verwaltungsakten. Für diese Fälle stehen das Verwaltungsvollstreckungsgesetz (VwVG) des Bundes und die der Länder zur Verfügung.[14] Sowohl die Abänderungs- als auch die Vollstreckungsabwehrklage besitzen aber eine nur sehr geringe Klausurrelevanz und gewinnen allenfalls im Wahlschwerpunkt „Verwaltungsrecht" an Bedeutung. Aus diesem Grund soll auf diese Klagearten im Weiteren nicht mehr eingegangen werden.

3. Klageform - Feststellungsklagen

a. Allgemeine Feststellungsklage, § 43 I VwGO

17 Die allgemeine Feststellungsklage ist auf die

- rechtskraftfähige Feststellung des Bestehens (positive Feststellungsklage) oder Nichtbestehens (negative Feststellungsklage) eines verwaltungsrechtlichen Rechtsverhältnisses sowie
- auf Feststellung der Nichtigkeit eines Verwaltungsakts (Nichtigkeitsfeststellungsklage)

gerichtet. Sie ist zulässig, soweit der Kläger seine Rechte nicht durch Gestaltungs- oder Leistungsklage verfolgen kann oder hätte verfolgen können (Subsidiarität der Feststellungsklage, § 43 II S. 1 VwGO). Die Subsidiaritätsanordnung gilt nicht, wenn die Nichtigkeit eines Verwaltungsakts festgestellt werden soll, § 43 II S. 2 VwGO.

Erläuterungen zur allgemeinen Feststellungsklage finden sich bei Rn 462 ff. u. 825 ff.

b. Zwischenfeststellungsklage, § 173 VwGO i.V.m. § 256 II ZPO

18 Mit der Zwischenfeststellungsklage wird die Feststellung eines für die Entscheidung vorgreiflichen Rechtsverhältnisses möglich. Sie gibt dem Kläger bzw. dem Beklagten die Möglichkeit, mit der Entscheidung in der Hauptsache zugleich auch eine verbindliche, der Rechtskraft fähige Feststellung über das in Frage stehende Rechtsverhältnis zu erreichen[15], etwa wenn das im Prozess inzident ohnehin zu klärende Rechtsverhältnis zwischen den Parteien noch über den gegenwärtigen Streitgegenstand hinaus Bedeutung hat oder gewinnen kann. Wegen der geringen Klausurrelevanz dieser Klageart wird im Folgenden nicht mehr auf sie eingegangen.

c. Fortsetzungsfeststellungsklage, § 113 I S. 4 VwGO

19 Die Fortsetzungsfeststellungsklage ist auf die Feststellung gerichtet, dass ein Verwaltungsakt, der sich bereits vorher, d.h. *vor* Urteilsverkündung, aber *nach* Klageerhebung durch Rücknahme oder anders erledigt hat, rechtswidrig war. Erledigung i.S.d. § 113 I S. 4 VwGO bedeutet, dass der Verwaltungsakt sich inhaltlich erschöpft hat und alle seine in die Zukunft weisenden Rechtswirkungen weggefallen sind, also bei Wegfall jeglicher Beschwer. § 113 I S. 4 VwGO bezieht sich aufgrund seines Wortlautes eindeutig auf die Anfechtungssituation. Wird hingegen eine solche Feststellung schon *vor* der Klageerhebung oder auch innerhalb einer *Verpflichtungs*situation begehrt, kommt eine analoge bzw. doppelt analoge Anwendung des § 113 I S. 4 VwGO in Betracht.

Die Klageart *Fortsetzungsfeststellungsklage* findet sich bei Rn 395 ff. und 799 ff.

---

[13] Vgl. dazu BVerwG NVwZ 2003, 214 ff.
[14] *Kopp/Schenke*, VwGO, § 167 Rn 2 und 14.
[15] *Kopp/Schenke*, VwGO, § 43 Rn 33 f.

4. Das Normenkontrollverfahren

Gegenstand einer verwaltungsgerichtlichen Normenkontrolle kann gem. § 47 I Nr. 1 VwGO die Klärung der Gültigkeit von **Satzungen** sein, **die nach den Vorschriften des BauGB** erlassen worden sind, sowie von **Rechtsverordnungen** aufgrund des § 246 II BauGB. Damit besteht hinsichtlich der wichtigsten untergesetzlichen Rechtsvorschriften aus dem Bereich des Bauplanungsrechts die Möglichkeit, ein Normenkontrollverfahren durchzuführen. Darüber hinaus richtet sich das Normenkontrollverfahren auf die Klärung der Verfassungsmäßigkeit von im Rang **unter dem förmlichen Landesgesetz** stehenden Rechtsvorschriften, **sofern das Landesrecht dies bestimmt**, § 47 I Nr. 2 VwGO (sog. *landesrechtliches Ergänzungsrecht*). 20

Zum Normenkontrollverfahren vgl. ausführlich Rn 512 ff. und 831 ff.

5. Das Widerspruchsverfahren

Das Widerspruchsverfahren ist vom Grundsatz her der erste verwaltungsrechtliche Rechtsbehelf gegen eine behördliche Maßnahme. Er dient der **Entlastung der Gerichte, der Selbstkontrolle der Verwaltung** sowie dem **Rechtsschutz der Bürger**. Zwar ist das Widerspruchsverfahren ein eigenständiges Verwaltungsverfahren (förmlicher außergerichtlicher Rechtsbehelf), bei dem Recht- und Zweckmäßigkeit des Grundverwaltungsakts überprüft werden. Als Zulässigkeitsvoraussetzung für ein gerichtliches Verfahren, bei dem nur die Rechtmäßigkeit des behördlichen Handelns überprüft wird, ist es aber in den §§ 68 ff. VwGO geregelt. 21

Zum Widerspruchsverfahren vgl. ausführlich Rn 210 ff. und 1063 ff.

6. Vorläufiger Rechtsschutz

Legt der Bürger gegen einen Verwaltungsakt Widerspruch ein oder erhebt Anfechtungsklage, entfalten diese Rechtsbehelfe grundsätzlich aufschiebende Wirkung, d.h. der Verwaltungsakt darf nicht vollzogen werden, § 80 I VwGO (Suspensiveffekt). Vollzug bedeutet die faktische Umsetzung des im Verwaltungsakt festgesetzten Regelungsgehalts. Durch den Suspensiveffekt wird also im Regelfall vorläufiger Rechtsschutz hinreichend gewährleistet. 22

Jedoch kommt eine aufschiebende Wirkung nicht allen den Einzelfall regelnden verwaltungsrechtlichen Maßnahmen zu. So entfällt sie in den Fällen des § 80 II S. 1 Nr. 1-4 VwGO. Das Gericht kann dann auf Antrag die aufschiebende Wirkung ganz oder teilweise anordnen (für die Nr. 1-3) oder ganz oder teilweise wiederherstellen (für die Nr. 4), § 80 V S. 1 VwGO.

Ist der Rechtsschutzsuchende nicht Adressat der Verfügung, kann er nicht nach § 80 V VwGO vorgehen, sondern wird, da § 80 V VwGO nur dem Adressaten eines belastenden Verwaltungsakts zur Verfügung steht, auf § 80a VwGO verwiesen. Ist Gegenstand des vorläufigen Rechtsschutzes keine Anfechtungssituation, sondern entweder eine Verpflichtungs- oder Feststellungssituation oder eine Situation schlicht hoheitlichen Handelns, kann der Bürger nicht nach den §§ 80, 80a VwGO vorgehen, sondern muss auf das allgemeine Institut der einstweiligen Anordnung des § 123 VwGO zurückgreifen. In Bezug auf die Normenkontrolle kann einstweiliger Rechtsschutz nach § 47 VI VwGO begehrt werden.

Zum vorläufigen Rechtsschutz vgl. Rn 877 ff.

2. Kapitel – Die Sachentscheidungsvoraussetzungen eines verwaltungsgerichtlichen Verfahrens

23 Voraussetzung für eine Entscheidung über das vom Kläger bzw. Antragsteller geltend gemachte prozessuale Begehren ist das Vorliegen der **Sachentscheidungsvoraussetzungen**. Dies sind die Voraussetzungen, die erfüllt sein müssen, damit das Gericht in der Sache entscheidet. So muss zunächst der Verwaltungsrechtsweg eröffnet und das angerufene (Verwaltungs-)Gericht muss sachlich, örtlich und instanziell zuständig sein. Sodann empfiehlt es sich, die statthafte Klageart zu bestimmen und die mit ihr verbundenen besonderen, d.h. klageartabhängigen Sachentscheidungsvoraussetzungen zu prüfen. Schließlich ist zu untersuchen, ob die allgemeinen, für alle Klage- und Verfahrensarten gleichermaßen geltenden Sachentscheidungsvoraussetzungen vorliegen. Somit empfiehlt sich folgendes Prüfungsschema[16]:

Sachentscheidungsvoraussetzungen eines verwaltungsgerichtlichen Verfahrens

(1) Zuerst wird die **Eröffnung des Verwaltungsrechtswegs** festgestellt, § 40 I VwGO bzw. aufdrängende Spezialzuweisungen.

(2) Sodann sollte die **Zuständigkeit des (Verwaltungs-)Gerichts** geprüft werden.

(3) Danach ist die **Statthaftigkeit der Klageart** (zulässige Verfahrensart) zu bestimmen.

(4) Des Weiteren werden die ***besonderen*** **Sachentscheidungsvoraussetzungen** (verfahrensartabhängige Zulässigkeitsvoraussetzungen), die sich konkret auf die als statthaft erklärte Klage- bzw. Verfahrensart beziehen, geprüft. Bei der Anfechtungs- und Verpflichtungsklage (§ 42 I VwGO)[17] beispielsweise sind dies:

(a) **Klagebefugnis**, § 42 II VwGO.
(b) **Vorverfahren**, §§ 68 ff. VwGO.
(c) **Klagefrist**, § 74 VwGO.
(d) **Klagegegner**, § 78 VwGO.[18]

(5) Schließlich sind die ***allgemeinen***, für alle Klage- und Verfahrensarten gleichermaßen zu prüfenden **Sachentscheidungsvoraussetzungen** zu untersuchen. Dies sind regelmäßig:

(a) **Beteiligungsfähigkeit**, § 61 VwGO.
(b) **Prozessfähigkeit**, § 62 VwGO.
(c) **Ordnungsgemäße Klageerhebung**, §§ 81, 82 VwGO.
(d) **Allgemeines Rechtsschutzbedürfnis**.

23a Über das Vorliegen der Sachentscheidungsvoraussetzungen entscheidet das Gericht. Kommt es nach entsprechender Prüfung zu dem Ergebnis, dass eine (zwingende)

---

[16] Eine andere Prüfungsreihenfolge ist sicherlich möglich. Zu beachten ist aber, dass bestimmte Sachentscheidungsvoraussetzungen zwingend auf anderen Sachentscheidungsvoraussetzungen aufbauen. So muss bspw. das Widerspruchsverfahren nur dann erfolglos durchgeführt worden sein, wenn es überhaupt statthaft ist. Das ist nicht bei allen Klage- und Verfahrensarten der Fall. Daher muss auf jeden Fall zunächst die statthafte Klage- bzw. Verfahrensart bestimmt werden, bevor man sich mit der Frage nach dem Erfordernis eines erfolglos durchgeführten Widerspruchsverfahrens auseinandersetzt. Ähnlich verhält es sich mit der Klagefrist. Nicht alle Klagen haben die Einhaltung einer Klagefrist zur Voraussetzung. Daher können auch Fragen hinsichtlich der Klagefrist erst dann beantwortet werden, wenn die statthafte Klageart feststeht.

[17] Nicht oder nur eingeschränkt für die Untätigkeitsklage.

[18] Nach vorzugswürdiger Auffassung wird § 78 VwGO als Prüfungspunkt „Klagegegner" im Rahmen der Sachentscheidungsvoraussetzungen behandelt. Die Gegenauffassung prüft § 78 VwGO als „Passivlegitimation" bei der Begründetheit. Vgl. dazu im Einzelnen Rn 301 ff.

Sachentscheidungsvoraussetzung nicht vorliegt, hat es durch **Prozessentscheidung** die Klage bzw. den Antrag grundsätzlich als unzulässig abzuweisen. Lediglich für den Fall, dass der Verwaltungsrechtsweg nicht eröffnet ist oder das angerufene Gericht sachlich oder örtlich unzuständig ist, weist es die Klage bzw. den Antrag nicht als unzulässig ab, sondern verweist die Streitigkeit gem. § 173 VwGO i.V.m. § 17a II S. 1 GVG von Amts wegen an das sachlich und örtlich zuständige Gericht des zulässigen Rechtswegs (sog. **Verweisungsbeschluss**).[19] [20]

Hinweis für die Fallbearbeitung: Daraus folgt, dass sowohl der *Verwaltungsrechtsweg* als auch die *gerichtliche Zuständigkeit* grundsätzlich **keine** Zulässigkeitsvoraussetzungen der Klage sind.[21] Aus diesem Grund muss dafür plädiert werden, entweder die Eröffnung des Verwaltungsrechtswegs und die gerichtliche Zuständigkeit außerhalb der Zulässigkeitsvoraussetzungen zu prüfen[22] oder (nach der hier vertretenen Auffassung) der Vorschrift des § 17a II S. 1 GVG dadurch Rechnung zu tragen, dass insgesamt nicht von Zulässigkeitsvoraussetzungen der Klage, sondern von **Sachentscheidungsvoraussetzungen** gesprochen wird[23]. Zu diesen gehören der Verwaltungsrechtsweg und die gerichtliche Zuständigkeit in jedem Fall.[24] **24**

Im Übrigen ist zu beachten, dass im Rahmen einer Fallbearbeitung nicht auf alle Sachentscheidungsvoraussetzungen detailliert eingegangen werden muss. Vielmehr bedarf es nur dann einer Prüfung, wenn bezüglich des Vorliegens einer Sachentscheidungsvoraussetzung Zweifel bestehen. Bestehen keine Zweifel, sind längere Ausführungen sogar verfehlt und können den Wert einer Arbeit mindern. So wäre es z.B. unangebracht, das Vorliegen einer ordnungsgemäßen Klageerhebung zu diskutieren, wenn die Person laut Sachverhalt Klage erhoben hat. Stets anzusprechen sind jedoch der Verwaltungsrechtsweg, die statthafte Verfahrensart (und die sie betreffenden besonderen Sachentscheidungsvoraussetzungen), der Klagegegner, die Beteiligungsfähigkeit und die Prozessfähigkeit. Aber auch hier gilt: Soweit sich dabei keine besonderen Probleme ergeben, hat man sich kurz zu fassen. So wäre es trotz des Erfordernisses, stets den Verwaltungsrechtsweg anzusprechen, verfehlt, im Rahmen eines Rechtsstreits über die Rechtmäßigkeit einer polizeilichen Platzverweisung die für die Abgrenzung von öffentlichem Recht und Privatrecht entwickelten Abgrenzungstheorien (dazu Rn 31 ff.) zu diskutieren. Auch wenn der Sachverhalt keine Hinweise auf die fehlende Prozessfähigkeit enthält, ist diese Voraussetzung lediglich als gegeben festzustellen.

---

[19] Zu beachten ist jedoch, dass die Verweisung *innerhalb* des Verwaltungsrechtswegs wegen Unzuständigkeit des angerufenen Gerichts über § 83 VwGO zu erfolgen hat.

[20] Des Weiteren ist zu beachten, dass die fehlende Eröffnung des Verwaltungsrechtswegs in jedem Fall zur Unzulässigkeit des Verwaltungsrechtswegs führt, wenn es sich in der Sache um einen verfassungsrechtlichen Streit handelt.

[21] Anders aber *Kopp/Schenke*, § 40 Rn 2; *Schenke*, VerwProzR, Rn 62; *Siemen*, JuS 2005, 251; *Zilkens*, JuS 2001, 368, 369; *Kemmler*, JA 2003, 136; *Klinger*, JuS 2003, 1191, 1192; *Fischer*, VBlBW 2005, 179 und JA 2003, 748 ff.

[22] So *Stegmüller*, JuS 2010, 907, 910; *Jahn*, JuS 2001, 173; *Knemeyer*, POR, Rn 396. Diese Vorgehensweise hat aber den Nachteil, dass - wie sich aus dem Wortlaut des § 52 VwGO ergibt - innerhalb der Prüfung der örtlichen Zuständigkeit des Gerichts regelmäßig zusätzlich der Beklagte geprüft werden muss. Dies kann zu einer erheblichen Kopflastigkeit der „Vorabprüfung" führen.

[23] Vgl. bereits die 1. Aufl. 1997 sowie *v. Coelln*, AL 2014, 59, 60; *Peine*, AL 2013, 271, 272; *Brenner*, JuS 2005, 344; *Stern/Blanke*, Rn 181; *Schmitt Glaeser/Horn*, VerwProzR, Rn 33 ff.; *Ehlers*, in: Schoch/Schneider/Bier, VwGO, Vorb § 40 Rn 8; *Gersdorf*, VerwProzR, Rn 1; *Ipsen*, AllgVerwR, Rn 1164 ff.; *Hufen*, VerwProzR, § 10 Rn 1 a.E.; *Mann/Wahrendorf*, VerwProzR, § 7 Rn 1 ff. i.V.m. § 9 Rn 1 ff.; *Loos*, JA 2001, 698, 699.

[24] Des Weiteren ist zu beachten, dass die Verweisungsvorschrift des § 17a II GVG nach vorzugwürdiger Auffassung auch im verwaltungsgerichtlichen Eilverfahren (Rn 931 ff.) gilt (VGH Kassel NVwZ 2003, 238; VGH München BayVBl 1993, 309, 310), demzufolge auch dort entweder der Verwaltungsrechtsweg außerhalb der Zulässigkeitsvoraussetzungen zu prüfen ist oder von Sachentscheidungsvoraussetzungen gesprochen werden muss. Nach der Gegenauffassung (OVG Koblenz NVwZ 1993, 381; VGH Kassel NJW 1994, 145; *Stegmüller*, JuS 2010, 907, 910) ist § 17a II GVG auf das Hauptsacheverfahren beschränkt und nicht im verwaltungsgerichtlichen Eilverfahren anwendbar, sodass nach dieser Auffassung im verwaltungsgerichtlichen Eilverfahren der Verwaltungsrechtsweg eine echte Zulässigkeitsvoraussetzung ist.

24a Hinsichtlich des Prüfungsumfangs gilt: Ist nach den Erfolgsaussichten einer Klage gefragt, sind die Sachentscheidungsvoraussetzungen und die Begründetheit zu prüfen. Gelangt man zu dem Ergebnis, dass nicht alle Sachentscheidungsvoraussetzungen vorliegen (bzw., dass die Klage unzulässig ist), muss dennoch die Begründetheit (hilfsgutachtlich) geprüft werden. Denn zum einen muss ein Gutachten vollständig sein, und zum anderen läuft man Gefahr, nicht alle Probleme des Falls behandeln zu können, wenn man (irrtümlich) die Klage für unzulässig hält und auf eine Begründetheitsprüfung verzichtet.

A. Eröffnung des Verwaltungsrechtswegs, § 40 I VwGO

25 Wie bereits in der Einführung dargestellt wurde, muss zunächst der Verwaltungsrechtsweg eröffnet sein. Die Rechtswegeröffnung kann gem. § 173 VwGO nach §§ 17, 17a GVG erfolgen oder aber nach § 40 I S. 1 VwGO. Bezüglich § 40 I S. 1 VwGO ist zu beachten, dass diese Vorschrift – anders als § 13 BVerfGG – nicht dem Enumerativprinzip folgt; sie macht den Rechtsweg zu den Verwaltungsgerichten also nicht vom Vorliegen bestimmter, enumerativ aufgezählter Verfahrensarten oder Handlungsformen der Verwaltung abhängig, sondern erklärt den Verwaltungsrechtsweg für einschlägig bei allen öffentlich-rechtlichen Streitigkeiten nichtverfassungsrechtlicher Art, soweit nicht eine andere Gerichtsbarkeit gesetzlich bestimmt ist. Es handelt sich also um eine generalklauselartige Rechtswegzuweisung.

I. Aufdrängende Spezialzuweisung

25a Bevor aber bezüglich der Eröffnung dieses Rechtswegs bei Anwendung der Generalklausel des § 40 I S. 1 VwGO die Erörterung der (bei Rn 38 ff. dargestellten) Abgrenzungstheorien in Betracht gezogen wird, sollte zuvor stets sorgfältig geprüft werden, ob nicht bereits eine bundesgesetzliche[25] Bestimmung die betreffende Streitigkeit der Verwaltungsgerichtsbarkeit zuordnet. **Aufdrängende Spezialzuweisungen haben Vorrang vor der Generalklausel!**

> **Beispiele** für aufdrängende Spezialzuweisungen sind: § 126 I BBG, § 54 I BeamtStG, § 82 SoldatenG, §§ 8 IV und 12 HandwO, §§ 45 ff. BDG, § 54 BAföG, § 83 I PersVertrG, § 22 V TierGesG, § 25 I JuSchG, § 6 I UIG, § 9 IV IFG. Zu § 40 II S. 1 Hs. 2 VwGO siehe Rn 30/102.

Exemplarisch sollen **§ 22 V TierGesG** und **§ 126 I BBG bzw. § 54 I BeamtStG** näher erläutert werden.

26
- **§ 22 V TierGesG** bestimmt, dass für Streitigkeiten über Ansprüche auf Entschädigung (etwa wegen behördlich angeordneter Tötung aufgrund BSE-Infizierung, Maul- und Klauenseuche, Geflügelpest oder Vogelgrippe) der Rechtsweg vor den Verwaltungsgerichten gegeben ist.

  Beispiel: Landwirt L ist u.a. Halter mehrerer Gänse. Als bei einem Tier Vogelgrippe festgestellt wird, ordnet die zuständige Veterinärbehörde durch Verfügung die Tötung aller Gänse des Hofes an. Aufgrund des vermehrten Auftretens von Vogelgrippe könne nicht ausgeschlossen werden, dass auch die anderen Tiere des Hofes infiziert seien. Ebenso wenig könne eine Übertragung des Virus auf den Menschen ausgeschlossen werden.

---

[25] Eine aufdrängende Verweisung durch Landesgesetz ist wegen § 40 I S. 2 VwGO i.V.m. Art. 74 I Nr. 1 GG, Art. 72 I GG und Art. 31 GG kompetenzrechtlich nicht möglich; hinsichtlich abdrängender Verweisungen gilt dies nicht: Hier können die Länder landesrechtliche (nicht bundesrechtliche!) Streitigkeiten auch anderen Gerichtszweigen zuordnen.

Hier stützt sich die Tötungsanordnung auf § 6 I Nr. 20 TierGesG i.V.m. mit der Rechtsverordnung. Das TierGesG ist anwendbar, da Gänse vom Anwendungsbereich des Gesetzes umfasst sind, §§ 1 i.V.m. 2 Nr. 4f TierGesG. Ob die Voraussetzungen der Rechtsgrundlage vorliegen, ist eine Frage der (materiellen) Rechtmäßigkeitsprüfung (vgl. dazu die Ausführungen zur Begründetheit der Anfechtungsklage).

- **§ 126 I BBG** (bei Landesbeamtenverhältnissen: **§ 54 I BeamtStG**)[26] bestimmt, dass für alle Klagen der Beamten, Ruhestandsbeamten, früheren Beamten und der Hinterbliebenen aus dem Beamtenverhältnis der Verwaltungsrechtsweg gegeben ist. Wegen § 40 II S. 2 VwGO erfassen § 126 I BBG bzw. § 54 I BeamtStG auch Schadensersatzansprüche aus der Verletzung öffentlich-rechtlicher Pflichten. Der Sinn der § 126 I BBG und § 54 I BeamtStG besteht darin, alle beamtenrechtlichen Streitigkeiten beim Verwaltungsgericht zu konzentrieren. Daher sind § 126 I BBG bzw. § 54 I BeamtStG weit auszulegen und z.B. in folgenden Fällen anwendbar: 27

(1) Schadensersatzanspruch eines Beamten wegen Nichteinhaltung einer Zusicherung, die ihm bei Begründung des Beamtenverhältnisses gegeben wurde.

(2) Schadensersatzanspruch wegen unterbliebener, aber zugesicherter Beförderung.

(3) Schadensersatzanspruch wegen unrechtmäßiger Einstellung oder Beförderung eines Konkurrenten (beamtenrechtliche Konkurrentenklage).

(4) Klagen eines Dritten gegen den Dienstherrn auf Erteilung einer Aussagegenehmigung für einen Beamten (vgl. § 54 StPO, § 68 BBG).

(5) Klage des Dienstherrn auf Rückforderung von Dienstbezügen, wenn die Ernennung zum Beamten nichtig war.

(6) Klage des Dienstherrn auf Rückzahlung von Dienstbezügen und Ausbildungskosten, wenn dies für den Fall des vorzeitigen Ausscheidens aus dem Dienstverhältnis vereinbart war.

Nicht selten kommt es vor, dass der Kläger ein Klagebegehren auf zwei unterschiedliche materiell-rechtliche Anspruchsgrundlagen stützen kann, die – isoliert betrachtet – verschiedenen Rechtswegen zuzuordnen sind. Bestreitet der Kläger den Verwaltungsrechtsweg, ist dieser nur unter Berufung auf die Anspruchsgrundlage aus dem Beamtenrecht gegeben (§ 17 II S. 2 GVG).[27]

Beispiel: Oberregierungsrätin A (Besoldungsgruppe A 14) bewirbt sich um eine ausgeschriebene Beförderungsstelle als Regierungsdirektorin (Besoldungsgruppe A 15) beim Bundesamt für Verfassungsschutz. Unter Missachtung des Leistungsprinzips wird statt ihr der Wunschkandidat B ausgewählt. Die Behörde unterlässt es auch, A rechtzeitig von der Auswahlentscheidung zu unterrichten, sodass sie nicht gegen die Auswahlentscheidung vorgehen und die Beförderung des B durch Inanspruchnahme einstweiligen Rechtsschutzes verhindern kann. Als B befördert wird, macht A einen Anspruch auf Schadensersatz (Differenzgehalt) geltend.

In diesem Fall könnte an einen vor dem Landgericht geltend zu machenden Amtshaftungsanspruch gedacht werden. Ein Rückgriff auf § 839 BGB i.V.m. Art. 34 GG ist aber nicht erforderlich. Zwar ist dieser Anspruch sowohl innerhalb als auch außerhalb eines Beamtenverhältnisses anwendbar, setzt also kein bestehendes Rechtsverhältnis voraus. Aufgrund der bestehenden beamtenrechtlichen Sonderverbindung liegt es aber näher, den Anspruch unmittelbar aus dem Beamtenverhältnis zu begründen und ihn vor dem **Verwaltungsgericht** geltend zu machen.[28] Hier wiederum braucht als verletzte be-

---

[26] Zum Beamtenrecht nach der Föderalismusreform vgl. Fußnote 33.

[27] Zwar erlaubt § 17 II S. 2 GVG es dem Gericht, den Rechtsstreit unter allen rechtlichen Gesichtspunkten zu prüfen. Dieser Grundsatz wird jedoch für Anspruchsgrundlagen, für die ausschließlich der Zivilrechtsweg nach Art. 14 III S. 4 oder Art. 34 S. 3 GG vorgesehen ist, durchbrochen.

[28] Damit ist also die Möglichkeit unbenommen, Schadensersatz wegen unterbliebener Beförderung (OLG Hamm NVwZ-RR 1998, 535) oder allgemein wegen voreiliger Stellenbesetzung (BGH NJW 1995, 2344) dennoch mit der vor der Amtshaftungskammer des Landgerichts (§ 71 GVG) zu erhebenden Amtshaftungsklage zu erlangen.

amtenrechtliche Pflicht nicht die allgemeine Fürsorgepflicht herangezogen zu werden. Vielmehr kann der Schadensersatzanspruch unmittelbar auf eine Verletzung der rechtlich festgelegten Auswahlkriterien der Eignung, Befähigung und fachlichen Leistung gestützt werden. Es handelt sich dann um einen Schadensersatzanspruch *wegen Verletzung einer im öffentlich-rechtlichen Dienstverhältnis wurzelnden und insofern „quasivertraglichen" Verbindlichkeit.*[29]

28 **Hinweis für die Fallbearbeitung:** Geht es um beamtenrechtliche Streitigkeiten, ist in der Fallbearbeitung die Eröffnung des Verwaltungsrechtswegs nach der aufdrängenden Spezialzuweisung des **§ 126 I BBG** bzw. des **§ 54 I BeamtStG** unproblematisch zu bejahen. Denn § 126 I BBG und § 54 I BeamtStG verweisen alle Klagen aus einem Beamtenverhältnis auf den Verwaltungsrechtsweg. Demgegenüber handelt es sich bei Richter- und Soldatenverhältnissen lediglich um dem Beamtenverhältnis gleichgestellte Rechtsverhältnisse. Daher ist die jeweilige Spezialzuweisung (und nicht § 126 I BBG bzw. § 54 I BeamtStG) maßgeblich, vgl. hinsichtlich Soldaten § 82 I SoldatenG. Hinsichtlich Richter (und Staatsanwälte) im Landesdienst verweist § 71 DRiG auf das BeamtStG.

29 - In Disziplinarsachen des Bundes erklärt **§ 45 BDG** die Verwaltungsgerichtsbarkeit für zuständig. Das Klageverfahren erster Instanz (Klageerhebung, Form und Frist) ist in §§ 52 ff. BDG geregelt (zum Vorverfahren vgl. §§ 41 ff. BDG), das Berufungsverfahren in §§ 64 ff. BDG und das Revisionsverfahren in §§ 69 f. BDG. Die Vorschriften der VwGO sind demzufolge nur subsidiär anwendbar, also nur dann, wenn das BDG keine bzw. keine abschließende Regelung enthält oder es auf die VwGO verweist (vgl. etwa § 41 II BDG oder 52 II BDG).

30 Die in **§ 40 II S. 1 VwGO** genannte abdrängende Sonderzuweisung (näher Rn 102) gilt nicht für Streitigkeiten aus einem öffentlich-rechtlichen Vertrag und über das Bestehen und die Höhe eines Ausgleichsanspruchs im Rahmen des Art. 14 I S. 2 GG. Daraus folgt, dass Streitigkeiten aus einem öffentlich-rechtlichen Vertrag und Geldansprüche aus einer ausgleichspflichtigen **Inhalts- und Schrankenbestimmung** vor den **Verwaltungsgerichten** auszutragen sind.

II. Öffentlich-rechtliche Streitigkeit nichtverfassungsrechtlicher Art, § 40 I S. 1 VwGO (Generalklausel)

1. Öffentlich-rechtliche Streitigkeit

31 Besteht keine aufdrängende Spezialzuweisung, kommt die Generalklausel des § 40 I S. 1 VwGO zur Anwendung. Danach ist der Verwaltungsrechtsweg in allen öffentlich-rechtlichen Streitigkeiten nichtverfassungsrechtlicher Art gegeben, *soweit* die Streitigkeiten nicht durch Bundesgesetz einem anderen Gericht ausdrücklich zugewiesen sind (sog. abdrängende Sonderzuweisung).

32 **Hinweis für die Fallbearbeitung:** Für das Gutachten könnte der Gesetzeswortlaut „*soweit* die Streitigkeiten nicht durch Bundesgesetz einem anderen Gericht ausdrücklich zugewiesen sind" bedeuten, dass wenn eine aufdrängende Spezialzuweisung ersichtlich nicht in Betracht kommt, zunächst zu untersuchen ist, ob nicht eine abdrängende Sonderzuweisung den Rechtsstreit einem anderen Gerichtszweig zuordnet, bevor der öffentlich-rechtliche Charakter mit Hilfe der Generalklausel zu untersuchen ist. Da aber der öffentlich-rechtliche Charakter einer Streitigkeit nicht notwendigerweise zur Folge hat, dass diese dem Verwaltungsrechtsweg zuzuordnen ist (Beispiel: Ein Amtshaftungsanspruch ist ein öffentlich-rechtlicher Anspruch, wird aber vor den

[29] BVerwG NJW 1998, 3288, 3289 mit Anm. von *Hufen*, JuS 1999, 716 f.

Landgerichten ausgetragen, Art. 34 GG, § 71 GVG), ist gutachtentechnisch der öffentlich-rechtliche Charakter der Streitigkeit in jedem Fall *vor* der Frage nach der abdrängenden Sonderzuweisung zu erörtern.[30]

Zu fragen ist nach der **wahren Natur** des **behaupteten Anspruchs**.[31] Diese müsste öffentlich-rechtlich sein. Es sind folgende Fragen zu klären: 33

- Wie lautet die Hauptfrage der Streitigkeit? (*Bestimmung des Streitgegenstands*) = **Bestimmungsstufe**.
- Nach welcher Rechtsgrundlage ist die Hauptfrage zu entscheiden? (Festlegung der streitentscheidenden Normen, d.h. *Zuordnung des Klagebegehrens zu einer Norm*) = **Zuordnungsstufe**.
- Ist die soeben zugeordnete Norm Bestandteil des öffentlichen Rechts oder des Privatrechts? (*Qualifikation der streitentscheidenden Normen als öffentlich-rechtlich oder privatrechtlich*) = **Qualifikationsstufe**.

a. Bestimmung des Streitgegenstands

Der Streitgegenstand ergibt sich aus dem Sachvortrag des Klägers. Sachvortrag ist der vorgetragene tatsächliche Lebenssachverhalt, nicht dagegen die rechtliche Würdigung des Klägers. Diese ist Sache des Richters.[32] 34

Beispiel: In Hamburg findet jährlich ein Volksfest auf einem dafür vorgesehenen Platz im Stadtzentrum statt. Als K, Einwohner der Stadt, eine Zulassung bezüglich seines Fahrgeschäfts begehrt, wird ein entsprechender Antrag des K ablehnend beantwortet. Ein gegen diese Ablehnung eingelegter Widerspruch wird als unbegründet zurückgewiesen. K erhebt nun Klage gegen die Ablehnung. Er trägt vor (Tatsachenbehauptung!), das Volksfest sei nicht nach § 69 GewO festgesetzt. Mit denjenigen Veranstaltern, die sie zulässt, schließe die Stadt Mietverträge ab. Zur Begründung seiner Klage meint K (Rechtsansicht!), dass der Abschluss von Mietverträgen zwar dem Zivilrecht zuzuordnen sei, vorliegend es aber um die öffentlich-rechtliche Zweckbestimmung des Platzes gehe. Streitigkeiten bezüglich der öffentlich-rechtlichen Zweckbestimmung seien stets vor den Verwaltungsgerichten geltend zu machen.

Zur Ermittlung des Streitgegenstands (und somit des zulässigen Rechtswegs) ist nur der Sachvortrag des K zu würdigen. Es ist dann Aufgabe des Richters, den Sachvortrag rechtlich zu würdigen und über die Zulässigkeit des bestrittenen Rechtswegs zu befinden.

Nicht ausschlaggebend für die Zulässigkeit des Verwaltungsrechtswegs ist das Vorliegen eines Verwaltungsakts. Es ist zwar richtig, dass Streitigkeiten bezüglich eines Verwaltungsakts stets vor dem Verwaltungsgericht auszutragen sind. Die Feststellung, *dass* ein Verwaltungsakt vorliegt, ist aber erst bei der statthaften Klageart zu treffen. Darüber hinaus gibt es öffentlich-rechtliche Streitigkeiten, die nicht die rechtliche Würdigung eines Verwaltungsakts zum Gegenstand haben, sondern sich aus schlicht hoheitlichem Handeln oder aus einem öffentlich-rechtlichen Vertrag ergeben. In der Fallbearbeitung sollte man sich daher schlicht an den Sachvortrag halten und diesen lediglich kurz wiedergeben: 35

„Gegenstand des Streits ist ..."

---

[30] Vgl. bereits die 1. Aufl. 1997; wie hier nun auch *Heber*, JA 2011, 959, 960.
[31] GSOGB BGHZ 102, 280, 286; BGH NVwZ 2004, 253; OVG Münster NJW 2001, 698; OVG Weimar NJW 2002, 386 f.
[32] Vgl. OVG Münster NJW 2001, 698, 700.

b. Zuordnung des Klagebegehrens zu einer den Streit entscheidenden Norm

36 Steht das Klagebegehren fest, muss es einer den Streit entscheidenden Norm zugeordnet werden. Im Bereich der **Eingriffsverwaltung** ist das in der Regel mit keinen großen Schwierigkeiten verbunden, denn hoheitliche Anordnungen, die in die Rechts- und Freiheitssphäre des Bürgers eingreifen, sind wegen des Grundsatzes vom Vorbehalt des Gesetzes nur aufgrund einer gesetzlichen Rechtsgrundlage zulässig. Hauptanwendungsgebiet der Eingriffsverwaltung ist das **allgemeine Gefahrenabwehrrecht**. Aber auch das **besondere Gefahrenabwehrrecht** (insbesondere das **Versammlungs**-, **Gewerbe-** und **Gaststättenrecht**) ist häufig Klausurgegenstand. Hier ist die Zuordnung des Streitgegenstands zu einer den Streit entscheidenden Norm (etwa zur polizeilichen Befugnisgeneralklausel oder zu §§ 5, 13, 15 VersG, §§ 29, 35 GewO oder § 15 GastG) zumeist mit keinen größeren Problemen verbunden.[33]

Beispiel: G betreibt in der Innenstadt von S eine Kneipe und lässt dort den Handel mit Drogen zu. Nachdem ihn die Behörde bereits mehrmals aufgefordert hat, dies zu unterbinden, entzieht sie ihm wegen Unzuverlässigkeit die Gaststättenerlaubnis.

Der Entzug der Gaststättenerlaubnis richtet sich nach § 15 II GastG i.V.m. § 4 I S. 1 Nr. 1 GastG (= streitentscheidende Normen).

37 Eine besondere Problematik stellt sich im Bereich der **Leistungsverwaltung** (Subventionsvergabe, Überlassung von öffentlichen Einrichtungen etc.), jedenfalls soweit die Leistung zweistufig ausgestaltet ist. Hier ist die Zuordnung zu einer den Streit entscheidenden Norm kaum möglich. Das Gleiche gilt bezüglich schlicht hoheitlichen Handelns (ehrverletzende Äußerungen, Warnungen vor Sekten oder bestimmten Produkten). Soweit keine streitentscheidende Norm existiert, muss der öffentlich-rechtliche Charakter der Streitigkeit anhand des Streitgegenstands bestimmt werden. Zu der dazu entwickelten Zwei-Stufen-Theorie vgl. Rn 56, 58, 67 und 359.

c. Qualifikation der streitentscheidenden Normen als öffentlich-rechtlich oder privatrechtlich

38 Die streitentscheidenden Normen müssen schließlich dem öffentlichen Recht zuzuordnen sein. Bei der Bearbeitung dieses Prüfungspunktes muss die Frage aufgeworfen werden, ob das Verwaltungshandeln bzw. die diesbezüglich maßgebliche Norm in einem engen *Sachzusammenhang* mit eindeutig öffentlich-rechtlicher Aufgabenwahrnehmung steht oder dem bürgerlichen Recht unterfällt. Kriterien der Abgrenzung zum bürgerlichen Recht bieten folgende Theorien:

---

[33] Zum Versammlungsrecht vgl. *R. Schmidt*, POR, Rn 1035 ff.; und Fälle zum POR, Fälle 1-5. Im Übrigen ist zu beachten, dass im Zuge der Föderalismusreform 2006 der verfassungsändernde Gesetzgeber das früher unter Art. 74 I GG gefasste Versammlungsrecht, Ladenschlussrecht, Gaststättenrecht, Spielhallenrecht sowie das Recht der Schaustellung von Personen, der Messen, der Ausstellungen und der Märkte in die Gesetzgebungskompetenz der Länder überführt hat. Damit sind diese Materien des sog. besonderen Gefahrenabwehrrechts nicht mehr bundesgesetzlich regelbar. Allerdings ist hier wiederum zu beachten, dass bisherige Bundesgesetze in Ländern, die noch keine eigenen Regelungen erlassen haben, fortgelten (vgl. Art. 125a I GG). Das betrifft in erster Linie das Versammlungsgesetz, da noch nicht alle Länder eigene Versammlungsgesetze erlassen haben. Wenn also in den folgenden Beispielen das VersG genannt wird, ist damit das des Bundes gemeint, das gem. Art. 125a I GG fortgilt. Hinsichtlich des Gaststättenrechts haben zwar mittlerweile alle Bundesländer eigene Landesgaststättengesetze erlassen, dennoch wird in den in diesem Buch genannten Beispielen aus Gründen der Übersichtlichkeit das GastG des Bundes zugrunde gelegt. Das früher auf die Rahmengesetzgebung des Bundes gestützte Beamtenrechtsrahmengesetz (BRRG) ist zum 1.4.2009 durch das für Landesbeamte geltende Beamtenstatusgesetz (BeamtStG) weitgehend ersetzt worden. Für das juristische Studium wohl wichtigste Vorschrift ist § 54 BeamtStG, die im Wesentlichen § 126 BRRG (Verwaltungsrechtsweg, Widerspruchsverfahren) nachempfunden ist. Für Bundesbeamte gilt § 126 BBG.

aa. Modifizierte Subjektstheorie

Nach der von Wolff[34] begründeten und heute von der herrschenden Meinung[35] vertretenen modifizierten Subjektstheorie (Sonderrechtstheorie, Zuordnungstheorie) liegt eine öffentlich-rechtliche Streitigkeit vor, wenn die den Streit entscheidende Norm öffentlich-rechtlicher Natur ist, d.h. wenn sie (in allen denkbaren Anwendungsfällen) allein einen Hoheitsträger besonders **berechtigt oder verpflichtet** und damit dem öffentlichen Recht **zugeordnet ist**. 39

Wie aus der Definition hervorgeht, basiert die modifizierte Subjektstheorie auf den bereits bei Rn 33 genannten drei Denkschritten: Zunächst muss der Streitgegenstand bestimmt werden. Sodann ist eine Vorschrift (Norm) zu ermitteln, die den Streit entscheidet. Schließlich ist die ermittelte Norm einem Rechtsgebiet zuzuordnen. Ist dieses Rechtsgebiet Teil des öffentlichen Rechts, ist der Streit öffentlich-rechtlich.

> **Beispiel:** R randaliert auf einem Straßenfest. Nachdem Polizeimeister P ihn mehrmals erfolglos aufgefordert hat, das ungebührliche Verhalten einzustellen, erteilt er ihm schließlich einen Platzverweis. R ist der Meinung, dass der Platzverweis rechtswidrig gewesen sei.
>
> In diesem Fall ist die streitentscheidende Norm dem Landespolizeigesetz (Standardmaßnahme Platzverweis) zu entnehmen. Das Polizeirecht berechtigt allein den Hoheitsträger, gegen den Bürger vorzugehen. Mithin ist eine Zuordnung zum öffentlichen Recht gegeben. Auch im Beispiel von Rn 36 verpflichtet und berechtigt § 15 II GastG i.V.m. § 4 I S. 1 Nr. 1 GastG allein den Hoheitsträger.

Generell sind Normen des BauGB, der GewO, des GastG, des BImSchG, des AufenthG, des SGB, des WaffG, des BtMG, des VersG, der Beamtengesetze sowie der Polizeigesetze öffentlich-rechtlich. Sie verleihen der Verwaltung besondere Befugnisse (oder statuieren Pflichten) und ordnen damit den Streit dem öffentlichen Recht zu.

Trotz der vermeintlich klar geschaffenen Möglichkeit der Qualifikation der streitentscheidenden Norm als öffentlich-rechtlich oder privatrechtlich scheitert die modifizierte Subjektstheorie aber in Fällen, in denen nicht eindeutig ist, welche Rechtsvorschriften den Streit entscheiden. Denn hinsichtlich der Frage, welche Rechtsvorschriften den Streit entscheiden, hält die modifizierte Subjektstheorie keine Antwort bereit. Erst recht ist sie in Fällen untunlich, in denen das behördliche Handeln schon nicht durch einen Rechtssatz bestimmt ist, beispielsweise bei der – im öffentlichen Interesse liegenden – Wirtschaftsförderung (dazu näher *R. Schmidt*, AllgVerwR, Rn 1008 ff.). Im zuletzt genannten Fall kann aber das öffentliche Interesse an der Förderung als **Indiz** für den öffentlichen Charakter der Streitigkeit herangezogen werden. 40

bb. Interessentheorie

Nach der Interessentheorie[36] liegt eine öffentlich-rechtliche Streitigkeit vor, wenn die dem Streit zugrunde liegenden Normen überwiegend dem **öffentlichen Interesse**, dem Allgemeininteresse, dienen. Dagegen soll eine privatrechtliche Streitigkeit bei einer Regelung vorliegen, die überwiegend Individualinteressen zu dienen bestimmt ist. 41

---

[34] *H.J. Wolff*, AöR 76 (1950/51), 205 ff.

[35] Vgl. nur OVG Münster NJW 2001, 698; *Kopp/Schenke*, VwGO, § 40 Rn 11; *Ehlers*, in: Schoch/Schneider/Bier, VwGO, § 40 Rn 225 ff.; *Wolff/Bachof/Stober/Kluth*, VerwR I, § 22 III 3.

[36] Von dieser Theorie wird angenommen, dass sie von dem römischen Juristen *Ulpian* (170-228 n. Chr.) stamme.

42 Auch die Interessentheorie ist nicht frei von Kritik. Denn dadurch, dass auch zahlreiche privatrechtliche Normen im öffentlichen Interesse liegen (so z.B. die familienrechtlichen Unterhaltsvorschriften des BGB) und öffentliche Normen im Privatinteresse (wie beispielsweise das Baunachbarrecht), vermag die Interessentheorie keine klare Abgrenzung zu bieten und sollte im Rahmen einer Fallbearbeitung – wenn überhaupt – nur hilfsweise herangezogen werden.

cc. Subordinationstheorie

43 Nach der Subordinationstheorie (Subjektionstheorie) ist eine Streitigkeit öffentlichrechtlich, wenn zwischen den Streitparteien ein Verhältnis der **Über- und Unterordnung** besteht. Besteht dagegen ein Verhältnis der Gleichordnung, soll eine privatrechtliche Streitigkeit vorliegen.[37]

Beispiel: Untersagt die Gewerbebehörde einem Gewerbetreibenden die weitere Ausübung des Gewerbes mit dem Argument, er sei unzuverlässig (vgl. § 35 I GewO), liegt ein Verhältnis der Über- bzw. Unterordnung vor. Auch in den Beispielen von Rn 36 und 39 liegt ein Verhältnis der Über- bzw. Unterordnung vor. Alle diese Streitigkeiten sind **öffentlich-rechtlich**.

Gegenbeispiel: Will die Stadtverwaltung beim lokalen Büroausstatter Computer für ihre Mitarbeiter beschaffen, kann sie dies nicht mit hoheitlichen Mitteln durchsetzen, insbesondere nicht mit Hilfe eines Verwaltungsakts, den sie – ohne dass es eines gerichtlichen Vollstreckungstitels bedürfte – selbst vollstrecken könnte. Denn das öffentliche Recht, d.h. die Gesetze, geben ihr diese Befugnis nicht. Vielmehr muss sie sich auf die Ebene der Gleichordnung mit dem Bürger begeben und die Computer mit Mitteln des **Privatrechts** beschaffen, d.h. gem. § 433 BGB kaufen.

44 Letztlich kann auch die Subordinationstheorie nicht ohne Kritik bleiben. Zwar bietet sie im Rahmen der Eingriffsverwaltung einerseits (vgl. die Beispiele bei Rn 36, 39 und 43) und des reinen Vertragsrechts andererseits (vgl. das Gegenbeispiel bei Rn 43) eine klare Qualifikation der streitentscheidenden Norm als öffentlich-rechtlich oder privatrechtlich, sie scheitert aber zum einen dort, wo sich gleichrangige Träger öffentlicher Gewalt gegenüberstehen (Beispiel: Gemeinde X schließt mit Gemeinde Y ein Abkommen über den Empfang von Leistungen des in Y ansässigen gemeindeeigenen Entsorgungsbetriebs), und zum anderen in jenen Fällen, in denen die Verwaltung trotz Bestehens eines Über- bzw. Unterordnungsverhältnisses *koordinations*rechtlich gegenüber dem Bürger auftritt (Beispiel: Verwaltungsvertragsverhältnis gem. §§ 54 ff. VwVfG).

dd. Bedeutung der Theorien für die Fallbearbeitung

45 Wie die vorstehende Kritik zu den einzelnen Theorien gezeigt hat, vermag keine der Theorien bei isolierter Betrachtung eine verlässliche Abgrenzung zwischen dem privaten und dem öffentlichen Recht zu bieten. Darum vertritt auch die Rechtsprechung keine konkrete Theorie, sondern bedient sich im Bemühen um eine im Einzelfall sachgerechte Zuordnung einer **Kombination aus modifizierter Subjektstheorie und Subordinationstheorie**.[38]

46 **Hinweis für die Fallbearbeitung:** Sofern sich aus der Kombination der beiden Theorien befriedigende Ergebnisse erzielen lassen, sollte man sich auch in der Fallbearbeitung darauf beschränken. Zu beachten ist allerdings, dass es völlig verfehlt wä-

[37] Vgl. *Forsthoff*, LB des VerwR I, 1950, § 6; BGHZ 14, 222, 227; 97, 312, 314; *Redeker/v. Oertzen*, VwGO, § 40 Rn 8; *Thiel/Garcia-Scholz*, JA 2001, 957, 958.

[38] GSOGB BGHZ 97, 312, 313 f.; BGHZ 102, 280, 287; 121, 367, 372; 129, 126, 128; BVerwG NJW 2007, 2275, 2276.

re, etwa den öffentlich-rechtlichen Charakter einer Streitigkeit, die ihre Grundlage im BauGB, im WaffG, im BtMG, im GastG, in der GewO, in einer Landesbauordnung, einem Landespolizeigesetz oder einer Gemeindeordnung hat, zu erörtern. In diesen Fällen reicht ein knapper Hinweis etwa dergestalt aus, „dass die die Hauptfrage streitentscheidende Norm anerkannt öffentlich-rechtlicher Natur ist, d.h. sie allein einen Hoheitsträger besonders berechtigt oder verpflichtet, diesem also zugeordnet ist". Dabei kann es durchaus vorkommen, dass einem Klagebegehren mehrere Gesetze, denen streitentscheidende Normen entnommen werden können, zuzuordnen sind. Das betrifft insbesondere das Gefahrenabwehrrecht, weil sich die Rechtsgrundlage für eine Maßnahme sowohl aus einem Spezialgesetz (GastG, GewO) als auch aus dem allgemeinen Polizei- und Ordnungsrecht ergeben kann. Sind alle in Betracht kommenden Gesetze solche des öffentlichen Rechts, kann bei der Prüfung des Verwaltungsrechtswegs (nicht bei der Prüfung der materiellen Rechtmäßigkeit der Maßnahme!) die Zuordnung des Streitgegenstands zu einer dieser Normen dahinstehen.

Kein Indiz für den öffentlich-rechtlichen Charakter einer Streitigkeit ist die **Grundrechtsbelastung** auf Seiten des Rechtsschutzsuchenden. Zwar sind Grundrechte Teil des öffentlichen Rechts, wollte man jedoch allein aus der Grundrechtsbelastung den öffentlich-rechtlichen Charakter einer Streitigkeit herleiten, hätte dies zur Folge, dass jede belastende behördliche Maßnahme öffentlich-rechtlich wäre. Dass dies nicht so sein kann, beweist schon der Umstand, dass in bestimmten Fällen die Verwaltung privatrechtlich tätig sein kann und dabei (wegen Art. 1 III GG) an die Grundrechte gebunden ist. Würde also die Grundrechtsbindung der Verwaltung den öffentlich-rechtlichen Charakter der Maßnahme begründen, gäbe es das Verwaltungsprivatrecht und die Fiskalverwaltung (dazu *R. Schmidt*, AllgVerwR, Rn 1008 ff.) nicht.

Schließlich ist zu beachten: Bestehen für ein und denselben prozessualen Anspruch zwei Rechtswege nebeneinander, richtet sich der zulässige Rechtsweg danach, auf welchen Klagegrund das Begehren gestützt wird.[39] Das angerufene Gericht prüft den Streit dann unter allen in Betracht kommenden rechtlichen Gesichtspunkten (§ 17 II S. 1 GVG).

Im Normalfall bietet sich für die **Fallbearbeitung** folgende Formulierung an:

„ (...). In Ermangelung einer aufdrängenden Spezialzuweisung kann der Verwaltungs- **47**
rechtsweg nur nach der Generalklausel des § 40 I S. 1 VwGO gegeben sein. Danach ist der Verwaltungsrechtsweg eröffnet, wenn eine öffentlich-rechtliche Streitigkeit nichtverfassungsrechtlicher Art vorliegt und keine anderweitige Rechtswegzuweisung besteht. Der Begriff der öffentlich-rechtlichen Streitigkeit ist in der VwGO nicht definiert. Zur Klärung des Begriffes ist daher auf die von Rechtsprechung und Literatur entwickelten Abgrenzungstheorien einzugehen.
Nach der Kombination aus modifizierter Subjektstheorie und Subordinationstheorie ist eine Streitigkeit öffentlich-rechtlich, wenn sich der Streitgegenstand als unmittelbare Folge öffentlichen Rechts darstellt, d.h. bei der Klagebegehren und zugrunde liegender Sachverhalt nach Normen des öffentlichen Rechts zu beurteilen sind[40] bzw. wenn zwischen den Streitparteien ein Über- und Unterordnungsverhältnis besteht. Vorliegend ..."

d. Fallgruppen mit unklarer Zuordnung

Trotz der bestehenden theoretischen Meinungsverschiedenheiten sind die meisten **48**
Fälle in der Praxis nicht mehr streitig. Ob eine bestimmte Streitigkeit dem öffentlichen

---

[39] OVG Lüneburg NVwZ-RR 1998, 695. Vgl. auch OLG Rostock NVwZ-RR 2006, 233 f.

[40] Streng genommen basiert diese Formulierung auf einem Zirkelschluss. Da sie aber regelmäßig sowohl in Urteilen (vgl. nur VGH München NVwZ 2002, 1392) als auch amtlichen Musterlösungen von Examensklausuren (vgl. nur *Bodanowitz*, JuS 1999, 574, 575) anzutreffen ist, wird auch im Folgenden von ihr ausgegangen.

Recht oder dem Privatrecht zuzuordnen ist, soll anhand der folgenden Fallgruppen aus der Rechtsprechungspraxis aufgezeigt werden:

aa. Privatrechtliche Betätigung der öffentlichen Hand

49 Tätigt die öffentliche Verwaltung Geschäfte zur Bedarfsdeckung (fiskalische Hilfsgeschäfte), betätigt sich erwerbswirtschaftlich oder verwaltet ihre Vermögensgegenstände, spricht man von **Fiskalverwaltung**. Hier tritt die Verwaltung als Privatrechtssubjekt auf und nimmt wie jeder andere am Wirtschaftsleben teil. Das Verhältnis zwischen ihr und dem Bürger kann in diesem Bereich also ausschließlich privatrechtlich sein und nur der Regelung des § 13 GVG unterfallen. Die teilweise noch verbleibende Grundrechtsbindung wird von den **ordentlichen Gerichten** beachtet (§ 17 II S. 1 GVG).[41] Im Einzelnen ist zu unterscheiden:

50 **Fiskalische Hilfsgeschäfte**: Darunter sind zum einen das Beschaffungswesen bzw. Veräußerungswesen und zum anderen das öffentliche Auftragswesen zu verstehen.

> **Beispiele:** Kauf von Büroausstattung, Dienstfahrzeugen, Grundstücken etc. (Beschaffungswesen); Verkauf von Grundstücken oder Wohnungen (Veräußerungswesen)[42]; Abschluss von Verträgen mit Baufirmen über den Bau von Straßen, Schulen, Regierungsgebäuden etc. (öffentliches Auftragswesen). Zur Grundrechtsbindung der öffentlichen Hand in diesem Bereich vgl. *R. Schmidt*, AllgVerwR, Rn 1039 ff. Zur (möglichen) Anwendung der für das Verwaltungsprivatrecht entwickelten **Zwei-Stufen-Theorie** auf fiskalische Hilfsgeschäfte vgl. sogleich Rn 56.

51 **Erwerbswirtschaftliche Betätigung**: Der Hoheitsträger wird erwerbswirtschaftlich tätig, wenn er in unternehmerischer Weise am Wirtschaftsverkehr teilnimmt bzw. sich an einem privaten Unternehmen (Handelsgesellschaft oder juristische Person des Privatrechts) beteiligt.

> **Beispiele:**
> **(1)** Den paradigmatischen Fall einer erwerbswirtschaftlichen Betätigung des Staates bildet die Beteiligung des Landes Niedersachsen an der Volkswagen AG.
> **(2)** Außerhalb von Handelsgesellschaften unternehmerisch tätig wird der Verwaltungsträger bspw. bei der Bewirtschaftung eines Weinguts mit staatlichen Bediensteten.
> **(3)** Auch wenn eine Gemeinde über ihren Eigenbetrieb etwa im Bereich des Garten- und Landschaftsbaus Aufträge privater Auftraggeber ausführt, wird sie erwerbswirtschaftlich tätig (und tritt gleichsam in Konkurrenz zu privaten Anbietern).[43] Weitere Beispiele sind der Partyservice einer städtischen Kantine, Instandsetzungsarbeiten, Elektroinstallationsarbeiten[44], Gebäudemanagement, Umzugsservice etc.

52 Die Teilnahme der öffentlichen Verwaltung am wirtschaftlichen Wettbewerb („Staat als Unternehmer" bzw. als „Aktionär") ist zwar grundsätzlich, aber keineswegs uneingeschränkt zulässig. Verfassungsrechtlich ist es schwierig, den damit verbundenen Eingriff in die Wettbewerbsfreiheit, d.h. in die individuellen Interessen privater Wettbewerber zu legitimieren. Insbesondere bestehen für die **Gemeinden** rechtliche Grenzen, die sich nach der jeweiligen Gemeindeordnung bestimmen. Die damit verbundenen Probleme gewinnen in erster Linie in einer Anfechtungssituation bzw. bei Nichtvorliegen eines Verwaltungsakts auch bei einem Unterlassungsbegehren an

---

[41] Vgl. BGHZ 150, 343 ff.; BGH NVwZ 2003, 246; *Antweiler*, NVwZ 2003, 1466 ff.; *Meyer*, NVwZ 2002, 1075 ff.; *Thiel/ Garcia-Scholz*, JA 2001, 957, 958.
[42] Vgl. dazu OVG Münster NJW 2001, 698 ff.
[43] Vgl. OLG Karlsruhe NVwZ 2001, 712 ff.
[44] Vgl. BGH NVwZ 2002, 1141 ff.

Bedeutung. Hier ist nach der (zivilrechtlichen oder öffentlich-rechtlichen) Rechtsgrundlage zu suchen, die dem betroffenen Bürger einen Unterlassungsanspruch einräumt. Siehe dazu Rn 807 ff.

Einen Unterfall der erwerbswirtschaftlichen Betätigung stellt die **Verwaltung eigener Vermögensgegenstände** dar: Die Träger öffentlicher Verwaltung sind auch privatrechtliche Eigentümer von Vermögensgegenständen (Fahrzeugen, Grundstücken etc.). Soweit die Gegenstände nicht der Erfüllung hoheitlicher Aufgaben dienen (etwa weil sie nicht durch Widmungsakt dem öffentlichen Recht unterstellt werden - modifiziertes Privateigentum[45]), kommt eine privatwirtschaftliche Nutzung in Betracht. 53

Beispiele: Vermietung der Kellerräume des Rathauses an einen Gastronom („Ratskeller") oder Zur-Verfügung-Stellen der Außenflächen von Bussen und Straßenbahnen gegen Entgelt für Werbezwecke. Zur Grundrechtsbindung in diesem Bereich vgl. *R. Schmidt*, AllgVerwR, Rn 1039 ff.

Im Bereich der Fiskalverwaltung ist ferner die **öffentliche Auftragsvergabe** von Interesse: Diese ist (sofern ein bestimmter Schwellenwert überschritten wird, vgl. § 106 GWB) in den **§§ 97 ff. GWB** geregelt und somit dem **Zivilrecht** zugeordnet; der Verwaltungsrechtsweg ist gesperrt.[46] 54

Demgegenüber spricht man von **Verwaltungsprivatrecht**, wenn die Verwaltung öffentliche Aufgaben in Privatrechtsform erfüllt und dabei zahlreichen öffentlich-rechtlichen Bindungen unterliegt. Die klausurrelevantesten Probleme in dieser Beziehung ergeben sich bei der Vergabe von **Subventionen**, bei der Zulassung zur Benutzung von **öffentlichen Einrichtungen** und bei der **Versorgungs- und Entsorgungstätigkeit** des Staates oder der Gemeinden. Ferner sei der **öffentliche Personennahverkehr** genannt. 55

Beispiele:

(1) Das Land L möchte den Mittelstand fördern und vergibt **(a)** zinsgünstige Darlehen bzw. gewährt **(b)** für bestimmte Vorhaben Zuschüsse. Hinsichtlich der Darlehensvergabe bzw. der Auszahlung schaltet es eine Privatbank ein, die die Abwicklung des Darlehens übernimmt.

(2) Die Gemeinde G versorgt ihre Einwohner mit Wasser und Strom (Versorgungsenergien) **(a)** über ihre öffentlich-rechtlich organisierten Eigen- oder Regiebetriebe oder **(b)** über die von ihr beherrschten privatrechtlich organisierten Energieversorgungsunternehmen (AG oder GmbH). In beiden Konstellationen schließt sie mit den Einwohnern privatrechtliche Energielieferungsverträge.

(3) Die Stadt S nimmt den öffentlichen Personennahverkehr (ÖPNV) durch eine AG wahr, deren Aktien sich ausschließlich oder überwiegend in ihrer Hand befinden. Die AG schließt mit den Fahrgästen privatrechtliche Beförderungsverträge.

(4) Die Stadt S stellt der Öffentlichkeit eine Stadthalle zur Verfügung. Betrieben wird die Stadthalle **(a)** durch einen Regie- oder Eigenbetrieb der Stadt oder **(b)** durch eine Betreiber-GmbH („Stadthallen-GmbH"), deren Geschäftsanteile sich im Eigentum der Stadt befinden. In beiden Fällen werden mit den Nutzern privatrechtliche Mietverträge geschlossen.

Bei der Frage nach dem öffentlich-rechtlichen Charakter derartiger Maßnahmen ist in Prüfungsarbeiten auf die sog. **Zwei-Stufen-Theorie** einzugehen: Geht es um Frage 56

---

[45] Vgl. dazu OLG Schleswig NJW 2001, 1073 (hier: Meeresstrand).

[46] Zur Rechtswegfrage bei der Vergabe öffentlicher Aufträge vgl. auch BVerwG NVwZ 2007, 2275 ff.; *Ennuschat/Ulrich*, NJW 2007, 2224 ff.; *Burgi*, NVwZ 2007, 737 ff.; *Druschel*, JA 2008, 514 ff.

des **„Ob"** der Gewährung, *ob* also z.B. ein Versorgungsvertrag geschlossen, eine Subvention oder die Zulassung zur Nutzung einer öffentlichen Einrichtung gewährt werden soll, ist von einem öffentlich-rechtlichen Charakter der Entscheidung auszugehen. Zugleich ist der *Verwaltungsrechtsweg* eröffnet (**1. Stufe**). Für die Abwicklung (also das **„Wie"**) stellt indes das Privatrecht Vertragstypen bereit, die im öffentlichen Recht nicht eigenständig entwickelt wurden. Das führt zu der Einsicht, dass ein öffentlich-rechtliches Rechtsverhältnis in seiner weiteren Durchführung privatrechtlich (wie bspw. nach §§ 535 ff. oder 488 ff. BGB) ausgestaltet sein kann (**2. Stufe**).[47]

57 **Zu den Beispielen:**

(1) Geht es um die Gewährung eines **Subventionsdarlehens** (Konstellation a), wird auf der 1. Stufe entschieden, ob das (beantragte) Darlehen gewährt wird. Diese Entscheidung ist öffentlich-rechtlich und erfolgt rechtstechnisch durch Verwaltungsakt. Erst wenn diese Entscheidung getroffen wurde, erfolgt auf der 2. Stufe die Abwicklung. Diese ist (bei Anwendung der Zwei-Stufen-Theorie) stets privatrechtlich ausgestaltet, und zwar in Form eines Darlehensvertrags gem. §§ 488 ff. BGB. Dabei spielt es keine Rolle, ob dieser Darlehensvertrag zwischen dem Darlehensnehmer und der öffentlichen Hand oder einem von dieser beauftragten privaten Kreditinstitut geschlossen wird. Konsequenz für den Rechtsweg: Streitigkeiten über das „Ob" der Gewährung sind öffentlich-rechtlich und vor den Verwaltungsgerichten auszutragen. Meinungsverschiedenheiten, die die 2. Stufe betreffen, sind bürgerlich-rechtlich und vor den Zivilgerichten auszutragen.

Besteht die Leistungsgewährung indes in einem **Investitionszuschuss** (Konstellation b), ist für die Zwei-Stufen-Theorie kein Raum. Denn die Auszahlung ist lediglich der Vollzugsakt des Bewilligungsbescheids und somit wie dieser öffentlich-rechtlich. Das gilt auch dann, wenn die Auszahlung des Zuschusses durch ein privates Kreditinstitut erfolgt. In diesem Fall fungiert die Privatbank nur als „Zahlstelle" der Behörde.[48]

Generell gilt: Sind „ob" und „wie" öffentlich-rechtlich (gibt es also keine 2. Stufe), ist die Zwei-Stufen-Theorie folgerichtig nicht anwendbar. So ist bspw. der mit Kapazitätsgründen begründete Ausschluss von einer städtischen KiTa stets öffentlich-rechtlich.[49]

(2) Geht es um den Anschluss an das öffentliche **Versorgungs- oder Entsorgungsnetz**, steht die Frage des „Ob" im Mittelpunkt. Hier ist wegen Vorliegens einer öffentlich-rechtlichen Streitigkeit der Verwaltungsrechtsweg eröffnet. Streiten sich die Parteien dagegen etwa um die Höhe der Versorgungskosten (dem „Wie"), ist zu differenzieren: In Konstellation (a) kann die Verwaltung – anders als in Bsp. (1) – das Benutzungsverhältnis sowohl hoheitlich als auch privatrechtlich ausgestalten. Sie hat die Formenwahlfreiheit. Sie ist frei in ihrer Entscheidung, ob sie das Benutzungsverhältnis öffentlich-rechtlich *oder* privatrechtlich ausgestaltet. Das hat Konsequenzen für den Rechtsweg: Je nach Ausgestaltung ist der Verwaltungsrechtsweg oder der Zivilrechtsweg eröffnet. In Konstellation (b) hat sie indes durch die Privatisierung der Einrichtung ihre Formenwahlfreiheit verloren. Das leuchtet ein. Eine juristische Person des Privatrechts kann (von dem hier nicht einschlägigen Fall der Beleihung einmal abgesehen) ausschließlich privatrechtlich handeln. Über die Frage des „Wie" kann dann nur das Zivilgericht entscheiden.

---

[47] Die Zwei-Stufen-Theorie geht auf *H.P. Ipsen* zurück (vgl. *H.P. Ipsen*, DVBl 1956, 461 unter Bezugnahme auf ein von ihm verfasstes Rechtsgutachten aus dem Jahre 1951). In der Rspr. ist sie fest etabliert, vgl. etwa BVerwGE 7, 180, 187; 13, 47, 54; 13, 307, 309 ff.; 32, 333, 334; 45, 13, 14; BVerwG DVBl 2006, 118 ff.; BGHZ 40, 206, 210; 52, 155, 160; 61, 296, 299. Zusammenfassend *Schoch*, NVwZ 2016, 257, 265.

[48] Vgl. dazu näher Rn 67 f.

[49] VGH München NJW 2013, 249.

(3) Auch beim **ÖPNV** entscheidet über das „Ob" der Benutzung das Verwaltungsgericht. Würde es demgegenüber um Fragen der Benutzung gehen, etwa um den Erlass eines Rauchverbots auf den Bahnsteigen oder in der Bahn selbst, wäre eine Klage vor den ordentlichen Gerichten zu erheben, da die Beförderungsverträge wegen der Rechtsformenwahl zugunsten einer AG ausschließlich privatrechtlich ausgestaltet sein können.

(4) Hinsichtlich der Benutzung kommunaler oder städtischer **öffentlicher Einrichtungen** vgl. die zusammenfassende Darstellung bei Rn 69 ff.

Die Unternehmen, die der Staat zur Erledigung von Aufgaben der Daseinsvorsorge einsetzt, sind der **mittelbaren Staatsverwaltung im weiteren Sinne** zuzurechnen, auch wenn die Unternehmen in Privatrechtsform handeln. Selbstverständlich besteht die (theoretische) Möglichkeit, dass der Staat ihnen bestimmte Verwaltungsaufgaben im Wege der **Beleihung** überträgt. Dann gehören sie in ihrer Eigenschaft als Beliehene der mittelbaren Staatsverwaltung im engeren Sinne an mit der Folge, dass deren Handeln stets öffentlich-rechtlich ist. Zur Beleihung vgl. näher *R. Schmidt*, AllgVerwR, Rn 110 ff. **58**

bb. Hausverbot

Abgesehen von den gesetzlich geregelten Fällen (etwa Art. 40 II S. 1 GG, §§ 171a, **59**
176 ff. GVG; § 37 III S. 1 NdsHochschG[50]; Vorschriften der Gemeindeordnungen) ist die rechtliche Qualifikation eines Hausverbots, wie es bspw. gegenüber Störern in öffentlichen Gebäuden erlassen wird, strittig. Ausgangspunkt des Streits ist der duale Status von öffentlichen Sachen: Öffentliche Sachen unterstehen einerseits der einheitlichen Eigentumsordnung des BGB. Andererseits lastet aufgrund der Widmung für einen öffentlichen Zweck auf dem Privateigentum ein beschränkt-dingliches Recht. Es verleiht dem widmenden öffentlichen Sachherrn bestimmte öffentlich-rechtliche Nutzungsbefugnisse („modifiziertes Privateigentum"). Die bei Rn 38 ff. genannten Abgrenzungstheorien lassen hier keine eindeutige Zuordnung zu. Folgerichtig ist die Qualifikation eines Hausverbots als öffentlich-rechtlich oder privatrechtlich strittig.

- Die herrschende Linie in der Rechtsprechung[51] qualifiziert das Hausverbot entsprechend dem **Zweck des Besuchs**. Hindere das Hausverbot aus der Sicht des Bürgers diesen daran, zum Zweck der Erledigung eigener Verwaltungstätigkeiten ein Dienstgebäude zu betreten (etwa um einen Bauantrag einzureichen), sei es - als Annex zu dem von ihm verfolgten Interesse - eine Maßnahme auf dem Gebiet des öffentlichen Rechts. Wolle der zurückgewiesene Bürger dagegen lediglich in eine privatrechtliche Beziehung mit der Behörde treten (etwa um der Behörde ein Angebot zum Kauf von Computern für die Büros zu unterbreiten), sei auch das Hausverbot privatrechtlich zu entscheiden.
- In der Literatur[52] und dem anderen Teil der Rechtsprechung[53] wird teilweise auf den **Zweck der Einrichtung bzw. des Hausverbots** abgestellt. Danach ist das Hausverbot immer als öffentlich-rechtlich zu qualifizieren, wenn es der Sicherung der Erfüllung der öffentlichen Aufgaben (einschließlich des Schutzes der Behördenmitarbeiter) im Verwaltungsgebäude dient. Unabhängig von dem Grund, aus dem der Besucher das

---

[50] Vgl. dazu OVG Lüneburg NVwZ 2010, 2905, 2906 und VG Göttingen 20.9.2012 – 4 A 258/09 (jeweils Hausverbot des Präsidiums einer Universität gegenüber einem kommerziellen juristischen Repetitorium).

[51] BGHZ 33, 230, 231 f. (Fotograf im Standesamt); BVerwGE 35, 103, 106 (Vergabe von Entwicklungs- und Forschungsaufträgen durch das Bundesverteidigungsministerium); VG Berlin NVwZ-RR 2002, 33, 34 (Hausverbot ggü Schüler, der in der Schule Kleidung trägt, die als Kennzeichen neonazistischer Gesinnung gilt): jeweils privatrechtlich. OVG Münster NJW 2011, 2379; VG Augsburg 10.2.2016 – Au 7 S 16.189 (Hausverbot ggü Frauke Petry, AfD): jeweils öffentlich-rechtlich. Vgl. zum Streit auch *Hebeler*, JA 2015, 159 f.

[52] *Maurer*, AllgVerwR, § 3 Rn 24; *Schenke*, VerwProzR, Rn 119; *Hufen*, VerwProzR, § 11 Rn 38; *Brüning*, DÖV 2003, 389 ff.; *Jutzi*, LKRZ 2009, 16, 17 f.

[53] VG Gießen LKRZ 2012, 51; OVG Hamburg NJW 2014, 1196 f. (Jobcenter).

öffentliche Gebäude betreten hat, wird auf die Beeinträchtigung der Erfüllung öffentlicher Aufgaben durch die Behörde abgestellt.

60 **Hinweis für die Fallbearbeitung:** In Fällen, in denen das Hausverbot beispielsweise deshalb als zivilrechtlich qualifiziert wird, weil der Besucher das Verwaltungsgebäude betritt, um mit der Behörde ausschließlich zivilrechtlich in Verbindung zu treten, aber der Amtswalter durch die Störung in seiner öffentlich-rechtlichen Tätigkeit beeinträchtigt wird, das Hausverbots also öffentlich-rechtlichen Charakter besitzt, muss der Streit entschieden werden.
Nach der hier vertretenen Auffassung muss die störungsabwehrende Reaktion aufgrund der widmungsgemäßen Überlagerung des Privatrechts durch das öffentliche Recht einheitlich öffentlich-rechtlich erfolgen.[54] Anderenfalls hinge die Rechtswegbestimmung von der Äußerung bzw. Intention des Besuchers ab, aus welchem Grund er das Dienstgebäude aufsucht.

61 Fraglich ist weiterhin, ob es sich bei dem Hausverbot um einen Verwaltungsakt handelt und ob eine Rechtsgrundlage erforderlich ist. Richtigerweise handelt es sich bei dem Hausverbot um einen Verwaltungsakt. Denn durch das Hausverbot wird dem Betroffenen ein bestimmtes Verhalten, nämlich das künftige Betreten des Dienstgebäudes, verboten. Damit kommt dem Verbot sowohl eine Regelung als auch eine unmittelbare Rechtswirkung nach außen zu.[55] Bei der Frage nach der Rechtsgrundlage ist der Gedanke zugrunde zu legen, dass der Behördenleiter eine gesetzlich geregelte öffentlich-rechtliche Sachkompetenz besitzt, für einen störungsfreien Dienstbetrieb innerhalb des räumlichen Verwaltungsgebäudes zu sorgen. Diese Sachkompetenz impliziert die Befugnis, den „Störer" vom Betreten des Dienstgebäudes abzuhalten. Bei der Frage, ob aber überhaupt eine „Störung" vorliegt, ist eine umfassende Rechtsgüterabwägung vorzunehmen. Geht es bspw. um eine politische Veranstaltung in einem auch zur Durchführung politischer Veranstaltungen gewidmeten öffentlichen Gebäude, sind im Hinblick auf das Grundrecht auf Meinungsfreiheit, das Verbot einer Diskriminierung politischer Anschauungen und die Parteienfreiheit Aussagen, die nicht offensichtlich einen Straftatbestand erfüllen oder zu Straftaten aufrufen, im Rahmen der freiheitlichen demokratischen Grundordnung grundsätzlich zulässig.[56] Ein Hausverbot, das sich lediglich auf (zu erwartende) „politisch und gesellschaftlich äußerst umstrittene Äußerungen" stützen könnte, wäre insoweit rechtswidrig. Das deckt sich insoweit mit dem Parteienprivileg aus Art. 21 II S. 2 GG.[57]

cc. Öffentlich-rechtliche Emissionen

62 In den sog. Emissionsfällen (Mülldeponie, Kinder- oder Behindertenspielplatz, Kläranlage, Grillplatz, Sportplatzanlage, Skater-Anlage[58], Bahnanlage[59] usw.), in denen die Emissionen/Immissionen[60] von Lärm, Geruch oder gesundheitsschädlichen Stoffen Streitgegenstand sind, bestimmt sich die Zuordnung eines Abwehr- oder Unterlassungsanspruchs nach der Rechtsnatur des Eingriffs: Stehen die Emissionen in einem engen **Planungs- und Funktionszusammenhang** mit der Wahrnehmung **hoheitlicher Aufgaben** oder ist die emittierende Einrichtung der **öffentlichen Daseinsvorsorge** zuzuordnen, ist die Streitigkeit vor dem **Verwaltungsgericht** auszutra-

---

[54] Wie hier nun auch VG Augsburg 10.2.2016 – Au 7 S 16.189 (Hausverbot ggü Frauke Petry, AfD).
[55] Ebenfalls wie hier nun auch VG Augsburg 10.2.2016 – Au 7 S 16.189 (Hausverbot ggü Frauke Petry, AfD).
[56] VG Augsburg 10.2.2016 – Au 7 S 16.189 (Hausverbot ggü Frauke Petry, AfD).
[57] Vgl. dazu im Einzelnen *R. Schmidt*, Staatsorganisationsrecht, Rn 408 ff.
[58] OVG Koblenz NVwZ 2000, 1190.
[59] Vgl. *Roth*, NVwZ 2001, 34 ff.
[60] Der Unterschied zwischen Emissionen und Immissionen besteht darin, dass man von Emissionen spricht, wenn Luftverunreinigungen von einem bestimmten Verursacher (einer Anlage) ausgehen, während der Begriff der Immissionen die Einwirkung von Umwelteinflüssen auf bestimmte Rechtsgüter (z.B. Pflanzen) erfasst, vgl. § 3 II, III BImSchG.

gen.[61] Statthaft ist regelmäßig die allgemeine Leistungsklage. Nur wenn das Handeln eindeutig im Bereich der privatrechtlichen Eigentümerbefugnis und außerhalb des öffentlichen Zwecks liegt, kann eine privatrechtliche Streitigkeit angenommen werden.

Beispiel: Die Gemeinde G betreibt auf einem als Wohngebiet ausgewiesenen gemeindeeigenen Grundstück einen öffentlichen Grillplatz. Nachbar N, dessen Wohnhaus unmittelbar an den Grillplatz grenzt, fühlt sich durch die ständige Lärm- und Geruchsbelästigung in den Abendstunden in seinen Rechten verletzt. Welcher Rechtsweg ist eröffnet?

Der Verwaltungsrechtsweg ist eröffnet, wenn es sich um eine öffentlich-rechtliche Streitigkeit nichtverfassungsrechtlicher Art handelt, § 40 I VwGO. Öffentlich-rechtlich ist die Streitigkeit, wenn die streitentscheidenden Normen dem öffentlich Recht zuzuordnen sind. Vorliegend könnte sich der Streit nach Maßgabe der §§ 823, 1004 BGB entscheiden. Dann wäre gem. § 13 GVG der Zivilrechtsweg eröffnet. Der Streit könnte sich aber auch nach dem öffentlichen Recht entscheiden, denn das Betreiben eines gemeindlichen Grillplatzes kann durchaus der Daseinsvorsorge zugerechnet werden. Die Daseinsvorsorge ist – zumindest was die Frage des „Ob" betrifft – öffentlich-rechtlicher Natur. Es muss daher auf den Sachzusammenhang abgestellt werden. Wegen des Sachzusammenhangs mit der Erfüllung von Aufgaben der Daseinsvorsorge wurzelt der Unterlassungsanspruch des N im öffentlichen Recht. Es besteht ein öffentlich-rechtlicher Unterlassungsanspruch, für den der Verwaltungsrechtsweg eröffnet ist. Statthaft ist die allgemeine Leistungs(unterlassungs)klage.

dd. Ehrverletzende und rufschädigende amtliche Äußerungen

Unsicherheiten bestehen auch dann hinsichtlich der Rechtswegfrage, wenn es um die Abwehr von ehrverletzenden und rufschädigenden Äußerungen geht. Jedenfalls muss gegen ehrverletzende oder rufschädigende Äußerungen zivilgerichtlich vorgegangen werden, wenn sie der Amtswalter als Privatperson, beispielsweise während einer privaten Veranstaltung, getätigt hat. Denn hier fehlt jeder Bezug zum öffentlichen Recht. **63**

Beispiel: Bauunternehmer B begehrt die Unterlassung einer aus seiner Sicht ehrenrührigen Äußerung eines Bürgermeisters, die dieser im Zusammenhang mit der Abwicklung privatrechtlicher Verträge zwischen der Gemeinde und dem Bauunternehmer abgegeben hat. Hier ist der Verwaltungsrechtsweg grundsätzlich nicht eröffnet. Wegen des privatrechtlichen Sachzusammenhangs kann sich ein Unterlassungs- oder Widerrufsanspruch nur nach dem Privatrecht ergeben.[62]

Schwierig ist dagegen die Rechtswegfrage zu beantworten, wenn der Amtswalter die Äußerung im Rahmen der Erfüllung von öffentlichen Aufgaben getätigt hat. In Parallele zu den Immissionsfällen sollte die Streitigkeit dann als öffentlich-rechtlich qualifiziert werden, wenn die umstrittene Äußerung in einem **engen Funktions- bzw. Sachzusammenhang** mit dem Bereich hoheitlicher Betätigung des Amtswalters steht (sog. **Akzessorietätstheorie**). **64**

Beispiel[63]**:** P ist amerikanischer Jazz-Pianist und Mitglied der Scientology-Organisation. Die Landesregierung erklärt in einer Pressemitteilung, dass P zukünftig keine staatliche Förderung mehr erhalten werde, da er, wie die Landesregierung erfahren habe, der Scientology-Organisation angehöre.

---

[61] OVG Koblenz NVwZ 2000, 1190; VG Arnsberg NVwZ 1999, 450.
[62] VGH Mannheim NVwZ-RR 1998, 413 L; anders OLG Dresden NVwZ-RR 1998, 343: Öffentlich-rechtliche Streitigkeit.
[63] Vgl. BVerfG NJW 2002, 3458 ff. (Offenlegung einer Scientology-Mitgliedschaft).

Hier steht die Äußerung der Landesregierung in einem engen Funktionszusammenhang mit der Wahrnehmung hoheitlicher Pflichten (Informationsrecht gegenüber der Öffentlichkeit). Der Verwaltungsrechtsweg ist eröffnet. Statthaft ist zum einen die Leistungsunterlassungsklage (Unterlassen weiterer Äußerungen) und zum anderen die Leistungsvornahmeklage (Folgenbeseitigung in Form des Widerrufs der Äußerung), die P wegen des Eingriffs in sein Persönlichkeitsrecht erheben kann (vgl. § 44 VwGO).

ee. Öffentliche Warnungen

65 Unter einer öffentlichen (d.h. behördlichen) Warnung versteht man Erklärungen von Behörden oder Regierungsorganen, die an die Bevölkerung gerichtet sind und diese vor bestimmten gewerblichen oder landwirtschaftlichen Produkten, aber auch vor bestimmten Institutionen warnen.[64]

Beispiele: Warnung vor (Jugend-)Sekten oder anderen Glaubensgemeinschaften[65], Veröffentlichung von Arzneimitteltransparenzlisten[66], Veröffentlichung von Warentests durch Behörden[67], Empfehlung, in Karton verpackte Getränke zu meiden[68], Veröffentlichung einer Liste glykolhaltiger und damit gesundheitsschädlicher Weine[69], Warnung vor angeblich verdorbenen Teigwaren[70], „Warnung" vor E-Zigaretten[71] etc.

66 Es liegt auf der Hand, dass insbesondere Warnungen vor bestimmten Produkten oder Institutionen für die Betroffenen zum Teil erhebliche Nachteile wie z.B. Imageverlust oder Umsatzeinbußen nach sich ziehen. Denn wenn z.B. eine Warnung vor einem bestimmten Lebensmittel ausgesprochen und von der Bevölkerung ernst genommen wird, dann wird das Produkt eben nicht mehr gekauft. Darüber hinaus ist es möglich, dass die Verbraucher dann das ganze Sortiment des Herstellers meiden, weil man sich ja nie sicher sein kann, ob nicht auch andere Produkte mangelhaft sind. Damit sind Grundrechtseingriffe immanent. Die öffentlichen Warnungen werfen daher eine Reihe von Fragen auf. So ist zunächst zu fragen, ob die handelnde Behörde überhaupt zuständig war. Dies betrifft insbesondere die Warnungen, die von der Bundesregierung ausgesprochen werden. Des Weiteren muss wegen des mit der Warnung verbundenen Eingriffs in die Grundrechte (Art. 14 I, 12 I GG bei Warnungen vor gewerblichen oder landwirtschaftlichen Produkten, Art. 4 I GG bei Warnungen vor (Jugend-) Sekten, Art. 2 I GG bei geschäftsschädigenden und ehrverletzenden Äußerungen, Art. 3 I GG bei Verletzung der Wettbewerbsneutralität) der Gesetzesvorbehalt beachtet werden. Dies führt zum Erfordernis einer gesetzlichen Rechtsgrundlage. Soweit eine Gefahr für die öffentliche Sicherheit oder Ordnung vorliegt und keine abschließende Spezialermächtigung greift, sind die Landesbehörden aufgrund der **landespolizeilichen Befugnisgeneralklausel**[72] berechtigt, adäquate Maßnahmen, zu denen auch die Warnungen gehören, zu treffen. Der Rückgriff auf die landesrechtliche Befugnisgeneralklausel ist aber ausgeschlossen, wenn keine Gefahr vorliegt bzw. wenn die

---

[64] Vgl. dazu ausführlich BVerfGE 105, 252 ff. (Glykolwein); 105, 279 ff. (Jugendsekte); BVerfG NJW 2002, 3458 ff. (Scientology-Mitgliedschaft).

[65] Vgl. BVerfGE 105, 279 ff.; BVerwGE 90, 112, 116; 82, 60, 76; BVerfG NJW 1989, 3269; OVG Hamburg NVwZ 1995, 498; VGH München NVwZ 1995, 793; OVG Münster NJW 1996, 2114; OVG Münster NJW 1996, 2115; BVerwG NVwZ 1994, 162, 163; *Beaucamp*, JA 2002, 398 ff.

[66] BVerwGE 71, 183.

[67] BVerwG DVBl 1996, 807 (Warentests von Futtermitteln).

[68] VGH Kassel NVwZ 1995, 611.

[69] BVerfGE 105, 252 ff.; BVerwGE 87, 37 ff.; OVG Münster NJW 1986, 2783; OVG Münster GewArch 1988, 11.

[70] OLG Stuttgart NJW 1990, 2690 („Birkel").

[71] VG Düsseldorf MPR 2012, 67 ff. Vgl. auch BGH 23.12.2015 - 2 StR 525/13. Zu beachten ist, dass mit einer Mitte 2016 in Kraft tretenden Gesetzesänderung E-Zigaretten mit Flüssigkeiten befüllt werden dürfen, die einen Nikotingehalt von bis zu 20 mg pro ml haben.

[72] Vgl. Bund (§ 14 BundesPolG); Bay (Art. 11 I PAG); Berl (§ 17 I ASOG); Brand (§ 10 I PolG); Brem (§ 10 I PolG); Hamb (§ 3 I SOG); Hess (§ 11 SOG); MeckVor (§ 13 SOG); Nds (§ 11 SOG); NW (§ 8 I PolG); RhlPfl (§ 9 I POG); Saarl (§ 8 I PolG); Sachs (§ 3 I PolG); SachsAnh (§ 13 SOG); SchlHolst (§§ 174, 176 LVwG); Thür (§ 12 I PAG).

Warnung von einer Bundesbehörde (i.d.R. von der **Bundesregierung**) ausgeht. Im Einzelnen ist vieles sehr strittig, vgl. dazu auf die zusammenhängende Darstellung bei *R. Schmidt*, AllgVerwR, Rn 893 ff.

ff. Subventionsvergabe

Subventionen i.e.S. (**Direktsubventionen**) sind vermögenswerte Zuwendungen, die **67** der Staat oder ein anderer Träger öffentlicher Verwaltung unmittelbar oder durch Dritte an Privatpersonen zur Förderung eines im öffentlichen Interesse liegenden **Zwecks** leistet.

Beispiel: Der Staat oder die Gemeinde fördert Landwirte, die eine ökologische Tierhaltung betreiben, **(a)** durch Zuschüsse und **(b)** durch zinsgünstige Darlehen, um der Maul- und Klauenseuche entgegenzutreten.

Bei Subventionen ist auf jeden Fall auf die zu diesem Problemkreis entwickelte **Zwei-Stufen-Theorie** (vgl. Rn 56) einzugehen: Ausgangspunkt ist die Überlegung, dass eine Subventionierung einstufig erfolgt, wenn Bewilligung und Gewährung in einem Akt zusammenfallen und das Subventionsverhältnis damit abgeschlossen ist. Diese Konstellation tritt beispielsweise dann ein, wenn eine Subvention wie in Variante **(a)** in Form eines **verlorenen Zuschusses** in Betracht kommt. Vollzieht sich die Subventionierung jedoch nicht in einem Akt, sondern erstreckt sich wie in Variante **(b)** auf einen längeren Zeitraum (Subvention in Form eines **Darlehens** oder einer **Bürgschaft**), tritt zu der Bewilligung häufig ein privatrechtliches Rechtsverhältnis in Form eines Darlehens- oder Bürgschaftsvertrags (vgl. §§ 488 ff., §§ 765 ff. BGB) hinzu. Bei dieser Handlungsform entscheidet zunächst die Behörde über die Gewährung (die Bewilligung) oder Versagung beispielsweise des beantragten Darlehens (**1. Stufe**). Diese Entscheidung über das „Ob" der Gewährung der Subvention (oder der Benutzung einer öffentlichen Sache) ist stets eine Frage der öffentlich-rechtlichen Zweckbestimmung und somit unmittelbare Folge des öffentlichen Rechts.[73] Zur Durchführung der Subventionierung, das „Wie", wird sodann ein privatrechtlicher (Darlehens-) Vertrag zwischen Subventionsgeber und Subventionsempfänger abgeschlossen (**2. Stufe**). Bei der Prüfung des Verwaltungsrechtswegs muss also nur festgestellt werden, dass es im betreffenden Fall um das **„Ob"** und nicht um das **„Wie"** der Subventionierung geht. Es bleibt somit stets bei der Begründetheit zu prüfen, ob ein öffentlich-rechtlicher Anspruch auf Subventionsgewährung besteht.

Für die **statthafte Klageart** gilt Folgendes: Begehrt jemand eine Subvention, ist die **68** Verpflichtungsklage statthaft, da die Entscheidung über das „Ob" der Gewährung aufgrund der mit ihr verbundenen Regelungswirkung einen VA darstellt. Möchte hingegen ein Dritter die Subvention angreifen (Fall der Konkurrentenabwehrklage), ist die **Anfechtungsklage** statthaft. Geht es dem Dritten dagegen darum, ebenfalls in den Genuss einer Begünstigung zu kommen, ist jedenfalls die **Verpflichtungsklage** statthaft (Fall der Konkurrentengleichstellungsklage). Kann der Dritte die Begünstigung nur dann erhalten, wenn er den Begünstigten aus seiner Position entfernt (etwa weil das Kontingent bereits erschöpft ist), muss er nach h.M. in kumulativer Klagehäufung zusätzlich eine Anfechtungsklage erheben (Fall der Konkurrentenverdrängungsklage). Vgl. dazu die Ausführungen zu den betreffenden Klagearten.

[73] Das gilt auch für die Rücknahmeentscheidung (vgl. OVG Magdeburg NVwZ 2002, 108).

gg. Öffentliche Einrichtungen und öffentliche Sachen

69 **Öffentliche Einrichtungen** wie z.B. Schwimmbäder, Museen, Bibliotheken, Theater, Stadthallen, Wasserschleusen etc. sind *bestimmten öffentlichen Zwecken gewidmete* Leistungseinrichtungen im Bereich staatlicher Daseinsvorsorge (Vorsorgeverwaltung), die der Bürger nach besonderer Zulassung nutzen kann.[74]

> **Beispiel:** Die Stadt S hat ihre Stadthalle bereits mehrfach politischen Parteien für die Durchführung von Veranstaltungen zur Verfügung gestellt. Betrieben wird die Stadthalle (a) durch einen Regie- oder Eigenbetrieb der Stadt oder (b) durch eine Betreiber-GmbH („Stadthallen-GmbH"), deren Geschäftsanteile sich im Eigentum der Stadt befinden. In beiden Fällen werden mit den Nutzern privatrechtliche Mietverträge gemäß §§ 535 ff. BGB geschlossen. Möchte nun beispielsweise eine umstrittene politische Partei einen Parteitag abhalten und sollte sich die Betreiber-Gesellschaft weigern, die Stadthalle diesbezüglich zur Verfügung zu stellen, stellt sich die Frage nach dem Zulassungsanspruch.

70 Auch hinsichtlich der Benutzung kommunaler oder städtischer öffentlicher Einrichtungen gilt, dass die Entscheidung über die Zulassung zur Benutzung grds. öffentlich-rechtlich durch Verwaltungsakt erfolgt (**1. Stufe**). Das Benutzungsverhältnis, bei dem es um die Modalitäten der Nutzung geht (Dauer der Nutzung, Höhe des Entgelts, Verhaltenspflichten etc.), ist der **2. Stufe** zuzuordnen. Anders als bei den Subventionen ist diese 2. Stufe jedoch nicht stets dem Privatrecht zuzuordnen. Es ist zu unterscheiden:

71 **Betreiber-Gesellschaft ist ein Eigen- oder Regiebetrieb:** Betreibt die öffentliche Hand die Einrichtung in Eigenregie bzw. durch einen Eigenbetrieb (Konstellation a), hat sie die Formenwahlfreiheit: Sie ist frei in ihrer Entscheidung, ob sie das Benutzungsverhältnis öffentlich-rechtlich *oder* privatrechtlich ausgestaltet. Gestaltet sie das Benutzungsverhältnis **öffentlich-rechtlich** aus (Indizien dafür sind: Benutzungssatzung, Benutzungsgebühr oder Hinweis auf öffentlich-rechtliche Rechtsbehelfe), sind Streitigkeiten auch hinsichtlich der Benutzungsmodalitäten **öffentlich-rechtlich** und daher vor den Verwaltungsgerichten auszutragen. Die Zwei-Stufen-Theorie ist hier überflüssig und daher nicht anwendbar.[75] Handelt es sich indes um eine privatrechtliche Ausformung des Benutzungsverhältnisses (was i.d.R. anzunehmen ist, wenn die Benutzungsregeln durch AGB statt durch Satzung festgelegt werden oder wenn von einem Benutzungsentgelt statt von einer Benutzungsgebühr die Rede ist), entscheiden hinsichtlich der Zulassung (**1. Stufe**) die Verwaltungsgerichte und hinsichtlich der Benutzungsmodalitäten (**2. Stufe**) die Zivilgerichte. Kann nicht zweifelsfrei festgestellt werden, ob das Benutzungsverhältnis öffentlich-rechtlich oder privatrechtlich ausgestaltet ist, spricht die Vermutung für ein öffentlich-rechtliches Handeln. In diesem Fall ist eine Unterscheidung zwischen den beiden Stufen überflüssig, da sowohl hinsichtlich des Zulassungsanspruchs als auch hinsichtlich des Benutzungsverhältnisses die Verwaltungsgerichte entscheiden.

72 **Betreiber-Gesellschaft ist eine juristische Person des Privatrechts:** Zwar ist es den Gemeinden nicht verwehrt, auch auf dem Gebiet der öffentlichen Daseinsvorsorge juristische Personen des Privatrechts (insbesondere GmbH, AG) zu gründen oder sich an ihnen zu beteiligen, um diese mit dem Betrieb einer öffentlichen Einrichtung zu betrauen. Da aber eine staatliche Stelle wegen Art. 1 III, 20 III GG niemals das Recht zur Beliebigkeit haben kann, darf das Betreiben einer öffentlichen

---

[74] Vgl. *Bull/Mehde*, AllgVerwR, § 16 Rn 822.

[75] Vgl. auch VGH München NJW 2013, 249: Ausschluss von städtischer KiTa aus Kapazitätsgründen ist stets öffentlich-rechtlich, wenn Zugang *und* Nutzung öffentlich-rechtlich geregelt sind.

Einrichtung durch eine juristische Person des Privatrechts nicht zur Folge haben, dass sich der Träger der öffentlichen Gewalt seiner öffentlich-rechtlichen Bindung entledigt („**keine Flucht ins Privatrecht**"). Daher muss eine hinreichende Einflussmöglichkeit gewährleistet sein. Die Gemeinde muss also entweder sämtliche Anteile an der juristischen Person des Privatrechts halten (Ein-Mann-GmbH, Gemeinde als Alleinaktionär) oder einen bestimmenden Einfluss ausüben (z.B. als Mehrheitsaktionär oder aufgrund vertraglicher Regelung; zu den Einzelheiten siehe sogleich).[76] Diese Mehrheitsverhältnisse ändern jedoch nichts an der Tatsache, dass es sich bei der Betreiber-Gesellschaft um eine juristische Person des Privatrechts handelt. Daher kann auch das Benutzungsverhältnis ausschließlich privatrechtlich ausgestaltet sein. Das führt zu einer Zweigleisigkeit des Rechtswegs. Im Einzelnen gilt:

- Derjenige, der den Zugang zu der öffentlichen Einrichtung begehrt, kann zunächst die Betreiber-Gesellschaft **zivilgerichtlich** auf Abschluss eines Mietvertrags (§ 535 BGB) verklagen. Denn aufgrund der Eigenschaft der Betreiber-Gesellschaft als juristische Person des Privatrechts ist diese rechtsfähig (vgl. § 13 I GmbHG, § 1 I S. 1 AktG) und auch vor Gericht passivlegitimiert. Jedoch wird eine solche Klage kaum Aussicht auf Erfolg haben, da grundsätzlich kein Kontrahierungszwang besteht. Etwas anderes gilt ausnahmsweise dann, wenn eine gesetzliche Bestimmung existiert, die einen Vertragsschluss vorschreibt (das ist etwa im Personenbeförderungs- und im Wettbewerbsrecht der Fall) oder wenn die Ablehnung eine vorsätzliche stittenwidrige Schädigung i.S.v. § 826 BGB bedeuten würde. Jedenfalls ist die Wahl des Zivilrechtswegs unschädlich, da auch die Zivilgerichte die verbleibende öffentlich-rechtliche Bindung gem. § 17 II S. 1 GVG beachten müssen.[77] Die **Zwei-Stufen-Theorie** macht hier **keinen Sinn**.

- Fraglich ist, ob eine Klage vor dem **Verwaltungsgericht** mehr Erfolg verspricht. Als Klagegegner kommt der hinter der GmbH oder AG stehende Träger der öffentlichen Gewalt in Betracht. Denn wie gesagt, darf das Betreiben einer öffentlichen Einrichtung durch eine Privatperson nicht zur Folge haben, dass sich der Träger der öffentlichen Gewalt seiner öffentlich-rechtlichen Bindung entledigt. Würde also die Stadt (bzw. die Gemeinde) die öffentliche Einrichtung selbst betreiben und bestünden etwa aufgrund der bisherigen Vergabepraxis über Art. 3 I GG eine Selbstbindung der Verwaltung und daher ein Zulassungsanspruch, kann nichts anderes gelten, wenn sich die Stadt (oder die Gemeinde) zur Erfüllung ihrer ihr obliegenden Aufgaben einer privatrechtlich organisierten Betreibergesellschaft bedient. Daher hat der Bürger auch unmittelbar gegen die Stadt (oder die Gemeinde) einen öffentlich-rechtlichen Anspruch. Fraglich ist lediglich, wie sich dieser Anspruch rechtstechnisch darstellt. Ein Anspruch gegen die Stadt (oder die Gemeinde) auf Erlass eines „Zulassungsverwaltungsakts" kommt nicht in Betracht. Denn dadurch, dass die Stadt (oder die Gemeinde) eine juristische Person des Privatrechts eingesetzt hat, ist allein *diese* befugt, über die Zulassung zur Nutzung zu entscheiden. Etwas anderes wäre gesellschaftsrechtlich unzulässig, weil gem. § 76 I AktG allein der Vorstand und gem. § 35 I GmbHG allein der Geschäftsführer entscheidet. Das heißt jedoch nicht, dass der Anteilseigner keinerlei Einflussmöglichkeiten hätte. Soweit eine GmbH unmittelbare Trägerin der Einrichtung ist, muss § 53 GmbHG beachtet werden. Die Einflussmöglichkeit auf die Geschäftsführung wird maßgeblich durch die dort genannten Mehrheitsverhältnisse bestimmt. Bei einer AG müssen §§ 76, 77, 78 und 111 AktG beachtet werden, wonach der Vorstand zwar weisungsunabhängig ist, jedoch die Einflussmöglichkeit der Stadt oder der Gemeinde in Form eines Beherrschungsvertrags gemäß §§ 291 I S. 1, 308 AktG besteht. Sofern sich die Geschäftsanteile ausschließlich oder weit überwiegend in der Hand der Stadt (oder der Gemeinde) befinden, ist also eine Einwirkungsmöglichkeit gegeben. Klagt der Abge-

[76] Vgl. auch OVG Bautzen SächsVBl 2005, 15 f.; 2003, 147.

[77] Vgl. dazu im Einzelnen BVerwG NVwZ 1991, 59; 1990, 754; VG Hannover NdsVBl 2003, 305; BGH NVwZ 2003, 506; DVBl 2000, 557; *Rennert*, in: Eyermann, VwGO, § 40 Rn 56 u. 58; *Kopp/Schenke*, VwGO, § 40 Rn 16; *Ehlers*, in: Schoch/Schneider/Bier, VwGO, § 40 Rn 296 f.

wiesene somit verwaltungsgerichtlich gegen die Stadt (oder die Gemeinde) auf Zulassung, stellt dieser geltend gemachte Zulassungsanspruch nach der Terminologie der Zwei-Stufen-Theorie die **1. Stufe** dar. Ist der Anspruch begründet, muss die Stadt (bzw. die Gemeinde) dann ihren Einfluss auf die privatrechtlich organisierte Betreiber-Gesellschaft dahingehend ausüben, dass diese die öffentliche Einrichtung zur Verfügung stellt. Seitens des Kläger besteht ein öffentlich-rechtlicher Verschaffungsanspruch (Einwirkungsanspruch) gegenüber der Stadt (bzw. der Gemeinde). Dieser Verschaffungsanspruch ist ein umgewandelter Zulassungsanspruch und ist letztlich Folge des in den Gemeindeordnungen oder Kommunalgesetzen geregelten Zulassungsanspruchs, der immer dann besteht, wenn die beantragte Nutzung im Rahmen der öffentlichen Zweckbestimmung liegt und kein Versagungsgrund vorliegt.[78] Wird der Verschaffungsanspruch klageweise geltend gemacht, handelt es sich um eine öffentlich-rechtliche Streitigkeit, für die der Verwaltungsrechtsweg gem. § 40 I S. 1 VwGO eröffnet ist. Statthafte Klageart ist nicht die Verpflichtungsklage, sondern die allgemeine Leistungsklage, da ja kein begünstigender Verwaltungsakt begehrt wird, sondern eine (gesellschaftsrechtliche) Einwirkung auf den zivilrechtlich organisierten Betreiber. Streitigkeiten hinsichtlich der Benutzungsmodalitäten betreffen das privatrechtlich ausgestaltete Nutzungsverhältnis, stellen daher die **2. Stufe** dar. Diesbezügliche Ansprüche des Bürgers sind gegen den privaten Betreiber zu richten. Hier handelt es sich um privatrechtliche Streitigkeiten, die gem. § 13 GVG in die Zuständigkeit der Zivilgerichte fallen.

73 **Zusammenfassung und Hinweis für die Fallbearbeitung:** Soweit über den Zulassungsanspruch (also das „Ob" der Benutzung) in Bezug auf die Nutzung einer privatrechtlich betriebenen öffentlichen Einrichtung gestritten wird, ist bei einer prozessual eingekleideten Prüfungsarbeit genau zwischen prozessualen und materiellen Aspekten zu unterscheiden:

Hinsichtlich der Prüfung des **Verwaltungsrechtswegs** bieten sich zwei Vorgehensweisen an: Zum einen ist es zulässig, die Eröffnung des Verwaltungsrechtswegs schlicht mit der **Zwei-Stufen-Theorie** zu begründen. Danach ist der Verwaltungsrechtsweg allein deshalb eröffnet, weil sich die Entscheidung über die Zulassung als unmittelbare Folge der öffentlichen Zweckbestimmung darstellt. Zum anderen kann bereits abschließend geklärt werden, ob eine öffentliche Einrichtung vorliegt. Denn dadurch wird die Prüfung der wahren Natur des behaupteten Anspruchs ermöglicht und die Rechtswegfrage nicht durch den Klägervortrag bestimmt. Folge dieser Vorgehensweise wäre aber, dass dann die in Betracht kommende Anspruchsgrundlage (beispielsweise eine Vorschrift der Gemeindeordnung oder § 5 PartG i.V.m. Art. 3 I GG auf Gleichbehandlung) untersucht werden müsste. Insbesondere wäre zu prüfen, ob eine (öffentliche) Einrichtung vorliegt, wodurch die Prüfung eines erforderlichen Widmungsakts angezeigt wäre. Insgesamt müsste man nahezu die vollständige Begründetheitsprüfung im Rahmen der Eröffnung des Verwaltungsrechtswegs vorziehen. Diese Vorgehensweise kann zu einer extremen „Kopflastigkeit" des Gutachtens führen. Daher scheint es angebracht, die Rechtswegfrage schlicht über die Zwei-Stufen-Theorie zu klären.

Unter dieser Prämisse gilt für die **statthafte Klageart** Folgendes:

- Handelt es sich bei der öffentlichen Einrichtung um einen Eigen- oder Regiebetrieb, ist eine gegen den Rechtsträger des Eigenbetriebs erhobene Verpflichtungsklage statthaft, die darauf gerichtet ist, den Eigen- oder Regiebetrieb gemäß einer hierarchischen Weisung zu verpflichten, die gewünschte Zulassung vorzunehmen (direkte Verurteilung des Verwaltungsträgers zur Zulassung).

---

[78] Vgl. z.B. § 10 II BW GO; Art. 21 I Bay GO; § 20 I Hess GO; § 8 II NRW GO.

- Ist die öffentliche Einrichtung als GmbH oder AG organisiert, kommt wegen der Rechtsfähigkeit einer solchen Gesellschaft eine direkte Verurteilung des Verwaltungsträgers zur Zulassung der Benutzung nicht in Betracht. Erwirkt werden kann aber auch hier die Verurteilung, die Stadt (bzw. die Gemeinde) habe auf das von ihr beherrschte Privatrechtssubjekt derart einzuwirken, dass dem Antragsteller Zugang gewährt wird (sog. **Einwirkungs- oder Verschaffungsanspruch**). Hier wäre die allgemeine Leistungsklage statthaft. Im einstweiligen Rechtsschutz ist dagegen stets der Antrag auf Erlass einer einstweiligen Anordnung gem. § 123 VwGO statthaft.

Im Rahmen der **Begründetheit** findet schließlich die gesamte materielle Prüfung statt: Zunächst ist die Anspruchsgrundlage zu benennen, aus der sich der geltend gemachte Zulassungsanspruch herleiten lassen könnte. Sodann sind deren Tatbestandsvoraussetzungen zu prüfen. Liegen diese vor, besteht grundsätzlich ein Zulassungsanspruch. Etwas anderes gilt nur dann, wenn übergeordnete Belange dagegen sprechen, etwa wenn – im Fall der Vermietung einer Stadthalle an eine rechtsradikale politische Partei und angekündigten Demonstrationen von links – die Polizei die Parteimitglieder als sog. Nichtstörer in Anspruch nehmen müsste. Besteht aber ein Zulassungsanspruch, ergeht die gerichtliche Verurteilung der Stadt (bzw. der Gemeinde), diese habe ihren Einfluss auf die privatrechtlich organisierte Betreiber-Gesellschaft dahingehend ausüben, dass diese die öffentliche Einrichtung zur Verfügung stellt (sog. Einwirkungs- oder Verschaffungsanspruch).

Für das obige **Beispiel** (Rn 96) gilt: Im Rahmen der Prüfung des Verwaltungsrechtswegs ist zu untersuchen, ob es um den Zugang zur Stadthalle geht (das „Ob" der Benutzung) oder ob die Art und Weise der Benutzung (das „Wie" der Benutzung) Gegenstand der Auseinandersetzung ist. Ist bei dieser zweistufigen Betrachtungsweise die Zulassung zur öffentlichen Einrichtung zu untersuchen, ist *Anspruchsgegner* unabhängig von der Organisationsform die öffentliche Hand, vorliegend die Stadt. Der Verwaltungsrechtsweg ist eröffnet. Statthaft ist die allgemeine Leistungsklage, gerichtet auf Verschaffung der Zulassung zur Nutzung. 74

Öffentliche Sachen sind alle Sachen, die der öffentlichen Verwaltung zur Erfüllung ihrer Aufgaben dienen (Straßen, Wasser, Luftraum, Meeresstrand[79], Verwaltungsgebäude etc.). Sie entstehen durch **Widmung**, d.h. sie erhalten eine öffentliche Zweckbestimmung, wobei der jeweilige Widmungsakt durch Gesetz (z.B. § 5 WaStrG), Verordnung, Satzung, förmlichen Verwaltungsakt (insbesondere im Straßenrecht, vgl. § 2 I FStrG und auf Landesebene z.B. § 5 BremLStrG), aber auch durch schlicht hoheitliches Handeln (tatsächliches Zur-Verfügung-Stellen) oder Gewohnheitsrecht bzw. langjährige Übung und (tatsächlich) durch die Indienststellung erfolgen kann. 75

Beispiele: Die Stadt B sperrt in einer Geschäftsstraße den Durchgangsverkehr und erklärt die Straße zur Fußgängerzone. In einer Satzung legt die Stadt fest, welche Tätigkeiten zulassungsfrei erlaubt sind und welche einer besonderen Zulassung bedürfen.

Bezüglich der Benutzung von öffentlichen Sachen ist zwischen dem Gemeingebrauch und der Sondernutzung zu unterscheiden. **Gemeingebrauch** liegt vor, wenn die öffentliche Sache „jedermann" ohne besondere Zulassung zur Benutzung im Rahmen ihrer öffentlichen Zweckbestimmung offensteht. 76

Beispiele:

(1) A stellt seinen zugelassenen Lkw über Nacht und am Wochenende auf einer öffentlichen Straße ab. ⇨ Das darf er, weil der ruhende Verkehr vom Begriff des

[79] Vgl. dazu OLG Schleswig NJW 2001, 1073.

Gemeingebrauchs umfasst ist, soweit das betreffende Fahrzeug zum Straßenverkehr zugelassen ist.

(2) B betreibt ein Straßencafé und verkauft Eis von einem Fenster zur Straße hin. ⇨ Auch hier liegt Gemeingebrauch vor, weil B für das Anbieten der Ware keinen Straßenraum beansprucht, der der Allgemeinheit vorenthalten werden könnte.

(3) C spricht in der Fußgängerzone während der Wahlkampfphase Passanten an und wirbt dabei für die politische Partei, in der er Mitglied ist. ⇨ Das darf er, weil der Begriff des Gemeingebrauchs vor dem Hintergrund der Art. 5 und 21 GG weit auszulegen ist.

77 Demgegenüber spricht man von **Sondernutzung**, wenn eine öffentliche Sache jenseits ihres Widmungszwecks benutzt wird. Bei den *öffentlichen Straßen* liegt eine Sondernutzung grundsätzlich dann vor, wenn sie nicht zu Verkehrszwecken benutzt werden.

Beispiele:

(1) D spricht in der Fußgängerzone Passanten an und betreibt dabei kommerzielle Werbung. ⇨ Da gewerbliche Werbung den Gemeingebrauch beeinträchtigt, liegt eine Sondernutzung vor.

(2) E versieht sein Fahrzeug mit einer Reklameaufschrift und stellt es am Straßenrand in der Innenstadt ab. ⇨ Das Abstellen von Kfz zu gewerblichen Zwecken stellt eine Sondernutzung dar.

(3) Gleiches gilt für die Verkaufstätigkeit von einem „Bauchladen" aus sowie für reine Werbefahrten im Straßenverkehr.[80]

78 Gerade aufgrund der Nutzung über den Widmungszweck hinaus ist eine besondere Zulassung erforderlich. Streitigkeiten über Sondernutzungserlaubnisse sind öffentlich-rechtlicher Natur und vor den **Verwaltungsgerichten** auszutragen. Gleiches gilt, wenn gerade in Frage steht, ob ein bestimmtes Verhalten vom Begriff des Gemeingebrauchs umfasst ist oder einer Sondernutzungserlaubnis bedarf. Bezüglich der **statthaften Klageart** gilt Folgendes: Weiß der Kläger, dass er einer Sondernutzungserlaubnis bedarf, und weigert sich die Behörde, eine solche zu erteilen, ist die **Verpflichtungsklage** statthaft. Ist dagegen strittig, ob der Kläger für sein Vorhaben überhaupt eine Sondernutzungserlaubnis benötigt, ist regelmäßig die **Feststellungsklage** statthaft. Möchte schließlich ein Dritter die dem Begünstigten erteilte Sondernutzungserlaubnis abwehren, kann er **Anfechtungsklage** erheben.

hh. Politische Parteien

79 Geht es um Rechtsstreitigkeiten mit politischen Parteien, ist fraglich, welcher Rechtsweg einzuschlagen ist. Da die politischen Parteien eine von der Verfassung gestellte Aufgabe zu erfüllen haben, nämlich an der Willensbildung des Volkes mitzuwirken (Art. 21 I S. 1 GG), gelten weite Teile des bürgerlich-rechtlichen Vereinsrechts für sie nicht (vgl. nur § 37 PartG). Vielmehr sind sie primär bestimmten Normen des öffentlichen Rechts, nämlich Art. 21 GG und dem PartG, unterstellt.[81] Das könnte zu der Annahme führen, dass Streitigkeiten mit politischen Parteien vor dem Verwaltungsgericht auszutragen sind. Dem steht jedoch klar der privatrechtliche Status der politischen Parteien (rechtsfähige oder nicht-rechtsfähige Vereine) gegenüber. Rechtsstreitigkeiten mit politischen Parteien sind daher privatrechtlich zu beurteilen (so erfolgt etwa die Aufnahme in eine politische Partei durch privatrechtliches Rechtsgeschäft).

[80] *Stern/Blanke*, Rn 103.

[81] Ganz h.M., vgl. nur *Stern*, StaatsR I, § 13, und *Stern/Blanke*, Rn 86.

Deshalb sind Rechtsstreitigkeiten mit politischen Parteien regelmäßig vor den ordentlichen Gerichten auszutragen. Etwas anderes gilt dann, wenn eine Partei-Schiedsgerichtsbarkeit (wie etwa im innerparteilichen Bereich) eingreift.

Beispiele:

(1) Rechtsstreitigkeiten bezüglich der **Aufnahme** in eine politische Partei sind vor dem **Zivilgericht** auszutragen. Nach umstrittener Auffassung besteht ein grundsätzlicher Anspruch, in eine Partei aufgenommen zu werden.[82] Folgt man dieser Auffassung, ist eine entgegenstehende Parteisatzung diesbezüglich unbeachtlich. Der Aufnahmeanspruch kann aber in begründeten Fällen, insbesondere bei fehlender Grundidentifikation ausgeschlossen sein.

(2) Über den **Parteiausschluss** entscheidet das nach der Schiedsgerichtsordnung zuständige **Schiedsgericht** (§ 10 V S. 1 PartG). Für die Berufung ist das Schiedsgericht höherer Stufe zuständig (§ 10 V S. 2 PartG). Fraglich ist, welcher Rechtsweg gegen die Entscheidung des Berufungsgerichts für Schiedssachen eröffnet ist. Es könnte angenommen werden, dass der Rechtsstreit öffentlich-rechtlicher Natur ist, was den Rechtsweg zu den Verwaltungsgerichten eröffnen würde (vgl. § 40 I S. 1 VwGO). Zwar sind die Aufgaben der Partei zum Teil im öffentlichen Recht geregelt (vgl. nur das PartG). Gleichwohl handelt es sich bei den politischen Parteien um juristische Personen des Privatrechts (s.o.). Bei den Rechtsbeziehungen zwischen den Parteien und deren Mitgliedern handelt es sich somit um solche des bürgerlichen Rechts. Daher ist gem. § 13 GVG der Zivilrechtsweg eröffnet.[83] Gem. §§ 23, 71 GVG entscheidet das Landgericht. Statthafte Klageart ist die Feststellungsklage nach § 256 ZPO.[84]
Fraglich ist, ob dieser Befund auch für den **Fraktionsausschluss** gilt. Die Fraktion ist anders als die Partei Teil des Verfassungsorgans *Bundestag*. Wird ein Abgeordneter aus der Fraktion ausgeschlossen, könnte daher eine verfassungsrechtliche Streitigkeit angenommen werden. Dann wäre ein Organstreitverfahren (Art. 93 I Nr. 1 GG, §§ 13 Nr. 5, 63 ff. BVerfGG) statthaft.[85] Wegen des Umstands, dass eine Fraktion letztlich nur einen Teil der Partei darstellt, kann mit dem Argument des Zusammenhangs mit der Parteizugehörigkeit aber auch hier der Zivilrechtsweg angenommen werden. Gestützt wird diese Annahme durch das Argument, dass die Fraktion im Verhältnis zu ihren Mitgliedern keine einem Verfassungsorgan vergleichbare Stellung hat.[86] In der Fallbearbeitung sind beide Positionen gleichermaßen vertretbar. Auch die Annahme des Verwaltungsrechtswegs ist vertretbar. Wichtig ist nur, dass das Problem erkannt und hinreichend argumentiert wird.

ii. Wettbewerbsverhältnisse

Hinsichtlich der bei Rn 51 ff. behandelten **wirtschaftlichen Betätigung** der öffentlichen Hand stellt sich die Folgeproblematik, ob und inwieweit die öffentliche Hand hier überhaupt privatrechtlich tätig werden und wie jedes Wirtschaftsunternehmen Gewinne erzielen darf. Virulent wird dies insbesondere auf **kommunaler Ebene**. Aufgrund der prekären Finanzlage der Kommunen ist es zwar nachvollziehbar, dass die von Gewinnerzielungsabsicht geprägte erwerbswirtschaftliche Betätigung von Gemeinden in den letzten Jahren extrem zugenommen hat, jedoch darf dabei nicht übersehen werden, dass die Kommunen damit in einen direkten Wettbewerb mit den ansässigen Privatbetrieben treten und diese u.U. verdrängen. Denn dadurch, dass die kommunalen Unternehmen zuvor auf Steuergelderbasis Geräte anschaffen und eine Logistik **80**

[82] *Pieroth*, in: Jarass/Pieroth, GG, Art. 21 Rn 24; *Morlok*, in: Dreier, GG, Art. 21 Rn 127; *v. Münch*, in: v. Münch/Kunig, GG, Art. 21 Rn 57; a.A. BGHZ 101, 193, 201 ff.; *Ipsen*, in: Sachs, GG, Art. 21 Rn 83.
[83] So auch BVerfG NJW 2002, 2227.
[84] So auch *Kotzur*, JuS 2001, 54, 59.
[85] So *Kotzur*, JuS 2001, 54, 59; *Weber/Eschmann*, JuS 1990, 659, 660; *Kürschner*, JuS 1996, 306, 307.
[86] So OLG Schleswig NVwZ-RR 1996, 103, 104 für eine Landtagsfraktion.

aufbauen konnten und damit überhaupt erst in die Lage versetzt wurden, am Markt aufzutreten, erleiden die freien Unternehmer, die ihre Gerätschaften aus eigener Kraft anschaffen mussten, und nunmehr von der Kommune Konkurrenz bekommen, u.U. nicht lediglich Umsatzeinbußen, sondern können auch ihrer Existenzgrundlage beraubt werden. Allein das ist bereits eine Wettbewerbsverzerrung, die m.E. nicht zu rechtfertigen ist. Gleichwohl entscheiden die Gerichte durchweg „kommunenfreundlich". Vereinfacht lässt sich sagen, dass die Grenzen jedenfalls dort gezogen werden, wo die öffentliche Hand ihre Machtstellung dazu missbraucht, einen **Auszehrungs- oder Verdrängungswettbewerb** zu betreiben. Als Bewertungsgrundlage können die §§ 138, 242, 315, 826 BGB, § 3 UWG und § 1 GWB herangezogen werden. Sind deren Voraussetzungen erfüllt, besteht (i.V.m. Art. 12 I, 14 I GG, die über die Figur der „Drittwirkung der Grundrechte" zur Anwendung gelangen[87]) ein zivilrechtlicher Abwehranspruch gegen die erwerbswirtschaftliche Betätigung der öffentlichen Hand. Ein entsprechender **Abwehr- bzw. Unterlassungsanspruch** kann aber auch vor den Verwaltungsgerichten geltend gemacht werden, soweit er auf die Verletzung von Grundrechten gestützt wird und man den genannten gemeinderechtlichen Bestimmungen **Drittschutz** beimisst.[88] Im Einzelnen ist vieles strittig, weil zahlreiche materiell-rechtliche Probleme eine Rolle spielen, die an dieser Stelle nicht weiter erörtert werden können. Daher wird auf die Darstellung bei *R. Schmidt*, AllgVerwR, Rn 1046 ff. verwiesen. Dort werden auch die Aspekte des Rechtswegs behandelt.

jj. Öffentlich-rechtlicher Vertrag

81 Die Verwaltung ist nicht stets an die Handlungsform des Verwaltungsakts gebunden. Insbesondere gestatten ihr die §§ 54 ff. VwVfG, sich mit dem Bürger auf eine Stufe der Gleichordnung zu stellen und individuelle Vereinbarungen in Form eines öffentlich-rechtlichen Vertrags zu treffen. Der öffentlich-rechtliche Vertrag ist also eine flexible Handlungsform der Verwaltung, die es ihr ermöglicht, komplexe Sachverhalte in einem Kooperationsverhältnis mit dem Bürger zu regeln. Da aber auch der öffentlich-rechtliche Vertrag i.S.d. §§ 54 ff. VwVfG (verwaltungsrechtlicher Vertrag) nur zustande kommt, wenn zwei übereinstimmende, in Bezug aufeinander abgegebene Willenserklärungen vorliegen (§ 62 S. 2 VwVfG i.V.m. §§ 145 ff. BGB) und die Behörde sich auch der Form des Privatrechts bedienen kann, wird regelmäßig eine **Abgrenzung zum privatrechtlichen Vertrag** erforderlich. In einer verwaltungsrechtlichen Klausur ist für die Bestimmung des Verwaltungsrechtswegs darzulegen, dass der Hoheitsträger einen verwaltungsrechtlichen und nicht einen privatrechtlichen Vertrag geschlossen hat. Maßgeblich sind grundsätzlich die objektive Bestimmung, der Inhalt und vor allem der Gegenstand des Vertrags, d.h. die im Vertrag geregelten Rechte und Pflichten (sog. **Gegenstandstheorie**). Prägt das öffentliche Recht den Vertragsgegenstand, handelt es sich um einen verwaltungsrechtlichen, anderenfalls um einen privatrechtlichen Vertrag.[89] Das gilt auch hinsichtlich der Vertragsanbahnung.[90] **Die Vorstellungen der Parteien sind grundsätzlich unerheblich**.[91]

---

[87] Zur sog. Drittwirkung der Grundrechte vgl. BGHZ 97, 312, 316; *R. Schmidt*, Grundrechte, Rn 23 u. 105.

[88] Vgl. dazu OVG Magdeburg NVwZ-RR 2009, 347 f.; OVG Lüneburg NVwZ 2009, 258, 259 f.; OVG Koblenz GewArch 2006, 288 ff.; OVG Münster NVwZ 2003, 1520 ff.; 2005, 1211, 1212; VGH Mannheim NVwZ-RR 2015, 307; *Brüning*, NVwZ 2012, 671 ff.; *Roling*, NVwZ 2009, 226 ff.; *Rennert*, JuS 2008, 211, 214 f.; *Jungkamp*, NVwZ 2010, 546 ff.; *Ruffert*, JuS 2015, 477.

[89] BVerwGE 94, 202, 204; BGH NVwZ 2004, 253, 254; BGHZ 119, 93, 96 f.

[90] OVG Weimar NJW 2002, 386 (mit Bespr. *K. Schmidt*, JuS 2002, 718); OVG Koblenz NJW 2002, 3724; *Dötsch*, NWVBl 2002, 140, 142; *Kopp/Schenke*, VwGO, § 42 Rn 72; *Maurer*, AllgVerwR, § 14 Rn 57; a.A. BVerwG NJW 2002, 2894; BGH NJW 1986, 1109: Zivilrechtsweg deswegen, weil Grundlage für den c.i.c.-Anspruch nicht der öffentlich-rechtliche Vertrag, sondern ein gesetzliches Schuldverhältnis sei.

[91] Anders *Renck*, JuS 2000, 1001, 1002, der bei der Charakterisierung des Vertrags auf den Willen der Behörde abstellt und damit die sog. Willenstheorie vertritt.

Beispiel: Die Behörde vereinbart mit dem Bauherrn B vertraglich, diesem eine Baugenehmigung zu erteilen. In diesem Vertrag werden die Pflicht der Behörde zur Erteilung der Baugenehmigung und das Recht des B, einen entsprechenden Verwaltungsakt zu fordern, geregelt. Da sich Rechte und Pflichten auf einen Lebenssachverhalt beziehen, der sich durch das öffentliche Baurecht bestimmt, liegt ein verwaltungsrechtlicher Vertrag vor.[92]

Die Gegenstandstheorie versagt allerdings dann, wenn der Behörde eine Wahlfreiheit bezüglich der Rechtsnatur ihres Handelns eingeräumt ist, insbesondere im Subventionswesen und bei den Anstaltsbenutzungsverhältnissen. Hier kann **ausnahmsweise der Wille der Vertragsparteien** maßgebend sein.[93] 82

Die Abgrenzung zwischen verwaltungsrechtlichem und privatrechtlichem Vertrag gestaltet sich allerdings schwierig, wenn der Vertrag sowohl öffentlich-rechtliche als auch privatrechtliche Elemente aufweist (**Mischverträge**). Die frühere Rechtsprechung des BGH hat auf den Schwerpunkt des Vertrags abgestellt: Lag der Schwerpunkt auf dem öffentlich-rechtlichen Gebiet, war der gesamte Vertrag öffentlich-rechtlich. Ließ sich ein Schwerpunkt nicht ermitteln, fand eine Spaltung des Vertrags in einen öffentlich-rechtlichen und in einen privatrechtlichen Teil statt, wobei jeder Teil vor dem dafür zuständigen Gericht verhandelt wurde (Rechtswegspaltung). Diese Rechtsprechung stieß auf Kritik[94] und ist jetzt durch § 17 II S. 1 GVG überholt. Danach werden auch die zivilrechtlichen Anspruchsgrundlagen vor dem Verwaltungsgericht mitverhandelt und umgekehrt.[95] 83

Zahlreiche **Beispiele** für verwaltungsrechtliche Verträge finden sich bei *R. Schmidt*, AllgVerwR, Rn 938.

Für die **statthafte Klageart** gilt: Haben die Parteien einen verwaltungsrechtlichen Vertrag geschlossen, und weigert sich eine Partei, der Verpflichtung aus dem Vertrag nachzukommen (etwa mit der Begründung, der Vertrag sei nicht wirksam), kann die andere Partei eine **allgemeine Leistungsklage** erheben. Das gilt auch dann, wenn diese andere Partei eine Behörde ist, denn dadurch, dass sie sich mit dem Bürger auf eine Stufe der Gleichordnung stellt, hat sie ihre Verwaltungsaktbefugnis verloren. Sie ist auf den gerichtlichen Klageweg angewiesen. 84
Eine andere Konstellation liegt vor, wenn der Vertrag möglicherweise in die Rechte eines Dritten eingreift (etwa wegen Missachtung des Zustimmungserfordernisses nach § 58 VwVfG). Hier kann der Dritte eine **Feststellungsklage** erheben mit dem Ziel der gerichtlichen Feststellung, dass der Vertrag nichtig ist.

kk. Kirchenrechtliche und rundfunkrechtliche Streitigkeiten

Einen eigenen, besonderen Problemkreis präsentieren öffentlich-rechtliche Rechtsträger, die nicht in die staatliche Verwaltung integriert sind. Das betrifft in erster Linie die körperschaftlich verfassten Religionsgesellschaften und die öffentlich-rechtlichen Rundfunkanstalten. 85

---

[92] Im Gegensatz zur vertraglichen Verpflichtung, eine Baugenehmigung zu erteilen, ist die Verpflichtung zur Aufstellung eines Bebauungsplans unzulässig und nichtig, § 1 III S. 2 BauGB.
[93] Vgl. *Kopp/Ramsauer*, VwVfG, § 54 Rn 27.
[94] Sie sei unpraktikabel und das Schwerpunktkriterium zu unbestimmt. Darüber hinaus dürfe kein Entzug der strengen öffentlichen Bindungen (Grundrechte, Gesetzmäßigkeit) durch Abschluss eines Mischvertrags stattfinden. Daher müsse ein Mischvertrag insgesamt als öffentlich-rechtlich bewertet werden.
[95] Vgl. dazu *Kahl/Röder*, JuS 2001, 24, 25; *Renck*, JuS 2000, 1001, 1002; BVerwGE 92, 56, 58 f.; VGH München NVwZ 1999, 1008, 1010, 1013.

86 **Religionsgemeinschaften** ist gem. Art. 140 GG i.V.m. Art. 137 III, V S. 2 WRV der Status als **Körperschaft des öffentlichen Rechts** zuzuerkennen, sofern sie bestimmte Voraussetzungen erfüllen (vgl. dazu *R. Schmidt*, Grundrechte, Rn 394).

87-88 Kirchliche Maßnahmen sind Akte öffentlicher Gewalt i.S.v. Art. 19 IV GG, § 90 I BVerfGG (und somit staatlich justiziabel), wenn sie sich auf vom Staat durch **Beleihung** verliehene Befugnisse begründen oder den staatlichen Bereich berühren. Dies ist beispielsweise bei **Steuerbescheiden kirchlicher Steuerämter** oder bei der **Friedhofsbenutzung**[96] der Fall. Im Übrigen muss differenziert werden:

- Wegen der Garantie, eigene Angelegenheiten selbst zu regeln (Art. 140 GG i.V.m. Art. 137 III WRV), wurden rein *innerkirchliche* Streitigkeiten, obwohl sie öffentlich-rechtlichen Rechtsbeziehungen unterliegen, lange Zeit als staatlich nicht justiziabel angesehen.[97] Art. 19 IV GG eröffne den Zugang zu staatlichen Gerichten nur gegen Akte „öffentlicher Gewalt", d.h. gegen grundrechtsverpflichtete Staatsgewalt. Religionsgesellschaften übten keine „Staatsgewalt" in diesem Sinne aus.[98]

  Beispiele[99]**: (1)** Übertragung eines Priesteramtes, **(2)** Verweigerung von kirchlichen Dispensen, der Sakramente oder des kirchlichen Begräbnisses, **(3)** Pensionierung eines Geistlichen wegen dessen Weigerung, eine Kindertaufe durchzuführen.

- Im Rahmen eines Urteils bezüglich der verfassungsrechtlich gewährleisteten staatlichen Justizgewährungspflicht hat dann aber der BGH entschieden, dass eine Kirchen- oder Religionsgemeinschaft (hier: jüdische Gemeinde) vor staatlichen Gerichten ein Mitglied auf Unterlassung in Anspruch nehmen könne, auch wenn dazu innerkirchliche Vorfragen geklärt werden müssten.[100] Demgegenüber hat das BVerfG entschieden, dass Maßnahmen einer als Körperschaft des öffentlichen Rechts anerkannten Kirche gegenüber einem Pfarrer keine Akte öffentlicher Gewalt i.S.d. Art. Art. 93 I Nr. 4a GG seien.[101] Das BVerwG hat wiederum jüngst entschieden, dass zwar nicht Art. 19 IV GG, aber der verfassungsrechtlich gewährleistete staatliche Justizgewährungsanspruch jedenfalls dann den Rechtsweg zu den staatlichen Gerichten eröffne, wenn und insoweit die Verletzung staatlichen Rechts geltend gemacht werde (hier: dienstliche Entscheidungen im Kirchenbeamtenverhältnis).[102]

- Von diesen Kontroversen abgesehen, gibt es jedoch kirchliche Angelegenheiten, die in den *weltlichen Bereich* hineinwirken und damit unstreitig den staatlichen Gerichten unterfallen. Das ist zumindest dann der Fall, wenn in rechtserheblicher Weise (etwa durch liturgisches Glockengeläut) Grundrechte Außenstehender berührt werden.

  Wendet sich also ein Nachbar gegen kirchliches Glockengeläut und begehrt die gerichtliche Verpflichtung der Kirchengemeinde, das Glockengeläut zu unterlassen, ist nach der Rspr.[103] zunächst hinsichtlich der staatlichen Jurisdiktion entscheidend, ob das angegriffene Handeln in den weltlichen Bereich hineinwirkt oder nicht. Sodann ist für die Frage des Rechtswegs danach zu unterscheiden, ob der Kläger das Zeitschlagen (dann ordentlicher Rechtsweg) oder das liturgische Geläut (dann Verwaltungsrechtsweg) angeht. Wenn er das Geläut der Kirchenglocken insgesamt bekämpft, ohne nach der Art

---

[96] Vgl. auch BVerfGE 73, 388, 399 f.; BVerwGE 25, 364, 366; *Schmidt-Aßmann*, in: Maunz/Dürig, GG, Art. 19 Abs. 4 Rn 114; *Rennert*, in: Eyermann, VwGO, § 40 Rn 97.
[97] Vgl. dazu *Rennert*, in: Eyermann, VwGO, § 40 Rn 91 sowie BVerwGE 66, 241, 242 ff.; 68, 62, 63.
[98] BVerwGE 66, 241, 242; 117, 145, 147; BVerfG NJW 2009, 1195.
[99] Vgl. *Stern/Blanke*, Rn 110.
[100] Vgl. *Nolte*, NJW 2000, 1844 f. und *Kästner*, NVwZ 2000, 889 f. zu BGH NJW 2000, 1555 ff. Vgl. auch OVG Koblenz NJW 2009, 1223, 1224 zu Maßnahmen auf dem Gebiet des kirchlichen Dienstrechts.
[101] BVerfG NJW 2009, 1195, 1196 (mit Bespr. v. *Muckel*, JA 2009, 555).
[102] BVerwG NVwZ 2014, 1101, 1102 unter Aufgabe der früheren entgegenstehenden Rechtsprechung BVerwGE 117, 145, 149.
[103] Vgl. BVerwG NVwZ 1997, 390; NJW 1994, 956 ff.; BVerwGE 90, 163, 167; 66, 241, 242 ff.; LG Aschaffenburg NJW 2001, 237.

des Läutens zu unterscheiden, führt dies nach Ansicht des BVerwG zu einer Rechtswegspaltung. Diese Folge sei wegen der Doppelnatur öffentlicher Sachen, deren Gebrauch sowohl Ausübung öffentlich-rechtlicher Sachherrschaft wie Nutzung von Eigentümerbefugnissen sein könne, unvermeidlich.[104]

Die **öffentlich-rechtlichen Rundfunkanstalten** üben zwar öffentliche Verwaltung aus, sind aber kraft ihrer verfassungsrechtlich gewährleisteten Staatsferne keine Organe der (mittelbaren) Staatsverwaltung. Diese Ambivalenz führt bei Streitigkeiten wegen Verletzung des allgemeinen Persönlichkeitsrechts durch Rundfunksendungen, wegen Widerrufs von Tatsachenbehauptungen in verbreiteten Sendungen und auf dem Werbungssektor zu erheblichen Meinungsverschiedenheiten über den zulässigen Rechtsweg.[105] Nach der hier vertretenen Auffassung ist für eine differenzierte Betrachtungsweise (und für eine mögliche Rechtswegspaltung) kein Raum. Aufgrund der Zugehörigkeit der öffentlich-rechtlichen Rundfunkanstalten zur öffentlichen Verwaltung unterliegen Rechtsverletzungen durch die Ausstrahlung von Sendungen dem öffentlichen Recht und sind vor den **Verwaltungsgerichten** geltend zu machen, soweit nicht nach Landesrecht (Rundfunkrecht ist Landesrecht[106]) Ausnahmen vorgesehen sind.[107] Entsprechendes gilt hinsichtlich Klagen betreffend den von dem Beitragsservice der 9 Landesrundfunkanstalten, dem ZDF und dem Deutschlandradio eingezogenen **Rundfunkbeitrag**. Der Verwaltungsrechtsweg ist eröffnet.[108] 89

II. Beliehene

Beliehene sind natürliche oder juristische Personen des Privatrechts, denen der Staat durch Gesetz oder aufgrund eines Gesetzes die Kompetenz zur selbstständigen Wahrnehmung einzelner hoheitlicher Aufgaben übertragen hat.[109] 90

Beispiele: Notare hinsichtlich öffentlicher Beurkundungen und Beglaubigungen (§ 1 BNotO); Seeschiffs- und Flugkapitäne (vgl. §§ 79 I, 50 III, 121 II SeeArbG, § 12 LuftSiG); Luftsicherheitsassistenten (§ 5 V LuftSiG); Jagdaufseher (§ 25 II BJagdG); Deutsche FlugsicherungsGmbH (DFS)[110]; Bezirksschornsteinfegermeister hinsichtlich der technischen Brandsicherheit[111]; Sachverständige (z.B. des TÜV, der DEKRA, der KÜS, der GTÜ) für die Untersuchungen bzw. Abnahmen nach §§ 19, 21 ff., 29 StVZO (vgl. § 6 StVG i.V.m. Anlage VIIIb zur StVZO), aber auch andere beliehene Sachverständige[112]; privatrechtlich organisierte Einrichtungen des Rettungsdienstes (etwa Malteser-Hilfsdienst, vgl. BGH NJW 1998, 2109); Private (etwa „Stadtwerke-GmbH"), die aufgrund der Regelungen der Kommunalabgabengesetze (KAG) der Länder beauftragt sind, Abgaben für die Abwasserbeseitigung zu berechnen und Gebührenbescheide zu erlassen[113]; Agenturen zur Akkreditierung von Studiengängen in Deutschland[114]

---

[104] BVerwGE 90, 163, 167.
[105] Vgl. *Renck*, JuS 2000, 1001, 1004.
[106] Vgl. dazu *Hutschenreuther-von Emden*, NVwZ-Beilage II/2001, 36 ff.
[107] Vgl. *Renck*, JuS 2000, 1001, 1004; *Kopp/Schenke*, VwGO, § 40 Rn 28b.
[108] Vgl. AG Köln NVwZ-RR 2001, 166 zur bis zum 31.12.2012 bestehenden GEZ.
[109] Vgl. BVerfG NJW 2012, 1563, 1564 ff.; BVerwG DVBl 1970, 735; NVwZ-RR 1991, 330; NVwZ 2011, 368, 369 f.; BremStGH NVwZ 2003, 81, 82 f.; BGHZ 161, 6, 11 ff.; *Waldhoff*, JuS 2011, 191 f.; *Muckel*, JA 2011, 559 und JA 2012, 396, 397.
[110] Die DFS ist vom Bundesministerium für Verkehr, Bau und Stadtentwicklung durch Rechtsverordnung mit der Wahrnehmung hoheitlicher Aufgaben zur Flugsicherung beliehen. Diese Aufgaben, die einen Sonderpolizeicharakter haben, sind in § 27c LuftVG aufgezählt.
[111] Vgl. das Gesetz über das Berufsrecht und die Versorgung im Schornsteinfegerhandwerk vom 26.11.2008.
[112] Dagegen ist strittig, ob Prüfingenieure für Baustatik Beliehene sind: ablehnend *Peine*, AllgVerwR, § 17 Rn 403; bejahend BVerwGE 57, 55, 58 und *Maurer*, AllgVerwR, § 23 Rn 56.
[113] Vgl. etwa § 2 III S. 1 KAG BaWü, wonach die Kommunen ermächtigt sind, Satzungen zu erlassen, in denen sie Dritte (etwa eine „Stadtwerke-GmbH") beauftragen können, die genannten Aufgaben durchzuführen. Diese „Dritten" sind dann Beliehene. Vgl. dazu VGH Mannheim DVBl 2010, 196, 197.
[114] Das deutsche Akkreditierungssystem ist dadurch gekennzeichnet, dass die Akkreditierung von Studiengängen durch Akkreditierungsagenturen erfolgt, die ihrerseits wiederum von der Stiftung zur Akkreditierung von Studiengängen in Deutschland (Rn 109) akkreditiert worden sind. Mithin sind die Agenturen beliehen worden. Das VG Arnsberg ist davon

Da die Beliehenen der mittelbaren Staatsverwaltung zugeordnet werden, sind Streitigkeiten hinsichtlich Handlungen/Unterlassungen in Ausübung der Beleihung stets vor den **Verwaltungsgerichten** auszutragen. Vgl. zu den Beliehenen im Übrigen ausführlich *R. Schmidt*, AllgVerwR, Rn 110 ff.

mm. Streitigkeiten zwischen Privaten außerhalb einer Beleihung

91 Sind an einem streitigen Rechtsverhältnis ausschließlich Privatrechtssubjekte beteiligt, von denen keines als ein mit öffentlich-rechtlichen Befugnissen ausgestattetes, beliehenes Unternehmen gehandelt hat, scheidet die Zuordnung des Rechtsstreits zum öffentlichen Recht auch dann aus, wenn das Handeln eines der Beteiligten der Erfüllung öffentlicher Aufgaben gedient hat.[115]

Beispiel: Wenn ein privatrechtliches Kreditinstitut, das im Rahmen eines staatlichen Förderprogramms im eigenen Namen Gelder an Private ausgezahlt hat, aus eigenem Recht Rückzahlungsansprüche gegen die Empfänger geltend macht, ist der Rechtsweg zu den ordentlichen Gerichten gegeben.

nn. Eigentumsrechtliche Ansprüche auf Entschädigung

92 **Enteignung**[116]: Über die Höhe der Enteignungsentschädigung entscheiden gem. Art. 14 III S. 4 GG die **ordentlichen Gerichte** (abdrängende Sonderzuweisung, siehe Rn 102 f.). Es sei aber darauf hingewiesen, dass Anspruchsgrundlage für die Entschädigung nicht Art. 14 III GG, sondern nur das konkrete Enteignungsgesetz sein kann. Auch aus diesem Grund darf eine Entschädigung nur dann gewährt werden, wenn ein Enteignungsgesetz mit Entschädigungsregelungen vorliegt. Die Zuständigkeit der Zivilgerichte beschränkt sich insoweit auf die Prüfung, ob eine gesetzliche Entschädigungsregelung vorliegt und ob sie im konkreten Fall richtig angewendet worden ist. Liegt eine solche Entschädigungsregelung zwar vor, ist das Gericht aber der Überzeugung (Zweifel genügen nicht!), dass diese Entschädigungsregelung verfassungswidrig ist, muss es das Entschädigungsgesetz - bei Vorliegen der übrigen Voraussetzungen - den Verfassungsgerichten gem. Art. 100 I GG (bzw. vergleichbaren Vorschriften der Landesverfassungen) vorlegen.

93 **Inhalts- und Schrankenbestimmung**[117]**:** Der Rechtsweg für den Ausgleichsanspruch aus entschädigungspflichtiger Inhalts- und Schrankenbestimmung war lange Zeit umstritten.[118] Dieser Streit hat sich mit der am 1.1.2002 in Kraft getretenen Neufassung der VwGO erledigt. Aus der Formulierung des § 40 II S. 1 VwGO n.F. ergibt sich, dass Streitigkeiten über das Bestehen und die Höhe eines Ausgleichsanspruchs im Rahmen des Art. 14 I S. 2 GG *ausschließlich* vor den **Verwaltungsgerichten** auszutragen sind.[119]

94 **Enteignungsgleicher Eingriff**[120]**:** Selbst wenn man den enteignungsgleichen Eingriff in Art. 14 I GG begründet sieht, steht letztlich der Aufopferungsgedanke dahinter, sodass gem. der Regelung des § 40 II S. 1 Hs. 1 VwGO („vermögensrechtliche Ansprüche aus Aufopferung für das gemeine Wohl") der **Zivilrechtsweg** einzu-

---

überzeugt, dass die gesetzliche Grundlage zur Beleihung zu unbestimmt und daher rechtswidrig sei (FuL 2010, 750). Es hat das Verfahren daher ausgesetzt und wegen Verletzung des Art. 5 III GG gem. Art. 100 I GG dem BVerfG vorgelegt (anhängig unter BVerfG - 1 BvL 8/10).

[115] BGH NVwZ 2000, 594.

[116] Vgl. dazu ausführlich *R. Schmidt*, AllgVerwR, Rn 1127 ff.

[117] Vgl. dazu ausführlich *R. Schmidt*, AllgVerwR, Rn 1190 ff.

[118] Vgl. zum Streitstand *R. Schmidt*, VerwProzR, 9. Aufl. 2005, Rn 84 und deren Vorauflagen.

[119] Wie hier *Seibert*, NVwZ 2002, 265, 270.

[120] Vgl. dazu ausführlich *R. Schmidt*, AllgVerwR, 1204 ff.

schlagen ist.[121] Daran hat sich auch nichts durch die am 1.1.2002 in Kraft getretene Neufassung des § 40 II S. 1 VwGO geändert, aus der sich ergibt, dass Streitigkeiten über das Bestehen und die Höhe eines Ausgleichsanspruchs im Rahmen des Art. 14 I S. 2 GG vor den Verwaltungsgerichten auszutragen sind (s.o.). Insofern hat die Neufassung des § 40 II S. 1 VwGO eher zu einer Klarstellung geführt, denn bei der Entschädigung wegen enteignungsgleichen Eingriffs handelt es sich gerade nicht um einen Anspruch wegen ausgleichspflichtiger Inhalts- und Schrankenbestimmung.
Schließlich ist auch im Zusammenhang mit dem enteignungsgleichen Eingriff die Regelung des § 48 III VwVfG zu beachten.

Enteignender Eingriff[122]**:** Soweit man sich auf den Standpunkt stellt, dass der enteignende Eingriff in der ausgleichspflichtigen Inhalts- und Schrankenbestimmung aufgegangen ist, wäre gem. der bereits genannten Neufassung des § 40 II S. 1 VwGO der Verwaltungsrechtsweg gegeben. Denn nach dieser Vorschrift sind Streitigkeiten über das Bestehen und die Höhe eines Ausgleichsanspruchs im Rahmen des Art. 14 I S. 2 GG vor den Verwaltungsgerichten auszutragen. Lediglich für den eventuell bestehenden Restbereich wäre dann der Zivilrechtsweg anzunehmen, da die aus dem enteignenden Eingriff resultierenden Zufallsschäden zumindest dem enteignungsgleichen Eingriff gleichzusetzen sind. Versteht man demgegenüber den Begriff des enteignenden Eingriffs weit, wird die Rechtswegfrage problematisch. Sicher ist, dass es sich um einen öffentlich-rechtlichen Anspruch handelt. Art. 14 III S. 4 GG (Zivilrechtsweg) würde jedenfalls nicht greifen, da gerade keine Enteignung vorliegt. Nach der hier vertretenen Auffassung handelt es sich bei dem enteignenden Eingriff gemäß der Formulierung des § 40 II S. 1 Hs. 1 VwGO um einen „vermögensrechtlichen Anspruch aus Aufopferung für das gemeine Wohl". Insofern greift der Zusatz in der seit dem 1.1.2002 gültigen Fassung des § 40 II S. 1 Hs. 2 VwGO nicht. Im Ergebnis ist also der **Zivilrechtsweg** eröffnet. 95

Aufopferungsanspruch i.e.S.[123]**:** Nach § 40 II S. 1 Hs. 1 VwGO ist für den Aufopferungsanspruch der **ordentliche Rechtsweg** ausdrücklich genannt. Insbesondere greift die neue Formulierung in der seit dem 1.1.2002 gültigen Fassung des § 40 II S. 1 Hs. 2 VwGO, wonach Streitigkeiten über das Bestehen und die Höhe eines Ausgleichsanspruchs im Rahmen des Art. 14 I S. 2 GG vor den Verwaltungsgerichten auszutragen sind, nicht. 96

Verwaltungsrechtliche Schuldverhältnisse[124]**:** Ansprüche aus öffentlich-rechtlicher Geschäftsführung ohne Auftrag und öffentlich-rechtlichen Benutzungs- und Leistungsverhältnissen (etwa die Lieferung von Gas-, Wasser- oder Fernwärme) sind gem. § 40 II S. 1 VwGO vor den **ordentlichen Gerichten** geltend zu machen. 96a

2. Streitigkeiten „nichtverfassungsrechtlicher Art"

Da auch verfassungsrechtliche Streitigkeiten öffentlich-rechtliche Streitigkeiten darstellen, jedoch ausschließlich vor den Verfassungsgerichten auszutragen sind, muss auch in diesem Zusammenhang eine Abgrenzung vorgenommen werden. § 40 I S. 1 VwGO stellt diese Notwendigkeit klar, indem er formuliert, dass der Verwaltungsrechtsweg „in allen öffentlich-rechtlichen Streitigkeiten nichtverfassungsrechtlicher Art" eröffnet ist. 97

[121] *Kopp/Schenke*, VwGO, § 40 Rn 61; *Maurer*, AllgVerwR, § 27 Rn 116; *Bull/Mehde*, AllgVerwR, § 17 Rn 468; BGHZ 91, 20, 26.
[122] Vgl. dazu ausführlich *R. Schmidt*, AllgVerwR, Rn 1235 ff.
[123] Vgl. dazu ausführlich *R. Schmidt*, AllgVerwR, Rn 1250 ff.
[124] Vgl. dazu ausführlich *R. Schmidt*, AllgVerwR, Rn 1339 ff.

Verfassungsrechtlich sind zunächst diejenigen Streitigkeiten, die von dem Zuständigkeitskatalog des Art. 93 GG und des § 13 BVerfGG umfasst sind. Jenseits dieser enumerativ aufgelisteten Streitigkeiten ist nach der **Rechtsprechung** des BVerwG[125] eine Streitigkeit verfassungsrechtlich, wenn das streitige Rechtsverhältnis „**entscheidend vom Verfassungsrecht geprägt** wird".

98 Entscheidend ist nach dieser Rspr., ob das Verfassungsrechtssubjekt gerade als solches in Anspruch genommen wird, ob also der **Streitgegenstand dem Verfassungsrecht zuzuordnen ist**. Ob bei dem Rechtsstreit auf beiden Seiten ein Verfassungsorgan beteiligt ist, ist demzufolge nicht ausschlaggebend. Daher kann auch eine Streitigkeit zwischen Staat und Bürger verfassungsrechtlicher Natur sein. So liegt eine verfassungsrechtliche Streitigkeit etwa vor, wenn der Bürger auf Erlass eines förmlichen Gesetzes klagt[126] oder (prinzipal) die Gültigkeit (d.h. die Verfassungsmäßigkeit) eines förmlichen Gesetzes anzweifelt.[127] Gleiches gilt für Streitigkeiten, an denen das Volk als Verfassungsorgan beteiligt ist, wie bspw. beim Streit über die Zulässigkeit eines Volksbegehrens, die Eintragung bei Volksbegehren oder die Gültigkeit einer Verordnung zur Volksabstimmung.[128]

99 Jedenfalls nicht um eine verfassungsrechtliche, sondern um eine **verwaltungsrechtliche** Streitigkeit handelt es sich, wenn der Klagegegner eine Verwaltungsbehörde darstellt, obwohl der Streitgegenstand am Maßstab von **Grundrechten** zu messen ist (arg. § 90 II S. 1 BVerfGG).

> **Beispiel:** Die rechtsradikale Gruppe G meldet eine Demonstration an. Da die Innenbehörde Gewalttätigkeiten befürchtet, verbietet sie die Demonstration gem. § 15 VersG.
>
> Bei einer Klage würde das Gericht die Vereinbarkeit des Verbots und/oder des § 15 VersG mit Art. 8 I GG messen. Art. 8 I GG ist als Grundrecht Bestandteil der Verfassung. Es könnte daher angenommen werden, es handele sich um eine verfassungsrechtliche Streitigkeit, da der Streitgegenstand (hier: die Vereinbarkeit des Verbots und/oder des § 15 VersG mit Art. 8 I GG) Verfassungsbezug hat. Gleichwohl handelt es sich trotz des Grundrechtsbezugs um eine typische verwaltungsrechtliche Streitigkeit, da es gerade Aufgabe der Verwaltung ist, über die Zulässigkeit eines Vorhabens zu entscheiden und ggf. ein Verbot auszusprechen.

100 Der (noch) herrschenden **Literatur**[129] ist das materielle Kriterium der Rechtsprechung zu unsicher. Sie versucht, die Frage über ein (zusätzliches) formelles Kriterium zu lösen, indem sie die Streitbeteiligten als Verfassungs- oder Verwaltungsrechtssubjekte definiert. Danach soll eine Streitigkeit verfassungsrechtlich sein, wenn

- zwei unmittelbar am Verfassungsleben beteiligte Verfassungsorgane
- unmittelbar über spezifisches Verfassungsrecht

---

[125] BVerwG NVwZ 2002, 1127, 1128; NVwZ 2002, 1505; NVwZ 1998, 500; BVerwGE 24, 272, 279; 36, 218, 228; 50, 124, 130; 60, 162, 172; 96, 45, 48; 109, 258, 259; zustimmend *Rennert*, in: Eyermann, VwGO, § 40 Rn 21; *Kopp/Schenke*, VwGO, § 40 Rn 32a; *Sodan*, NVwZ 2000, 601, 607; *Bethge*, JuS 2001, 1100; *Schliesky*, JA 2001, 777, 779.

[126] Vgl. den Umkehrschluss BVerwG NVwZ 2002, 1505.

[127] BVerfGE 31, 364, 368; 45, 297, 334; BVerwGE 75, 330, 334; 80, 355, 358; zustimmend *Rennert*, in: Eyermann, VwGO, § 40 Rn 21, 27; *Thiel/Garcia-Scholz*, JA 2001, 957, 960.

[128] Vgl. BremStGH NVwZ-RR 2001, 1 ff.; BayVerfGH NVwZ-RR 2000, 401 ff.; ThürVerfGH LKV 2002, 83, 90; VGH München NVwZ 1991, 386; OVG Berlin DVBl 1999, 994; VGH Kassel NVwZ 1991, 1098; *Schweiger*, NVwZ 2002, 1471 ff.; *Thiel/Garcia-Scholz*, JA 2001, 957, 960. Zu beachten ist jedoch, dass auf Kommunalebene etwas anderes gilt, da hier im Kern nicht um Verfassungsrecht im dargelegten Sinne gestritten wird. Vielmehr handelt es sich um verwaltungsrechtliche Streitigkeiten, da sich die streitentscheidenden Normen in den Gemeinde- bzw. Kreisordnungen sowie in den konkretisierenden Verordnungen finden (vgl. dazu *Meyer*, NVwZ 2003, 183).

[129] *Zilkens*, JuS 2001, 368, 369; *Gross/Meister*, JA 2004, 313, 316; vgl. auch *Heselhaus/Weiss*, JA 2005, 122, 123 (jeweils unter Nichterwähnung der entgegenstehenden Rspr.); *Hufen*, VerwProzR, § 11 Rn 49; *Stern/Blanke*, Rn 116; *Stern*, StaatsR II, § 35 V 4; *Schmitt Glaeser/Horn*, VerwProzR, Rn 56; *Klenke*, NVwZ 1995, 644, 648; *Frenz*, JA 2011, 433, 434; *Redeker/v. Oertzen*, VwGO, § 40 Rn 3; *Löwer*, in: HdbStR II, § 56 Rn 6. Einschränkend *Ehlers*, in: Schoch/Schneider/Bier, VwGO, § 40 Rn 137 ff., wonach ein Verfassungsrechtsstreit dann vorliegt, wenn zumindest der Rechtsschutzgegner ein Verfassungsrechtssubjekt ist, das als solches verpflichtet werden soll. Kritisch auch *Kopp/Schenke*, VwGO, § 40 Rn 32a.; *Schenke*, VerwProzR, Rn 128.

streiten (sog. **doppelte Verfassungsunmittelbarkeit**).

Verfassungsrechtssubjekte im vorstehenden Sinne sind Gebietskörperschaften mit Staatsqualität (Bund, Länder), deren Verfassungsorgane (Bundes- oder Landesregierung, gesetzgebende Körperschaften) sowie andere am Verfassungsleben beteiligte Stellen wie Fraktionen, Ausschüsse und politische Parteien in ihrer organkreativen Funktion. *Keine* Verfassungsrechtssubjekte sind Verwaltungsbehörden einschließlich der Ministerien in dieser Funktion und Teile derselben.

Stellungnahme und Hinweis für die Fallbearbeitung: Das Kriterium der doppelten Verfassungsunmittelbarkeit ist zwar grundsätzlich begrüßenswert, kann aber nicht konsequent durchgehalten werden. Denn auch nach der Literatur wird bspw. die Klage eines Bürgers auf Erlass eines Parlamentsgesetzes nicht vor den Verwaltungsgerichten zu erheben sein. Da solche Fälle aber eher die Ausnahme darstellen, sollte in der Fallbearbeitung in unproblematischen Fällen folgende kurze Formulierung genügen: „Weder streiten Beteiligte des Verfassungsrechtskreises im Kern über Verfassungsrecht noch steht eine prinzipale Rechtssatzkontrolle des formellen Gesetzgebers in Rede. Auch andere Gründe, die den Streit zum Verfassungsrechtsstreit machen könnten, liegen nicht vor. Die Tatsache, dass sich die Klage auf Grundrechte stützt, macht den Streit nicht zum Verfassungsstreit (vgl. § 90 II S. 1 BVerfGG). Die Streitigkeit ist nichtverfassungsrechtlicher Natur."[130] **101**

Beispiele für nichtverfassungsrechtliche Streitigkeiten:

(1) Streitigkeiten über die Erstattung von **Wahlkampfkosten** sind vor dem Verwaltungsgericht auszutragen, da der Bundestagspräsident als Verwaltungsbehörde und nicht als Verfassungsorgan tätig ist und sich sein Recht auf Verwaltung der Mittel nicht aus dem Grundgesetz, sondern aus dem Parteiengesetz ergibt.[131]

(2) Streitigkeiten zwischen einem Bürger und einem **Parlamentarischen Untersuchungsausschuss** sind nichtverfassungsrechtlicher Art. Zwar ist der Parlamentarische Untersuchungsausschuss dem Verfassungsrecht zuzuordnen (vgl. Art. 44 GG). Er tritt jedoch gegenüber den Bürgern mit verwaltungsbehördlichen Kompetenzen (gleich der Staatsanwaltschaft) auf, sodass der Untersuchungsausschuss in dieser Funktion nicht verfassungsrechtlich, sondern rein verwaltungsrechtlich tätig wird.[132] Das bedeutet aber noch nicht zwangsläufig, dass der Verwaltungsrechtsweg offensteht, denn gem. der Formulierung in § 40 I S. 1 VwGO („...soweit die Streitigkeiten nicht durch Bundesgesetz einem anderen Gericht ausdrücklich zugewiesen sind") können auch verwaltungsrechtliche Streitigkeiten anderen Gerichtszweigen zugeordnet sein. Für den Fall einer Streitigkeit zwischen einem Bürger und einem Parlamentarischen Untersuchungsausschuss steht gem. § 36 PUAG (Gesetz über Parlamentarische Untersuchungsausschüsse) der **Rechtsweg zum BGH** offen. Der Verwaltungsrechtsweg ist wegen dieser Sondervorschrift gesperrt.[133]

(3) Ist einer der Beteiligten eine **politische Partei**, muss in der verwaltungsrechtlichen Fallbearbeitung festgestellt werden, dass die politische Partei nicht in der Weise beteiligt ist, als es um die Willensbildung des Volkes - mithin um die Teilnahme am Verfassungsleben - geht. Denn nur wenn sie *nicht* organkreativ beteiligt ist, ist sie Privatrechtssubjekt (vgl. § 3 PartG) und *nicht* in ihrem verfassungs-

[130] Vgl. bereits die 1. Aufl. 1997; ganz ähnlich nunmehr auch *v. Coelln*, JuS 2008, 351, 352 f.
[131] Vgl. *Stern/Blanke*, Rn 116.
[132] Vgl. hierzu näher *Rennert*, in: Eyermann, VwGO, § 40 Rn 29.
[133] Zu beachten ist ferner, dass gem. § 18 III PUAG bei Streitigkeiten zwischen der Bundesregierung und dem Ausschuss das BVerfG zuständig ist. Vgl. dazu *Nettesheim/Vetter*, JuS 2004, 219, und ausführlich *R. Schmidt*, Staatsorganisationsrecht, Rn 484 ff.

rechtlichen Status (vgl. Art. 21 GG) betroffen. Hier ist je nach Klagebegehren entweder der Verwaltungsrechtsweg oder der Zivilrechtsweg eröffnet.

(4) **Kommunale Wahlprüfungen** gehören vor die Verwaltungsgerichte. Das gilt auch für den **Kommunalverfassungsstreit** (Rn 582 ff.). Dagegen sind **parlamentarische Wahlprüfungen** den Verfassungsgerichten zuzuordnen (vgl. nur Art. 41 II GG).

III. Abdrängende Sonderzuweisung

1. Durch Bundesgesetz einem anderen Gerichtszweig zugewiesen

102 Wie bereits ausgeführt, ist nach § 40 I S. 1 VwGO (Generalklausel) der Verwaltungsrechtsweg in allen öffentlich-rechtlichen Streitigkeiten nichtverfassungsrechtlicher Art gegeben, *soweit* die Streitigkeiten nicht durch Bundesgesetz einem anderen Gericht ausdrücklich zugewiesen sind. Beispiele bundesgesetzlich abdrängender Sonderzuweisungen sind:

- § 839 BGB i.V.m. Art. 34 GG (**Amtshaftungsanspruch** ⇒ Landgericht, § 71 GVG).[134]
- Art. 14 III S. 4 GG (**Enteignungsentschädigung** ⇒ ordentlicher Rechtsweg. Für die zuvor erforderliche Überprüfung der Rechtmäßigkeit einer Administrativenteignung steht hingegen der Verwaltungsrechtsweg offen).
- § 40 II S. 1 VwGO (**Entschädigungsansprüche** wegen **enteignenden** und **enteignungsgleichen Eingriffs**, **Aufopferung**, öffentlich-rechtliche GoA, öffentlich-rechtliche Verwahrung, Schadensersatzansprüche ⇒ ordentlicher Rechtsweg[135]; *nicht* jedoch Streitigkeiten über das Bestehen und die Höhe eines Ausgleichsanspruchs im Rahmen des Art. 14 I S. 2 GG und – wie sich aus dem Umkehrschluss aus § 40 II S. 1 Hs. 1 VwGO ergibt – Streitigkeiten bzgl. verwaltungsrechtlicher Verträge ⇒ Verwaltungsrechtsweg nach Maßgabe der Generalklausel). Auch ist anerkannt, dass bei einer Pflichtverletzung des Dienstherrn neben dem deliktischen Anspruch aus Amtshaftung ein **beamtenrechtlicher Schadensersatzanspruch** bestehen kann, der sich unmittelbar aus dem Beamtenverhältnis ergibt: Verletzt der Dienstherr etwa seine Pflichten bei der Besetzung einer Beamtenstelle, steht demjenigen, dessen Rechte verletzt wurden, für den Fall, dass Primärrechte (Ernennung; Beförderung) nicht mehr greifen, ein Schadensersatzanspruch unmittelbar aus Art. 33 II GG zu, für den gem. § 40 II S. 2 VwGO, § 54 I BeamtStG (bzw. bei Bundesbeamten § 126 I BBG) der Verwaltungsrechtsweg eröffnet ist.[136]
- § 49 VI S. 3 VwVfG (für **Entschädigungen** bei **Widerruf** eines begünstigenden Verwaltungsakts mit Vertrauen auf Bestand ⇒ ordentlicher Rechtsweg).
- § 62 I S. 1 und § 68 OWiG (bei Einspruch gegen einen **Bußgeldbescheid** - § 67 OWiG - entscheidet das Amtsgericht).

Hinweis für die Fallbearbeitung: Ein häufig vorkommender Klausurfehler besteht darin, dass ein **Einspruch gegen einen Bußgeldbescheid** als verwaltungsrechtlicher Widerspruch geprüft wird. Ist in einer Klausur gegen einen Bußgeldbescheid vorzugehen, bestimmen sich Rechtsweg und Zulässigkeitsvoraussetzungen des Einspruches nach §§ 67 ff. OWiG. Vgl. dazu *R. Schmidt*, POR, Rn 97 ff. Bei der Begründetheit ergeben sich im Vergleich zum verwaltungsrechtlichen Widerspruch indes keine wesentlichen Unterschiede. Zur Definition des Begriffs „Ordnungswidrigkeit" vgl. § 1 I OWiG.

---

[134] Zum Staatshaftungsrecht vgl. ausführlich *R. Schmidt*, AllgVerwR, Rn 1061 ff.

[135] Dazu gehören auch Aufopferungsansprüche (Entschädigungsansprüche), die von den Polizeigesetzen gewährt werden.

[136] Vgl. dazu BVerwG NJW 2010, 3592, 3593; OVG Lüneburg NVwZ-RR 2010, 532.

- § 23 EGGVG (bei **Justizverwaltungsakten**) und § 98 II S. 2 StPO (analog) bzw. § 101 VII StPO bei Maßnahmen der (gem. §§ 152 GVG, 163 StPO) **repressiv tätigen Polizei** ⇒ ordentliche Gerichtsbarkeit.[137]
- §§ 68-80 WDO (⇒ in Wehrdisziplinarsachen Truppendienstgerichte bzw. das BVerwG). Während sich das BDG am Verwaltungs(gerichts)verfahren orientiert, lehnt sich das Wehrdisziplinarrecht am Strafprozessrecht an, weil sich die Regelungen des Beamtendisziplinarrechts nicht für die Besonderheiten des militärischen Dienstes eignen.[138]
- § 217 BauGB (⇒ bei bestimmten, dort näher bezeichneten Verwaltungsakten die Landgerichte, und zwar die Kammern für Baulandsachen).
- § 68 InfSchG (⇒ bei Entschädigungsansprüchen). Dagegen gehören Entschädigungsansprüche nach §§ 15 ff. TierGesG vor das Verwaltungsgericht (§ 22 V TierGesG).
- § 33 FGO (⇒ in *Abgabenangelegenheiten* nach der Abgabenordnung (AO) die Finanzgerichte; bei *Gebührenbescheiden* jedoch die Verwaltungsgerichte!).
- §§ 65 ff. PatG (⇒ das Bundespatentgericht für Patentstreitigkeiten).
- § 63 GWB (gegen Verfügungen der Kartellbehörde ist zulässiger Rechtsbehelf die Beschwerde, über die das Oberlandesgericht entscheidet.).
- § 116 III GWB (gegen Entscheidungen der Vergabekammer ist die sofortige Beschwerde vor dem zuständigen Oberlandesgericht zulässig).
- § 51 SGG (⇒ z.B. in Angelegenheiten der gesetzlichen Kranken- und Rentenversicherung, der Grundsicherung für Arbeitssuchende, der Sozialhilfe, des Kindergeldes und der Leistungen nach dem Asylbewerberleistungsgesetz die Sozialgerichte).
- Ferner §§ 62, 63 DRiG; §§ 100, 106, 119 BRAO; §§ 95 ff. StBerG

Hinweis für die Fallbearbeitung: Liegt eine abdrängende Sonderzuweisung offensichtlich nicht vor, genügt auch in der Klausur die lapidare Feststellung, „dass eine abdrängende Sonderzuweisung nicht ersichtlich ist".

2. Durch Landesgesetz einem anderen Gerichtszweig zugewiesen

§ 40 I S. 2 VwGO bestimmt, dass öffentlich-rechtliche Streitigkeiten auf dem Gebiet des Landesrechts auch durch **Landesgesetz** einem anderen Gericht zugewiesen werden können. 103

Beispiel[139]**:** Anlässlich einer Castor-Demonstration ist K – zusammen mit anderen Demonstranten – von der Vollzugspolizei über Nacht in Gewahrsam genommen worden. Später möchte er gerichtlich klären lassen, dass diese Maßnahme rechtswidrig war.

Die Ingewahrsamnahme ist eine Standardmaßnahme zur Gefahrenabwehr und in den Polizeigesetzen der Länder geregelt. Daher liegt an sich ein typischer Fall einer gem. § 40 I S. 1 VwGO vor dem zuständigen Verwaltungsgericht zu erhebenden Fortsetzungsfeststellungsklage vor, bei der es um die Überprüfung der Rechtmäßigkeit eines erledigten Verwaltungsakts geht. § 40 I S. 2 VwGO lässt jedoch die Zuweisung derartiger Streitigkeiten an ein anderes Gericht (= i.d.R. Amtsgericht) durch Landesrecht zu. Von dieser Möglichkeit haben die meisten Landesgesetzgeber Gebrauch gemacht (bspw. Niedersachsen[140], Baden-Württemberg[141] und Bayern[142]), weil die Amtsgerichte im All-

[137] Vgl. dazu etwa OVG Lüneburg NJW 2012, 2057. Ist die Polizei indes **präventiv** tätig, ist der Verwaltungsrechtsweg (gemäß der Generalklausel des § 40 I S. 1 VwGO) eröffnet. Das ist selbst dann der Fall, wenn die Rechtsgrundlage für das präventivpolizeiliche Handeln der StPO (§ 81b Var. 2) entstammt. Denn § 81b Var. 2 StPO befugt auch dann zu erkennungsdienstlichen Maßnahmen, wenn der Zweck in der Strafverfolgungsvorsorge liegt. Vgl. dazu BVerwG NVwZ-RR 2011, 710 f.; BayVGH BayVBl 2010, 220 f. sowie ausführlich *R. Schmidt*, POR, Rn 93 ff.

[138] Vgl. dazu *Raap*, JuS 2003, 9, 12.

[139] Nach OVG Lüneburg NVwZ 2004, 760, 761.

[140] Vgl. § 19 III NdsSOG.

[141] § 28 IV BaWüPolG.

[142] Art. 18 III BayPAG.

gemeinen ortsnäher als die Verwaltungsgerichte seien und auch sonst über Freiheitsentziehungen (FamFG) entschieden. Ob die Übertragung der Zuständigkeit auf die Amtsgerichte angesichts der unterschiedlichen Struktur von präventivem und repressivem Polizeirecht rechtspolitisch sinnvoll ist, mag dahingestellt bleiben, ist jedoch (verfassungs-)rechtlich nicht zu beanstanden. Insbesondere wird der Rechtsschutz des Betroffenen nicht unzumutbar erschwert oder verkürzt, da auch § 26 FamFG einen Amtsermittlungsgrundsatz vorsieht und das überprüfende Gericht die Sach- und Rechtslage auch an einem Maßstab vergleichbar mit dem des § 113 I S. 4 VwGO prüft.[143]

IV. Verwaltungsrechtsweg und EU-Recht

104 Das EU-Recht beeinflusst und durchdringt zunehmend das nationale (Verwaltungs-) Recht.[144] Klar ist, dass Rechtsakte der EU nicht vor deutschen (Verwaltungs-)Gerichten angegriffen werden können. Daher kann es nur darum gehen, ob und inwieweit deutsche Umsetzungsakte national justiziabel sind. Da weder das primäre noch das sekundäre EU-Recht eine Regelung enthalten, auf deren Grundlage die Unionsbürger auf Unionsrecht basierende Rechte durchsetzen können, richtet sich die Geltendmachung dieser Rechte nach dem nationalen Verfahrensrecht. Man spricht insoweit von einer **verfahrensrechtlichen Autonomie der Mitgliedstaaten**. Richtet sich daher eine Klage eines Bundesbürgers gegen einen Rechtsakt der Union, der von einer deutschen Behörde umgesetzt wurde, ist regelmäßig der Verwaltungsrechtsweg eröffnet. Dies gilt auch dann, wenn es um die Frage nach der Gültigkeit von Unionsrecht geht. Zwar kann das EU-Recht nicht unmittelbar vor deutschen Gerichten angegriffen werden (s.o.), liegt jedoch ein nationaler Vollzugsakt vor, ist dieser Vollzugsakt Gegenstand des Verfahrens mit der Folge, dass es sich um einen Akt deutscher öffentlicher Gewalt handelt, der an das Grundgesetz gebunden und vor deutschen Gerichten justiziabel ist. Die Frage der Gültigkeit der europarechtlichen Norm wird dann gemäß Art. 267 AEUV (Vorabentscheidung) dem EuGH zur Entscheidung vorgelegt.

Beispiel: Die zuständige deutsche Behörde erlässt gegenüber dem Bundesbürger K die Verfügung, dass dieser aufgrund einer EU-Richtlinie die Ausfuhr bestimmter Produkte zu unterlassen habe. K kann vor deutschen Verwaltungsgerichten nicht unmittelbar gegen die EU-Richtlinie klagen, da diese keinen Akt deutscher Gewalt darstellt (zur Möglichkeit der Anrufung des EuGH vgl. Art. 263 IV AEUV). Richtet sich sein Klagebegehren jedoch gegen die bundesdeutsche behördliche Anordnung, greift K einen Akt deutscher öffentlicher Gewalt an. Da es sich um eine öffentlich-rechtliche Streitigkeit nichtverfassungsrechtlicher Art handelt, ist der Verwaltungsrechtsweg gemäß § 40 I S. 1 VwGO eröffnet. Das Gericht prüft dann inzident die Rechtmäßigkeit der Richtlinie am Maßstab des EU-Rechts. Bestehen *Zweifel* über die Gültigkeit der dem Verwaltungsakt zugrunde liegenden EU-Richtlinie, darf das Verwaltungsgericht die EU-Richtlinie nicht verwerfen. Vielmehr muss es das Verfahren aussetzen und die Frage dem EuGH gemäß Art. 267 AEUV zur Entscheidung vorlegen. Nur der EuGH kann die Vereinbarkeit mit europäischem Primärrecht feststellen.

105 Zu den europarechtlichen Bezügen des Verwaltungsrechts vgl. auch die Ausführungen zur Klagebefugnis (Rn 188 ff.), zur Klagefrist (Rn 299) und zur Vereinbarkeit der nationalen Rechtsgrundlage mit den europarechtlichen Vorgaben (Rn 649 ff./660 ff.).

---

[143] Vgl. OVG Lüneburg NVwZ 2004, 760, 761 (zur alten Rechtslage nach FGG).
[144] Zum EU-Recht vgl. *R. Schmidt*, Staatsorganisationsrecht, Rn 327 ff./761 ff. sowie AllgVerwR, Rn 165 ff.

B. Zuständigkeit des Gerichts

I. Ist der Verwaltungsrechtsweg nicht gegeben, hat das nicht die Unzulässigkeit der Klage zur Folge, sondern führt zur Verweisung an das zuständige Gericht des zulässigen Rechtswegs. Die Verweisung ergeht durch Beschluss und stützt sich auf § 173 VwGO i.V.m. § 17a II S. 1 GVG. Ist dagegen der Verwaltungsrechtsweg gegeben und ergibt die Prüfung, dass ein anderes Gericht der Verwaltungsgerichtsbarkeit zuständig ist, stützt sich der Verweisungsbeschluss nicht auf § 173 VwGO i.V.m. § 17a II S. 1 GVG, sondern auf § 83 S. 1 VwGO i.V.m. § 17a II S. 1 GVG. Dieser Beschluss ist nach § 83 S. 2 VwGO unanfechtbar. Siehe dazu bereits Rn 23 f. **106**

II. Die sachliche Zuständigkeit des Gerichts richtet sich nach §§ 45 ff. VwGO, die örtliche Zuständigkeit nach § 52 VwGO.[145] **107**

1. Zur **sachlichen Zuständigkeit**: Nach § 45 VwGO entscheidet das **Verwaltungsgericht** im ersten Rechtszug über alle Streitigkeiten, für die der Verwaltungsrechtsweg offensteht. Demgegenüber bestimmt sich die erstinstanzliche Zuständigkeit der **Oberverwaltungsgerichte** (bzw. der Verwaltungsgerichtshöfe) nach § 47 und insb. nach § 48 VwGO. Nach § 47 VwGO entscheidet das OVG über verwaltungsgerichtliche Normenkontrollanträge, § 48 VwGO statuiert die erstinstanzliche Zuständigkeit des OVG über sämtliche Streitigkeiten in Bezug auf Kernenergieanlagen, Kraftwerke, Freileitungen, Erd- und Seekabel, Planfeststellungsbeschlüsse nach dem KrWG, Flughäfen, Eisenbahnen, Straßenbahnen und Bundesfernstraßen. Darüber hinaus entscheidet das OVG gem. § 48 I S. 2 VwGO erstinstanzlich über Genehmigungen, die anstelle einer Planfeststellung erteilt werden (also insb. über die Plangenehmigung nach § 74 VI VwVfG), sowie über sämtliche für das Vorhaben erforderlichen Genehmigungen und Erlaubnisse, auch soweit sie Nebenbestimmungen betreffen, die mit ihnen in einem räumlichen und betrieblichen Zusammenhang stehen. Im Übrigen fungiert das OVG als Rechtsmittelinstanz für Entscheidungen des Verwaltungsgerichts: Es entscheidet gem. § 46 VwGO über die Berufung gegen Urteile des VG und über die Beschwerde gegen andere Entscheidungen des VG. **108**

Das **Bundesverwaltungsgericht** ist regelmäßig als Rechtsmittelinstanz nach § 49 VwGO zuständig für die Revision gegen Urteile der Oberverwaltungsgerichte/Verwaltungsgerichtshöfe (§ 132 VwGO) oder Urteile der Verwaltungsgerichte nach § 134 und § 135 VwGO (sog. Sprungrevision und Revision bei Ausschluss der Berufung). Erst- und letztinstanzlich zuständig ist das BVerwG gem. § 50 VwGO auf den dort genannten Gebieten. Praktisch bedeutsam ist die erstinstanzliche Zuständigkeit für Klagen gegen Vereinsverbote des Bundesministeriums des Inneren nach Art. 9 II GG. **109**

2. Zur **örtlichen Zuständigkeit**: § 52 VwGO enthält ein kompliziertes Regel-Ausnahme-System hinsichtlich der Frage, welches von mehreren Verwaltungsgerichten, die für einen bestimmten Rechtsstreit sachlich und örtlich zuständig ist. **110**

[145] Zum Bundesdisziplinarrecht vgl. §§ 45 ff., 64 ff., 67 f. u. 69 f. BDG.

C. Die Sachentscheidungsvoraussetzungen der einzelnen Verfahrensarten

111 Wie bereits in der Einleitung beschrieben, sollte bei der Bearbeitung eines verwaltungsprozessual eingekleideten Falls im Anschluss an die Prüfung des Verwaltungsrechtswegs und der gerichtlichen Zuständigkeit die statthafte Klageart bestimmt werden, um sodann ihre besonderen, klageartabhängigen Sachentscheidungsvoraussetzungen prüfen zu können. Auszugehen ist dabei vom **Klagebegehren** (vgl. § 88 VwGO), das ggf. durch Auslegung zu ermitteln ist[146]:

112 - Zunächst ist zu ermitteln, ob ein Abwehr-, Leistungs- oder Feststellungsbegehren vorliegt, damit weichenstellend die entsprechende Klage**form** (siehe Einführungskapitel: Leistungsklage, Gestaltungsklage, Feststellungsklage) bestimmt werden kann.

113 - Steht die Klageform fest, ist für die Bestimmung der Klage**art** sodann zu untersuchen, ob dem (abzuwehrenden oder begehrten) Verwaltungshandeln die **Qualität eines Verwaltungsakts** beigemessen werden kann oder nicht. Erweist sich das Klagebegehren als unklar, wird das Gericht i.d.R. sachdienliche Hinweise bezüglich des Stellens eines entsprechenden Antrags geben, § 86 III VwGO.

  Das Hinwirken des Gerichts auf das Stellen entsprechender Anträge hat den Hintergrund, dass vor dem Verwaltungsgericht kein Anwaltszwang besteht (vgl. § 67 I S. 1, II VwGO) und dadurch dem (rechtsunkundigen) Bürger kein Nachteil entstehen soll. Eine missverständliche Erklärung darf daher nicht unter Beharrung auf deren Wortlaut zu Lasten der Partei ausgelegt werden, sondern muss nach deren Sinn und Zweck interpretiert werden.[147]

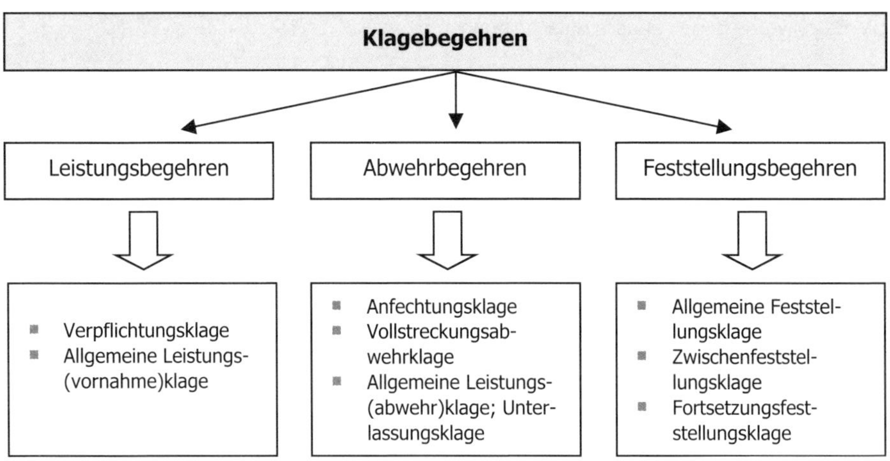

114 Anschließend wird die so ermittelte Klageart weitergeprüft. Bei einer **Anfechtungsklage** muss festgestellt werden, dass sich der Kläger mit seinem Begehren tatsächlich gegen einen **ihn belastenden Verwaltungsakt** richtet.

Beispiel: Bauherr B hat ein nicht genehmigtes, aber genehmigungspflichtiges Haus errichtet. Als die Bauordnungsbehörde davon erfährt, erlässt sie gem. den Vorschriften der Landesbauordnung eine Baubeseitigungsanordnung (= Verwaltungsakt). B ist der

---

[146] Vgl. BVerfG NVwZ 2016, 238, 241.
[147] OVG Hamburg NVwZ-RR 1998, 341. Vgl. auch BVerfG NVwZ 2016, 238, 241.

Meinung, dass der Bau genehmigungsfähig und die Anordnung daher rechtswidrig sei. Nach erfolglos durchgeführtem Widerspruchsverfahren erhebt er daher Anfechtungsklage (§ 42 I Var. 1 VwGO).

Hinweis für die Fallbearbeitung: In der überwiegenden Zahl von Aufgabenstellungen sieht sich der Bearbeiter mit der Frage nach der Fehlerhaftigkeit bzw. Rechtswidrigkeit von Verwaltungsakten konfrontiert. Dies bestätigt nicht nur die Feststellung *Otto Mayers*, dass der Verwaltungsakt „im öffentlichen Recht steckt wie die Made im Speck", sondern auch die praktische und prüfungstechnische Relevanz dieser Art des Verwaltungshandelns. Daher soll auch im Rahmen der vorliegenden Bearbeitung zunächst auf diese Klageart eingegangen werden. 115

I. Sachentscheidungsvoraussetzungen der Anfechtungsklage

Für die Prüfung der Sachentscheidungsvoraussetzungen der **Anfechtungsklage** empfiehlt sich folgendes Aufbauschema[148]:

Sachentscheidungsvoraussetzungen der Anfechtungsklage 116

(1) **Eröffnung des Verwaltungsrechtswegs**, § 40 I S. 1 VwGO
- (a) Aufdrängende Spezialzuweisung
- (b) Öffentlich-rechtliche Streitigkeit
- (c) Keine verfassungsrechtliche Streitigkeit
- (d) Keine abdrängende Sonderzuweisung

(2) **Zuständigkeit des Verwaltungsgerichts**, §§ 45, 52 VwGO

(3) **Statthaftigkeit der Anfechtungsklage** (zulässige Verfahrensart), § 42 I Var. 1 VwGO

(4) ***Besondere* Sachentscheidungsvoraussetzungen** der Anfechtungsklage
- (a) Klagebefugnis, § 42 II VwGO
- (b) Vorverfahren, §§ 68 ff. VwGO
- (c) Klagefrist, § 74 VwGO
- (d) Klagegegner, § 78 VwGO[149]

(5) ***Allgemeine* Sachentscheidungsvoraussetzungen**:
- (a) Beteiligungsfähigkeit, § 61 VwGO
- (b) Prozessfähigkeit, § 62 VwGO
- (c) Ordnungsmäßigkeit der Klageerhebung, §§ 81, 82 VwGO
- (d) Allgemeines Rechtsschutzbedürfnis

Kommt im Rahmen der Fallbearbeitung eine Anfechtungsklage in Betracht, muss 117
wiederum zunächst ein Obersatz gebildet werden, der das Gutachten einleitet. Dazu muss zunächst der Streitgegenstand ermittelt und sodann festgestellt werden, dass bei einer Klage die entsprechenden Sachentscheidungsvoraussetzungen vorliegen müssen. Schließlich muss die Klage auch begründet sein.

[148] Zum Prüfungsschema der Begründetheit der Anfechtungsklage vgl. Rn 636.

[149] Nach der hier vertretenen Auffassung wird § 78 VwGO als Prüfungspunkt „Klagegegner" im Rahmen der Sachentscheidungsvoraussetzungen behandelt. Die Gegenauffassung prüft § 78 VwGO als „Passivlegitimation" bei der Begründetheit. Vgl. dazu im Einzelnen Rn 301 ff.

In einer Klausur könnte, wenn beispielsweise B des Beispiels von Rn 114 gegen die Baubeseitigungsanordnung vorgehen möchte, wie folgt formuliert werden:

„Streitgegenstand des Klagebegehrens ist die Anordnung der Behörde, dass der von B errichtete Bau abgerissen werden muss. Die dagegen gerichtete Klage ist erfolgreich, wenn ihre Sachentscheidungsvoraussetzungen vorliegen und sie begründet ist."

1. Eröffnung des Verwaltungsrechtswegs, § 40 I S. 1 VwGO

118 Bezüglich der Eröffnung des Verwaltungsrechtswegs sei auf die allgemeinen Ausführungen unter 25 ff. verwiesen. Im Hinblick auf die Anfechtungsklage bestehen i.d.R. keine großen Schwierigkeiten, da ihr Hauptanwendungsgebiet in der Eingriffsverwaltung besteht und sich die streitentscheidenden Normen dem einschlägigen Normengefüge entnehmen lassen.

2. Zuständigkeit des Gerichts, §§ 45, 52 VwGO

119 Die sachliche Zuständigkeit des Verwaltungsgerichts richtet sich nach § 45 VwGO, die örtliche Zuständigkeit nach § 52 VwGO. Vgl. dazu ausführlich Rn 105 ff.

3. Statthaftigkeit der Anfechtungsklage

a. Vorliegen eines Verwaltungsakts als zentrales Kriterium

120 Da die Anfechtungsklage ausschließlich auf die Aufhebung eines den Kläger belastenden, sich noch nicht erledigten Verwaltungsakts gerichtet ist, kommt der Qualifikation des Verwaltungshandelns als Verwaltungsakt oder Realakt bzw. schlicht hoheitliches Handeln eine entscheidende Bedeutung zu. Unerheblich ist, ob der Verwaltungsakt an den Kläger oder an einen Dritten adressiert ist. Es kommt allein auf die Belastung beim Kläger an und darauf, dass sich der Verwaltungsakt noch nicht erledigt[150] hat.

> **Beispiel:** Bauherr B erhält die beantragte Genehmigung zum Bau eines 5-stöckigen Wohnhauses (B ist also Adressat eines ihn begünstigenden VA). Nachbar N fühlt sich in seinen Rechten verletzt und ficht die dem B erteilte Baugenehmigung an.
>
> Zwar ist die Baugenehmigung für den Adressaten B ein begünstigender Verwaltungsakt, vorliegend ist aber der Kläger N beschwert; für diesen stellt die Baugenehmigung eine Belastung dar. Daher ist die Anfechtungsklage statthaft, zumal eine Erledigung (vgl. § 113 I S. 4 VwGO) noch nicht eingetreten ist.

121 Kommt das Gericht zu dem Ergebnis, dass der Verwaltungsakt rechtswidrig ist und den Kläger in seinen Rechten verletzt, hebt es ihn auf, § 113 I S. 1 VwGO. In einer Anfechtungssituation sind somit im Wesentlichen drei Punkte zu prüfen:

- Feststellung, dass ein **Verwaltungsakt** vorliegt,
- dass der Verwaltungsakt für den Kläger **belastend** wirkt und
- dass er sich **noch nicht erledigt** hat.

Für die Fallbearbeitung bietet sich (allgemein) folgende Eingangsformulierung an:

122 „Die statthafte Klageart richtet sich nach dem Klagebegehren, vgl. § 88 VwGO. Bei der vorliegend in Betracht kommenden Anfechtungsklage gemäß § 42 I Var. 1 VwGO muss das Begehren des Klägers auf die gerichtliche Beseitigung eines ihn belastenden Verwaltungsakts gerichtet sein. K will mit seiner Klage erreichen, dass (...). Die ...

---

[150] Zum Begriff der Erledigung vgl. Rn 395/403 ff.

(konkrete Maßnahme) müsste jedoch als Verwaltungsakt i.S.d. § 35 S. 1 VwVfG[151] zu qualifizieren sein. Es müsste sich um eine einseitige öffentlich-rechtliche Regelung eines Einzelfalls mit Außenwirkung handeln."

Die Definition des Verwaltungsakts i.S.d. § 35 S. 1 VwVfG und die sich regelmäßig stellenden Probleme bei der Auslegung der einzelnen Tatbestandsmerkmale sind ausführlich bei *R. Schmidt*, AllgVerwR, Rn 351 ff./380 ff. dargestellt[152], weshalb darauf verwiesen wird. Vorliegend soll folgende Übersicht genügen:

Definitionsmerkmale des Verwaltungsakts und deren Problembereiche 123

1. Hoheitliche Maßnahme

⇒ öffentlich-rechtliches und einseitig diktierendes Handeln (grds. nur aktives Tun); Problembereich: Abgrenzung zum privatrechtlichen Handeln der Behörde und zu Verwaltungsverträgen

2. Einer Behörde

⇒ jede Stelle, die Aufgaben der öffentlichen Verwaltung wahrnimmt

- ⇒ Unmittelbare Staatsverwaltung (staatseigene Behörden)
- ⇒ Mittelbare Staatsverwaltung: Körperschaften, Anstalten, Stiftungen und Beliehene

3. Zur Regelung

⇒ die Maßnahme muss darauf gerichtet sein, eine Rechtsfolge unmittelbar herbeizuführen; Problembereiche:

- ⇒ Abgrenzung zum Verwaltungsvertrag, zum Realakt oder zu vorbereitenden Maßnahmen bzw. Verfahrenshandlungen (die allesamt keine Verwaltungsakte darstellen)
- ⇒ Demgegenüber können Auskunft, Vorbereitungsakt, Vorbescheid, Teilgenehmigung, vorläufiger Verwaltungsakt, Zusage, Zusicherung, Nebenbestimmungen wie Befristung, Bedingung, Widerrufsvorbehalt, Auflage, Auflagenvorbehalt und modifizierende Auflage als jeweils eigenständige Verwaltungsakte zu qualifizieren sein

4. Eines Einzelfalls

⇒ im Grundsatz konkret-individuelle Regelung erforderlich; ggf. genügt aber auch nur eine konkrete Regelung (daher auch Allgemeinverfügung i.S.v. § 35 S. 2 VwVfG); Problem: Abgrenzung zu abstrakt-generellen Regelungen (also zu Normen)

5. Auf dem Gebiet des öffentlichen Rechts

⇒ im Begriff der hoheitlichen Maßnahme (oben 1.) enthalten

6. Unmittelbare Rechtswirkung nach außen

⇒ Maßnahme muss nach dem objektivierten Willen der Behörde nach außen gerichtet sein, d.h. den verwaltungsinternen Bereich verlassen und in die persönlichen Rechte des Bürgers eingreifen. Problembereiche: Innerdienstliche Weisungen, mehrstufige Verwaltungsakte, Maßnahmen der Kommunalaufsicht, Organisationsakte und Sonderrechtsverhältnisse/Sonderstatusverhältnisse

Ein **nichtiger** Verwaltungsakt ist unwirksam (§ 43 III VwVfG) und kann daher keine 124
Rechtswirkungen entfalten. Einer Anfechtungsklage würde damit an sich der Gegen-

[151] Zu beachten ist, dass im Rahmen der statthaften Klageart, wenn es um die Frage nach dem Verwaltungsakt-Charakter der Maßnahme geht, § 35 des BundesVwVfG anwendbar ist. Denn dadurch, dass der Begriff des Verwaltungsakts der bundesrechtlichen Regelung des § 42 VwGO ein bundesrechtlicher ist, muss er korrekterweise auch anhand des § 35 des BundesVwVfG bestimmt werden. Das gilt selbst dann, wenn es um die Qualifikation des Handelns von Landesbehörden geht, für die im Bereich des Verwaltungsverfahrensrechts § 35 des LandesVwVfG einschlägig ist (*Kopp/Schenke*, Anh § 42 Rn 2; *R. Schmidt*, AllgVerwR, Rn 226).

[152] Dort finden sich weiterhin die Erläuterungen der Begriffe Kontrollerlaubnis/Ausnahmebewilligung; Verwaltungsakt mit Doppelwirkung (Misch- oder Drittwirkung); einstufiger bzw. mehrstufiger Verwaltungsakt; Vorbereitungsakt, Vorbescheid, Teilgenehmigung; vorläufiger, vorsorglicher und endgültiger Verwaltungsakt; wiederholende Verfügung/ Zweitbescheid; fiktiver Verwaltungsakt/Genehmigungsfiktion etc.

stand fehlen. Da aber ein Adressat bzw. ein Betroffener die Nichtigkeit nicht ohne weiteres erkennen kann und daher auch ein nichtiger Verwaltungsakt den „Rechtsschein" der Wirksamkeit in sich trägt, kommt es nach h.M.[153] für die Statthaftigkeit der Anfechtungsklage nicht darauf an, ob der Verwaltungsakt rechtswirksam oder rechtsunwirksam ist. Für die Statthaftigkeit der Anfechtungsklage kommt es allein auf die **Existenz eines belastenden Verwaltungsakts** an. Dadurch wird vermieden, dass der Kläger bei der Wahl der statthaften Klageart die oft schwierige Frage beantworten muss, ob der für rechtswidrig gehaltene Verwaltungsakt bereits nichtig ist.

- **Rechtswidrig** ist ein Verwaltungsakt, wenn er gegen geltendes Recht verstößt. Auch ein rechtswidriger Verwaltungsakt ist gem. §§ 43 II VwVfG **rechtswirksam** und von jedermann zu beachten, solange er nicht durch die Behörde oder das Gericht aufgehoben wird oder sich erledigt hat.
- **Rechtsunwirksam** ist gem. § 43 III VwVfG nur der **nichtige** (und selbstverständlich der aufgehobene bzw. erledigte) Verwaltungsakt. Nur der rechtsunwirksame Verwaltungsakt entfaltet keinerlei Rechtswirkungen und braucht vom Bürger nicht befolgt zu werden; die Behörde darf ihn nicht vollziehen. Wann ein Verwaltungsakt nichtig ist, beantwortet § 44 VwVfG. Daraus folgt: nicht jeder rechtswidrige Verwaltungsakt ist nichtig; ein nichtiger Verwaltungsakt ist aber stets rechtswidrig.

125 Kann nach h.M. also auch ein nichtiger Verwaltungsakt mit Hilfe der Anfechtungsklage angegriffen werden, führt dies nach h.M.[154] zur Aufhebung des nichtigen Verwaltungsakts, obwohl es eigentlich nichts aufzuheben gibt. Diesen logischen Widerspruch würde man zwar vermeiden, indem man eine Klageumstellung auf eine Nichtigkeitsfeststellungsklage und demzufolge ein Feststellungsurteil forderte. Jedoch hätte diese Vorgehensweise wiederum den Nachteil, dass dann das Gericht bei jeder Anfechtungsklage prüfen müsste, ob der subjektive Rechte verletzende Verwaltungsakt bereits nichtig ist. Dies würde eine umfassende materielle Prüfung im Rahmen der Bestimmung der statthaften Klageart mit sich bringen. Käme das Gericht dann auch noch zu dem Ergebnis, dass der Verwaltungsakt (tatsächlich) nichtig ist, müsste es gem. § 86 III VwGO anregen, dass der Kläger seinen Aufhebungsantrag in einen Feststellungsantrag umstellt. Gegen eine solche Klageumstellung spricht wiederum der Umstand, dass die Gestaltungsklage rechtsschutzintensiver ist. Denn nur das einen Verwaltungsakt aufhebende Gestaltungsurteil wirkt gegenüber jedermann (also contra omnes), wohingegen das Feststellungsurteil nur die Prozessparteien bindet (also inter partes wirkt). Schließlich hätte die Umstellung auf eine Feststellungsklage den Nachteil, dass das Urteil (außer wegen der Kosten) nicht vollstreckt werden könnte (vgl. dazu § 167 VwGO). Daher hindert ein nichtiger Verwaltungsakt nicht die Statthaftigkeit einer Anfechtungsklage (vgl. auch Rn 483).

> **Hinweis für die Fallbearbeitung:** Im Rahmen der Prüfung der Statthaftigkeit der Anfechtungsklage ist also nur zu prüfen, *dass* ein den Kläger belastender Verwaltungsakt vorliegt, bei dem noch keine Erledigung eingetreten ist. Ob der Verwaltungsakt auch rechtswidrig bzw. teil- oder vollständig nichtig ist, wird in der materiellen Rechtmäßigkeitsprüfung bei der Begründetheit festgestellt.

---

[153] Vgl. BVerwGE 18, 154, 155; 35, 334, 335; *Pietzner/Ronellenfitsch*, § 31 Rn 6; *Kopp/Schenke*, VwGO, § 42 Rn 3; *Schenke*, VerwProzR, Rn 183; *Stern/Blanke*, Rn 536; a.A. *Hufen*, VerwProzR, § 14 Rn 11; *Sodan*, in: Sodan/Ziekow, VwGO, § 42 Rn 23.

[154] *Happ*, in: Eyermann, VwGO, § 42 Rn 15; *Pietzner/Ronellenfitsch*, § 31 Rn 6; *Kopp/Schenke*, VwGO, § 42 Rn 3.

b. Sonderprobleme zum Prüfungspunkt „statthafte Klageart"

aa. Anfechtungsklage gegen Rücknahme/Widerruf eines Verwaltungsakts

Nach §§ 48, 49 VwVfG kann die Behörde unter den dort näher bezeichneten Voraussetzungen einen Verwaltungsakt aufheben. 126

> **Beispiel:** Bauherrn B wird die begehrte Baugenehmigung erteilt. Doch schon zwei Tage später sieht sich die Behörde[155] veranlasst, die Baugenehmigung gem. § 48 VwVfG aufzuheben, weil sie der Meinung ist, gegen Nachbarschutzbestimmungen verstoßen zu haben.
>
> Bei der Aufhebung eines den Adressaten begünstigenden Verwaltungsakts hat dieser regelmäßig ein Interesse daran, den Aufhebungsakt (isoliert) anzufechten, damit die ursprüngliche Begünstigung wieder auflebt (vgl. § 43 II VwVfG). Auch B ist daher gut beraten, lediglich den Aufhebungsakt (isoliert) anzufechten, damit – im Erfolgsfall – die ursprüngliche Begünstigung wieder auflebt.

Da das Problem der (isolierten) Anfechtung der Rücknahme bzw. des Widerrufs eines Verwaltungsakts bei Rn 872 ff. sowie bei *R. Schmidt*, AllgVerwR, Rn 644 ff. ausführlich behandelt wird, kann an dieser Stelle darauf verwiesen werden.

bb. Isolierte Anfechtung des Versagungsbescheids

In der Regel erlässt die Behörde einen begünstigenden Verwaltungsakt nicht ohne vorherigen Antrag. Doch nicht jeder Antrag ist begründet. Gibt die Behörde (hier: die Ausgangsbehörde) einem an sie gerichteten Antrag nicht statt, erlässt sie einen Ablehnungsbescheid, auch Versagungsbescheid genannt (= Verwaltungsakt). Möchte der Betroffene nun gegen diese Versagung vorgehen, ist nach h.M. ausschließlich eine auf Erlass eines neuen, begünstigenden Verwaltungsakts gerichtete **Verpflichtungsklage**, nicht aber eine zusätzliche Anfechtungsklage mit dem Ziel der Aufhebung des ablehnenden Bescheids statthaft.[156] 127

> **Beispiel:** Bauherr B beantragt eine Baugenehmigung. Da die Behörde der Auffassung ist, dass das Bauvorhaben nicht den rechtlich relevanten Normen des materiellen Baurechts entspricht, erlässt sie einen Bescheid mit dem Inhalt, dass die Baugenehmigung nicht wie gewünscht erteilt werden könne (sog. Versagungsbescheid).
>
> Hier könnte B zwar daran denken (ähnlich wie im Beispiel bei Rn 120), Anfechtungsklage gegen den Versagungsbescheid zu erheben. Diese Klage würde B aber nicht weiterhelfen, da das Verwaltungsgericht bei einer Anfechtungsklage lediglich den Versagungsbescheid aufheben kann. Eine Baugenehmigung erhielte B damit noch nicht. Dem Rechtsschutzbedürfnis des B wird daher nur eine Verpflichtungsklage, gerichtet auf Erteilung der gewünschten Baugenehmigung, gerecht. Sollte diese begründet sein, spricht das Gericht die Verpflichtung der Behörde aus, die beantragte Baugenehmigung zu erlassen (§ 113 V S. 1 VwGO) bzw. (bei fehlender Spruchreife) den B unter Beachtung der Rechtsauffassung des Gerichts neu zu bescheiden (§ 113 V S. 2 VwGO).

Dennoch wäre eine (isolierte) **Anfechtung des Versagungsbescheids** nicht abwegig. Denn bei Begründetheit der Anfechtungsklage und nach Aufhebung des Versagungsbescheids wäre die Behörde aufgrund der uneingeschränkten Bindung an Gesetz und Recht (vgl. Art. 20 III GG) verpflichtet, den ursprünglichen Antrag positiv zu bescheiden (sog. **„Ehrenmanntheorie"**).[157] Doch folgte man dieser Auffassung, 128

---

[155] Zuständig für die Aufhebung eines Verwaltungsakts ist diejenige Behörde, die für dessen Erlass zuständig wäre.

[156] Vgl. *Stern/Blanke*, Rn 191; *Mann/Wahrendorf*, VerwProzR, § 16 Rn 7; *Pietzcker*, in: Schoch/Schneider/Bier, VwGO, § 42 Abs. 1 Rn 111; *Schenke*, VerwProzR, Rn 282.

[157] Vgl. die ältere Rspr. des BVerwG (E 38, 99 ff.). Einschränkend jetzt BVerwGE 69, 90, 92; 78, 93, 95 f.

wäre die Verpflichtungsklage regelmäßig obsolet, weil diese (von der Situation, dass die Behörde untätig geblieben ist, einmal abgesehen) gerade einen Ablehnungsbescheid voraussetzt. Gleichwohl kann aber die Anfechtungsklage sinnvoll sein, wenn der Kläger im Zeitpunkt der Ablehnung kein Interesse mehr an dem begünstigenden Bescheid hat, er aber verhindern will, dass der Versagungsbescheid bestandskräftig[158] wird und sich dadurch die Behörde in einem späteren Antragsverfahren auf die Ablehnung berufen kann.

Beispiel: Bauherr B beantragt die Baugenehmigung für sein Außenbereichsgrundstück (vgl. § 35 BauGB). Die Baugenehmigung wird ihm mit der Begründung versagt, das konkrete Grundstück sei nicht bebaubar.

In diesem Fall müsste B eine Verpflichtungsklage erheben, gerichtet auf die Erteilung der gewünschten Baugenehmigung. Aus tatsächlichen oder rechtlichen Gründen will er aber mit dem Baubeginn selbst noch warten. Daher kann er eine Anfechtungsklage gegen die Ablehnung der Baugenehmigung erheben, um die im ablehnenden Bescheid liegende Feststellung der Nichtbebaubarkeit des Außenbereichsgrundstücks zu beseitigen bzw. den Verwaltungsakt nicht bestandskräftig werden zu lassen.

129 **Hinweis für die Fallbearbeitung:** In einer Klausur darf auf diese Problematik aber nur dann eingegangen werden, wenn der Sachverhalt begründeten Anlass dazu bietet. Im Übrigen ist die Verpflichtungsklage statthaft. Es könnte folgendermaßen formuliert werden: „(...). Nicht in Betracht kommt dagegen eine isolierte Anfechtungsklage. Zwar wäre die Behörde im Erfolgsfalle wegen Art. 20 III GG prinzipiell verpflichtet, nun einen rechtmäßigen Verwaltungsakt zu erlassen. Würde man ein solches Vorgehen aber zulassen, wäre die in der VwGO vorgesehene Versagungsgegenklage regelmäßig obsolet. Darüber hinaus geht sogar das Gesetz in § 172 VwGO offenbar davon aus, dass die Behörde nicht immer ihrer Verpflichtung nachkommt. Effektiven Rechtsschutz erhält der Betroffene daher nur mit der Verpflichtungsklage."

cc. Isolierte Anfechtung des Widerspruchsbescheids

130 In der Regel kann der Betroffene nicht gleich Anfechtungsklage erheben, sondern muss Recht- und Zweckmäßigkeit des Verwaltungsakts zunächst im Rahmen eines Widerspruchsverfahrens überprüfen lassen (vgl. §§ 68 ff. VwGO – dazu ausführlich Rn 210 ff.). Erst wenn die Behörde im Rahmen dieses Verfahrens bei ihrer Auffassung bleibt und einen sog. Widerspruchsbescheid erlässt, ist der Weg frei für die Anfechtungsklage. Dann aber ist Gegenstand der Klage grundsätzlich nicht der Ausgangsbescheid, sondern gem. **§ 79 I Nr. 1 VwGO** der **Ausgangsverwaltungsakt in der Gestalt, den er durch den Widerspruchsbescheid gefunden hat**. Der Grund für diese Regelung liegt darin, dass es prinzipiell auf den Inhalt und die Begründung des Widerspruchsbescheids ankommt, der insoweit den Ausgangsbescheid verändert haben kann. So ist es nachvollziehbar, dass eine Anfechtungsklage gegen den Ausgangsbescheid keinen Sinn macht, wenn nicht gleichzeitig auch der den Ausgangsbescheid bestätigende Widerspruchsbescheid beseitigt würde.

Beispiel: Bauherr B hat, ohne Inhaber einer Genehmigung zu sein, eine Doppelgarage an sein Wohnhaus angebaut. Die Baubehörde erlässt daraufhin eine Baubeseitigungsanordnung („Abrissverfügung"). Der dagegen eingelegte Widerspruch wird von der Widerspruchsbehörde abgewiesen mit der Begründung, dass die Garage gegen materielles Baurecht verstoße und daher nicht genehmigungsfähig sei. B ist jedoch der Meinung, sein Vorhaben sei genehmigungsfrei zulässig und erhebt Klage.

[158] Bestandskraft tritt insbesondere ein bei Verstreichenlassen der Anfechtungsfrist (vgl. §§ 70 I, 74 VwGO).

Hier greift der Normalfall gem. § 79 I Nr. 1 VwGO. Anfechtungsgegenstand ist der Ausgangsbescheid in der Gestalt, den er durch den Widerspruchsbescheid gefunden hat.

Eine Überprüfung (allein) des Ausgangsbescheids findet nur dort statt, wo ein Widerspruchsverfahren ausgeschlossen oder entbehrlich war, vgl. § 68 I S. 2 VwGO. Dennoch kann das Gericht in seiner Entscheidung auch **nur** den Widerspruchsbescheid gesondert aufheben, wenn dieser inhaltlich vom Ausgangsverwaltungsakt abweicht und das Gericht nur diesen als rechtswidrig erachtet. In einem solchen Fall lebt der Ausgangsbescheid wieder auf. Aber nur in den Fällen des § 79 I Nr. 2 und des § 79 II VwGO kann der Widerspruchsbescheid auch alleiniger Gegenstand der Anfechtungsklage sein.

a.) § 79 I Nr. 2 VwGO

Nach § 79 I Nr. 2 VwGO ist der Abhilfebescheid oder der Widerspruchsbescheid alleiniger Gegenstand der Anfechtungsklage, wenn hierdurch erstmalig eine Beschwer entstanden ist. Es sind zwei Situationen zu unterscheiden: 131

(1) Ein belastender Verwaltungsakt mit begünstigender Drittwirkung wird im Widerspruchsverfahren zum Nachteil eines Dritten abgeändert.

Beispiel: Bauherrn B wird eine Baugenehmigung erteilt. Jedoch ist diese mit einer den Nachbarn N begünstigenden Auflage versehen.[159] B legt dagegen Widerspruch ein, weil er eine Baugenehmigung ohne (eine ihn belastende) Nebenbestimmung bekommen möchte. Die Widerspruchsbehörde hilft der Beschwer des B ab und hebt die Auflage auf.

Hier wurde die den N begünstigende Auflage beseitigt. Der Widerspruchsbescheid enthält für N also eine erstmalige Beschwer. Aufgrund der Regelung des § 79 I Nr. 2 VwGO kann N daher Anfechtungsklage allein gegen den Widerspruchsbescheid erheben. In diesem Fall ist auch die vorherige Durchführung eines Widerspruchsverfahrens gem. § 68 I S. 2 Nr. 2 VwGO entbehrlich.

(2) Ein begünstigender Verwaltungsakt mit belastender Drittwirkung wird aufgrund des Widerspruchs eines Dritten zum Nachteil des Adressaten abgeändert.

Beispiel: Der zugunsten des Gastronomen G erteilten Gaststättenerlaubnis (vgl. § 2 GastG) wird aufgrund des Widerspruchs des Nachbarn N eine den G belastende Nebenbestimmung hinzugefügt.

Hier ist G durch den Widerspruch des N erstmalig beschwert. Er kann daher ohne vorherige Durchführung eines Widerspruchsverfahrens Anfechtungsklage gegen den Widerspruchsbescheid (bzw. die Auflage) erheben, § 79 I Nr. 2 i.V.m. § 68 I S. 2 Var. 2 Nr. 2 VwGO.

Klageziel ist jeweils, dass durch Aufhebung des Widerspruchsbescheids (bzw. der Auflage) der Regelungsgehalt des ursprünglichen Verwaltungsakts wiederhergestellt wird. Durch die isolierte Anfechtung und die damit verbundene Aufhebung des Widerspruchsbescheids kann eine erneute Überprüfung des Ausgangsverwaltungsakts durch die Widerspruchsbehörde erfolgen. Praktische Bedeutung erlangt dies v.a. bei Ermessensverwaltungsakten, da diese nach § 114 S. 1 VwGO teilweise der Kontrolle durch die Verwaltungsgerichte entzogen sind. Für die Begründetheit der Klage ist § 115 VwGO zu beachten, der die §§ 113, 114 VwGO für entsprechend anwendbar erklärt. Nach Auffassung des BVerwG ist aber die Mitteilung der Ausgangsbehörde 132

---

[159] Zu den Nebenstimmungen von Verwaltungsakten vgl. *R. Schmidt*, AllgVerwR, Rn 784 ff.

über die Nichtabhilfe und die Weiterleitung an die Widerspruchsbehörde kein selbstständig anfechtbarer Verwaltungsakt.[160]

b.) § 79 II VwGO

133 Wie bereits gesagt, ist nach § 79 I Nr. 1 VwGO grundsätzlich der Ausgangsverwaltungsakt in der Gestalt des Widerspruchsbescheids Gegenstand der Anfechtungsklage. Einer isolierten Anfechtung des Widerspruchsbescheids würde in diesem Fall schon das Rechtsschutzbedürfnis fehlen. Nach § 79 II S. 1 VwGO kann auch alleiniger Gegenstand der Anfechtungsklage der Widerspruchsbescheid sein, wenn und soweit er eine **zusätzliche selbstständige** Beschwer enthält. Hauptfall ist die ***Reformatio in peius*** (Verböserung) im Widerspruchsverfahren. Dabei geht es um die Frage, ob ein Verwaltungsakt durch die Widerspruchsbehörde zum Nachteil des Rechtsschutzsuchenden abgeändert werden darf. Da sich im Rahmen einer Falllösung das Problem der *Reformatio in peius* jedoch an mehreren Stellen des Klausuraufbaus stellt, sei an dieser Stelle auf die zusammengefassten Ausführungen bei Rn 845 ff. verwiesen.

Als eine zusätzliche Beschwer gilt auch die Verletzung einer wesentlichen Verfahrensvorschrift, sofern der Widerspruchsbescheid auf dieser Verletzung beruht, § 79 II S. 2 VwGO. Eine wesentliche Verfahrensvorschrift stellt beispielsweise die Anhörung nach § 71 VwGO oder das Begründungserfordernis nach § 73 III VwGO dar. Auch Vorschriften außerhalb der VwGO kommen in Betracht, beispielsweise die im Widerspruchsverfahren anwendbaren Vorschriften der VwVfGe und die allgemeinen Grundsätze des Verwaltungsverfahrensrechts (mangelnde Sachaufklärung, mangelnde Beteiligung anderer Behörden etc.). Nicht unter § 79 II S. 2 VwGO fällt die Verletzung lediglich verwaltungsinterner Vorschriften wie Richtlinien etc.

dd. Isolierte Anfechtung von Nebenbestimmungen

134 Von besonderer Prüfungsrelevanz ist schließlich die Frage nach der isolierten Anfechtung von Nebenbestimmungen. Da die Problematik jedoch eingehend bei *R. Schmidt*, AllgVerwR, Rn 816 ff. behandelt wird, wird insoweit darauf verwiesen.

[160] BVerwG NVwZ 2012, 506 ff.

4. Die Klagebefugnis, § 42 II VwGO

Gemäß § 42 II VwGO muss – soweit gesetzlich nichts anderes bestimmt ist – der Kläger geltend machen, durch den Verwaltungsakt oder seine Ablehnung oder Unterlassung in *seinen* Rechten verletzt zu sein. Die Geltendmachung der Verletzung eigener Rechte hat den Hintergrund, dass der VwGO ein **Individualschutzcharakter** zugrunde liegt und daher **Verbandsklagen** und **Popularklagen** grundsätzlich **ausgeschlossen** werden sollen.[161] 135

a. Die Adressatentheorie

Ist der Kläger Adressat eines ihn belastenden Verwaltungsakts (Beispiel: Bauherr B erhält eine Baubeseitigungsanordnung), ergibt sich die Klagebefugnis auch ohne plausiblen Sachvortrag schon aus dem Grundrecht aus Art. 2 I GG, da in einem solchen Fall zumindest eine Verletzung der allgemeinen Verhaltensfreiheit nie ausgeschlossen werden kann. Denn die allgemeine Verhaltensfreiheit gewährleistet das Recht, von (möglicherweise) rechtswidrigen Eingriffen des Staates verschont zu bleiben. Ist der Kläger also Adressat eines ihn belastenden Verwaltungsakts, lässt sich die Klagebefugnis ohne weiteres bejahen.[162] 136

> **Hinweis für die Fallbearbeitung:** Ist eine Anfechtungsklage zu prüfen, sollte es zu keiner Beanstandung durch den Korrektor führen, wenn die Klagebefugnis eines Adressaten etwa mit folgender Formulierung hergeleitet wird: „Bei einem Adressaten eines ihn belastenden Verwaltungsakts kann eine Rechtsverletzung aus Art. 2 I GG nie ausgeschlossen werden. B ist Adressat eines an ihn gerichteten belastenden Verwaltungsakts. Er ist somit gem. § 42 II VwGO klagebefugt."

b. Die Möglichkeitstheorie

Die Adressatentheorie versagt jedoch, wenn es bei der belastenden Maßnahme um schlicht hoheitliches Handeln geht oder wenn es sich bei der Klage um eine Verpflichtungsklage oder allgemeine Leistungsklage (in Form der Leistungsvornahmeklage) handelt. In Fällen dieser Art ist auf die sog. **Möglichkeitstheorie** abzustellen. Um klage- bzw. antragsbefugt zu sein, muss der Kläger bzw. Antragsteller geltend machen, durch die in Rede stehende Maßnahme in seinen Rechten verletzt zu sein. Entscheidend ist, dass die geltend gemachte Verletzung nicht etwa **schlüssig** vorgetragen werden muss, sondern dass sie lediglich **nicht ausgeschlossen sein darf**.[163] 137

Beispiel: Bauherr B begehrt den Bau eines Einfamilienhauses im Außenbereich (§ 35 BauGB). Nachdem ein entsprechender Antrag von der Behörde ablehnend beschieden worden ist und auch ein nachfolgender Widerspruch (§ 68 VwGO) zu keinem anderen Ergebnis geführt hat, möchte B nun die Behörde durch Richterspruch verpflichten (vgl. § 113 I S. 1 i.V.m. V S. 1 VwGO), ihm die begehrte Baugenehmigung zu erteilen.

Hier ist B nicht Adressat eines ihn belastenden Verwaltungsakts, sondern Verpflichtungskläger, da bei der Bestimmung der statthaften Klageart auf das Klagebegehren abgestellt werden muss und somit eine Verpflichtungsklage statthaft ist. Um klagebefugt zu sein, muss B geltend machen, durch die Ablehnung seines Bauantrags in seinen

[161] BVerwGE 92, 263, 264; 101, 73, 81 f.; 130, 52, 56; BVerfG NVwZ 2009, 1426 f.; *Kopp/Schenke*, VwGO, § 42 Rn 59; *Schoch*, NVwZ 1999, 457 f.; *Selmer*, JuS 2010, 662, 663; *Stern/Blanke*, Rn 338. Zu den Systemausnahmen i.S.d. § 42 II Halbs. 1 VwGO hinsichtlich Naturschutzvereine und Handwerkskammern, vgl. Rn 175 ff./208; zur Klagebefugnis mit Bezug auf das EU-Recht vgl. Rn 184/188 ff.

[162] Vgl. auch BVerwG NVwZ 2011, 372, 374.

[163] Vgl. BVerfG NVwZ 2001, 1148, 1149 f.; BVerwGE 95, 334 ff.; BVerwG NVwZ 2000 1296; NJW 2000, 3584, 3585; DVBl 2000, 1614; BVerfG NVwZ 2009, 1426, 1427; OVG Bautzen NVwZ 2002, 110, 111; *Kopp/Schenke*, VwGO, § 42 Rn 66; *Schmitt Glaeser/Horn*, VerwProzR, Rn 155.

Rechten verletzt zu sein, und diese geltend gemachte Verletzung darf nach der **Möglichkeitstheorie** lediglich nicht ausgeschlossen sein.

Es kann auch ohne Prüfung der Sach- und Rechtslage nicht ausgeschlossen werden, dass die Versagung der Bauerlaubnis B letztlich in seinem Recht auf Baufreiheit, die durch die Vorschrift der Landesbauordnung über die Erteilung der Baugenehmigung und subsidiär durch Art. 14 I GG gewährleistet ist[164], verletzt. B ist daher klagebefugt.

c. Geschütztes Recht

138 Dem Kläger muss ein Recht zustehen, das durch den Verwaltungsakt oder seine Ablehnung oder Unterlassung möglicherweise verletzt ist. Rechte können dem Kläger aufgrund einfachgesetzlicher formeller Bestimmungen, Rechtsverordnungen, Satzungen, aber auch aus Grundrechten zustehen.

Beispiel: Nach dem **Verbraucherinformationsgesetz** (VIG), dem **Umweltinformationsgesetz** (UIG) und dem **Informationsfreiheitsgesetz** (IFG) hat der Bürger das Recht, von bestimmten Behörden bestimmte Informationen zu verlangen.[165]

Zur Klagebefugnis, die sich (subsidiär) aus Grundrechten ergibt, vgl. unten Rn 147 ff.

Nicht zu den geschützten Rechten gehören bloße Annehmlichkeiten wie bspw. die schöne Aussicht auf eine Landschaft oder auch Unannehmlichkeiten wie geringfügiger Lärm, ästhetisches Unbehagen oder gar Kinder, Kranke oder Asylbewerber in der Nachbarschaft.[166] Keine geschützten Rechte stellen ferner bloße Erwerbschancen, wirtschaftliche und politische Interessen dar, soweit sie sich noch nicht zu echten Vermögenspositionen verdichtet haben. Zu den Rechtsreflexen vgl. Rn 142 ff., zu den Konkurrentenklagen vgl. 166 ff.

d. Die Schutznormtheorie

139 Die Adressatentheorie versagt begriffslogisch auch dann, wenn der durch den Verwaltungsakt Beschwerte jemand anderes ist als der Adressat, es sich also um einen begünstigenden Verwaltungsakt mit belastender Drittwirkung handelt und der belastete Dritte klagt („**Drittanfechtung**"). Das ist etwa der Fall, wenn ein Nachbar die dem Bauherrn erteilte Baugenehmigung anficht. Auch wenn eine in der näheren Umgebung einer geplanten immissionsrechtlichen Anlage wohnende Person gegen die Erteilung der Errichtungs- bzw. Betriebsgenehmigung klagt, liegt eine Drittanfechtung vor. Gleiches gilt für den Fall, dass ein Nachbar gegen eine gaststättenrechtliche Betriebserlaubnis vorgeht. Schließlich sind die wirtschaftliche und beamtenrechtliche Konkurrentenklage Drittbeteiligungsfälle.[167] In Fällen dieser Art muss – wie in der Verpflichtungssituation – anhand der **Möglichkeitstheorie** untersucht werden, ob der Dritte überhaupt in eigenen Rechten verletzt sein kann. Dabei ist zu beachten, dass die Norm, die der Dritte als verletzt rügt, nach ganz herrschender Auffassung **drittschützende Wirkung** haben muss.

140 **Drittschutz** entfaltet eine Norm, wenn sie **nicht nur die Interessen der Allgemeinheit schützen soll, sondern – zumindest auch – den Individualinteressen des Klägers zu dienen bestimmt ist** (sog. **Schutznormtheorie**).[168]

---

[164] Zum Vorrang einfachgesetzlicher Anspruchsgrundlagen vor den Grundrechten vgl. Rn 147 ff.

[165] Zum Recht der Verbraucherinformation vgl. *Schoch*, NVwZ 2012, 1497 ff. und NVwZ 2015, 1 ff.; BVerwG NVwZ 2015, 1297 f.; VGH Kassel NVwZ 2015, 1302 ff.

[166] Vgl. *Hufen*, VerwProzR, § 14 Rn 61. Vgl. aber auch OLG Köln NJW 1998, 763 ff. mit Anm. von *Wassermann*, NJW 1998, 730 und von *Lachwitz*, NJW 1998, 881 ff.

[167] Zur Letzteren vgl. etwa OVG Lüneburg NVwZ 2011, 891 ff. unter Bezugnahme auf BVerwG NVwZ 2011, 358 ff.

[168] BVerwGE 132, 64, 68 ff.; 107, 215, 220; VGH Kassel NVwZ 2001, 112; OVG Münster NVwZ 2000, 336, 337; *Schenke*, in: Bonner Kommentar, Art. 19 Abs. 4 Rn 416; *Konrad*, JA 2002, 967 ff.; *Rinke*, NVwZ 2002, 1180 ff. Zur his-

Erforderlich ist demnach eine Norm, die den Einzelnen von der Allgemeinheit abgrenzt bzw. ihn von der Allgemeinheit heraushebt und ihm nur so eine wehrfähige Rechtsposition einräumt. 141

Beispiel: B wird gemäß der Landesbauordnung die gewünschte Baugenehmigung erteilt. Nachbar N fühlt sich dadurch in seinen Eigentümerrechten verletzt und möchte gegen die Baugenehmigung vorgehen.

Hier ist N Kläger und greift einen an einen Dritten, hier an den B, gerichteten und diesen begünstigenden Verwaltungsakt an. Um klagebefugt zu sein, muss N geltend machen, in drittschützenden, d.h. vorliegend in nachbarschützenden Rechten verletzt zu sein. Zum Drittschutz im Baunachbarrecht vgl. sogleich Rn 155 ff. sowie ausführlich *R. Schmidt*, BauR, Rn 427 ff.

Handelt es sich bei der in Frage kommenden Vorschrift indes um eine rein **objektivrechtliche** Norm und ergibt sich der Schutz des Bürgers nur rein tatsächlich aus einer Nebenwirkung, handelt es sich bei den Vorteilen, die er aus der behördlichen Anwendung der Norm zieht, um bloße **Rechtsreflexe**, um rein faktische Vergünstigungen, aus der eine Klagebefugnis nicht hergeleitet werden kann.[169] 142

Beispiel: Student S möchte das Wissenschaftsministerium als Rechtsaufsichtsbehörde der Hochschulen des Landes verpflichten, gegen eine in seinen Augen rechtswidrige Ordnungsmaßnahme der Hochschule einzuschreiten.

Hier ist S schon deshalb nicht klagebefugt, weil es sich bei der Rechtsaufsicht grds. um ein rein objektives Rechtskontrollverfahren handelt.[170] Soweit sich durch das Einschreiten der Aufsichtsbehörde ein Vorteil für S ergeben sollte, beruht er auf einem Rechtsreflex. Eine Verpflichtungsklage wäre mangels Klagebefugnis unzulässig. Möglich, aber ohne einen bestimmten Bescheidungsanspruch, wäre eine an die Rechtsaufsichtsbehörde gerichtete Aufsichtsbeschwerde (Anspruch auf informatorischen Bescheid).

Methodisch ist die Frage, ob die im konkreten Fall einschlägige Norm ein subjektives öffentliches Recht bzw. einen Drittschutz entfaltet oder ob sie nur eine objektivrechtliche Bestimmung darstellt, unter **Anwendung der anerkannten Auslegungsmethoden**[171] durch **Interpretation** zu beantworten.[172] Auszugehen ist dabei stets vom Wortlaut der Norm (**grammatikalische Auslegung**). Ist dieser danach eindeutig ein subjektives öffentliches Recht zu entnehmen (z.B. § 17 i.V.m. §§ 19 ff. SGB XII oder § 5 I Nr. 1 BImSchG, Rn 161), kann auf die übrigen Auslegungsmethoden verzichtet werden. Entsprechendes gilt grundsätzlich, wenn der Wortlaut einen Drittschutz ausdrücklich verneint (vgl. etwa § 1 III S. 2 BauGB, ferner § 123 III BauGB oder § 29 I S. 2 VwVfG). Zu beachten ist jedoch, dass in dem Fall, in dem der Verwaltungsakt (übergeordnete) verfassungsrechtliche Positionen berührt, ein subjektives öffentliches Recht auch bei entgegenstehendem Wortlaut angenommen werden kann (**verfassungskonforme Auslegung**, siehe sogleich). 143

Lässt sich dem Wortlaut der Norm keine eindeutige Aussage entnehmen, ist diese als Nächstes **systematisch** und **teleologisch** auszulegen. Ergibt sich aus dem Zweck der Norm und/oder ihrer systematischen Stellung im bereichsspezifischen Normengefüge, dass *auch* Individualinteressen geschützt werden sollen, kann ein subjektives 144

---

torischen Begründung und zur Entwicklung vgl. *Schoch*, NVwZ 1999, 457 f. und *Ramsauer*, JuS 2012, 769, 770 f. Zu den Verpflichtungssituation im Bereich der Nachbarklagen und Konkurrentenklagen vgl. Rn 340 ff.

[169] St. Rspr. BVerwGE 39, 235, 237; 52, 122, 128; 55, 280, 285; 65, 167, 170; 72, 226, 229; vgl. auch *Schmitt Glaeser/Horn*, VerwProzR, Rn 158; *Kopp/Schenke*, VwGO, § 42 Rn 87; *Muckel*, JuS 2000, 132 f.

[170] Vgl. *Dörr*, JuS 2000, 491 mit den Besonderheiten des Rundfunkwesens.

[171] Vgl. dazu ausführlich *R. Schmidt*, AllgVerwR, Rn 269 ff.

[172] Vgl. BVerwGE 107, 215, 220.

öffentliches Recht nicht schon dann verneint werden, wenn der Wortlaut der Norm auf „öffentliche Sicherheit", „öffentliche Belange" oder „öffentliche Interessen" abstellt.

> **Beispiel:** § 123 BauGB bestimmt die allgemeine gemeindliche Erschließungspflicht und verneint ausdrücklich einen Rechtsanspruch auf Erschließung. Bei Vorliegen bestimmter Voraussetzungen kann sich aber diese im Allgemeininteresse liegende Pflicht zu einem individuellen Anspruch verdichten.[173]

145 Diese Auslegung folgt daraus, dass die Berücksichtigung von Individualinteressen i.d.R. auch einen wesentlichen Teil der staatlichen Aufgabe zur Wahrung des Gemeinwohls darstellt. Öffentliche Interessen und Individualinteressen schließen sich nicht notwendigerweise aus.[174] Entscheidend ist vielmehr, dass sich aus individualisierenden Tatbestandsmerkmalen der Norm ein Personenkreis entnehmen lässt, der sich von der Allgemeinheit unterscheidet.[175] Das ist etwa bei zahlreichen Vorschriften des Umweltrechts nicht der Fall. Gesetzliche Umweltschutzvorschriften dienen in erster Linie der Konkretisierung des Staatsziels Umweltschutz (Art. 20a GG) sowie der Umsetzung von EU-Umweltschutzbestimmungen. Im Mittelpunkt steht der Schutz von Umweltschutzgütern, nicht von Individualinteressen.[176] Eine Individualklagebefugnis scheidet insoweit aus.

> **Beispiel:** Gemäß § 13 BNatSchG sind vom Verursacher erhebliche Beeinträchtigungen von Natur und Landschaft vorrangig zu vermeiden. ⇨ Diese Bestimmung dient der Erhaltung und Schonung von Natur und Landschaft, was im öffentlichen Interesse steht. Ein Individualschutz, der eine Klagebefugnis eines Anwohners herbeiführen würde, ist weder grammatikalisch noch systematisch bzw. teleologisch herzuleiten.

146 **Zusammenfassung:** Während das objektive Recht durch die Summe aller Rechtssätze gebildet wird, ist das subjektive Recht dadurch gekennzeichnet, dass es dem Einzelnen gegenüber dem Staat durchsetzbare Ansprüche gewährt. Ob eine Rechtsvorschrift des objektiven Rechts dem Einzelnen subjektive Rechte, d.h. Ansprüche, gewährt, ist durch Auslegung zu ermitteln. Nach der herrschenden **Schutznormtheorie** ist ein subjektives öffentliches Recht gegeben, wenn

- ein zwingender Rechtssatz des objektiven Rechts
- zumindest auch den Schutz individueller Interessen bezweckt.

Zur Klagebefugnis bei der Abwehr **wirtschaftlicher Betätigung von Kommunen** vgl. oben Rn 80 sowie *R. Schmidt*, AllgVerwR, Rn 1046 ff.

e. Klagebefugnis und Grundrechte

147 Die klassische Funktion der Grundrechte besteht darin, als Abwehrrechte gegen staatliche Maßnahmen zu fungieren. Das könnte zu der (vorschnellen) Annahme führen, die Grundrechte seinen maßgeblich oder vorrangig bei der Frage nach der Klagebefugnis heranzuziehen. Jedoch ist zu beachten, dass die in den Grundrechten garantierten Rechtspositionen in den überwiegenden Fällen der einfachgesetzlichen Ausgestaltung und Konkretisierung bedürfen. Es ist somit in erster Linie Aufgabe des einfachen Gesetzgebers, subjektive Rechte zu gewähren. Schließlich darf insbesondere bei *öffentlich-rechtlichen Konkurrenzverhältnissen* (siehe sogleich) nicht verkannt

---

[173] BVerwGE 64, 186, 189 f.
[174] BVerwGE 77, 70, 74; *Schmitt Glaeser/Horn*, VerwProzR, Rn 167.
[175] Vgl. BVerwGE 94, 151, 158; *Kopp/Schenke*, VwGO, § 42 Rn 84. Zur Frage nach der drittschützenden Wirkung des § 50 BImSchG vgl. *Rinke*, NVwZ 2002, 1180 ff.
[176] Vgl. auch *Murswiek*, JuS 2011, 1147, 1148; *Guckelberger*, JA 2014, 647, 650.

werden, dass die einschlägigen Grundrechte häufig sowohl für den Begünstigten als auch für den Belasteten streiten.

> **Beispiel:** Art. 14 I GG garantiert einerseits die Baufreiheit des Bauherrn, schützt andererseits aber auch den Nachbarn vor Beeinträchtigungen seines Grundstücks.

Daraus resultiert ein genereller **Anwendungsvorrang** unterverfassungsrechtlicher Normen und Ansprüche gegenüber den Grundrechten.[177] Es müssen also zunächst einfachgesetzliche Normen auf subjektive Rechte (insb. auf Drittschutz) hin untersucht werden. Soweit die betreffende einfachgesetzliche Norm keinen ausdrücklichen Individualschutz gewährt, ist danach zu fragen, ob die Norm nur Allgemeininteressen oder auch Individualinteressen schützt. Bei dieser Auslegung sind jedoch die Grundrechte maßgeblich heranzuziehen (**norminterne Wirkung der Grundrechte**). Im Zweifel spricht eine grundrechtskonforme Auslegung in Verbindung mit der Rechtsschutzgarantie aus Art. 19 IV GG für die Annahme eines Individualschutzes.[178] **148**

> **Beispiel[179]:** Der Transport von Atommüll bedarf der Genehmigung (§ 4 AtomG). K wohnt acht Meter von der Bahnstrecke entfernt, auf der regelmäßig Castor-Behälter mit Kernbrennstoffen zum Zwischenlager Gorleben transportiert werden. Er ist der Meinung, derartige Transporte seien mit beträchtlichen Risiken für Leben, Gesundheit und Eigentum der Streckenanlieger verbunden. Insbesondere bei Unfällen (und Anschlägen) sei mit gravierenden Folgen (Tote, Verseuchung des Erdreichs) zu rechnen.
>
> Bei der Anfechtung einer atomrechtlichen Genehmigung zum Transport von Atommüll könnte sich die Klagebefugnis aus § 4 AtomG ergeben. Dazu müsste diese Vorschrift drittschützend sein. Ausdrücklich verleiht die Vorschrift keinen Drittschutz. Dieser kann sich jedoch durch Auslegung ergeben. Hierbei sind maßgeblich die Grundrechte heranzuziehen. Vorliegend sind das Recht auf Leben und körperliche Unversehrtheit (Art. 2 II S. 1 GG) sowie die Eigentumsgarantie (Art. 14 I GG) einschlägig, jeweils in Verbindung mit der Rechtsschutzgarantie aus Art. 19 IV GG.

Fehlen einfachgesetzliche Regelungen, ist von vornherein auf den übergeordneten Verfassungskreis zurückzugreifen. Dann ist zu prüfen, ob die Wertentscheidungen der Grundrechte die Anerkennung eines Abwehrrechts fordern (**normexterne Wirkung der Grundrechte**).[180] So sind bei der beamtenrechtlichen Konkurrentenklage stets Art. 33 II, III GG zu beachten[181], bei wirtschaftlichen Konkurrentenklagen Art. 12 und 14 GG[182] usw. **149**

> **Hinweis für die Fallbearbeitung:** Für die Klagebefugnis bedeuten diese Grundsätze, dass zunächst **öffentlich-rechtliche Sonderverbindungen** (z.B. öffentlich-rechtlicher Vertrag, Ansprüche aus einem Verwaltungsakt oder Zusicherung), **einfach-gesetzliche Normen** (formell-materielle Gesetze) und **untergesetzliches Regelwerk** (Rechtsverordnungen, Satzungen) herangezogen und darauf hin untersucht werden müssen (ggf. in verfassungskonformer Auslegung und unter Berücksichtigung der norminternen Wirkung der Grundrechte), ob sie einen Anspruch gewähren. **150**

---

[177] Auch das BVerfG und das BVerwG bestätigen konsequent ihre Abneigung, subjektiv-rechtliche Positionen unter Vernachlässigung des einfachen Rechts sogleich unmittelbar aus den Grundrechten abzuleiten (vgl. etwa BVerfG NVwZ 2001, 1148, 1149 f.; BVerwG DVBl 2000, 1614; vgl. auch *Ortloff*, NVwZ 2005, 1381, 1384 f.; *Frenz*, JA 2011, 433, 438). Dagegen prüft das VG Sigmaringen (NJW 2001, 628, 630) die Grundrechte vorrangig vor dem einfachen Recht.

[178] Vgl. *Wallerath*, NJW 2001, 781, 785; *Winter*, NVwZ 1999, 467, 468.

[179] Vgl. BVerfG NVwZ 2009, 515, 516 f. (mit Bespr. v. *Muckel*, JA 2009, 553).

[180] Vgl. ausführlich *Wahl/Schütz*, in: Schoch/Schneider/Bier, VwGO, § 42 Abs. 2 Rn 56 ff.

[181] Der Beamte hat ein subjektives Recht auf fehlerfreie Anwendung des Art. 33 II GG (sowie der nachgebildeten Vorschriften des Bundes- und Landesrechts), vgl. VG Stuttgart NVwZ 2000, 959; VG Lüneburg NJW 2001, 767; BVerwG 2002, 3344 ff., dazu auch BVerfGE 108, 282, 294 ff.

[182] Vgl. dazu BVerwGE 32, 173, 178 f.; 50, 282, 287 f.

Beispiele: Ob A einen Anspruch auf Erteilung der begehrten Baugenehmigung hat, ergibt sich in erster Linie aus der Vorschrift der Landesbauordnung über die Baugenehmigung. Ob B einen Anspruch auf Erteilung einer straßenrechtlichen Sondernutzungserlaubnis hat, ergibt sich in erster Linie aus der Vorschrift des Landesstraßengesetzes über die Sondernutzung. Ob C einen Anspruch auf Erteilung der begehrten Gaststättenerlaubnis hat, ergibt sich in erster Linie aus der Vorschrift des Landesgaststättengesetzes (oder des Gaststättengesetzes des Bundes) über die Gaststättenerlaubnis.

Erst wenn aus einfachgesetzlichem Regelwerk kein Anspruch hergeleitet werden kann, ist zu prüfen, ob sich der Kläger unmittelbar auf **Grundrechte** stützen kann. Im Bereich der Baugenehmigung wäre dies Art. 14 I GG, im Bereich der straßenrechtlichen Sondernutzungserlaubnis Art. 12 I GG (sofern beruflich veranlasst, sonst Art. 2 I GG) und im Bereich der Gaststättenerlaubnis Art. 12 I GG.

Zu beachten ist aber, dass es für die Klagebefugnis genügt, wenn die *Möglichkeit* besteht, dass der geltend gemachte Anspruch besteht. Ob dieser *tatsächlich* besteht, ist eine Frage der Begründetheit.

151 Schließlich ist zu beachten, dass die Grundrechte auch **staatliche Schutzpflichten** verleihen und somit Eingang in die Auslegung einfachen Rechts finden können. Häufig geht es um einen Eingriff in die Rechtssphäre durch private Dritte (Kraftwerksbetreiber, Baunachbarn usw.). So wird im atomrechtlichen Verfahren der Drittschutz aus der staatlichen Schutzpflicht der Art. 2 II und 14 GG abgeleitet, sodass § 7 II Nr. 3 AtomG drittschützender Charakter beigemessen wird.[183] Daraus resultiert letztlich ein Genehmigungsabwehranspruch des Einwendenden, wenn die materiellen Voraussetzungen der Anlage nicht vorliegen. Vgl. dazu näher Rn 161 ff.

152 **Zusammenfassung:** Eine Klagebefugnis aus Grundrechten setzt voraus, dass

- der Kläger als Träger des einschlägigen Grundrechts in Betracht kommt,
- und dass keine einfachgesetzliche Ausgestaltung des Grundrechtsschutzes besteht.

Grundsätzlich kein Grundrechtsschutz und keine Klagebefugnis bestehen bei „nur möglichen", also unsicheren oder erst langfristig drohenden Schäden.

f. Drittanfechtung in der Fallbearbeitung

153
- Zunächst muss das Klägerbegehren auf die Geltendmachung der Verletzung eines subjektiven öffentlichen Rechts gerichtet sein. Rügt der Kläger nur eine Verletzung objektiven Rechts oder gar die Verletzung von Verfahrensvorschriften[184], entfällt die Klagebefugnis.
- Anschließend muss eine einschlägige Norm aufgefunden werden, aus der sich ein subjektives öffentliches Recht des Klägers gegen das Vorhaben des anderen Bürgers ergeben könnte. Hier muss darauf geachtet werden, dass nicht sofort Grundrechte als möglicherweise verletzt herangezogen werden, wenn eine öffentlich-rechtliche Sonderverbindung, untergesetzliches Regelwerk (Rechtsverordnungen, Satzungen) oder einfach-gesetzliche formelle Normen verletzt sein könnten (s.o.).
- Sodann muss diese Norm auch (generell) drittschützend sein. Das ist der Fall, wenn sie den Einzelnen von der Allgemeinheit abgrenzt bzw. ihn aus der Allgemeinheit heraushebt, wenn sie also zumindest auch den Schutz individueller Interessen bezweckt.

[183] BVerwGE 60, 297, 301.

[184] Eine Ausnahme besteht aber dann, wenn die fragliche Verfahrensvorschrift gerade dem Rechtsschutzsuchenden eine selbstständig durchsetzbare Rechtsstellung einräumt. Ob dies der Fall ist, muss durch Auslegung ermittelt werden. Maßgeblich sind die Zielrichtung und der Schutzzweck der Verfahrensvorschrift. Vgl. dazu BVerwGE 41, 58, 64 f.; 44, 235, 239 f.; BVerfGE 53, 30 ff.

Wenn sich der Drittschutz nicht schon aus dem Wortlaut der Norm ergibt (so wie bei § 5 I Nr. 1 BImSchG: „Nachbarschaft"), muss anhand der anerkannten Auslegungsmethoden (siehe *R. Schmidt*, AllgVerwR, Rn 269 ff.) ermittelt werden, ob die Norm Drittschutz entfaltet. Dabei spricht eine grundrechtskonforme Auslegung im Zweifel eher für die Annahme eines Individualschutzes (sog. norminterne Wirkung der Grundrechte). Bei Fehlen einer einfachgesetzlichen Ausgestaltung ist unmittelbar auf die Grundrechte zurückzugreifen (sog. normexterne Wirkung der Grundrechte).

g. Sonderfälle des Drittschutzes

Aufgrund der (gestiegenen) Prüfungs- und Examensrelevanz von „Drittbeteiligungsfällen" soll auf diesen Problemkreis – auch wenn die Materie dem Besonderen Verwaltungsrecht zuzuordnen ist – näher eingegangen werden. **154**

aa. Öffentliches Baurecht

a.) Einfachgesetzlich normiertes Baurecht

In der Fallbearbeitung ist neben der Einlegung eines Rechtsbehelfs eines (wirtschaftlichen oder beamtenrechtlichen) Konkurrenten insbesondere die eines (baurechtlichen) Nachbarn Gegenstand der Prüfung. Nachbarn sind jedenfalls diejenigen Eigentümer oder sonst Berechtigte, deren Grundstücke unmittelbar an das Baugrundstück angrenzen. Aber auch Berechtigte von weiter entfernten Grundstücken können klagebefugt sein, wenn sie wegen der Art des angegriffenen Vorhabens (insbesondere wegen befürchteter Emissionen) betroffen sind.[185] **155**

Ist der Begriff des Nachbarn geklärt, bestimmen sich die Erfolgsaussichten einer Anfechtungsklage eines Nachbarn gegen die baurechtliche Begünstigung des anderen maßgeblich danach, ob bei der Baugenehmigung Vorschriften verletzt worden sind, die auch seinen Interessen zu dienen bestimmt sind (Schutznormtheorie, s.o.). Kriterium für den Drittschutz ist der Schutzzweck des Gesetzes (Normtext, Wille des Gesetzgebers, abgrenzbarer begünstigter Personenkreis). In der *Klagebefugnis* ist daher zu prüfen, ob es möglich erscheint, dass der Nachbar durch die an den Bauherrn gerichtete Baugenehmigung in seinen (subjektiven) Rechten verletzt wird. Ob tatsächlich gegen die Norm verstoßen worden ist, wird erst im Rahmen der Begründetheit geprüft. **156**

> **Beispiel:** Nachbar N wendet sich mit Widerspruch und Anfechtungsklage gegen die dem Bauherrn B erteilte Baugenehmigung. N macht geltend, das Bauvorhaben des B halte nicht die in der Landesbauordnung vorgeschriebene Abstandsfläche zu seinem Hausgrundstück ein. Schließlich sei das Bauvorhaben von solch einem Ausmaß, dass von einer erdrückenden Wirkung gesprochen werden müsse.
>
> Hier hat die Drittanfechtungsklage des N nur dann Erfolg, wenn die dem B erteilte Baugenehmigung objektiv rechtswidrig ist und den N in seinen nachbarschützenden Rechten verletzt (vgl. § 113 I S. 1 VwGO). In der Fallbearbeitung ist also zunächst die objektive Rechtmäßigkeit der Baugenehmigung zu prüfen und dann in einem zweiten Schritt zu untersuchen, ob N dadurch in seinen nachbarschützenden Rechten verletzt ist (sog. Schutznormtheorie).

Solche subjektiven öffentlichen Rechte können sich aus dem (bundesrechtlichen) **Bauplanungsrecht** und dem (landesrechtlichen) **Bauordnungsrecht** ergeben. Da dieser überaus **klausurrelevante** Komplex ausführlich bei *R. Schmidt*, BauR, Rn 427 ff. dargestellt ist, sei – um eine doppelte Darstellung zu vermeiden – insoweit auf die **157**

[185] Zum baurechtlichen Nachbarbegriff vgl. *R. Schmidt*, BauR, Rn 437.

dortigen Ausführungen verwiesen. An dieser Stelle soll lediglich eine Übersicht über den Drittschutz in den drei Planbereichen gezeigt werden.

Drittschutz der Planbereiche

§ 30 BauGB	**§ 34 BauGB**	**§ 35 BauGB**
Die **Festsetzungen** des Bebauungsplans weisen dann grundsätzlich drittschützenden Charakter auf, wenn sie nicht nur eine geordnete städtebauliche Entwicklung gewährleisten sollen, sondern auch dem Ausgleich privater (Nachbar-) Interessen dienen. Des Weiteren wird **§ 15 I BauNVO** nachbarschützende Wirkung beigemessen, soweit in qualifizierter und zugleich individualisierter Weise auf schutzwürdige Interessen eines erkennbar abgegrenzten Kreises Dritter Rücksicht zu nehmen ist. Erforderlich ist aber ein erhebliches Gewicht.	Bei **Abs. 1** grundsätzlich nur über das **Gebot der gegenseitigen Rücksichtnahme** (i.V.m. Art. 14 GG), das insoweit Teil des Tatbestandes ist, als sich das Vorhaben **„einfügen"** muss und dabei auf die Belange der Nachbarn Rücksicht zu nehmen hat. Erforderlich ist aber auch ein erhebliches Gewicht der Missachtung der Nachbarinteressen. **Abs. 2 ist eine unmittelbar drittschützende Norm.**	Den Privilegierungstatbeständen des **Abs. 1** folgt nur ein partieller Drittschutz bei konkreter Rücksichtslosigkeit. So wird ein subjektives öffentliches Recht nur dann angenommen, wenn sich der Inhaber gegen Baugenehmigungen wehrt, die mit seiner Privilegierung nicht zu vereinbaren sind. Den nicht privilegierten Vorhaben des **Abs. 2** gewährt die Rechtsprechung **Drittschutz** aufgrund des Rücksichtnahmegebots (als unbenannter Belang nach Abs. 3), wenn die Nachbarn nach ihrer „handgreiflichen" Betroffenheit bzw. der tatsächlichen Umstände des Einzelfalles hinreichend abgrenzbar sind.

b.) Baurecht und Art. 14 GG

158 Auch soweit ein einfachgesetzlich gewährter Nachbarschutz bejaht werden kann, bleibt (jedenfalls im Rahmen erheblicher Beeinträchtigungen) die Möglichkeit zu prüfen, ob sich der Nachbar auf Grundrechte, insbesondere auf Art. 14 GG, stützen kann. Dieser Rückgriff hat aber sehr restriktiv zu erfolgen, da das Eigentum der Rechtsordnung nicht als „natürliches" Recht vorgegeben ist, sondern vielmehr durch den Gesetzgeber ausgestaltet wird (sog. normgeprägter Schutzbereich, vgl. Art. 14 I S. 2, II GG).[186] Im Bereich des Baurechts werden Inhalt und Schranken des Eigentums durch die jeweiligen Baugesetze bestimmt. Damit ist es primär Aufgabe des Gesetzgebers, subjektive Rechte des Einzelnen in Bezug auf sein Grundeigentum zu schaffen; **ein genereller und umfassender Rückgriff auf Art. 14 GG verbietet sich somit**. Ein subjektives öffentliches Abwehrrecht des Nachbarn aus Art. 14 I S. 1 GG war aber von der Rechtsprechung seit längerem anerkannt und konnte sich dann (und nur dann) ergeben, wenn – wegen der nur indirekten Betroffenheit – **„ein schwerer und unerträglicher Eingriff"**, sowie eine **„nachhaltige Veränderung der Grundstückssituation"** nicht ausgeschlossen, mithin vom Eigentümer eine unzumutbare Beeinträchtigung des Grundeigentums geltend gemacht werden konnte.[187] Das BVerwG hat aber den durch Art. 14 GG geschützten Abwehranspruch des Nachbarn aber ausdrücklich abgelehnt.[188]

---

[186] Vgl. dazu *R. Schmidt*, Grundrechte, Rn 877 ff.
[187] BVerwGE 50, 282, 286; 52, 122, 130; weitergehend teilweise die Lit., vgl. *Schmitt Glaeser/Horn*, VerwProzR, Rn 162; *Brohm*, Öffentliches BauR, § 18 Rn 27 ff.
[188] BVerwGE 101, 364, 373.

Hinweis für die Fallbearbeitung: Aufgrund der nahezu lückenlosen und gebietsübergreifenden Verankerung des Rücksichtnahmegebots in den drei Planbereichen ist ein Rückgriff auf Art. 14 I GG i.d.R. nicht nötig. Ein auf Art. 14 I GG gestützter Anspruch des Nachbarn sollte daher bereits durch einfachgesetzliche Normen konkretisiert sein. In der Fallbearbeitung ist es demnach regelmäßig fehlerhaft, wenn zum einen das Rücksichtnahmegebot als gesonderter und eigenständiger Prüfungsmaßstab neben dem einfachen Baurecht herangezogen wird, und zum anderen, wenn Rücksichtnahmegebot und Nachbarschutz aus der Eigentumsgewährleistung des Art. 14 I S. 1 GG nebeneinander geprüft werden. Als unmittelbar heranzuziehender Maßstab für den Drittschutz kommt Art. 14 GG nur noch für das sog. Säuleneigentum in Betracht, also z.B. dann, wenn der Bauherr gegen eine Baugenehmigung vorgeht, nach deren Unanfechtbarkeit er ein Notwegerecht (§ 917 I BGB) zu dulden hätte. 159
Zu beachten ist zuletzt, dass die vorstehenden Ausführungen zu Art. 14 GG sich nur auf die Fälle des Drittschutzes beziehen. Ist der Kläger selbst Adressat eines ihn belastenden Verwaltungsakts oder wird ihm die gewünschte Baugenehmigung versagt, ist unter Anwendung der Möglichkeitstheorie eine Klagebefugnis direkt aus der die Erteilung der Baugenehmigung regelnden Norm (bspw. § 72 I hmbLBO) i.V.m. Art. 14 GG herzuleiten. Denn bei der Baugenehmigung handelt es sich um ein präventives Verbot mit Erlaubnisvorbehalt; durch sie wird lediglich das wiederhergestellt, was grundrechtlich ohnehin garantiert ist, jedoch zur präventiven Kontrolle (vorläufig) eingeschränkt war.

bb. Immissionsschutzrecht

Im Gegensatz zu dem öffentlichen Baurecht kommt dem Immissionsschutzrecht keine 160 bodenbezogene Ausgleichsfunktion im Verhältnis konfligierender Nutzungsinteressen zu. Vielmehr dient das Immissionsschutzrecht dem Schutz vor Emissionen, die von Anlagen ausgehen, die in den Regelungsbereich des Bundesimmissionsschutzgesetzes (BImSchG) fallen. Daher ist es vornehmlich anlagenbezogen. Aus diesem Schutzzweck heraus ergibt sich für die Klagebefugnis, dass jedenfalls die bloße **Mietereigenschaft** des Klägers die **Klagebefugnis nicht ausschließt**, da das Immissionsschutzrecht kein zum bloßen Eigentumsschutz tendierendes Rechtsgebiet wie das Baurecht ist. Jedoch fordert das BVerwG in ständiger Rechtsprechung nicht nur das Vorliegen einer drittschützenden Norm, sondern auch die Notwendigkeit eines **qualifizierten Betroffenseins**. Dieses sei bei Personen gegeben, die wegen einer engeren räumlichen, sachlichen und zeitlichen Beziehung ein besonderes Verhältnis zur Anlage haben. Nachbarn i.S.d. Immissionsschutzrechts seien daher neben den Eigentümern und eigentumsähnlich Berechtigten betroffener Grundstücke auch solche Personen, die im Einwirkungsbereich der Anlage dauerhaft an einen bestimmten Ort gebunden sind, wie Mieter und Pächter dortiger Grundstücke oder Arbeitnehmer, die ihren ständigen Aufenthaltsort in der Nähe der Anlage haben und sich deren Auswirkungen daher nicht nachhaltig entziehen könnten.[189] Personen, die sich dagegen nur gelegentlich im Einwirkungsbereich der Anlage aufhielten, etwa zum Zweck der Freizeitgestaltung, fehle die immissionsschutzrechtliche Nachbareigenschaft, weil bei diesen Personen eine über das allgemeine Lebensrisiko hinausgehende Belastung nicht gegeben sei.[190]

Die wichtigste **nachbarschützende** Regelung aus dem BImSchG ist **§ 5 I Nr. 1** 161 **BImSchG**, der im Zusammenhang mit § 6 I Nr. 1 BImSchG bei der Zulassung nach § 4 BImSchG i.V.m. der 4. BImSchVO genehmigungspflichtiger Anlagen zur Anwen-

[189] BVerwG DVBl 1996, 1192; *Kopp/Schenke*, VwGO, § 42 Rn 104; *Konrad*, JA 2002, 967, 969.
[190] BVerwG NJW 1983, 1508; VGH Mannheim NVwZ-RR 1995, 641; *Kopp/Schenke*, VwGO, § 42 Rn 104; *Konrad*, JA 2002, 967, 969.

dung kommt. Da hier die Nachbarschaft bereits positivrechtlich benannt ist, begründet sie ein subjektives öffentliches Recht des Nachbarn ausdrücklich. Zu beachten ist aber, dass die Generalklausel des § 5 I Nr. 1 BImSchG nicht drittschützend wirkt, soweit es um schädliche Umwelteinwirkungen[191] und sonstige Gefahren für die Allgemeinheit – also nicht notwendigerweise für die Nachbarschaft – geht.[192] Darüber hinaus ist zu beachten, dass nach h.M. der der (bloßen) **Gefahrenvorsorge** dienenden Norm des **§ 5 I Nr. 2 BImSchG** nur eine **objektivrechtliche** Bedeutung zukommt.[193]

Beispiel: Der Eurogaz AG wird die Genehmigung zum Betrieb eines großen Kohlekraftwerks erteilt, obwohl abzusehen ist, dass ein Schadstoffgrenzwert aus einer Verordnung zum BImSchG nicht eingehalten werden kann. Allerdings ist dieser Grenzwert lediglich ein Vorsorgegrenzwert; er dient der Gesundheitsvorsorge. Überschreitungen des Grenzwertes führen nachweislich nicht zu unmittelbaren Gesundheitsgefährdungen. M wohnt 500 m von der Anlage entfernt. Nachdem die Eurogaz AG die Betriebsgenehmigung erhalten hat, klagt er vor dem Verwaltungsgericht gegen die Genehmigung, weil er der Ansicht ist, die Nichteinhaltung der Vorsorgegrenzwerte verletze ihn in seinen Rechten.

M ist gem. § 42 II VwGO klagebefugt, wenn er die Möglichkeit der Verletzung einer drittschützenden Norm geltend machen kann. Als drittschützende Norm kommt § 5 I Nr. 2 BImSchG in Betracht. Jedoch gewährt das BVerwG speziell für den Bereich der Vorsorge in der Regel keine Klagebefugnis, weil zum einen § 5 I Nr. 2 BImSchG nur die Allgemeinheit schütze und zum anderen auch der übergeordnete Verfassungskreis in Gestalt des Art. 2 II S. 1 GG nicht vor möglichen, also unsicheren oder erst langfristig drohenden, Schäden schütze. M ist dementsprechend nicht klagebefugt.

162 Stellungnahme: Der Standpunkt der h.M., dass Art. 2 II S. 1 GG nicht vor möglichen, also unsicheren oder erst langfristig drohenden, Schäden schütze, fußt letztlich auf der Rechtsprechung des BVerfG zu den **staatlichen Schutzpflichten**. Zwar entscheidet das Gericht in st. Rspr., dass der Staat die grundrechtlich geschützten Rechtsgüter vor rechtswidrigen Beeinträchtigungen durch private Dritte, durch nichtdeutsche staatliche Stellen oder durch Naturgewalten zu wahren[194], sich also **schützend und fördernd vor jedes menschliche Leben** zu stellen habe. Bei der Frage, welches Maß von Schutz erforderlich ist, billigt das BVerfG jedoch sowohl dem Gesetzgeber als auch der vollziehenden Gewalt einen weiten Einschätzungs-, Wertungs- und Gestaltungsspielraum zu, der auch Raum lässt, konkurrierende öffentliche und private Interessen zu berücksichtigen, und der gerichtlich nur in begrenztem Maße überprüfbar ist.[195] Folgerichtig gelangt das Gericht zu dem Ergebnis: Selbst für den Fall, dass der Staat seine Schutzpflicht verletzt, hat der Einzelne grds. **keine einklagbare Rechtsposition**. Damit entnimmt das Gericht den Grundrechten in aller Regel lediglich eine **objektive Schutzverpflichtung** des Staates. Sofern also überhaupt ein Schutzanspruch in Betracht kommt, ist der mit einer staatlichen Schutzpflicht verbundene grundrechtliche Anspruch mit Blick auf diese Gestaltungs-

---

[191] Der Begriff der schädlichen Umwelteinwirkung ist in § 3 I BImSchG legaldefiniert. Maßgeblich für den Nachbarschutz ist dabei die Erheblichkeit der jeweiligen Immissionen.

[192] *Hufen*, VerwProzR, § 14 Rn 76.

[193] *Wahl/Schütz*, in: Schoch/Schneider/Bier, VwGO, § 42 Abs. 2 Rn 151 m.w.N.; vgl. auch *Kopp/Schenke*, VwGO, § 42 Rn 105.

[194] BVerfGE 39, 1 ff. (Schwangerschaftsabbruch I); *v. Münch*, in: v. Münch/Kunig, GG, Vorb. Art. 1-19 Rn 22. Vgl. auch BVerwG NVwZ 1999, 1234 ff. und *Wahl*, JuS 2001, 1041, 1045.

[195] BVerfGE 46, 160, 164 (Arbeitgeberpräsident Schleyer); BVerfGE 49, 89, 126 ff. (Kalkar); 53, 30, 57 (Mülheim Kärlich); 56, 54, 78 (Fluglärm); 77, 170, 214 f. (C-Waffen); 77, 381, 402 f. (Gorleben); 79, 174 ff., 201 ff. (Straßenplanung); 85, 191, 213 (Nachtarbeitsverbot für Arbeiterinnen); 87, 363, 386 (Nachtbackverbot); 88, 203, 251 (Schwangerschaftsabbruch II); 96, 56, 64 (Auskunftsrecht des nichtehelichen Kindes auf Benennung des Vaters); BVerfG NJW 1998, 3264, 3265 (Waldsterben); BVerfG NJW 2001, 669. Zu Problemen der verfassungsprozessualen Geltendmachung vgl. *Möstl*, DÖV 1998, 1029 ff.

freiheit regelmäßig nur darauf gerichtet, dass die öffentliche Gewalt mögliche Vorkehrungen zum Schutz der betroffenen Grundrechte trifft, die nicht gänzlich ungeeignet oder völlig unzulänglich sind, das gebotene Schutzziel zu erreichen.[196] Nur unter ganz besonderen Umständen kann sich diese Gestaltungsfreiheit bei wesentlichen Eingriffen in Grundrechtsgüter in der Weise verengen, dass allein durch eine bestimmte Maßnahme der Schutzpflicht Genüge getan wird (sog. Ermessensreduzierung auf Null) und damit eine wehrfähige Rechtsposition besteht.[197] Derartige ermessensreduzierende Umstände kommen etwa in Betracht, wenn die Gefahr einer schweren Gesundheitsbeeinträchtigung droht und zudem lediglich eine bestimmte Abwehr sachgerecht ist. Darüber hinaus ist bedeutsam, ob die Grundrechtsbeeinträchtigung reparabel bzw. beherrschbar ist. Ist sie irreparabel wie z.B. bei einem Schwangerschaftsabbruch, einem Tötungsdelikt oder einer Aids-Infektion oder unbeherrschbar wie z.B. bei einem Atomunfall oder einem Terroranschlag, sind erhöhte Anforderungen an die Schutzverpflichtung zu stellen.

Vor diesem Hintergrund leuchtet es ein, dass die Rechtsprechung bislang keinen Grundrechtsschutz vor „nur möglichen", also unsicheren oder erst langfristig drohenden Schäden anerkannt hat. Dieser Standpunkt ist aber nicht zwingend. Insbesondere das Erfordernis eines gleichmäßigen Grundrechtsschutzes auch dahingehend, dass der Staat den Einzelnen vor seinen Mitbürgern zu schützen habe, lässt die Annahme zu, dass der Einzelne einklagbare Rechte jedenfalls dann hat, wenn irreversible Schäden zumindest *drohen*. Ob dies jedoch bei einer Überschreitung von Vorsorgegrenzwerten der Fall ist, mag bezweifelt werden. Auf der anderen Seite spricht nichts dagegen, zugunsten des wichtigsten Schutzgutes – Leben und Gesundheit von Menschen – von einem weiten Verständnis der Klagebefugnis auszugehen und die Einhaltung von Vorsorgegrenzwerten gerichtlich einklagbar zu gestalten. Freilich würde dies zu einer verstärkten Inanspruchnahme der Gerichte führen, was das BVerfG offenbar vermeiden möchte. **163**

Im obigen **Beispiel** wäre M demzufolge klagebefugt, da die Anlage die in der Verordnung zum BImSchG festgesetzten Vorsorgegrenzwerte überschreitet. Zur **europarechtlichen** Dimension der Problematik vgl. Rn 188 ff.

Einen Drittschutz verneint hat die Rechtsprechung auch bei § 5 I Nr. 3 und 4 BImSchG. Dagegen soll **§ 10 II S. 2** BImSchG wiederum drittschützend sein.[198]

Die Grenze des qualifizierten Betroffenseins (die derjenigen der Unzumutbarkeit entspricht) kann vor allem mit Hilfe technischer Regelwerke bestimmt werden. Bei der Zulassung genehmigungspflichtiger Anlagen nach Immissionsschutzrecht sind vor allem die TA-Lärm und TA-Luft in ihrer Funktion als normkonkretisierende Verwaltungsvorschriften relevant. In dieser Funktion kommt ihnen grds. bindende Wirkung für Behörden und Gerichte zu (siehe ausführlich *R. Schmidt*, AllgVerwR, Rn 877 ff.). Freilich wirft dies die Frage auf, ob Grenzwerte überhaupt in Verwaltungsvorschriften festgelegt werden dürfen oder ob der parlamentarische Gesetzgeber nicht selbst berufen ist, Grenzwerte in förmlichen Gesetzen festzulegen oder ob er zumindest eine Verordnungsermächtigung zu erlassen hat. Dass nämlich der Gesetzgeber alle wesentlichen Grundrechtsfragen selbst regeln muss und sie nicht der Exekutive überlassen darf, ist vor dem Hintergrund des **Parlamentsvorbehalts** und der **Wesentlichkeitsrechtsprechung**[199] des BVerfG selbstverständlich. Gleichwohl erkennt die Rechtsprechung einen Parlamentsvorbehalt für Grenzwertfestlegung nicht an

[196] BVerfGE 92, 26, 46 (Zweitregister); *Brüning*, JuS 2000, 955, 957.
[197] BVerwG NJW 1996, 1297.
[198] BVerwG NVwZ 1983, 476; vgl. auch *Koehl*, JuS 2004, 234, 237.
[199] Zum Parlamentsvorbehalt und zur Wesentlichkeitsrechtsprechung vgl. *R. Schmidt*, AllgVerwR, Rn 197 ff. und 192 ff.

und lässt insb. **Verwaltungsvorschriften** genügen.[200] Vgl. dazu näher *R. Schmidt*, AllgVerwR, Rn 142 ff. und 864 ff.

Jedenfalls sind die Regelwerke privater Institutionen wie DIN-Vorschriften oder VDI-Richtlinien keinesfalls verbindlich; diese können aber (wie im Baurecht) als Entscheidungs- oder Orientierungshilfe herangezogen werden.

164 Im Zusammenhang mit **genehmigungsfreien** Anlagen nach Immissionsschutzrecht ist die Regelung des **§ 22 I S. 1 Nr. 1 und 2 BImSchG nachbarschützend**, was vor allem auch im Hinblick auf die Genehmigung von Bauvorhaben von Bedeutung sein kann. Findet im Baugenehmigungsverfahren wegen der Art des Vorhabens eine umfassende Prüfung statt, gehört die Regelung des § 22 BImSchG bei emittierenden Bauvorhaben zum Prüfungsmaßstab mit der Folge, dass sich Nachbarn im Baurecht darauf berufen können. Zu beachten ist, Geräuscheinwirkungen, die von Kindertageseinrichtungen, Kinderspielplätzen und ähnlichen Einrichtungen durch **Kinder** hervorgerufen werden, im Regelfall keine schädliche Umwelteinwirkung darstellen und daher auch keine Abwehransprüche auslösen (§ 22 Ia BImSchG).

165 Nach gesetzlicher Bestimmung kann unter gewissen Voraussetzungen eine **Ausschlusswirkung** (Präklusion) für bestimmte Rechte oder Rechtshandlungen eintreten. So muss beispielsweise in einem Genehmigungsverfahren der Kläger die Einwendungen innerhalb von zwei Wochen nach der einmonatigen Auslegungsfrist erheben, § 10 III S. 2 und 4 BImSchG. Innerhalb dieser Frist nicht vorgebrachte Einwendungen werden im anschließenden Genehmigungsverfahren nicht erörtert (**formelle Präklusion**). Die Behörde wird dadurch aber nicht aus ihrer Pflicht entlassen, den Fall umfassend zu untersuchen (sog. Amtsermittlungsgrundsatz, § 24 VwVfG). Auf den Streit, ob im Gegensatz zu § 73 VwVfG, der nur die formelle Präklusion betrifft, die in § 10 III S. 5 BImSchG angeordnete formelle Präklusion Auswirkungen auf die materielle Präklusion (im Rahmen eines späteren Widerspruchsverfahrens oder einer Klage) hat, kann im Rahmen dieser Bearbeitung nicht weiter eingegangen werden.[201]

cc. Öffentlich-rechtliche Konkurrentenklage

166 a.) Als öffentlich-rechtliche Konkurrentenklage wird eine Klage bezeichnet, mit deren Hilfe sich jemand gegen eine hoheitliche Maßnahme wendet oder eine staatliche Maßnahme begehrt, die sein Verhältnis zu einem gegenwärtigen oder potentiellen Konkurrenten beeinflusst (sog. Prätendentenstreit).[202] Zum einen geht es um eine Begünstigung, die zugleich mit oder von anderen erstrebt wird, wie z.B. die Zulassung zum Studium oder zu einem Standplatz eines Jahrmarkts, die Ernennung zum Beamten auf eine ausgeschriebene Stelle, der Erhalt einer Konzession etc. Zum anderen geht es um die Abwehr einer Begünstigung eines anderen, wie z.B. einer Subvention, die sich ungünstig auf die eigene Position auswirkt. Nach dem Gegenstand der Klagen bietet sich eine Typologie nach Anspruchszielen an.

167 aa.) Möchte der Rechtsschutzsuchende die dem Konkurrenten eingeräumte Vergünstigung (z.B. eine Subvention, eine Taxikonzession oder die Ernennung eines Konkurrenten auf eine Beamtenstelle[203]) schlicht abwehren, ist die defensive Konkurrentenklage (auch negative Konkurrentenklage, **Begünstigungs**- oder **Konkurrentenabwehrklage** genannt) einschlägig. Verwaltungsprozessual ist – soweit die Ver-

---

[200] BVerwGE 55, 250, 251 f.; 72, 300, 320 ff.; bestätigt von BVerwGE 107, 338, 341 und 110, 216, 218.
[201] Vgl. zu diesem Streit BVerwGE 26, 302; *Brandt*, NVwZ 1997, 233, 234.
[202] *Erichsen*, Jura 1994, 385; *Happ*, in: Eyermann, VwGO, § 42 Rn 104; ähnlich auch *Kopp/Schenke*, VwGO, § 42 Rn 45 ff. Vgl. auch *Schneider/Jürgens*, JA 2001, 481, 483 ff.; *Fuerst*, JuS 2010, 149 ff.
[203] Vgl. dazu aus jüngerer Zeit OVG Lüneburg NVwZ 2011, 891, 892 f. unter weitgehender Bezugnahme auf BVerwG NVwZ 2011, 358 ff.

günstigung durch Verwaltungsakt gewährt wurde – die **Anfechtungsklage** gem. § 42 I Var. 1 VwGO statthaft. Erfolgt die Begünstigung des anderen ausnahmsweise nicht durch einen Verwaltungsakt, ist folgerichtig die allgemeine Leistungsklage (in Form der Leistungsabwehrklage) statthaft.

Beispiele:

(1) Die im Gemeindegebiet X ansässigen A-Automobilwerke befinden sich in wirtschaftlichen Schwierigkeiten. Um die Arbeitsplätze in der Region zu sichern, gewährt X ihnen eine öffentliche Beihilfe. Die ebenfalls in X ansässigen und sich in einer ähnlichen Situation befindenden B-Automobilwerke sind der Auffassung, dass die Begünstigung der A-Werke mit dem geltenden Recht nicht zu vereinbaren ist und wollen die Förderung des anderen beseitigen.

(2) K betreibt ein Taxigeschäft in der Stadt A. Die wirtschaftliche Situation ist aufgrund reichlich vorhandener Konkurrenz angespannt. Als die zuständige Behörde weitere Erlaubnisse nach § 2 I Nr. 4, § 46 II Nr. 1, § 47 i.V.m. § 13 I, IV PBefG erteilt, möchte K, der von deren Rechtswidrigkeit überzeugt ist, erreichen, dass diese Erlaubnisse aufgehoben werden. Nach erfolglos durchgeführtem Widerspruchsverfahren erhebt er Anfechtungsklage.

Das Problematische an der Konkurrentenklage ist die **Klagebefugnis**. Insbesondere 168
im Berufs*zulassungs*recht besteht der Grundsatz, dass insgesamt kein Schutz vor Wettbewerb, Konkurrenz und Zulassung weiterer Konkurrenten besteht.[204] Die wirtschaftlichen Grundrechte treffen eine Wertentscheidung gerade zugunsten des Wettbewerbs und berechtigen daher grundsätzlich nicht zur Abwehr missliebiger Konkurrenz. Lässt der Staat also durch die Erteilung von gesetzlich geforderten Erlaubnissen, Genehmigungen oder Ähnlichem Konkurrenten eines Unternehmens zu, liegt hierin grundsätzlich kein Eingriff in Art. 12 und 14 GG. Belastungen stellen sich lediglich als „Rechtsreflexe" der dem Konkurrenten gewährten Begünstigung dar und berechtigen nicht zur Abwehrklage.

Nach herrschender Auffassung gilt etwas anderes nur dann, wenn die Verwaltung gezielt oder faktisch die wirtschaftliche Betätigung des betroffenen Unternehmens im Verhältnis zu anderen **empfindlich beeinträchtigt**.[205] Hier kann ein subjektives Recht i.S.d. § 42 II VwGO vorliegen. Eine empfindliche Beeinträchtigung des betroffenen Unternehmens liegt nach der Rechtsprechung des BVerwG im Hinblick auf Art. 14 I GG vor, wenn die Begünstigung des anderen für ihn praktisch eine Entwertung seines aufgebauten Bestandes bedeutet[206], im Hinblick auf Art. 12 I und Art. 2 I GG, wenn dadurch ein faktischer Ausschluss vom Wettbewerb bewirkt würde.[207] Wo es um die Konkurrenz um ein knappes Gut geht, sind auch stets Gleichheitsaspekte (Art. 3 I GG) mitentscheidend.[208]

---

[204] Insoweit klarstellend BVerfG NVwZ 2009, 977.

[205] *Hufen*, VerwProzR, § 14 Rn 66; *Brohm*, Menger-FS, 1985, S. 235, 244; *Schenke*, VerwProzR, Rn 274 u. 523; *Schliesky*, DVBl 1999, 78, 82.

[206] Zum Anwendungsbereich des Art. 14 GG im Konkurrenzschutz vgl. BVerfGE 68, 193, 222; 74, 129, 148; *Busch*, JuS 1992, 563, 565; *Papier*, in: Maunz/Dürig, GG, Art. 14 Rn 228 f. Nach BVerfGE 8, 71, 79 f., *Gubelt*, in: v. Münch/Kunig, GG, Art. 12 Rn 98 und *Scholz*, in: Maunz/Dürig, GG, Art. 12 Rn 138 ist Art. 14 GG neben Art. 12 GG anwendbar.

[207] Zum Schutz der Wettbewerbsfreiheit durch Art. 12 GG vgl. BVerfGE 32, 311, 317; 46, 120, 137 f.; 82, 209, 223 f.; 86, 28, 37; BVerwGE 71, 183, 191; *Scholz*, in: Maunz/Dürig, GG, Art. 12 Rn 136 f.; *Pieroth/Schlink/Kingreen/Poscher*, Grundrechte, Rn 814 f.; *Papier*, ZHR 152 (1988), 493, 499; *Breuer*, HdbStR VI (1989), § 148 Rn 75-77. Voraussetzung ist aber, dass die Regelung eine berufsregelnde Tendenz besitzt. Fehlt es an dieser, ist Art. 2 I GG einschlägig (*Jarass*, in: Jarass/Pieroth, GG, Art. 12 Rn 14). Auf Art. 2 I GG wird generell abgestellt in BVerwGE 30, 191, 198; 60, 154, 159; 65, 167, 174.

[208] *Kopp/Schenke*, VwGO, § 42 Rn 145. Die Rspr. des BVerfG zum staatlichen Informationshandeln (E 105, 252 ff. – Glykolwein und E 105, 279 ff. – Sektenwarnung), wonach es auf die Empfindlichkeit der Beeinträchtigung nicht ankommt, kann auf die Konkurrentenklagen nicht übertragen werden.

In **Beispiel 1** werden die A-Werke durch die Subvention in der Lage sein, günstiger produzieren zu können als die B-Werke. Dadurch könnte das von der Wettbewerbsfreiheit umfasste Recht auf eine von staatlicher Seite unbeeinflusste Preisgestaltung[209] berührt sein. Allerdings greift die Subventionierung eines Konkurrenten nicht per se in die grundrechtlich geschützte Rechtssphäre des Klagenden ein. Vielmehr müssen dessen Interessen willkürlich vernachlässigt bzw. verletzt und von erheblichem Gewicht sein. Die Klagebefugnis des Drittanfechtenden ist daher nur dann gegeben, wenn der Staat (durch einseitige Parteinahme) derart schwerwiegend in die bestehenden Wettbewerbsverhältnisse eingreift, dass der Dritte in seiner Wettbewerbsfähigkeit *empfindlich* beeinträchtigt (Art. 12 I, Art. 2 I GG) bzw. in seiner wirtschaftlichen Existenz bedroht ist (Art. 14 I GG). In Bezug auf die B-Werke bedarf es dann einer genauen Sachprüfung, ob sie derart schwerwiegend betroffen sind.

In **Beispiel 2** ist K klagebefugt, wenn er sich auf eine drittschützende Norm berufen kann und diese Norm auch gerade seinen Interessen zu dienen bestimmt ist. In Betracht kommt § 13 IV PBefG. Im Personenbeförderungsrecht besteht zwar aus § 13 II PBefG ein subjektives öffentliches Recht des Altunternehmers im Linienverkehr, sein Unternehmen leistungsfähig zu halten[210], dem Altunternehmer im Taxigewerbe soll aber – in Übereinstimmung mit der grundsätzlichen Ablehnung subjektiver öffentlich-rechtlicher Positionen im Berufs**zulassungs**recht – § 13 IV PBefG keine Klagebefugnis vermitteln.[211] Vielmehr soll diese Vorschrift einen Verdrängungswettbewerb verhindern.[212] Zur Erreichung dieses Ziels steht der Verwaltung das Institut der Zugangsgenehmigung zur Verfügung. Damit wird die im öffentlichen Interesse liegende Funktionsfähigkeit des Taxigewerbes insgesamt geschützt. § 13 IV PBefG schützt daher nicht die individuellen Wettbewerbspositionen der Altunternehmer, sondern begünstigt diese lediglich reflexartig. K ist somit aus einfachgesetzlichen Normen nicht klagebefugt. Eine mögliche Rechtsbeeinträchtigung kann sich daher nur noch aus einer Grundrechtsposition ergeben. Da aber nicht angenommen werden kann, dass die Vergabe weiterer Konzessionen für ihn praktisch eine Gefährdung der unternehmerischen Existenz (Art. 14 I GG) oder einen faktischen Ausschluss vom Wettbewerb (Art. 12 I, 2 I GG) bewirken würde, ist K auch nicht aus Grundrechten klagebefugt.

169 bb.) Möchte der Bewerber hingegen die Chancengleichheit im (horizontalen) Konkurrenzverhältnis dadurch wieder herstellen, dass er dieselbe Vergünstigung erhält, *ohne* dass der Konkurrent seine Begünstigung verlieren soll, richtet sich sein Klagebegehren auf die Gewährung derselben Begünstigung, wie sie seinem Konkurrenten zuteilwurde. Man spricht in diesem Zusammenhang von einer *positiven* (oder *partizipativen*) Konkurrentenklage in Form der **Konkurrentengleichstellungsklage**[213], die prozessual – soweit die Vergünstigung durch Verwaltungsakt zu gewähren ist – mit einer **Verpflichtungsklage** gemäß § 42 I Var. 2 VwGO, anderenfalls mit der allgemeinen Leistungsklage (in Form der Leistungsvornahmeklage) durchgesetzt werden kann.

Beispiel: Die im Gemeindegebiet X ansässigen A-Automobilwerke befinden sich in wirtschaftlichen Schwierigkeiten. Um die Arbeitsplätze in der Region zu sichern, gewährt X ihnen eine öffentliche Beihilfe. Die ebenfalls in X ansässigen und sich in einer ähnlichen Situation befindlichen B-Automobilwerke wollen aus Gründen der Gleichbehandlung ebenfalls subventioniert werden.

In diesem Fall liegt eine Konkurrentengleichstellungsklage vor. Wenn man unterstellt, dass die B-Werke selbst die Förderungsvoraussetzungen nicht erfüllten, wird eine auf

---

[209] *P.M. Huber*, Konkurrenzschutz, S. 381.
[210] Vgl. dazu BVerwG DVBl 2000, 1614 mit Bespr. von *Selmer*, JuS 2001, 198 ff.
[211] Vgl. *Kopp/Schenke*, VwGO, § 42 Rn 146.
[212] *Wahl/Schütz*, in: Schoch/Schneider/Bier, VwGO, § 42 Abs. 2 Rn 305.
[213] BVerwGE 60, 25, 30.

Art. 12 I i.V.m. 3 I GG gestützte Klage mit dem Ziel, ebenfalls in den Genuss der Begünstigung zu kommen, mangels Klagebefugnis unzulässig sein. Anderenfalls wäre eine Verpflichtungsklage unter dem Aspekt der Ermessensreduzierung gegen Null (Selbstbindung der Verwaltung) zulässig und begründet, jedenfalls sofern noch Mittel zur Verfügung stehen.

cc.) Ausgangspunkt einer dritten Konstellation ist, dass die Behörde eine kontingentierte Leistung, im Extremfall eine nur einmalig zu vergebende Vergünstigung, bereits erschöpfend vergeben hat. Beispielhaft seien Numerus-clausus-Studienplätze, Subventionen im Rahmen verfügbarer Haushaltsmittel, Standplätze auf Märkten, Einstellungen (Ernennungen) oder Beförderungen nach dem Beamtenrecht und kontingentierte Konzessionen etwa nach dem Personenbeförderungsgesetz (§ 13) oder dem Güterkraftverkehrsgesetz (§ 9) sowie Spielbankerlaubnisse genannt. Begehrt nun der bei der Verteilung des knappen Gutes Übergangene nach der Erschöpfung des zu verteilenden Kontingents eine Begünstigung, kann er diese nur auf Kosten des Begünstigten erreichen. Man spricht daher von einer *Mitbewerberklage* bzw. einer *ausschließenden* Konkurrentenklage oder einer **Konkurrentenverdrängungsklage**. 170

Beispiel: In Hamburg findet jährlich ein Volksfest („Hamburger Dom") auf einem dafür vorgesehenen Platz im Stadtzentrum statt. Mit denjenigen Veranstaltern, die sie zulässt, schließt die Stadt „Mietverträge" ab. Für das Jahr 2016 sind bereits alle Plätze vergeben. Als K eine Zulassung für sein Fahrgeschäft begehrt, wird ein entsprechender Antrag abschlägig beantwortet. Ein gegen diese Ablehnung eingelegter Widerspruch wird als unbegründet zurückgewiesen. K möchte nun Klage gegen die Abweisung erheben.

Da das Platzangebot ausgeschöpft ist, kann K nur versuchen, auf Kosten eines bereits zugelassenen Konkurrenten diesen aus seiner Position hinauszudrängen und den dann frei gewordenen Platz einzunehmen.

Zunächst müsste der **Verwaltungsrechtsweg** eröffnet sein. Bedenken ergeben sich aus dem Umstand, dass die Stadt „Mietverträge" mit den Veranstaltern abschließt. Der Streit könnte somit dem Zivilrecht unterfallen. Für die Rechtswegfrage entscheidend ist aber, dass es um die Frage eines Anspruchs auf Zulassung geht. Nach der **Zwei-Stufen-Theorie**[214] ist zwischen dem „Ob" (1. Stufe) und dem „Wie" (2. Stufe) der Benutzung zu unterscheiden. Die 1. Stufe ist wegen der öffentlich-rechtlichen Zweckbindung (Widmung) des Platzes für Volksfeste stets eine Frage des öffentlichen Rechts. Fragen der 2. Stufe können dann der Ausgestaltung durch das Privatrecht unterfallen. Vorliegend geht es um die Zulassung, also um die Frage des „Ob". Der Verwaltungsrechtsweg ist daher eröffnet.

Fraglich ist, mit welcher Klageart K sein Begehren geltend machen kann. Es ist denkbar, dass er zunächst mit Hilfe einer **Anfechtungsklage** die Verdrängung des nach seiner Auffassung zu Unrecht begünstigten Konkurrenten anstrebt, da anderenfalls die begehrte eigene Begünstigung von der Verwaltung überhaupt nicht erfüllt werden könnte. In einem zweiten Schritt wäre, dem primären Rechtsschutzziel nachkommend, die eigene Begünstigung anzustreben, wodurch **zusätzlich** eine **Verpflichtungsklage** in Betracht zu ziehen ist. Diese Vorgehensweise ist aber folgendem methodischen Einwand ausgesetzt: Eine (isolierte) Drittanfechtung würde im Erfolgsfalle zwar grundsätzlich die Begünstigung des Konkurrenten aufheben, nicht aber gleichzeitig zur eigenen Begünstigung führen. Darüber hinaus sind die nötige Rechtsbetroffenheit und damit die Klagebefugnis fraglich.[215] Einer separat erhobenen Verpflichtungsklage würde

---

[214] Vgl. oben Rn 56. Zur Bewertung der Zwei-Stufen-Theorie vgl. *R. Schmidt*, AllgVerwR, Rn 1018 ff.

[215] Die Klagebefugnis für eine Anfechtungsklage wird dem Übergangenen zum Teil wegen einer angeblich nur „tatsächlichen" Wirkung der Gewährung an den Konkurrenten abgesprochen, vgl. BVerwGE 60, 25, 30 zum Hochschulzulassungsstreit, BVerwG DVBl 1989, 1150 zur Ernennungskonkurrenz im Beamtenrecht; anders dagegen BVerwGE 80, 270, 273 zum Güterkraftverkehrsgesetz. Vgl. zu dieser Problematik grundlegend *Preu*, Subjektivrechtliche Grundlagen des öffentlich-rechtlichen Drittschutzes, 1992, § 11 S. 103 f.

die Klagebefugnis, zumindest jedoch das Rechtsschutzbedürfnis fehlen, da die Behörde keine Leistung mehr vergeben kann. Selbst wenn man die Hürde der Zulässigkeit überwinden würde, scheint die Klage wegen der tatsächlichen Unmöglichkeit der Leistungsvergabe unbegründet.[216] Zumindest dort, wo es um eine kontingentierte Leistungsvergabe im Bereich der Konzessionsvergabe nach dem Personenbeförderungsgesetz oder dem Güterkraftverkehrsgesetz geht, ergibt sich der Rechtsschutz nach ständiger Rechtsprechung[217] und der Auffassung des überwiegenden Schrifttums[218] daher aus einer **Kombination von Anfechtungs- und Verpflichtungsklage** (u.U. sei auch ein Antrag nach §§ 80 V, 80a III oder § 123 VwGO auf Gewährung **einstweiligen Rechtsschutzes** zu stellen[219]). Entsprechendes gelte für die Erteilung einer Spielbankerlaubnis.[220] Prozessual ist eine derartige Verbindung als **„uneigentliche" eventuale Klagehäufung** unter Anwendung des § 44 VwGO zu betrachten: Die Hilfsklage (hier die Anfechtungsklage) wird mit der Hauptklage (hier die Verpflichtungsklage) rechtshängig, allerdings auflösend bedingt durch deren Misserfolg.[221] Die **Klagebefugnis** ist gegeben, wenn ein eigener Zulassungsanspruch hinreichend wahrscheinlich ist.[222] Nur dann ist der Kläger nach der herrschenden Schutznormtheorie vom Schutzzweck der Zulassungsnorm umfasst und eine Anfechtung der Drittbegünstigung überhaupt möglich.

Auf Schwierigkeiten stößt die h.M. allerdings dort, wo (wie im vorliegenden Beispiel) eine große Zahl von Genehmigungen in einem einheitlichen Auswahlverfahren gleichzeitig vergeben wird. Dem abgelehnten Bewerber wird nämlich in der Praxis neben dem Versagungsbescheid regelmäßig nicht mitgeteilt, welche Personen an seiner Stelle die begehrte Vergünstigung erhalten haben. Damit ist ihm deren Identität nicht bekannt, was aber im Hinblick auf die Bestimmtheit einer Klage eine unverzichtbare Voraussetzung für die Anfechtungsklage gegen die Begünstigung der Konkurrenten darstellt. Die Klage wäre schon deshalb nicht zulässig. Darüber hinaus sind ihm regelmäßig die maßgeblich zur Verwaltungsentscheidung führenden Verhältnisse seiner Mitbewerber nicht bekannt, deren Kenntnis für die Beurteilung der Erfolgsaussichten einer Anfechtungsklage aber erforderlich ist. Nach der hier vertretenen Auffassung ist es daher ausreichend, dass der übergangene Bewerber (vorliegend also K) eine auf erneute Bescheidung gerichtete **Verpflichtungsklage** erhebt.[223]

171 Schließlich ist noch zu beachten: Ist der den Konkurrenten begünstigende Zulassungsbescheid (Verwaltungsakt) bestandskräftig geworden (Fristverstreichung der §§ 70 oder 74 VwGO), kann der Kläger die Behörde nicht dazu verpflichten, das Rücknahmeverfahren nach § 48 VwVfG einzuleiten. Diese Vorschrift ermächtigt zwar die Behörde, unter bestimmten Voraussetzungen ermessensfehlerfrei den rechtswidrigen Verwaltungsakt zurückzunehmen. Die Rücknahme steht allerdings nur unter der Ägide des Rechtsstaatsprinzips und des Grundsatzes der Gesetzmäßigkeit der Verwaltung. Sie verleiht dem Kläger kein subjektives öffentliches Recht. Dem Kläger steht in

---

[216] Vgl. dazu BVerwGE 80, 270, 272; *P.M. Huber*, Konkurrenzschutz, S. 472 f.; *Kopp*, VwGO (10. Aufl. 1994), § 113 Rn 89; *Happ*, in: Eyermann, VwGO, § 42 Rn 53 u. 55.

[217] Vgl. nur BVerwGE 64, 71 f.; OVG Magdeburg DVBl 1996, 162; VGH Mannheim NVwZ-RR 1993, 291; VG Berlin AfP 1997, 750.

[218] *Pietzcker*, in: Schoch/Schneider/Bier, VwGO, § 42 I Rn 145; *Happ*, in: Eyermann, VwGO, § 42 Rn 55; *Hüttenbrink*, in: Kuhla/Hüttenbrink, D 69; *Brohm*, Menger-FS, 1985, S. 253 f.; *P.M. Huber*, Konkurrenzschutz, S. 473; *Scherer*, Jura 1985, 11, 16; *Horn*, GewArch 73 (1985), 76 f.; 79 ff. Vgl. auch *Schneider/Jürgens*, JA 2001, 481, 483 ff.

[219] Teilweise wird aber auch angenommen, dass die Zulassung eines von der Behörde abgelehnten Bewerbers zur Teilnahme an einem Markt im Wege der einstweiligen Anordnung nach § 123 I S. 2 VwGO bei einer tatsächlich erschöpften Platzkapazität nicht möglich ist (OVG Bautzen NVwZ-RR 1999, 500).

[220] BVerwGE 96, 302, 305.

[221] Vgl. *Rennert*, in: Eyermann, VwGO, § 44 Rn 5.

[222] *Wahl/Schütz*, in: Schoch/Schneider/Bier, VwGO, § 42 II Rn 303 m.w.Nachw.

[223] So auch VG Schleswig NVwZ-RR 1999, 308; *R. Schmidt*, JuS 1999, 1107, 1109; *Wieland*, DV 1999, 217, 220; *Schenke*, VerwProzR, Rn 276; *Kopp/Schenke*, VwGO, § 42 Rn 48 in Anlehnung an *Schenke*, NVwZ 1993, 718 ff. Auch das BVerwG (E 80, 270, 272 f.) hat zumindest für den Bereich des Güterfernverkehrsrechts *eine* Verpflichtungsklage mit der Begründung ausreichen lassen, dass es dann Sache der Behörde sei, sich ggf. durch Rücknahme oder Widerruf einer bereits erteilten anderen Genehmigung o.ä. die erforderliche freie Genehmigung wieder zu verschaffen.

diesem Fall nur der Antrag auf Wiederaufgreifen des Verfahrens gem. § 51 VwVfG zur Verfügung. Auch kommen Schadensersatzansprüche (Amtshaftung) in Betracht.

b.) Insgesamt sind mit den öffentlich-rechtlichen Konkurrentenklagen weitere Probleme verbunden (insbesondere im Beamtenrecht), die an dieser Stelle nicht näher erörtert werden können. 172

dd. Insichprozess

Die Frage nach der Zulässigkeit eines Insichprozesses stellt sich, wenn zwei (nicht rechtsfähige) Behörden desselben Rechtsträgers gegeneinander klagen, wenn sich eine Behörde und ihr Rechtsträger in einem Prozess gegenüberstehen oder wenn der Rechtsträger mit jeweils verschiedener gesetzlicher Vertretung gleichzeitig Kläger und Beklagter ist. 173

> **Beispiel**[224]: Das Land als Fiskus, vertreten durch den Finanzminister, klagt gegen eine ihm gegenüber ergangene Polizeiverfügung einer Polizeibehörde desselben Landes.

Ein allgemeiner Grundsatz des Verwaltungsprozessrechts, aus dem die Unzulässigkeit des Insichprozesses abgeleitet werden könnte, existiert nicht. Das Problem ist daher im Rahmen der Klagebefugnis zu lösen. Ein Insichprozess ist somit zulässig, wenn der Kläger plausibel geltend macht, in *eigenen* Rechten verletzt zu sein. Das ist z.B. regelmäßig dann nicht der Fall, wenn Behörden desselben Rechtsträgers im Verhältnis von Ausgangs- und Widerspruchsbehörde stehen[225] oder wenn der Streit kompetenzgerecht durch eine gemeinsame Verwaltungsspitze beigelegt werden kann[226]. Dagegen kann eine Behörde klagebefugt sein, wenn sie fiskalische Interessen wahrnehmen möchte und die Rechtsordnung sie in die Rolle eines der Hoheitsgewalt gegenüberstehenden, eigene Interessen verfolgenden Bürgers einweist. 174
Darüber hinaus kann ein Insichprozess zulässig sein, wenn von der in § 42 II Hs. 1 VwGO dem Gesetzgeber eingeräumten Befugnis, von dem Erfordernis plausibler Geltendmachung eigener Rechtsverletzung Ausnahmen zuzulassen, Gebrauch gemacht wurde. Derartige Ausnahmeregelungen sind nicht selten gesetzliche Anerkennungen von Insichprozessen. Zu den **verwaltungsgerichtlichen Organklagen**, insbesondere zum **Kommunalverfassungsstreit** vgl. Rn 582 ff.

ee. Verbandsklage/Vereinsklage

a.) Grundsätzliches

Verbands- bzw. Vereinsklagen zielen i.d.R. auf eine objektive Rechtmäßigkeitskontrolle der Verwaltungstätigkeit ab. Dem Verband bzw. Verein wird in bestimmten Fällen die Befugnis eingeräumt, im *eigenen* Namen die Verletzung von im *öffentlichen* Interesse erlassenen Rechtsvorschriften zu rügen.[227] 175

Insbesondere für den Bereich des **Naturschutzes** gewinnt die Verbands- bzw. Vereinsklage immer größere Bedeutung (dazu Rn 177 ff.). Außerhalb des Naturschutzrechts gewährt § 13 I BGG (Behindertengleichstellungsgesetz) den Behindertenverbänden eine Klagebefugnis in Bezug auf nicht **behindertengerechte** Vorhaben.[228] Auch für den Bereich des **Tierschutzes** wäre eine bundesgesetzliche Vereinsklage für Tierschutzvereine wünschenswert. Bislang hat sich der Bundestag dazu aber nicht entschließen können. Ob eine tierschutz-

---

[224] Vgl. *Schenke*, VerwProzR, Rn 528.
[225] BVerwGE 45, 207, 210.
[226] BVerwG NJW 1992, 927.
[227] *Calliess*, NJW 2003, 97.
[228] Vgl. dazu BVerwG NVwZ 2006, 817.

rechtliche Vereinsklage auf Landesebene möglich wäre, ist angesichts des Art. 74 I Nr. 3 und 20 GG nicht ganz zweifelsfrei; solange aber der Bund keine entsprechende gesetzliche Regelung erlassen hat, haben die Länder eine Gesetzgebungskompetenz (vgl. Art. 72 I GG). Erfreulicherweise haben bislang Bremen, Nordrhein-Westfalen, Hamburg, Rheinland-Pfalz, Saarland und Schleswig-Holstein gesetzliche Regelungen über ein Vereinsklagerecht für Tierschutzvereine eingeführt.[229]

b.) Verfahrensrechtliche Verbands- bzw. Vereinsklagen

176 Die verfahrensrechtliche Verbands- bzw. Vereinsklage eröffnet den Rechtsweg zu den Verwaltungsgerichten nur bei der **Verletzung eines formellen Beteiligungsrechts**, wie es §§ 63, 64 BNatSchG (die § 13 VwVfG insoweit verdrängen) den anerkannten Naturschutzvereinen gewähren. Es handelt sich demnach hier um die Verletzung des Verbands/Vereins in *eigenen* (Verfahrens-)Rechten.[230]

c.) Bedeutung von Verbands- bzw. Vereinsklagen

177 Verbandsklagen sind v.a. für die Durchsetzung des **Umweltrechts** von großer Bedeutung, da das deutsche Verwaltungsprozessrecht die Klagebefugnis gundsätzlich vom Bestehen eines eigenen subjektiv-öffentlichen Rechts abhängig macht (§ 42 II VwGO, s.o.), ein solches im Umweltrecht (bis auf wenige Ausnahmen) aber oftmals fehlt (Rn 145). Das Umweltrecht ist nämlich in weiten Teilen allein dem Allgemeininteresse an einer intakten Umwelt zu dienen bestimmt und begründet deshalb i.d.R. keine klagefähigen Rechte Einzelner.[231] Bei Fehlen einer individuellen Klagemöglichkeit sind Verstöße gegen umweltschutzrechtliche Bestimmungen daher kaum zu rügen. Die Verbands- bzw. Vereinsklage ist geeignet, diese Rechtslage zu überwinden, wenn und weil durch sie Umweltverbänden die Möglichkeit eröffnet wird, losgelöst von eigenen Verbandsrechten oder den Rechten von Verbandsmitgliedern Verwaltungsentscheidungen mit der Begründung anzugreifen, sie seien unter Verstoß gegen Normen des objektiven Umweltrechts ergangen.

178 Im Bereich des Naturschutzes und der Landschaftspflege regelt § 64 BNatSchG eine altruistische Verbands- bzw. Vereinsklagemöglichkeit. Ohne eine solche thematische Beschränkung auf einen bestimmten Bereich des Umweltrechts gewährt § 2 UmwRG den in § 3 UmwRG anerkannten Vereinigungen im Rahmen des Anwendungsbereichs des Gesetzes (vgl. dazu § 1 UmwRG) ein Klagerecht und regelt die materiellen Voraussetzungen an die Verfahrensbefugnis. Mit diesem Gesetz wurde (wenn auch inhaltlich eingeschränkt) die Öffentlichkeitsbeteiligungs-Richtlinie[232] in nationales Recht umgesetzt. Damit kamen sowohl die EU als auch die Bundesrepublik Deutschland dem Transformationsbedürfnis nach, welches sich durch die Aarhus-Konvention[233] ergab.

179 Das UmwRG wurde seit seinem Erlass 2006 mehrere Male geändert. So begrenzte es zunächst die Klagerechte von Umweltschutzverbänden, indem es forderte, dass „subjektive Rechte Dritter" betroffen sein müssten. In seinem Trianel-Urteil hat der EuGH entschieden, dass nationale Verfahrensvorschriften, die eine Klagebefugnis von Natur-

---

[229] Vgl. etwa für Hamburg das Hamburgische Tierschutzverbandsklagegesetz (HmbTierSchVKG) v. 21.5.2013.
[230] Vgl. *Calliess*, NJW 2003, 97; *Gellermann*, NVwZ 2002, 1025, 1032; *Seelig/Gründling*, NVwZ 2002, 1033, 1034.
[231] *Murswiek*, JuS 2011, 1147, 1148. Vgl. auch *Guckelberger*, JA 2014, 647, 650.
[232] Richtlinie 2003/35/EG (ABlEG 2003 Nr. L 156/17).
[233] Bei der am 30.10.2001 in Kraft getretenen Aarhus-Konvention (benannt nach der dänischen Stadt Aarhus, in der die Unterzeichnung im Juni 1998 stattfand) handelt es sich um einen völkerrechtlichen Vertrag, der jeder Person Rechte im Umweltschutz zuschreibt. Die Rechte bestehen in der Information über Umweltfragen, in der Beteiligung an Verwaltungsverfahren zu Projekten mit Umweltauswirkungen sowie in der Möglichkeit, Klage gegen Umweltbeeinträchtigungen zu führen.

schutzverbänden ausschlössen, weil diese nur die Interessen der Allgemeinheit und nicht die Rechtsgüter Einzelner schützten, nicht mit der Richtlinie 85/337/EWG in der durch die Richtlinie 2003/35/EG geänderten Fassung, die lediglich ein ausreichendes Interesse fordere, vereinbar seien.[234] Dabei hat sich der EuGH offenbar an den Vereinbarungen der Aarhus-Konvention orientiert. Demnach ist also eine Klagebefugnis von Umweltverbänden auch dann gegeben, wenn keine Verletzung von „Rechten Einzelner" möglich ist. Maßgeblich ist allein ein Verstoß gegen rein objektive Umweltrechtssätze. Der Bundesgesetzgeber hat darauf reagiert und das BNatSchG und das UmwRG an die Richtlinien und die Rechtsprechung des EuGH angepasst. Das Erfordernis der Geltendmachung von Verletzungen der Rechte Einzelner ist mit Gesetzesänderung v. 21.1.2013 aus § 2 I Nr. 1 UmwRG gestrichen worden.[235] Mit der Gesetzesänderung v. 20.11.2015 hat der Gesetzgeber schließlich auf das Altrip-Urteil des EuGH[236] reagiert und § 5 I UmwRG geändert.

ff. Sog. erkaufte Klagebefugnis („Sperrgrundstücke")

Im Kern geht es um den Erwerb von Grundeigentum in der Nähe einer geplanten Anlage oder in einem bestimmten Plangebiet, um – ohne jegliche Nutzungsabsicht – allein aufgrund der Stellung als Eigentümer (Art. 14 I GG) eine umfassende gerichtliche Überprüfung der Anlagengenehmigung oder des Planfeststellungsbeschlusses/Bebauungsplans zu erreichen. Wegen der Bedeutung des Art. 14 I GG übersteigt die gerichtliche Kontrolle sogar den Kontrollumfang, der im Rahmen der Vereinsklage besteht. Hat also ein Kläger (z.B. ein Naturschutzverein, aber auch ein „ganz normaler" Bürger) ein Grundstück in der Nähe einer geplanten Anlage nur deshalb erworben, um als Nachbar zur Wahrung nachbarschutzrechtlicher Interessen klagen zu können, stellt sich die Frage, ob dies für rechtsmissbräuchlich gehalten und dem Kläger im Ergebnis der Rechtsschutz versagt werden muss. Das BVerwG hat die Bedeutung der Eigentümerstellung als solche für die Begründung der Klagebefugnis jedenfalls dann stark eingeschränkt, wenn die Eigentümerstellung materiell-rechtlich **missbräuchlich** erworben wurde.[237] Mit der Einführung der Verbands- bzw. Vereinsklage (Rn 175 ff.) sowie der Änderung des § 2 I Nr. 1 UmwRG v. 21.1.2013 dürfte diese Problematik weitgehend entschärft sein. **180**

h. Klagebefugnis von juristischen Personen

aa. Klagebefugnis von juristischen Personen des Privatrechts

Den Begriff der **juristischen Person** hat das einfache Recht geprägt. Er bezieht sich auf Organisationen und Personenmehrheiten, denen das Privatrecht oder das öffentliche Recht die Fähigkeit zuspricht, Träger von Rechten und Pflichten zu sein (sog. Rechtsfähigkeit).[238] Dazu gehört auch die Fähigkeit, klagen zu können und verklagt zu werden (sog. Partei- oder Beteiligtenfähigkeit). **181**

> **Beispiele:** Juristische Personen des Privatrechts sind die Aktiengesellschaft (§ 1 I S. 1 AktG), die Gesellschaft mit beschränkter Haftung (§ 13 I GmbHG), die Kommanditgesellschaft auf Aktien (§ 278 AktG), die Genossenschaft (§ 17 I GenG), der Versiche-

---

[234] EuGH NVwZ 2011, 801 ff. (Trianel-Kohlekraftwerk) mit Anm. v. *Schlacke*, NVwZ 2011, 804 und *Murswiek*, JuS 2011, 1147.

[235] Vgl. dazu ausführlich *Gärditz*, NVwZ 2014, 1, 6 f.; *Schlacke*, NVwZ 2014, 11 ff.; *Guckelberger*, JA 2014, 647, 651 ff. Vgl. auch das Inuit-Urteil des EuGH (Rn 205). Zur Klagebefugnis von Umweltvereinigungen vgl. auch BVerwG NVwZ 2014, 64 ff.

[236] EuGH NVwZ 2014, 49 ff.

[237] BVerwGE 112, 135, 137 ff. (mit Bespr. v. *Clausing*, JuS 2001, 1000 f.); BVerwG NVwZ 2009, 302, 304.

[238] Vgl. dazu *Ellenberger*, in: Palandt, BGB, Einf v. § 21 Rn 1.

rungsverein auf Gegenseitigkeit, der rechtsfähige Verein (§ 21 BGB) und die Stiftung (§ 80 BGB).

182 Zu den juristischen Personen gehören nicht nur die o.g. juristischen Personen des Privatrechts, sondern auch die sonstigen Personenmehrheiten des Privatrechts, soweit sie zumindest **teilrechtsfähig** sind, d.h. zumindest teilweise (partiell) Träger eigener Rechte sind.[239] Das entspricht zwar nicht dem Wortlaut des Art. 19 III GG. Würde man aber nur juristischen Personen im formalen Sinne die Grundrechtsträgereigenschaft zuerkennen, hätte es der einfache Gesetzgeber in der Hand, durch Formung des Gesellschaftsrechts die Reichweite der Grundrechte bezüglich Personenmehrheiten zu bestimmen. Daher ist lediglich die Vergleichbarkeit einer Vereinigung mit den Grundstrukturen einer juristischen Person zu fordern. Dabei ist insbesondere die Fähigkeit zur eigenständigen Willensbildung und zu eigenem Handeln von Bedeutung.[240]

Beispiele: Zu den juristischen Personen gehören demnach auch die Personen- bzw. Handelsgesellschaften wie die Gesellschaft bürgerlichen Rechts (§ 705 BGB)[241], die Offene Handelsgesellschaft (§ 105 HGB), die Kommanditgesellschaft (§ 161 HGB) und der nichtrechtsfähige Verein (§ 54 BGB). Bloße „Kegelclubs" etc. gehören nicht dazu, sofern sie keine GbR darstellen.

183 Sofern das einfache Recht den juristischen Personen des Privatrechts und solchen gleichgestellten Personen subjektive Rechte einräumt, sind diese ohne weiteres klagebefugt, wenn sie geltend machen, durch die angegriffene Maßnahme in ihren Rechten verletzt zu sein, und diese geltend gemachte Rechtsverletzung zumindest möglich erscheint. Schwieriger ist die Frage nach der Klagebefugnis zu beantworten, wenn das einfache Recht ihnen keine subjektiven Rechte einräumt. In diesem Fall ist auf den übergeordneten Verfassungskreis zurückzugreifen, und danach zu fragen, ob die betreffende juristische Person aus Grundrechten klagebefugt ist. Voraussetzung für die aus Grundrechten hergeleitete Klagebefugnis ist, dass das betreffende Grundrecht **seinem Wesen nach** auf die juristische Person **anwendbar** ist. Ob dies der Fall ist, hängt entscheidend von der Frage ab, ob die von dem Grundrecht geschützten Tätigkeiten auch von einer juristischen Person selbst ausgeübt werden können.[242] Dies ist anzunehmen, wenn sich die juristische Person in einer mit einer natürlichen Person vergleichbaren **grundrechtstypischen Gefährdungslage** befindet[243]. Negativ formuliert darf das betreffende Grundrecht **nicht an die natürliche Qualität des Menschen** anknüpfen.

Beispiele: Der juristischen Person im Sinne des Art. 19 III GG fehlt es an der Menschenwürde und dem Recht auf Leben und körperliche Unversehrtheit. Art. 1 I S. 1 und Art. 2 II S. 1 GG sind also nicht anwendbar. Auch das Grundrecht auf Freiheit der Person (Art. 2 II S. 2 GG) sowie das Grundrecht auf Ehe und Familie (Art. 6 I GG) knüpfen an das „Menschsein" des Individuums an, sind also auf juristische Personen unanwendbar. Dagegen sind wirtschaftliche Betätigung, Beruf und Eigentum ohne weiteres auch bei juristischen Personen denkbar und auch gängige Praxis. Art. 12 I, 14 I und subsidiär Art. 2 I GG sind also auf juristische Personen i.S.v. Art. 19 III GG anwendbar.

---

[239] Vgl. BVerfGE 10, 89, 99 (Erftverband); 20, 283, 290 (Radioaktive Arzneimittel); 53, 1, 13 (Schulbuch).

[240] *Jarass*, in: Jarass/Pieroth, GG, Art. 19 Rn 16; *Krüger*, in: Sachs, GG, Art. 19 Rn 60.

[241] Vgl. dazu das Grundlagenurteil BGHZ 146, 341 ff. (mit Bespr. Von *K. Schmidt*, NJW 2001, 993) sowie BGH NJW 2002, 1207 u. NJW 2002, 3533; Vgl. auch OLG Celle NJW 2006, 2194, 2195; BayObLG NJW 2003, 70, 72 (keine Grundbuchfähigkeit der GbR trotz Anerkennung der Rechtsfähigkeit durch den BGH); a.A. OVG Bautzen NJW 2002, 1361, 1362; *Kopp/Schenke*, VwGO, § 61 Rn 9: Vereinigung, da ihr (lediglich) ein Recht zustehen kann.

[242] BVerfGE 42, 212, 219 (Durchsuchung).

[243] BVerwG NVwZ 2001, 1160, 1161; BVerfGE 45, 63, 79 f. (Stadtwerke Hameln); 61, 82, 101 (Sasbach); BVerfG NJW 1996, 584 (Verfassungsbeschwerde durch juristische Person des Privatrechts); VG Sigmaringen NJW 2001, 628, 630. Vgl. auch HessStGH NVwZ 2000, 430 für die Hessische Verfassung.

Gleiches gilt für die Meinungsfreiheit (Art. 5 I GG)[244], die Versammlungsfreiheit (Art. 8 GG), die Vereinigungsfreiheit (Art. 9 GG[245]) und die Koalitionsfreiheit (Art. 9 III GG). Auch die Glaubensfreiheit (Art. 4 I GG) ist denkbar, wenn sich der Zweck der Personenmehrheit auf eine religiöse oder weltanschauliche Tätigkeit bezieht, obwohl Glaube und Gewissen an sich nur natürliche Personen haben können.

Voraussetzung für die Anerkennung als juristische Person i.S.d. öffentlichen Rechts ist 184
schließlich, dass es sich bei der betreffenden Personenmehrheit um eine **inländische** Personenmehrheit handelt. Ob eine Personenmehrheit inländisch oder ausländisch ist, richtet sich nach ihrem Sitz, d.h. dem Mittelpunkt der Verwaltungstätigkeit.[246] Ausländische juristische Personen und teilrechtsfähige Personenmehrheiten können sich aber auf die sog. Justizgrundrechte (Art. 19 IV, 101 I S. 2 und Art. 103 I GG) berufen.[247] Juristische Personen und teilrechtsfähige Personenmehrheiten aus anderen **EU-Mitgliedstaaten** können aufgrund des Anwendungsvorrangs des EU-Rechts einen Gleichstellungsanspruch haben, der meist nur einen Teilaspekt des betreffenden Grundrechts betrifft. Davon unabhängig gilt aber, dass Mitglieder deutscher Nationalität, auch wenn sie ausländischen Personenmehrheiten angehören, in jedem Fall grundrechtsberechtigt sind. Relevant ist auch der umgekehrte Fall, nämlich die Frage, ob sich eine inländische juristische Person auf **Deutschengrundrechte** berufen kann, wenn die **Vereinigung von Ausländern beherrscht** wird.

Beispiel: Drei Albaner betreiben in Hamburg in der Rechtsform einer GmbH eine Diskothek (Konzession nach § 2 I GastG) und lassen dort den Handel mit Drogen zu. Als die Behörde sie mehrmals erfolglos auffordert, den Drogenhandel in ihrer Diskothek zu unterbinden, entzieht sie der GmbH die Erlaubnis gem. § 15 GastG i.V.m. § 4 I S. 1 Nr. 1 GastG und erlässt eine auf § 15 II GewO gestützte Stilllegungsverfügung. Könnte sich die GmbH auf Art. 12 I GG berufen?

Bei Grundrechten, die nur Deutschen zustehen, wird ihrem Wesen entsprechend verlangt, dass die Vereinigung nicht von Ausländern beherrscht wird.[248] Anderenfalls würden die betreffenden Grundrechte individuell handelnden Ausländern nicht zustehen, wohl aber kollektiv handelnden.[249]

Art. 12 I GG ist seinem Wesen nach auf eine GmbH anwendbar. Da dieses Grundrecht jedoch nur auf Deutsche anwendbar ist, die o.g. GmbH jedoch von Albanern getragen wird, besteht insoweit keine Grundrechtsträgereigenschaft der GmbH. Die GmbH kann sich daher nicht auf Art. 12 I GG berufen. Ihr verbleibt nur das Grundrecht aus Art. 2 I GG (allgemeine Handlungsfreiheit).[250]

bb. Klagebefugnis von juristischen Personen des öffentlichen Rechts

Zu den juristischen Personen des öffentlichen Rechts gehören der **Bund**, die **Länder** 185
und **Gemeinden**, die rechtsfähigen sonstigen **Körperschaften** des öffentlichen Rechts sowie die öffentlichen **Anstalten** und **Stiftungen**.[251] Soweit sie der mittelbaren Staatsverwaltung unterfallen und öffentliche Verwaltungsaufgaben wahrnehmen, unterstehen sie der staatlichen Aufsicht. Ist die der mittelbaren Staatsverwaltung

---

[244] Vgl. dazu BVerfG NVwZ 2000, 1281 ff.; BVerfG NJW 2000, 3635.
[245] BVerfG NVwZ 2000, 1281. Ob die kollektive Vereinigungsfreiheit unmittelbar aus Art. 9 I GG oder aber über Art. 19 III GG hergeleitet wird, ist strittig. Vgl. dazu ausführlich *R. Schmidt*, Grundrechte, Rn 710 ff.
[246] BVerfGE 21, 207, 208; *Jarass*, in: Jarass/Pieroth, GG, Art. 19 Rn 15.; *Kopp/Schenke*, VwGO, § 61 Rn 6.
[247] BVerfGE 21, 362, 373; 64, 1, 11.
[248] *Jarass*, in: Jarass/Pieroth, GG, Art. 19 Rn 17; *Isensee*, in: HdbStR V, S. 596 f.; *Krüger*, in: Sachs, GG, Art. 19 Rn 51; *Dreier*, in: Dreier, GG, Art. 19 Rn 32; *Stern*, StaatsR III/1 1148; a.A.: *Quaritsch*, in: HdbStR V, S. 689 f.; *v. Mutius*, in: Bonner Kommentar zum GG, Art. 19 Rn 59; BVerfG NVwZ 2000, 1281, 1282.
[249] *Jarass*, in: Jarass/Pieroth, GG, Art. 19 Rn 17.
[250] *Jarass*, in: Jarass/Pieroth, GG, Art. 19 Rn 17; *Dreier*, in: Dreier, GG, Art. 19 III Rn 32; a.A. BVerfG NVwZ 2000, 1281, 1282.
[251] Vgl. dazu ausführlich *R. Schmidt*, AllgVerwR, Rn 66 ff.

unterfallende juristische Person des öffentlichen Rechts durch eine Maßnahme der Staatsaufsicht in ihrem sog. **eigenen Wirkungskreis**[252] und somit als selbstständiges Rechtssubjekt betroffen, ist eine Rechtsverletzung und damit die Klagebefugnis ohne weiteres denkbar. So kann etwa eine **Gemeinde** gegen eine staatsaufsichtliche Maßnahme klagen, soweit sie in ihrem Recht auf kommunale Selbstverwaltung beeinträchtigt ist. Auch kann sie gegen Genehmigungen oder Planfeststellungen anderer Verwaltungsträger klagen, soweit sie durch die Maßnahme in ihrem Selbstverwaltungsrecht, insbesondere in ihrer Planungshoheit, beeinträchtigt ist.

Beispiel: Plant die Straßenbaubehörde den Bau einer Fernstraße durch das Gebiet einer Gemeinde und missachtet dabei die in Art. 28 II GG wurzelnde kommunale Planungshoheit, ist die Gemeinde klagebefugt.[253] Sollte sich eine Gemeinde ausnahmsweise nicht auf Art. 28 II GG stützen können (etwa weil es sich um eine ausländische Gemeinde handelt, die sich an der Landesgrenze zur Bundesrepublik befindet), kann sich die Klagebefugnis aus einfachgesetzlichen Vorschriften ergeben, die subjektive Abwehrrechte verleihen. Das kann bei solchen Vorschriften zu bejahen sein, die planerische Abwägungsentscheidungen anordnen, wie etwa § 8 I S. 2 LuftVG.[254] Der Anspruch der Gemeinde zielt dann auf die Abwehr grenzüberschreitender Lärmimmissionen, die im Rahmen der planerischen Abwägung zu berücksichtigen sind.

186 Von diesen Fällen abgesehen, können sich **juristische Personen des öffentlichen Rechts** grundsätzlich nicht auf Grundrechte berufen. Sie sind in Wahrnehmung von Kompetenzen tätig und nicht in Ausübung von Grundrechtspositionen. Wenn sie durch andere Staatsorgane verletzt werden, geht es der Sache nach um einen **Kompetenzkonflikt**, nicht um einen Eingriff in subjektive (Grund-)Rechte.[255] Von diesem Grundsatz macht das BVerfG zunächst aber eine Ausnahme im Bereich der **Justiz-** oder **Verfahrensgrundrechte** (Art. 101 I S. 2 GG, Art. 103 I GG). Auf diese können sich auch juristische Personen des öffentlichen Rechts berufen, sofern sie der Justizhoheit unterworfen sind.[256] Aber auch wenn die betreffende juristische Person des öffentlichen Rechts Grundrechte in einem Bereich verteidigt, in dem sie vom Staat *unabhängig* ist, sich also in der gleichen **grundrechtstypischen Gefährdungslage** befindet wie der Bürger, ist nach der Rechtsprechung des BVerfG von einer Grundrechtsträgereigenschaft auszugehen. Denn dann ist sie zumindest dem durch die Grundrechte geschützten Lebensbereich zuzuordnen.

187 Nach der Rechtsprechung des BVerfG ist die grundrechtstypische Gefährdungslage und somit eine (partielle) Grundrechtsfähigkeit gegeben bei

- **Rundfunkanstalten** (Rundfunkfreiheit aus Art. 5 I S. 2 GG),
- **Universitäten** bzw. **Fakultäten** (Wissenschaftsfreiheit aus Art. 5 III S. 1 GG),
- **Religions- und Glaubensgemeinschaften** (Art. 4 und 140 GG i.V.m. Art. 136, 137 WRV) und bei
- **bestimmten berufsständischen Körperschaften**, wenn diese die Interessen ihrer Mitglieder wahrnehmen (Art. 9 I GG)[257].

---

[252] Eigener Wirkungskreis ist bei Gemeinden das Recht auf Selbstverwaltung, vgl. Art. 28 II GG: Aufgaben-, Organisations-, Personal-, Gebiets-, Planungs- und Finanzhoheit (Universalitätsprinzip). Zu Art und Umfang dieses Prinzips vgl. die einzelnen Landesverfassungen und Gemeindeordnungen sowie *Welti*, JA 2006, 871 ff.

[253] Vgl. dazu BVerwG NVwZ 2005, 813 f. (mit Bespr. v. *Graf*, JA 2005, 772 ff.).

[254] Vgl. BVerwG NVwZ 2009, 452, 454 f.

[255] BVerfG NVwZ 2007, 1420; DVBl 2001, 63. Vgl. auch BerlVerfGH NVwZ 2000, 549; BVerwG NJW 2000, 3150; *Schoch*, Jura 2001, 201, 204; *Krebs*, in: v. Münch/Kunig, GG, Art. 19 Rn 41 ff.

[256] BVerfGE 6, 45, 49 f.; 61, 82, 104; 75, 192, 200; BVerfG NVwZ 2007, 1420 f. Bislang offengelassen hat das BVerfG die Frage, ob auch Art. 19 IV GG für juristische Personen der öffentlichen Rechts gilt. Der SächsVerfGH hat diese Frage für kommunale Selbstverwaltungsträger verneint (LKV 2007, 511).

[257] BVerfGE 70, 1, 21; BVerfG NJW 1994, 3765 (jeweils Steuerberaterkammer); einschränkend BVerwG NJW 2000, 3150 (Landwirtschaftskammer).

i. Klagebefugnis und EU-Recht

Ob und inwieweit sich die Klagebefugnis i.S.d. § 42 II VwGO herleiten lässt, wenn sich der Kläger vor deutschen Verwaltungsgerichten zur Begründung seines Klagebegehrens auf EU-Recht (sei es auf eine Bestimmung des Primärrechts oder auf einen Rechtsakt des Sekundärrechts)[258] beruft, ist nach wie vor nicht abschließend geklärt. **188**

> **Beispiel:** Die im Gemeindegebiet X ansässigen A-Automobilwerke befinden sich in wirtschaftlichen Schwierigkeiten. Um die Arbeitsplätze in der Region zu sichern, gewährt X ihnen eine öffentliche Beihilfe. Die ebenfalls in X ansässigen und sich in einer ähnlichen Situation befindenden B-Automobilwerke sind der Auffassung, die Begünstigung der A-Werke sei mit EU-Recht nicht zu vereinbaren, da die Höhe der Subvention in einem Ausmaß bestehe, dass sie den Handel zwischen den Mitgliedstaaten der EU beeinträchtige. ⇨ Zur Lösung vgl. Rn 206.

Zwar kann das Unionsrecht nicht unmittelbar vor deutschen Verwaltungsgerichten angegriffen werden, da dieses keinen Akt deutscher Gewalt darstellt. Angegriffen werden kann aber etwa eine innerstaatliche Norm, die eine EU-Richtlinie umsetzt (*Tertiärrecht*). Ausgangspunkt dieser Problematik ist, dass die nationalen Behörden und Gerichte bei der Ausführung des EU-Rechts in Ermangelung eines einheitlichen europäischen Verfahrensrechts das nationale Verfahrensrecht anzuwenden haben[259], in der Bundesrepublik Deutschland also grundsätzlich § 42 II VwGO mit der strengen Schutznormtheorie zur Anwendung gelangt. Dennoch darf nach der Rechtsprechung des EuGH das nationale Recht die Effektivität des Gemeinschaftsrechts zum einen nicht in Frage stellen und zum anderen darf es gemeinschaftsrechtliche Positionen nicht schlechter behandeln als nationale.[260] Diese Vorgaben führen häufig zu einer vielschichtigen Gemengelage aus europäischem und nationalem Recht. Unter dem für die Fallbearbeitung interessanten Aspekt der Klagebefugnis eines Dritten stellt sich das Problem, inwieweit sich der auf Normen des Unionsrechts berufende Kläger im deutschen Verwaltungsprozess auf ein subjektives öffentliches Recht i.S.d. § 42 II VwGO berufen muss. **189**

Soweit bei der Umsetzung des Unionsrechts vom deutschen Gesetzgeber subjektive öffentliche Rechte eingeräumt werden, kann sich der Betroffene auch auf diese Rechte berufen und vor deutschen (Verwaltungs-)Gerichten klagen. Dann scheint es auch angebracht, dem Betroffenen das uneingeschränkte Erfordernis der Klagebefugnis nach § 42 II VwGO aufzuerlegen.[261] Denn das Prozessrecht hat nur eine dienende Funktion und ermöglicht lediglich die prozessuale Geltendmachung einer materiellrechtlichen Position. **190**

> **Beispiel:** Die EG-Richtlinie vom 28.1.2003 (2003/4/EG) regelt den freien Zugang zu Informationen über die Umwelt – UI-Richtlinie. Das darauf erlassene Umweltinformationsgesetz v. 22.12.2004 gewährt einen eigenständigen, verfahrensunabhängigen Anspruch auf Mitteilung von Umweltinformationen (**§ 3 I UIG**), der die Definitionsmerkmale des subjektiven Rechts erfüllt. Macht also jemand einen Anspruch auf bestimmte, umweltrelevante Informationen gerichtlich geltend, verleiht ihm § 3 I UIG ein subjektives öffentliches Recht.[262] Der Kläger ist dann gem. § 42 II VwGO klagebefugt. Bestehen Streitfragen über die Reichweite des Informationsanspruchs, sind bei der Ausle-

---

[258] Vgl. dazu einführend *R. Schmidt*, Staatsorganisationsrecht, Rn 327 ff.
[259] EuGH Slg 1972, 1005, 1015 – *Haegemann/Kommission*; Slg 1980, 617, 629 – *Ferweda/Produktschap voor Vee en Vlees*; *Schwarze*, NVwZ 2000, 241, 244 ff.; *Schoch*, NVwZ 1999, 457, 459.
[260] EuGH Slg 1988, 1099, 1118 – *Les Fils de Jules Bianco/Directeur général des douanes et droits indirects*; vgl. auch *Schoch*, NVwZ 1999, 457, 460.
[261] *Classen*, NJW 1995, 2457, 2459; *Ruthig*, BayVBl 1997, 289, 296 f.; *Kopp/Schenke*, VwGO, § 42 Rn 152.
[262] Vgl. auch OVG Münster NVwZ 2009, 794 f.

gung des § 42 II VwGO die Erwägungsgründe der umgesetzten Richtlinie heranzuziehen.

191 Lassen sich keine oder nur wenig ausgeprägte nationale subjektive Rechte finden, ist das Unionsrecht bei der Auslegung der materiell-rechtlichen Norm hinsichtlich ihres (dritt-)schützenden Charakters zu berücksichtigen. So sind z.B. bei einer umzusetzenden Richtlinie deren Erwägungsgründe heranzuziehen.[263] Das Unionsrecht entfaltet insoweit norminterne Wirkung auf den nationalen Umsetzungsakt und führt zu einer an das Unionsrecht angepassten (ggf. weiten) Auslegung des § 42 II VwGO – sog. unionsrechtskonforme Auslegung.[264]

192-204 Wo jedoch kein umsetzungsbedürftiger Rechtssatz der Union in Frage steht, sondern ein unmittelbar anwendbarer Rechtsakt Gegenstand der Untersuchung ist, ist die Frage nach den Voraussetzungen der Geltendmachung einer subjektiven Rechtsverletzung mitunter schwierig zu beantworten.

205 Ein unmittelbar anwendbarer Rechtsakt der Union ist ein Rechtsakt, der dem einzelnen Unionsbürger Rechte verleiht, auf die er sich vor den nationalen Gerichten berufen kann, ohne dass die Norm eines nationalen Umsetzungsakts bedarf. Hierunter fallen nicht nur Grundfreiheiten des Primärrechts[265], sondern auch das Sekundärrecht jedenfalls in Form der Verordnung (Art. 288 II AEUV). Eine Richtlinie ist dagegen an den Mitgliedstaat gerichtet und muss gem. Art. 288 III AEUV in nationales Recht umgesetzt werden, entfaltet somit grundsätzlich *keine* unmittelbare Rechtswirkung gegenüber den Unionsbürgern. Gleichwohl hat der EuGH entschieden, dass einzelne Bestimmungen einer Richtlinie unter bestimmten Voraussetzungen unmittelbare innerstaatliche Wirkung (unmittelbare Anwendbarkeit von Richtlinien) entfalten.[266] Ist das der Fall, muss diese dem Bürger auch subjektive Rechte gegenüber seinem Mitgliedstaat einräumen.[267] Ob dies wiederum der Fall ist, richtet sich nach wohl überwiegender Auffassung ausschließlich nach Unionsrecht.[268] Unproblematisch verleiht eine Richtlinie subjektive Rechte, wenn dies aus einer entsprechenden Formulierung hervorgeht („hat das Recht", „ist berechtigt", „darf"). Ist das nicht der Fall, muss zumindest die Auslegung ergeben, dass die unionsrechtliche Vorschrift den Bürger schützt.[269] Primärrechtlich hat diese Überlegung ihren Niederschlag in Art. 263 IV AEUV gefunden, wonach die Zulässigkeit von Nichtigkeitsklagen natürlicher und/oder juristischer Personen von der Geltendmachung eines subjektiven Rechts abhängig ist. Allerdings knüpft der EuGH strenge Voraussetzungen an die Klagebefugnis, wenn ein Rechtsakt i.S.v. Art. 289 AEUV (Gesetzgebungsakt) in Frage steht. Erforderlich sei eine qualifizierte individuelle Betroffenheit. Handelt es sich bei dem Klagegegenstand um eine Verordnung i.S.d. Art. 288 II AEUV, ist zudem die sog. Plaumann-Formel des EuGH zu beachten: Danach sind natürliche und juristische Personen durch eine Verordnung nur dann individuell betroffen, wenn diese sie „wegen bestimmter persönlicher Eigenschaften oder besonderer, sie aus dem Kreis aller übrigen Personen heraushebender Umstände berührt und sie daher in ähnlicher Weise individualisiert wie einen Adressaten".[270]

206 Im Wirtschaftsverwaltungsrecht beispielsweise konkretisieren sich diese Grundsätze bei der (unionsrechtswidrigen) Vergabe von **Subventionen**. Wird einem Wirtschaftssubjekt eine (mitgliedstaatliche) Subvention gewährt, die sein Konkurrent aufgrund seiner Nationalität

---

[263] *Kopp/Schenke*, VwGO, § 42 Rn 152; *Ruthig*, BayVBl 1997, 289, 294.
[264] *Schwarze*, NVwZ 2000, 241, 248; *Schoch*, NVwZ 1999, 457, 460; *Finger*, JA 2005, 228 ff.
[265] D.h. die Warenverkehrsfreiheit (Art. 28 ff. AEUV), der freie Personenverkehr (Arbeitnehmerfreizügigkeit, Art. 45 ff. AEUV, und die Niederlassungsfreiheit, Art. 49 ff. AEUV), die Dienstleistungsfreiheit (Art. 56 ff. AEUV) und die Kapital- und Zahlungsverkehrsfreiheit (Art. 63 ff. AEUV) – dazu *R. Schmidt*, Staatsorganisationsrecht, Rn 341 ff.
[266] Vgl. dazu *R. Schmidt*, AllgVerwR, Rn 170 ff.
[267] EuGH Slg 1970, 825, 839 – *Franz Grad/Finanzamt Traunstein*; Slg. 1979, 1629, 1942 f. – *Strafverfahren gegen Tullio Ratti*.
[268] *Kopp/Schenke*, VwGO, § 42 Rn 153; *Hufen*, VerwProzR, § 14 Rn 80.
[269] EuGH EuZW 1995, 635, 636.
[270] Vgl. nur EuGH Slg. 1963, 199; Slg. 2008, 6351; EuGH NVwZ 2014, 53, 55 (Inuit).

(als Kriterium der Subventionsvergabe) nicht erhalten kann, verstößt diese Subventionsvergabe bereits gegen das Diskriminierungsverbot des Art. 18 AEUV[271], sofern der Übergangene seinen Sitz in einem Mitgliedstaat der EU hat. Ob Art. 18 AEUV ein (vor den deutschen Verwaltungsgerichten einklagbares) subjektives öffentliches Recht einräumt, kann nur dann maßgeblich sein, wenn die Vorschrift zunächst unmittelbar anwendbar ist. Die grundsätzliche Anwendbarkeit des primären Unionsrechts hat der EuGH erstmals 1963 bejaht.[272] Voraussetzung sei jedoch, dass die betreffende Norm zu ihrer Durchführung keiner weiteren Maßnahme bedürfe, also ohne weiteres eine Rechtswirkung entfalte. Das ist bei dem in Art. 18 AEUV normierten Diskriminierungsverbot der Fall. Die Schutzrichtung der Vorschrift ergibt sich unmittelbar aus dem Unionsrecht: Da die Norm gerade jegliche Ungleichbehandlung aus Gründen der Staatsangehörigkeit verhindern will, also neben der Funktionalität des Unionsrechts auch den Interessen der Übergangenen zu dienen bestimmt ist, gewährt sie unmittelbar ein subjektives öffentliches Recht. Der Übergangene ist, ohne dass es auf das Erfordernis des § 42 II VwGO ankäme, klagebefugt. Fraglich ist, wie es sich mit dem in den Art. 107 ff. AEUV geregelten Beihilfeverbot verhält. Art. 107 ff. AEUV sind unmittelbar anwendbar, wenn der subventionierende Mitgliedstaat seine Notifizierungspflicht verletzt oder gar gegen ein von der Kommission ausgesprochenes Beihilfeverbot verstößt bzw. die Subvention vor der abschließenden Entscheidung der Kommission erteilt. Das subjektive öffentliche Recht bestimmt sich wiederum aus der Schutzrichtung der Art. 107 ff. AEUV: Das Beihilfeverbot will gerade die Wettbewerbsfreiheit schützen, um einen funktionierenden gesamtwirtschaftlichen Wettbewerb zu ermöglichen.[273] Art. 107 ff. AEUV sind daher drittschützend. Voraussetzung ist nur, dass die fraglichen Beihilfen geeignet sind, den Handel zwischen den Mitgliedstaaten zu beeinträchtigen. Auswirkungen auf die Wettbewerbssituation ausschließlich innerhalb der Bundesrepublik Deutschland bleiben daher außer Betracht.

Zum **Beispiel** von Rn 188: Geht man von einer Beeinträchtigung des Handels zwischen den Mitgliedstaaten aus, besteht aufgrund des drittschützenden Charakters der Art. 107 ff. AEUV ein subjektives öffentliches Recht der B-Werke. Sie wären daher klagebefugt.

j. Klagebefugnis und EMRK

Die Europäische Menschenrechtskonvention (EMRK), die 1950 vom Europarat erarbei- 207
tet wurde und den Zweck verfolgt, auf dem Vertragsgebiet die Einhaltung der Menschenrechte zu gewährleisten, ist ein völkerrechtlicher Vertrag. Kraft gesetzlicher Übernahme („Rechtsanwendungsbefehl") gem. Art. 59 II S. 1 GG[274] kommt der EMRK der innerstaatliche Rang eines **einfachen Bundesgesetzes** zu.[275] Daraus folgt, dass die EMRK mit ihren Grund- und Menschenrechten in ihrem Rang *unterhalb* der Grundrechte des Grundgesetzes steht. Allerdings ist es ständige Rspr. des BVerfG, dass aufgrund der Völkerrechtsfreundlichkeit des GG (Art. 1 II GG) sowie der völkervertraglichen Bindung, die die Bundesrepublik mit der Unterzeichnung der EMRK eingegangen ist, Inhalt und Entwicklungsstand der EMRK auch bei der **Auslegung des Grundgesetzes** zu berücksichtigen sind. Bezüglich der Klagebefugnis nach § 42 II VwGO folgt daraus, dass die EMRK auch bei der Interpretation von nationalen Nor-

---

[271] Nach st. Rspr. des EuGH dürfen die nach Maßgabe der innerstaatlichen Rechtsordnung durchzuführenden Verfahren nicht ungünstiger ausgestaltet sein als bei entsprechenden Klagen, die nur innerstaatliches Recht betreffen, und sie dürfen die Ausübung der durch die Gemeinschaftsrechtsordnung verliehenen Rechte nicht praktisch unmöglich machen oder übermäßig erschweren (vgl. EuGH Slg I 1995, 4599).

[272] EuGH Slg I 1963, 1, 25 f. – *van Gend & Loos*; vgl. auch *Hirsch*, NVwZ 1998, 907.

[273] *Wahl/Schütz*, in: Schoch/Schneider/Bier, VwGO, § 42 Abs. 2 Rn 302; *Erichsen*, Jura 1994, 385, 387.

[274] Vgl. das Gesetz über die Konvention zum Schutze der Menschenrechte und Grundfreiheiten v. 7.8.1952 (BGBl II 1952, 685); die EMRK ist gemäß der Bekanntmachung v. 15.12.1953 (BGBl II 1954, 14) am 3.9.1953 für die Bundesrepublik Deutschland in Kraft getreten. Vgl. auch die Neubekanntmachung der Konvention i.d.F. des 11. Zusatzprotokolls, BGBl II 2002, 1054.

[275] BVerfG NJW 2011, 1931, 1935; BVerfGE 111, 307, 315 ff.; 82, 106, 120; 74, 358, 370.

men, aus denen sich das subjektive öffentliche Recht ergeben könnte, zu berücksichtigen ist.[276]

k. Ausnahmen von dem Erfordernis der Geltendmachung einer Rechtsverletzung

208 Wie bereits mehrfach erläutert, bedarf es nach § 42 II VwGO nur dann einer plausiblen Geltendmachung einer eigenen Rechtsverletzung, wenn „gesetzlich nichts anderes bestimmt ist", also keine Systemausnahme greift. Liegt eine solche Systemausnahme vor, ist der Kläger ohne Geltendmachung der Verletzung eines subjektiven öffentlichen Rechts klagebefugt. Die Ausnahmeregelung muss jedoch durch ein formelles, nach Inkrafttreten der VwGO erlassenes Bundesgesetz getroffen sein. Ob auch formelle Landesgesetze eine Ausnahme zu § 42 II VwGO zulassen dürfen, wird uneinheitlich gesehen, sollte aber angenommen werden, soweit es nicht um Klagen gegen Bundesbehörden geht.[277] Beispiele von Systemausnahmen sind:

- Klagebefugnis der Handwerkskammer gemäß § 8 IV HandwO.
- Klagebefugnis der IHK nach § 12 HandwO.
- Klagebefugnis der gesetzlich zugelassenen Verbands- bzw. Vereinsklagen (Rn 175 ff.).

Hinweis für die Fallbearbeitung: Die gesetzliche Befreiung von dem Erfordernis der Geltendmachung einer eigenen Rechtsverletzung hat wegen des engen systematischen Zusammenhangs zwischen § 42 II VwGO und § 113 I S. 1 VwGO, der insoweit besteht, als die Klagebefugnis mit dem materiell-rechtlichen Anspruchsgrund des § 113 I S. 1 VwGO korrespondiert, notwendigerweise zur Folge, dass auch für die Begründetheit der Klage die objektive Rechtsverletzung ausreicht. Für die Aufhebung des Verwaltungsakts ist in diesem Zusammenhang daher - entgegen dem Wortlaut des § 113 I S. 1 VwGO - keine *subjektive* Rechtsverletzung erforderlich.

l. Zusammenfassung zur Klagebefugnis bei der Anfechtungsklage

209 Ist der Kläger Adressat eines belastenden Verwaltungsakts, kann eine Rechtsverletzung zumindest aus Art. 2 I GG (allgemeine Handlungsfreiheit) nicht ausgeschlossen werden. Der Kläger ist klagebefugt (Aussage der sog. **Adressatentheorie**).

Problematisch ist die Klagebefugnis, wenn der Kläger Nichtadressat, also Dritter ist. In Fällen dieser Art muss anhand der **Möglichkeitstheorie** untersucht werden, ob der Dritte überhaupt in eigenen Rechten verletzt sein kann. Dabei ist zu beachten, dass die Norm, die der Dritte als verletzt rügt, drittschützende Wirkung haben muss. Drittschutz bedeutet, dass der in Frage stehende Rechtssatz **nicht nur die Interessen der Allgemeinheit schützen soll, sondern - zumindest auch - den Individualinteressen des Klägers zu dienen bestimmt ist** (sog. **Schutznormtheorie**). Nur bei Vorliegen eines Drittschutzes ist der Drittanfechtende klagebefugt. Handelt es sich indes um eine rein objektiv-rechtliche Norm und ergibt sich der Schutz des Dritten nur rein tatsächlich aus einer Nebenwirkung, handelt es sich bei den Vorteilen, die er aus der behördlichen Anwendung der Norm zieht, um bloße **Rechtsreflexe**, um rein faktische Vergünstigungen, aus der eine Klagebefugnis nicht hergeleitet werden kann. Die Problembereiche des Drittschutzes wurden vorstehend ausführlich erörtert.

---

[276] Vgl. dazu ausführlich *R. Schmidt*, Grundrechte, Rn 4 ff. auch mit Beispiel.
[277] Wie hier *Kopp/Schenke*, VwGO, § 42 Rn 180; a.A. *Stern/Blanke*, Rn 463.

5. Erfolglose Durchführung des Widerspruchsverfahrens, §§ 68 ff. VwGO

a. Das Widerspruchsverfahren als Voraussetzung der Anfechtungsklage

Gemäß § 68 I S. 1, II VwGO ist die erfolglose Durchführung eines Vorverfahrens grundsätzlich[278] Sachentscheidungsvoraussetzung (Prozessvoraussetzung) für die Anfechtungsklage und die Verpflichtungsklage in Form der Versagungsgegenklage. Auf diese Funktion des Widerspruchsverfahrens konzentrieren sich die folgenden Ausführungen. Als *förmlicher außergerichtlicher Rechtsbehelf* und somit als eigenständiges Verwaltungsverfahren unterliegt das Widerspruchsverfahren zusätzlich den Bestimmungen der Verwaltungsverfahrensgesetze. In dieser Funktion wird das Widerspruchsverfahren bei Rn 1063 ff. besprochen. **210**

Übersicht über das Widerspruchsverfahren

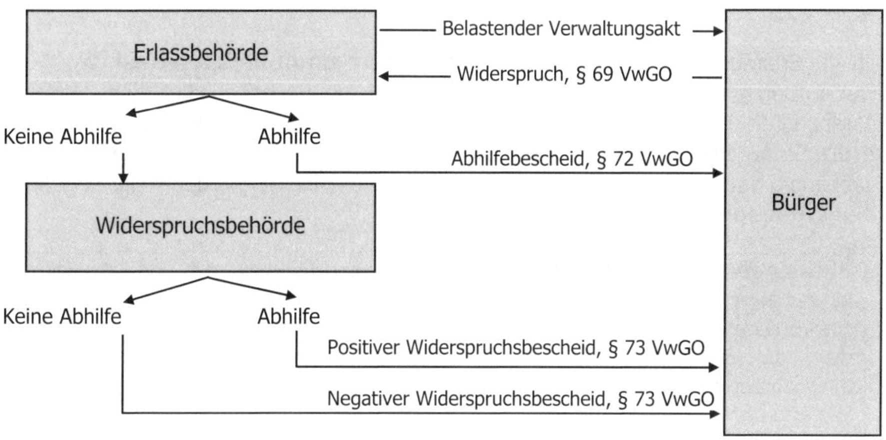

Das Widerspruchsverfahren als Prozessvoraussetzung dient verschiedenen Zwecken, soweit der Gesetzgeber (noch) vorsieht, dass vor Klageerhebung der Verwaltung die Möglichkeit gegeben werden soll, die Recht- und Zweckmäßigkeit des Verwaltungsakts nochmals (außergerichtlich) zu überprüfen und ihn bei Unzweckmäßigkeit bzw. Rechtswidrigkeit aufzuheben. Das Widerspruchsverfahren dient demnach also **211**

- der **Selbstkontrolle der Verwaltung**,
- der **Entlastung der Gerichte**
- sowie dem **Rechtsschutz des Bürgers**[279], bietet es ihm doch die Möglichkeit, die Aufhebung des Verwaltungsakts ohne Einschaltung der Gerichte (und damit kostengünstiger) zu erreichen. Zudem ermöglicht das Widerspruchsverfahren eine Zweckmäßigkeitskontrolle, die es wegen § 114 VwGO vor den Gerichten nicht geben kann. Während also die Verwaltungsgerichte die Verwaltungsentscheidung der Behörde nur wegen Rechtsfehler aufheben kann, ist dies der Behörde im Rahmen des Widerspruchsverfahrens auch wegen Unzweckmäßigkeit der Ausgangsentscheidung möglich.[280]

---

[278] Zu den zahlreichen Ausnahmen und dem weitgehenden Ausschluss auf Landesebene vgl. Rn 223 ff.
[279] Diese drei Zwecke sind allgemein anerkannt, vgl. etwa *Hufen*, VerwProzR, § 5 Rn 2; *Schenke*, VerwProzR, Rn 645 f.
[280] Freilich sind diese Zwecke infolge des **weitreichenden Ausschlusses des Vorverfahrens** ausgehebelt worden (vgl. Rn 224 f.).

212 Der Widerspruch ist – sofern erforderlich oder zumindest statthaft – gem. § 70 I S. 1 VwGO **binnen eines Monats** nach Bekanntgabe[281] des Verwaltungsakts schriftlich (zur elektronischen Form siehe Rn 251 und 261) oder zur Niederschrift bei der Behörde zu erheben, die den Verwaltungsakt erlassen hat (*Ausgangsbehörde*). Zur Wahrung der Frist genügt auch die rechtzeitige Einlegung des Widerspruchs bei der *Widerspruchsbehörde*, § 70 I S. 2 VwGO.

213 Zu beachten ist, dass die h.M.[282] trotz der Formulierung in § 68 I S. 1 VwGO („*vor* Erhebung ...") es als ausreichend erachtet, wenn das Widerspruchsverfahren – wie jede andere Sachentscheidungsvoraussetzung – grds. **bis zur letzten mündlichen Verhandlung** durchgeführt wird. Daraus folgt, dass auch schon vor Einlegung eines Widerspruchs (aber innerhalb der Widerspruchsfrist) Klage erhoben werden kann. Verstreicht jedoch nach Erhebung der Klage die Widerspruchsfrist, wird die Klage durch Prozessurteil als unzulässig abgewiesen.[283] Anderenfalls würden die Fristvorschriften des § 70 VwGO leerlaufen. Insbesondere kann die Klageerhebung nicht gleichzeitig als konkludenter Widerspruch angesehen werden, da dieser bei der Ausgangs- bzw. Widerspruchsbehörde eingelegt werden muss.

214 Hilft die Erlassbehörde dem Widerspruch ab, ergeht ein **Abhilfebescheid** (vgl. § 72 VwGO). Durch diesen entfällt die Beschwer und die Sache erledigt sich. Hilft die Erlassbehörde dagegen dem Widerspruch nicht mittels eines Abhilfebescheids ab, gibt sie die Sache zwecks Entscheidung an die nächsthöhere Instanz.[284] Diese erlässt, unabhängig davon, ob sie der Beschwer abhilft, diese bestätigt oder sogar verstärkt, einen **Widerspruchsbescheid**, vgl. § 73 VwGO.

215 **Hinweis für die Fallbearbeitung:** Ist im Klausursachverhalt nach den Erfolgsaussichten einer Anfechtungs- bzw. Verpflichtungsklage gefragt und hat laut Sachverhalt ein Vorverfahren stattgefunden, genügt i.d.R. eine kurze Feststellung, etwa dergestalt, „dass ein Widerspruchsverfahren nach den §§ 68 ff. VwGO erfolglos durchgeführt worden ist". Ist im Sachverhalt hingegen nur danach gefragt, ob eine Klage Erfolg haben wird und ist über ein Vorverfahren nichts gesagt, muss differenziert werden: Ist bei einem gem. § 68 I S. 1 VwGO durchzuführenden Widerspruchsverfahren die Widerspruchsfrist gem. § 70 I VwGO noch nicht abgelaufen (sog. offene Widerspruchsfrist), kann Klage erhoben werden, da das Widerspruchsverfahren als Sachentscheidungsvoraussetzung **noch bis zur letzten mündlichen Verhandlung** nachgeholt werden kann. Ist die Durchführung des Widerspruchsverfahrens jedoch entbehrlich (vgl. dazu Rn 223 ff.), kann, sofern die Klagefrist gem. § 74 VwGO noch nicht verstrichen ist, ohne weiteres Klage erhoben werden.

Sind die maßgeblichen Fristen verstrichen, ist das Begehren des Rechtsschutzsuchenden nach der hier vertretenen Auffassung nicht hilfsgutachtlich zu würdigen, sondern als Fachaufsichtsbeschwerde (siehe sogleich) zu behandeln.

b. Einordnung des Rechtsschutzbegehrens

216 Geht aus einem zu prüfenden Sachverhalt nicht eindeutig hervor, dass der Rechtsschutzsuchende Widerspruch einlegt, sondern wird nur sein (außergerichtliches) Verhalten beschrieben, gilt es, dieses Verhalten darauf hin zu prüfen, ob es als Widerspruch zu qualifizieren ist. Dabei findet regelmäßig eine Abgrenzung zu den formlosen

---

[281] Zu den Besonderheiten, wenn der Verwaltungsakt nicht formlos bekannt gegeben, sondern förmlich zugestellt worden ist, vgl. Rn 274 ff.

[282] Vgl. *Kopp/Schenke*, VwGO, § 68 Rn 3; *Rennert*, in: Eyermann, VwGO, § 68 Rn 22.

[283] *Geis*, in: NKVwGO, § 68 Rn 111 ff.; *Kopp/Schenke*, VwGO, § 68 Rn 3.

[284] Devolutiveffekt: Übergang eines Rechts auf einen anderen (hier: auf die nächsthöhere Behörde). Zu beachten ist, dass nach Auffassung des BVerwG (NVwZ 2012, 506 ff.) die Mitteilung der Ausgangsbehörde über die Nichtabhilfe und die Weiterleitung an die Widerspruchsbehörde kein selbstständig anfechtbarer Verwaltungsakt ist.

außergerichtlichen Rechtsbehelfen Gegenvorstellung, (Fach-)Aufsichtsbeschwerde und Dienstaufsichtsbeschwerde statt (vgl. zu diesen Rechtsbehelfen Rn 3 ff.).

§ 70 VwGO verlangt nicht, dass der Widerspruch als solcher bezeichnet werden muss. **217**
Es genügt, dass der Rechtsschutzsuchende zum Ausdruck bringt, dass er den Verwaltungsakt nicht gelten lassen will und dass er sein Begehren schriftlich bzw. elektronisch (dazu Rn 251 und 261) oder zur Niederschrift mitteilt. Daher schadet es nicht, wenn der Widerspruchsführer seinen Widerspruch fälschlicherweise als „Einspruch" oder „Beschwerde" bezeichnet.[285]

Ist das Begehren des Bürgers **nicht eindeutig** einem Rechtbehelf **zuzuordnen**, **218**
muss das Vorbringen als Widerspruch angesehen werden, wenn es innerhalb der Widerspruchsfrist eingeht und die übrigen Voraussetzungen, die an einen Widerspruch gestellt werden, erfüllt, da nur der Widerspruch (grundsätzlich) Suspensiveffekt entfaltet und auch den Weg zur verwaltungsgerichtlichen Kontrolle eröffnet. Des Weiteren ist von einem Widerspruch auszugehen, wenn gegen die angegriffene Maßnahme eine Klage vor dem Verwaltungsgericht zulässig wäre.

Ist dagegen die Widerspruchsfrist verstrichen und will der Betroffene dennoch die **219**
Überprüfung der Rechtmäßigkeit erreichen, kommen verschiedene Möglichkeiten in Betracht:

- Zunächst ist an eine **Wiedereinsetzung in den vorigen Stand** gem. § 60 VwGO zu **220**
  denken (zu den Voraussetzungen vgl. Rn 283 und 295).
- Es ist jedoch auch möglich, dass sich die Behörde ohne Antrag auf Wiedereinsetzung **221**
  sachlich auf den Rechtsstreit einlässt. Die Zulässigkeit eines solchen Vorgehens ist umstritten: Die Rechtsprechung des BVerwG und ein Teil der Literatur räumen der Verwaltung ein freies Ermessen ein, auch noch nach **Ablauf der Widerspruchsfrist** über einen Widerspruch zu entscheiden. Bei Befolgung dieser Auffassung hält sie damit die Möglichkeit der späteren Klageerhebung offen (vgl. § 74 I VwGO: Klageerhebung einen Monat nach Zustellung des *Widerspruchsbescheids*). Die h.L. lehnt eine Dispositionsbefugnis der Widerspruchsbehörde über die Fristvorschrift ab. Sie macht u.a. geltend, dass mit Ablauf der Widerspruchsfrist der angegriffene Verwaltungsakt formelle Bestandskraft erlange, die nur durch Wiedereinsetzung in den vorigen Stand oder durch Wiederaufgreifen des Verwaltungsverfahrens beseitigt werden könne. Es sei dogmatisch nicht zu erklären, wie die durch Fristablauf eingetretene (formelle) Bestandskraft durch bloße Sachentscheidung aufgehoben werden könne. Folgt man der h.L., kommen von vornherein nur ein Hilfsgutachten oder eine **Fachaufsichtsbeschwerde** in Betracht, nach der Rechtsprechung nur dann, wenn die Behörde sich nicht sachlich auf den Widerspruch einlässt.

Hinweis für die Fallbearbeitung: Ist ein Widerspruch als verwaltungsrechtlicher Rechtsbehelf zu prüfen und wird festgestellt, dass dessen Erhebung verfristet sein wird und dass auch kein (zulässiger) Antrag auf Wiedereinsetzung vorliegt, muss die Frage aufgeworfen werden, ob § 70 VwGO zur Disposition der Behörde steht, ob diese also auch **nach Verstreichen der Widerspruchsfrist** zur Sache entscheiden und - für den Fall, dass sie der Beschwer nicht abhilft - dadurch den Weg zu den Gerichten neu eröffnen darf. Lehnt man dies ab, kommt nach der hier vertretenen Auffassung kein Hilfsgutachten, sondern eine **Fachaufsichtsbeschwerde** in Betracht, um zu Fragen der Begründetheit Stellung zu nehmen. Vgl. zum Streitstand im Einzelnen die Ausführungen zu „Behördliche Sachentscheidung trotz verfristeter Einlegung des Widerspruchs" bei Rn 281. **222**

[285] Vgl. BVerwG NVwZ 2002, 1505, 1506; *Kopp/Schenke*, VwGO, § 70 Rn 5; *Zilkens*, JuS 2001, 368, 369.

c. Entbehrlichkeit der Durchführung eines Widerspruchsverfahrens

223 In vielen Fällen ist die Durchführung eines Widerspruchsverfahrens jedoch entbehrlich, sei es aufgrund gesetzlicher Bestimmungen oder sei es, dass ein ungeregelter Fall der Entbehrlichkeit vorliegt. Ist die Durchführung des Widerspruchs gesetzlich nicht erforderlich, folgt daraus zugleich die **Unstatthaftigkeit** eines gleichwohl erhobenen Widerspruchs.[286] Die Klagefrist wird in diesem Fall nicht offengehalten, was bei Überschreiten der Frist des § 74 VwGO zur Unzulässigkeit der Klage führt.

aa. Gesetzliche Ausnahmebestimmungen

a.) Gesetzlicher Ausschluss, § 68 I S. 2 Var. 1 VwGO

224 Nach § 68 I S. 2 Var. 1 VwGO bedarf es der Durchführung eines Widerspruchsverfahrens nicht, wenn ein Gesetz dies bestimmt. Unter den Begriff „Gesetz" i.S. dieser Bestimmung fallen formelle Bundesgesetze und formelle Landesgesetze auf dem Regelungsgebiet des betreffenden Bundeslandes.[287]

225 **Gesetzliche Vorschriften** i.S.d. § 68 I S. 2 Var. 1 VwGO sind z.B. § 41 I S. 2 BDG, § 25 IV S. 2 JuSchG, § 83 II AufenthG oder bei (juristischen) Prüfungsentscheidungen können auch die Landesjustizausbildungsordnungen Regelungen enthalten. Praktische Relevanz besitzt § 74 I S. 2 VwVfG i.V.m. § 70 VwVfG.

Auf **Landesebene** sind die meisten Bundesländer mittlerweile dazu übergegangen, insbesondere in Angelegenheiten der Kommunalabgaben (etwa der Gewerbesteuer), aber auch in vielen anderen Bereichen (d.h. mehr oder weniger flächendeckend) das Widerspruchsverfahren **auszuschließen**. Die Durchführung eines Widerspruchsverfahrens ist damit (auf Landesebene) eher zur Ausnahme geworden. Das in § 68 VwGO angelegte Regel-Ausnahme-Verhältnis ist in der Praxis also umgekehrt. In welchen Fällen die Durchführung des Widerspruchsverfahrens entbehrlich bzw. ausgeschlossen ist, kann dem jeweiligen landesrechtlichen **Ausführungsgesetz zur VwGO** bzw. dem jeweiligen Fachgesetz[288] entnommen werden. Ist das der Fall, muss der Betroffene direkt beim Verwaltungsgericht Klage erheben. Die Länder verfolgen damit offenbar den Zweck, unter dem Deckmantel des „Bürokratieabbaus" die Verwaltungsgerichte als „ausgelagerte Widerspruchsbehörden" einzusetzen. Dies führt dazu, dass Bürger vom Einlegen von Rechtsschutz abhalten werden. Denn bevor ein (juristisch nicht bewanderter) Bürger eine kosten- und risikobehaftete Klage erhebt, verzichtet er im Zweifel auf seinen Rechtsschutz. Von einem rechtsstaatlichen Fortschritt lässt sich daher sicherlich nicht reden, auch wenn man den weitgehenden Ausschluss des Widerspruchsverfahrens verfassungsrechtlich wohl nicht beanstanden kann.[289]

Besonders brisant ist der Ausschluss des Widerspruchsverfahrens, wenn er sich auf das **Prüfungsrecht** erstreckt, denn bei Prüfungsentscheidungen (etwa in Bezug auf die 1. juristische Staatsprüfung), denen ein Beurteilungsspielraum innewohnt, kommt nur der Widerspruchsbehörde eine umfassende Überprüfungsbefugnis zu, wohingegen die gerichtliche Prüfungsdichte von den Gerichten stark zurückgenommen wurde.[290] Hier bleibt zu hoffen, dass entweder das Widerspruchsverfahren zumindest im Hinblick auf Prüfungsentscheidungen wieder eingeführt wird, oder dass das BVerwG in Reaktion auf das entfallene Widerspruchsverfahren eine Erhöhung der gerichtlichen Prüfungsdichte anordnet, um Art. 19 IV S. 1 GG gerecht zu werden.

---

[286] So bereits die 1. Aufl. 1997; vgl. später auch *Schübel-Pfister*, JuS 2009, 999, 1000.

[287] BVerfGE 35, 65, 73. Vgl. auch *Schmitt Glaeser/Horn*, VerwProzR, Rn 179; *Kopp/Schenke*, VwGO, § 68 Rn 17.

[288] In Niedersachsen ist am 31.12.2014 das Gesetz über die Neuordnung von Vorschriften über die Justiz (NJG) in Kraft getreten. In 80 NJG ist ein weitreichender Ausschluss des Vorverfahrens geregelt.

[289] Vgl. dazu auch *Lindner*, BayVBl 2005, 65 f.; *Unterreitmeister*, BayVBl 2007, 609 ff.; *Heiß/Schreiner*, BayVBl 2007, 616 ff.; *Müller-Grune/J. Grune*, BayVBl 2007, 65. Auch der BayVerfGH hat entschieden, dass die weitgehende Abschaffung des Widerspruchsverfahrens (vgl. Art. 15 BayAGVwGO) nicht gegen die bayerische Landesverfassung verstoße (BayVerfGH NVwZ 2009, 716 f.).

[290] Zur eingeschränkten gerichtlichen Überprüfung von Beurteilungsspielräumen vgl. *R. Schmidt*, AllgVerwR, Rn 283 ff.

aa.) § 74 I S. 2 VwVfG i.V.m. § 70 VwVfG

Nach § 74 I S. 2 VwVfG i.V.m. § 70 VwVfG bedarf es keiner Durchführung eines Vorverfahrens, wenn es sich um einen Verwaltungsakt handelt, der in einem **förmlichen Verwaltungsverfahren** oder **im Wege des Planfeststellungsverfahrens** erlassen worden ist. Hintergrund dieser Regelung ist, dass sowohl das förmliche Verwaltungsverfahren als auch das Planfeststellungsverfahren bereits eine Beteiligung von Einwendern vorsehen (vgl. § 73 VwVfG und z.B. § 10 III BImSchG). In diesem Fall stünde die Notwendigkeit der Durchführung eines Widerspruchsverfahrens dem förmlichen Beteiligungsverfahren entgegen. 226

Beachte aber: Im Rahmen des Planfeststellungsverfahrens nach §§ 72 ff. VwVfG findet ein Anhörungsverfahren (§ 73 VwVfG), genauer: ein Einwendungsverfahren, statt. Einwendungen gegen den Plan kann jeder erheben, „dessen Belange durch das Vorhaben berührt werden" (§ 73 IV VwVfG). „Belange" sind sowohl (1) subjektive Rechte als auch (2) rechtlich *nicht* geschützte Interessen wirtschaftlicher, ideeller, sozialer und sonstiger Natur. Im ersten Fall handelt es sich um Rechtsbetroffenen-, im zweiten Fall um Interessenbeteiligung. Im Hinblick auf die Rechtsbetroffenenbeteiligung „ermöglicht das Verfahrensrecht eine Vorverlagerung des Rechtsschutzes, indem bereits im behördlichen Verfahren Einwendungen gegen das Vorhaben erhoben werden können"[291]. Aber auch insofern ist die Einwendung kein Rechtsbehelf, sondern eine verantwortliche Mitwirkung vor allem natürlicher und juristischer Personen des Privatrechts an einem staatlichen Entscheidungsverfahren zum Zweck der Gemeinwohlfindung.[292] Ein Vorverfahren i.S.d. § 68 VwGO ist nicht statthaft.

Hinweis für die Fallbearbeitung: In Fällen, in denen eine *gesetzliche Ausnahmeregelung* von dem Erfordernis der Durchführung eines Widerspruchsverfahrens besteht, ist dessen Durchführung nicht nur entbehrlich, sondern auch **unstatthaft**, da es insoweit bereits an der Widerspruchsbefugnis fehlt (vgl. dazu Rn 1093). Es kann und muss ohne weiteres Klage erhoben werden.[293] In der Fallbearbeitung könnte wie folgt formuliert werden: 227

„Nach § 68 I S. 2 Var. 1 VwGO bedarf es der Durchführung eines Vorverfahrens nicht, wenn dies durch Gesetz bestimmt ist. § ... (z.B. § 74 I S. 2 VwVfG i.V.m. § 70 VwVfG oder ein Landesgesetz) lässt die unmittelbare verwaltungsgerichtliche Klage ohne Vorverfahren nach §§ 68 ff. VwGO zu. Die Durchführung eines Vorverfahrens ist somit entbehrlich."

bb.) § 75 S. 1 Var. 1 VwGO

Als Ausfluss der Rechtsschutzgarantie aus Art. 19 IV S. 1 GG lässt § 75 VwGO die Klageerhebung (bzgl. Anfechtungs- und Verpflichtungsklage!) in Abweichung von §§ 68 und 74 VwGO zu, wenn die Behörde einen eingelegten Widerspruch oder einen Antrag auf Vornahme eines Verwaltungsakts in angemessener Frist nicht sachlich beschieden hat. Die Klage kann jedoch grds. nicht vor Ablauf von drei Monaten seit der Einlegung des Widerspruchs oder seit dem Antrag auf Vornahme des Verwaltungsakts erhoben werden (§ 75 S. 2 VwGO). Allerdings muss die Dreimonatsfrist jedoch nicht schon bei Klageerhebung, sondern erst zum Zeitpunkt der letzten mündlichen Verhandlung verstrichen sein.[294] Das ergibt sich aus der Rechtsnatur des § 75 S. 2 VwGO als Sachentscheidungsvoraussetzung. 228

---

[291] BVerfGE 53, 30, 59 f.
[292] *Schmitt Glaeser/Horn*, VerwProzR, Rn 179.
[293] Etwas anderes mag in engen Ausnahmefällen gelten, wenn ein rechtsunkundiger Bürger einen unstatthaften Widerspruch einlegt, die Behörde sich damit beschäftigt und so der Bürger die Frist zur Einreichung der Klage verstreichen lässt. Dann ist es gut vertretbar, dem Klagegegner die Berufung auf die Verfristung zu verweigern.
[294] *Kopp/Schenke*, VwGO, § 75 Rn 11; *Rennert*, in: Eyermann, VwGO, § 75 Rn 8.

Ist mit Ablauf der Dreimonatsfrist Klage erhoben worden, hat das Gericht zu prüfen, ob ein zureichender Grund für die behördliche Verzögerung vorliegt. Ist das der Fall, setzt das Gericht das Verfahren aus und der Behörde eine Frist und entscheidet erst nach ergebnislosem Ablauf dieser Frist zur Sache, § 75 S. 3 VwGO.
Aber auch schon vor Ablauf der Dreimonatsfrist kann die Klage erhoben werden, wenn besondere Umstände des Falles eine kürzere Frist gebieten, § 75 S. 2 a.E. VwGO. Liegen keine solchen Umstände vor, weist das Gericht entsprechend § 75 S. 3 VwGO die Klage etwa nicht als unzulässig ab, sondern setzt das Verfahren bis zum Ablauf einer von ihm bestimmten Frist, die verlängert werden kann, aus.[295]

b.) Die Erlassbehörde des Ausgangsverwaltungsakts ist eine oberste Bundes- oder Landesbehörde, § 68 I S. 2 Var. 2 Nr. 1 VwGO

229 Ferner bedarf es der Durchführung eines Vorverfahrens nicht, wenn der Verwaltungsakt von einer **obersten Bundes- oder Landesbehörde** erlassen worden ist, es sei denn, dass ein Gesetz die Nachprüfung vorschreibt (§ 68 I S. 2 Var. 2 Nr. 1 VwGO).

Beispiele: Oberste Bundesbehörden i.S. dieser Regelung sind der Bundespräsident, die Bundesregierung, die einzelnen Bundesministerien, der Bundesrechnungshof und die Präsidenten von Bundestag und Bundesrat, nicht jedoch die Bundesoberbehörden gem. Art. 87 III GG. Oberste Landesbehörden sind i.d.R. die Landesministerien und der Rechnungshof sowie das Landesparlament und das Landesverfassungsgericht, soweit sie als Behörden tätig werden.[296]

230 Der rechtspolitische Hintergrund dieser Ausnahmeregelung liegt darin, dass die Entbehrlichkeit aus der besonderen Fachkompetenz der obersten Behörden folgt. Darüber hinaus würde auch keine nächsthöhere Behörde existieren, die als Widerspruchsbehörde in Frage käme. Hat aber die oberste Bundes- oder Landesbehörde die in ihren Kompetenzbereich fallende Entscheidung auf eine untere Behörde delegiert, liegt die besondere Fachkompetenz, die zum Entfall der Durchführung des Widerspruchsverfahrens geführt hat, nicht mehr vor; außerdem ist dann wieder eine nächsthöhere Behörde vorhanden.[297]

231 Eine gesetzliche Ausnahme, die stets eine Überprüfung vorschreibt (vgl. § 68 I S. 2 Var. 2 Nr. 1 Hs. 2 VwGO), die streng genommen eine Ausnahme zur Ausnahme des § 68 I S. 2 Var. 1 VwGO darstellt, ist **§ 126 II BBG** (vgl. auch § 41 BDG).[298] So bedarf es bei bundesbeamtenrechtlichen Streitigkeiten **immer** eines Vorverfahrens nach § 68 VwGO, und zwar vor **allen** Klagen aus dem Bundesbeamtenverhältnis, somit auch vor allgemeinen Leistungs- und Feststellungsklagen. Es kann somit auch zu Leistungs- und Feststellungswidersprüchen kommen

231a Für die (an dieser Stelle insoweit vorweggenommene) **Begründetheitsprüfung** ist zu differenzieren: Kommt es zu einem *Leistungswiderspruch*, ist dieser begründet, wenn der Betroffene einen Anspruch auf die Leistung hat. Einschränkungen hinsichtlich der Ermessensüberprüfung und der Spruchreife wie bei der gerichtlichen Kontrolle gelten beim Widerspruchsverfahren nicht (dazu später). Der *Feststellungswiderspruch* ist begründet, wenn das umstrittene Rechtsverhältnis besteht bzw. nicht besteht (§ 43 I VwGO).

---

[295] *Kopp/Schenke*, VwGO, § 75 Rn 17; *Rennert*, in: Eyermann, VwGO, § 75 Rn 8.
[296] Zur Verwaltungsorganisation siehe *R. Schmidt*, AllgVerwR, Rn 66 ff.
[297] *Kopp/Schenke*, VwGO, § 68 Rn 19; *Schmitt Glaeser/Horn*, VerwProzR, Rn 180; *Geis*, in: NKVwGO, § 68 Rn 148.
[298] Zu beachten ist wiederum § 126 II BBG, der für alle Bundesbeamtenverhältnisse gilt. Hinsichtlich Landesbeamtenverhältnisse vgl. § 54 II BeamtStG (dazu sogleich).

Für Landesbeamtenverhältnisse gilt nicht das BBG, sondern das BeamtStG i.V.m. dem jeweiligen Landesbeamtengesetz. Gemäß **§ 54 II S. 1 BeamtStG**[299] ist vor allen Klagen ein Vorverfahren durchzuführen. Dies gilt auch dann, wenn die Maßnahme von der obersten Dienstbehörde getroffen worden ist (§ 54 II S. 2 BeamtStG). Ein Vorverfahren ist lediglich dann nicht erforderlich, wenn ein Landesgesetz dieses bestimmt **(§ 54 II S. 3 BeamtStG)**.[300] 232

Ist danach die Durchführung eines Vorverfahrens erforderlich, stellt sich die Frage, ob auch die **Widerspruchsfrist** des § 70 VwGO gilt. Nach dem klaren Wortlaut des § 54 II S. 1 BeamtStG, der undifferenziert auf den 8. Abschnitt der VwGO (und somit auch auf § 70 VwGO) verweist, wäre das der Fall. Das BVerwG hält die Einhaltung der Monatsfrist des § 70 VwGO jedoch nur dann für erforderlich, wenn die zu überprüfende Maßnahme der Bestandskraft zugänglich ist. Das soll bei einer dienstlichen Beurteilung indes nicht der Fall sein.[301] Freilich steht diese Rechtsprechung im Widerspruch zum Wortlaut des § 54 II S. 1 VwGO. Anwendung findet die Regelung des § 70 VwGO jedenfalls für Bundesdisziplinarsachen (vgl. § 41 II BDG). 232a

Weitere, hier nicht näher zu erläuternde gesetzliche Ausnahmevorschriften, welche die Durchführung eines Vorverfahrens anordnen, sind § 55 PBefG, § 9 IV IFG, § 6 II UIG und § 5 IV S. 1 VIG. Dagegen ist im Bundesdisziplinarrecht ein Widerspruchsverfahren unstatthaft, wenn die angefochtene Disziplinarmaßnahme durch eine oberste Dienstbehörde erlassen worden ist (§ 41 I S. 2 BDG). Hinsichtlich Richter (und Staatsanwälte) im Landesdienst verweist § 71 DRiG auf das BeamtStG. 233

c.) Erstmalige Beschwer durch den Abhilfebescheid oder Widerspruchsbescheid, § 68 I S. 2 Var. 2 Nr. 2 VwGO

Des Weiteren ist die Durchführung eines Vorverfahrens entbehrlich, wenn der Abhilfebescheid oder der Widerspruchsbescheid **erstmalig eine Beschwer enthält**, § 68 I S. 2 Var. 2 Nr. 2 VwGO. Wie schon die beiden anderen Ausnahmebestimmungen, dient auch diese Ausnahmebestimmung der Verfahrensbeschleunigung. 234

Die Entbehrlichkeit folgt daraus, dass die Regelung des § 68 I S. 2 Var. 2 Nr. 2 VwGO nicht losgelöst von den §§ 71, 78 II und 79 I Nr. 2 VwGO gesehen werden kann.[302] Danach soll der erstmalig Beschwerte bereits vor Erlass des Abhilfe- bzw. Widerspruchsbescheids gehört werden. Durch diese Gelegenheit zur Stellungnahme und dadurch, dass die Behörde ihrerseits den Verwaltungsakt schon einmal überprüft hat, ist ein weiteres Widerspruchsverfahren entbehrlich (und auch unstatthaft).[303] Praktisch relevant wird § 68 I S. 2 Var. 2 Nr. 2 VwGO bei Verwaltungsakten mit Doppelwirkung im Sinne einer **Drittwirkung**. Es ist Folgendermaßen zu unterscheiden[304]: 235

[299] Das BeamtStG ist im gesamten Bundesgebiet für Beamte der Länder, Gemeinden und Gemeindeverbände sowie der sonstigen der Aufsicht eines Landes unterstehenden Körperschaften, Anstalten und Stiftungen des öffentlichen Rechts anwendbar (vgl. § 1 BeamtStG).

[300] Die Länder haben von dieser Gestaltungsmöglichkeit in sehr unterschiedlichem Umfang Gebrauch gemacht, vgl. dazu die Landesbeamtengesetze.

[301] BVerwGE 49, 351, 354; vgl. auch BVerwGE 52, 247, 252.

[302] *Allesch*, NVwZ 2000, 1227, 1231, *Schmitt Glaeser/Horn*, VerwProzR, Rn 181; *Kopp/Schenke*, § 68 Rn 20.

[303] Im Fall des § 79 II VwGO, wenn der Widerspruchsbescheid nicht erstmalig eine Beschwer, sondern eine *zusätzliche selbstständige* Beschwer (*Reformatio in peius*, siehe Rn 845 ff.) enthält und isoliert angegriffen werden soll, ist § 68 I S. 2 Var. 2 Nr. 2 VwGO nach allgemeiner Auffassung *analog* anzuwenden.

[304] Vgl. auch *Allesch*, NVwZ 2000, 1227, 1231.

Normalfall (Var. 1):

236 Der Rechtsschutzsuchende (hier: der durch den Ausgangsverwaltungsakt erstmalig Beschwerte) legt Widerspruch ein. Die Ausgangsbehörde hilft dem Widerspruch ab und erlässt gem. § 72 VwGO einen **Abhilfebescheid**. Durch diesen wird erstmalig ein Dritter beschwert (der Dritte ist also *nicht* der Antragsteller).

Beispiel: Bauherr B beantragt eine Baugenehmigung. Diese wird jedoch aufgrund von Einwendungen des Nachbarn N versagt. Gegen den Versagungsbescheid erhebt B Widerspruch. Die Baubehörde (= Ausgangsbehörde) gibt dem Widerspruch (durch Abhilfebescheid gem. § 72 VwGO) statt und erteilt B die gewünschte Baugenehmigung.

In diesem Fall ist N der durch den Abhilfebescheid erstmalig Beschwerte. Gegenstand der Anfechtungsklage des N ist der Abhilfebescheid. Der Durchführung eines Vorverfahrens durch N bedarf es nicht.

Normalfall (Var. 2):

237 Der Rechtsschutzsuchende (hier: der durch den Ausgangsverwaltungsakt erstmalig Beschwerte) legt Widerspruch ein. Die Ausgangsbehörde hilft dem Widerspruch nicht ab und gibt den ganzen Vorgang an die Widerspruchsbehörde. Diese erlässt gem. § 73 VwGO einen **Widerspruchsbescheid**, durch den erstmalig ein Dritter beschwert wird (der Dritte ist also ebenfalls nicht der Antragsteller).

Beispiel: Bauherr B beantragt eine Baugenehmigung. Diese wird jedoch aufgrund von Einwendungen des Nachbarn N versagt. Gegen den Versagungsbescheid erhebt B Widerspruch. Die Baubehörde (= Ausgangsbehörde) will dem Widerspruch nicht stattgeben und gibt den ganzen Vorgang an die Widerspruchsbehörde ab. Diese jedoch gibt dem Widerspruch (durch Widerspruchsbescheid gem. § 73 VwGO) statt und erteilt B die gewünschte Baugenehmigung.

In diesem Fall ist der N der durch den Widerspruchsbescheid erstmalig Beschwerte. Gegenstand der Anfechtungsklage des N ist der Widerspruchsbescheid. Der Durchführung eines Vorverfahrens durch N bedarf es nicht.

Umgekehrter Fall (Var. 1):

238 Der ursprüngliche Antragsteller erhält einen ihn begünstigenden Verwaltungsakt. Ein Dritter legt dagegen Widerspruch ein. Daraufhin ergeht gegenüber dem Widerspruchsführer ein **Abhilfebescheid**, durch den der ursprüngliche Antragsteller erstmalig beschwert wird (in diesem Fall ist also der Dritte der Antragsteller).

Beispiel: Bauherr B erhält die beantragte Baugenehmigung. Dagegen legt Nachbar N Widerspruch ein. Diesem Widerspruch wird durch Abhilfebescheid (teilweise) stattgegeben, indem die Baubehörde (= Ausgangsbehörde) die Baugenehmigung aufhebt oder mit zusätzlichen Auflagen versieht.

In diesem Fall ist B der durch den Abhilfebescheid erstmalig Beschwerte. Gegenstand der Anfechtungsklage des B ist der Abhilfebescheid. Der Durchführung eines Vorverfahrens durch B bedarf es nicht.

Umgekehrter Fall (Var. 2):

239 Der ursprüngliche Antragsteller erhält einen ihn begünstigenden Verwaltungsakt. Ein Dritter legt dagegen Widerspruch ein. Die Ausgangsbehörde hilft dem nicht ab und übergibt den gesamten Vorgang an die Widerspruchsbehörde. Daraufhin ergeht gegenüber dem Widerspruchsführer ein **Widerspruchsbescheid**, durch den der ursprüngliche Antragsteller erstmalig beschwert wird (in diesem Fall ist also ebenfalls der Dritte der Antragsteller).

Beispiel: Bauherr B erhält die beantragte Baugenehmigung. Dagegen legt Nachbar N Widerspruch ein. Die Baubehörde (= Ausgangsbehörde) will dem Widerspruch nicht stattgeben und gibt den ganzen Vorgang an die Widerspruchsbehörde ab. Diese gibt dem Widerspruch durch Widerspruchsbescheid (teilweise) statt, indem sie die Baugenehmigung aufhebt oder mit zusätzlichen Auflagen versieht.

In diesem Fall ist B der durch einen Widerspruchsbescheid erstmalig Beschwerte. Gegenstand der Anfechtungsklage des B ist der Widerspruchsbescheid. Der Durchführung eines Vorverfahrens durch B bedarf es nicht.

In diesen Beispielen ist die Durchführung eines Widerspruchsverfahrens entbehrlich, **240** weil es kaum Erfolg versprechend wäre, die Zulässigkeit einer Klage des erstmalig Beschwerten davon abhängig zu machen, dass seine rechtlichen Belange zum wiederholten Male von der Widerspruchsbehörde geprüft werden. Diese gesetzgeberische Wertung zugunsten der Entbehrlichkeit führt gleichzeitig dazu, dass die Durchführung des Widerspruchsverfahrens auch **nicht statthaft** ist.[305] Ein gleichwohl erhobener Widerspruch kann den Eintritt der Unanfechtbarkeit (Bestandskraft) des angegriffenen Verwaltungsakts daher nicht verhindern. Die Klagefrist des § 74 I VwGO wird somit nicht offengehalten.

bb. Ungeregelte Ausnahmen von der Durchführung

Außerhalb der gesetzlich geregelten Ausnahmetatbestände sind Konstellationen denkbar, **241** in denen die Durchführung eines Vorverfahrens von den faktischen Gegebenheiten her sinnlos erscheint, wenn also der „Zweck des Widerspruchsverfahrens schon auf andere Weise erreicht worden ist oder offensichtlich nicht mehr erreicht werden kann"[306]. Die Durchführung eines Widerspruchsverfahrens kann daher beispielsweise in folgenden Fällen entfallen:

- Der Rechtsschutzsuchende ficht einen Verwaltungsakt an, der lediglich einen Verwal- **242** tungsakt, gegen den bereits das Vorverfahren durchgeführt worden ist, ändert, ersetzt oder wiederholt. Die Entbehrlichkeit (aber Statthaftigkeit) folgt daraus, dass die Behörde um die frühere Streitigkeit wusste und unter Beachtung dieses Wissens die Sach- und Rechtslage sorgfältig überprüft hat. Ein Widerspruchsverfahren würde in diesem Fall also nichts bewirken.[307] Voraussetzung für die Entbehrlichkeit ist aber, dass der neue Verwaltungsakt im Wesentlichen dieselben Sach- und Rechtsfragen zum Gegenstand hat.[308]
- Auch wenn bereits ein Dritter ein dieselbe Sache betreffendes Widerspruchsverfahren **243** durchgeführt hat, ist eine erneute Durchführung des Widerspruchsverfahrens entbehrlich. Die Entbehrlichkeit (aber Statthaftigkeit) lässt sich damit begründen, dass einer der Zwecke des Vorverfahrens, die Selbstkontrolle der Verwaltung, bereits einmal stattgefunden hat.[309]
- Ist aufgrund des Verhaltens der Widerspruchsbehörde mit großer Wahrscheinlichkeit **244** damit zu rechnen, dass ein Widerspruch keinen Erfolg haben wird, kann nach der Rechtsprechung des BVerwG die Durchführung des Widerspruchsverfahrens entfallen, wenn der „Zweck des Widerspruchsverfahrens schon auf andere Weise erreicht worden ist oder offensichtlich nicht mehr erreicht werden kann"[310]. Das ist mit Blick auf das Gewaltenteilungsprinzip sehr bedenklich, weil sich das BVerwG über den Wortlaut des

[305] *Kopp/Schenke*, § 68 Rn 16.
[306] VG Sigmaringen NJW 2001, 628, 629; BVerwGE 64, 325, 330; BVerwG NVwZ 2011, 501, 502 ff.
[307] *Schmitt Glaeser/Horn*, VerwProzR, Rn 182; *Kopp/Schenke*, VwGO, § 68 Rn 23.
[308] *Kopp/Schenke*, VwGO, § 68 Rn 23; a.A. BVerwG DVBl 1990, 599; *Hufen*, VerwProzR, § 6 Rn 23.
[309] BVerwGE 40, 25, 28 f.; *Hufen*, VerwProzR, § 6 Rn 19; *Schmitt Glaeser/Horn*, VerwProzR, Rn 182; a.A. *Kopp/Schenke*, VwGO, § 68 Rn 29.
[310] BVerwGE 64, 325, 330; BVerwG NVwZ 2011, 501, 502 ff. Vgl. auch *Schübel-Pfister*, JuS 2011, 420, 421.

§ 68 VwGO, der die Ausnahmegründe abschließend regelt, hinwegsetzt und damit in den Bereich unzulässigen gesetzesvertretenden (oder gesetzeskorrigierenden) Richterrechts vordringt.[311]

245 ▪ Auch wenn der Rechtsschutzsuchende ohne vorherige Durchführung des Widerspruchsverfahrens Klage erhoben und der Klagegegner (die Behörde) das fehlende Vorverfahren nicht gerügt, sondern sich sachlich auf die Klage eingelassen und deren Abweisung beantragt hat, steht nach dem BVerwG die fehlende Durchführung des Widerspruchsverfahrens der Zulässigkeit der Klage nicht entgegen.[312]

246 **Hinweis für die Fallbearbeitung:** In dieser Konstellation muss geprüft werden, ob die erhobene Klage auch ohne Durchführung des Widerspruchsverfahrens zulässig ist. Dazu muss in einem ersten Schritt festgestellt werden, dass die Durchführung des Widerspruchsverfahrens grundsätzlich besondere Sachentscheidungsvoraussetzung ist. Sodann muss darauf eingegangen werden, ob nicht eine Ausnahmeregelung des § 68 I S. 2 VwGO greift. Greift keine gesetzliche Ausnahmeregelung, muss geprüft werden, ob die Durchführung des Vorverfahrens aufgrund des Verzichts beider Prozessparteien entbehrlich ist. Es bietet sich folgende Formulierung an:

„(...). Ein zulässiger Verzicht setzt jedoch die Dispositionsbefugnis der Beteiligten über den Gegenstand „Vorverfahren" voraus. Neben den Funktionen „Rechtsschutz des Bürgers" sowie „Selbstkontrolle der Verwaltung", über die Kläger und Beklagter disponieren können[313], geht es beim Vorverfahren aber auch um die Entlastung der Gerichte, über die eine Verfügungsbefugnis seitens der Parteien nicht besteht. Damit scheidet ein wirksamer Verzicht der Beteiligten auf Durchführung des Vorverfahrens aus. Es könnte aber der Gedanke der Prozessökonomie zur Entbehrlichkeit der Durchführung des Vorverfahrens führen. Im Falle der Abweisung der Klage als unzulässig aufgrund des fehlenden Vorverfahrens könnte der Kläger möglicherweise noch Widerspruch einlegen, wenn die Klage jedenfalls im Übrigen zulässig war, in Bezug auf die Widerspruchsfrist auch rechtzeitig erhoben und die Widerspruchsfrist für die Nachholung des Widerspruchs durch die Klageerhebung noch nicht abgelaufen ist[314]. In diesem Falle könnte der Kläger also erneut den Klageweg beschreiten. Kann demzufolge das Vorverfahren noch nachgeholt werden, kann auch die Entlastungsfunktion zugunsten der Gerichte nicht greifen. Bei dieser besonderen Sachlage streitet die Prozessökonomie dafür, die ohnehin notwendige gerichtliche Entscheidung nicht grundlos zu verzögern. Die Durchführung des Vorverfahrens ist daher ausnahmsweise entbehrlich."

247 Die vorgenannten Konstellationen geben lediglich die examensrelevantesten Überlegungen wieder. Im Einzelnen ist jedoch vieles strittig.[315] Zu beachten ist jedenfalls: Soweit **hier** ein Widerspruch für entbehrlich (weil unzweckmäßig) gehalten wird, führt

---

[311] Kritisch auch *Hufen*, JuS 2012, 276, 278; *Schoch*, NVwZ 2011, 506 f. Zum (gesetzesvertretenden und gesetzeskorrigierenden) Richterrecht vgl. *R. Schmidt*, Staatsorganisationsrecht, Rn 220c.

[312] BVerwGE 66, 39, 41; BVerwG NVwZ 2014, 676, 678. Kritisch u.a. *Schenke*, VerwProzR, Rn 664. Zur Konstellation, dass noch keine Klage erhoben wurde, vgl. Rn 281 f.

[313] Die Verwaltungsbehörde als Beklagte kann aber nur dann über „ihren" Punkt *Selbstkontrolle der Verwaltung* disponieren, wenn sie auch bei Abweisung der Klage den Widerspruchsbescheid selbst erlassen müsste, also sowieso kein Devolutiveffekt stattfinden würde. Denn aufgrund ihres Verzichts auf das Vorverfahren macht sie bereits deutlich, dass sie dem Widerspruch nicht abhelfen würde, sodass es ohnehin zum Gerichtsverfahren kommen würde. Auch wird teilweise vertreten, dass das Vorverfahren überhaupt nicht zur Disposition der Parteien stehe, weil dies eine Rechtsschutzverkürzung für den Bürger darstelle (so *Kopp/Schenke*, VwGO, § 68 Rn 28). Diese Sicht lässt sich für Ermessensentscheidungen sicherlich vertreten, denn bei Verzicht der Durchführung eines Vorverfahrens wird dem Bürger eine wichtige Ermessensebene genommen, da das Gericht eine Ermessensentscheidung (wie auch eine Zweckmäßigkeitsprüfung) nicht treffen kann. Es kann lediglich eine Vertretbarkeitsprüfung vornehmen.

[314] Ist die Widerspruchsfrist dagegen abgelaufen, kann aufgrund der klaren Regelung des § 70 VwGO (Monatsfrist) das Vorverfahren nicht nachgeholt werden. Auch die Klage muss daher als unzulässig abgewiesen werden.

[315] Ausführlich zum Streitstand *Dolde/Porsch*, in: Schoch/Schneider/Bier, VwGO, § 68 Rn 20 ff.

dies (im Gegensatz zur *gesetzlich* geregelten Entbehrlichkeit) **nicht zu seiner Unstatthaftigkeit**.[316]

d. Form- und Fristerfordernisse des Widerspruchs, § 70 VwGO

aa. Form und notwendiger Inhalt

Gemäß § 70 I VwGO ist der Widerspruch u.a. **schriftlich** oder **zur Niederschrift** bei der Erlass- oder der Widerspruchsbehörde zu stellen. Das bedeutet, dass - im Gegensatz zu einem Antrag nach § 22 VwVfG - ein mündlich, fernmündlich oder gar konkludent erhobener Widerspruch den Anforderungen nicht genügt. Insbesondere tritt die gewünschte Wirkung (aufschiebende Wirkung gem. § 80 I VwGO sowie Hemmung der Bestandskraft) nicht ein. Auch genügt es nicht, dass später ein schriftlicher Vermerk gefertigt wurde.[317] Ferner muss der Widerspruch den Aussteller erkennen lassen und mit dessen Willen in den Rechtsverkehr gelangen. Dazu reicht i.d.R. die Unterschrift. **248**

Die heute übliche fernschriftliche Einreichung per **Telefax** stellt nach ganz h.M.[318] kein Zulässigkeitsproblem mehr dar, da es sich bei einem Fax um eine für den Empfänger bestimmte Originalurkunde handelt. In diesem Fall ist die Schriftform aber nur dann gewahrt, wenn das Aufgabefax vom Widerspruchsführer oder seinem Bevollmächtigten eigenständig unterschrieben und diese Unterschrift auch auf dem Empfängerfax zu erkennen ist. Unter Umständen genügt auch eine lesbare Faxnummer, die eine eindeutige Identifizierung des Schreibers ermöglicht.[319] **249**

Früher problematisch war die Erhebung des Widerspruchs mittels Telefax online vom **PC** (sog. **Computerfax**). Unter einem Computerfax versteht man die Übermittlung einer Textdatei von einem Computer mit Hilfe des Internet an ein Empfängerfaxgerät, bei dem das übermittelte Dokument in Papierform ausgedruckt wird. Diesbezüglich hat der *Gemeinsame Senat der Obersten Gerichtshöfe des Bundes* die bisherige Tendenz der Verwaltung zu großzügiger Interpretation des Schriftformerfordernisses bestätigt.[320] Er hat sogar klargestellt, dass es zur Wahrung der Schriftform nicht erforderlich ist, dass im Dokument eine eingescannte Unterschrift enthalten ist.[321] Es kommt also nur darauf an, dass das Dokument, das ursprünglich nur als Datei (ohne Unterschrift bzw. Signatur) auf dem Absendecomputer gespeichert war, nach der Übermittlung vom Empfängerfax ausgedruckt und damit zu Papier gebracht wird. **250**

Auch darf gemäß dem am 1.1.2003 in Kraft getretenen § 3a VwVfG der Widerspruchsführer statt der Schriftform die **elektronische Form**, also die Übertragung einer Datei von einem Computer an einen Empfängercomputer ohne Papierausdruck wählen[322], sofern die Voraussetzungen des § 3a VwVfG (vgl. auch Rn 261) vorliegen. Dem steht nicht § 55a VwGO entgegen, weil er nur auf das *gerichtliche* Verfahren anwendbar ist.[323] Auch § 70 I VwGO, der die Schriftform des Widerspruchs anordnet, enthält keine gegenteilige Aussage, da es sich bei dem Widerspruchsverfahren um ein **251**

---

[316] Wie hier BVerwG NVwZ 2009, 924, 925; NVwZ 2011, 506 ff.; *Schübel-Pfister*, JuS 2009, 999, 100; *Schmitt Glaeser/Horn*, VerwProzR, Rn 182; krit. *Schenke*, VerwProzR, Rn 661; *Kopp/Schenke*, VwGO, § 68 Rn 22; *Dolde/Porsch*, in: Schoch/Schneider/Bier, VwGO, § 68 Rn 28.
[317] BVerwGE 50, 248, 253.
[318] Vgl. nur BVerfG NJW 2001, 3473; NJW 2000, 574; GSOBG BVerwGE 58, 359, 365; BVerwGE 76, 14; BVerwGE 77, 38 ff.; BGH NJW 1998, 3649, 3650; BAG NJW 2001, 989, 990. Vgl. auch *Toussaint*, NJW 2015, 3207 f.
[319] Vgl. BVerwG NJW 1995, 2121; 2122; BSG NJW 1997, 1254, 1255; VGH München BayVBl 1999, 182. Diese Judikate sind zwar in Bezug auf die Klageerhebung ergangen, für den Widerspruch kann aber nichts anderes gelten.
[320] BVerwGE 111, 377 ff. Vgl. auch BVerwG NJW 2006, 1989 f. (mit Bespr. v. *Wolff*, JA 2006, 751).
[321] BVerwG NJW 2006, 1989 f.
[322] Hierhin liegt der maßgebliche Unterschied zum Computerfax, das sich dadurch auszeichnet, dass beim Empfangsgerät ein Ausdruck auf Papier stattfindet.
[323] Wie hier nun auch BVerwG NJW 2006, 1989 f.

Verwaltungsverfahren handelt und die Vorschriften der VwGO die des VwVfG nur insoweit ausschließen, als sie „prozessspezifisch" sind (vgl. auch § 79 VwVfG).[324] Das ist bei § 70 I VwGO nicht der Fall. Sieht man demzufolge das Widerspruchsverfahren trotz des Umstands, dass es als Sachentscheidungsvoraussetzung einer verwaltungsgerichtlichen Klage in der VwGO geregelt ist, als Bestandteil des Verwaltungsverfahrens an, gelangt § 3a VwVfG zur Anwendung. Insbesondere geht § 3a III VwVfG davon aus, dass auch gegenüber der Behörde die elektronische Übermittlung von Schriftstücken (und damit auch von Widersprüchen) zulässig ist.

252 Geht man daher von der Zulässigkeit der elektronischen Form aus, ist nicht nur die postalische Sendung eines Datenträgers (CD, DVD, Diskette etc.), sondern auch und insbesondere die Übermittlung des Widerspruchs via **Internet** (E-Mail, Dateianhang) unproblematisch. Voraussetzung ist nur, dass die Behörde hierfür einen **Zugang eröffnet** (§ 3a I VwVfG) und – um die Authentizität zu sichern – der Widerspruchsführer das elektronische Dokument mit einer qualifizierten elektronischen Signatur nach dem **Signaturgesetz** versieht (§ 3a II S. 2 VwVfG). Zum De-Mail-Verfahren vgl. Rn 261.

253 Zur ordnungsgemäßen Widerspruchserhebung nicht erforderlich ist hingegen die ausdrückliche Bezeichnung „Widerspruch". So ist auch der als „Einspruch" oder „Beschwerde" gekennzeichnete *Widerspruch* als solcher zulässig.[325] Ebenso wenig ist die Bezeichnung des möglicherweise verletzten Rechts oder gar eine ausführliche Begründung erforderlich. Aus dem Inhalt muss sich aber ergeben können, dass der Widerspruchsführer das Verwaltungshandeln nicht gelten lassen möchte und dass die Behörde zur Beseitigung oder Änderung des angegriffenen Verwaltungsakts aufgefordert wird.[326]

bb. Frist der Einlegung des Widerspruchs

a.) Bekanntgabe eines Verwaltungsakts

254 Aus dem Wortlaut der §§ 70 I, 57 I VwGO folgt, dass die Monatsfrist nur zu laufen beginnt, wenn der Verwaltungsakt ordnungsgemäß bekannt gegeben wurde. Maßgeblich für den Fristbeginn (zur Fristberechnung vgl. Rn 266, 292) eines Rechtsbehelfs ist also die Bekanntgabe des Verwaltungsakts.

255 Unter einer **Bekanntgabe** ist die Eröffnung des Verwaltungsakts, d.h. die Tatsache des Ergehens und des Inhalts des Verwaltungsakts **mit Wissen und Wollen der Behörde, die den Verwaltungsakt erlässt**, zu verstehen.[327]

256 Vor Bekanntgabe ist die Einlegung eines Rechtsbehelfs unzulässig. Die Bekanntgabe richtet sich grundsätzlich nach §§ 41, 43 I VwVfG, sofern nicht andere Vorschriften eine besondere Form vorschreiben. Im Zusammenhang mit der Bekanntgabe ist begrifflich zwischen **rechtlicher Existenz, äußerer** und **innerer Wirksamkeit** des Verwaltungsakts zu unterscheiden.[328]

- *Rechtlich existent* wird der Verwaltungsakt, wenn er auch nur einer Person gegenüber bekannt gegeben wird, wobei allerdings zu fordern ist, dass es sich um einen Hauptbeteiligten handelt.

---

[324] Vgl. dazu Rn 1064.
[325] So auch *Hufen*, VerwProzR, § 6 Rn 24.
[326] Siehe oben Rn 217; vgl. auch *Schenke*, VerwProzR, Rn 653; *Hufen*, VerwProzR, § 6 Rn 24.
[327] *Kopp/Ramsauer*, VwVfG, § 41 Rn 7; *R. Schmidt*, AllgVerwR, Rn 474.
[328] Vgl. *Maurer*, AllgVerwR, § 9 Rn 66.

- *Äußere* Wirksamkeit bedeutet, dass der Verwaltungsakt als solcher für den Betroffenen maßgeblich ist: Sie tritt mit der **jeweiligen** Bekanntgabe gegenüber demjenigen ein, für den er bestimmt ist oder der von ihm betroffen wird (§ 43 I VwVfG).[329]
- Bei der *inneren* Wirksamkeit geht es um die Frage, von welchem Zeitpunkt an die im Verwaltungsakt gesetzte Rechtsfolge gelten soll. Dies ist in der Regel der Zeitpunkt der Bekanntgabe, doch es sind durchaus andere Regelungen denkbar.

Beispiel: Dem K wird am 12.2.2016 der Bewilligungsbescheid bezüglich einer von ihm zuvor beantragten Gaststättenerlaubnis bekannt gegeben (= *äußere* Wirksamkeit). Dieser Bewilligungsbescheid enthält die Regelung, dass K mit Wirkung zum 1.4.2016 eine Gaststättenerlaubnis erhält (= *innere* Wirksamkeit).

Für die Anfechtung (Widerspruch bzw. Anfechtungsklage) kommt es (ebenso wie für die Zulässigkeit von Widerruf und Rücknahme) auf den Zeitpunkt der **äußeren Wirksamkeit** an. Ausnahmsweise wird der Verwaltungsakt auch ohne Bekanntgabe an den Betroffenen wirksam, wenn diesem gegenüber gehandelt werden muss und diesem der Verwaltungsakt nicht oder jedenfalls nicht rechtzeitig bekannt gegeben werden könnte, wie z.B. die Anordnung zum Abschleppen eines verbotswidrig abgestellten Kfz oder anderer Gefahrenabwehrmaßnahmen.[330] 257

Soweit ein Verwaltungsakt schriftlich ergeht und beim Betroffenen eintrifft, stellt die Bekanntgabe kein Problem dar. Auch die Bekanntgabe per **Telefax** bzw. **Computerfax** ist heute zumindest bei Verwaltungsakten, die nicht förmlich zugestellt werden müssen, grundsätzlich möglich.[331] Ist streitig, ob der durch Telefax übermittelte Verwaltungsakt zugegangen ist, stellt sich die Frage, ob die allgemeinen Beweisregeln nach § 41 II VwVfG greifen. Jedenfalls reicht nach der hier vertretenen Auffassung der Sendebericht als Beweis für den Zugang nicht aus, auch wenn dort ein „OK" abgedruckt ist. Denn es ist nicht ausgeschlossen, dass statt der beschrifteten Seiten infolge einer fehlerhaften Bedienung des sendenden Geräts die unbeschrifteten Rückseiten übermittelt wurden.[332] 258

Ein Verwaltungsakt, der schriftlich erlassen werden muss, für den aber keine besonderen Formvorschriften bestehen, kann gem. § 3a BundesVwVfG auch **elektronisch** (via **Internet: E-Mail**; **Dateianhang**) bekannt gegeben werden. Denn eine durch Rechtsvorschrift angeordnete Schriftform kann, soweit nicht durch Rechtsvorschrift etwas anderes bestimmt ist, durch die elektronische Form ersetzt werden (§ 3a II S. 1 BundesVwVfG). Gemäß § 3a II S. 4 Nr. 1 BundesVwVfG[333] kann die Schriftform auch durch unmittelbare Abgabe der Erklärung in einem elektronischen Formular, das von der Behörde in einem Eingabegerät oder über öffentlich zugängliche Netze zur Verfügung gestellt wird, ersetzt werden. Ersetzt werden kann die Schriftform auch durch sonstige sichere Verfahren, die durch Bundesrechtsverordnung festgelegt werden, welche den Datenübermittler (Absender der Daten) authentifizieren und die Integrität des elektronisch übermittelten Datensatzes sowie die Barrierefreiheit gewährleisten (§ 3a II S. 4 Nr. 4 BundesVwVfG). Voraussetzung ist nur, dass der Empfänger hierfür einen **Zugang eröffnet** (§ 3a I VwVfG) und – um die Authentizität zu sichern – der Absender das elektronische Dokument mit einer qualifizierten elektronischen Signatur nach dem **Signaturgesetz** versieht (§ 3a II S. 2 VwVfG). Das De-Mail-Verfahren gem. § 3a II S. 4 Nrn. 2 und 3 BundesVwVfG gilt – zusammen mit einer Ergänzung 259

---

[329] Vgl. OVG Magdeburg NVwZ 2000, 208, 209.
[330] Vgl. hierzu *R. Schmidt*, POR, Kap. 1.
[331] Vgl. auch BFH NVwZ 1999, 220, 221; *Neumann*, NVwZ 2000, 1244, 1248.
[332] So auch *Neumann*, NVwZ 2000, 1244, 1249.
[333] Vgl. das „E-Government-Gesetz" des Bundes v. 25.7.2013 (BGBl I, S. 2749). Zum Geltungsbereich vgl. § 1 EGovG.

des § 371a ZPO – seit dem 1.7.2014. Zum **Signaturgesetz** und zum „**virtuellen Rathaus**" vgl. bereits Rn 251 f.

Soweit die elektronische Form ausgeschlossen bzw. nicht möglich ist, soll jede Behörde von Urkunden, die sie selbst ausgestellt hat, auf Verlangen ein elektronisches Dokument nach § 33 IV Nr. 4a VwVfG oder eine elektronische Abschrift fertigen und beglaubigen (§ 33 VII VwVfG).

260 Ein nicht in der erforderlichen Form oder nicht von der zuständigen Behörde mitgeteilter oder nur zufällig zur Kenntnis gelangter Verwaltungsakt hingegen kann daher grundsätzlich keine Fristen in Gang setzen. Nicht einmal die Jahresfrist des § 58 II VwGO beginnt (trotz § 70 II VwGO) zu laufen, da auch diese Vorschrift wenigstens „die Zustellung, Eröffnung oder Verkündung", also die Bekanntgabe, voraussetzt. Daraus folgt, dass die bloße Kenntnisnahme[334]

- durch private Mitteilung eines Bediensteten der Behörde (Beispiel: Gespräch auf dem Dorffest),
- durch Mitteilung einer Privatperson (Beispiele: (1) Die beiden Nachbarn A und B beantragen jeweils Sozialhilfe. A erfährt auf dem Sozialamt, dass alle Anträge abgelehnt worden seien. Zuhause angekommen, berichtet er dies dem B. (2) Der Bauherr erzählt dem Nachbarn von der Baugenehmigung.),
- durch Mitteilung einer unzuständigen Behörde, wenn diese eine von der zuständigen Behörde getroffene Entscheidung ohne deren Wissen und Wollen an den Adressaten weitergibt (Beispiel: Die für Gaststättenerlaubnisse zuständige Behörde erstellt eine Gaststättenerlaubnis und übermittelt diese an die zuständige Bauordnungsbehörde zur Prüfung. Danach entdeckt sie eine Unrichtigkeit, sodass sie die Gaststättengenehmigung dem Adressaten nicht zustellt. Diesem wird die Genehmigung jedoch von der Bauordnungsbehörde zugeschickt.),
- durch Übersendung durch die zwar zuständige Behörde, aber unter Verletzung der vorgeschriebenen Form (Beispiel: Zusendung eines Widerspruchsbescheids als Einwurfeinschreiben, obwohl dieser gemäß § 73 III VwGO i.V.m. §§ 2 ff. VwZG hätte förmlich zugestellt werden müssen[335]),

den Anforderungen an eine ordnungsgemäße Bekanntgabe i.d.R. nicht genügt. In den drei zuerst aufgelisteten Punkten liegt sogar keine Bekanntgabe im Rechtssinne vor[336], was die Nichtigkeit zur Folge hat[337]. Praktisch relevant werden Fälle der nicht ordnungsgemäßen Bekanntgabe v.a. bei **Verwaltungsakten mit Doppelwirkung i.S. einer Drittwirkung**, sei es, dass die Behörde die Drittwirkung ihrer Maßnahme nicht erkennt, oder sei es, dass sie eine Bekanntgabe des Verwaltungsakts an den Dritten irrtümlich nicht für erforderlich hält.

> **Beispiel:** Bauherr B bekommt die Genehmigung zur Errichtung eines 5-stöckigen Mietshauses erteilt, wodurch dem Nachbarn N die Besonnung versperrt wird. Da nach dem Bebauungsplan nur 3 Geschosse zulässig sind, hatte die Behörde einen Dispens nach § 31 II Nr. 3 BauGB erteilt, weil nur so eine sinnvolle wirtschaftliche Nutzung des Grundstücks gewährleistet sei. N, der im Übrigen nicht über die Baugenehmigung un-

---

[334] Zu den folgenden Fallgruppen vgl. *Kopp/Ramsauer*, VwVfG, § 41 Rn 7; *Maurer*, AllgVerwR, § 9 Rn 68 ff.; *Peine*, AllgVerwR, Rn 555.

[335] Vgl. BVerwG NJW 2001, 458: Einwurfeinschreiben der Post (= Einschreiben, das nicht übergeben, sondern mit der normalen Post in den Briefkasten eingeworfen oder in das Postfach eingelegt wird) erfüllt nicht (auch nicht nach der am 1.2.2006 in Kraft getretenen Novellierung des VwZG) die Anforderungen an die förmliche Zustellung nach dem VwZG. *Übergabeeinschreiben* und *Einschreiben mit Rückschein* genügen hingegen der Form. Vgl. dazu Rn 271a.

[336] *Kopp/Ramsauer*, VwVfG, § 41 Rn 7.

[337] Vgl. dazu *R. Schmidt*, AllgVerwR, Rn 473 ff.

terrichtet wurde, fühlt sich in seinem Eigentumsrecht (Art. 14 GG) verletzt und strebt eine (Dritt-)Anfechtung der Baugenehmigung an.

Sofern (in solchen Fällen) die fehlerhafte Bekanntgabe nicht schon zur Unwirksamkeit des Verwaltungsakts bzw. zum Vorliegen eines Nicht-Verwaltungsakts führt, ist stets zu prüfen, ob nicht eine **Heilung** (z.B. nach § 8 VwZG) oder eine **Unbeachtlichkeit** (z.B. nach § 46 VwVfG) in Betracht kommen. Ist das nicht der Fall, führt der Verstoß zur **formellen Rechtswidrigkeit des Verwaltungsakts**. Dieser ist jedoch wirksam.[338]

Die Bekanntgabe an den Adressaten setzt jedenfalls nicht zugleich die Rechtsbehelfsfristen auch für den beteiligten Nichtadressaten (Dritten) in Lauf.[339] Auch hier ist noch nicht einmal die Jahresfrist des § 58 II VwGO einschlägig, da sich diese Vorschrift auf die fehlende Rechtsbehelfsbelehrung bezieht, also von einer wirksamen Bekanntgabe ausgeht. Allerdings kann der Dritte sein Widerspruchsrecht **verwirken**. Für die Sonderfälle **baurechtlicher Nachbarklagen** versagt das BVerwG[340] dem Nachbarn nach Treu und Glauben die Berufung auf die fehlende amtliche Bekanntmachung dann, wenn er auf andere Weise sichere Kenntnis von der Baugenehmigung erlangt hat oder hätte erlangen müssen. In diesem Fall soll die Widerspruchsfrist in Anlehnung an § 70 i.V.m. § 58 II VwGO so laufen, als sei ihm die Baugenehmigung in dem Zeitpunkt amtlich bekannt gegeben worden, in dem er von ihr sichere Kenntnis erlangt hat oder hätte erlangen können oder müssen. Die Gegenauffassung[341] lehnt in solchen Fällen zwar die (analoge) Anwendung des § 58 II VwGO ausdrücklich ab, kommt aber bei der Anwendung des Grundsatzes *Treu und Glauben* zum gleichen Ergebnis. **261**

Beispiel[342]**:** Dem Bauherrn C wurde die Bauerlaubnis erteilt und am 5.1.2016 bekannt gegeben. Dem Nachbarn A wurde sie am 8.1.2016 bekannt gegeben und dem Nachbarn B überhaupt nicht. Von der Existenz der Bauerlaubnis hatte B nur dadurch erfahren, dass C sie ihm gezeigt hatte. A legt am 8.2.2016 Widerspruch ein, B am 1.3.2016. Sind die Widersprüche rechtzeitig erhoben worden?

<u>Zu A:</u> Für A fängt die Widerspruchsfrist am 9.1.2016 um 00:00 Uhr an zu laufen und endet am 8.2.2016 um 24:00 Uhr (§§ 70, 58 I VwGO, §§ 79, 31 I VwVfG i.V.m. §§ 187 I, 188 II BGB). A hat demnach rechtzeitig Widerspruch erhoben.

<u>Zu B:</u> Für B läuft mangels Bekanntgabe an sich überhaupt keine Ausschlussfrist, auch nicht die Jahresfrist gem. § 58 II VwGO, da diese zumindest die Bekanntgabe voraussetzt. Würde man aber annehmen, dass die Frist des § 70 I VwGO ohne Bekanntgabe an den Beschwerdeführer überhaupt nicht zu laufen beginnt, würde ein drittwirkender Verwaltungsakt praktisch nie Bestandskraft erlangen. Ein Drittbetroffener könnte daher auch nach geraumer Zeit die Regelung zu Fall bringen. Das schutzwürdige Interesse des Begünstigten würde nicht hinreichend gewahrt. Daher muss der Drittbelastete – im Baurecht aus Rücksicht auf das nachbarschaftliche Gemeinschaftsverhältnis – nach der Rechtsprechung des BVerwG in analoger Anwendung des § 58 II VwGO von dem Zeitpunkt an, von dem er von dem Verwaltungsakt (z.B. Baugenehmigung) sichere Kenntnis erlangt hat oder hätte erlangen können, sich so behandeln lassen, als sei ihm die Regelung bekannt gegeben worden (vorliegend durch das Zeigen durch C). Dies hat zur Folge, dass er – aufgrund fehlender Rechtsbehelfsbelehrung – nach der Fristberechnung der §§ 70, 58 II VwGO innerhalb eines Jahres Widerspruch erheben muss.

---

[338] Zu den Begriffen Wirksamkeit, Unwirksamkeit, Rechtswidrigkeit und Nichtigkeit vgl. Rn 347 ff.

[339] BVerwGE 44, 294 ff. mit Amn. v. *Mittenzwei*, NJW 1974, 1884 f.

[340] BVerwG NJW 1988, 839; BVerwGE 44, 294, 299 ff.; Vgl. auch BVerwGE 78, 85, 89, wonach diese spezielle Ausprägung des Grundsatzes von Treu und Glauben nicht nur für den unmittelbaren Grenznachbarn, sondern auch für weiter entfernte Nachbarn gilt. Für den Bereich einer immissionsschutzrechtlichen Genehmigung vgl. VGH Mannheim DVBl 2012, 1181 (dazu *Schübel-Pfister*, JuS 2013, 417, 419).

[341] *Redeker/v. Oertzen*, VwGO, § 70 Rn 2b; *Kopp/Schenke*, VwGO, § 70 Rn 8.

[342] Nach *Maurer*, AllgVerwR, § 9 Rn 66.

Die Gegenauffassung orientiert sich nicht an den §§ 70, 58 II VwGO, sondern stellt darauf ab, dass mangels einer Bekanntgabe die Rechtsbehelfsfrist überhaupt nicht zu laufen beginnt, sodass der Drittwiderspruch (bzw. die Drittanfechtungsklage) grundsätzlich fristungebunden möglich ist. Allerdings kann der Anspruch auf Aufhebung des Verwaltungsakts auch hier durch Verwirkung ausgeschlossen sein. Im Ergebnis kann eine Entscheidung aber regelmäßig dahinstehen, da die Gegenauffassung auch die vom BVerwG zugrunde gelegte Jahresfrist als Indiz für die Verwirkung wertet. Allerdings ist trotz Jahresfrist eine Verwirkung schon zeitlich früher möglich, wenn der Nachbar unnötig lange gewartet, sich also rechtsmissbräuchlich verhalten hat.[343] Bei B ist weder die Jahresfrist abgelaufen noch hat er sich rechtsmissbräuchlich verhalten. Auch er hat damit die Widerspruchsfrist eingehalten.

262 Wurde der Verwaltungsakt dem belasteten Dritten jedoch bekannt gegeben, wird die Monatsfrist des § 70 I VwGO auch dann ausgelöst, wenn ihm lediglich eine abstrakte Rechtsbehelfsbelehrung beigefügt war. Diese bezieht sich ohne weiteres auch auf einen potenziell Drittbetroffenen.[344] Dem Verwaltungsakt muss daher nicht zusätzlich ein Begleitschreiben beigefügt werden, das die Geltung der Rechtsbehelfsbelehrung speziell dem Drittbetroffenen gegenüber anordnet.

263 Des Weiteren kommt auch eine **öffentliche Bekanntgabe** in Betracht, die - wie schon die Bezeichnung erkennen lässt - nicht individuell, sondern etwa durch Publikation in einem Amtsblatt oder in einer Tageszeitung oder durch Aushang im Rathaus, bewirkt wird (§ 41 IV VwVfG). Sie ist zulässig bei Allgemeinverfügungen (§ 41 III S. 2 i.V.m. § 35 S. 2 VwVfG), bei Entscheidungen in förmlichen Verwaltungsverfahren und in Planfeststellungsverfahren, die an mehr als 50 Personen zuzustellen wären.[345] Problematisch ist das Erlangen der Wirksamkeit dagegen bei den **Verkehrszeichen**. Vgl. dazu ausführlich *R. Schmidt*, AllgVerwR, Rn 497 ff.

264 Schließlich soll auf die Besonderheit von **beamtenrechtlichen** allgemeinen Leistungs- und Feststellungsklagen eingegangen werden: Gemäß § 54 II S. 1 und 2 BeamtStG) ist auch vor diesen Klagen die erfolglose Durchführung eines Widerspruchsverfahrens erforderlich.[346] Fraglich ist aber diesbezüglich, ob auch die Widerspruchsfrist des § 70 VwGO gilt. Das BVerwG hält die Einhaltung der Monatsfrist des § 70 VwGO nur dann für erforderlich, wenn die zu überprüfende Maßnahme der Bestandskraft zugänglich ist. Das soll bei einer dienstlichen Beurteilung nicht der Fall sein.[347] Freilich steht diese Rechtsprechung in Widerspruch zu dem klaren Wortlaut des § 54 II S. 1 BeamtStG, der undifferenziert auf den 8. Abschnitt der VwGO (und somit auch auf § 70 VwGO) verweist. Für das Bundesdisziplinarrecht sieht § 41 II BDG jedenfalls ausdrücklich die Einhaltung der Voraussetzungen des § 70 VwGO vor.

b.) Fristberechnung

265 Gemäß § 70 I VwGO ist der Widerspruch **innerhalb eines Monats** nach ordnungsgemäßer Bekanntgabe des Verwaltungsakts zu erheben. Strittig ist, ob die Fristberechnung über die „verwaltungsverfahrensrechtliche Lösung" (über § 31 VwVfG) oder über die „verwaltungsprozessuale Lösung" (über § 57 VwGO) zu erfolgen hat.

[343] *Hufen*, VerwProzR, § 6 Rn 29; *Kopp/Schenke*, VwGO, § 70 Rn 8.
[344] BVerwG NJW 2010, 1686.
[345] Vgl. §§ 67 I, 69 II, 73 VI, 74 V VwVfG. Die bislang bestehenden Sonderregelungen, etwa im FStrG, sind im Zuge der Vereinheitlichung des Verwaltungsverfahrensrechts weitgehend zugunsten des VwVfG beseitigt worden; vgl. aber z.B. noch § 7 IV S. 3 AtomG i.V.m. § 15 III und IV AtVfV. § 3 II S. 5 BauGB sieht ebenfalls eine vereinfachte öffentliche Bekanntmachung bei 50 Personen vor. § 10 VIII BImSchG sieht keine Personenzahl vor. Die Regelungen über die öffentliche Bekanntmachung sollen nach BVerwGE 67, 206, 209 ff. verfassungsgemäß sein.
[346] Bei Landesbeamtenverhältnissen kann ein Landesgesetz (Beamtengesetz; Ausführungsgesetz zur VwGO) die Durchführung des Vorverfahrens ausschließen, § 54 II S. 3 BeamtStG.
[347] BVerwGE 49, 351, 354; vgl. auch BVerwGE 52, 247, 252.

Für eine Berechnung über § 57 VwGO spricht, dass das Widerspruchsverfahren als Sachentscheidungsvoraussetzung in der VwGO geregelt ist. Andererseits stellt das Widerspruchsverfahren ein Verwaltungsverfahren dar, was für eine Berechnung über § 31 VwVfG spricht; überdies verweist § 70 II VwGO nur auf § 58 VwGO, nicht auch auf § 57 VwGO. Eine Entscheidung ist im Regelfall aber entbehrlich, da beide Verweisungsketten auf §§ 187 ff. BGB Bezug nehmen.

Hinweis für die Fallbearbeitung: Bei der Frage nach dem Fristbeginn könnte in der Fallbearbeitung folgendermaßen formuliert werden: „Gemäß § 70 I VwGO ist der Widerspruch innerhalb eines Monats nach ordnungsgemäßer Bekanntgabe des Verwaltungsakts zu erheben. Gegen den Bescheid vom ... hat W am ... Widerspruch erhoben. Dies müsste fristgemäß sein. Dazu müsste zunächst der Fristbeginn berechnet werden. Nach einer Auffassung erfolgt die Fristberechnung § 57 II VwGO i.V.m. § 222 ZPO i.V.m. §§ 187 ff. BGB. Nach der Gegenauffassung erfolgt die Fristberechnung über §§ 79 i.V.m. 31 I VwVfG i.V.m. §§ 187 ff. BGB. Da beide Verweisketten bei den §§ 187 ff. BGB endet, ist Fristbeginn gem. § 187 I BGB der ... (Datum, Uhrzeit)." 266

Bei der Übermittlung durch **einfachen Brief** oder bei **elektronischer** Übermittlung bspw. via Internet bzw. E-Mail (jedenfalls nicht durch förmliche Zustellung wie etwa durch Einschreiben, siehe die VwZGe sowie die Ausführungen sogleich) ist vor allem die gesetzliche **Fiktion** des **§ 41 II VwVfG** zu beachten, wonach der schriftliche Verwaltungsakt *am dritten Tag* nach der Aufgabe bei der Post[348] bzw. der elektronische Verwaltungsakt *am dritten Tag* nach der Absendung als bekannt gegeben gilt, auch wenn er beim Adressaten tatsächlich früher, nicht aber wenn er tatsächlich später eingeht (im zuletzt genannten Fall gilt der tatsächliche Zugang). Hier muss allerdings eine Besonderheit beachtet werden: Fällt der dritte Tag auf einen **Samstag, Sonntag oder Feiertag**, gilt dieser Tag, **nicht analog § 31 III VwVfG** i.V.m. § 193 BGB erst der darauf folgende Werktag, da es sich um eine gesetzliche Fiktion handelt und § 31 III VwVfG, der sich auf das Frist*ende* und nicht auf den Frist*beginn* bezieht, für diesen Fall unanwendbar ist.[349] Insoweit gilt dasselbe wie bei **§ 4 VwZG**, der in seinem Anwendungsbereich (Zustellung durch die Post mittels Einschreibens) die Abs. 2-4 des § 41 VwVfG verdrängt, vgl. § 41 V VwVfG. Die Widerspruchsfrist fängt also am vierten Tag (es sei denn, dass der Verwaltungsakt tatsächlich später zugeht) um 0 Uhr an zu laufen (vgl. § 187 I BGB) und endet demgemäß grundsätzlich einen Tag früher im nächsten Monat um 24 Uhr (vgl. § 188 II BGB).[350] 267

Beispiel: K erhält via Internet von der zuständigen Bauordnungsbehörde die Aufforderung, er solle binnen 3 Monaten seinen nicht genehmigungsfähigen Schwarzbau beseitigen. Absendedatum des Bescheids war der 23.3.2016 (Mittwoch). Tatsächlich zugegangen ist er dem K einen Tag später, also am 24.3.2016.

Gemäß § 41 II VwVfG *gilt* der elektronisch übermittelte Bescheid mit dem 3. Tag nach der Absendung als bekannt gegeben, es sei denn, dass er tatsächlich später zugeht. Demnach gilt vorliegend der Ablehnungsbescheid als am 26.3.2016 (Samstag) dem K als bekannt gegeben, sodass die Widerspruchsfrist am 27.3.2016 (Sonntag) um 0 Uhr zu laufen beginnt. Dass der dritte Tag (der 26.3.2016) auf einen Samstag fiel, spielt wegen der Unanwendbarkeit des § 31 III VwVfG auf gesetzliche Fiktionen beim Frist-

---

348 Der Begriff der Post ist hier funktional zu verstehen. Daher kann davon ausgegangen werden, dass mit dem Wegfall der befristeten Exklusivlizenz der Deutschen Post nach § 51 PostG „Post" auch die entsprechenden Dienstleistungen anderer Unternehmen gem. § 4 Nr. 1 PostG umfassen wird. Soweit der Begriff „Post" in Vorschriften der VwZGe verwandt wird, ist jedoch zu beachten, dass es hier einer Übertragung von hoheitlichen Befugnissen im Wege der Beleihung bedarf.

349 Wie hier BFH NJW 2006, 1615 f. hinsichtlich der gleichen Regelung in der AO (anders aber die Vorinstanz); OVG Münster NVwZ 2001, 1171 ff.; *Kopp/Ramsauer*, VwVfG, § 41 Rn 53; *Schenke*, VerwProzR, Rn 674a.

350 Zur Fristberechnung vgl. auch BFH NJW 2006, 1615 f.; OVG Münster NVwZ 2001, 1171 ff.

beginn keine Rolle. K müsste seinen Widerspruch daher gem. § 188 II BGB bis zum 26.4.2016 (Dienstag) um 24 Uhr bei der Behörde einreichen.

Sollte das Ende der Widerspruchsfrist aber auf einen Samstag, Sonn- oder Feiertag fallen, liefe die Frist gem. § 31 III, I VwVfG i.V.m. § 193 BGB erst am nächsten Werktag um 24 Uhr ab, da es sich hier wiederum um das Ende einer Frist und nicht um eine Fiktion handelt, § 31 III, I VwVfG also anwendbar ist.

268 Sieht das Gesetz eine **förmliche Zustellung** vor (vgl. insbesondere § 73 III S. 2 VwGO hinsichtlich des **Widerspruchsbescheids**) oder wählt die Behörde von sich aus diese Zustellungsart, richtet sich die Bekanntgabe nach dem **Verwaltungszustellungsgesetz**, und zwar bei Bundesbehörden nach dem BundesVwZG, bei Landesbehörden nach dem jeweiligen Landeszustellungsgesetz, auch wenn dort wiederum auf das BundesVwZG verwiesen wird.

269 Verweist ein Gesetz auf ein anderes in der jeweils gültigen Fassung, spricht man von einem *Verweisungsgesetz mit dynamischer Anwendungserklärung*. In Bezug auf das Verwaltungszustellungsrecht ist diese Kenntnis wichtig, weil der Verband Bund weder das Verwaltungsverfahren noch die Verwaltungszustellung der Länder regeln darf (vgl. Art. 30, 70, 83, 86 GG). Etwas anderes gilt für die Zustellung von **Widerspruchsbescheiden**. Dort ist gem. § 73 III S. 2 VwGO das BundesVwZG unmittelbar anwendbar, weil mit der Zustellung des Widerspruchsbescheids die Klagefrist des § 74 VwGO zu laufen beginnt. Prozessrecht ist Bundesrecht. Für die Zustellung im **verwaltungsgerichtlichen Verfahren** gelten dagegen gem. § 56 II VwGO nicht die Vorschriften des VwZG, sondern die §§ 166 ff. ZPO.

270 Die **förmliche Zustellung** besteht in der Bekanntgabe eines schriftlichen oder elektronischen Verwaltungsakts in der im VwZG bestimmten Form (so die Legaldefinition in der seit dem 1.2.2006 geltenden Fassung des § 2 I VwZG). Zugestellt wird gem. § 2 II VwZG durch die **Post** oder durch die **Behörde**. Dabei stellt das Gesetz klar, dass „Post" nicht eng im Sinne von „Deutsche Post AG", sondern weit im Sinne von „Erbringer von Postdienstleistungen" zu verstehen ist. Des Weiteren existieren Sonderarten der Zustellung, §§ 9 und 10 VwZG (Zustellung im Ausland; öffentliche Zustellung). Vorliegend soll aber nur auf die prüfungsrelevanten §§ 3 und 4 VwZG eingegangen werden.

271 Die Zustellung durch die Post erfolgt durch **Postzustellungsurkunde** (§ 3 VwZG) oder mittels **Einschreiben** (§ 4 VwZG).

- Erfolgt die förmliche Zustellung per Postzustellungsurkunde, stellt gem. § 3 II S. 1 VwZG der Postbedienstete das Dokument (das **Schriftstück** oder das **elektronische** Medium wie Diskette, CD etc.) zu und beurkundet die Zustellung. Für die Ausführung und Zustellung gelten die §§ 177-182 ZPO.

Beispiel: Autofahrer A ist im Besitz einer Fahrerlaubnis auf Probe (§ 2a StVG). Da er sich im Straßenverkehr äußerst rüpelhaft verhalten und nun auch noch bei Rot über eine Kreuzung gefahren ist, ordnet die Straßenverkehrsbehörde durch Postzustellungsurkunde binnen 2 Monaten die Teilnahme an einem Aufbauseminar an (§ 2a II S. 1 Nr. 1 StVG). Da der Postzusteller A jedoch nicht antrifft, wirft er das Schreiben in den Briefkasten. Nachdem die Behörde von A keinerlei Reaktion erfährt, entzieht sie ihm nach 2½ Monaten die Fahrerlaubnis. Gegen diese Maßnahme erhebt A Widerspruch mit der Begründung, er habe niemals eine Aufforderung zur Teilnahme an einem Aufbauseminar erhalten. Ist der Widerspruch erfolgreich?

In materieller Hinsicht bestehen keine Zweifel an der Rechtmäßigkeit des Entzugs der Fahrerlaubnis. Denn § 2a III StVG schreibt vor, dass die Fahrerlaubnis auf Probe zu entziehen ist, wenn ihr Inhaber einer vollziehbaren Anordnung zur Teilnahme an einem

Aufbauseminar nach § 2a II S. 1 Nr. 1 StVG in der festgesetzten Frist nicht nachkommt. Dies ist vorliegend geschehen.
Fraglich ist jedoch, ob die Anordnung zur Teilnahme an einem Aufbauseminar überhaupt formwirksam zugestellt worden ist. Vorliegend hat die Behörde das Postzustellverfahren gem. § 3 VwZG gewählt. Danach genügt es, wenn sie das Dokument in einem verschlossenen Umschlag dem Postdienstleister übergibt und dieser es dem Empfänger zustellt (§ 3 I VwZG). Die Zustellung beim Empfänger richtet sich gem. § 3 II VwZG nach den §§ 177-182 ZPO. Nach § 180 ZPO kann das Dokument durch **Einwurf** in den Briefkasten wirksam zugestellt werden, sofern eine Zustellung nach § 178 I Nr. 1 oder 2 ZPO nicht möglich ist. Mit dem Einwurf in den Briefkasten (§ 180 S. 2 ZPO) und der Anfertigung einer Postzustellungsurkunde (§ 3 II S. 3 VwZG) gilt das Schriftstück dann als zugestellt. Der Gegenbeweis ist zwar zulässig, aber erst dann erbracht, wenn ein Sachverhalt bewiesen ist, der zur Überzeugung des Gerichts jede Möglichkeit der Richtigkeit der beurkundeten Tatsache ausschließt.[351] Diesen Gegenbeweis hat A nicht erbracht.

Damit lag eine wirksame Anordnung nach § 2a II S. 1 Nr. 1 StVG vor. Nach Ablauf der Widerspruchsfrist ist diese bestandskräftig und damit vollziehbar (vgl. zudem § 2a VI StVG). Da A dieser Anordnung nicht fristgerecht nachgekommen ist, war die Fahrerlaubnis gem. § 2a III StVG zu entziehen. Die behördliche Anordnung ist damit auch formell rechtmäßig. Der Widerspruch des A ist erfolglos.

- Bei der Zustellung mittels **Einschreiben** kann das Dokument (also das Schriftstück oder das elektronische Medium) entweder als Übergabeeinschreiben oder als Einschreiben mit Rückschein zugestellt werden (§ 4 I VwZG). Das *Übergabeeinschreiben* gilt gem. § 4 II S. 2 VwZG mit dem 3. Tag nach der Aufgabe zur Post als zugestellt, es sei denn, dass der zuzustellende Bescheid nicht oder zu einem späteren Zeitpunkt zugegangen ist. Im Zweifel hat die Behörde den Zugang und dessen Zeitpunkt zu beweisen. Es gelten hier also dieselben Grundsätze wie bei der formlosen Bekanntgabe nach § 41 II VwVfG (s.o.). Zu beachten ist allerdings, dass der Begriff „Einschreiben" nur das körperlich **übergebene** Dokument erfasst. **Einwurfeinschreiben** der Post (= Einschreiben, das nicht übergeben, sondern mit der normalen Post in den Briefkasten eingeworfen oder in das Postfach eingelegt wird) erfüllen **nicht** die Anforderungen an die förmliche Zustellung nach dem VwZG.[352] Beim *Einschreiben mit Rückschein* gilt der Rückschein als Zustellungsbeweis, sodass für die Drei-Tages-Fiktion kein Raum ist (vgl. § 4 II S. 1 VwZG).[353]

Gemäß § 5 VwZG ist auch die **elektronische** Zustellung von elektronischen Dokumenten **271a**
möglich. Die Voraussetzungen (elektronische Signatur nach dem Signaturgesetz; Zugangseröffnung durch den Empfänger) sind in § 5 V VwZG geregelt. § 5a VwZG lässt die elektronische Zustellung durch De-Mail zu.

Zugestellt wird an den **Adressaten** (§ 5 VwZG), seinen **gesetzlichen Vertreter** **272**
(§ 6 VwZG) oder **Bevollmächtigten** (§ 7 VwZG). Die Behörde hat grundsätzlich ein Wahlrecht, ob sie an den Adressaten oder den Bevollmächtigten (z.B. Rechtsanwalt) zustellt (vgl. § 7 I S. 1 VwZG: „können"). Hat der Bevollmächtigte jedoch eine **schriftliche Vollmacht** vorgelegt, *muss* die Behörde an ihn zustellen (§ 7 I S. 2 VwZG). Eine Zustellung an den Adressaten (den Betroffenen) ist daher fehlerhaft. Welche Folgen mit einer solchen fehlerhaften Zustellung verbunden sind, beantwortet **§ 8 VwZG**: Lässt sich die formgerechte Zustellung eines Dokuments nicht nachweisen oder ist das Dokument unter Verletzung zwingender Zustellungsvorschriften

---

[351] Vgl. BVerfG NJW 1992, 225; OLG Frankfurt NJW 1996, 3159; BFH NJW 1997, 3264.
[352] BVerwG NJW 2001, 458. Daran hat auch die am 1.2.2006 in Kraft getretene Novellierung des VwZG nichts geändert.
[353] Wie hier *Kremer*, NJW 2006, 332, 333. Später auch *Tegethoff*, JA 2007, 131, 132.

zugegangen, gilt es als in dem Zeitpunkt zugestellt, in dem es dem Empfangsberechtigten tatsächlich (d.h. nachweislich) zugegangen ist. Der Fehler ist dann **geheilt.**[354]

Beispiel: Weil Gastronom G angeblich unzuverlässig i.S.d. § 4 I S. 1 Nr. 1 GastG ist, widerruft die zuständige Behörde die Gaststättenerlaubnis gem. § 15 II GastG. G schaltet sofort Rechtsanwalt R ein. Dieser erhebt form- und fristgerecht Widerspruch und legt bei der Widerspruchsbehörde gleichzeitig eine schriftliche Vollmacht seines Mandanten vor. Die Widerspruchsbehörde bestätigt die Rechtsauffassung der Ausgangsbehörde und erlässt am 4.2.2016 einen Widerspruchsbescheid nebst ordnungsgemäßer Rechtsbehelfsbelehrung. Den Bescheid stellt sie einen Tag später zu, allerdings an G persönlich. G leitet das Schreiben erst am 7.3.2016 an R weiter. Dieser erhebt am 14.3.2016 Klage. Fristgerecht?

Nach § 74 I VwGO muss die Klage innerhalb eines Monats nach Zustellung des Widerspruchsbescheids erhoben werden. Vorliegend wurde der Widerspruchsbescheid am 5.2.2016 zugestellt. Daher könnte die am 14.3.2016 erhobene Klage verfristet sein. Fraglich ist allerdings, wie es sich auswirkt, dass der Widerspruch unter Verletzung zwingender Zustellungsvorschriften zugestellt worden ist, denn „Empfangsberechtigter" i.S.d. § 8 VwZG ist bei Vorlage einer schriftlichen Vollmacht wegen § 7 I S. 2 VwZG **nur** der **Bevollmächtigte**, nicht der Adressat selbst. Für diesen Fall sieht § 8 VwZG vor, dass das betreffende Dokument (vorliegend der Widerspruchsbescheid) in dem Zeitpunkt als zugestellt gilt, in dem es der Empfangsberechtigte (vorliegend R) nachweislich erhalten hat. R hat den Widerspruchsbescheid am 7.3.2016 erhalten. Die von ihm am 14.3.2016 erhobene Klage ist daher nicht verfristet.

Hinweis: Etwas anderes gilt für die formlose Bekanntgabe eines nicht förmlich bekannt zu gebenden bzw. zuzustellenden Verwaltungsakts. Nach § 41 I S. 2 VwVfG „kann" die Bekanntgabe gegenüber dem Bevollmächtigten vorgenommen werden. Eine mit § 8 I S. 2 VwVG vergleichbare Muss-Bestimmung enthält die Vorschrift nicht. Daher laufen auch bei Bekanntgabe an den Adressaten die Rechtsbehelfsfristen nach §§ 70, 74 I S. 2 VwGO selbst dann, wenn dieser bspw. einen Rechtsanwalt (empfangs-)bevollmächtigt hat.[355]

273 Ein **Fristproblem** ergibt sich, wenn der Widerspruch **mittels Telefax** aufgegeben wird, und das Empfängerfaxgerät bei der Behörde infolge eines **technischen Defekts** den Widerspruch nicht oder nur unvollständig ausdruckt. Geht dann der zweite Übermittlungsversuch erst nach Ablauf der Widerspruchsfrist ein, stellt sich die Frage nach der ordnungsgemäßen Erhebung des Widerspruchs. Ein ähnliches Problem stellt sich, wenn der Widerspruchsführer bzw. dessen Bevollmächtigter mit der Übermittlung eines (elfseitigen) Widerspruchs so spät begonnen hat, dass die Übertragung bis 24 Uhr deshalb scheitert, weil das Telefaxgerät der Behörde durch eine andere eingehende Sendung belegt war.[356] Vgl. dazu auch Rn 248 ff. und 295 ff.

cc. Fehlende oder unrichtige Rechtsbehelfsbelehrung

274 Die **Monatsfrist** nach § 70 I VwGO beginnt nach § 70 II i.V.m. § 58 VwGO schließlich nur dann zu laufen, wenn der (wirksam bekannt gegebene) Verwaltungsakt mit einer **ordnungsgemäßen Rechtsbehelfsbelehrung** versehen wurde. Fehlt es an

---

[354] Es können auch Zustellungsfehler beim Widerspruchsbescheid geheilt werden (dazu *Kremer*, NJW 2002, 2615, 2616). Dies gilt gem. dem Anwendungsbereich des VwZG jedenfalls auf Bundesebene und damit für Zustellungen von Ausgangsbescheiden durch Bundesbehörden und über § 73 III S. 2 VwGO für die Zustellung von Widerspruchsbescheiden (durch Bundes- *oder* Landesbehörden, s.o.). Bei Zustellungen von Ausgangsbescheiden durch Landesbehörden entscheidet das betreffende LandesVwZG. Jedoch wird i.d.R. ohnehin das BundesVwZG in der jeweils gültigen Fassung für anwendbar erklärt.

[355] BVerwG NJW 1998, 1292, 1293.

[356] Vgl. dazu BVerfG-K NJW 2000, 574. Vgl. auch BVerfG NJW 2001, 3473 hinsichtlich der Übermittlung einer Berufungsbegründung.

einer ordnungsgemäßen Rechtsbehelfsbelehrung[357], gilt für die Klageerhebung die Jahresfrist nach **§ 58 II VwGO** (Entsprechendes gilt aufgrund des Verweises in § 70 II VwGO für die Widerspruchsfrist).

Unrichtig ist eine Rechtsbehelfsbelehrung insbesondere dann, wenn sie die in § 58 I VwGO (i.V.m. § 70 I bzw. § 74 I VwGO) **zwingend geforderten Angaben nicht enthält** (Bezeichnung des Rechtsbehelfs, Adressat, Sitz des Adressaten sowie die Monatsfrist[358]). **275**

Hinweis für die Fallbearbeitung: In Prüfungsarbeiten wird oftmals übersehen, dass bei mündlichen Verwaltungsakten die Widerspruchsfrist regelmäßig ein Jahr (und nicht einen Monat) beträgt, weil § 58 I VwGO eine schriftliche (bzw. bei elektronischen Verwaltungsakten die elektronische) Rechtsbehelfsbelehrung verlangt, und es an dieser bei mündlichen Verwaltungsakten gerade fehlt.

Nach Auffassung des BVerwG kann jedoch auch eine „richtige" Rechtsbehelfsbelehrung „unrichtig" sein, und zwar dann, wenn **276**

- sie neben den in § 58 I VwGO genannten Pflichtangaben **unzutreffende oder irreführende Zusätze** enthält, die generell geeignet sind, die Einlegung eines Rechtsbehelfs zu erschweren.

  Beispiel[359]: Enthält eine Rechtsbehelfsbelehrung die Angabe, dass gegen den Bescheid „innerhalb eines Monats nach Bekanntgabe" Widerspruch eingelegt werden kann, ist diese Angabe zwar grundsätzlich richtig, nicht jedoch, wenn der Bescheid nicht formlos bekannt gegeben, sondern förmlich per Einschreiben mit Rückschein zugestellt worden ist. Denn bei einer förmlichen Zustellung gelten mitunter abweichende Fristen (vgl. etwa § 4 II S. 1 VwZG: Fristbeginn mit Aushändigung des Schriftstücks, wohingegen gem. § 41 II S. 1 VwVfG der Bescheid am 3. Tag nach der Aufgabe bei der Post als bekannt gegeben gilt). Eine fehlerhafte Angabe des Fristbeginns kann also dazu führen, dass der Rechtsschutzsuchende die Frist falsch berechnet. In diesem Fall gilt dann die Jahresfrist des § 58 II VwGO.[360]

- Gleiches gilt, wenn die Rechtsbehelfsbelehrung aufgrund einer Vielzahl von (richtigen) Informationen objektiv den Eindruck erweckt, alle wesentlichen Voraussetzungen für einen erfolgreichen Rechtsbehelf wiederzugeben, sie also den **fälschlichen Eindruck der Vollständigkeit hervorruft**.[361]

- Besteht bei der Widerspruchsbehörde/dem Gericht die Möglichkeit, den Widerspruch/die Klage in **elektronischer** Form zu erheben (vgl. für den Widerspruch § 3a VwVfG und für die Klageerhebung § 55a VwGO – Rn 297), stellt sich die Frage, ob eine Rechtsbehelfsbelehrung unrichtig ist, wenn sie nur auf die Möglichkeit hinweist, einen Widerspruch/eine Klage schriftlich oder zur Niederschrift bei der Behörde/dem Urkunds-

---

[357] Den Nachweis, dass eine Rechtsbehelfsbelehrung beigefügt war, hat die Behörde zu erbringen (zu den Voraussetzungen des Nachweises vgl. FG Neustadt v. 30.10.2013 – 4 K 2591/12).

[358] Die Form des Rechtsbehelfs gehört also nicht zu den Pflichtangaben. Dagegen ist strittig, ob die Angabe des Fristbeginns erforderlich ist; dafür BFH NJW 1987, 2704; OVG Münster NJW 2009, 1832 f. (auch Fristbeginn erforderlich); dagegen BVerwG NJW 1991, 508 (Angabe, dass innerhalb eines Monats Rechtsbehelf eingelegt werden kann, genügt). Nach richtiger Auffassung ist die Angabe des Fristbeginns erforderlich, weil nur so der Rechtsschutzsuchende zweifelsfrei die Frist berechnen kann. Problematisch ist OVG Münster NJW 2009, 1832 f. aber aus einem anderen Grund: Das Gericht weist auf den Fristbeginn ab „Bekanntgabe" hin, obwohl es sich um einen förmlich zugestellten Bescheid handelte. Richtigerweise hätte in der Rechtsbehelfsbelehrung der Fristbeginn „ab Zustellung" angegeben werden müssen. Folge wäre gewesen, dass die Jahresfrist gegolten hätte. Vgl. des Weiteren BVerwG BeckRS 2009, 34756 zur Behandlung der Angabe eines örtlich unzuständigen Gerichts.

[359] Vgl. OVG Münster NJW 2009, 1832 f.

[360] Etwas anderes dürfte lediglich für das Übergabe-Einschreiben gem. § 4 II S. 2 VwZG gelten, weil dann dieselbe Regelung gilt wie bei § 41 II S. 1 VwVfG (3-Tage-Fiktion). Denn sind Zustellungs- und Bekanntgabezeitpunkt identisch, kann eine entsprechende Rechtsbehelfsbelehrung keinen Irrtum hervorrufen.

[361] BVerwG BayVBl 2002, 678 und 1553. Vgl. auch *Häußermann*, JA 2002, 934; *Schaks*, JuS 2014, 149, 151.

beamten der Geschäftsstelle zu erheben. Zwar gehört die Form nach § 58 I VwGO nicht zu den obligatorischen Bestandteilen einer Rechtsbehelfsbelehrung (s.o.), sodass die Behörde auch nicht über die erforderliche Form des Rechtsbehelfs belehren muss. Belehrt sie aber (wie in der Praxis üblich) über die Form, muss die Belehrung richtig und vollständig sein. Daher kann man durchaus annehmen, die Belehrung sei fehlerhaft, wenn sie nur auf die Schriftform und die Möglichkeit der Niederschrift hinweist, nicht aber auch auf die (ebenfalls) zulässige elektronische Form.[362] Auch ist entschieden worden, dass der Hinweis, eine im elektronischen Rechtsverkehr erhobene Klage sei „als Anhang einer elektronischen Nachricht (E-Mail)“ zu übermitteln, irreführend, wenn unerwähnt bleibe, dass für die Übermittlung von Dokumenten zwei weitere Wege (OSCI – Online Service Computer Interface – und Web-Upload) eröffnet worden seien.[363] Folgt man dem, ist die Jahresfrist gem. § 58 II VwGO einschlägig.
Es ist aber auch vertretbar, die elektronische Form als Unterfall der Schriftform anzusehen.[364] Dann wäre die Rechtsbehelfsbelehrung insoweit als richtig anzusehen und vom Rechtsschutzsuchenden wäre die Monatsfrist gem. § 70 I bzw. § 58 I VwGO zu beachten.

277 Wird bei einem **Verwaltungsakt mit Drittwirkung** (vgl. bereits Rn 262) in einer ihm beigefügten Rechtsbehelfsbelehrung abstrakt (also nicht auf einen bestimmten Adressaten bezogen) darüber belehrt, dass gegen den Bescheid Widerspruch eingelegt werden kann, bezieht sich die Rechtsbehelfsbelehrung ohne weiteres auch auf einen potenziell Drittbetroffenen und setzt – wenn ihm der Verwaltungsakt bekannt gegeben wird – ihm gegenüber die Widerspruchsfrist in Lauf.[365]

Beispiel: Dem Bauherrn C wurde die Bauerlaubnis erteilt und am 19.1.2016 (Dienstag) bekannt gegeben. Dem Nachbarn A wurde sie am 15.3.2016 (Dienstag) bekannt gegeben. Ihr war eine Rechtsbehelfsbelehrung beigefügt, nach der „gegen diesen Bescheid innerhalb eines Monats nach Bekanntgabe Widerspruch erhoben werden kann“. In der Annahme, dass sich diese Rechtsbehelfsbelehrung nicht auf ihn beziehe, legt A am 20.4.2016 (Mittwoch) Widerspruch ein. Rechtzeitig?

Für A fängt die Widerspruchsfrist am 16.3.2016 (Mittwoch) um 00:00 Uhr an zu laufen und endet am 15.4.2016 (Freitag) um 24:00 Uhr (§§ 70, 58 I VwGO, §§ 79, 31 I VwVfG i.V.m. §§ 187 I, 188 II BGB), wenn der Bescheid mit einer ordnungsgemäßen Rechtsbehelfsbelehrung versehen war. Daran könnte es fehlen, weil sich die Rechtsbehelfsbelehrung nicht direkt an A richtete. Jedoch genügt es nach Auffassung des BVerwG, wenn die Rechtsbehelfsbelehrung abstrakt darüber belehrt, dass gegen den Bescheid innerhalb eines Monats (nach Bekanntgabe) Widerspruch erhoben werden könne. Das war vorliegend der Fall. A hat demnach nicht rechtzeitig Widerspruch eingelegt.

277a **Zusammenfassung: Unrichtig** i.S.d. § 58 II VwGO ist eine Rechtsbehelfsbelehrung nicht nur dann, wenn eine in § 58 I VwGO (i.V.m. § 70 I bzw. 74 I VwGO) genannte **Pflichtangabe fehlt**, sondern auch dann,

- wenn sie neben den in § 58 I VwGO genannten Pflichtangaben **unzutreffende oder irreführende Zusätze** enthält, die generell geeignet sind, die Einlegung eines Rechtsbehelfs negativ zu beeinflussen,
- oder wenn sie aufgrund der Vielzahl von (richtigen) Informationen objektiv den Eindruck erweckt, alle wesentlichen Voraussetzungen für einen Rechtsbehelf wie-

---

[362] So VG Trier 22.9.2009 – 1 K 365/09; OVG Berlin-Brandenburg 22.04.2010 – 2 S 12.10.
[363] VG Neustadt a. d. Weinstraße NJW 2011, 1530.
[364] So *Skrobotz*, jurisPR 2010, 46, 47. Dem entspricht die Gesetzesbegründung BT-Drs. 14/4987, S. 24 zu § 130a ZPO, der zufolge der Gesetzgeber das elektronische Dokument als modifizierte Schriftform versteht.
[365] BVerwG NJW 2010, 1686, 1687.

derzugeben, sie also den **fälschlichen Eindruck der Vollständigkeit hervorruft**.

- Bei einem (begünstigenden) Verwaltungsakt mit (belastender) **Drittwirkung** ist es nicht erforderlich, dass sich die Rechtsbehelfsbelehrung speziell an den Belasteten richtet; es genügt, wenn sie abstrakt formuliert, dass gegen den Bescheid Widerspruch eingelegt werden kann.

Hinweis für die Fallbearbeitung: Ist im Sachverhalt eine Rechtsbehelfsbelehrung wörtlich abgedruckt, kann davon ausgegangen werden, dass sie fehlerhaft ist. Zumindest wird aber auch bei ihrer Ordnungsgemäßheit eine Auseinandersetzung mit ihr erwartet. Bei der Überprüfung kann der Wortlaut der §§ 70, 58 I VwGO herangezogen werden. Insbesondere ist zu beachten, dass etwa ein in der Rechtsbehelfsbelehrung angegebener Zeitraum von **4 Wochen** grundsätzlich **nicht** der Monatsfrist entspricht. Hier wird man von einer Jahresfrist auszugehen haben.[366] Wird in der Belehrung dagegen eine **zu lange** Frist angegeben, gilt diese Frist, nicht die Jahresfrist des § 58 II VwGO. Denn in diesem Fall wird dem Erfordernis, den Betroffenen über das Rechtsmittel und die ihm für eine Rechtsmitteleinlegung zur Verfügung stehende Zeit zu unterrichten, angemessen Rechnung getragen. Für die Rechtsbehelfsbelehrung bezüglich der Klageerhebung gilt Entsprechendes. Die Anforderungen sind den §§ 81, 82 VwGO i.V.m. § 74 VwGO zu entnehmen. Ferner ist zu beachten, dass die Rechtsbehelfsbelehrung (im Gegensatz zu der Begründung gem. § 39 VwVfG) **keine Rechtmäßigkeitsvoraussetzung** für den Verwaltungsakt ist. Ihr Fehlen oder ihre Fehlerhaftigkeit hat **ausschließlich Einfluss auf die Fristberechnung**![367] 277b

In diesem Zusammenhang ist auch § 37 II S. 2 VwVfG bedeutsam. Bei Erlass eines **mündlichen Verwaltungsakts** wird in aller Regel keine Rechtsbehelfsbelehrung erfolgen. Wird dieser Verwaltungsakt gemäß § 37 II S. 2 VwVfG schriftlich bestätigt und ist dieser Bestätigung eine ordnungsgemäße Rechtsbehelfsbelehrung beigefügt, beginnt die Monatsfrist nach § 70 I VwGO mit der Bekanntgabe der Bestätigung zu laufen. Enthält die Bestätigung keine Belehrung oder ist diese fehlerhaft, kommt § 58 II VwGO zur Anwendung. Für die Berechnung der Jahresfrist ist dann aber nicht auf den Zeitpunkt des Zugangs der Bestätigung, sondern auf den Zeitpunkt der Bekanntgabe des mündlichen Verwaltungsakts abzustellen.[368] 278

dd. Mangelhafte Bezeichnung des Adressaten

Hat die Behörde den Adressaten des Verwaltungsakts nicht hinreichend bezeichnet, stellt dies bereits einen Bestimmtheitsmangel dar, der nach den §§ 37 I, 44 VwVfG zu behandeln ist. So ist ein Verwaltungsakt **nichtig**, wenn völlig unklar ist, wer daraus verpflichtet werden soll.[369] Ist die mangelhafte Bezeichnung des Adressaten allerdings nicht so gravierend, dass sich daraus etwa ein Nichtigkeitsgrund nach § 44 VwVfG ergeben könnte, beginnt die Monatsfrist des § 70 VwGO nach Bekanntgabe zu laufen. Bestehen mehrere Adressaten (wie z.B. die Gesellschafter einer nicht rechtsfähigen Personengesellschaft), muss der Verwaltungsakt jedem einzelnen in seinen Rechten Betroffenen bekannt gegeben werden. Anderenfalls erlangt der Verwaltungsakt gegenüber denjenigen, denen er nicht bekannt gemacht worden ist, keine Wirksamkeit gemäß § 43 I VwVfG. Etwas anderes gilt nur, wenn diese Personen anderweitig 279

[366] Eine Ausnahme wird allerdings für den Monat Februar mit 28 Tagen zu machen sein, da dort auch die Angabe einer Monatsfrist zu keinem anderen Ergebnis kommen würde und dem Schutzzweck ausreichend Genüge getan ist.
[367] Ganz ähnlich nun auch *Schübel-Pfister*, JuS 2009, 999, 1003.
[368] *Schmitt Glaeser/Horn*, VerwProzR, Rn 192.
[369] *Kopp/Ramsauer*, VwVfG, § 44 Rn 27.

Kenntnis erlangten oder hätten erlangen können. Dann beginnt ausnahmsweise die Monatsfrist von diesem Zeitpunkt an zu laufen.

ee. Einlegung des Widerspruchs bei einer falschen Behörde

280 Legt der Widerspruchsführer den Widerspruch bei einer falschen Behörde ein (d.h. bei einer Behörde, die weder Ausgangs- noch Widerspruchsbehörde ist), führt dies nicht zur Unzulässigkeit, da diese Behörde im Rahmen der Amtshilfe verpflichtet ist, den Widerspruch weiterzuleiten. Aus dieser Amtshilfepflicht und aus dem Grundsatz der Einheit der Verwaltung kann aber nicht gefolgert werden, dass der Widerspruch auch ordnungsgemäß (i.S.v. fristgemäß) erhoben worden ist. Eine solche Annahme widerspräche dem Wortlaut des § 70 VwGO. Ordnungsgemäß erhoben ist der Widerspruch erst, sobald die unzuständige Behörde ihn an die zuständige Behörde weitergeleitet hat. Nur wenn die unzuständige Behörde den Widerspruch so rechtzeitig weitergeleitet hat, dass er noch innerhalb der Monatsfrist bei der richtigen Behörde eingegangen ist, führt dies zur ordnungsgemäßen Erhebung des Widerspruchs.

e. Behördliche Sachentscheidung trotz verfristeter Erhebung des Widerspruchs

281 Die Versäumung der Widerspruchsfrist führt zum Eintritt der Bestandskraft und damit zur Unanfechtbarkeit. Eine spätere Aufhebung des Verwaltungsakts kann daher nur unter erschwerten Voraussetzungen möglich sein.[370] Dennoch kommt es gelegentlich vor, dass der Rechtsschutzsuchende trotz Versäumnisses der Monatsfrist des § 70 VwGO Widerspruch erhebt und die Behörde dann auch noch in der Sache entscheidet und einen Widerspruchsbescheid erlässt. Ob dieses Vorgehen rechtlich möglich ist, ob die Behörde also die formelle Bestandskraft auf die beschriebene Weise überwinden kann, soll im Folgenden untersucht werden.[371]

- Gegen die Zulässigkeit der behördlichen Sachentscheidung trotz verfristeter Erhebung des Widerspruchs spricht der Umstand, dass mit der Zustellung des Widerspruchsbescheids erneut die Klagemöglichkeit eröffnet wird, obwohl diese eigentlich ausgeschlossen ist (§§ 70 I, 74 I VwGO setzen ein „ordnungsgemäßes" Vorverfahren voraus). Darüber hinaus ist es möglich, dass durch den Widerspruchsbescheid erstmalig ein Dritter belastet wird, der – wenn die Behörde den verfristet eingelegten Widerspruch gem. § 70 I VwGO als unzulässig abgewiesen hätte – nicht belastet worden wäre. Daher lehnt ein gewichtiger Teil der Literatur die Befugnis der Widerspruchsbehörde, über einen verfristet eingelegten Widerspruch in der Sache zu entscheiden, ausdrücklich ab. Mit Ablauf der Widerspruchsfrist erlange der angegriffene Verwaltungsakt formelle Bestandskraft, die nur durch Wiedereinsetzung in den vorigen Stand, durch Aufhebung nach §§ 48 f. VwVfG oder durch Wiederaufgreifen des Verwaltungsverfahrens beseitigt werden könne. Es sei dogmatisch nicht zu erklären, wie die durch Fristablauf eingetretene (formelle) Bestandskraft durch bloße behördliche Sachentscheidung aufgehoben werden könne.[372]
- Demgegenüber vertritt das BVerwG die Auffassung, der Behörde stehe kraft Verfügungsgewalt grundsätzlich die Befugnis zu, die Angelegenheit noch einmal sachlich zu überprüfen und entsprechend zu bescheiden.[373] Zu weit geht es aber auch nach der

---

[370] Zur Aufhebung bestandskräftiger Verwaltungsakte gem. §§ 48 f. bzw. § 51 VwVfG vgl. *R. Schmidt*, AllgVerwR, Rn 644 ff. und 758 ff.

[371] Vgl. dazu auch die Fallbearbeitung von *Beaucamp*, JA 2014, 119, 120 f. Zur Konstellation, dass bereits Klage erhoben wurde, vgl. Rn 245 f.

[372] *Kopp/Schenke*, VwGO, § 68 Rn 28 und § 70 Rn 9; *Erichsen*, Jura 1992, 649 ff.; *Stern/Blanke*, Rn 484; *Schenke*, VerwProzR, Rn 680 ff.; *Dolde/Porsch*, in: Schoch/Schneider/Bier, VwGO, § 68 Rn 29. Vgl. auch VG Neustadt 9.7.2009 – 4 K 409/09; VGH Mannheim DÖV 2009, 508; VG Saarlouis 16.1.2008 – 5 K 1101/07.

[373] BVerwG NVwZ 2002, 1505, 1506; NVwZ-RR 2000, 172; BVerwGE 68, 121, 123; 66, 39, 41; 64, 325, 330; 40, 25, 28 ff.; OVG Schleswig NVwZ-RR 1995, 670.

Rechtsprechung des BVerwG, wenn durch den Widerspruchsbescheid ein Dritter belastet wird, der infolge der Bestandskraft des ursprünglichen Verwaltungsakts eine gesicherte Rechtsposition erlangt hat, die ihm nur bei Vorliegen einer besonderen Rechtsgrundlage wieder entzogen werden darf.

- Die zuletzt genannte Auffassung entspricht zwar nicht dem Wortlaut des § 68 VwGO, da sie aber zugunsten des Bürgers vom Wortlaut abweicht, bestehen keine Bedenken, solange nicht dadurch Rechte Dritter, die sich auf die Bestandskraft eines Verwaltungsakts verlassen dürfen, beeinträchtigt werden. Außerdem könnte die Behörde ohnehin einen rechtswidrigen belastenden Verwaltungsakt nach § 48 I S. 1 VwVfG zurücknehmen. Daher kann es unter der genannten Einschränkung nicht schaden, wenn sie dies auch im Rahmen eines (an sich nicht mehr möglichen) Widerspruchsverfahrens tut.

Hinweis für die Fallbearbeitung: In einer Klausur wäre die Frage aufzuwerfen, ob § 70 VwGO zur Disposition der Behörde steht, ob sie also trotz Verfristung des Widerspruchs bescheiden und dadurch den Rechtsschutz des Bürgers, insbesondere **die Klagemöglichkeit** gegen den Erstbescheid, wieder eröffnen kann. Wird der Rechtsprechung gefolgt, scheitert die Zulässigkeit der Klage grundsätzlich nicht an der Verfristung des Widerspruchs. Voraussetzung ist nur, dass die Behörde den erhobenen Widerspruch zur Sachentscheidung annimmt und dass keine schutzwürdigen Rechte Dritter verletzt werden. Anderenfalls ist das Rechtsschutzbegehren als Fachaufsichtsbeschwerde zu behandeln. Wird stattdessen mit der Literatur die Unzulässigkeit des verfristet erhobenen Widerspruchs angenommen, ist über die Figur der Fachaufsichtsbeschwerde bzw. des Hilfsgutachtens zu Fragen der Begründetheit Stellung zu nehmen. Für die Prüfung der materiellen Rechtslage ändert sich dadurch freilich nichts. **282**

f. Wiedereinsetzung in den vorigen Stand

War der Widerspruchsführer ohne Verschulden verhindert, die Widerspruchsfrist einzuhalten, ist ihm auf Antrag Wiedereinsetzung in den vorigen Stand zu gewähren, § 70 II VwGO i.V.m. § 60 I-IV VwGO.[374] Der Wiedereinsetzungsantrag ist binnen zwei Wochen nach Wegfall des Hindernisses, spätestens aber ein Jahr nach Fristablauf zu stellen, § 60 II und III VwGO[375]. Innerhalb dieser Frist ist die versäumte Handlung (Widerspruchseinlegung) nachzuholen, ansonsten wäre zwar Wiedereinsetzung zu gewähren, jedoch der Widerspruch als unzulässig zu verwerfen. Allerdings bedarf es keines ausdrücklichen Wiedereinsetzungsantrags. Dieser kann sich gemäß § 60 II S. 4 VwGO konkludent aus der (schriftlichen) Widerspruchseinlegung ergeben.[376] Nach § 60 II S. 2 VwGO sind die Wiedereinsetzungsgründe glaubhaft zu machen (vgl. § 173 VwGO i.V.m. § 294 ZPO). Wird auch die Wiedereinsetzungsfrist des § 60 II S. 1 VwGO versäumt, ist wiederum eine Wiedereinsetzung in den vorigen Stand zulässig[377], da auch die Wiedereinsetzungsfrist eine gesetzliche Frist ist. Zuständig für die Wiedereinsetzung ist grds. die Widerspruchsbehörde, § 60 IV VwGO analog, es sei denn, dass die Erlassbehörde dem Widerspruch abhelfen will. Die Entscheidung über die Wiedereinsetzung des Vorverfahrens ist abweichend von der prozessualen Regelung (vgl. § 60 V VwGO, auf den im Vorverfahren durch § 70 II VwGO nicht verwiesen wird!) gerichtlich überprüfbar. Schwierig kann die Beurteilung der *Schuldlosigkeit* des Versäumnisses sein. **283**

---

[374] Zwar regelt für das Verwaltungsverfahren § 32 VwVfG die Wiedereinsetzung in den vorigen Stand, für förmliche Rechtsbehelfe (wie der Widerspruch) gegen Verwaltungsakte gilt § 32 VwVfG jedoch nicht (vgl. § 79 VwVfG).

[375] Entsprechendes gilt für die Klagefrist des § 74 VwGO.

[376] *Schmitt Glaeser/Horn*, VerwProzR, Rn 194.

[377] So BVerwG DVBl 1986, 287.

Wichtigste **Fallbeispiele** sind: Irrtum über Form und Inhalt der Entscheidung bzw. des Widerspruchs, längerfristige Abwesenheit vom Wohnort, Krankheit, Hindernisse bei der Beförderung des Widerspruchs oder ungewöhnlich lange Postlaufzeiten.[378]

284 Im Übrigen ist die Beurteilung dieses Problems eine **Frage des Einzelfalls**. Einen gesetzlich geregelten Wiedereinsetzungsgrund beschreibt **§ 45 III VwVfG**. Danach gilt das Versäumnis als unverschuldet, wenn dem Verwaltungsakt die erforderliche Begründung fehlt oder die Anhörung unterblieben ist und dadurch die rechtzeitige Anfechtung des Verwaltungsakts versäumt worden ist.[379] Umgekehrt liegt **kein** Wiedereinsetzungsgrund vor, wenn der Betroffene mit der Entscheidung rechnen konnte oder sie fahrlässig nicht zur Kenntnis genommen hat.[380] Was die Zurechnung fremden Verschuldens betrifft, ist § 173 VwGO i.V.m. § 85 II ZPO zu beachten, wonach das Verschulden des **Prozessbevollmächtigten** zugerechnet werden kann.[381]

---

[378] *Hufen*, VerwProzR, § 6 Rn 34.

[379] Vgl. dazu auch BVerfGE 53, 148, 151; BVerwGE 74, 289, 290 f.

[380] Vgl. BVerwG NJW 1994, 1672: Fehlende Überwachung des eigenen Postfachs.

[381] Vgl. dazu BVerwG NVwZ 2000, 65 und VGH Mannheim NVwZ-RR 2000, 261. In dieser Regelung spiegelt sich der Grundsatz wider, dass jeder, der sich am Rechtsverkehr beteiligt, für die Personen einzustehen hat, die erkennbar sein Vertrauen genießen.

6. Klagefrist, § 74 VwGO

Gemäß § 74 I S. 1 VwGO ist die Klage **innerhalb eines Monats** nach ordnungsgemäßer **Zustellung** des Widerspruchsbescheids (§ 73 III VwGO) zu erheben. Ist gemäß § 68 I S. 2 VwGO die Durchführung eines Widerspruchsverfahrens nicht erforderlich oder liegt ein ungeregelter Fall der Entbehrlichkeit vor, ist die Klage innerhalb eines Monats nach **Bekanntgabe** des Verwaltungsakts (§ 74 I S. 2 VwGO, § 41 VwVfG) zu erheben. Bei diesen Fristen handelt es sich um sog. **Ausschlussfristen**, deren Ablauf die Möglichkeit der gerichtlichen Verfolgung eines Rechts zunichtemacht. Die Klage ist **erhoben**, wenn die Klageschrift beim Gericht eingeht (vgl. § 81 I S. 1 VwGO). Beim Verwaltungsgericht kann sie gem. § 81 I S. 2 VwGO auch zur Niederschrift des Urkundsbeamten der Geschäftsstelle erhoben werden. In diesem Fall ist der maßgebliche Zeitpunkt die Aufnahme des Protokolls. Die Frist ist auch dann gewahrt, wenn die Klage fristgerecht bei einem **unzuständigen Gericht** erhoben wird und bei diesem Gericht auch **erhoben werden sollte**. 285

> **Beispiel:** Der Kläger hat innerhalb der Monatsfrist die Klageschrift beim Gericht B eingereicht. Dies wollte er auch. Tatsächlich zuständig ist aber das Gericht A.
>
> In einem solchen Fall ist die Klagefrist selbst dann gewahrt, wenn die Klageschrift nach Ablauf der Klagefrist beim zuständigen Gericht eingeht.[382] Das ergibt sich aus § 83 VwGO i.V.m. §§ 17a II, 17b I S. 2 GVG für ein unzuständiges Gericht der Verwaltungsgerichtsbarkeit und unmittelbar aus §§ 17a II, 17b I S. 2 GVG für ein Gericht des unzuständigen Rechtswegs. Auf ein Verschulden kommt es nicht an.

Davon zu unterscheiden ist der Fall, bei dem die Klageschrift bei einem Gericht eingereicht wird, an das die Klage nach Auslegung der Klageschrift **nicht gerichtet ist**. 286

> **Beispiel:** Der Kläger wollte die Klageschrift beim Gericht B einreichen, hat sie aber irrtümlich beim Gericht A eingereicht.
>
> Eine solche Klage ist insoweit nicht erhoben. Erhoben ist sie erst dann, wenn sie bei dem Gericht eingeht, bei dem sie hätte erhoben werden sollen (im Beispiel also beim Gericht B). Hier kommt es für die Fristwahrung entscheidend darauf an, ob die Klage rechtzeitig bei dem Gericht eingeht, welches der Kläger tatsächlich anrufen wollte.[383]

Erst recht genügt **nicht** für die Fristwahrung die Einreichung der Klageschrift bei einer **Verwaltungsbehörde**. 287

> **Hinweis für die Fallbearbeitung:** Damit wird noch einmal der grundlegende Unterschied zum Widerspruch deutlich: Wird der Widerspruch bei einer unzuständigen Behörde eingelegt und leitet diese Behörde den Widerspruch nicht innerhalb der Monatsfrist an die für den Widerspruch zuständige Behörde weiter, führt das zur Verfristung des Widerspruchs. Dieser ist unzulässig. Etwas anderes gilt grds. für die Klageerhebung: Wird die Klage bei einem unzuständigen Gericht eingereicht und wollte der Kläger die Klage auch dort einreichen, führt dies infolge der o.g. Regelung nicht zur Verfristung der Klage. Etwas anderes gilt nur dann, wenn das angerufene Gericht nicht angerufen werden sollte. Hier ist die Klagefrist nur dann gewahrt, wenn die Klageschrift innerhalb der Monatsfrist bei dem Gericht eingeht, bei dem sie hätte eingereicht werden sollen.

---

[382] BVerwG NJW 2002, 768.

[383] BVerwGE 53, 141 ff.; *Kopp/Schenke*, VwGO, § 74 Rn 8. Vgl. auch OVG Lüneburg NVwZ 2004, 116 für den Fall, dass das Gericht ein Gerichtsfach bei einem anderen Gericht eingerichtet hat und der Kläger seinen Rechtsbehelf dort einwirft.

288 Die **Zustellung** des Widerspruchsbescheids richtet sich nach § 73 III S. 2 VwGO i.V.m. den Vorschriften des VwZG (§ 2 BundesVwZG).

289 Zu beachten ist, dass auch hinsichtlich der Zustellung von Widerspruchsbescheiden, die von Landesbehörden erlassen werden, das BundesVwZG unmittelbar anwendbar ist, weil mit der Zustellung des Widerspruchsbescheids die Klagefrist des § 74 VwGO zu laufen beginnt. Prozessrecht ist Bundesrecht.

290 Die **förmliche Zustellung** ist bereits ausführlich bei Rn 269 ff. beschrieben worden, sodass auf diese Ausführungen verwiesen werden kann. Im Folgenden braucht daher lediglich auf ergänzende Aspekte eingegangen zu werden.

291 So ist es problematisch, wenn im Übergabeeinschreibeverfahren[384] der Adressat **nicht angetroffen**, und daher nur ein **Benachrichtigungsschein** in den Briefkasten eingeworfen wird. Nach h.M. genügt dies zum Ingangsetzen der Frist (nämlich der Klagefrist) nicht. Zugestellt ist der Widerspruchsbescheid erst dann, wenn er vom Empfänger **abgeholt** wird, ihm also tatsächlich zugeht (arg.: § 5 I VwZG). Etwas anderes gilt jedoch, wenn der Empfänger den Brief von der Post nicht abholt, weil er mit einem bestimmten Inhalt rechnet, den er nicht zur Kenntnis nehmen möchte, sich also rechtsmissbräuchlich verhält. In diesem Fall muss er sich nach der sog. Zugangsfiktion des § 4 II S. 2 VwZG so behandeln lassen, als sei der Brief rechtzeitig zugestellt (arg.: § 242 BGB).

292 Die **Fristberechnung** für die Klageerhebung erfolgt im Gegensatz zu der des Vorverfahrens unstreitig über die verwaltungsprozessuale Lösung, also nach § 57 II VwGO, §§ 222 I, 224 II, III, 225 f. ZPO, §§ 187 ff. BGB. Es handelt sich dabei um eine sog. Ereignisfrist. Der Zustellungstag ist bei der Fristberechnung nicht zu berücksichtigen, § 187 I BGB. **Fristbeginn** ist demnach der dem dritten Tage[385] folgende Tag um 0 Uhr, auch wenn dieser Tag ein Samstag, Sonn- oder gesetzlicher Feiertag ist.[386] Dementsprechend berechnet sich das **Fristende** nach § 57 II VwGO i.V.m. § 222 I ZPO i.V.m. § 188 II Var. 1 BGB. Danach läuft die Klagefrist als Monatsfrist grundsätzlich an dem Tag des folgenden Monats ab, dessen Zahl dem Anfangstag, also dem Tag der Bekanntgabe oder Zustellung, entspricht. Der Kläger darf die Klagefrist bis zur letztmöglichen Sekunde ausnutzen. Entscheidend ist allein, dass die Klage rechtzeitig in die Verfügungsgewalt des Gerichts, d.h. in eine technische oder personelle **Empfangsvorrichtung** gelangt ist. Als solche kommen insbesondere der (Nacht-) Briefkasten, das Postfach (selbst wenn dieses erst am nächsten Tag geleert wird), das Postschließ- oder Sammelfach des Gerichts und auch die Übermittlung durch die Post in Betracht:

Beispiel zur Fristberechnung: K erhält via Übergabeeinschreiben von der zuständigen Widerspruchsbehörde die Bestätigung der Aufforderung, er solle binnen 3 Monaten seinen nicht genehmigungsfähigen Schwarzbau beseitigen. Absendedatum des Bescheids war der 14.1.2016 (Donnerstag). Tatsächlich zugegangen ist er dem K einen Tag später, also am 15.1.2016.

Gemäß § 4 II S. 2 VwZG *gilt* (gesetzliche Fiktion!) der postalisch zugestellte Bescheid mit dem 3. Tag nach der Aufgabe bei der Post als zugestellt, es sei denn, dass er nachweislich nicht oder später zugegangen ist. Ob er früher zugeht, ist unerheblich.[387]

---

[384] Zwar ist das Übergabeeinschreiben im VwZG nicht vorgesehen, wird es aber dennoch von der Behörde gewählt, gilt der Verwaltungsakt als bekannt gegeben, wenn das Dokument tatsächlich zugestellt ist.

[385] Es sei denn, dass der Widerspruchsbescheid tatsächlich später zugegangen ist.

[386] Wie bereits im Rahmen der Frist des Vorverfahrens gesagt, ist die Vorschrift des § 56 II VwGO i.V.m. § 4 II S. 2 VwZG auf gesetzliche Fiktionen nicht anwendbar.

[387] Wie hier *Faßbender*, JuS 2012, 332, 334.

Demnach gilt vorliegend der Widerspruchsbescheid als am 17.1.2016 (Sonntag) zugestellt, sodass die Klagefrist am 18.1.2016 um 0 Uhr zu laufen beginnt. Dass der dritte Tag (der 17.1.2016) auf einen Sonntag fiel, spielt aufgrund der Fiktionsregelung beim Frist*beginn* keine Rolle. K muss seine Klage daher gem. § 188 II BGB bis zum 17.2.2016 um 24 Uhr beim Gericht einreichen (bspw. durch Einwurf in den Nachtbriefkasten oder in das Postfach, auch wenn die Leerung erst am folgenden Tag erfolgt). Wäre dieser Tag (hypothetisch angenommen) ein Samstag, Sonn- oder Feiertag, würde die Frist erst am darauf folgenden Werktag um 24 Uhr enden, vgl. § 222 II ZPO, § 193 BGB.

Ist die (schriftliche oder bei elektronischen Verwaltungsakten die elektronische) **Rechtsbehelfsbelehrung** unterblieben, gilt (aus Verwirkungsgründen) die **Jahresfrist**, § 74 I i.V.m. §§ 57, 58 II VwGO. Auch insoweit sei auf die Ausführungen zum Vorverfahren verwiesen (Rn 274). **293**

Hinweis für die Fallbearbeitung: Ist im Sachverhalt die Klagefrist bei unbefangener Betrachtungsweise gerade überschritten, sollte dieser Fristangabe mit Vorsicht begegnet werden! Oft greift entweder eine Regelung ein, die hinsichtlich des Zeitpunkts der Zustellung und somit des Fristbeginns eine besondere Fiktion festlegt, oder die Frist ist ausnahmsweise länger als die des § 74 VwGO:

- Bei den Fiktionen beginnt die Klagefrist erst ab dem fingierten Zeitpunkt zu laufen, auch wenn die Zustellung tatsächlich früher erfolgt sein sollte, vgl. §§ 4 II S. 2, 6, 7 VwZG.
- Eine Fristverlängerung ist gegeben, wenn die gesetzlich zwingend vorgeschriebene Rechtsbehelfsbelehrung (z.B. § 73 III VwGO) fehlt oder unrichtig ist. In diesem Fall läuft die Jahresfrist des § 58 II VwGO.

Ist die Zustellung keinem Beteiligten gegenüber wirksam erfolgt (unwirksame Zustellung), sind auch Rechtsbehelfe dagegen grundsätzlich noch nicht zulässig, da der Verwaltungsakt gem. § 43 I i.V.m. § 41 I-III VwVfG erst mit Bekanntgabe wirksam wird. In diesem Fall beginnt daher die Frist gar nicht erst zu laufen. Ist die Zustellung nur fehlerhaft (und eine Heilung nicht erfolgt), sind Rechtsbehelfe zeitlich unbegrenzt zulässig, solange dieses Recht nicht verwirkt ist. **294**

Mittlerweile gesicherte Rechtsauffassung ist es, dass die Klageerhebung **mittels Telefax** dem Schriftformerfordernis des § 81 VwGO entspricht.[388] Für die Fristwahrung genügt es, wenn die Klageschrift innerhalb der Klagefrist beim Empfangsgerät eingeht und von diesem gespeichert wird. Auf einen rechtzeitigen Ausdruck auf Papier kommt es nicht an.[389] Ist das Empfangsgerät des Gerichts defekt und geht dadurch die Klageschrift erst nach Ablauf der Klagefrist ein, stellt sich die Frage, zu wessen Lasten dies geht. Das BVerfG hat entschieden, dass in Fällen, in denen das Gericht die Möglichkeit der Faxübermittlung anbietet und in denen der fehlgeschlagene Versuch in der Sphäre des Gerichts liegt (etwa durch eine Störung im Empfangsgerät), dem Kläger grundsätzlich **Wiedereinsetzung in den vorigen Stand** gem. § 60 I, II S. 3, 4 VwGO zu gewähren ist, und zwar ohne besonderen Antrag.[390] Nach Auffassung des OVG Hamburg gilt dies aber nicht, wenn der Kläger bzw. sein Prozessbevollmächtigter in der verbleibenden Zeit ohne weiteres eine andere Übermittlungsmethode hätte wählen können, etwa den Einwurf in den Nachtbriefkasten, wenn das Gericht **295**

[388] BVerfG NJW 2001, 3473; NJW 2000, 574; GSOBG BVerwGE 58, 359, 365; BVerwGE 76, 14; BGH NJW 1998, 3649, 3650. Vgl. auch BVerwG NJW 2006, 1989 f.
[389] BGH NJW 2006, 2263, 2265.
[390] BVerfG NJW 2001, 3473 und NJW 2000, 1636 mit Bezug auf BVerfG NJW 1996, 2857, 2858. Vgl. auch OVG Magdeburg NJW 2010, 3321 f.

nicht weit entfernt ist.[391] Das BVerfG hat sich dieser Auffassung angeschlossen. Bestehe eine Störung im Empfangsgerät des Gerichts, könne vom Prozessvertreter des Klägers verlangt werden, in zumutbarer Weise den Schriftsatz an das Gericht zu übermitteln.[392]

296 Das BVerfG hatte auch den Fall zu entscheiden, dass der Kläger bzw. dessen Prozessvertreter mit der Übermittlung einer (elfseitigen) Verfassungsbeschwerde an das BVerfG so spät begonnen hatte (hier: um 23:54 Uhr), dass allenfalls eine Zeitreserve von zwei Minuten bis zum Fristablauf verblieb. In diesem Fall sei die Fristversäumnis verschuldet und eine Wiedereinsetzung in den vorigen Stand abzulehnen, wenn die Übertragung bis 24 Uhr deshalb scheitert, weil das **Telefaxgerät des Gerichts durch eine andere eingehende Sendung belegt** war.[393]

Ebenfalls entspricht es mittlerweile gesicherter Rechtsauffassung, dass die elektronische Übermittlung der Klageschrift an das Gericht online vom **PC** (sog. **Computerfax**) den Anforderungen des § 81 VwGO genügt und damit die Klagefrist des § 74 VwGO wahrt.[394] Zwar ist § 55a VwGO, der die Übermittlung elektronischer Dokumente an das Gericht gestattet, in diesem Zusammenhang jedenfalls nicht einschlägig, da das Computerfax gerade aufgrund der Tatsache, dass das übermittelte Dokument in Papierform vom Faxgerät des Gerichts ausgedruckt wird, kein elektronisches Dokument i.S.d. § 55a VwGO ist. Jedoch hat bereits vor Inkrafttreten des § 55a VwGO (und des davor geltenden § 86a VwGO) der *Gemeinsame Senat der Obersten Gerichtshöfe des Bundes* das Schriftformerfordernis als gewahrt angesehen und damit das Computerfax für zulässig erachtet, wenn das übermittelte Dokument die eingescannte Unterschrift des Klägers bzw. des Prozessbevollmächtigten enthält und beim Empfänger von dessen Faxgerät in Papierform auch ausgedruckt wird.[395] Diese Rechtsprechung hat das BVerwG in einer jüngeren Entscheidung sogar noch mehr aufgeweicht und entschieden, dass noch nicht einmal eine eingescannte Unterschrift erforderlich sei.[396] Kommt es zu Empfangsstörungen, gilt das zum Telefax Gesagte entsprechend.

297 Vom Computerfax zu unterscheiden ist die Übermittlung des **elektronischen Dokuments** via Internet (**E-Mail**; **Datei-Anhang**), bei dem das Dokument nicht von einem Empfängerfaxgerät in Papierform ausgedruckt, sondern (z.B. durch einen E-Mail-Account) elektronisch erfasst wird. Hier greift der bereits genannte § 55a VwGO, wonach die Beteiligten elektronische Dokumente (also auch Klageschriften) übermitteln dürfen, soweit dies für den jeweiligen Zuständigkeitsbereich durch Rechtsverordnung der Bundesregierung (also für die Übermittlung von elektronischen Dokumenten an das BVerwG) oder der Landesregierungen (also für die Übermittlung von elektronischen Dokumenten an die VGe bzw. OVGe) zugelassen worden ist. Wann ein elektronisches Dokument eingereicht, d.h. zugestellt ist, richtet sich gem. § 55a II VwGO nach der oder den genannten Rechtsverordnung(en).[397]

---

[391] OVG Hamburg NJW 2000, 1667, 1668.
[392] BVerfG NJW 2000, 1636.
[393] BVerfG-K NJW 2000, 574. Dagegen ist es einer Kanzlei, die 300 km vom Berufungsgericht entfernt ist, nicht zumutbar, sechs Stunden vor Ablauf der Berufungsbegründungsfrist bei einer Störung des Empfangsgeräts beim Gericht einen beim Berufungsgericht zugelassenen Anwalt mit der Übermittlung zu beauftragen (BVerfG NJW 2001, 3473).
[394] Vgl. OVG Lüneburg NJW 2007, 1080. Zum Begriff des Computerfax und zur Abgrenzung zum Telefax vgl. Rn 250.
[395] Vgl. GemS-OGB NJW 2000, 2340 mit Bespr. v. *Düwell*, NJW 2000, 3334, und *Maihold*, JA 2001, 273 ff.; vgl. auch FG Hamburg NJW 2001, 992 und nun *Geis*, NVwZ 2002, 385, 390 f.
[396] BVerwG NJW 2006, 1989 f. (mit Bespr. v. *Wolff*, JA 2006, 751).
[397] Zu beachten ist, dass elektronische Dokumente mit einer elektronischen Signatur versehen sein müssen; anderenfalls wirken sie nicht fristwahrend.

Überträgt man die Rechtsprechung des BVerfG zum Telefax, wonach in Fällen, in denen das Gericht die Möglichkeit der Faxübermittlung anbietet und in denen der fehlgeschlagene Versuch in der Sphäre des Gerichts liegt (etwa durch eine Störung im Empfangsgerät), dem Kläger grundsätzlich **Wiedereinsetzung in den vorigen Stand** gem. § 60 I, II S. 3, 4 VwGO zu gewähren ist, dürfte dieselbe Rechtsfolge auch bei Störungen der für den Empfang elektronischer Dokumente bestimmten Einrichtung des Gerichts gelten.[398] 298

Bei der Umsetzung von **EU-Recht** ist es denkbar, dass der Fristablauf auf nationaler Ebene die gerichtliche Durchsetzung eines subjektiven Rechts, das dem EU-Recht entstammt, unmöglich macht. Dies führt zu der Frage, ob nationale Fristbestimmungen mit dem EU-Recht vereinbar sind. Wie bereits bei Rn 104 erörtert, ist das nationale Verfahrensrecht in Ermangelung eines einheitlichen europäischen Verfahrensrechts grundsätzlich anwendbar. Nach der Rechtsprechung des EuGH darf aber das nationale (Verfahrens-) Recht die Effektivität des EU-Rechts zum einen nicht in Frage stellen und zum anderen darf es unionsrechtliche Positionen nicht schlechter behandeln als nationale. So hat der EuGH in seiner Emmott-Entscheidung nationale Fristbestimmungen für nicht anwendbar erklärt, soweit eine umzusetzende EU-Richtlinie nicht fristgemäß oder nicht hinreichend umgesetzt wurde und sie unmittelbare Geltung erlangt. In diesem Fall fange die Klagefrist des § 74 I VwGO erst mit ordnungsgemäßer Umsetzung an zu laufen.[399] Diese Rechtsprechung hat der EuGH später durch eine Reihe weiterer Entscheidungen auf einen Sonderfall reduziert.[400] Auch im Anwendungsbereich des EU-Rechts verstießen nationale Klagefristen grundsätzlich nicht gegen das Gebot der effektiven Durchsetzung des EU-Rechts, da auch hier insoweit das Prinzip der Rechtssicherheit gelte. 299

Zusammenfassung zur Klagefrist

- Keine wirksame Zustellung bzw. Bekanntgabe: Kein Rechtsbehelf zulässig, da kein wirksamer Grundverwaltungsakt bzw. Widerspruchsbescheid vorliegt. 300
- Fehlerhafte Zustellung: Zeitlich unbegrenzte Rechtsbehelfsfrist, aber Verwirkung möglich.
- Keine oder unrichtige Rechtsbehelfsbelehrung: Jahresfrist des § 58 II VwGO.
- Fehlerfreie Zustellung mit fehlerfreier Rechtsbehelfsbelehrung: Monatsfrist, § 74 VwGO (Normalfall).

---

[398] Vgl. dazu nun auch OVG Lüneburg NJW 2007, 1080, wobei das Gericht einen Antrag auf Wiedereinsetzung in den vorigen Stand ablehnte. Der Entscheidung lag der Fall zugrunde, dass beim Prozessbevollmächtigten des Klägers, der kurz vor Ablauf der Klagefrist die Klage per Computerfax einreichen wollte, der Computer abstürzte. Reiche jemand in letzter Sekunde eine Klageschrift ein, müsse er nicht nur einkalkulieren, dass das Empfangsgerät beim Gericht durch eine andere eingehende Sendung besetzt sei, sondern er müsse auch in dem Fall, dass aufgrund eines Computerabsturzes ein Neuverfassen der Klageschrift erforderlich würde, diese notfalls so straffen, dass die verbleibende Zeit ausreiche, damit die Schrift noch vor 24 Uhr beim Gericht ankomme.

[399] EuGH Slg. 1991, 4269, 4298 (*Emmott*).

[400] Slg. 1993, 5475, 5502 (*Steenhorst-Neerings*); EuGH 1998, 833 (*Fantask*).

7. Klagegegner (Beklagter), § 78 VwGO

a. Allgemeines

301 Nach der hier vertretenen Auffassung erfolgt die Prüfung des § 78 VwGO in Form des „Klagegegners" (*passive Prozessführungsbefugnis*) innerhalb der Zulässigkeit bzw. der Sachentscheidungsvoraussetzungen.[401] Die Gegenauffassung prüft § 78 VwGO als „Passivlegitimation" gleich zu Beginn der Begründetheit des Rechtsbehelfs.[402]

302 Ausgangspunkt der Überlegung ist die Frage nach der *Sachlegitimation* des Klägers, des Beklagten und ggf. des Beigeladenen (für seine Anträge i.S.v. § 66 VwGO). Sie umfasst die materielle Seite des streitigen Rechtsverhältnisses und ist daher von der allgemeinen Sachentscheidungsvoraussetzung der *Prozessführungsbefugnis* klar zu unterscheiden: Die **Prozessführungsbefugnis** ist die Befugnis, über das behauptete, im Prozess streitige Recht im eigenen Namen einen Rechtsstreit zu führen.[403] Auf Klägerseite (*aktive Prozessführungsbefugnis*) ist dies die Befugnis, über das behauptete Recht als eigenes Recht im eigenen Namen das Verfahren zu führen. Die Frage nach der *aktiven Prozessführungsbefugnis* stellt im Verwaltungsprozess allerdings kein gesondertes Problem dar, weil § 42 II VwGO die Prozessstandschaft, d.h. die Möglichkeit der Geltendmachung fremder Rechte im eigenen Namen, nur in gesetzlich ausdrücklich geregelten Fällen zulässt[404] und sie ansonsten ausschließt. Folgerichtig ist die aktive Prozessführungsbefugnis bei Bejahung der Klagebefugnis nicht mehr zu prüfen. Unter der *passiven Prozessführungsbefugnis* ist die Befugnis des Beklagten zu verstehen, über die vom Kläger behauptete Verpflichtung im eigenen Namen den Prozess zu führen.

Die **Sachlegitimation** (Sachbefugnis) betrifft hingegen nicht die Zulässigkeit, sondern ausschließlich die **Begründetheit** der Klage (bzw. des Antrags).[405] Sie regelt die Frage des richtigen Klägers (*Aktivlegitimation*) und des richtigen Beklagten (*Passivlegitimation*) **im materiell-rechtlichen Sinne**.

Aktivlegitimiert ist der Kläger, wenn ihm der geltend gemachte Anspruch auch wirklich zusteht, bei der Anfechtungsklage also dann, wenn er durch den angefochtenen Verwaltungsakt in seinen Rechten verletzt ist und die Aufhebung verlangen kann. Aufgrund der separaten Prüfung der subjektiven Rechtsverletzung bzw. des Leistungsanspruchs in der Begründetheit ist die Aktivlegitimation allerdings nicht eigenständig zu prüfen. Die **Passivlegitimation** betrifft die Verpflichtung, dass der Beklagte nach materiellem Recht zu der vom Kläger begehrten Leistung bzw. Unterlassung verpflichtet ist. Die Passivlegitimation ist somit das materielle Gegenstück zur passiven Prozessführungsbefugnis.

Aus diesen Darlegungen folgt, dass *passive Prozessführungsbefugnis* und *Passivlegitimation* nicht miteinander verwechselt werden dürfen.

Stellungnahme und Hinweis für die Fallbearbeitung: Für die Fallbearbeitung bieten sich somit zwei Möglichkeiten an: Entweder man prüft § 78 VwGO[406] als passive Prozessführungsbefugnis bei der Zulässigkeit (bzw. bei den Sachentscheidungsvoraussetzungen) oder man lässt (mit der Gegenauffassung) die Prüfung des

---

[401] Die Regelung des § 78 VwGO als passive Prozessführungsbefugnis betrachten auch VGH Kassel NVwZ-RR 2005, 519; *Stern/Blanke*, Rn 348; *Schenke*, VerwProzR, Rn 546; *Hufen*, VerwProzR, § 12 Rn 29 f.; *Meissner*, in: Schoch/Schneider/Bier, VwGO, § 78 Rn 4 ff.; *Kopp/Schenke*, VwGO, § 78 Rn 1; *Korte*, in: Redeker/v. Oertzen, VwGO, § 78 Rn 11; *Zilkens*, JuS 2001, 368, 370; *Czybulka/Biermann*, JuS 2000, 353, 357; *Ronellenfitsch/Glemser*, JuS 2008, 888, 889; *Ehlers*, Jura 2006, 351, 356; *Rozek*, JuS 2007, 601, 602 (in Bezug auf § 78 I Nr. 2 VwGO); *Thye*, JuS 2011, 618, 621; *Muckel/Ogorek*, JA 2013, 845, 847.

[402] So BVerwGE 31, 233, 236; 45, 29, 43 f.; 80, 127, 128; 116, 78, 83; *Klinger*, JuS 2003, 1191, 1192; *Jahn*, JuS 2001, 173, 175; *Schmitt Glaeser/Horn*, VerwProzR, Rn 238; *Kopp*, VwGO (10. Aufl.), Vorbem § 40 Rn 38, § 78 Rn 3; *Happ*, in: Eyermann, VwGO, § 78 Rn 1; *Decker*, in: Wolff/Decker, VwGO/VwVfG, § 78 Rn 3; *Würtenberger*, VerwProzR, Rn 596 ff. Vgl. zum Streit auch *Desens*, NVwZ 2013, 471 ff.

[403] *Dörr*, JuS 2000, 491, 492; *Rozek*, JuS 2007, 601, 602 in Bezug auf § 78 I Nr. 1 VwGO.

[404] Vgl. Rn 175 ff. (Vereinsklagen).

[405] *Kopp/Schenke*, VwGO, Vorb § 40 Rn 28.

[406] Sofern man von einer Pauschalbetrachtung und nicht von einer differenzierten Betrachtung ausgeht.

richtigen Beklagten dort weg und prüft diesen Gesichtspunkt nur bei der Begründetheit. Für die Prüfung des § 78 VwGO als Passivlegitimation bei der Begründetheit spricht, dass es letztlich um die Frage nach dem materiell-rechtlich Verpflichteten geht. Andererseits sprechen die Formulierung des § 78 VwGO „Die Klage ist zu richten an ..." und die klare Stellung des § 78 VwGO im Zusammenhang mit den übrigen Sachentscheidungsvoraussetzungen für Anfechtungs- und Verpflichtungsklagen eindeutig dafür, dass § 78 VwGO die *passive Prozessführungsbefugnis* und **nicht** die *Passivlegitimation* regelt. Darüber hinaus würde eine Prüfung des richtigen Beklagten bei der Begründetheit dazu führen, dass die Prüfung seiner Beteiligungs- und Prozessfähigkeit dennoch bei den Sachentscheidungsvoraussetzungen bzw. bei der Zulässigkeit (§§ 61, 62 VwGO) zu erfolgen hätte. Diese Prüfung wäre aber dann ohne Bezug, weil die dort genannte Behörde ja gerade noch nicht als Klagegegner feststeht. Diese (kaum durchdachte) Konsequenz der Gegenauffassung wird aber vermieden, indem die Beteiligten- und Prozessfähigkeit des Klagegegners erst dann geprüft wird, wenn dieser als solcher auch feststeht. Im Ergebnis ist somit festzustellen, dass **§ 78 VwGO als Klagegegner bei der Zulässigkeit bzw. als Sachentscheidungsvoraussetzung zu prüfen ist.**[407] Die Prüfung einer „Passivlegitimation" im Rahmen der Begründetheit muss dann nicht mehr erfolgen.

Ferner ist zu beachten, dass aufgrund der systematischen Stellung im 8. Abschnitt der VwGO § 78 VwGO nur für die Anfechtungs- und die Verpflichtungsklage direkt herangezogen werden kann. Das ihm zugrunde liegende Rechtsträgerprinzip ist jedoch auf alle anderen Klagearten übertragbar, sodass insofern § 78 VwGO auf diese analog anwendbar bzw. der Rechtsgedanke übertragbar ist.[408] Freilich gilt im Landesbeamtenrecht wiederum die Ausnahme, dass § 78 I Nr. 1 VwGO auf beamtenrechtliche Leistungs- und Feststellungsklagen gem. § 54 II S. 1 BeamtStG unmittelbar anwendbar ist. 303

b. Anfechtung des Ausgangsverwaltungsakts in der Gestalt des Widerspruchsbescheids

Werden Grundverwaltungsakt und Widerspruchsbescheid einheitlich angegriffen (Normalfall gem. § 79 I Nr. 1 VwGO, soweit ein Widerspruchsverfahren überhaupt noch durchzuführen ist, vgl. Rn 224 f.), gilt der Grundsatz aus § 78 I VwGO. Da Gegenstand der Anfechtungsklage nach § 79 I Nr. 1 VwGO der ursprüngliche Verwaltungsakt in der Gestalt ist, den er in der Form des Widerspruchsbescheids gefunden hat, ist richtiger Beklagter bei vorliegendem Widerspruchsbescheid also grundsätzlich **nicht** der Rechtsträger der Widerspruchsbehörde, **sondern derjenige der Ausgangsbehörde**. Dies gilt auch für die Behörde einer **Selbstverwaltungskörperschaft** (Gemeinde, Landkreis, Universität etc.). In diesem Fall ist die Klage stets gegen die Körperschaft selbst zu richten, und zwar unabhängig davon, ob sie im eigenen oder übertragenen Wirkungskreis gehandelt hat.[409] Insbesondere sind Gemeindebehörden **keine** Behörden des Staates, sodass richtiger Klagegegner die Gemeinde ist. 304

Soweit Kommunalbehörden jedoch als untere **Staatsbehörde** (untere Verwaltungsbehörde) mit der Wahrnehmung unmittelbarer staatlicher Aufgaben betraut sind, sind sie *staatliche* Behörden (**Doppelfunktion in der Verwaltung**). Das sind je nach Bundesland das Landratsamt (und der Oberbürgermeister), der Landrat oder der Oberkreisdirektor. Klagegegner ist in diesem Fall das Bundesland. 305

---

[407] In diesem Sinne nunmehr auch BVerwGE 124, 47, 55.

[408] *Hufen*, VerwProzR, § 12 Rn 31; *Ehlers*, Menger FS, 1985, S. 392. Nach *Kopp/Schenke* (VwGO, § 78 Rn 2) ist § 78 VwGO in diesen Fällen auch nicht analog anwendbar. Die Klage sei vielmehr schlicht gegen die Person zu richten, gegenüber der der Kläger das von ihm geltend gemachte Recht behauptet.

[409] *Stern/Blanke*, Rn 385; *Happ*, in: Eyermann, VwGO, § 78 Rn 13; *Redeker/v. Oertzen*, VwGO, § 78 Rn 1 ff.; *Kopp/Schenke*, VwGO, § 78 Rn 3 u. 7.

306 Wie bei *R. Schmidt*, AllgVerwR, Rn 85 beschrieben, werden die unteren staatlichen Verwaltungsaufgaben aus Gründen der Vermeidung von Doppelarbeit, Kompetenzgerangel und Reibungsverlusten von den Behörden der kommunalen Gebietskörperschaften erfüllt. Organisatorisch bleiben diese Behörden jedoch in den Kommunen eingegliedert. Sollen von den Kommunalbehörden indes *staatliche* Aufgaben wahrgenommen werden, findet eine sog. **Organleihe** statt. Eine Organleihe liegt vor, wenn ein bestimmtes Organ neben den Aufgaben seines Verwaltungsträgers bestimmte Aufgaben eines anderen Verwaltungsträgers wahrzunehmen hat und insoweit als dessen Organ tätig wird. Zwar ist die Wahrnehmung fremder Verwaltungsaufgaben auch Inhalt des übertragenen Aufgabenbereichs, die Organleihe ist aber insofern von dem übertragenen Aufgabenkreis abzugrenzen, als das Organ organisatorischer Bestandteil des anderen Verwaltungsträgers wird. Klagegegner ist dann das Land, in dessen Dienst die Behörde gestellt wurde.

Beispiel: Das Landratsamt (der Landrat) ist einerseits **Kreisbehörde** des Landkreises, wenn es (er) Aufgaben des Landkreises erfüllt, also im eigenen oder übertragenen Wirkungskreis tätig ist und andererseits **Staatsbehörde**, wenn es (er) rein staatliche Aufgaben wahrnimmt. Rein staatliche Aufgaben sind neben der Fach- und Rechtsaufsicht über die kreisangehörigen Gemeinden insbesondere die Aufgaben der Kreisverwaltungsbehörde als untere staatliche Verwaltungsbehörde.

c. Isolierte Anfechtung des Widerspruchsbescheids

307 Bei isolierter Anfechtung des Widerspruchsbescheids, sei es dadurch, dass er eine erstmalige Beschwer enthält (§ 78 II i.V.m. § 68 I S. 2 Nr. 2 VwGO), oder sei es, dass er gegenüber dem ursprünglichen Verwaltungsakt eine selbstständige zusätzliche Beschwer enthält (*Reformatio in peius*, vgl. § 79 II S. 3 i.V.m. § 78 II VwGO sowie ausführlich Rn 845 ff.), ist die Klage gegen den **Rechtsträger der Widerspruchsbehörde** zu richten, § 78 II bzw. § 79 II i.V.m. § 78 II VwGO.[410]

d. Fazit bei der Bestimmung des Klagegegners und Beispiele

308
- Bei Versagung der **Prüfplakette** nach § 29 StVZO durch den Sachverständigen kommt es darauf an, ob *er* oder die *Organisation* (TÜV, DEKRA, KÜS etc.), der er angehört, beliehen ist. Richtiger Klagegegner ist stets der Beliehene.[411]
- Auch in Fällen sonstiger **Beleihung** ist der beliehene Unternehmer selbst, und nicht die beleihende Körperschaft richtiger Klagegegner.[412]
- Bei angefochtenen Verwaltungsakten, die im Rahmen der Erfüllung von Aufgaben im eigenen oder übertragenen Wirkungskreis erlassen wurden, ist die **Selbstverwaltungskörperschaft** (z.B. Gemeinden, Landkreise und sonstige Körperschaften und Anstalten des öffentlichen Rechts) selbst und nicht der Staat richtiger Klagegegner, weil auch in diesem Fall die Behörden der Selbstverwaltungskörperschaft nie *staatliche* Behörden sind (s.o.).[413] In gesetzlich geregelten Fällen, in denen beispielsweise der Kreisvorstand (Landrat/Oberkreisdirektor) im Wege der **Organleihe** als „untere staatliche Verwaltungsbehörde" (= Kreisverwaltungsbehörde) Aufgaben des Bundeslandes erfüllt, ist das Bundesland richtiger Klagegegner.[414] Rein staatliche Aufgaben sind neben der Rechtsaufsicht über die kreisangehörigen Gemeinden insbesondere die Aufgaben der Kreisverwaltungsbehörde als untere staatliche Verwaltungsbehörde. Daraus leitet sich der richtige Klagegegner - hier das Land - ab. Wenn die Behörde *Landrat* indes als Organ der Selbstverwaltungskörperschaft *Landkreis* handelt (= Kreisbehörde), ist der Landkreis richtiger Klagegegner.

---

[410] Vgl. *Schmitt Glaeser/Horn*, VerwProzR, Rn 238; *Kopp/Schenke*, VwGO, § 78 Rn 12.
[411] Wie hier nun auch *Wolff*, JA 2006, 749, 750.
[412] Vgl. ebenfalls nun auch *Wolff*, JA 2006, 749, 750.
[413] *Kopp/Schenke*, VwGO, § 78 Rn 5; *Hufen*, VerwProzR, § 13 Rn 33; *Happ*, in: Eyermann, VwGO, § 78 Rn 13; *Stern/Blanke*, Rn 385.
[414] *Hufen*, VerwProzR, § 13 Rn 33; *Kopp/Schenke*, VwGO, § 78 Rn 6.

- Bei (Nicht-)Zulassung zum **Studium** ist die Universität - da Selbstverwaltungskörperschaft - richtiger Klagegegner.[415]
- Im Zusammenhang mit Verwaltungsakten von **Fakultäten** als Organe der Universität sind erstere Klagegegner.[416]
- Bei **mehrstufigen Verwaltungsakten** (*R. Schmidt*, AllgVerwR, Rn 433) ist richtiger Klagegegner grundsätzlich der Rechtsträger derjenigen Behörde, die dem Bürger gegenüber den Verwaltungsakt erlässt.[417]
- Bei Anfechtung des **Ausgangsverwaltungsakts in der Gestalt des Widerspruchsbescheids** (§ 79 I Nr. 1 VwGO) ist richtiger Klagegegner der Rechtsträger der Ausgangsbehörde (vgl. oben).
- Bei **isolierter Anfechtung des Widerspruchsbescheids**, sei es, dass der Widerspruchsbescheid *erstmalig* eine Beschwer enthält, oder sei es, dass der Widerspruchsbescheid alleiniger Gegenstand der Anfechtungsklage ist, weil er gegenüber dem ursprünglichen Verwaltungsakt eine *zusätzliche selbstständige* Beschwer enthält, ist die Klage gegen den Rechtsträger der Widerspruchsbehörde zu richten, § 78 II bzw. § 79 II S. 3 i.V.m. § 78 II VwGO (vgl. oben).

Zu beachten ist, dass gem. **§ 78 I Nr. 2 VwGO** die Länder befugt sind, abweichend von § 78 I Nr. 1 VwGO nicht den Rechtsträger, sondern die Behörde selbst, die den Verwaltungsakt erlassen hat, als Klagegegner zu bestimmen (sog. **Behördenprinzip**).[418] Zahlreiche Länder haben von dieser Möglichkeit Gebrauch gemacht (vgl. dazu das jeweilige Ausführungsgesetz des Landes). Besteht eine solche landesrechtliche Bestimmung, geht diese § 78 I Nr. 1 VwGO vor mit der Folge, dass die Klage gegen die Behörde, die den Verwaltungsakt erlassen hat (etwa gegen den Oberbürgermeister einer kreisfreien Gemeinde), und nicht gegen den Rechtsträger zu richten ist.

---

[415] *Kopp/Schenke*, VwGO, § 78 Rn 6. Bei Hochschulzulassungen, die über die ZVS erfolgen, ist diese Klagegegner (*Kopp/Schenke*, a.a.O.; *Happ*, in: Eyermann, VwGO, § 78 Rn 13).

[416] Wie hier *Kopp/Schenke*, VwGO, § 78 Rn 4.

[417] *Hufen*, VerwProzR, § 13 Rn 35; *Stern/Blanke*, Rn 385.

[418] Dem korrespondiert die Beteiligungsfähigkeit nach § 61 Nr. 3 VwGO.

8. Weitere Sachentscheidungsvoraussetzungen

309 Während die bisher geprüften Sachentscheidungsvoraussetzungen

- Verwaltungsrechtsweg, § 40 VwGO
- Zuständigkeit des Gerichts, §§ 45 ff., 52 VwGO
- Statthafte Klageart, § 42 I VwGO
- Klagebefugnis, § 42 II VwGO
- Vorverfahren, §§ 68 ff. VwGO
- Klagefrist, § 74 VwGO
- Klagegegner, § 78 VwGO

bei den Verwaltungsakt-Klagen (Anfechtungs- und Verpflichtungsklage) i.d.R. immer zu prüfen sind, sollten die folgenden *allgemeinen* Sachentscheidungsvoraussetzungen bei diesen Klagearten nur dann eingehend geprüft werden, wenn der Sachverhalt Anlass dazu bietet. Etwas anderes gilt für die übrigen Klage- und Verfahrensarten, weil sich dort mangels Existenz von besonderen Sachentscheidungsvoraussetzungen lediglich die allgemeinen Zulässigkeitsvoraussetzungen als problematisch erweisen können.

a. Beteiligungsfähigkeit, § 61 VwGO

310 Da eine verwaltungsgerichtliche Streitigkeit nur zwischen Beteiligten geführt werden kann, ist die Beteiligungsfähigkeit eine echte Zulässigkeitsvoraussetzung. Sie bedeutet die Fähigkeit, als Subjekt eines Prozessrechtsverhältnisses, d.h. als Kläger, Beklagter, Beigeladener oder als sonstiger Beteiligter (§ 63 VwGO) an einem Verwaltungsgerichtsverfahren teilnehmen zu können.[419] Grundsätzlich ist beteiligungsfähig, wer rechtsfähig ist (von diesem Grundsatz macht § 61 VwGO in den Nrn. 2 und 3 Ausnahmen).

> **Hinweis für die Fallbearbeitung:** Auf diesen Prüfungspunkt ist immer dann näher einzugehen, wenn der Kläger keine natürliche Person ist. Fehlt die Beteiligungsfähigkeit beim Kläger oder beim Beklagten, ist die Klage als unzulässig abzuweisen. Fehlt sie beim Beigeladenen, kann sich das Urteil nicht auf ihn erstrecken (§ 121 VwGO), bei notwendiger Beiladung (vgl. § 65 II VwGO) erwächst das Urteil nicht in materielle Rechtskraft.[420] Im Einzelnen gilt:

311
- Nach **§ 61 Nr. 1** VwGO sind **natürliche Personen** sowie **juristische Personen** des Privatrechts und des öffentlichen Rechts beteiligungsfähig. Juristische Personen des Privatrechts sind die Kapitalgesellschaften (**AG, GmbH, KGaA**) und die eingetragenen Genossenschaften sowie die rechtsfähigen Vereine oder Stiftungen des Privatrechts. Darüber hinaus sind Vereinigungen, die zwar keine eigene Rechtspersönlichkeit haben, denen jedoch durch Gesetz oder gewohnheitsrechtlich die Fähigkeit zukommt, im eigenen Namen zu klagen oder verklagt zu werden, wie die **OHG** oder die **KG** (vgl. §§ 124, 161 II HGB) oder **politische Parteien** (§§ 2, 3 S. 1 PartG) unter § 61 Nr. 1 VwGO zu subsumieren.[421] Nach dem Grundlagenurteil des BGH sind auch die **GbR** (§ 705 BGB) und der „**nichtrechtsfähige Verein**" (§ 54 BGB) rechtsfähig[422] und damit beteiligungsfähig i.S.v. § 61 Nr. 1 VwGO. Konsequenterweise müssen dann auch **Kreis- und Ortsverbände** von **Parteien** nach § 3 PartG, die jeweils (i.V.m. Art. 19 III GG analog)

---

[419] Vgl. auch *Schenke*, VerwProzR, Rn 455.
[420] *Kopp/Schenke*, VwGO, § 61 Rn 2.
[421] *Jahn*, JuS 2001, 173, 175; *J. Schmidt*, in: Eyermann, VwGO, § 61 Rn 5; *Schmitt Glaeser/Horn*, VerwProzR, Rn 91; *Kopp/Schenke*, VwGO, § 61 Rn 6; *Redeker/v. Oertzen*, VwGO, § 61 Rn 2; *Bier*, in: Schoch/Schneider/Bier, VwGO, § 61 Rn 4; *Hufen*, VerwProzR, § 12 Rn 20.
[422] Vgl. BGHZ 146, 341 ff.

Teilrechtsfähigkeit besitzen, gem. § 61 Nr. 1 VwGO beteiligungsfähig sein.[423] Gleiches gilt für **religiöse Vereinigungen** nach Art. 4 GG (soweit die nicht schon als Körperschaften des öffentlichen Rechts klassifiziert wurden). Juristische Personen des *öffentlichen Rechts* sind **Bund**, **Länder**, **Gemeinden**, **Landkreise** (Art. 28 II GG), **Hochschulen** (Art. 5 III S. 1 GG, § 58 I HRG) und **andere rechtsfähige Körperschaften** des öffentlichen Rechts wie bspw. die anerkannten Religionsgesellschaften (Art. 4 GG), die Bundesrechtsanwaltskammer (§ 176 I BRAO), die Landesärztekammern, die Industrie- und Handelskammern (§ 3 I IHKG), die Handwerksinnungen und -kammern (§§ 53, 90 HandwO) sowie die rechtsfähigen Anstalten und Stiftungen des öffentlichen Rechts und die Beliehenen.

- Nach **§ 61 Nr. 2** VwGO sind **nichtrechtsfähige Personenvereinigungen** beteiligungsfähig, soweit ihnen ein Mindestmaß an Organisation zukommt und ihnen im Hinblick auf den konkreten Streitgegenstand ein subjektiv-öffentliches Recht zustehen kann.[424] Aufgrund des genannten folgenreichen Grundlagenurteils des BGH, wonach nun auch religiöse Vereinigungen nach Art. 4 GG (soweit sie nicht schon als Körperschaften des öffentlichen Rechts klassifiziert wurden), die GbR nach § 705 BGB, die Kreis- und Ortsverbände von Parteien nach § 3 PartG, die jeweils (i.V.m. Art. 19 III GG analog) Teilrechtsfähigkeit besitzen, sowie nichtrechtsfähige Vereine bereits nach § 61 Nr. 1 VwGO beteiligungsfähig sind, verbleibt § 61 Nr. 2 VwGO kein nennenswerter Anwendungsbereich.[425] Unter § 61 Nr. 2 VwGO subsumtionsfähig wäre allenfalls noch ein **Organteil**; dieses kann im Rahmen einer kommunalen Verfassungsstreitigkeit beteiligungsfähig sein.[426] **312**

- Nach **§ 61 Nr. 3** VwGO sind ausschließlich *Landes*behörden nach Bestimmungen der Landesgesetze beteiligungsfähig.[427] Für den *Bund* ergibt sich eine der Nr. 3 entsprechende Befugnis, durch Gesetz Behörden die Beteiligungsfähigkeit zu verleihen, aus der allgemeinen Kompetenz nach Art. 74 I Nr. 1 GG. Der Bund hat hiervon z.B. in § 21 JuSchG bezüglich der Stellung als Kläger Gebrauch gemacht. **313**

> **Hinweis für die Fallbearbeitung:** Dieser Prüfungspunkt ist grundsätzlich kurz zu halten, da zumindest dem *Kläger* schon aus § 42 II VwGO die Klagebefugnis zugesprochen worden ist und er deshalb sein Recht als Beteiligter auch geltend machen können muss. Entsprechendes gilt für die Beteiligtenfähigkeit des *Klagegegners* aufgrund seiner bereits festgestellten passiven Prozessführungsbefugnis (§ 78 VwGO).

b. Prozessfähigkeit, § 62 VwGO

Prozessfähigkeit bedeutet die Fähigkeit, Verfahrenshandlungen selbst vorzunehmen oder durch einen selbst bestellten Prozessbevollmächtigten (§ 173 VwGO i.V.m. § 51 ZPO) vornehmen zu lassen. Grundsätzlich gilt, dass prozessfähig ist, wer gemäß **314**

- **§ 62 I Nr. 1** VwGO nach bürgerlichem Recht geschäftsfähig ist, oder gemäß

---

[423] Diese Konstellation stellt sich in Klausuren zumeist dann, wenn es um die Zulassung zu gemeindlichen Stadthallen geht (etwa um einen Parteitag abzuhalten).

[424] Vgl. nur *J. Schmidt*, in: Eyermann, VwGO, § 61 Rn 8; *Kopp/Schenke*, VwGO, § 61 Rn 8.

[425] A.A. OVG Bautzen NJW 2002, 1361, 1362; *Kopp/Schenke*, VwGO, § 61 Rn 9: Beteiligungsfähigkeit der GbR nach § 61 Nr. 2 VwGO.

[426] So z.B. ein als Eigenbetrieb geführtes Stadttheater. Dieses ist zwar keine juristische Person, wohl aber eine Vereinigung, soweit ihr ein Recht zustehen kann. In diesem Fall kann ihm die Kunstfreiheit nach Art. 5 III S. 1 GG zustehen.

[427] OVG Lüneburg NVwZ 2000, 209. Von der Ermächtigung Gebrauch gemacht haben etwa Brand (§ 8 VwGG); MeckVor (§ 14 AGGerStrG); Nds: § 79 I NJG; Saarl (§ 19 AGVwGO); SchlHolst (§ 6 AGVwGO); SachsAnh (§ 8 AGVwGO) und RhlPfl (für die Bezirksregierung im Fall der Beanstandungsklage, vgl. § 17 II AGVwGO). Sofern ein Land von der Ermächtigung keinen Gebrauch gemacht hat, handeln die Behörden nur anstelle der Körperschaft, der sie als Organ zugehören, in einer Art Prozessstandschaft. Eigene Rechte stehen ihnen nicht zu (*J. Schmidt*, in: Eyermann, VwGO, § 61 Rn 12).

- **§ 62 I Nr. 2** VwGO unter den dort genannten Voraussetzungen partiell geschäftsfähig ist, vgl. §§ 112, 113 BGB, Art. 4 I GG (§ 5 RelKErzG), § 10 FeV.

Im Einzelnen sind **beispielsweise** prozessfähig: Für die Teilnahme am Religionsunterricht u.Ä. gem. Art 4. I GG, § 5 RelKErzG Personen ab 14 Jahre; im Verfahren zur Erteilung der Fahrerlaubnis gem. § 10 I S. 1 Nr. 1, 2 und III FeV Personen ab 16 bzw. 15 Jahre. In sie betreffenden Asylangelegenheiten gem. § 12 AsylG und in Ausländerangelegenheiten gem. § 80 AufenthG sind nach einer Gesetzesänderung Personen nunmehr ab dem vollendeten 18. Lebensjahr prozessfähig.
Sind derartige besondere Vorschriften nicht einschlägig, kann sich die Prozessfähigkeit Minderjähriger aus Art. 1, Art. 2 I, II GG beispielsweise in Angelegenheiten der Freiheitsentziehung oder sonstiger schwerer **Eingriffe in die Persönlichkeitssphäre** ergeben, insbesondere auch bei Eingriffen in die Selbstbestimmung oder in Angelegenheiten, die eine **höchstpersönliche Wertentscheidung** berühren oder erfordern.

315 Die Prozessfähigkeit ist also gegeben, wenn **höchstpersönliche Rechte**, insbesondere Grundrechte, betroffen sind, sowie bei hinreichender Einsichtsfähigkeit auch in allen sonstigen Fällen, in denen im *Verfassungsrecht* die **Grundrechtsmündigkeit** und als Folge daraus die Legitimation zur Erhebung einer Verfassungsbeschwerde des Minderjährigen gegen die behördliche Maßnahme anerkannt wird.[428]

316 Ob das öffentliche Recht einem beschränkt Geschäftsfähigen für einen bestimmten Bereich Handlungsfähigkeit und damit gemäß § 62 I VwGO Prozessfähigkeit zuerkennt, ist im Zweifel durch **Auslegung der in Frage stehenden Vorschriften** unter Berücksichtigung vor allem des Zwecks der Regelung, der in der betreffenden Angelegenheit zu erwartenden Einsichtsfähigkeit, des Schutzzwecks einer Beschränkung der Handlungsfähigkeit im Interesse und zugunsten des beschränkt Geschäftsfähigen und des Gesichtspunkts der Rechtssicherheit zu beurteilen.[429]
Die Prozessfähigkeit eines in der Geschäftsfähigkeit Beschränkten ist in ungeregelten Fällen somit immer eine Frage des Einzelfalles. Kann die Prozessfähigkeit nicht bejaht werden, muss sich der Betroffene durch den oder die gesetzlichen Vertreter (z.B. die Eltern gem. § 1629 BGB) vertreten lassen.

317 Der Begriff der Vereinigung in **§ 62 III** VwGO umfasst sämtliche, in § 61 Nr. 1 und 2 VwGO genannten Vereinigungen. Vereinigungen sind als solche zwar nicht prozessfähig, handeln aber durch ihre gesetzlichen Vertreter. Wer gesetzlicher Vertreter ist, ergibt sich aus dem materiellen Recht.

So werden **beispielsweise** Bund und Länder durch die jeweiligen zuständigen Minister vertreten. In Beamtensachen ist der zuständige Minister Vertreter des Beklagten nach §§ 3 I, 127 I BBG in Angelegenheiten, die den Bundestag oder Bundesrat betreffen, ist Vertreter der jeweilige Präsident (Entsprechendes gilt für die Länder). Die **Gemeinde** wird in Abhängigkeit von der jeweiligen Gemeindeordnung durch ihren Gemeindevorstand (Kollegialorgan Magistrat), ihren Gemeindevorsteher (Bürgermeister) oder den Stadtdirektor o.ä. vertreten. **Behörden** werden durch den Behördenvorstand vertreten. Eine fehlerhafte Vertretung ist der Heilung zugänglich, wenn der gesetzliche Vertreter genehmigt.

---

[428] Vgl. dazu *R. Schmidt*, Grundrechte, Rn 1021 ff.
[429] *Kopp/Schenke*, VwGO, § 62 Rn 8.

c. Ordnungsgemäße Klageerhebung, §§ 81, 82 VwGO

Die Klage ist bei dem (sachlich, örtlich und instanziell) zuständigen Gericht zu erheben, § 81 I S. 1 i.V.m. §§ 45 ff. und 52, 53 VwGO (dazu Rn 195 ff.). Beim Verwaltungsgericht kann sie **schriftlich** oder zur **Niederschrift** des Urkundsbeamten der Geschäftsstelle erhoben werden, § 81 I S. 1 VwGO.[430] Daraus folgt, dass beim OVG (bzw. beim VGH) und beim BVerwG die Klage ausschließlich schriftlich erhoben werden kann. Zum Schriftformerfordernis vgl. sogleich Rn 321. **318**

Vor dem Verwaltungsgericht können die Beteiligten den Rechtsstreit selbst führen, § 67 I VwGO. Insoweit besteht **kein Anwaltszwang**. Lassen sie sich aber vertreten, sind die Vorgaben des § 67 II VwGO zu beachten. Nach § 67 II S. 1 VwGO können Prozessbevollmächtigte nur Rechtsanwälte oder Rechtslehrer an einer deutschen Hochschule i.S.d. Hochschulgesetze mit Befähigung zum Richteramt sein, ferner die in § 67 II S. 2 VwGO genannten anderen Personen (etwa Beschäftigte eines Beteiligten oder eines mit ihm verbundenen Unternehmens, Beschäftigte von beteiligten oder anderen Behörden bzw. juristische Personen des öffentlichen Rechts, volljährige Familienangehörige und die in § 67 II S. 2 Nrn. 2-7 genannten anderen Personen und Vereinigungen). Vor dem BVerwG und dem OVG bzw. VGH besteht dagegen gem. § 67 IV VwGO **Vertretungszwang**. Zur Vertretung befugt sind die in § 67 II S. 1 VwGO genannten Personen, insbesondere Rechtsanwälte oder Rechtslehrer an einer deutschen Hochschule i.S.d. Hochschulgesetze mit Befähigung zum Richteramt sowie für juristische Personen des öffentlichen Rechts oder Behörden ihre Beschäftigte oder die Beschäftigten von anderen juristischen Personen des öffentlichen Rechts, welche die Befähigung zum Richteramt besitzen. Den Prozessbeteiligten fehlt insoweit grundsätzlich die Fähigkeit, selbst Prozesshandlungen vornehmen zu können (Postulationsfähigkeit).[431] Unabhängig von der Prozessvertretung besteht gem. § 67 VII VwGO die Möglichkeit der Hinzuziehung von **Beiständen**. Beistand kann sein, wer in Verfahren, in denen die Beteiligten den Rechtsstreit selbst führen können, als Bevollmächtigter zur Vertretung in der Verhandlung befugt ist. Das Gericht kann auch andere Personen als Beistand zulassen, wenn dies sachdienlich ist und hierfür nach den Umständen des Einzelfalls ein Bedürfnis besteht. Der Beistand unterstützt die Beteiligten nur, besitzt jedoch keine Vertretungsbefugnis. **319**

Die Pflichtangaben einer Klageschrift sind in § 82 I VwGO aufgezählt. Dazu gehören die Bezeichnung des Klägers, des Beklagten und des Klagegegenstands. Fehlen Angaben, darf das Gericht die Klage nicht einfach als unzulässig abweisen, sondern muss den Kläger auf das Fehlen hinweisen (§ 82 II VwGO). Von Bedeutung ist, wenn der Kläger keine ladungsfähige Anschrift angibt. Grundsätzlich führt dies zur Unzulässigkeit der Klage. Nur ausnahmsweise ist die Angabe einer ladungsfähigen Anschrift entbehrlich, etwa, wenn der Kläger (aufgrund von Obdachlosigkeit) keine Adresse angeben kann, oder wenn schutzwürdige Interessen die Geheimhaltung rechtfertigen.[432] **320**

Nach § 81 VwGO erforderliche Handlungen können nach Ablauf der Klagefrist nicht nachgeholt werden. Etwas anderes gilt hinsichtlich der Inhalte des § 82 I VwGO. § 82 II VwGO ermöglicht eine Nachholung auch nach Klagefrist. Dazu muss das Gericht eine Ergänzungsaufforderung aussprechen und eine Frist setzen. **320a**

---

[430] Damit unterscheidet sich die Klageschrift grundsätzlich nicht vom Widerspruch, der gem. § 70 I VwGO ebenfalls schriftlich oder zur Niederschrift bei der Behörde erhoben werden muss.
[431] Vgl. näher *Schenke*, NVwZ 2009, 801 ff.
[432] Vgl. dazu BVerwG NJW 2012, 1527 sowie *Schübel-Pfister*, JuS 2012, 993, 994.

321 Dass die Klageeinreichung per **Telefax**, als **Computerfax** oder via Internet (**E-Mail**; **Datei-Anhang**) dem Schriftformerfordernis genügt, ist (mittlerweile) höchstrichterlich anerkannt und teilweise sogar gesetzlich geregelt. Wichtig ist allein, dass die Authentizität gewahrt ist. Bei einem Computerfax soll dafür aber noch nicht einmal eine Übermittlung der eingescannten Unterschrift erforderlich sein.[433] Nach § 55a I VwGO kann die Klage durch Übermittlung eines elektronischen Dokuments erhoben werden, sofern durch Bundes- bzw. Landesrechtsverordnung Näheres geregelt ist – was bisher im Bund (für das BVerwG) und in mehreren Ländern (für die VGe bzw. OVGe) geschehen ist.[434]

322 Eine **fernmündliche** Erhebung der Klage ist nach bisher h.M.[435] nicht möglich, auch wenn sie von einem Urkundsbeamten wörtlich niedergeschrieben worden ist. Etwas anderes kann für die fernmündliche Stellung eines Antrags nach § 123, § 80 V, VI oder § 47 VI VwGO gelten, wenn die Sache *besonders* eilbedürftig ist und die Wirksamkeit des Rechtsschutzes (Art. 19 IV GG) davon abhängt.[436] Nach allerdings überwiegender Auffassung genügt eine telefonische Antragstellung den Anforderungen nicht, auch nicht wenn die besondere Eilbedürftigkeit dies erforderlich macht, denn zum einen sei eine Antragstellung per Fax zulässig und zum anderen könne der Antrag auch vor der Geschäftsstelle des Gerichts zu Protokoll gegeben werden.[437] Zur Bewertung dieser Standpunkte vgl. die Ausführungen bei Rn 944.

d. Allgemeines Rechtsschutzbedürfnis

323 Das allgemeine Rechtsschutzbedürfnis ist weder ausdrücklich normiert noch ist sein Inhalt klar umrissen. Ganz allgemein werden hier diejenigen Überlegungen Eingang finden, die insbesondere bei der Klagebefugnis nicht berücksichtigt werden konnten. So ist nach wohl einhelliger Auffassung das allgemeine Rechtsschutzbedürfnis nicht gegeben, wenn

- es ein **schnelleres und einfacheres Mittel** gibt, das den gleichen Rechtsschutz gewährleistet,[438]
- der angestrebte Rechtsschutz für den Bürger **nutzlos** ist (es fehlt ihm die Belastung) oder
- der Kläger **missbilligte Ziele** verfolgt (querulatorisches Verhalten, deutliche Absicht, das Gericht zu belästigen oder den Gegner zu schädigen).[439]

324 Aufgrund der bereits bejahten Klagebefugnis (bzw. bei der Feststellungsklage das weite Feststellungsinteresse) ist der Anwendungsbereich des allgemeinen Rechtsschutzbedürfnisses nur noch sehr eingeschränkt. Daher liegt es regelmäßig vor und sollte dann nicht mehr erwähnt werden. Jedenfalls ist das Rechtsschutzbedürfnis nicht ausgeschlossen, wenn eine Anfechtungsklage gegen einen nichtigen Verwaltungsakt erhoben wird, weil der nichtige Verwaltungsakt zumindest den Anschein eines (wirksamen) Verwaltungsakts erweckt und insoweit für den Betroffenen eine belastende Wirkung entfaltet. Außerdem kann der Betroffene sich gegen den Vollzug eines (nichtigen) Verwaltungsakts in der Form des Widerspruchsbescheids grundsätzlich nur durch Klageerhebung wehren (vgl. § 80 I VwGO).

---

[433] Vgl. BVerwG NJW 2006, 1989 f. mit Bespr. v. *Wolff*, JA 2006, 725 – dazu oben Rn 296.

[434] Zu beachten ist, dass elektronische Dokumente mit einer elektronischen Signatur versehen sein müssen; anderenfalls wirken sie nicht fristwahrend. Zur elektronischen Kommunikation mit dem Gericht vgl. ausführlich *Kopp/Schenke*, § 55a Rn 6 ff.

[435] BVerwGE 17, 166, 169.

[436] VG Wiesbaden NVwZ 1988, 95; zust. *Kopp/Schenke*, VwGO, § 81 Rn 10.

[437] *Schoch*, in: Schoch/Schneider/Bier, VwGO, § 123 Rn 125; *Happ*, in: Eyermann, VwGO, § 123 Rn 32.

[438] Vgl. dazu VG Sigmaringen NJW 2001, 628, 629, das zwar den vorherigen Antrag bei der Behörde grundsätzlich als einfacheres und schnelleres Mittel nennt, das allgemeine Rechtsschutzbedürfnis aber nicht entfallen lässt, wenn der Antrag bei der Behörde ohnehin keinen Erfolg gehabt hätte.

[439] Vgl. insgesamt zum allgemeinen Rechtsschutzbedürfnis *Kramer*, NVwZ 2002, 1476 ff.

II. Sachentscheidungsvoraussetzungen der Verpflichtungsklage

Begeht der Rechtsschutzsuchende den **Erlass eines** (i.d.R. an ihn gerichteten, ihn jedoch stets begünstigenden) abgelehnten oder unterlassenen **Verwaltungsakts**, ist die Verpflichtungsklage einschlägig. Ist die Klage begründet und liegt Spruchreife vor, verpflichtet das Gericht die zuständige Behörde, den vom Kläger erstrebten Verwaltungsakt zu erlassen (Vornahmeurteil, § 113 V S. 1 VwGO). Spruchreife liegt vor, wenn dem begehrten Verwaltungsakt eine gebundene Verwaltungsentscheidung zugrunde liegt oder – im Falle einer Ermessensentscheidung – das Ermessen auf Null reduziert ist, der Kläger also nicht nur einen Anspruch auf ermessensfehlerfreie Entscheidung, sondern gegenüber der Verwaltung einen **Anspruch auf die gewünschte Leistung** hat. 325

Beispiel: Stehen einem Bauvorhaben keine öffentlich-rechtlichen Vorschriften entgegen, ist nach den jeweiligen Bestimmungen der Landesbauordnungen die Baugenehmigung zu erteilen. Die Formulierung „ist" bedeutet, dass die Baubehörde bei der Entscheidung, ob sie die Baugenehmigung erteilt, kein Ermessen hat. Liegen allein die Tatbestandsvoraussetzungen vor, *hat* sie die Baugenehmigung zu erteilen. Weigert sie sich – etwa weil sie der Auffassung ist, dass dem Vorhaben öffentlich-rechtlichen Vorschriften entgegenstehen – die Genehmigung zu erteilen, kann der Bauherr auf Erlass der gewünschten Baugenehmigung klagen. Gelangt das Gericht zu dem Ergebnis, dass die Rechtsauffassung der Behörde fehlerhaft ist, verpflichtet es die Behörde, die Baugenehmigung zu erteilen.

Bei fehlender Spruchreife verpflichtet das Gericht die Behörde, den Kläger unter Beachtung der Rechtsauffassung des Gerichts neu zu bescheiden (Bescheidungsurteil, § 113 V S. 2 VwGO).[440] Die Spruchreife fehlt, wenn es sich bei der begehrten Behördenentscheidung um eine Ermessensentscheidung handelt und keine Ermessensreduzierung auf Null vorliegt.[441] 326

Beispiel: Nach § 31 II BauGB *kann* (unter den in der Vorschrift genannten Voraussetzungen) das Bauvorhaben von den Festsetzungen des Bebauungsplans befreit werden (sog. Dispens). Liegen die in der Vorschrift genannten Voraussetzungen also vor, heißt das noch nicht, dass der Dispens erteilt werden müsste. Vielmehr bedeutet das Modalverb „kann", dass die Baubehörde bei der Entscheidung, ob sie den Dispens erteilt, ein Ermessen hat. Weigert sie sich – etwa weil sie der Auffassung ist, dass dem Vorhaben übergeordnete städtebauliche Belange entgegenstehen – die Genehmigung zu erteilen, kann der Bauherr nicht unmittelbar auf Erlass der gewünschten Baugenehmigung klagen, sondern lediglich auf Betätigung ermessensfehlerfreier Entscheidung. Gelangt das Gericht zu dem Ergebnis, dass die Rechtsauffassung der Behörde fehlerhaft ist, verpflichtet es die Behörde, die Entscheidung über die Erteilung des Dispenses unter Beachtung der Rechtsauffassung des Gerichts erneut zu treffen.

Der vom Kläger erstrebte Verwaltungsakt ist i.d.R. der **Leistungsverwaltung** zuzuordnen. Dies ist der Bereich des Verwaltungshandelns, der – im Gegensatz zur Eingriffsverwaltung – nicht mit hoheitlichen Anordnungen und freiheitsverkürzender Wirkung in die Rechts- und Freiheitssphäre des Bürgers eingreift, sondern dem Bürger gewährend gegenübersteht. Der Leistungsverwaltung werden zugeordnet: 327

- die **Sozialverwaltung**, d.h. die Ausführung der Sozialleistungsgesetze wie das SGB II und XII, für die sich der Rechtsschutz nach dem Sozialgerichtsgesetz (vgl. § 51 SGG) richtet,

---

[440] Vgl. auch *Schenke*, VerwProzR, Rn 264.
[441] Vgl. dazu aus jüngerer Zeit BVerwG NVwZ 2007, 104, 105 f.

- die **Förderungsverwaltung** („Leistung durch Zuwendung") wie Subventionen für Wirtschaft und Bergbau, Förderungen von Kunst, Wissenschaft oder Wirtschaft, Vermögensbildung, Ausbildungsförderung (BAföG),
- die **Vorsorgeverwaltung** („Leistung durch Bereitstellung öffentlicher Einrichtungen sowie Überlassung öffentlicher Sachen zwecks Nutzung") wie die Bereitstellung von Stadthallen o.ä., Straßen- und Verkehrswegen, Verkehrs- und Beförderungseinrichtungen, Versorgungsenergien, Entsorgungseinrichtungen, Kultureinrichtungen, Friedhöfen, Wasserschleusen etc.,
- die **Genehmigungen von Vorhaben** wie die Erteilung einer Baugenehmigung, einer immissionsschutzrechtlichen Genehmigung, einer Gaststättengenehmigung etc. (präventives Verbot mit Erlaubnisvorbehalt und Ausnahmebewilligung).

327a Aufgrund der vielen Parallelen zur Anfechtungsklage (vgl. §§ 42 I, II, 68 ff., 74, 78, 61, 62, 81, 82 VwGO) wird im Folgenden nur auf die Besonderheiten der Verpflichtungsklage eingegangen. Im Übrigen erfolgt ein entsprechender Hinweis auf den jeweiligen Prüfungspunkt der Anfechtungsklage. Für die Prüfung der Sachentscheidungsvoraussetzungen der **Verpflichtungsklage** empfiehlt sich folgendes Aufbauschema[442]:

Sachentscheidungsvoraussetzungen der Verpflichtungsklage

(1) **Eröffnung des Verwaltungsrechtswegs**, § 40 I S. 1 VwGO
- **(a)** Aufdrängende Spezialzuweisung
- **(b)** Öffentlich-rechtliche Streitigkeit
- **(c)** Keine verfassungsrechtliche Streitigkeit
- **(d)** Keine abdrängende Sonderzuweisung

(2) Zuständigkeit des Verwaltungsgerichts, §§ 45, 52 VwGO

(3) Statthaftigkeit der Verpflichtungsklage (zulässige Verfahrensart), § 42 I Var. 2 VwGO

(4) ***Besondere*** **Sachentscheidungsvoraussetzungen** der Verpflichtungsklage
- **(a)** Klagebefugnis, § 42 II VwGO
- **(b)** Vorverfahren, §§ 68 ff. VwGO
- **(c)** Klagefrist, § 74 VwGO
- **(d)** Klagegegner, § 78 VwGO[443]

(5) ***Allgemeine*** **Sachentscheidungsvoraussetzungen**
- **(a)** Beteiligungsfähigkeit, § 61 VwGO
- **(b)** Prozessfähigkeit, § 62 VwGO
- **(c)** Ordnungsmäßigkeit der Klageerhebung, §§ 81, 82 VwGO
- **(d)** Allgemeines Rechtsschutzbedürfnis

327b Kommt im Rahmen der Fallbearbeitung eine Verpflichtungsklage in Betracht, muss wiederum zunächst ein Obersatz gebildet werden, der das Gutachten einleitet. Dazu muss zunächst der Streitgegenstand ermittelt und sodann festgestellt werden, dass bei einer Klage die entsprechenden Sachentscheidungsvoraussetzungen vorliegen müssen. Schließlich muss die Klage auch begründet sein. In einer Klausur könnte, wenn beispielsweise eine Baugenehmigung begehrt wird, wie folgt formuliert werden:

---

[442] Zum Prüfungsschema der Begründetheit vgl. Rn 755.

[443] Nach der hier vertretenen Auffassung wird § 78 VwGO als Prüfungspunkt „Klagegegner" im Rahmen der Sachentscheidungsvoraussetzungen behandelt. Die Gegenauffassung prüft § 78 VwGO als „Passivlegitimation" bei der Begründetheit. Vgl. dazu im Einzelnen die Ausführungen bei Rn 301 ff.

„Streitgegenstand der Klage ist die Verpflichtung der Behörde, dem Kläger die beantragte Baugenehmigung zu erteilen. Die dagegen gerichtete Klage ist erfolgreich, wenn ihre Sachentscheidungsvoraussetzungen vorliegen und sie begründet ist."

1. Eröffnung des Verwaltungsrechtswegs, § 40 I S. 1 VwGO

Bezüglich der Eröffnung des Verwaltungsrechtswegs wird auf die allgemeinen Ausführungen bei Rn 25 ff. verwiesen. In der Verpflichtungssituation kann aber insbesondere problematisch werden, nach welcher Rechtsgrundlage sich die Hauptfrage des Streits entscheidet, und damit, ob der Streit dem öffentlichen Recht oder dem Privatrecht zuzuordnen ist. Die klausurrelevantesten Probleme in dieser Beziehung ergeben sich bei der Vergabe von **Subventionen** und bei der Zulassung zur Benutzung von **öffentlichen Einrichtungen**, da dort die Verwaltung grundsätzlich eine Wahlfreiheit der Rechtsform besitzt, d.h., dass sie dort auch zivilrechtlich tätig werden darf (Verwaltungsprivatrecht), soweit dem nicht (i.d.R. dem Kommunalrecht entstammende) öffentlich-rechtliche Normen oder Rechtsgrundsätze entgegenstehen. 328

2. Zuständigkeit des Gerichts, §§ 45, 52 VwGO

Die sachliche Zuständigkeit des Verwaltungsgerichts richtet sich nach § 45 VwGO, die örtliche Zuständigkeit nach § 52 VwGO. Vgl. dazu ausführlich Rn 105 ff. 329

3. Statthaftigkeit der Verpflichtungsklage

a. Erlass eines den Kläger begünstigenden Verwaltungsakts

Da mit der Verpflichtungsklage der Erlass eines abgelehnten oder unterlassenen Verwaltungsakts begehrt werden kann, kommt sie folgerichtig in zwei Formen vor, der Versagungsgegenklage und der Untätigkeitsklage. 330

Eine **Versagungsgegenklage** liegt vor, wenn die Behörde einen Antrag auf Erlass eines Verwaltungsakts ablehnt, d.h. den Erlass des gewünschten Verwaltungsakts versagt und der Kläger gegen die Versagung klagt (§ 42 I Hs. 2 Var. 1 VwGO). Demgegenüber spricht man von einer **Untätigkeitsklage**, wenn die Behörde über den Antrag auf Erlass des begehrten Verwaltungsakts erst gar nicht entscheidet, sie also untätig bleibt, und der Kläger auf Erlass des unterlassenen Verwaltungsakts klagt (§ 42 I Hs. 2 Var. 2, § 75 VwGO). Siehe dazu auch Rn 340.

Im Regelfall ist die Verpflichtungsklage zwar auf den Erlass eines **an den Kläger adressierten** Verwaltungsakts gerichtet, jedoch ist es nicht unstatthaft, wenn der Kläger auf Erlass eines **an einen Dritten** gerichteten Verwaltungsakts klagt.[444] Entscheidend für die Statthaftigkeit ist nur, dass der begehrte Verwaltungsakt **den Kläger begünstigt**. 331

> **Beispiel:** Zur Vermeidung von Personenschäden weist die Ordnungsbehörde der Stadt S Obdachlose in leer stehende Privatwohnungen ein. Dazu erlässt sie gegenüber den Wohnungseigentümern Einweisungs- bzw. Duldungsverfügungen. Auch in die leer stehende Wohnung des E wird für die Winterzeit ein Obdachloser eingewiesen. Im März klagt E – nachdem die Behörde einen entsprechenden Antrag abgelehnt hat – auf Erlass einer gegenüber dem Obdachlosen gerichteten Ausweisungsverfügung.
>
> Hier begehrt E zwar einen ihn begünstigenden, jedoch an einen Dritten gerichteten Verwaltungsakt. Nach richtiger Auffassung ist aber auch in diesem Fall die Verpflichtungsklage statthaft. Die Gegenauffassung, die eine allgemeine Leistungsklage annimmt, ist abzulehnen, weil eine Beschränkung auf den Erlass eines an den Kläger

---

[444] So auch *Schenke*, VerwProzR, Rn 260; *Redeker/v. Oertzen*, VwGO, § 42 Rn 29.

gerichteten Verwaltungsakts dem Wortlaut des § 42 I Var. 2 VwGO nicht im Ansatz zu entnehmen ist. Außerdem würden mit der Annahme einer allgemeinen Leistungsklage die strengen Sachentscheidungsvoraussetzungen der Verpflichtungsklage (vor allem die Klagefrist) umgangen. Allerdings ist es auch für die vorliegende Konstellation zur Bejahung der Klagebefugnis erforderlich, dass E durch den Nichterlass des Verwaltungsakts möglicherweise in seinen subjektiven Rechten verletzt wird.

332 Im Übrigen kommt es bei der Bestimmung der Verpflichtungsklage als statthafte Klageart entscheidend auf die **Abgrenzung von *Verwaltungsakt* und *schlicht hoheitlichem Handeln*** *(i.d.R. Realakt)* an. Wird die Verurteilung zu einer anderen Leistung als dem Erlass eines Verwaltungsakts begehrt, ist nicht die Verpflichtungsklage, sondern die allgemeine Leistungsklage in Form der Leistungsvornahmeklage einschlägig. Da bei der allgemeinen Leistungsklage – von den Sonderfällen der §§ 54 II BeamtStG, 126 II BBG einmal abgesehen – weder die Durchführung eines Vorverfahrens noch – bis auf den Verwirkungsgedanken – die Einhaltung einer Klagefrist Sachentscheidungsvoraussetzung ist, kann die Qualifikation des fraglichen Verwaltungshandelns für die Erfolgsaussichten einer Klage entscheidungserheblich sein.

Hinweis für die Fallbearbeitung: Nachdem in einer Klausur das Klagebegehren beschrieben worden ist, erfolgt die Darlegung der **Abgrenzungsproblematik Verwaltungsakt/Realakt** (siehe sogleich Rn 333). Bei der Zulassung zu einer öffentlich-rechtlich organisierten öffentlichen Einrichtung ist zu beachten, dass in diesem Fall die **Verpflichtungsklage**, gerichtet auf den Erlass eines Zulassungsbescheids (= Verwaltungsakt), statthaft ist. Ist die öffentliche Einrichtung hingegen privatrechtlich organisiert, ist bei der zweistufigen Betrachtungsweise der Zugang mit Hilfe der **allgemeinen Leistungsklage** durchzusetzen, da die Behörde in diesem Fall gegenüber dem von ihr beherrschten Privatunternehmen keinen Verwaltungsakt erlassen kann. Eine direkte Verurteilung der Gemeinde zur Zulassung des Antragstellers durch das Verwaltungsgericht kommt also nicht in Betracht. Erwirkt werden kann aber die Verurteilung der Gemeinde, auf das von ihr beherrschte Privatrechtssubjekt derart einzuwirken, dass dem Antragsteller Zugang gewährt wird (sog. **Einwirkungs- oder Verschaffungsanspruch**).[445]

333 Die Abgrenzung zwischen Verwaltungsakt und Nichtverwaltungsakt kann zunächst bei der Geltendmachung von **Geldleistungsansprüchen** durch den Bürger relevant werden, wenn dieser keinen begünstigenden Bescheid (Verwaltungsakt in Form eines Bewilligungsbescheids), sondern nur die schlichte Auszahlung (Realakt) begehrt. Ist die Vorschaltung eines Bewilligungsbescheids als Rechtsgrund und als Rechtmäßigkeitsvoraussetzung für eine anschließende schlichte Verwaltungshandlung *ausdrücklich oder konkludent angeordnet* (sog. **Verwaltungsaktvorbehalt**), ist ausschließlich die **Verpflichtungsklage** als statthafte Klageart anzunehmen. Denn im Unterschied zur allgemeinen Leistungsklage ist die Verpflichtungsklage im Hinblick auf die besonderen Bedürfnisse der Hoheitsverwaltung und des Rechtsschutzes in diesem Bereich an besondere Voraussetzungen (Vorverfahren, Frist) geknüpft.[446]

Beispiel: Gemäß § 17 i.V.m. § 19 i.V.m. § 116 II SGB XII ist die Sozialhilfe in Art und Höhe *festzusetzen*. Es besteht ein Verwaltungsaktvorbehalt. Bei Weigerung der Behörde muss der Bürger mit einer Verpflichtungsklage, die sich auf den Erlass eines entsprechenden Bewilligungsbescheids richtet, vorgehen. In Analogie zu § 113 I S. 2

---

[445] Zu den damit verbundenen Fragestellungen („Zwei-Stufen-Theorie") vgl. Rn 56 ff., 67, 359, 375 sowie *R. Schmidt*, AllgVerwR, Rn 1008 ff. und 1022 ff.

[446] *Kopp/Schenke*, VwGO, § 42 Rn 13; *Pietzcker*, in: Schoch/Schneider/Bier, VwGO, § 42 Abs. 1 Rn 33; *Ehlers*, Jura 2004, 310 ff.

VwGO dürfte aber zugleich eine Klage auf Verurteilung der Behörde zur Zahlung zulässig sein.

Raum für die Erhebung einer **allgemeinen Leistungsklage** bleibt aber dort, wo die Behörde sich weigert, die durch einen Verwaltungsakt bewilligte Leistung zu erbringen. Hier geht es um die schlichte Auszahlung eines bereits bewilligten Geldbetrags, mithin um die Vornahme eines Realakts. **334**

Problematisch ist die Abgrenzung zur allgemeinen Leistungsklage auch, wenn die Behörde im Rahmen eines Über- bzw. Unterordnungsverhältnisses lediglich die *Möglichkeit* hat, über die Gewährung oder Versagung durch Verwaltungsakt zu entscheiden (sog. **Verwaltungsaktbefugnis**). Richtigerweise ist hier auf das Klägerbegehren abzustellen: Da der Kläger regelmäßig lediglich daran Interesse haben wird, die begehrte Leistung zu erhalten, und zwar gleichgültig, mit welcher Handlungsform die Behörde seinem Begehren nachkommen muss, ist diejenige Klageart statthaft, mit welcher der Kläger sein Ziel am einfachsten und effektivsten erreichen kann.[447] Geht es dem Kläger beispielsweise um Geltendmachung von Erstattungsansprüchen oder Folgenbeseitigungsansprüchen, ist die allgemeine Leistungsklage statthaft, sofern die Durchsetzung derartiger Ansprüche nicht an den Erlass eines vorherigen, begünstigenden Verwaltungsakts gekoppelt ist. Vgl. dazu (mit entsprechenden Beispielen) die Ausführungen zur allgemeinen Leistungsklage (Rn 365 ff.). **335**

Bei der **Erteilung einer Auskunft bzw. Information** (etwa nach § 2 I VIG[448]) oder der **Gewährung von Akteneinsicht** ist nach der hier vertretenen Auffassung folgendermaßen zu unterscheiden: Während die Auskunfts- und Informationserteilung oder die Gewährung von Akteneinsicht selbst lediglich als schlichtes hoheitliches Handeln anzusehen sind, sollte die nach außen kundgetane Entscheidung der Behörde darüber, ob sie dem Antrag stattgibt und die gewünschte Information oder die Akteneinsicht erteilt, als Verwaltungsakt eingestuft werden. Denn in der Regel wird die Behörde vor der Entscheidung zu prüfen haben, ob Ausschlussgründe bestehen, die der begehrten Auskunft oder Akteneinsicht entgegenstehen. Es findet also ein Verwaltungsverfahren statt. Die Entscheidung über die Erteilung/Nichterteilung der Auskunft/Information bzw. Akteneinsicht ist dann das nach außen sichtbare, auf Herbeiführung einer Rechtsfolge gerichtete Ergebnis dieses Verfahrens und daher ein **Verwaltungsakt**. Davon geht z.B. auch § 5 VIG aus, indem er ein Verwaltungsverfahren vorschreibt und zudem in Abs. 4 S. 1 anordnet, dass Widerspruch und Anfechtungsklage keine aufschiebende Wirkung haben. **336**
Statthafte Klageart ist mithin die Verpflichtungsklage, sofern der Kläger die Erteilung einer Auskunft begehrt.[449] Demgegenüber wäre die Anfechtungsklage (bzw. ein Eilantrag nach § 80 V VwGO) statthaft, wenn ein Dritter (bzw. der Betroffene) die Erteilung einer Auskunft verhindern möchte. Zu beachten ist allerdings, dass bei einem noch nicht abgeschlossenen Verwaltungsverfahren § 44a S. 1 VwGO greifen kann. Danach können Rechtsbehelfe gegen behördliche Verfahrenshandlungen (zu denen dann auch die ablehnende Entscheidung über die Akteneinsicht gehört) nur gleichzeitig mit den gegen die Sachentscheidung zulässigen Rechtsbehelfen geltend gemacht werden.

---

[447] Vgl. dazu *Happ*, in: Eyermann, VwGO, § 42 Rn 62; *Kopp/Schenke*, VwGO, § 42 Rn 14.
[448] Vgl. auch §§ 25 I S. 2, II S. 2, 29 I, 71c VwVfG, § 19 BDSG, § 3 I UIG, § 1 IFG. Zum Recht der Verbraucherinformation vgl. auch *Schoch*, NVwZ 2012, 1497 ff. und NVwZ 2015, 1 ff.; BVerwG NVwZ 2015, 1297 f.; VGH Kassel NVwZ 2015, 1302 ff.
[449] *Zilkens*, JuS 2001, 368, 369.

Hinweis für die Fallbearbeitung: Mitunter ist die Qualifizierung, ob es sich bei der Entscheidung über die Auskunftserteilung um einen Verwaltungsakt oder lediglich um einen Realakt handelt, von ergebnisrelevanter Bedeutung, etwa wenn ein Vorverfahren nicht durchgeführt, oder die Widerspruchs-, bzw. Klagefrist nicht eingehalten wurden. Eine Verpflichtungsklage wäre – im Gegensatz zur allgemeinen Leistungsklage – nicht zulässig. In einer Prüfungsarbeit ist in Fällen, in denen es um die Erteilung einer Auskunft geht und die Rechtsnatur der Auskunftserteilung gesetzlich nicht bestimmt ist, zu empfehlen, zunächst von dem Grundsatz auszugehen, dass es sich bei der Auskunft selbst um einen Realakt handelt, dessen Begehrung an sich mit der allgemeinen Leistungsklage zu verfolgen ist. Ist die Auskunft aber das Ergebnis eines komplizierten und nach außen kundgetanen Entscheidungsprozesses, handelt es sich bei der Entscheidung über die Auskunftserteilung um eine der Auskunftserteilung vorgelagerte, den Einzelfall regelnde Verwaltungsentscheidung mit Außenwirkung, mithin um einen Verwaltungsakt. Argumentativ kann diese Vorgehensweise mit dem Gedanken aus § 9 VwVfG untermauert werden.

Zur **Begründetheit** der Klage: Ob ein Anspruch auf Auskunfts- oder Informationserteilung besteht, ist eine Frage des materiellen Rechts: Zunächst ist nach einer Anspruchsgrundlage zu suchen. Diese kann sich beispielsweise aus § 29 VwVfG ergeben. Dort ist zwar nur von Akteneinsicht die Rede, wenn aber ein Beteiligter Einsicht in die Behördenakten verlangen kann, dann muss ihm grundsätzlich auch – als eine geringere Leistung – ein Anspruch auf Auskunft aus den Akten aufgrund dieser Norm zustehen („argumentum a maiore ad minus" – Erst-recht-Schluss). Allerdings ist zu beachten, dass § 29 VwVfG im Zusammenhang mit den §§ 9 ff. VwVfG gesehen werden muss. Ein Anspruch auf Auskunftserteilung kann also nur während des *laufenden* Verwaltungsverfahrens bestehen. Sollte dieses bereits abgeschlossen sein, ist nach einer anderen Anspruchsgrundlage (etwa aus dem Datenschutzgesetz) zu suchen.[450] Spezielle Auskunfts-, Informations- oder Akteneinsichtsrechte ergeben sich etlichen Spezialgesetzen, z.B. aus § 2 I VIG.

337 **Folgenbeseitigungsansprüche** wie beispielsweise Ansprüche auf Räumung der Wohnung nach einer zeitlich abgelaufenen Obdachloseneinweisung (**Exmittierung**) sind mit der **allgemeinen Leistungsklage** geltend zu machen, wenn die Behörde den erwünschten Erfolg (die Ausweisung) durch schlichtes Verwaltungshandeln (unmittelbarer Zwang) herbeiführen soll bzw. nur herbeiführen kann. Jedenfalls kommt *nur* die **Verpflichtungsklage** in Betracht, wenn der Kläger ausdrücklich die Verpflichtung des Beklagten zum Erlass einer Ausweisungsverfügung (Verwaltungsakt) begehrt. Entsprechendes dürfte nach einer abgelaufenen Einweisung von **Flüchtlingen** gelten.[451] Vgl. dazu insgesamt *R. Schmidt*, Fälle zum POR, Fall 11.

338 Kommt eine Verpflichtungsklage in Form der **Versagungsgegenklage** (§ 42 I Hs. 2 Var. 1 VwGO) in Betracht (oben Rn 330), ist zu beachten, dass dabei nicht etwa wie bei der Anfechtungsklage die Aufhebung des Versagungsbescheids im Zentrum des Klagebegehrens steht, sondern der Erlass des begehrten Verwaltungsakts. Denn anders als in der Anfechtungssituation wäre dem Klägerbegehren mit der Aufhebung des Versagungsbescheids noch nicht abgeholfen. Insbesondere erhielte der Kläger mit der Aufhebung des Versagungsbescheids noch nicht automatisch den ursprünglich beantragten Verwaltungsakt. Daher ist Klagegegenstand (bei gegebener Spruchreife) die Verurteilung der Behörde zum Erlass des begehrten Verwaltungsakts. Die gleich-

---

[450] Vgl. *Bohl*, NVwZ 2005, 133 ff.; *Zilkens*, JuS 2001, 368 ff. Zu § 29 VwVfG und zum Konkurrenzverhältnis zu anderen Vorschriften vgl. *R. Schmidt*, AllgVerwR, Rn 573a ff.

[451] Zur Beschlagnahme eines privaten Grundstücks zur Bereitstellung von Unterkünften für Flüchtlinge vgl. OVG Lüneburg NVwZ 2016, 164, 165.

zeitige Aufhebung des Versagungsbescheids ist nur Nebenfolge, womit der Versagungsgegenklage auch ein Doppelcharakter zukommt.

Die **Untätigkeitsklage** ist dagegen auf den Erlass eines (bislang) unterlassenen Verwaltungsakts gerichtet. 339 Im Gegensatz zur Versagungsgegenklage liegt also kein Versagungsbescheid vor, der Gegenstand der Klage sein könnte. Für *diesen* Fall der Verpflichtungsklage sieht die VwGO in § 75 allerdings besondere Sachentscheidungsvoraussetzungen vor, sodass sich die Problematik dieser Unterart bei der Frage des Vorverfahrens (Rn 360) oder der Klagefrist (Rn 362) stellt.

Gelegentlich kommt es vor, dass die Behörde während der Rechtshängigkeit der Untätigkeitsklage doch noch einen Versagungs- bzw. Widerspruchsbescheid erlässt. In diesem Fall kann der Kläger (um eine doppelte Rechtshängigkeit zu vermeiden) eine Erledigungserklärung abgeben (vgl. dazu § 161 VwGO) und Klage gegen den Ablehnungs- bzw. Widerspruchsbescheid erheben. Möglich sind auch eine Klageumstellung oder eine Klageänderung (§ 91 VwGO)[452], jeweils aber unter Einbeziehung der Begründung des Ablehnungs- bzw. Widerspruchsbescheids. Die Verwaltungsgerichte entscheiden überwiegend, dass der Kläger nach Ergehen des Widerspruchsbescheids den Rechtsstreit unter Einbeziehung des Widerspruchsbescheids als gewöhnliche Verpflichtungsklage fortführen kann.[453] Der Kläger kann aber auch einen anderen Weg beschreiten und die Untätigkeitsklage unter Einbeziehung des Widerspruchsbescheids fortführen. So oder so wird das Gericht die behördliche Ablehnungs- bzw. Widerspruchsentscheidung berücksichtigen. Problematisch ist es, wenn die Klageumstellung/Klageänderung nicht innerhalb der Monatsfrist des § 70 bzw. § 74 VwGO erfolgt und somit Bestandskraft eingetreten ist.

Im Fall einer **Genehmigungsfiktion** ist eine Verpflichtungsklage stets unstatthaft (vgl. dazu Rn 758).

b. Klagen Dritter

In Anlehnung an das zur Anfechtungsklage Gesagte ergibt sich eine besondere 340 prozessuale Schwierigkeit, wenn der Erlass eines an einen Dritten gerichteten, diesen belastenden Verwaltungsakts begehrt wird. Dieses Begehren ist richtigerweise mit einer **Verpflichtungsklage** durchzusetzen (s.o.). Bei der Frage nach der Klagebefugnis ist mit Hilfe der **Schutznormtheorie** (Rn 139 ff.) zu untersuchen, ob der Kläger sich darauf berufen kann, dass er durch ein Nichteinschreiten der Behörde in seinen Rechten verletzt sein kann, er also möglicherweise (unter dem Aspekt der Ermessensreduzierung auf Null) einen Anspruch auf die gewünschte Vornahmehandlung (Erlass eines ihn begünstigenden, den anderen belastenden Verwaltungsakts) hat.

aa. Polizeirecht

Mögliche Klausurfälle bestehen in **polizeirechtlichen** Sachverhalten, in denen ein 341 Einschreiten zu Lasten eines anderen Privaten begehrt wird. Die Problematik besteht insbesondere darin, dass die Gefahrenabwehr der öffentlichen Sicherheit dient, also im öffentlichen Interesse erfolgt. Da aber auch Privatinteressen wie körperliche Unversehrtheit oder Eigentum Bestandteil der öffentlichen Sicherheit sind und die Auslegung der Befugnisgeneralklausel ergibt, dass ein Anspruch auf polizeiliches Einschreiten zumindest möglich erscheint, ist die Klagebefugnis i.d.R. gegeben. Als Beispiel sei die bei Rn 331 sowie ausführlich bei *R. Schmidt*, Fälle zum POR, Fall 11 be-

---

[452] Vgl. dazu etwa *Barczak*, JA 2014, 778 ff.

[453] VGH München KommunalPraxis BY 2010, 241 f.; VG Hannover 28.6.2011 – 13 A 626/10; VG Gießen 13.5.2013 – 7 K 2360/11.

handelte **Obdachlosenexmittierung** genannt. Entsprechendes dürfte nach einer abgelaufenen Einweisung von **Flüchtlingen** gelten.[454]

bb. Öffentliches Baurecht

342 Es sind Fallkonstellationen denkbar, in denen der Bauherr ohne Baugenehmigung baut, sei es, dass eine zuvor erteilte Baugenehmigung aufgehoben wurde oder sei es, dass eine Baugenehmigung überhaupt nicht erforderlich ist, es sich also um ein genehmigungsfreigestelltes Vorhaben handelt. Ist der Nachbar der Auffassung, der Bau sei rechtswidrig und verletze ihn in seinen nachbarschützenden Rechten, muss er einen Anspruch auf behördliches Einschreiten geltend machen. Dazu muss er zunächst einen Antrag an die Behörde richten, dass diese einschreitet und gegenüber dem Bauherrn eine Bauordnungsverfügung (je nach Fallgestaltung Baueinstellungsverfügung, Baubeseitigungsverfügung oder Nutzungsuntersagung) erlässt. Lehnt die Behörde den Antrag ab, kann der Nachbar **Widerspruch** einlegen und bei dessen Ablehnung **Verpflichtungsklage** erheben.[455] In der Praxis hat sich aber das Verfahren nach **§ 123 VwGO** durchgesetzt. Der Nachbar kann also im Wege der einstweiligen Anordnung mit dem Ziel der Sicherung eines gegen die Behörde gerichteten Anspruchs auf Einschreiten vorgehen.[456]

cc. Öffentlich-rechtliche Konkurrentenklagen

343 Der Begriff der öffentlich-rechtlichen Konkurrentenklage wurde bei Rn 166 ff. erläutert. Bei der im Rahmen der Verpflichtungsklage relevant werdenden *positiven* (oder *partizipativen*) Konkurrentenklage in Form der **Konkurrentengleichstellungsklage** geht es um die Chancengleichheit im (horizontalen) Konkurrenzverhältnis: Der Rechtsschutzsuchende möchte dieselbe Vergünstigung erhalten, die bereits sein Konkurrent erhalten hat, *ohne* dass dieser seine Begünstigung verlieren soll. Besteht die erstrebte Begünstigung in dem Erlass eines Verwaltungsakts, muss der Rechtsschutzsuchende Verpflichtungsklage erheben. Besondere Schwierigkeiten bestehen allerdings dort, wo der Rechtsschutzsuchende nur dann zu seinem Ziel kommen kann, wenn der andere aus seiner Position verdrängt wird (etwa weil das zu verteilende Kontingent bereits erschöpft ist). Man spricht hier von einer **Mitbewerberklage** oder einer **Konkurrentenverdrängungsklage**. Soweit die erstrebte Begünstigung (wie dies meist zutrifft) auch hier durch einen Verwaltungsakt gewährt wird, ist ebenfalls die **Verpflichtungsklage** statthaft. Fraglich ist allerdings die Klagebefugnis. Vgl. dazu Rn 135 ff. und 352 ff.

c. Isolierte Anfechtung des Versagungsbescheids

344 Wird einem an die Behörde gerichteten Antrag seitens dieser Behörde (= Ausgangsbehörde) nicht stattgegeben, ergeht ein Versagungsbescheid (= Verwaltungsakt). Möchte der Betroffene nun gegen diese Versagung vorgehen, ist nach h.M. ausschließlich eine auf Erlass eines neuen, begünstigenden Verwaltungsakts gerichtete **Verpflichtungsklage**, nicht aber eine zusätzliche Anfechtungsklage mit dem Ziel der

---

[454] Zur Beschlagnahme eines privaten Grundstücks zur Bereitstellung von Unterkünften für Flüchtlinge vgl. OVG Lüneburg NVwZ 2016, 164, 165.

[455] Eines Widerspruchs bedarf es aber nicht, wenn die Behörde untätig bleibt. Dann kann sofort Untätigkeitsklage erhoben werden (vgl. §§ 42 I Var. 2, 75 VwGO).

[456] *Ortloff*, NVwZ 2000, 750, 755: Diese Vorgehensweise kommt schon bei unvollständigen Bauvorlagen, die eine Verletzung von Nachbarrechten nicht ausschließen, in Betracht (so OVG Münster NVwZ 1999, 427) und ist auch dann möglich, wenn die Behörde zu Unrecht das Vorhaben als freigestellt behandelt (so OVG Münster BauR 1999, 628). Alternativ besteht die grundsätzliche Möglichkeit einer einstweiligen Anordnung im Normenkontrollverfahren gegen den Bebauungsplan, der Voraussetzung der Genehmigungsfreistellung ist (vgl. VGH München NVwZ-RR 2000, 416; *Ortloff*, NVwZ 2000, 750, 755).

Aufhebung des ablehnenden Bescheids statthaft.[457] Vgl. dazu bereits die Ausführungen zur Anfechtungsklage bei Rn 127 ff.

d. Rechtsschutz gegen Nebenbestimmungen

Hinsichtlich der Problematik, ob und inwieweit Nebenbestimmungen eines Verwaltungsakts isoliert anfechtbar sind und wann die Verpflichtungsklage die richtige Klageart im Fall von vorhandenen Nebenbestimmungen ist, wird auf die Ausführungen zum Rechtsschutz gegen Nebenbestimmungen bei *R. Schmidt*, AllgVerwR, Rn 816 ff. verwiesen. **345**

e. Rechtsschutz trotz abgelaufener Anfechtungsfrist

Ist die Frist bzgl. der Anfechtung eines belastenden Verwaltungsakts abgelaufen, tritt Bestandskraft ein. Bestandskraft bedeutet, dass der Verwaltungsakt nach Verstreichenlassen der Anfechtungsfrist (vgl. §§ 70 I, 74 VwGO) grds. nicht mehr mit Mitteln eines Rechtsbehelfs angegriffen werden kann. Dennoch kann die Behörde – im Rahmen einer Ermessensentscheidung – auch einen bestandskräftigen Verwaltungsakt unter den Voraussetzungen des § 48 VwVfG bzw. des § 51 VwVfG aufheben. Um aber die Rechtsbehelfsfristen, die in Bezug auf den Ausgangsbescheid bestehen, nicht auszuhöhlen, ist eine restriktive Handhabung des Rücknahmeermessens zu fordern. Einige Stimmen in Literatur und Rechtsprechung sind sogar der Meinung, dass eine Verpflichtungsklage, die sich auf behördliche Aufhebung eines bestandskräftigen Verwaltungsakts richtet, generell missbräuchlich und mangels Rechtsschutzbedürfnisses unzulässig sei, weil sonst die Fristen der §§ 70, 74 VwGO ausgehöhlt würden.[458] Diese Ansicht hat zwar das Argument der Ratio der Bestandskraft auf ihrer Seite, sie verkennt aber gerade die gesetzlich zugelassene Möglichkeit, auch einen bestandskräftig gewordenen Verwaltungsakt aufzuheben. Damit entwertet sie das formelle subjektive öffentliche Recht des Belasteten (§ 48 I S. 2 VwVfG) auf ermessensfehlerfreie Entscheidung über die Rücknahme des Verwaltungsakts und ist mit Art. 19 IV GG nicht vereinbar. Außerdem missachtet sie den Umstand, dass eine Umgehung der §§ 70, 74 VwGO schon deshalb ausgeschlossen ist, weil sich nach Ablauf der Anfechtungsfrist die Rechtsstellung des Belasteten ohnehin abschwächt. Der Kläger hat nämlich in diesem Fall keinen materiell-rechtlichen Anspruch auf eine bestimmte Sachentscheidung, sondern nur einen Anspruch auf ermessensfehlerfreie Entscheidung über die Rücknahme.[459] Gerade dies aber ist mit Blick auf das Rechtsstaatsprinzip gegenüber der vollständigen Rechtsschutzversagung vorzugswürdig. Lediglich, wenn durch die Rücknahme des bestandskräftigen Verwaltungsakts schutzwürdige Interessen Dritter beeinträchtigt würden, lebt das Argument der Bestandskraft wieder auf. Das wäre etwa der Fall, wenn die Behörde zur Rücknahme eines Verwaltungsakts verpflichtet würde, der eine Begünstigung zugunsten eines Dritten enthielte. Denn mit der Aufhebung des Verwaltungsakts würde zugleich die Begünstigung, auf die der Dritte vertrauen durfte, erlöschen. **346**

Damit steht fest: Weigert sich die Behörde, einen entsprechenden Rücknahmebescheid zu erlassen, kann der Betroffene Verpflichtungsklage erheben. Klagegegenstand ist die Verpflichtung der Behörde, eine ermessensfehlerfreie Entscheidung über die Rücknahme des Verwaltungsakts zu treffen. Lediglich das Rechtsschutzbedürfnis **346a**

---

[457] Vgl. *Stern/Blanke*, Rn 191; *Mann/Wahrendorf*, VerwProzR, § 16 Rn 7; *Pietzcker*, in: Schoch/Schneider/Bier, VwGO, § 42 Abs. 1 Rn 111; *Schenke*, VerwProzR, Rn 282.

[458] So *Hufen*, VerwProzR, § 15 Rn 8; VGH Mannheim VBlBW 2001, 23.

[459] Vgl. auch *Schenke*, VerwProzR, Rn 278.

kann fehlen, wenn durch die Rücknahme schutzwürdige Interessen Dritter beeinträchtigt würden.

346b Die **Begründetheit** einer Verpflichtungsklage auf Rücknahme eines bestandskräftigen Verwaltungsakts ist eine Frage des materiellen Rechts. Anzuerkennen ist ein entsprechender Anspruch nur in wenigen Sonderfällen, nämlich bei Veränderungen der Rechts- oder Sachlage, die die Aufrechterhaltung des Verwaltungsakts rechtswidrig werden lassen, sowie u.U. beim Vorliegen der Voraussetzungen für ein Wiederaufgreifen des Verwaltungsverfahrens gem. § 51 VwVfG.[460] Greift kein materiell-rechtlicher Anspruch, ist die Verpflichtungsklage unbegründet. Denn dann war die behördliche Entscheidung ermessensfehlerfrei.

[460] *Schenke*, VerwProzR, Rn 279. Zum Konkurrenzverhältnis zwischen § 48 VwVfG und § 51 VwVfG vgl. *R. Schmidt*, AllgVerwR, Rn 761 f.

4. Klagebefugnis, § 42 II VwGO

a. Möglichkeit der Rechtsverletzung

Verbandsklagen und Popularklagen sind der VwGO aufgrund ihres Individualschutzcharakters grundsätzlich fremd.[461] Daher ist nur klagebefugt, wer in *seinen* Rechten verletzt sein kann. Bei der Verpflichtungsklage ist bei Vorhandensein eines subjektiven öffentlichen Rechts auf einen *möglichen Anspruch* des Klägers abzustellen. In der Fallbearbeitung bietet sich folgende Formulierung an: 347

„Für die Bejahung der Klagebefugnis genügt es, wenn sich aus dem Klägervortrag zumindest die **Möglichkeit** einer eigenen Rechtsverletzung ergibt. In der Verpflichtungssituation darf nicht offensichtlich ausgeschlossen sein, dass dem Kläger der behauptete Anspruch zusteht. Vorliegend ...". 348

Wird eine Begünstigung angestrebt, ergibt sich die Anspruchsgrundlage in den meisten Fällen aus einer **öffentlich-rechtlichen Sonderverbindung** (bspw. aus öffentlich-rechtlichem Vertrag, Verwaltungsakt oder Zusicherung), aus **einfachem Gesetz** (wie z.B. aus dem BImSchG, der GewO oder dem GastG), aus **Satzungen**[462] oder aus (sonstigem) **Gemeinderecht** (wie bzgl. des Anspruchs auf Zugang zu öffentlichen Einrichtungen). Sollte sich eine mögliche Anspruchsgrundlage aus keinem der drei genannten Bereiche herleiten lassen, kann auf die mögliche Verletzung eines Grundrechts zurückgegriffen werden. Zu beachten ist in diesem Zusammenhang insbesondere der Fall des **präventiven Verbots mit Erlaubnisvorbehalt** (Kontrollerlaubnis, vgl. *R. Schmidt*, AllgVerwR, Rn 246 und 358). 349

> **Beispiel:** Liegen die (Negativ-)Voraussetzungen des § 4 GastG[463] nicht vor, *ist* die Erlaubnis zum Betreiben einer Gaststätte zu erteilen (das geht zwar nicht unmittelbar aus § 3 GastG hervor, ergibt sich aber aus § 1 GewO i.V.m. Art. 12 I S. 1 GG, weil der Gesetzgeber die Gewerbefreiheit nur präventiv zur Rechtskontrolle einschränken darf und bei Nichtvorliegen von Versagungsgründen die Erlaubnis erteilen muss). Ein Ermessen bei der Erteilung besteht demgemäß nicht.

Da im Rahmen der Kontrollerlaubnis ein grundsätzlicher und grundrechtlich garantierter Anspruch auf Erlaubnis besteht und das Verbot nur präventiv zur Überprüfung des materiellen Rechts dient, ist bei Versagung der Erlaubnis sowohl eine Verletzung des einfachen Gesetzes (z.B. der §§ 2 ff. GastG) als auch eines Grundrechts (z.B. Art. 12 I S. 1 GG als Abwehrrecht) möglich. Nach der hier vertretenen Ansicht ist es vertretbar, dass – obwohl die mögliche Rechtsverletzung bereits auf eine einfachgesetzliche Anspruchsnorm gestützt wird – die Klagebefugnis auch auf das einschlägige Grundrecht gestützt wird. Auf das Grundrecht *ist* aber abzustellen, wenn die Verfassungsmäßigkeit der einfachgesetzlichen Anspruchsnorm unklar ist bzw. angezweifelt wird. Aber auch bei einem repressiven Verbot mit Befreiungsvorbehalt können die Grundrechte (insbesondere Art. 12 I GG) zu einem Zulassungsanspruch führen, wenn der Zulassung keine vernünftigen Gemeinwohlerwägungen entgegenstehen und die Ablehnung im Übrigen unverhältnismäßig wäre. Das gilt auch für die Zulassung zur Nutzung öffentlicher Einrichtungen.[464] 350

Hinweis für die Fallbearbeitung: Über den Prüfungsumfang einer Klagebefugnis gehen die Meinungen auseinander. Es herrscht völlige Unklarheit darüber, ob es in 351

---

[461] Zu der Ausnahme bei Vereinsklagen von Naturschutzverbänden und Handwerkskammern vgl. Rn 175.
[462] Vgl. dazu VGH Mannheim GewArch 2008, 126, 127 (Zulassung zur Ausübung von floristischen Tätigkeiten auf einem gemeindlichen Friedhof).
[463] Zur Föderalismusreform 2006 vgl. Fußnote 33.
[464] Vgl. dazu VGH Mannheim GewArch 2008, 126, 127.

einem Gutachten ausreicht, die Klagebefugnis zu bejahen, wenn die Möglichkeit der Verletzung *einer* Norm gefunden wurde oder ob die Möglichkeit der Verletzung auch *anderer* Normen (bis hin zum subsidiären Art. 2 I GG) geprüft werden muss. Nach der *Ratio* der Klagebefugnis soll lediglich die Popularklage ausgeschlossen werden: Es soll nur derjenige klagebefugt sein, der (durch die Ablehnung des gewünschten Verwaltungsakts) auch in *seinen* Rechten verletzt sein kann. Da nach der ganz herrschenden Möglichkeitstheorie in einer Verpflichtungssituation der Anspruch auf die begehrte Leistung nur nach allen erdenklichen Gesichtspunkten nicht ausgeschlossen sein darf und diese Voraussetzung bereits bei Vorliegen *einer* in Betracht kommenden Anspruchsgrundlage gegeben ist, ist die Prüfung weiterer in Betracht kommender Anspruchsgrundlagen an sich entbehrlich. Gleichwohl kann eine umfassende Prüfung auch weiterer in Betracht kommender Anspruchsgrundlagen anzuraten sein, wenn der in der späteren Begründetheitsprüfung ermittelte tatsächliche Anspruch auf einer solchen *anderen* Anspruchsgrundlage basiert oder zumindest dahingehend geprüft werden muss. Im Zweifel sollten in der Klagebefugnis alle erdenklichen Normen angeführt werden. Bei der Kontrollerlaubnis jedenfalls ist es ratsam, neben einfachgesetzlichen Anspruchsnormen stets Grundrechte anzuführen.

b. Drittklagen

352 Bei Verpflichtungsklagen im Drittrechtsverhältnis geht es zum einen um den Anspruch des Rechtsschutzsuchenden gegenüber der Behörde auf Einschreiten gegen einen Dritten, und zum anderen um den Anspruch auf eine bestimmte Begünstigung, wenn eine solche bereits einem Dritten gewährt wurde. Klausurrelevante Gebiete sind das **Baunachbarrecht** und die (wirtschaftsverwaltungsrechtliche) **Konkurrentenklage**.

aa. Baurechtliche Nachbarklage

353 Wie bei Rn 342 beschrieben, kommt im Rahmen der baunachbarrechtlichen Verpflichtungsklage der typische Fall in Betracht, dass ein Bauherr ohne Baugenehmigung baut, sei es, dass eine zuvor erteilte Baugenehmigung aufgehoben wurde oder sei es, dass eine Baugenehmigung überhaupt nicht erforderlich ist, es sich also um ein genehmigungsfreies bzw. genehmigungsfreigestelltes Vorhaben handelt. Bei der Klage- bzw. Antragsbefugnis ist darauf abzustellen, ob der Nachbar durch die Bauausführung möglicherweise in seinen nachbarschützenden Rechten verletzt ist bzw. wird, er also einen Anspruch auf behördliches Einschreiten gegen den Bauherrn hat.

a.) Anspruch auf Einschreiten beim „Schwarzbau" und nach Aufhebung der Baugenehmigung

354 Der Anspruch des Nachbarn auf behördliches Einschreiten gegen den Bauherrn kommt in folgenden zwei klassischen Konstellationen vor:

- Der Bauherr realisiert ein genehmigungspflichtiges Vorhaben, ohne die erforderliche Baugenehmigung einzuholen (sog. Schwarzbau). Der Nachbar will die weitere Bauausführung verhindern.
- Die dem Bauherrn erteilte Baugenehmigung wird aufgehoben (z.B. aufgrund einer Anfechtung des Nachbarn). Gleichwohl baut der Bauherr weiter. Der Nachbar will daher die weitere Bauausführung stoppen bzw. die weitere Nutzung des Baus verhindern.

355 Der Erlass von Bauordnungsverfügungen steht im pflichtgemäßen Ermessen der Baubehörde. Daher kann der Nachbar prinzipiell nur ein subjektives Recht auf ermessensfehlerfreie Entscheidung der Behörde haben. Verletzt das Vorhaben nachbarschützende Vorschriften des öffentlichen Rechts, kann sich das Ermessen auf Null reduzieren, sodass der Nachbar einen faktischen Anspruch auf Einschreiten, nament-

lich auf Erlass der beantragten Bauordnungsverfügung hat. Das ist nach strittiger Auffassung anzunehmen, wenn ohne bauaufsichtliches Einschreiten eine *schwere Gefahr für ein wichtiges Rechtsgut* des Nachbarn (Leben und Gesundheit) oder erhebliche Verstöße gegen nachbarschützende Normen drohen.[465]
Sieht die Behörde trotz Nachbarantrag von einem Einschreiten ab, kommt als Rechtsbehelf der Hauptsache **Widerspruch** und bei dessen Erfolglosigkeit **Verpflichtungsklage** in Betracht. Da mit diesen Rechtsbehelfen aber keine aufschiebende Wirkung verbunden ist, bietet effektiven Rechtsschutz nur das Verfahren nach § 123 VwGO (**Antrag auf Erlass einer einstweiligen Anordnung**). Hinsichtlich Zulässigkeit und Begründetheit gelten die allgemeinen Regeln, vgl. dazu Rn 999 ff. Der Anordnungsanspruch ist gegeben, wenn die Behörde zum Einschreiten verpflichtet ist, also im Fall der Ermessensreduzierung auf Null. Der Anordnungsgrund besteht, weil die Fortsetzung der Bauarbeiten den rechtswidrigen Zustand weiter vergrößert.

b.) Anspruch auf Einschreiten gegen rechtswidrige, genehmigungsfreie bzw. genehmigungsfreigestellte Vorhaben

Nicht alle Bauvorhaben sind von der präventiven Kontrolle erfasst. So sehen die re- **356**
formierten Landesbauordnungen vor, dass insbesondere kleinere Bauvorhaben (auch Wohngebäude!) aus Gründen der Verfahrensbeschleunigung von der Genehmigungspflicht ausgenommen sind. Der Bauherr darf also ohne sonst erforderliche Baugenehmigung bauen. Er muss das Bauvorhaben lediglich anzeigen, damit die Baubehörde in Kenntnis gesetzt wird und ggf. einschreiten kann, wenn sie der Auffassung ist, das Bauvorhaben widerspreche den öffentlich-rechtlichen Vorschriften. Man spricht von **Baufreistellung** oder **Anzeigeverfahren** bzw. **Kenntnisgabeverfahren**.[466]
Bei einem solchen Verfahren besteht aber stets die Gefahr, dass – da gerade keine Baugenehmigung in Form eines Verwaltungsakts ergeht, und deswegen die Hinzuziehung Dritter zum Verwaltungsverfahren (§ 13 II VwVfG) und die Anhörung Beteiligter (§ 28 VwVfG) prinzipiell nicht möglich ist – die Interessen Dritter (insbesondere die der Nachbarn) vernachlässigt werden. Selbst wenn man aus rechtsstaatlichen Gründen den Vorschriften der §§ 13 und 28 VwVfG einen allgemeinen Rechtsgrundsatz entnimmt, hilft das dem Dritten nicht weiter. Denn das beschränkte Programm des Anzeigeverfahrens dient der Prüfung, ob dessen Voraussetzungen vorliegen, nicht der Prüfung drittschützender Normen. Folglich wird die Behörde keine Veranlassung haben, einen Dritten hinzuzuziehen. Dieser hat auch keinen Anspruch auf Durchführung des Baugenehmigungsverfahrens – mit notwendiger Nachbarbeteiligung –, wenn die Behörde das Vorhaben zu Unrecht als genehmigungsfreigestellt behandelt.[467]
Darüber hinaus ist bereits der regelmäßige Wegfall der aufschiebenden Wirkung eines Nachbarwiderspruchs/einer Nachbarklage gem. § 80 II S. 1 Nr. 3 VwGO, § 212a I BauGB dogmatisch und rechtspolitisch fragwürdig genug. Denn dadurch wird das Regel-Ausnahme-Verhältnis des § 80 VwGO umgekehrt, was wiederum zur Folge hat, dass die Baubehörde von der (lästigen) Pflicht befreit ist, die sofortige Vollziehung im Einzelfall unter den Direktiven des § 80 II S. 1 Nr. 4 VwGO (Interessenabwägung) anzuordnen und gem. § 80 III S. 1 VwGO zu begründen. Es findet also eine erhebliche Funktionsverschiebung von der Exekutive in Richtung Judikative statt; die sonst

---

[465] Vgl. BVerwG NJW 1961, 793; NVwZ-RR 1997, 271; VG München NVwZ 1997, 928; a.A. OVG Saarlouis NVwZ-RR 1995, 493; VGH Mannheim, NVwZ-RR 1995, 490, VGH München NVwZ 1997, 923; OVG Bautzen NVwZ 1997, 922, die in diesen Fällen eine Ermessensreduzierung auf Null bereits dann annehmen, wenn durch das Vorhaben die nachbarlichen Belange mehr als nur geringfügig berührt werden. Das OVG Münster NVwZ-RR 1999, 427 nimmt eine Ermessensreduzierung auf Null an, wenn ein Verstoß gegen Nachbarrechte mit hinreichender Deutlichkeit vorliegt. Vgl. dazu auch VGH Mannheim VBlBW 1999, 309 (gegen Friedhofserweiterung); *Mampel*, DVBl 1999, 1403; *Bamberger*, NVwZ 2000, 983, 986; *Oeter*, DVBl 1999, 189, 192 und *Brügger*, JuS 1999, 625 (zum Folgenbeseitigungsanspruch).
[466] Vgl. dazu ausführlich *Löffelbein*, Genehmigungsfreies Bauen und Nachbarrechtsschutz, 2000, S. 58 f.
[467] OVG Münster NWVBl 1999, 266; *Schmitz*, NVwZ 2000, 1238, 1239; *Ortloff*, NVwZ 2000, 750, 754.

von der Baubehörde vorzunehmende Interessenabwägung muss nun das Verwaltungsgericht vornehmen. Das Genehmigungsfreistellungsverfahren greift noch tiefer in die Nachbarproblematik ein. Hier bleibt dem Nachbarn als einzig effektives Mittel (neben dem zivilrechtlichen Nachbarstreitverfahren) nur der Antrag auf **Erlass einer einstweiligen Anordnung gem. § 123 VwGO**, da diese immer dann greift, wenn für das Bauvorhaben – aus welchem Grund auch immer – keine Baugenehmigung erteilt wurde, also kein suspendierungsfähiger Verwaltungsakt in Rede steht.[468] Dieses Verfahren ist aber gegenüber der Grundregel des § 80 I VwGO und dem Eilantrag nach §§ 80a, 80 V VwGO aus zwei Gründen unvorteilhaft: Zum einen wird dem Antragsteller nach § 123 III VwGO i.V.m. § 945 ZPO das Risiko einer ungerechtfertigten einstweiligen Verfügung auferlegt: Erweist sich der Erlass einer einstweiligen Anordnung später im Hauptsacheverfahren als von Anfang an ungerechtfertigt oder wird die Anordnung zur Erhebung der Klage in der Hauptsache nicht befolgt, hat der Antragsteller dem Antragsgegner (verschuldens<u>un</u>abhängig) den Schaden zu ersetzen, der diesem durch die einstweilige Anordnung entsteht. Dadurch besteht ein deutliches Risiko, das es bei den §§ 80, 80a VwGO nicht gibt. Zum anderen setzt die einstweilige Anordnung nach § 123 I VwGO nicht nur einen Anordnungsanspruch (das ist der in der Hauptsache geltend zu machende materielle Anspruch), sondern auch einen Anordnungsgrund (das ist der Grund für die Eilbedürftigkeit) voraus. Der Antragsteller (d.h. der Nachbar) muss also einen ihn als Dritten berechtigenden subjektiv-öffentlichen Anspruch gegen die Behörde auf bauaufsichtliches Einschreiten i.V.m. einer Ermessensreduzierung auf Null glaubhaft machen.[469] Demgegenüber hätte die Anfechtung der Baugenehmigung lediglich einen nicht offensichtlich unzulässigen oder unbegründeten Rechtsbehelf vorausgesetzt. Der Nachbarrechtsschutz führt damit im Gegensatz zu den Anforderungen des § 80 I VwGO nicht nur zu einer engen Abhängigkeit vom vorhandenen materiellen Bauaufsichtsrechts, sondern ist auch nur eingeschränkt gewährleistet.[470]

357 Die bereits erwähnte Ermessensreduzierung auf Null (die faktisch zu einem Anspruch auf Erlass einer Baueinstellungsverfügung, Baubeseitigungsverfügung oder Nutzungsuntersagung führt) nimmt die Rechtsprechung schon dann an, wenn ein Vorhaben gegen nachbarschützende Normen verstößt und hierdurch geschützte Belange des Nachbarn *mehr als nur geringfügig* berührt werden.[471] Zwar führt diese Auffassung dazu, dass der Nachbar bei einem genehmigungsfreien bzw. genehmigungsfreigestellten, also formell rechtmäßigen Bauvorhaben besser gestellt wird als bei nicht genehmigten, aber genehmigungspflichtigen, also formell rechtswidrigen Bauvorhaben des Bauherrn (dort ist nach h.M. eine *schwere Gefahr für ein wichtiges Rechtsgut* erforderlich, um eine Ermessensreduzierung auf Null annehmen zu können). Die entsprechenden Vorschriften der Bauordnungen über die Baufreistellung dienen aber ausschließlich der Verfahrensbeschleunigung und Vereinfachung. Sie bezwecken weder eine allgemeine Reduzierung des materiell-rechtlichen Nachbarschutzes noch eine Beschränkung der prozessualen Durchsetzbarkeit dieser Position. Daher ist mit der h.M. eine Ermessensreduzierung auf Null anzunehmen, wenn nachbarschützende Belange *mehr als nur geringfügig* berührt sind. Zum Baunachbarrecht vgl. insgesamt die ausführliche Darstellung bei *R. Schmidt*, BauR, Rn 427 ff.

---

[468] OVG Münster NVwZ-RR 1999, 427; *Bamberger*, NVwZ 2000, 983, 984.
[469] *Dolde/Menke*, NVwZ 1999, 2150, 2161; *Bamberger*, NVwZ 2000, 983, 985.
[470] *Bamberger*, NVwZ 2000, 983, 985.
[471] VGH Mannheim DÖV 1997, 1056; VGH München NVwZ 1997, 923; OVG Bautzen NVwZ 1997, 922. Vgl. dazu auch *Ortloff*, NVwZ 2000, 750, 757 und *Bamberger*, NVwZ 2000, 983, 986 ff.

bb. Wirtschaftsverwaltungsrechtliche Konkurrentenklage

Wie bereits bei der statthaften Klageart beschrieben, ist die Verpflichtungsklage einschlägig, wenn es dem Kläger darum geht, neben seinem Konkurrenten (Konkurrentengleichstellungsklage) oder anstelle seines Konkurrenten (Mitbewerberklage) eine staatliche Leistung zu erhalten. Das Problematische an solchen Klagen ist der Umstand, dass allein das faktische Interesse einer unternehmerisch tätigen Person, im Verhältnis zur unerwünschten Konkurrenz gleich behandelt zu werden, niemals die Klagebefugnis begründen kann. Diese ist vielmehr nur dann zu bejahen, wenn durch eine Rechtsnorm dieses Interesse als rechtlich geschützt anerkannt ist.[472] Nur dann kann ein subjektives Recht i.S.d. § 42 II VwGO vorliegen. **358**

Bei der Klage eines Konkurrenten auf Gleichbehandlung ergeben sich folgende Besonderheiten: **359**

Verwaltungsrechtsweg: Im Gegensatz zur Konstellation der Konkurrentenabwehrklage ist hier eine Beurteilung der Streitigkeit sowohl nach privatem als auch nach öffentlichem Recht möglich. Das trifft insbesondere auf die Subventionsvergabe zu: Nachdem in einer Klausur der Subventionscharakter der fraglichen Maßnahme festgestellt wurde, ist auf die zu diesem Problemkreis entwickelte **Zwei-Stufen-Theorie** (siehe Rn 56) einzugehen: Ausgangspunkt ist die Überlegung, dass eine Subventionierung einstufig erfolgt, wenn Bewilligung und Gewährung in einem Akt zusammenfallen und das Subventionsverhältnis damit abgeschlossen ist. Diese Konstellation tritt bspw. dann ein, wenn eine Subvention in Form eines **Investitionszuschusses** in Betracht kommt. Vollzieht sich die Subventionierung jedoch nicht in einem Akt, sondern erstreckt sich auf zwei Akte oder auf einen längeren Zeitraum (Subvention in Form eines **Darlehens** oder einer **Bürgschaft**), tritt zu der Bewilligung häufig ein privatrechtliches Rechtsverhältnis in Form eines Darlehens- oder Bürgschaftsvertrags (vgl. §§ 488 ff., §§ 765 ff. BGB) hinzu. Bei dieser Handlungsform entscheidet zunächst die Behörde über die Gewährung (die Bewilligung) oder Versagung beispielsweise des beantragten Darlehens (**1. Stufe**). Diese Entscheidung über das „Ob" der Gewährung der Subvention (oder der Benutzung einer öffentlichen Sache) ist stets eine Frage der öffentlich-rechtlichen Zweckbestimmung und somit unmittelbare Folge des öffentlichen Rechts. Zur Durchführung der Subventionierung, das „Wie", wird sodann ein privatrechtlicher (Darlehens-)Vertrag zwischen Subventionsgeber und Subventionsempfänger abgeschlossen (**2. Stufe**).

> **Hinweis für die Fallbearbeitung:** Bei der Prüfung der Sachurteilsvoraussetzungen muss also nur festgestellt werden, dass es im betreffenden Fall um das **„Ob"** und nicht um das **„Wie"** der Subventionierung geht. Es bleibt somit stets bei der Begründetheit zu prüfen, ob ein öffentlich-rechtlicher Anspruch auf Subventionsgewährung besteht. Zu beachten ist aber, dass die Zwei-Stufen-Theorie nur dann anwendbar ist, wenn das Subventionsverhältnis sich nicht in einem Akt (wie das z.B. bei einem Investitionszuschuss oder bei einer Subventionierung durch einen verwaltungsrechtlichen Vertrag der Fall ist) erschöpft.

Statthafte Klageart: Da dem Verwaltungsrechtsstreit ein Leistungsbegehren zugrunde liegt und diesem Begehren nur durch den Erlass eines an den Kläger gerichteten Verwaltungsakts nachgekommen werden kann, ist die **Verpflichtungsklage** statthaft.

Klagebefugnis: Da nach der herrschenden Möglichkeitstheorie der geltend gemachte Anspruch lediglich unter keinem denkbaren Gesichtspunkt ausgeschlossen sein darf und der Anspruchsteller möglicherweise einen Anspruch auf Gleichbehandlung (Art. 3 I GG i.V.m. dem Grundsatz der Selbstbindung der Verwaltung) hat, ist die Klagebefugnis zu bejahen.

---

[472] *Hufen*, VerwProzR, § 14 Rn 66; *Brohm*, Menger-FS, 1985, S. 244; *Schenke*, VerwProzR, Rn 523.

Zur Begründetheit: Die Klage ist begründet, wenn die Ablehnung der eigenen Subventionierung rechtswidrig war und den Kläger dadurch in seinen Rechten verletzt, vgl. § 113 V S. 1 VwGO. Nachdem bei der Klagebefugnis die Möglichkeit des Anspruches geprüft wurde, gilt es nunmehr festzustellen, ob der Anspruch tatsächlich besteht.

> **Beispiel:** Das Land gewährt den B-Automobilwerken eine Wirtschaftshilfe zur Sicherung von Arbeitsplätzen in der Region. Die in der gleichen Situation befindlichen A-Automobilwerke wollen aus Gründen der Gleichbehandlung ebenfalls subventioniert werden.
>
> In diesem Beispiel findet sich die Konstellation der **Partizipationserzwingungsklage** in Form der **Konkurrentengleichstellungsklage**. Wenn man unterstellt, dass die an die B-Werke gewährte Subvention unter Kapazitätsvorbehalt (Vorbehalt des Möglichen)[473] stand und das Kontingent bereits erschöpft ist, wird eine auf Art. 12 I i.V.m. 3 I GG gestützte Klage mit dem Ziel, ebenfalls in den Genuss der Begünstigung zu kommen, mangels Klagebefugnis unzulässig sein, da es nichts mehr zu verteilen gibt.[474] Die Klagebefugnis entfällt aber auch bei einem noch nicht erschöpften Kontingent, wenn die A-Werke selbst die Förderungsvoraussetzungen nicht erfüllen. Erfüllen sie diese allerdings, wäre eine Verpflichtungsklage unter dem Aspekt der Ermessensreduzierung auf Null (aus Art. 3 I GG abgeleitete Selbstbindung der Verwaltung[475]) zulässig und möglicherweise auch begründet. Die Begründetheit hängt davon ab, ob eine Selbstbindung der Verwaltung tatsächlich besteht und der Kläger auf Fortbestand der Leistungsgewährung vertrauen durfte. Dies wird auch - mit Blick auf das Haushaltsrecht der Legislative - nur in Ausnahmefällen anzunehmen sein.[476]

5. Vorverfahren, §§ 68 ff. VwGO

360 Bei der Verpflichtungsklage ist die grundsätzliche Durchführung eines Vorverfahrens gem. § 68 II VwGO **nur** für die **Versagungsgegenklage** erforderlich. Hierbei können sich die gleichen Probleme (insbesondere die Frage nach der Entbehrlichkeit) wie bei einer Anfechtungssituation stellen. Deshalb kann auf die Ausführungen bei Rn 210 ff. verwiesen werden. Hinsichtlich der **Untätigkeitsklage** ist dagegen zu differenzieren: Bleibt die Behörde bei einem Antrag, der auf Vornahme des gewünschten Verwaltungshandelns gerichtet ist, untätig, kann der Betroffene unter den Voraussetzungen des § 75 VwGO sofort Untätigkeitsklage erheben; der Durchführung eines Vorverfahrens bedarf es nicht. Eine andere Konstellation liegt vor, wenn die Behörde auf einen eingelegten Widerspruch nicht reagiert. Auch hier kann der Betroffene Untätigkeitsklage erheben. Hier wie dort können sich **Fristprobleme** ergeben. Vgl. dazu sogleich.

6. Klagefrist, § 74 VwGO

361 Auch bei der Klagefrist ist zwischen der Versagungsgegenklage und der Untätigkeitsklage zu unterscheiden. Für die **Versagungsgegenklage** gilt die Frist des § 74 I VwGO. Danach ist die Klage innerhalb eines Monats nach *ordnungsgemäßer* Zustellung des Widerspruchsbescheids zu erheben. War die Durchführung eines Widerspruchsverfahrens nicht erforderlich und auch nicht zulässig, muss die Klage innerhalb eines Monats nach Bekanntgabe des Verwaltungsakts erhoben werden, § 74 I S. 2 VwGO. Im Übrigen ist wie bei der Anfechtungsklage vorzugehen (Rn 285 ff.).

---

[473] Vgl. dazu eingehend *Schmidt-Preuß*, Kollidierende Privatinteressen, S. 66.
[474] Vgl. BVerwGE 30, 191, 197.
[475] Vgl. dazu sehr anschaulich BVerwG NVwZ 1998, 273; VGH Mannheim NVwZ 1991, 1199.
[476] BVerwG NVwZ 1998, 273, 274 f.; VGH Mannheim NVwZ 1991, 1119; *Schefold*, Festschrift für Heinrichs, 1998, S. 500 ff.

Bei der **Untätigkeitsklage** (Rn 330, 339, 360) kann die Frist des § 74 VwGO nicht greifen. § 76 VwGO a.F. sah eine einjährige Ausschlussfrist vor. Seit dessen Aufhebung kann eine Untätigkeitsklage grundsätzlich unbefristet erhoben werden. Zu denken ist allenfalls an eine prozessuale Verwirkung nach allgemeinen Grundsätzen, wobei als Anhaltspunkt weiterhin der Zeitraum von einem Jahr anzusehen ist.[477] **362**

Die Untätigkeitsklage kann nach Ablauf von **drei Monaten** seit der Einlegung des Widerspruchs oder seit dem Antrag auf Vornahme des Verwaltungsakts erhoben werden (§ 75 S. 2 VwGO). Die Klage kann schon früher erhoben werden, wenn besondere Umstände vorliegen (§ 75 S. 2 VwGO). **363**

Beispiel: Die zuständige Straßenverkehrsbehörde entzieht K die Fahrerlaubnis mit der Begründung, dass dieser zum Führen eines Kfz nicht (mehr) geeignet sei. Gegen diese Verfügung erhebt K form- und fristgerecht Widerspruch. Nachdem er nach Ablauf eines Monats keinen weiteren Bescheid erhält, erhebt er Klage. Ist diese mit Blick auf das (nicht ordnungsgemäß durchgeführte) Vorverfahren zulässig?

Grundsätzlich ist das Widerspruchsverfahren Sachentscheidungsvoraussetzung der Anfechtungsklage und nur dann ordnungsgemäß durchgeführt, wenn ein Widerspruchsbescheid ergeht. Ergeht ein solcher nicht, kann die Klage gleichwohl unter den Voraussetzungen des § 75 S. 2 VwGO als Untätigkeitsklage zulässig sein. Allerdings ist die Klageerhebung grundsätzlich erst nach Ablauf von drei Monaten seit Einlegung des Widerspruchs (oder seit dem Antrag auf Vornahme des Verwaltungsakts, was vorliegend allerdings nicht einschlägig ist) zulässig, § 75 S. 2 VwGO. Die Frist des § 75 S. 2 VwGO ist aber eine echte Sachentscheidungsvoraussetzung. Das bedeutet, dass die Klage auch schon vor Ablauf der Frist erhoben werden kann und auch zulässig ist, wenn nur die letzte mündliche Gerichtsverhandlung erst nach Ablauf der Dreimonatsfrist stattfindet.[478] Vorliegend hat K die Klage bereits vor Ablauf der Dreimonatsfrist erhoben. Da kein Grund ersichtlich ist, warum die Klageerhebung in Abweichung von diesem Grundsatz schon vorher möglich sein sollte, ist die Klage des K daher erst dann zulässig, wenn bis zur letzten mündlichen Gerichtsverhandlung die Frist des § 75 S. 2 VwGO verstrichen und kein Widerspruchsbescheid ergangen ist.[479].

Insbesondere im Wirtschafts(verwaltungs)recht ist in Umsetzung der Dienstleistungsrichtlichtinie (2006/123/EG) zu beachten, dass die nationalen Genehmigungsverfahren und -formalitäten i.S.d. Richtlinie gewährleisten müssen, dass Anträge unverzüglich und in jedem Fall binnen einer vorab festgelegten und bekannt gemachten angemessenen Frist bearbeitet werden (Art. 13 III S. 1 DLRL). Wird der Antrag unter den weiteren Voraussetzungen des Art. 13 DLRL nicht binnen der festgelegten (oder verlängerten) Frist beantwortet, gilt die Genehmigung als erteilt, Art. 13 IV S. 1 DLRL. Diese sog. **Genehmigungsfiktion** ist in nationales Recht umgesetzt worden. Nach § 42a I S. 1 VwVfG gilt eine beantragte Genehmigung nach Ablauf einer für die Entscheidung festgelegten Frist als erteilt (Genehmigungsfiktion), wenn dies durch Rechtsvorschrift angeordnet und der Antrag hinreichend bestimmt ist. **363a**

---

[477] *Kopp/Schenke*, VwGO, § 76 Rn 1.

[478] Zur Erinnerung sei angemerkt, dass eine Sachentscheidungsvoraussetzung (zu der auch das Vorverfahren gehört) erst bei der letzten mündlichen Gerichtsverhandlung, nicht schon bei Klageerhebung, vorliegen muss.

[479] Wurde die Klage vor Ablauf der Dreimonatsfrist erhoben, ist diese auch bei der letzten mündlichen Gerichtsverhandlung noch nicht abgelaufen und hält das Gericht die Voraussetzungen der vorzeitigen Zulässigkeit nach § 75 S. 2 VwGO nicht für gegeben, ist § 75 S. 3 VwGO entsprechend anzuwenden und das Verfahren bis zum Ablauf der Dreimonatsfrist auszusetzen (*Zilkens*, JuS 2001, 358, 370 Fn 7). Zur Rechtslage, wenn der Widerspruchsbescheid erst nach Rechtshängigkeit der Untätigkeitsklage ergeht, vgl. Rn 340.

Insoweit sind fachgesetzliche Anordnungen u.a. in § 6a GewO (mit einer Genehmigungsfiktion als Rechtsfolge) fixiert, sodass es einer Klage nicht bedarf; zum Teil sind lediglich reine Entscheidungsfristen für die Behörden normiert, ohne dass bei deren Ablauf eine Fiktion als Rechtsfolge eintritt (z.B. § 53a II InfSchG).[480]

7. Übrige Sachentscheidungsvoraussetzungen

364 Zu den verbleibenden Sachentscheidungsvoraussetzungen (Beteiligungsfähigkeit, Prozessfähigkeit, Ordnungsgemäßheit der Klageerhebung) gelten die Ausführungen zur Anfechtungsklage entsprechend. Lediglich bezüglich des allgemeinen Rechtsschutzbedürfnisses besteht die Besonderheit, dass dieses entfällt, wenn der Kläger zuvor bei der Behörde noch nicht einmal einen Antrag auf Erlass des begehrten Verwaltungsakts gestellt hat.[481]

---

[480] Vgl. dazu auch unten Rn 758 sowie näher *Eisenmenger*, NVwZ 2010, 337 ff. und ausführlich *R. Schmidt*, AllgVerwR, Rn 379a ff.
[481] Vgl. VGH Mannheim NVwZ 2001, 101.

III. Sachentscheidungsvoraussetzungen der allgemeinen Leistungsklage

Die allgemeine Leistungsklage ist in der VwGO nicht ausdrücklich geregelt. Sie wird aber in § 43 II, § 111, § 113 IV und § 169 II VwGO ausdrücklich oder schlüssig als existent angesehen und ist sowohl wegen der Rechtsschutzgarantie aus Art. 19 IV S. 1 GG als auch wegen der Generalklausel des § 40 I S. 1 VwGO uneingeschränkt anzuerkennen.[482] Abzugrenzen ist sie zunächst von der Verpflichtungsklage, die – als besondere Leistungsklage – für den *Erlass eines Verwaltungsakts die spezielle Klageart* ist. Da die allgemeine Leistungsklage im Gegensatz zur Verpflichtungsklage grundsätzlich an keine besonderen Sachentscheidungsvoraussetzungen (Vorverfahren, Klagefrist)[483] gebunden ist und diese strengen Voraussetzungen nicht umgangen werden dürfen, stellt die Verpflichtungsklage auch insoweit eine abschließende Regelung dar. Aber auch zur Anfechtungsklage muss die allgemeine Leistungsklage abgegrenzt werden, wenn es um die Abwehr eines Verwaltungshandelns geht. Denn die Anfechtungsklage ist – wie die Verpflichtungsklage – an die strengen Sachentscheidungsvoraussetzungen Vorverfahren und Klagefrist gebunden und verdrängt in Bezug auf die Aufhebung eines Verwaltungsakts die allgemeine Leistungsklage. Somit verbleibt der allgemeinen Leistungsklage eine **Auffangfunktion** für diejenigen Fälle, in denen in **Ermangelung eines Verwaltungsakts** eine Anfechtungs- oder Verpflichtungsklage ausscheidet. Die allgemeine Leistungsklage ist entweder auf Vornahme (**Leistungsvornahmeklage**) oder auf Abwehr bzw. Unterlassen (**Leistungsunterlassungsklage**) schlichten Verwaltungshandelns gerichtet.[484] 365

Nach h.M. richtet sie sich auch in Form der **vorbeugenden Unterlassungsklage** auf die Abwehr eines drohenden Verwaltungsakts bzw. drohenden schlichten Verwaltungshandelns. Von einer *vorbeugenden* Unterlassungsklage spricht man, wenn die Rechtsverletzung noch nicht eingetreten ist, lediglich von Unterlassungsklage dann, wenn bereits eine Rechtsverletzung eingetreten ist, aber eine Wiederholung droht. Zwischen diesen beiden Fallgestaltungen besteht allerdings bei der Frage nach der statthaften Klageart kein relevanter Unterschied, denn die Unterlassungsklage ist nach h.M. auch in Form der vorbeugenden Unterlassungsklage statthaft.[485] 366
Schwierig ist dagegen die Frage nach der Klagebefugnis bzw. nach dem Rechtsschutzbedürfnis zu beantworten. Die h.M. fordert für absehbare drohende Rechtsverletzungen durch einen Verwaltungsakt, dass der reguläre repressive Rechtsschutz (Anfechtungswiderspruch, Anfechtungsklage, vorläufiger Rechtsschutz nach §§ 80, 80a VwGO) nicht ausreicht, etwa weil auch bei Inanspruchnahme dieses Rechtsschutzes vollendete Tatsachen geschaffen oder sonst nicht wieder gut zu machende Schäden eintreten würden.[486]

Klausurtypische Anwendungsfälle der allgemeinen Leistungsklage sind[487]: 367

(1) Geltendmachung von **Einwirkungs- und Verschaffungsansprüchen** bei der Zulassung zur Benutzung von **öffentlichen Einrichtungen**, wenn die Einrichtung von einem Eigen- oder Regiebetrieb bzw. von einer juristischen Person des Privatrechts (AG oder GmbH) betrieben wird (vgl. Rn 73 sowie *R. Schmidt*, AllgVerwR, Rn 1022 ff.).

---

[482] BVerwGE 77, 268, 274 f.; *Sodan*, in: Sodan/Ziekow, VwGO, § 42 Rn 39; *Happ*, in: Eyermann, VwGO, § 42 Rn 62; *Redeker/v. Oertzen*, VwGO, § 42 Rn 153; *Kopp/Schenke*, VwGO, Vorb § 40 Rn 4 u. 8a; *Pietzcker*, in: Schoch/Schneider/Bier, VwGO, § 42 Abs. 1 Rn 150. Vgl. auch *Geis/Meier*, JuS 2013, 28 ff.
[483] Vgl. aber die Regelung des § 126 II BBG, wonach vor Erhebung aller bundesbeamtenrechtlichen Klagen (somit auch vor Erhebung der allgemeinen Leistungsklage und der allgemeinen Feststellungsklage) die erfolglose Durchführung eines Widerspruchsverfahrens Voraussetzung ist. Bei landesbeamtenrechtlichen Klagen ist dagegen die Durchführung eines Vorverfahrens entbehrlich, wenn ein Landes(beamten)gesetz dies bestimmt, § 54 II S. 3 BeamtStG.
[484] BVerwGE 100, 83, 85.
[485] *Happ*, in: Eyermann, VwGO, § 42 Rn 66; *Schenke*, VerwProzR, Rn 354 ff.
[486] BVerwGE 54, 211, 215 f.; 81, 329, 347. Vgl. auch die Ausführungen bei Rn 387 f. und Rn 1056 ff.
[487] Vgl. auch *Hufen*, VerwProzR, § 16 Rn 4; *Stern/Blanke*, Rn 240 ff.

(2) Geltendmachung von **Leistungs**- und **Ersatzansprüchen** aus **öffentlich-rechtlichen Verträgen** (vgl. Rn 763 und *R. Schmidt*, AllgVerwR, Rn 924 ff.).

(3) Geltendmachung von sonstigen **schlichten Geldleistungsansprüchen**, da die bloße Auszahlung eines Geldbetrags nicht als Verwaltungsakt, sondern als Realakt anzusehen ist. Zu beachten ist aber bei auf Geldleistung gerichteten Klagen: Sieht das Gesetz vor der Zahlung eine Festsetzung der Leistung durch die Behörde vor (Bewilligungsbescheid), muss zunächst Verpflichtungsklage auf Erlass dieses Bescheids (Verwaltungsakt) erhoben werden. Des Weiteren ist zu beachten, dass ein Rückzahlungsanspruch dann nicht mehr geltend gemacht werden kann, wenn der die Zahlung anordnende Verwaltungsakt bestandskräftig geworden ist.

(4) Geltendmachung von **Folgenbeseitigungsansprüchen** (vgl. Rn 861 sowie *R. Schmidt*, AllgVerwR, Rn 1274 ff.) und öffentlich-rechtlichen **Erstattungsansprüchen** (vgl. Rn 978 sowie *R. Schmidt*, AllgVerwR, Rn 1321 ff.).

(5) Geltendmachung von Ansprüchen auf **Vornahme schlichten Verwaltungshandelns** wie bspw. Entfernung von Vorgängen aus den Akten einer Behörde und u.U. auch Erteilung von Auskünften (Rn 337 und 376), Herausgabe von zuvor einbehaltenen (nicht beschlagnahmten, sonst gilt Bsp. 11) Schriftstücken (etwa Reisepass oder Personalausweis)[488] oder Durchsetzung eines kommunalen Bürgerbegehrens.

(6) Geltendmachung von Ansprüchen auf **Unterlassung** bereits stattgefundener oder drohender, den Kläger (angeblich) grundrechtswidrig beeinträchtigender öffentlicher Warnungen, etwa vor dem Verzehr bestimmter Lebens- oder Genussmittel oder vor dem Wirken von Jugendsekten (vgl. ausführlich *R. Schmidt*, AllgVerwR, Rn 1315).

(7) Geltendmachung von Ansprüchen auf **Unterlassung** von schlicht hoheitlichem Handeln wie bspw. kirchliches Glockengeläut, Geräuschemissionen von öffentlichen Freizeitanlagen oder Altglascontainern[489] oder von ehrverletzenden Äußerungen (Rn 66).

(8) Auch wenn eine Körperschaft des öffentlichen Rechts (etwa die IHK) nicht nur die ihr zugewiesenen, sondern darüber hinaus auch im allgemeinen (öffentlichen) Interesse stehende Aufgaben wahrnimmt, hat das einzelne Mitglied einen Anspruch auf **Unterlassung** (anderenfalls wären die Zwangsmitgliedschaft und die damit verbundene Beitragspflicht verfassungsrechtlich nicht zu rechtfertigen).[490]

(9) Geltendmachung von Ansprüchen auf **Widerruf**, etwa von Lebensmittel- oder Sektenwarnungen oder von sonstigen rechtserheblichen Äußerungen.

(10) **Vorbeugende Unterlassungsklage**, die auf den Nichterlass eines Verwaltungsakts oder einer Rechtsnorm gerichtet ist (Rn 1058).

(11) Dagegen ist nach der hier vertretenen Auffassung die Geltendmachung eines Anspruchs auf **Ausweisung** eines zuvor eingewiesenen **Obdachlosen** mit der Verpflichtungsklage durchzusetzen (Rn 337). Auch ist der Anspruch auf **Herausgabe einer beschlagnahmten Sache** nach Aufhebung der Beschlagnahmeverfügung nur dann auf den im Rahmen einer allgemeinen Leistungsklage eingebetteten FBA zu stützen, wenn das betreffende Polizeigesetz keine diesbezügliche Regelung enthält. Das ist aber zumeist der Fall. Zur Anfechtung der Beschlagnahmeverfügung vgl. *R. Schmidt*, POR, Rn 560 ff.

---

[488] Vgl. dazu *Habler*, JuS 2001, 691, 692.
[489] Vgl. dazu VG Osnabrück NVwZ 2003, 1010 f.
[490] Vgl. BVerwG GewArch 2001, 161. Vgl. auch BVerwG NVwZ-RR 2010, 882 ff., OVG Koblenz LKRZ 2010, 477 f. und VGH München NVwZ 2013, 236 f. sowohl zu den verfassungsrechtlichen als auch unionsrechtlichen (Art. 18, 49 AEUV) Anforderungen an die Zwangsmitgliedschaft (dazu *R. Schmidt*, AllgVerwR, Rn 92).

Für die Prüfung der Sachentscheidungsvoraussetzungen der allgemeinen Leistungsklage empfiehlt sich folgendes Aufbauschema[491]: 368

Sachentscheidungsvoraussetzungen der allgemeinen Leistungsklage

(1) **Eröffnung des Verwaltungsrechtswegs**, § 40 I S. 1 VwGO
- (a) Aufdrängende Spezialzuweisung
- (b) Öffentlich-rechtliche Streitigkeit
- (c) Keine verfassungsrechtliche Streitigkeit
- (d) Keine abdrängende Sonderzuweisung

(2) **Zuständigkeit des Verwaltungsgerichts**, §§ 45, 52 VwGO

(3) **Statthaftigkeit der allgemeinen Leistungsklage** (zulässige Verfahrensart)

(4) **Besondere Sachentscheidungsvoraussetzungen** der allgemeinen Leistungsklage
- (a) Klagebefugnis, § 42 II VwGO analog
- (b) Vorverfahren, §§ 68 ff. VwGO (grds. nicht erforderlich, vgl. aber §§ 126 II BBG, 54 II BeamtStG[492])
- (c) Klagefrist: grds. keine (aber Monatsfrist des § 74 I VwGO gegen Widerspruchsbescheid in Beamtensachen)
- (d) Klagegegner: der materiell Verpflichtete (Rechtsträgerprinzip aus § 78 VwGO)

(5) **Allgemeine Sachentscheidungsvoraussetzungen**
- (a) Beteiligungsfähigkeit, § 61 VwGO
- (b) Prozessfähigkeit, § 62 VwGO
- (c) Ordnungsmäßigkeit der Klageerhebung, §§ 81, 82 VwGO
- (d) Allgemeines Rechtsschutzbedürfnis

1. Verwaltungsrechtsweg, § 40 VwGO

Bei der allgemeinen Leistungsklage kann die Bestimmung des Verwaltungsrechtswegs Schwierigkeiten bereiten, weil eine Vielzahl der Anwendungsfälle auch privatrechtlich (etwa nach §§ 823, 906, 1004, 249 S. 1 BGB) beurteilt werden kann. Das trifft insbesondere zu auf Ansprüche aus (verwaltungsrechtlichen) Verträgen, auf das Aussprechen von Warnungen vor Jugendsekten, vor Lebensmitteln oder elektromagnetischen Strahlen („Handys", o.ä.), auf ehrverletzende, rufschädigende oder rufgefährdende Äußerungen sowie auf Emissionen (etwa von kommunalen Kläranlagen, gemeindlichen Grillplätzen, Kinderspielplätzen, Sportplatzanlagen[493], Altglascontainern[494] oder Skater-Anlagen[495]). In diesen Fällen ist die Streitigkeit nur dann vor den Verwaltungsgerichten auszutragen, wenn das fragliche Verhalten in einem (engen) **Funktions- bzw. Sachzusammenhang** mit der Wahrnehmung hoheitlicher Aufgaben steht (**Akzessorietätstheorie**). Vgl. dazu ausführlich Rn 25 ff. 369

Im Rahmen der Frage nach der Existenz einer **abdrängenden Sonderzuweisung** wird regelmäßig § 40 II S. 1 VwGO relevant. Danach sind in Ergänzung zu Art. 14 III S. 4 GG vermögensrechtliche Ansprüche aus Aufopferung vor den ordentlichen Gerichten zu entscheiden. Zu diesen in Frage kommenden Ansprüchen vgl. bereits Rn 96 370

---

[491] Zum Prüfungsschema der Begründetheit vgl. Rn 798.

[492] Nach Auffassung des BVerwG (E 49, 351, 354; zust. *Happ*, in: Eyermann, VwGO, § 42 Rn 69) soll aber die Monatsfrist des § 70 I VwGO nicht gelten.

[493] VG Arnsberg NVwZ 1999, 450.

[494] VG Osnabrück NVwZ 2003, 1010 ff.

[495] OVG Koblenz NVwZ 2000, 1190.

sowie die Erläuterungen zum Staatshaftungsrecht bei *R. Schmidt*, AllgVerwR, Rn 1061 ff. Nicht von der Verweisung erfasst werden der Folgenbeseitigungsanspruch bzw. die Beseitigung oder Unterlassung des Eingriffs selbst.[496] Jedoch besteht gem. § 40 II S. 1 VwGO eine Abweisung für vermögensrechtliche Ansprüche aus öffentlich-rechtlicher Verwahrung. Diese Ansprüche umfassen sowohl Schadensersatz- als auch Rückgabeansprüche.[497] Der Rückgabeanspruch kann allerdings auch als Folgenbeseitigungsanspruch vor den Verwaltungsgerichten geltend gemacht werden.[498] Zuletzt weisen Art. 34 S. 3 GG, § 40 II S. 1 Var. 3 VwGO Schadensersatzansprüche aus der Verletzung öffentlich-rechtlicher Pflichten (vgl. die Amtshaftung), die nicht auf einem öffentlich-rechtlichen Vertrag beruhen, den ordentlichen Gerichten zu. Im Zusammenhang mit § 40 II S. 2 VwGO ist ferner zu beachten, dass die aufdrängende Spezialzuweisung für beamtenrechtliche Streitigkeiten (§ 126 I BBG bzw. § 54 I BeamtStG) sowie vermögensrechtliche Fragen der Rücknahme rechtswidriger Verwaltungsakte (§ 48 II, III i.V.m. 49a VwVfG) von der Verweisung nicht betroffen sind. Im Unterschied zu § 48 III S. 3 VwVfG, bei dem für den Vermögensausgleich der Verwaltungsrechtsweg eröffnet ist („wird durch die Behörde festgesetzt"), muss bei § 49 VI S. 3 VwVfG der ordentliche Rechtsweg beschritten werden!

2. Zuständigkeit des Gerichts, §§ 45, 52 VwGO

371 Die sachliche Zuständigkeit des Verwaltungsgerichts richtet sich nach § 45 VwGO, die örtliche Zuständigkeit nach § 52 VwGO. Vgl. dazu ausführlich Rn 105 ff.

3. Statthaftigkeit der allgemeinen Leistungsklage

372 Nach dem bisher Gesagten kommt die allgemeine Leistungsklage nicht nur in Form der **Leistungsvornahmeklage** in Betracht, mit welcher der Kläger ein bestimmtes, ihn begünstigendes schlichtes Verwaltungshandeln begehrt, sondern auch in Form der **Abwehr**- bzw. **Leistungsunterlassungsklage**, mit welcher der Bürger eine zukünftige Handlung durch die Verwaltung abwehren möchte (zur vorbeugenden Unterlassungsklage vgl. Rn 1056). In der Fallbearbeitung bietet sich folgende Einleitung an:

373 „Die allgemeine Leistungsklage ist in der VwGO nicht ausdrücklich aufgeführt. Ihre Existenz wird jedoch an einigen Stellen vorausgesetzt, vgl. §§ 43 II, 111, 113 IV VwGO. Außerdem sprechen die Rechtsschutzgarantie des Art. 19 IV S. 1 GG, die dem Bürger lückenlosen Rechtsschutz gegen Akte der öffentlichen Gewalt gewährt, sowie die Generalklausel des § 40 I VwGO für die Anerkennung der allgemeinen Leistungsklage. Ist sie daher anzuerkennen, kann mit ihr die Verurteilung des Beklagten zu einer Vornahme, Duldung oder Unterlassung schlicht hoheitlichen Verwaltungshandelns begehrt werden."

a. Leistungsvornahmeklage

aa. Abgrenzung von Verwaltungsakt und Realakt

374 Der maßgebliche Unterschied zwischen der allgemeinen Leistungsklage und den Verwaltungsakt-Klagen liegt nach dem bisher Gesagten in der Existenz eines Verwaltungsakts. Daher bildet die Abgrenzung von Verwaltungsakt und Realakt den Prüfungsschwerpunkt bei der Bestimmung der statthaften Klageart.

375 a.) So ist die Abgrenzung beispielsweise zu problematisieren, wenn die Gewährung einer **Subvention** begehrt wird: Zwar geht es dem Antragsteller i.d.R. nicht um den

---

[496] *Kopp/Schenke*, VwGO, § 40 Rn 62.
[497] *Rennert*, in: Eyermann, VwGO, § 40 Rn 123.
[498] *Kopp/Schenke*, VwGO, § 40 Rn 64.

Erlass eines vorgeschalteten festsetzenden Verwaltungsakts, sondern lediglich um die Auszahlung (den Realakt), da das „Ob" der Gewährung nach der Zwei-Stufen-Theorie (soweit anwendbar) jedoch immer durch einen Verwaltungsakt zu erfolgen hat, ist in diesen Fällen die **Verpflichtungsklage** die richtige Klageart. Entsprechendes gilt für die Fälle, in denen die Zwei-Stufen-Theorie keinen Sinn macht: Fallen das „Ob" der Gewährung und beispielsweise die Auszahlung des beantragten Zuschusses in einem Akt zusammen, besteht für die Zwei-Stufen-Theorie kein Anwendungsbereich. Hier ist ebenfalls die **Verpflichtungsklage** einschlägig.

b.) Auch bezüglich einer behördlichen **Auskunft** handelt es sich bei der nach außen kundgetanen ablehnenden Entscheidung regelmäßig um einen **Verwaltungsakt**, sodass der Anspruch auf Auskunftserteilung mit Hilfe der **Verpflichtungsklage** geltend zu machen ist. Vgl. dazu Rn 336. **376**

c.) Bei der **Gewährung von Akteneinsicht** stellt sich ebenfalls die Frage, ob auf den rechtlichen Schwerpunkt des Verwaltungshandelns abzustellen ist. Im Grundsatz gelten auch hier die Ausführungen zur Verpflichtungsklage (Rn 336). Allerdings kann eine Klage auf Erteilung von Akteneinsicht unzulässig sein, wenn die Überlassung der Akte zwecks Einsicht noch innerhalb eines den Kläger betreffenden Verwaltungsverfahrens liegt (vgl. §§ 9 VwVfG, 44a VwGO). Da nach § 44a VwGO Rechtsbehelfe gegen behördliche Verfahrenshandlungen nur gleichzeitig mit den gegen die Sachentscheidung zulässigen Rechtsbehelfen geltend gemacht werden können, ist eine isolierte Klage auf Akteneinsicht in diesem Falle nicht möglich.[499] **377**

d.) Problematisch ist die Abgrenzung zur Verpflichtungsklage, wenn die Behörde im Rahmen eines Über- bzw. Unterordnungsverhältnisses lediglich die *Möglichkeit* hat, über die Gewährung oder Versagung durch Verwaltungsakt zu entscheiden (sog. **Verwaltungsaktbefugnis**). Richtigerweise ist hier auf das Klägerbegehren abzustellen: Da der Kläger regelmäßig lediglich daran Interesse haben wird, die begehrte Leistung zu erhalten, und zwar gleichgültig, mit welcher Handlungsform die Behörde seinem Begehren nachkommen muss, ist diejenige Klageart statthaft, mit welcher der Kläger sein Ziel am einfachsten und effektivsten erreichen kann.[500] **378**

Beispiele:

(1) Unternehmer U hat seine berufliche Tätigkeit aufgegeben. Damit sind seine Pflichtmitgliedschaft in der Industrie- und Handelskammer (IHK) und die damit verbundene Beitragspflicht erloschen.[501] Weil U vergessen hat, den entsprechenden Dauerauftrag bei seiner Bank zu widerrufen, überweist diese weiterhin die „Mitgliedsbeiträge" an die Kammer. Später verlangt U das Geleistete zurück.

Da es U lediglich darum gehen wird, das Geld zurückzubekommen, und die Behörde in diesem Fall keinen Verwaltungsakt erlassen muss, sondern schlicht die Auszahlung vornehmen kann, ist die **allgemeine Leistungsklage** statthaft. Anspruchsgrundlage des U ist der ungeschriebene **allgemeine öffentlich-rechtliche Erstattungsanspruch**.

---

[499] Vgl. BVerwG NJW 1982, 120.

[500] Vgl. dazu *Happ*, in: Eyermann, VwGO, § 42 Rn 62; *Kopp/Schenke*, VwGO, § 42 Rn 14.

[501] Die IHK ist eine KöR und somit Behörde, vgl. § 3 I IHKG. Die Pflichtmitgliedschaft („Verkammerung") besteht u.a. für natürliche Personen, die gewerbesteuerpflichtig sind, § 2 I IHKG. Die Gewerbesteuerpflicht ergibt sich aus § 14 GewStG, § 184 AO. Die Pflichtzugehörigkeit Gewerbetreibender zu den IHKn nach dem IHKG ist nach BVerfG NVwZ 2002, 335 (vgl. auch BVerwG NVwZ 2005, 700 f.; VG Darmstadt NVwZ 2002, 1398 f.; VGH München NVwZ 2013, 236 f.) auch angesichts der heutigen Wirtschaftsstruktur nach wie vor mit dem GG vereinbar. Nach dem EuGH (NJW 2009, 1325) verstoßen nationale Pflichtmitgliedschaften auch nicht gegen **EU-Recht**. Vgl. dazu auch VGH München NVwZ 2013, 236 f. sowohl zu den verfassungsrechtlichen als auch unionsrechtlichen (Art. 18, 49 AEUV) Anforderungen an die Zwangsmitgliedschaft. Insbesondere das Diskriminierungsverbot des Art. 18 AEUV sei nicht verletzt, da Unternehmer anderer EU-Staaten auch nicht die Leistungen der IHK in Anspruch nehmen könnten (VGH München NVwZ 2013, 236 f. Zur Zwangsmitgliedschaft in einer Jagdgenossenschaft vgl. BVerfG NVwZ 2007, 808, 811.

(2) Für die Durchsetzung eines Schadensersatzanspruchs eines Beamten gegen seinen Dienstherrn, für den der Verwaltungsrechtsweg gem. § 40 II S. 2 VwGO i.V.m. § 126 I BBG bzw. § 54 I BeamtStG gegeben ist, ist ebenfalls die **allgemeine Leistungsklage** statthaft[502], da es auch hier eines vorherigen Erlasses eines Leistungsbescheids nicht bedarf.

Generell lässt sich sagen, dass hinsichtlich der Geltendmachung von Erstattungsansprüchen (oder Folgenbeseitigungsansprüchen, dazu sogleich) die allgemeine Leistungsklage statthaft ist, sofern die Durchsetzung derartiger Ansprüche nicht an den Erlass eines vorherigen, begünstigenden Verwaltungsakts gekoppelt ist.

379 e.) Zur allgemeinen Leistungsvornahmeklage werden auch die Fälle gerechnet, in denen der Kläger ein schlichtes Verwaltungshandeln *ausschließlich* zur Beseitigung eines angeblich rechtswidrigen Zustandes verlangt, sein Begehren also auf die Aufhebung eines rechtswidrigen Eingriffs gerichtet ist. Das Gericht soll die Verwaltung „verpflichten", diese Aufhebung vorzunehmen. Als **„Beseitigungsklage"** dient die allgemeine Leistungsvornahmeklage vor allem der Durchsetzung von **Folgenbeseitigungsansprüchen**, die (anders als der Vollzugsfolgenbeseitigungsanspruch nach § 113 I S. 2 und 3 VwGO, der mittels Annexantrag zur Anfechtungsklage geltend gemacht werden kann[503],) nicht unbedingt den Erlass eines rechtswidrigen, vorzeitig vollzogenen Verwaltungsakts voraussetzen, sondern ebenso entstehen können, wenn der Rechtseingriff, der zu einem über den Eingriff hinausgehenden rechtswidrigen Zustand führt, durch ein schlichtes Verwaltungshandeln herbeigeführt wird.[504] Hierher gehört beispielsweise der Fall, in dem die Rückgabe eines Führerscheins begehrt wird, nachdem die Entziehungsverfügung aufgehoben worden ist. Praktisch bedeutsam sind auch die sog. Widerrufsklagen gegen ehrkränkende oder berufsschädigende amtliche Äußerungen.

380 f.) **Leistungsklage wegen Normen**: Gegenstand einer allgemeinen Leistungsvornahmeklage kann schließlich auch ein Normenkontrollbegehren oder ein Normerlassbegehren sein. Da aber dieser Komplex unter einem eigenständigen Kapitel zusammengefasst ist, wird insoweit auf Rn 568 ff. verwiesen.

381 g.) Bei den polizeilichen **Gefährderansprachen/Gefährderanschreiben** (dazu *R. Schmidt*, POR, Rn 597a ff.) fehlt es i.d.R. an der Regelungswirkung, da keine verbindliche Anordnung getroffen wird. Verwaltungsprozessual wird der Kläger daher die Feststellung begehren, dass die Gefährderansprache/das Gefährderanschreiben rechtswidrig gewesen sei, was den Anwendungsbereich der Feststellungsklage gem. § 43 I VwGO, nicht den der allgemeinen Leistungs(unterlassungs)klage, eröffnet.

bb. Verwaltungsrechtlicher Vertrag

382 Begibt sich die Behörde durch die Wahl eines verwaltungsrechtlichen Vertrags in ein Verhältnis der Gleichrangigkeit mit dem Bürger, darf sie ihre Ansprüche aus dem Vertrag nicht mehr durch Verwaltungsakt geltend machen. Sie hat ihre Verwaltungsaktbefugnis verloren. Ihr verbleibt dann zur Durchsetzung ihrer (vertraglichen) Ansprüche nur noch Raum für die Erhebung der **allgemeinen Leistungsvornahmeklage**.

Im Verhältnis Bürger – Staat kann ausnahmsweise eine **Verpflichtungsklage** einschlägig sein, wenn die Behörde sich vertraglich zum Erlass eines Verwaltungsakts verpflichtet hat, da sich in diesem Fall das Klagebegehren auf den Erlass eines Ver-

[502] BVerwG DÖV 1997, 168; *Kopp/Schenke*, VwGO, § 42 Rn 14.
[503] Vgl. dazu Rn 395/407.
[504] *Schmitt Glaeser/Horn*, VerwProzR, Rn 377.

waltungsakts bezieht. Auch kommt nicht etwa eine allgemeine Leistungsklage, sondern eine (negative) **Feststellungsklage** in Betracht, wenn einer der Vertragspartner oder ein Dritter i.S.d. § 58 I VwVfG gemäß § 43 I VwGO die Unwirksamkeit des Vertrags geltend macht. Zum verwaltungsrechtlichen Vertrag vgl. die Ausführungen bei Rn 793 sowie bei *R. Schmidt*, AllgVerwR, Rn 924 ff.

b. Leistungsunterlassungsklage/Abwehrklage

Wie bereits dargelegt, ist auch die Klage auf Unterlassung bzw. Abwehr eines schlichten Verwaltungshandelns eine allgemeine Leistungsklage i.S.d. §§ 40, 43 II VwGO. **383**

Beispiele der Leistungsunterlassungsklage sind Fälle, in denen der Kläger die Unterlassung einer bereits *stattgefundenen* oder *drohenden*, ihn (angeblich) grundrechtswidrig beeinträchtigenden öffentlichen Warnung, etwa vor dem Verzehr bestimmter Lebens- oder Genussmittel[505] oder vor dem Wirken von Jugendsekten[506], begehrt. Gleiches gilt hinsichtlich Äußerungen, die das allgemeine Persönlichkeitsrecht beeinträchtigen[507], Lärmemissionen, die von öffentlichen Einrichtungen (etwa Freizeitanlagen) ausgehen[508], Videoüberwachungsmaßnahmen[509], Glockengeläut (dazu Rn 87/88).

Wie aus den Beispielen hervorgeht, sind zwei Fallgestaltungen zu unterscheiden: Zunächst gehört hierher der Fall, dass die Verwaltung bereits einen (angeblich) rechtswidrigen Eingriff durch schlichtes Verwaltungshandeln **vorgenommen hat** und der Kläger nunmehr (meist i.V.m. einer auf Beseitigung der Eingriffsfolgen gerichteten Leistungsvornahmeklage) die Unterlassung derartiger Handlungen *in der Zukunft* begehrt.[510] Eine solche Klage wird gemeinhin als **Unterlassungsklage gegen schlicht hoheitliches Verwaltungshandeln** bezeichnet. **384**

Beispiele:

(1) Unternehmensberater U klagt gegen die Industrie- und Handelskammer (IHK), damit diese ihre Auskunftstätigkeiten für Existenzgründer, ohne dabei den U in gleicher Weise wie seine Konkurrenten zu benennen, künftig unterlässt.[511]

(2) Schauspieler S klagt gegen die Landesregierung, damit diese den Landtag bzw. die Öffentlichkeit in Zukunft nicht mehr über seine Mitgliedschaft in der Scientology-Organisation informiert.[512]

Darüber hinaus gehört hierher der Fall, dass ein **erstmals drohender** (angeblich) rechtswidriger Eingriff der Verwaltung in Form eines schlichten Verwaltungshandelns oder eines Verwaltungsakts **abgewehrt werden soll**, indem das Gericht der Behörde den von ihr beabsichtigten Eingriff untersagt. Dieses gerichtliche Abwehrbegehren bezeichnet man als **vorbeugende Unterlassungsklage**. **385**

Beispiel[513]: Die Landesregierung betreibt ein Internetportal, in dem sie u.a. eine Liste von kontrollierten Gaststätten veröffentlicht und dabei die Ergebnisse der Kontrollen nennt bzw. die jeweiligen Betriebe mit einer Bewertungszahl versieht. Auch die Gaststätte des G wird kontrolliert und das Ergebnis soll auf dem Portal veröffentlicht wer-

---

[505] BVerfGE 105, 252 ff. (Glykolwein). Beachte aber das Produktsicherheitsgesetz (ProdSG).
[506] BVerfGE 105, 279 ff.
[507] BVerfG NJW 2002, 3458 ff. (Offenlegung einer Scientology-Mitgliedschaft).
[508] Vgl. dazu BVerwG NVwZ 2001, 1167 ff.
[509] Vgl. VG Karlsruhe NVwZ 2002, 117.
[510] Vgl. BVerfG NJW 2002, 3458, 3459; VG Karlsruhe NVwZ 2002, 117.
[511] BVerwGE 89, 281 ff.; vgl. auch VG Wiesbaden NJW 1997, 2399, 2400 zur Unterlassungsklage eines Schülers gegen die weitere Unterrichtung nach Maßgabe der neuen Rechtschreibreform. Zur Verfassungsmäßigkeit der Rechtschreibreform vgl. BVerfGE 98, 218. Nach BVerwG NJW 1999, 3503 stellen die Schulgesetze eine ausreichende Grundlage für die Einführung der Rechtschreibreform dar. Einer besonderen gesetzlichen Grundlage, bedürfe es, wie das BVerfG a.a.O. entschieden habe, nicht.
[512] BVerfG NJW 2002, 3458 ff.
[513] In Anlehnung an OVG Berlin-Brandenburg NVwZ-RR 2014, 846.

den. Da G lediglich mit „zufriedenstellend" bewertet wird, möchte er gerichtlich verhindern lassen, dass die ihn betreffende Bewertung veröffentlicht wird, zumal er keine Rechtsgrundlage für eine Veröffentlichung entdecken könne.

Vorliegend geht es um schlicht hoheitliches Verwaltungshandeln. Anders als bei den „staatlichen Warnungen" stellt die Internetveröffentlichung einen Akt staatlicher (Wirtschafts-)Lenkung dar, der unmittelbar die Chancen des G am Markt beeinflusst und seinen Ruf als Gastronom berührt.[514] Für diesen Eingriff in die Berufsausübungsfreiheit ist eine materiell-rechtliche gesetzliche Grundlage erforderlich, an der es vorliegend fehlt. Insbesondere greift nicht die polizei- und ordnungsrechtliche Befugnisgeneralklausel, da es sich vorliegend nicht um eine gefahrenabwehrrechtliche Maßnahme handelt. Würde G also eine vorbeugende Unterlassungsklage erheben, wäre diese erfolgreich. Das Verwaltungsgericht würde der Behörde die beabsichtigte Veröffentlichung untersagen.

386 Hinsichtlich der Statthaftigkeit der *Unterlassungsklage gegen schlicht hoheitliches Handeln* bestehen keine Bedenken, denn die Verwaltungsbehörde hat durch ihr (angeblich) rechtswidriges Verhalten Veranlassung für ein gerichtliches Einschreiten gegeben. Voraussetzung ist nur, dass eine Wiederholungsgefahr besteht.[515]

c. Zur Zulässigkeit einer vorbeugenden Unterlassungsklage

387 Bedenken könnten aber hinsichtlich der Statthaftigkeit der *vorbeugenden Unterlassungsklage* bestehen: Zunächst ist vom Grundsatz auszugehen, dass Rechtsschutz nach der VwGO auf eine nachträgliche Kontrolle des Verwaltungshandelns zugeschnitten ist (*repressiver* Rechtsschutz). Ein vorbeugendes Rechtsschutzbegehren ist im Hauptsache- wie im Eilverfahren nur ausnahmsweise zulässig, nämlich bei Vorliegen eines qualifizierten Rechtsschutzinteresses.[516] Daran fehlt es grundsätzlich, wenn und solange der Betroffene im Einzelfall in zumutbarer Weise auf nachträglichen Rechtsschutz verwiesen werden kann.[517] Vor allem bei Rechtsschutzbegehren, welche die Abwendung drohender Verwaltungsakte betreffen, ist hier ein strenger Maßstab anzulegen. Die VwGO sieht für den Regelfall des Rechtsschutzes die Anfechtung des Verwaltungsakts nach dessen Erlass vor und trägt mit dem Suspensiveffekt des § 80 I VwGO und den Möglichkeiten des § 80 V VwGO dem Interesse an der Verhinderung vollendeter Tatsachen für den Regelfall gebührend Rechnung. Es wird als ein mit dem Gewaltenteilungsprinzip des Art. 20 II S. 2 GG grundsätzlich unvereinbarer Eingriff in die Eigenverantwortlichkeit der Verwaltung betrachtet, wenn das vorbeugend angerufene Gericht vor einer endgültigen Befassung der Verwaltung dieser den Erlass einer bestimmten Regelung untersagt.[518]

388 Andererseits ist zu bedenken, dass Art. 19 IV S. 1 GG eine *effektive* gerichtliche Kontrolle der Verwaltung fordert, die das Eintreten irreparabler Folgen des Verwaltungshandelns so weit wie möglich ausschließt.[519] Für die Anfechtungssituation ist dies allgemein anerkannt. Dort kann Art. 19 IV S. 1 GG ausnahmsweise dann zur Zulassung vorbeugenden Rechtsschutzes führen, wenn bereits die Ankündigung eines Verwaltungsakts endgültig rechtsbeeinträchtigende Vorwirkungen zeigt, die weder durch einen Eilantrag bzw. durch eine einstweilige Anordnung noch durch eine spätere Entscheidung in der Hauptsache beseitigt werden können.[520] Für das erwarte-

[514] OVG Berlin-Brandenburg NVwZ-RR 2014, 846.
[515] BVerwGE 64, 298, 299 f.
[516] Dazu auch ausführlich *Dreier*, JA 1987, 415, 420.
[517] BVerwGE 51, 69, 74 f.
[518] *Schmitt Glaeser/Horn*, VerwProzR, Rn 313; *Happ*, in: Eyermann, VwGO, § 42 Rn 67.
[519] BVerfGE 51, 268, 284.
[520] Siehe dazu *Dreier*, JA 1987, 415, 421 f.

te schlicht hoheitliche Handeln muss dies erst recht gelten. Hier entfällt bereits das Argument, dem rechtsschutzsuchenden Bürger werde bereits anderweitig ausreichender Schutz gegen Beeinträchtigungen gewährt. Denn die aufschiebende Wirkung von Widerspruch und Anfechtungsklage (§ 80 I VwGO), die den Bürger gegen den sofortigen Vollzug belastender Verwaltungsakte schützt, tritt nicht gegenüber schlichtem Verwaltungshandeln ein. Daher ist die Statthaftigkeit des vorbeugenden Rechtsschutzes gegen schlicht hoheitliches Handeln prinzipiell zu bejahen. Voraussetzung ist nur, dass der Kläger gewichtige Gründe hat, die es rechtfertigen, das drohende schlichte Verwaltungshandeln nicht abwarten zu müssen.[521]

4. Klage- bzw. Prozessführungsbefugnis

Für die Anfechtungs- und Verpflichtungsklage ist die Klagebefugnis gem. § 42 II VwGO Sachentscheidungsvoraussetzung. Die allgemeine Leistungsklage ist in der VwGO nicht als eigene Klageart geregelt, sodass eine direkte Anwendung des § 42 II VwGO nicht in Betracht kommt. Da aber der Rechtsgedanke des § 42 II VwGO (Hervorhebung des Individualschutzcharakters der VwGO; Ausschluss von Popularklagen) auch bei der allgemeinen Leistungsklage greift, ist die Klagebefugnis auch für die allgemeine Leistungsklage zu fordern. Ein Verzicht auf die Klagebefugnis liefe auf eine Durchbrechung des der VwGO zugrunde liegenden Individualrechtsschutzprinzips hinaus.[522] Insbesondere sind die Grundsätze über die aktive Prozessführungsbefugnis nicht ausreichend, um die genannten Funktionen der Klagebefugnis zu erreichen.[523] Auch der Gesetzgeber geht in einigen Gesetzen (vgl. etwa § 40 II FGO, § 54 I S. 2, V SGG) ausdrücklich davon aus, dass die Klagebefugnis auch für allgemeine Leistungsklagen erforderlich ist. Daher ist es sachgerecht, die Klagebefugnis analog § 42 II VwGO auch für die in der VwGO nicht explizit geregelte allgemeine Leistungsklage zu fordern. 389

Hinweis für die Fallbearbeitung: In der Fallbearbeitung könnte man wie folgt formulieren: „Ob die allgemeine Leistungsklage eine Klagebefugnis analog § 42 II VwGO fordert, ist unklar. Direkt aus den Vorschriften der VwGO kann dieses Erfordernis nicht abgeleitet werden. Jedoch spricht das auf Individualschutz angelegte Rechtsschutzsystem der VwGO für das Erfordernis einer Klagebefugnis. K muss daher analog § 42 II VwGO geltend machen, in eigenen Rechten verletzt zu sein. Dies ist der Fall, wenn der Anspruch auf das begehrte Verwaltungshandeln nicht von vornherein ausgeschlossen ist. Vorliegend ... ." 390

Ob das Erfordernis der Klagebefugnis analog § 42 II VwGO auch für Klagen der **öffentlichen Hand gegen den Bürger** gilt, ist umstritten.[524] Dagegen spricht, dass subjektive Rechte in erster Linie Rechte des Bürgers gegen den Staat sind. Dafür spricht, dass die Rechte, die § 42 II VwGO meint, identisch sind mit den Rechten und Ansprüchen des Klägers, die im Rahmen der Begründetheit der allgemeinen Leistungsklage zu prüfen sind. Und solche müssen auch von der öffentlichen Hand geltend gemacht werden, damit deren Klage begründet ist. Daher ist es konsequent, auch für Klagen der öffentlichen Hand gegen den Bürger eine Klagebefugnis analog § 42 II VwGO zu fordern. 391

---

[521] BVerwGE 71, 183, 188 f. Im Übrigen sei auf die Darstellungen zum vorbeugenden Rechtsschutz bei Rn 1049 ff. verwiesen.
[522] Vgl. auch BVerwG NVwZ 2014, 64, 65; *Kopp/Schenke*, VwGO, § 42 Rn 62.
[523] Anders aber *Erichsen*, Jura 1994, 476, 482.
[524] Wie hier *Wahl/Schütz*, in: Schoch/Schneider/Bier, VwGO, § 42 Abs. 2 Rn 103; *dagegen Würtenberger*, VerwProzR, Rn 388; *Schmitt Glaeser/Horn*, VerwProzR, Rn 395.

5. Vorverfahren, Frist

392 Die erfolglose Durchführung des Vorverfahrens und die Klagefrist sind – wie sich aus §§ 68, 74 VwGO ergibt – (besondere) Sachentscheidungsvoraussetzungen der Anfechtungs- und Verpflichtungsklage. Eine analoge Anwendung auf die allgemeine Leistungsklage wird von der h.M. zu Recht abgelehnt.[525] Allerdings gilt auch für die allgemeine Leistungsklage die Ausnahme, dass es in beamtenrechtlichen Streitigkeiten immer der Durchführung eines Vorverfahrens bedarf, vgl. § 126 II BBG bzw. § 54 II S. 1 und 2 BeamtStG.[526] Das hat zur Folge, dass nach Zustellung des Widerspruchsbescheids die Frist des § 74 VwGO gilt.[527] Bis auf diese Ausnahme sind aber **Vorverfahren und Klagefrist keine Sachentscheidungsvoraussetzungen** für die allgemeine Leistungsklage. Allerdings ist bei der nicht existenten Klagefrist der prozessuale Verwirkungsgedanke zu beachten, der sich wiederum an der Jahresfrist des § 58 II VwGO orientiert.

> **Hinweis für die Fallbearbeitung:** An dieser Stelle wird somit erneut deutlich, wie ergebnisrelevant die Abgrenzung zwischen Anfechtungs-/Verpflichtungsklage und allgemeiner Leistungsklage sein kann. Wird z.B. in einer Abwehrsituation eine Anfechtungsklage als statthafte Klageart angesehen und liegen deren besondere Sachentscheidungsvoraussetzungen Vorverfahren/Frist (teilweise) nicht vor, ist die Klage unzulässig. Eine allgemeine Leistungsklage wäre demgegenüber grundsätzlich statthaft. In einer Verpflichtungssituation gilt Entsprechendes.

6. Klagegegner

393 Die Bestimmung des richtigen Klagegegners richtet sich grundsätzlich nach § 78 VwGO. Aufgrund der systematischen Stellung im 8. Abschnitt der VwGO gilt § 78 VwGO unmittelbar aber nur für die Anfechtungs- und Verpflichtungsklage. Für die allgemeine Leistungsklage kann diese Vorschrift daher nicht ohne weiteres herangezogen werden. Dem § 78 VwGO liegt aber das sog. **Rechtsträgerprinzip** zugrunde, nach dem grundsätzlich der hinter der handelnden Behörde stehende materiell Verpflichtete richtiger Beklagter ist. Da dieses Rechtsträgerprinzip aber auch für alle anderen Klagearten gilt[528], ist die allgemeine Leistungsklage gegen den sachlichen Streitgegner zu richten, also gegen denjenigen Verwaltungsträger, der nach **materiellem Recht** zum Handeln oder Unterlassen **verpflichtet** ist.[529]

7. Übrige Sachentscheidungsvoraussetzungen

394 Keine Besonderheiten ergeben sich bei der Beteiligungsfähigkeit gemäß § 61 VwGO und bei der Prozessfähigkeit gemäß § 62 VwGO. Insoweit wird auf die Ausführungen zur Anfechtungsklage (Rn 309 ff.) verwiesen. Allerdings bedarf bei der allgemeinen Leistungsklage regelmäßig das **allgemeine Rechtsschutzbedürfnis** einiger Ausführung. Dieses ist nur dann gegeben, wenn dem Bürger zur Verwirklichung seiner Rechte keine anderen Möglichkeiten zur Verfügung stehen. Ob eine solche Möglichkeit in dem Stellen eines Antrags bei der Behörde zu sehen ist, ist unklar. Dafür spricht die strukturelle Ähnlichkeit der allgemeinen Leistungsklage zur Verpflichtungsklage, bei der das Stellen eines vorherigen Antrags unstreitig erforderlich ist (vgl. §§ 68 II, 75 S. 1 VwGO). Dagegen spricht die Regelung des § 156 VwGO, aus der folgt, dass eine

---

[525] Vgl. nur *Kopp/Schenke*, VwGO, Vor § 68 Rn 2b; § 74 Rn 1.

[526] Bei Landesbeamtenverhältnissen kann ein Landesgesetz (Beamtengesetz; Ausführungsgesetz zur VwGO) die Durchführung des Vorverfahrens ausschließen, § 54 II S. 3 BeamtStG.

[527] So auch *Schenke*, VerwProzR, Rn 672/704.

[528] *Kopp/Schenke*, VwGO, § 78 Rn 2 f.; *Hufen*, VerwProzR, § 12 Rn 32 f.

[529] *Hufen*, VerwProzR, § 27 Rn 2; *Schenke*, VerwProzR, Rn 554, *Kopp/Schenke*, VwGO, § 78 Rn 2 f.; *Happ*, in: Eyermann, VwGO, § 78 Rn 12.

Klage selbst dann zulässig und sogar begründet sein kann, wenn der Beklagte durch sein Verhalten keine Veranlassung zur Klageerhebung gegeben hat.[530] Erhebt der Betroffene also Klage, ohne zuvor die Leistung bei der Behörde beantragt zu haben, hat er keine Veranlassung zur Klage gegeben. Da die Klage gleichwohl wegen § 156 VwGO zulässig (und begründet) sein kann, folgt daraus, dass das Stellen eines vorherigen Antrags die Zulässigkeit der Klage nicht hindert.

Liegt das Rechtsschutzziel des Bürgers darin, dass die Behörde ein für die Zukunft geplantes (erstmaliges) Verhalten unterlässt (so bei der Leistungsunterlassungsklage in Form der sog. vorbeugenden Unterlassungsklage), wird allgemein verlangt, dass aufgrund des repressiven Charakters der VwGO ein qualifiziertes Rechtsschutzbedürfnis vorliegen müsse. Der Kläger kann mithin nur dann Klage erheben, wenn ihm ein Abwarten des Verhaltens nicht zugemutet werden kann. Unzumutbarkeit liegt vor, wenn der Antragsteller durch das Abwarten irreparable Schäden oder eine Rechtsvereitelung erleiden würde.[531]

Handelt es sich um eine allgemeine Leistungsklage des Staates gegen den Bürger (sog. Bürgerverurteilungsklage), die vornehmlich bei der Geltendmachung von Zahlungs- oder anderen Leistungsansprüchen denkbar ist, ist das Rechtsschutzbedürfnis regelmäßig zu verneinen, wenn die Behörde eine Verwaltungsaktbefugnis besitzt, den Anspruch also durch Leistungsbescheid (= Verwaltungsakt) erheben kann, wodurch sie sich auch einen Vollstreckungstitel verschafft (Grundsatz der Selbstvollstreckung, vgl. *R. Schmidt*, POR, Rn 907 ff.). Der Erlass eines Verwaltungsakts stellt somit einen einfacheren Weg dar. Ein Rechtsschutzbedürfnis für die allgemeine Leistungsklage besteht in diesem Fall dann nicht. Etwas anderes gilt jedoch, wenn das Instrument des Verwaltungsakts der öffentlichen Verwaltung nicht (mehr) zur Verfügung steht, etwa, weil sie durch die Wahl einer anderen Handlungsform ihre Verwaltungsaktbefugnis verloren hat. Konkret geht es um Leistungsansprüche aus einem öffentlich-rechtlichen Vertrag, weil der Staat sich in diesem Fall (wie bei der Fiskalverwaltung) mit dem Bürger auf eine Stufe der Gleichordnung stellt und damit seine Verwaltungsaktbefugnis verliert. Die Behörde muss daher für die Durchsetzung den Weg über die Gerichte wählen. Besonders relevant wird diese Überlegung, wenn es um die Rückforderung von durch verwaltungsrechtlichen Vertrag gewährten **Subventionen** geht. Daran ändert auch die Regelung des § 49a VwVfG nichts, wonach die Geltendmachung des Rückforderungsanspruchs durch Verwaltungsakt zwingend vorausgesetzt wird (sog. Verwaltungsaktvorbehalt), da die Leistungsgewährung ja gerade nicht durch Verwaltungsakt erfolgt ist.

[530] Vgl. *Ehlers*, Jura 2006, 351, 356; *Schenke*, VerwProzR, Rn 363; BVerwGE 114, 350, 356.
[531] Vgl. im Einzelnen die Ausführungen zum vorbeugenden Rechtsschutz bei Rn 1049 ff.

IV. Sachentscheidungsvoraussetzungen der Feststellungsklagen

1. Anfechtungsfortsetzungsfeststellungsklage, § 113 I S. 4 VwGO

395 Aus § 35 S. 1 VwVfG und § 42 I Var. 1, § 113 I S. 1 i.V.m. S. 4 VwGO folgt, dass die Anfechtungsklage die richtige Klageart ist, wenn sich der angegriffene Verwaltungsakt bis zum Zeitpunkt der letzten mündlichen Verhandlung noch nicht erledigt hat. Anderenfalls ist die Anfechtungsklage in Ermangelung eines weiteren Rechtsschutzbedürfnisses abzuweisen. Das wiederum folgt aus der Bestimmung des § 43 II VwVfG, wonach ein Verwaltungsakt u.a. nur so lange wirksam bleibt, wie er sich nicht erledigt hat. Erledigung i.S.d. §§ 43 II VwVfG, 113 I S. 4 VwGO bedeutet, dass der Verwaltungsakt sich inhaltlich erschöpft hat und alle seine in die Zukunft weisenden Rechtswirkungen weggefallen sind, wenn also der der **Vollziehung fähige Inhalt des Verwaltungsakts gegenstandslos** geworden ist und eine Anfechtung daher sinnlos ist (vgl. dazu ausführlich Rn 403 ff.).

Beispiel: Stellt die Polizei das Fahrrad des K präventivpolizeilich sicher, kann K mittels Anfechtungsklage vorgehen und die Sicherstellungsverfügung angreifen. Denn in diesem Fall können die Vollzugsfolgen noch rückgängig gemacht werden. Der Verwaltungsakt (die Sicherstellungsverfügung) hat sich also noch nicht erledigt Die Anfechtungsklage ist in diesem Fall sogar notwendig als Basis für einen Vollzugsfolgenbeseitigungsanspruch (§ 113 I S. 2 VwGO): Erst nachdem die Sicherstellungsverfügung erfolgreich angefochten wurde, kann K die Herausgabe des Fahrrades verlangen. Anfechtungsklage und Vollzugsfolgenbeseitigungsanspruch werden gemeinsam mittels Stufenklage (Anfechtungsklage + Annexantrag) geltend gemacht.[532]

395a Auch führt der Vollzug eines Verwaltungsakts nicht notwendigerweise zu seiner Erledigung.[533] Ist demgemäß eine Anfechtungsklage erhoben worden und tritt die Erledigung noch vor der letzten mündlichen Verhandlung ein, scheitert die Aufrechterhaltung der Anfechtungsklage an der Erledigung. In diesem Fall kann sie auf eine Fortsetzungsfeststellungsklage umgestellt werden.

Beispiel: K wird ein Kostenbescheid (Verwaltungsakt) zugestellt mit dem Inhalt, dass er die Kosten für das Abschleppen seines verbotswidrig in einer Fußgängerzone abgestellten Kfz zu übernehmen habe. Nach erfolglos durchgeführtem Widerspruchsverfahren erhebt K Anfechtungsklage gegen diesen Kostenbescheid. Wegen Bedenken, ob ihre Rechtsauffassung einer gerichtlichen Überprüfung standhält, hebt die Behörde noch vor der letzten mündlichen Verhandlung den Kostenbescheid auf. Dadurch erledigt sich der Anfechtungsstreit (bzw. der Kostenbescheid). K ist nicht mehr beschwert. Sollte K ein berechtigtes Interesse an der Feststellung der Rechtswidrigkeit des Kostenbescheids haben (dazu Rn 415 ff.), hat er die Möglichkeit, den Prozess als Fortsetzungsfeststellungsklage gem. § 113 I S. 4 VwGO aufrechtzuerhalten (Rn 411).

396 Die Umstellung der Anfechtungsklage auf eine Fortsetzungsfeststellungsklage ist keine Klageänderung i.S.d. §§ 91, 142 VwGO.[534] Da das Gericht den Kläger grundsätzlich gemäß § 86 III VwGO auf die Möglichkeit der Umstellung hinzuweisen hat, handelt es sich bei der Anfechtungsfortsetzungsfeststellungsklage prozessual um eine **umgestellte Anfechtungsklage**[535] mit der Konsequenz, dass neben den besonderen Sachentscheidungsvoraussetzungen des § 113 I S. 4 VwGO auch die der Anfechtungsklage vorliegen müssen. Die Anfechtungsfortsetzungsfeststellungsklage ist also

---

[532] Der Vorteil dieser Verbindung liegt darin, dass die prozessuale Geltendmachung des Vollzugsfolgenbeseitigungsanspruchs schon vor Rechtskraft des mit der Anfechtungsklage erwirkten Aufhebungsurteils möglich ist.
[533] Vgl. BVerwGE 109, 203, 206.
[534] *Kopp/Schenke*, VwGO, § 113 Rn 122; *Decker*, JA 2016, 241, 242.
[535] Vgl. auch BVerwG BauR 2015, 810.

aufgrund des Wortlauts des § 113 I S. 4 VwGO und dessen systematischer Stellung auf die Feststellung gerichtet, dass ein Verwaltungsakt, der sich bereits vorher, d.h. *vor* Urteilsverkündung, aber *nach* Klageerhebung (sonst wäre schon die Situation nach § 113 VwGO nicht möglich) durch Rücknahme oder anders erledigt hat, rechtswidrig war.

Hinweis für die Fallbearbeitung: In einer Prüfungsarbeit wird es aber häufig der Fall sein, dass nicht eine Anfechtungs-, sondern eine Verpflichtungssituation vorliegt, und/oder, dass das erledigende Ereignis nicht *nach*, sondern bereits *vor* der Klageerhebung eingetreten ist. Bei einer Erledigung bereits vor Klageerhebung spricht man von einer „erweiterten Fortsetzungsfeststellungsklage".[536]

Der typische Anwendungsbereich dieser Klageart findet sich im Polizei- und Ordnungsrecht, insbesondere im Polizeivollzugsrecht, da sich dort Verwaltungsakte i.d.R. bereits durch den Vollzug oder allein durch Zeitablauf erledigt haben, bevor Rechtsschutz begehrt wird bzw. werden kann.

Beispiel: Gemäß § 15 I VersG verbietet die zuständige Behörde eine nur zu einem bestimmten Zeitpunkt sinnvolle Versammlung kurz vor ihrer geplanten Durchführung. Wegen Zeitablaufs („Erledigung" der Verbotsverfügung) begehrt der Veranstalter nun die gerichtliche Feststellung, dass die Verbotsverfügung rechtswidrig war. ⇨ Da die Erledigung aber bereits *vor* Klageerhebung eingetreten ist, muss nach umstrittener Auffassung § 113 I S. 4 VwGO analog herangezogen werden („erweiterte Fortsetzungsfeststellungsklage", siehe Rn 445 ff., aber auch das Beispiel bei Rn 421).

Somit ergeben sich folgende Fallgestaltungen: 397

	Anfechtungssituation	**Verpflichtungssituation**
Erledigung *nach* Klageerhebung und *vor* Urteilsverkündung	(Anfechtungs-)Fortsetzungsfeststellungsklage gem. § 113 I S. 4 VwGO („Normalfall").	„Verpflichtungsfortsetzungsfeststellungsklage" gem. § 113 I S. 4 VwGO analog. „Analog" wegen Vorliegens einer Verpflichtungssituation. Dabei ist zu berücksichtigen, dass Gegenstand der Erledigung nicht ein bereits erlassener Verwaltungsakt ist, sondern der Anspruch auf den Erlass des begehrten Verwaltungsakts (bzw. der Anspruch auf eine Neuverbescheidung im Falle der Bescheidungsklage). Es ist also eine hypothetische Betrachtungsweise angezeigt („Hätte der begehrte Verwaltungsakt, sofern er erlassen worden wäre, inzwischen seine Erledigung gefunden?").
Erledigung *vor* Klageerhebung	Nach der hier vertretenen Auffassung „erweiterte Fortsetzungsfeststellungsklage" gem. § 113 I S. 4 VwGO analog. „Analog" wegen des Zeitpunkts der Erledigung.	Ebenfalls „erweiterte Fortsetzungsfeststellungsklage" gem. § 113 I S. 4 VwGO (doppelt) analog. „Doppelt analog" wegen Vorliegens einer Verpflichtungssituation und des Zeitpunkts der Erledigung.

[536] Anders *Pietzcker*, in: Schoch/Schneider/Bier, VwGO, § 42 Abs. 1 Rn 86; *Gerhardt*, in: Schoch/Schneider/Bier, VwGO, § 13 Rn 99: allgemeine Feststellungsklage (§ 43 I VwGO). Dem sympathisch gegenüberstehend, ohne sich jedoch abschließend festzulegen, BVerwGE 109, 203, 207 ff.

398 Umstritten ist auch, ob § 113 I S. 4 VwGO analog auf den Fall angewendet werden kann, dass *kein* erledigter Verwaltungsakt in Rede steht, sondern ein **erledigtes schlicht hoheitliches Handeln**, etwa das Begehren einer schlichten Leistung oder die Feststellung der Rechtswidrigkeit eines **vergangenen Rechtsverhältnisses**.

- Teilweise wird vertreten, § 113 I S. 4 VwGO analog auch auf die Situation einer allgemeinen Leistungsklage oder einer allgemeinen Feststellungsklage anzuwenden, wenn sich der Streitgegenstand vor Klageerhebung erledigt hat.[537]
- Nach der Gegenauffassung kann § 113 I S. 4 VwGO nicht, auch nicht analog, auf derartige Fälle angewendet werden.[538]
- Stellungnahme: Für die analoge Anwendung des § 113 I S. 4 VwGO bei Ansprüchen auf Realakte, die ohne ihre Erledigung bzw. Wegfall des Anspruchs mittels allgemeiner Leistungsklagen, Feststellungsklagen und sonstiger Klagearten, die sich nicht auf Verwaltungsakte beziehen, geltend zu machen wären, besteht weder ein juristisches noch ein praktisches Bedürfnis. Denn durch die Anerkennung, dass auch vergangene Rechtsverhältnisse zum Gegenstand eines Feststellungsverfahrens gemacht werden können, solange sie noch in der Gegenwart Wirkungen zeigen[539], sind praktisch alle Rechtsschutzziele mit Hilfe der allgemeinen Feststellungsklage bzw. der allgemeinen Leistungsklage durchsetzbar, sodass es an der für eine analoge Anwendung des § 113 I S. 4 VwGO erforderlichen Regelungslücke fehlt.
  Das muss dementsprechend auch für den Fall gelten, dass zunächst eine allgemeine Leistungsklage oder eine Feststellungsklage erhoben wurde und sich das angegriffene schlichte Verwaltungshandeln erst dann „erledigt". Hier kann das Klageverfahren auch ohne Umstellung auf eine Fortsetzungsfeststellungsklage fortgeführt werden.[540]

Für die **Anfechtungsfortsetzungsfeststellungsklage** gilt folgender Aufbau:

399

Sachentscheidungsvoraussetzungen der Anfechtungsfortsetzungsfeststellungsklage

(1) **Eröffnung des Verwaltungsrechtswegs**, § 40 I S. 1 VwGO
- **(a)** Aufdrängende Spezialzuweisung
- **(b)** Öffentlich-rechtliche Streitigkeit
- **(c)** Keine verfassungsrechtliche Streitigkeit
- **(d)** Keine abdrängende Sonderzuweisung

(2) **Zuständigkeit des Verwaltungsgerichts**, §§ 45, 52 VwGO

(3) **Statthaftigkeit der Anfechtungsfortsetzungsfeststellungsklage** (zulässige Verfahrensart), § 113 I S. 4 VwGO
- **(a)** Erledigung des Verwaltungsakts
- **(b)** „Vorherige" Erledigung (d.h. *nach* Klageerhebung, aber *vor* Urteilsverkündung)

(4) ***Besondere*** **Sachentscheidungsvoraussetzungen**:
- **(a)** Klagebefugnis, § 42 II VwGO
- **(b)** Vorverfahren, §§ 68 ff. VwGO
- **(c)** Klagefrist, § 74 VwGO
- **(d)** Klagegegner, § 78 VwGO
- **(e)** Fortsetzungsfeststellungsinteresse, § 113 I S. 4 VwGO

---

[537] So der 6. Senat des BVerwG (NJW 1997, 2465, 2466); *Hufen*, VerwProzR, § 18 Rn 44; *J. Schmidt*, in: Eyermann, VwGO, § 113 Rn 106; *Redeker/v. Oertzen*, VwGO, § 113 Rn 36.

[538] So *Kopp/Schenke*, VwGO, § 113 Rn 116; *R.P. Schenke*, JuS 2007, 697, 699; *Rozek*, JuS 1995, 414, 416; VGH Mannheim DVBl 1995, 367. Auch der 1. Senat des BVerwG (NJW 1997, 2534) lehnt die Statthaftigkeit der Fortsetzungsfeststellungsklage ab mit der Begründung, dass auch ein vergangenes Rechtsverhältnis Gegenstand einer allgemeinen Feststellungsklage sein könne.

[539] BVerwGE 100, 83, 90; BVerwG NJW 1997, 2534.

[540] Unklar insoweit der 7. Senat des BVerwG (NJW 2000, 1411, 1412), der die Regelung des § 113 I S. 4 VwGO wohl nur in Bezug auf die Vorbereitung einer Schadensersatzklage heranzieht.

(aa) Schutzwürdiges Interesse rechtlicher Art (Wiederholungsgefahr)
(bb) Schutzwürdiges Interesse ideeller Art (Rehabilitationsinteresse)
(cc) Schutzwürdiges Interesse wirtschaftlicher Art (Vorbereitung eines Amtshaftungs- oder Entschädigungsprozesses)

(5) ***Allgemeine*** **Sachentscheidungsvoraussetzungen**:
(a) Beteiligungsfähigkeit, § 61 VwGO
(b) Prozessfähigkeit, § 62 VwGO
(c) Ordnungsgemäße Klageerhebung, §§ 81, 82 VwGO

a. Verwaltungsrechtsweg

Unter Bezugnahme auf das zur Anfechtungsklage Gesagte ist der Verwaltungsrechtsweg unter den Voraussetzungen des § 40 I S. 1 VwGO eröffnet (Rn 25 ff.). Speziell bei der Fortsetzungsfeststellungsklage kann infolge ihres Hauptanwendungsbereichs im Polizei- und Ordnungsrecht jedoch eine abdrängende Sonderzuweisung vorliegen mit der Folge, dass der Rechtsstreit einer anderen Gerichtsbarkeit zuzuordnen ist. In Betracht kommen insb. **§ 23 I S. 1 EGGVG** bzw. **§ 98 II S. 2 StPO** (analog). Diese abdrängenden Sonderzuweisungen zu den ordentlichen Gerichten gewinnen an Bedeutung, wenn Maßnahmen der Justizverwaltung bzw. der repressiven Tätigkeit der Polizei auf der Grundlage von § 163 StPO Gegenstand der Auseinandersetzung sind. Auch hinsichtlich des Rechtsschutzes bei Ordnungswidrigkeiten, zu deren Ahndung auch die Polizei befugt ist (vgl. § 53 OWiG), verweist das Gesetz in § 68 OWiG den Rechtsstreit zu den ordentlichen Gerichten. Zu den diesbezüglichen Erläuterungen (auch mit Bezug zu den sog. doppelfunktionalen Maßnahmen der Polizei sowie der Strafverfolgungsvorsorge) vgl. *R. Schmidt*, POR, Rn 85 ff. **400**

b. Zuständigkeit des Gerichts

Die sachliche Zuständigkeit des Gerichts richtet sich nach §§ 45 ff. VwGO, die örtliche Zuständigkeit nach § 52 VwGO. Vgl. dazu im Einzelnen die Ausführungen bei Rn 105. **401**

c. Statthafte Klageart

Mit der Anfechtungsfortsetzungsfeststellungsklage gem. § 113 I S. 4 VwGO begehrt der Kläger die gerichtliche Feststellung, dass ein bereits erledigter Verwaltungsakt rechtswidrig war (s.o.). **402**

> **Hinweis für die Fallbearbeitung:** Wegen der Erledigung sollte in einer Klausur je nach Fallgestaltung die Anfechtungsklage oder die Verpflichtungsklage angeprüft und im Prüfungspunkt „Statthafte Klageart" aufgrund der Erledigung des Verwaltungsakts verworfen werden. Sodann gilt es festzustellen, dass nach entsprechender Klageumstellung eine Fortsetzungsfeststellungsklage statthaft ist.

aa. Erledigung des Verwaltungsakts

a.) Unter Zugrundelegung der Kriterien aus § 43 II VwVfG hat sich ein Verwaltungsakt erledigt, wenn er sich inhaltlich erschöpft hat und alle seine in die Zukunft weisenden Rechtswirkungen weggefallen sind, also bei Wegfall jeglicher Beschwer. Entscheidend ist, dass der der **Vollziehung fähige Inhalt des Verwaltungsakts gegenstandslos** geworden ist.[541] **403**

b.) Die Erledigung eines Verwaltungsakts kann auf verschiedene Weise erfolgen. Ein typischer Fall der Erledigung ist die **Aufhebung** nach den §§ 48 f. VwVfG (§ 113 I S. 4 VwGO spricht hier von „Zurücknahme"). **404**

---

[541] Das ist wohl unbestrittene Auffassung, vgl. etwa *Schenke*, VerwProzR, Rn 310 ff.

Beispiel: Die Bauordnungsbehörde erlässt gegenüber A eine Baubeseitigungsanordnung, weil der Bau mit den Festsetzungen des Bebauungsplans unvereinbar sei. Nach Erhebung der Anfechtungsklage ändert die Gemeinde den Bebauungsplan, sodass der Bau nunmehr den (geänderten) Festsetzungen entspricht. Die Baubehörde nimmt daher die Baubeseitigungsanordnung zurück.

405 Erledigung tritt auch dann ein, wenn das **Regelungsobjekt**, auf das sich der Verwaltungsakt bezieht, **untergegangen**, oder wenn der Verpflichtete **gestorben** ist, sofern es sich um höchstpersönliche Rechte oder Pflichten handelt oder ein Nachfolgetatbestand nicht erfüllt wird.[542] Weiterhin kann eine Erledigung durch **Zeitablauf** erfolgen (vgl. § 43 II Var. 4 VwVfG).

Beispiele:
(1) Wegfall des Regelungsobjekts:
Dem Eigentümer eines Hauses werden aus bauordnungsrechtlichen Gründen Auflagen für einen Anbau gemacht. Gegen diese Auflagen wendet er sich mit Hilfe einer Anfechtungsklage. Bevor das Gericht darüber entscheidet, brennt das Haus ab. Erledigung wegen Wegfalls des Regelungsobjekts (aber auch wegen Zeitablaufs) kommt häufig auch im Polizei- und Ordnungsrecht in Betracht, etwa, wenn ein Platzverweis erteilt wurde und der Grund, der zu seiner Erteilung führte, weggefallen ist.

(2) Tod des Adressaten:
Bei der Anerkennung als Asylbewerber handelt es sich ebenso wie bei der Ernennung zum Beamten oder der Beförderung um die Begründung höchstpersönlicher Rechte und Pflichten. Mit dem Tod tritt die Erledigung ein.

(3) Zeitablauf:
K war als Erster Beigeordneter der Stadt S Beamter auf Zeit. Drei Jahre vor Ablauf des Dienstverhältnisses wurde K durch sofort vollziehbare Verfügung mit sofortiger Wirkung entlassen. Hiergegen erhob K Widerspruch und später Anfechtungsklage. Im Zeitpunkt der letzten mündlichen Verhandlung war das befristete Dienstverhältnis beendet (= Erledigung der Entlassungsverfügung durch Zeitablauf). Deshalb stellte K den Antrag, seine Anfechtungsklage in eine Fortsetzungsfeststellungsklage umzustellen. Das Gericht gab sowohl dem Antrag als auch der Klage im Übrigen statt und stellte fest, dass die Entlassung rechtswidrig gewesen sei. S zahlte K die Besoldung nach. Von dem neuen Oberbürgermeister – einem Juristen – wird S auf die Regelung des § 43 II VwVfG hingewiesen. Daraufhin fordert sie von K die Besoldung – wenn auch in Raten – zurück. Dabei beruft sie sich auf die Wirksamkeit der Entlassungsverfügung, deren Rechtswidrigkeit zwar festgestellt, die aber niemals aufgehoben worden sei. Da K sich weigert, klagt S auf Rückzahlung – vgl. dazu Rn 818.

406 Ferner kann eine Erledigung gem. § 43 II Var. 5 VwVfG auf „andere Weise" vorliegen, etwa durch eine **wesentliche Änderung der Sach- und Rechtslage**, die den Verwaltungsakt unmittelbar gegenstandslos macht.[543]

Beispiel: Die Fahrerlaubnisbehörde entzieht K die Fahrerlaubnis, weil dieser ungeeignet sei, sicher ein Fahrzeug zu führen (vgl. § 3 I StVG i.V.m. § 6 I Nr. 1q) StVG i.V.m. §§ 46 I, 3 I FeV). Nach Erhebung der Anfechtungsklage bringt K ein medizinisch-psychologisches Gutachten (§ 11 II FeV) bei, das seine volle Fahreignung bescheinigt.

407 c.) Nicht zu verwechseln ist der der Vollziehung fähige Inhalt mit der **Vollziehung** selbst: Auch wenn ein Verwaltungsakt vollzogen wurde, muss er sich noch nicht erledigt haben.[544] Er kann z.B. weiterhin den Rechtsgrund für den Vollzugsakt (etwa

---

[542] Vgl. dazu *Gerhardt*, in: Schoch/Schneider/Bier, § 113 Rn 84.
[543] Vgl. BVerwG NVwZ 1998, 729.
[544] BVerwGE 109, 203, 206; *Fechner*, NVwZ 2000, 121, 122.

einer Beschlagnahme) bilden und somit noch in die Zukunft weisende Rechtswirkungen entfalten. Das ergibt sich aus der Regelung des Vollzugsfolgenbeseitigungsanspruchs in § 113 I S. 2 und S. 3 VwGO, der gleichzeitig mit dem Aufhebungsbegehren geltend gemacht werden kann (Annexantrag, vgl. bereits Rn 395). Daher kann in diesem Fall der angegriffene Verwaltungsakt noch nicht bestandskräftig sein und sich noch nicht erledigt haben, obwohl er schon vollzogen wurde. Die Vollzugsfolgen können daher nicht beseitigt werden, solange der Verwaltungsakt als Rechtsgrundlage Bestand hat, weshalb zunächst der zugrunde liegende Verwaltungsakt aufgehoben werden muss.

Beispiel: Im Rahmen einer polizeilichen Vorfeldkontrolle wird der anreisende Demonstrationsteilnehmer D durchsucht, wobei die Polizei einen Schlagstock und ein Klappmesser findet. Diese Gegenstände werden sofort sichergestellt und in Gewahrsam genommen. Nach Beendigung der Demonstration verlangt D die Gegenstände heraus.

Bei den Maßnahmen Sicherstellung und Ingewahrsamnahme handelt es sich um Verwaltungsakte. Diese haben sich trotz ihrer Vollziehung noch nicht erledigt, stellen also weiterhin den Rechtsgrund für die Verwahrung dar. D kann daher nicht schlicht eine allgemeine Leistungsklage auf Herausgabe der Sachen erheben, sondern muss zunächst den Rechtsgrund beseitigen. Er muss daher Anfechtungsklage gegen die Maßnahmen Sicherstellung und Ingewahrsamnahme erheben, verbunden mit dem **Annexantrag** auf Herausgabe der Sachen (§ 113 I S. 1 i.V.m. S. 2 VwGO), sog. Stufenklage. Sollte die Anfechtungsklage erfolgreich sein, ergeht als Annexentscheidung die Verpflichtung der Behörde, die beschlagnahmte(n) Sache(n) herauszugeben.

Erschöpfen sich aber sämtliche Rechtswirkungen des Verwaltungsakts mit dessen **408**
Vollzug, folgt daraus, dass Erledigung mit Vollzug eintritt.

d.) Zwar kein Fall der Erledigung, aber dennoch ein Fall der Fortsetzungsfeststel- **409**
lungsklage liegt vor, wenn der Kläger aus anderen Gründen nicht mit der Anfechtungsklage durchdringt. Das ist etwa der Fall, wenn ein formeller Fehler des Verwaltungsakts geheilt wurde bzw. unbeachtlich ist.

bb. „Vorherige" Erledigung

Weiterhin muss sich der Verwaltungsakt gemäß § 113 I S. 4 VwGO „vorher" erledigt **410**
haben, d.h. der Zeitpunkt der Erledigung muss (bei der Anfechtungsfortsetzungsfeststellungsklage)

- **nach** der Klageerhebung
- aber noch **vor** dem Erlass des Urteils liegen.

Das ergibt sich aus der Formulierung und der Systematik des § 113 I S. 4 VwGO. Bezüglich des in der Praxis häufig anzutreffenden Falls, in dem die Erledigung des Verwaltungsakts bereits *vor* Klageerhebung eintritt, vgl. Rn 445 ff. (aber auch das Beispiel bei Rn 421).

d. Klagebefugnis, § 42 II VwGO

Wie im Rahmen der Darstellung zum Feststellungsinteresse noch zu sehen sein wird, **411**
führen nur bestimmte Sachverhalte zur Bejahung der Zulässigkeit einer Fortsetzungsfeststellungsklage. Berechtigt ist daher die Frage, warum neben dem Feststellungsinteresse noch die Klagebefugnis zu prüfen ist. Die Antwort auf diese Frage erschließt sich ohne weiteres, wenn man bedenkt, dass in dem durch § 113 I S. 4 VwGO unmittelbar geregelten Fall der Erledigung *nach* Erhebung der Anfechtungsklage („Normalfall") die Fortsetzungsfeststellungsklage lediglich eine Weiterführung der ursprüngli-

chen Anfechtungsklage bedeutet („**umgestellte Anfechtungsklage**"). Daher müssen auch alle besonderen Sachentscheidungsvoraussetzungen der Anfechtungsklage (auch die Klagebefugnis) vorliegen. Für die Verpflichtungssituation (Verpflichtungsfortsetzungsfeststellungsklage) gilt Entsprechendes.
Die Fortsetzungsfeststellungsklage ist daher nur dann zulässig, wenn der Kläger geltend macht, er werde durch die fragliche Maßnahme, bzw. durch deren Nichtvornahme, in seinen Rechten verletzt, wobei diese geltend gemachte Rechtsverletzung lediglich unter keinen denkbaren Umständen ausgeschlossen sein darf. Im Übrigen wird auf die Ausführungen zur Anfechtungs- und Verpflichtungsklage verwiesen.

e. Vorverfahren, §§ 68 ff. VwGO

412 Da die Anfechtungsfortsetzungsfeststellungsklage an die Stelle der Anfechtungsklage tritt, muss grundsätzlich auch das Vorverfahren erfolglos durchgeführt worden sein. Das folgt schon allein daraus, dass diese Klageart sonst schon nicht zulässig gewesen wäre (vgl. aber die bei Rn 445 ff. dargestellte abweichende Regelung in Bezug auf die erweiterte Fortsetzungsfeststellungsklage).

f. Klagefrist, § 74 VwGO

413 Aufgrund des Charakters der Anfechtungsfortsetzungsfeststellungsklage als „umgestellte" Anfechtungsklage befindet sich der Kläger bereits in einem gerichtlichen Verfahren. Die Klagefrist war daher nur bezüglich der ursprünglichen Anfechtungsklage nach § 74 I VwGO einzuhalten.

g. Klagegegner, § 78 VwGO

414 Gegenüber den Bestimmungen für die Anfechtungsklage ergeben sich bei der Anfechtungsfortsetzungsfeststellungsklage keine Besonderheiten.

h. Fortsetzungsfeststellungsinteresse, § 113 I S. 4 VwGO

415 Das in § 113 I S. 4 VwGO genannte **berechtigte Interesse an der begehrten Feststellung** (sog. Fortsetzungsfeststellungsinteresse) stellt eine besondere Ausprägung des allgemeinen Rechtsschutzbedürfnisses dar[545], wobei keine allzu überspannten Anforderungen an die Geltendmachung zu stellen sind[546]. In der verwaltungsgerichtlichen Praxis haben sich – wie bei der allgemeinen Feststellungsklage nach § 43 I VwGO – im Wesentlichen drei Hauptgruppen herausgebildet, bei deren Vorliegen regelmäßig ein berechtigtes Interesse zu bejahen ist, nämlich jedes schutzwürdige Interesse

- rechtlicher Art (Wiederholungsgefahr; Weiterverfolgungsinteresse),
- ideeller Art (Rehabilitationsinteresse)
- sowie wirtschaftlicher Art (Präjudizinteresse: Vorbereitung eines Amtshaftungs- oder Entschädigungsprozesses).[547]

aa. Schutzwürdiges Interesse rechtlicher Art (Wiederholungsgefahr)

416 Ein Feststellungsinteresse liegt vor, wenn eine **Wiederholung der erledigten Maßnahme** oder zumindest einer gleichartigen Maßnahme gegenüber dem Betroffe-

---

[545] BVerwG NVwZ 2013, 80, 81; NVwZ 2007, 227, 228; BVerwGE 106, 295, 299; 61, 164, 165 f.; OVG Hamburg NVwZ 2004, 117; OVG Münster NVwZ 2004, 508; *J. Schmidt*, in: Eyermann, VwGO, § 113 Rn 64 und 83 ff.
[546] BVerwG NVwZ 2013, 80, 81.
[547] Vgl. auch BVerwG NVwZ 2007, 227, 228; *J. Schmidt*, in: Eyermann, VwGO, § 113 Rn 84 ff.; *Hufen*, VerwProzR, § 18 Rn 47 ff.; *Kopp/Schenke*, VwGO, § 113 Rn 136 ff.; *Schübel-Pfister*, JuS 2009, 999, 1001.

nen droht.[548] Denn ließe man bei Wiederholungsgefahr keine Fortsetzungsfeststellungsklage zu, müsste der Kläger erneut eine ihn belastende Maßnahme abwarten, die aber wieder bereits erledigt sein könnte, bevor er Rechtsschutz einlegen kann. Aus diesem Grund wird bei dieser Art des Feststellungsinteresses auch von einem **Weiterverfolgungsinteresse** gesprochen.[549]

Einschränkend gilt jedoch, dass die abstrakte Möglichkeit der Wiederholung nicht **417**
genügt. Erforderlich ist vielmehr, dass eine **hinreichend bestimmte Gefahr** besteht, dass sich die erledigte Maßnahme gegenüber dem Betroffenen wiederholt.[550] Hinreichend bestimmt ist die Gefahr, wenn **konkrete Anhaltspunkte** auf eine Wiederholung hindeuten (vgl. dazu das Beispiel bei Rn 421). Darüber hinaus setzt das berechtigte Interesse für eine Fortsetzungsfeststellungsklage wegen Wiederholungsgefahr voraus, dass auch in Zukunft die **gleichen tatsächlichen und rechtlichen Verhältnisse** vorliegen wie in dem für die Beurteilung des erledigten Verwaltungsakts maßgeblichen Zeitpunkt.[551]

Beispiel[552]: Fertigt die Polizei (auf der Grundlage von §§ 12a, 19a VersG) Videoaufnahmen (Übersichtsaufnahmen) von einer Versammlung an, weil sie dies offensichtlich für rechtmäßig hält, kann davon ausgegangen werden, dass sie dies auch bei der nächsten Versammlung tun wird. Somit ist das berechtigte Interesse für eine Fortsetzungsfeststellungsklage unter dem Aspekt der Wiederholungsgefahr gegeben.

Gegenbeispiel: Anlässlich einer gewalttätigen Demonstration (Einsatz von Molotow-Cocktails gegen Polizeibeamte) filmte A die Festnahme von Demonstranten durch die Polizei. Der Einsatzleiter der Polizei ließ das Speichermedium der Kamera sicherstellen (die polizeiliche Standardmaßnahme *Sicherstellung* ist ein Verwaltungsakt), um eine Identifizierung der Täter vornehmen zu können. Das Speichermedium wurde A einige Zeit nach der Demonstration zurückgegeben.

Hier ist eine Wiederholungsgefahr ausgeschlossen, da nicht hinreichend sicher ist, dass A an einer erneuten Demonstration teilnimmt, bei der ebenfalls sein Speichermedium zur Identifizierung von Tätern sichergestellt wird. Unerheblich ist, ob A behauptet, dass er auch in Zukunft beabsichtige, sich an Demonstrationen zu beteiligen und zu filmen, „wen, was und wo" er wolle.[553]

Schließlich ist anzumerken, dass bei der Prüfung der Wiederholungsgefahr nicht die **418**
Rechtmäßigkeit, sondern die **Rechtswidrigkeit** des erledigten Bescheids zu **unterstellen** ist.[554]

bb. Schutzwürdiges Interesse ideeller Art (Rehabilitationsinteresse)

Hat ein Verwaltungsakt außer seiner – erledigten – belastenden Wirkung zusätzlich **419**
einen nicht unerheblichen **diskriminierenden**, **ehrenrührigen Inhalt**, der dem Ansehen des Betroffenen abträglich ist, kann auch das Interesse an der Rehabilitation, d.h. an der Beseitigung dieser Rufschädigung, zu einem berechtigten Feststel-

---

548 OVG Koblenz NVwZ-RR 2015, 570; VGH München DAR 2009, 218 f.; VGH München BayVBl 1999, 405; OVG Münster NJW 1999, 2202; *J. Schmidt*, in: Eyermann, VwGO, § 113 Rn 86. Vgl. auch *Aulehner*, JA 2005, 98 f.

549 *Gerhardt*, in: Schoch/Schneider/Bier, VwGO, § 113 Rn 102; *Wolff*, in: Sodan/Ziekow, VwGO, § 113 Rn 311; *Decker*, JA 2016, 241, 245 f.

550 BVerwGE 42, 318, 326; 80, 355, 365; 103, 278, 280; OVG Münster NJW 1999, 2202.

551 BVerwG NVwZ 2000, 574; OVG Münster NJW 1999, 2202.

552 Nach OVG Koblenz NVwZ-RR 2015, 570.

553 OVG Münster NJW 1999, 2202. Zum Nichtvorhandensein der Wiederholungsgefahr vgl. weiterhin BVerwG ZBR 1999, 283 und VGH München BayVBl 1999, 405.

554 BVerwG NVwZ 1994, 282; *J. Schmidt*, in: Eyermann, VwGO, § 113 Rn 86.

lungsinteresse führen.[555] Voraussetzung ist aber, dass der diskriminierende ehrenrührige Inhalt von einigem Gewicht ist.

Beispiele: Beeinträchtigung des beruflichen Ansehens des Betroffenen; Abqualifizierung künstlerischer oder schriftstellerischer Arbeiten; rechtswidriges Urteil über berufliche Eignung einer Person. Dagegen reicht etwa der Wunsch nach Genugtuung nicht aus. Ebenso wenig wirkt ein gegenüber einem als alkoholgefährdet erscheinenden Beamten behördenintern ausgesprochenes Alkoholverbot im Dienst diskriminierend.[556]

420 Zu einem Feststellungsinteresse unter dem Gesichtspunkt der Rehabilitation[557] können auch **Grundrechtseingriffe** führen, verbunden mit dem **verfassungsrechtlich garantierten Anspruch auf effektiven Rechtsschutz** (Art. 19 IV S. 1 GG).[558]

Beispiele: Versagung oder Entzug der Gewerbeerlaubnis wegen Unzuverlässigkeit; Ablehnung einer Beförderung oder eines Lehrstuhls; Nichtversetzung im Schul- bzw. Hochschulbereich; rechtswidrige Prüfungsentscheidung; Verstoß gegen Chancengleichheit der Parteien im Wahlkampf[559]; Freiheitsbeschränkungen; Freiheitsentziehungen[560]; Anordnung einer psychiatrischen Untersuchung oder einer körperlichen Durchsuchung; (sonstige) polizeiliche Maßnahmen wie Versammlungsverbote[561] oder Behandlung als Störer; Sicherstellung eines Films[562] oder eines Fahrzeugs[563]; Telefonüberwachungen; Hausdurchsuchungen.

421 Voraussetzung ist jedoch, dass die Beeinträchtigung von **erheblicher Bedeutung** ist, im Zeitpunkt der gerichtlichen Entscheidung noch fortwirkt und nur durch eine gerichtliche Sachentscheidung ausgeglichen werden kann. Die Grundrechtsbeeinträchtigung muss deswegen erheblich sein, weil anderenfalls das Feststellungsinteresse stets gegeben und dieses Erfordernis daher überflüssig wäre. Bei der Frage nach der (erheblichen) Beeinträchtigung ist ein objektiver Maßstab anzulegen.

Beispiel[564]: Nach einer „Grundsatzweisung" des Polizeipräsidiums Oberbayern sollten Motorräder von sog. „Hardcore-Rasern" bei einer Geschwindigkeitsüberschreitung von mehr als 40 km/h am Unfallschwerpunkt „Kesselberg" sichergestellt, abgeschleppt und mindestens bis zum nächsten Morgen verwahrt werden. K befuhr die Landstraße im betreffenden Bereich und überschritt die zulässige Höchstgeschwindigkeit um 42 km/h. Er wurde „geblitzt" und einige 100 m weiter angehalten. K beteuerte, künftig nicht mehr die zulässige Höchstgeschwindigkeit zu überschreiten. Dennoch stellte die Polizei eine Ordnungswidrigkeitenanzeige, stellte das Motorrad gem. der o.g. Grundsatzweisung sicher und ließ es zu einer Verwahrstelle bringen, wo K es zwei Tage später

---

[555] BVerwG NVwZ 2000, 574; OVG Bautzen NVwZ-RR 2002, 53, 54; VG Frankfurt/M NVwZ 2001, 1320, 1321; *J. Schmidt*, in: Eyermann, VwGO, § 113 Rn 92.

[556] BVerwG NVwZ 2000, 574. Zur Anordnung eines Alkoholverbots gegenüber Beamten durch Verwaltungsakt vgl. VGH München NVwZ 2000, 222.

[557] Wie hier BVerfG NJW 2004, 2510 f.; OVG Münster NVwZ 2004, 508; OVG Bautzen NVwZ-RR 2002, 53, 54; *Aulehner*, JA 2005, 98 f.; *Jahn*, JuS 2001, 173, 174; *J. Schmidt*, in: Eyermann, VwGO, § 113 Rn 93; *Schmitt Glaeser/Horn*, VerwProzR, Rn 356. Nach anderer Auffassung (*Hufen*, VerwProzR, § 18 Rn 35) stellt die Grundrechtsbeeinträchtigung eine eigenständige Fallgruppe für die Bejahung des Feststellungsinteresses dar. Da aber eine Grundrechtsverletzung stets eine diskriminierende Wirkung mit sich bringt, ist kein zwingender Grund ersichtlich, sie als eigenständige Fallgruppe anzusehen. Die Grundrechtsbeeinträchtigung/-verletzung sollte daher unter dem Aspekt des Rehabilitationsinteresses behandelt werden.

[558] BVerfG NJW 2004, 2510 f.; BVerwG NVwZ 1999, 991; OVG Münster NJW 1999, 2202, 2203; OVG Hamburg NVwZ 2004, 117; VGH München BeckRS 2009, 34561; VGH München DAR 2009, 218 f.

[559] OVG Hamburg NVwZ 2004, 117.

[560] Vgl. dazu BVerfG-K NJW 1999, 3773.

[561] Zum Rehabilitationsinteresse im Versammlungsrecht vgl. BVerwG NVwZ 1999, 991; OVG Münster NJW 1999, 2202; OVG Lüneburg NVwZ-RR 1998, 236.

[562] BVerwGE 109, 203, 209 f.

[563] VGH München DAR 2009, 218 f.

[564] Nach VGH München DAR 2009, 218 ff.

gegen Begleichung der mit Leistungsbescheid festgesetzten Kosten von 280,- € abholen konnte.

K begehrt die Feststellung der Rechtswidrigkeit der polizeilichen Sicherstellung seines Motorrads.

Zwar hätte K den Kostenbescheid anfechten können und das Verwaltungsgericht hätte dabei inzident die Rechtmäßigkeit der dem Kostenbescheid zugrunde liegenden Sicherstellungsanordnung geprüft. Allerdings findet in einem solchen Verfahren eine ausdrückliche Feststellung der Rechtswidrigkeit nicht statt. Dem Genugtuungsinteresse des Klägers wird also nicht ausreichend Rechnung getragen. Daher wird dem Kläger die Möglichkeit eröffnet, die Rechtswidrigkeit des polizei- und ordnungsbehördlichen Handelns durch ein Feststellungsurteil feststellen zu lassen. Da sich die Maßnahme bereits vor Klageerhebung erledigt hat, ist die erweiterte Fortsetzungsfeststellungsklage gem. § 113 I S. 4 VwGO analog statthaft (zur Begründung vgl. Rn 445 ff.).

K müsste auch ein berechtigtes Interesse an der Feststellung der Rechtswidrigkeit haben. Als berechtigtes Interesse genügt nach ständiger Rechtsprechung jedes vernünftigerweise nach Lage des Falles anzuerkennende schutzwürdige Interesse rechtlicher, ideeller oder auch wirtschaftlicher Art.

Vorliegend kommt zunächst ein Fortsetzungsfeststellungsinteresse rechtlicher Art (**Wiederholungsgefahr**) in Betracht. Jedoch ist zu beachten, dass diese Art des Fortsetzungsfeststellungsinteresses nicht schon deswegen besteht, weil K eine Wiederholung des polizeilichen Vorgehens bei anderen Motorradfahrern befürchtet. Vielmehr muss eine Wiederholungsgefahr *ihm* gegenüber bestehen. Dies kann jedoch ausgeschlossen werden, da er ja selbst beteuerte, nicht wiederholt gegen die Geschwindigkeitsbeschränkung zu verstoßen.

Allerdings kann ein **Rehabilitationsinteresse** des K bestehen, wenn die Sicherstellung des Motorrads eine diskriminierende Wirkung entfaltet hat. Der VGH München hat diese bejaht. Mit der Sicherstellung des Motorrads sei K von der Polizei der Gruppe der besonders gefährlichen „Hardcore-Raser" zugerechnet worden und habe im Unterschied zu sonstigen Verkehrsteilnehmern mit der Wegnahme des Fahrzeugs eine besonders einschneidende und diskriminierende Behandlung erfahren. Es komme auch nicht darauf an, ob die mit dem Fahrzeugentzug verbundene Diskriminierung noch fortwirke. Im Hinblick auf das Gebot effektiven Rechtsschutzes bestehe bei sich regelmäßig kurzfristig erledigenden Polizeimaßnahmen ein Rehabilitationsinteresse schon im Falle besonders schwerwiegender Grundrechtseingriffe. Hier liege in der Wegnahme des Fahrzeugs ein erheblicher und schwerer Eingriff in das Eigentumsrecht aus Art. 14 I GG, sodass ein berechtigtes Interesse an der nachträglichen verwaltungsgerichtlichen Kontrolle der Sicherstellung bestehe.

Mithin ist die erweiterte Fortsetzungsfeststellungsklage gem. § 113 I S. 4 VwGO analog statthaft.

Zur **Begründetheit** der Klage: Als Rechtsgrundlage für die Sicherstellung kommt die polizeigesetzliche Befugnisnorm über die Sicherstellung in Betracht, wenn die Sicherstellung schwerpunktmäßig präventiven und nicht repressiven Charakter hatte.[565] Allerdings fehlt es wohl an der erforderlichen konkreten und gegenwärtigen Gefahr, da im Regelfall nicht davon auszugehen ist, dass ein Verkehrssünder von dem straßenverkehrsrechtlichen System mit erheblich verschärften Bußgeldern, Fahrverboten und Punkten unbeeindruckt bleibt.

Die Sicherstellung des Motorrads war also wegen Fehlens einer konkreten und gegenwärtigen Gefahr rechtswidrig. Darüber hinaus könnte die Sicherstellung auch wegen

[565] Bund: § 47 BundesPolG; BW: §§ 32 f. PolG; Bay: Art. 25 ff. PAG; Berl: §§ 38 ff. ASOG; Brand: §§ 25 ff. PolG; Brem: §§ 23 ff. PolG; Hamb: § 14 SOG; Hess: §§ 40 ff. SOG; MeckVor: §§ 61 ff. SOG; Nds: §§ 26 ff. SOG; NRW: §§ 43 ff. PolG, 24 OBG; RhlPfl: §§ 22 ff. POG; Saar: §§ 21 ff. PolG; Sachs: §§ 26 f. PolG; SachsAnh: §§ 45 ff. SOG; SchlHolst: §§ 210 ff. LVwG; Thür: §§ 27 ff. PAG.

Ermessensnichtgebrauchs rechtswidrig sein. Denn das Gefahrenabwehrrecht ist von dem Opportunitätsprinzip geprägt, das dem Amtswalter ein Ermessen bei der Frage nach dem Einschreiten und der Wahl der Mittel einräumt. Wenn aber die Exekutivspitze (bzw. das Polizeipräsidium) dieses Ermessen in Form einer „Grundsatzweisung" vorwegnimmt, mag dies im Rahmen des im Allgemeinen Verwaltungsrecht anerkannten antizipierten Ermessens[566] liegen. Jedoch ist das Gefahrenabwehrrecht von dem Grundsatz geprägt, sachadäquat auf Einzelfälle zu reagieren. Das gilt jedenfalls für solche Situationen, für deren Begegnung – wie vorliegend – das Polizeigesetz eine konkrete (und damit eine im Einzelfall bestehende) Gefahr fordert. Eine vorweggenommene Ermessensausübung widerspricht diesem Prinzip.

cc. Schutzwürdiges Interesse wirtschaftlicher Art (Vorbereitung eines Amtshaftungs- oder Entschädigungsprozesses)

422 a.) Von der Rspr. des BVerwG[567] grundsätzlich anerkannt ist auch das Feststellungsinteresse, wenn **die Erledigung des Verwaltungsakts (bzw. des schlicht hoheitlichen Handelns) *nach* Klageerhebung eingetreten ist** und die Klage als Fortsetzungsfeststellungsklage fortgeführt wird, um einen zivilrechtlichen Schadensersatzprozess wie bspw. wegen **Amtshaftung** (§ 839 BGB i.V.m. Art. 34 GG) oder wegen **Entschädigung** (etwa gem. § 42 BauGB oder nach den Polizeigesetzen) bzw. **enteignungsgleichen Eingriffs** vorzubereiten (sog. **Vorgreiflichkeit** oder **Präjudiziabilität**). Zwar sind derartige Schadensersatz- bzw. Entschädigungsansprüche eigentlich vor den Zivilgerichten geltend zu machen, wenn aber die Erledigung – wie bei der vorliegend zu behandelnden Anfechtungsfortsetzungsfeststellungsklage – erst *nach* Klageerhebung vor dem Verwaltungsgericht eintritt, ist bereits ein gewisser Verfahrensaufwand betrieben worden, sodass der o.g. Grundsatz nicht zum Tragen kommt. Außerdem ist bei einem Amtshaftungsanspruch sowie bei einem Entschädigungsanspruch wegen enteignungsgleichen Eingriffs das Zivilgericht an die Entscheidung des Verwaltungsgerichts gebunden.[568]

Beispiel: A ist die Erlaubnis zur Errichtung eines Swimmingpools im Gartenbereich seines Hausgrundstücks erteilt worden. Nachbar N, Inhaber einer Fremdenverkehrspension, befürchtet durch den zu erwartenden Lärm einen erheblichen Umsatzrückgang und ficht die Genehmigung an. Nach Klageerhebung erkennt die Behörde, dass sie durch die Genehmigung wohl nachbarschützende Normen verletzt hat und hebt die Genehmigung auf. Dadurch erledigt sich die Sache. Da aber bereits einige Stornierungen vorliegen, möchte N den Prozess weiterführen und feststellen lassen, dass die Genehmigung rechtswidrig gewesen sei, damit er mit Hilfe des verwaltungsgerichtlichen Urteils einen Amtshaftungsprozess gegen die Baugenehmigungsbehörde anstrengen kann.

In diesem Fall ist das schutzwürdige Interesse an der Weiterführung des Verwaltungsprozesses gegeben.

423 b.) Die Absicht, einen Schadensersatzprozess zu führen, begründet aber dann **kein** Feststellungsinteresse, wenn ein entsprechender Zivilprozess **offensichtlich aussichtslos** wäre.[569] Das ist dann der Fall, wenn ohne eine ins Detail gehende Prüfung erkennbar ist, dass der behauptete zivilrechtliche Anspruch unter keinem rechtlichen Gesichtspunkt besteht.

---

[566] Zum durch Verwaltungsvorschrift vorweggenommenen Ermessen vgl. *R. Schmidt*, AllgVerwR, Rn 145.

[567] BVerwG NVwZ 2007, 227, 228; BVerwG NVwZ 2000, 1411, 1412; BVerwGE 81, 226, 227; 100, 83, 92; 106, 295, 298. Vgl. auch OVG Bautzen NVwZ-RR 2002, 53, 54.

[568] Vgl. BGH NJW 1979, 2098; BGHZ 90, 17, 23; *Kopp/Schenke*, VwGO § 113 Rn 12 (str.).

[569] BVerwG NVwZ 1999, 404; BVerwGE 100, 83, 92; OVG Münster NWVBl 1999, 342; VGH Kassel NVwZ 2012, 1350.

Beispiele:

(1) Wenn im obigen Beispiel die Stornierungen nicht auf den geplanten Swimmingpool zurückzuführen sind, ist bei N durch die Baugenehmigung kein Schaden entstanden. Ein Amtshaftungsprozess wäre hier offensichtlich aussichtslos.

(2) Auch wenn ein dem Dienstherren zuzurechnendes Verschulden des handelnden Bediensteten offensichtlich ausscheidet, ist das Feststellungsinteresse unter dem Gesichtspunkt der Präjudiziabilität für Schadensersatz- oder Entschädigungsansprüche nicht gegeben.

(3) Am Verschulden fehlt es regelmäßig auch dann, wenn ein Kollegialgericht das Verwaltungshandeln gebilligt hat.[570]

(4) Ferner ist eine offensichtliche Aussichtslosigkeit gegeben, wenn der geltend gemachte Schaden durch mit dem Schadensereignis in adäquat ursächlichem Zusammenhang stehende Vorteile ausgeglichen oder wenn der Schadensersatzanspruch verjährt ist.[571]

c.) Schließlich ist zu beachten, dass das BVerwG das Feststellungsinteresse bei einer beabsichtigten Amtshaftungsklage verneint, wenn **die Erledigung des Verwaltungsakts (bzw. des schlicht hoheitlichen Handelns) bereits *vor* Klageerhebung eingetreten ist**. Wenn sich also – wie regelmäßig im Polizeirecht – der Verwaltungsakt schon *vor* Klageerhebung erledigt hat, scheidet das schutzwürdige Interesse wirtschaftlicher Art konsequenterweise aus.[572] **424**

Stellungnahme: Anknüpfungspunkt dieser Rspr. ist der Gedanke der Prozessökonomie. Steht dem Kläger ein einfacherer und schnellerer Weg zur Erreichung seines Rechtsschutzzieles zur Verfügung – für zivilrechtliche Ersatzansprüche bspw. die Amtshaftungskammer des Landgerichts (§ 71 II Nr. 2 GVG) – entfällt das schutzwürdige Interesse für eine Fortsetzungsfeststellungsklage, wenn diese gerade auf die Durchsetzung dieses zivilrechtlichen Anspruchs abzielt. Dies ist dann der Fall, wenn die Erledigung des fraglichen Verwaltungsakts vor Klageerhebung eintritt, da hier der Prozess direkt vor dem Zivilgericht angestrengt werden kann. Das Zivilgericht prüft dann (inzident) die Rechtmäßigkeit des Verwaltungsakts (vgl. § 17 II S. 1 GVG). **425**

Beispiel: Am Vorabend der Terminierung eines lukrativen Geschäfts feiert Geschäftsmann G ausgiebig mit ein paar Freunden das bevorstehende Ereignis. Erheblich alkoholisiert macht er sich dann auf den Nachhauseweg. Als er unterwegs randaliert, wird er von der zufällig vorbeikommenden Polizeistreife aufgefordert, sich auszuweisen. G verweigert aber jegliche Auskunft. Nachdem eine daraufhin erfolgte Durchsuchung ergibt, dass G keine Ausweispapiere bei sich trägt, nimmt ihn die Polizei in Gewahrsam.
Als G am nächsten Tag gegen 12 Uhr in einer Ausnüchterungszelle aufwacht, sind die Geschäftspartner, mit denen er das Vertragswerk unterzeichnen wollte, bereits abgereist und stehen nun in geschäftlicher Verbindung mit dem Konkurrenten K.
G klagt vor dem Verwaltungsgericht. Seine Klage ist auf die Feststellung gerichtet, dass die polizeiliche Ingewahrsamnahme rechtswidrig gewesen sei. Er verfolgt das Ziel, später einen Entschädigungs- bzw. Amtshaftungsprozess anzustrengen.

Hier ist die Erledigung der Maßnahme bereits vor Klageerhebung eingetreten. § 113 I S. 4 VwGO ist daher analog anzuwenden. Die Klage ist aber wegen fehlenden Feststellungsinteresses unzulässig, da bisher noch kein Verfahrensaufwand vor dem Verwaltungsgericht betrieben worden ist und dem G die Möglichkeit offensteht, seinen Entschädigungs- bzw. Amtshaftungsanspruch vor den Zivilgerichten geltend zu machen.

---

[570] Vgl. BVerwG NVwZ 1999, 404; *J. Schmidt*, in: Eyermann, VwGO, § 113 Rn 90.

[571] Vgl. *Kopp/Schenke*, VwGO, § 113 Rn 137; *J. Schmidt*, in: Eyermann, VwGO, § 113 Rn 90.

[572] Vgl. BVerwG NVwZ 2000, 1411, 1412; BVerwGE 106, 295, 297 ff.; *J. Schmidt*, in: Eyermann, VwGO, § 113 Rn 87; *Kopp/Schenke*, VwGO, § 113 Rn 136; a.A. *Wolff*, in: NKVwGO, § 113 Rn 165.

i. Allgemeine Sachentscheidungsvoraussetzungen

426 Bei allen Formen der Fortsetzungsfeststellungsklage müssen die gleichermaßen für alle Klagearten der VwGO geltenden (allgemeinen) Sachentscheidungsvoraussetzungen vorliegen. Die wichtigsten und hier zu nennenden sind die **Beteiligungsfähigkeit** gem. § 61 VwGO, die **Prozessfähigkeit** gem. § 62 VwGO und die **ordnungsgemäße Klageerhebung** gem. §§ 81, 82 VwGO. Vgl. dazu die Ausführungen zur Anfechtungsklage. Dagegen ist das **allgemeine Rechtsschutzbedürfnis** bei Vorliegen des Fortsetzungsfeststellungsinteresses regelmäßig nicht mehr zu prüfen.[573]

---

[573] Vgl. auch *Jahn*, JuS 2001, 173, 175.

2. Verpflichtungsfortsetzungsfeststellungsklage, § 113 V, I S. 4 VwGO analog

Da auch eine Verpflichtungsklage gem. § 42 I Var. 2 VwGO nur Erfolg haben kann, 427
solange sich der begünstigende Verwaltungsakt, wenn er erlassen werden würde, noch nicht erledigt hätte, ist gerade für diesen Fall die Verpflichtungsfortsetzungsfeststellungsklage anerkannt. Dabei ist zu berücksichtigen, dass Gegenstand der Erledigung aufgrund der Verpflichtungssituation nicht ein bereits erlassener Verwaltungsakt ist, sondern der Anspruch auf den Erlass des begehrten Verwaltungsakts (bzw. der Anspruch auf eine Neuverbescheidung im Falle der Bescheidungsklage). Es ist also eine **hypothetische Betrachtungsweise** angezeigt. Es ist danach zu fragen, ob der begehrte Verwaltungsakt, wenn er erlassen worden wäre, zwischenzeitlich erledigt wäre. **§ 113 I S. 4 VwGO** muss in diesem Fall – wie noch zu sehen sein wird – **analog** herangezogen werden, weil er sich wegen seines Wortlauts und seiner systematischen Stellung nur auf die Anfechtungsklage bezieht. Die analoge Anwendung des § 113 I S. 4 VwGO auf die Verpflichtungsklage ist nach ganz h.M. zulässig.[574] In Übereinstimmung mit der Anfechtungsfortsetzungsfeststellungsklage muss der Zeitpunkt der Erledigung *nach* Klageerhebung und *vor* Urteilsspruch liegen. Im Übrigen müssen die Sachentscheidungsvoraussetzungen der ursprünglich erhobenen Verpflichtungsklage vorliegen. Außerdem benötigt der Kläger ein berechtigtes Interesse an der Fortführung des Rechtsstreits in Gestalt der Verpflichtungsfortsetzungsfeststellungsklage. Es empfiehlt sich folgender Aufbau:

428

Sachentscheidungsvoraussetzungen der Verpflichtungsfortsetzungsfeststellungsklage

(1) **Eröffnung des Verwaltungsrechtswegs**, § 40 I S. 1 VwGO
- (a) Aufdrängende Spezialzuweisung
- (b) Öffentlich-rechtliche Streitigkeit
- (c) Keine verfassungsrechtliche Streitigkeit
- (d) Keine abdrängende Sonderzuweisung

(2) **Zuständigkeit des Verwaltungsgerichts**, §§ 45, 52 VwGO

(3) **Statthaftigkeit der Verpflichtungsfortsetzungsfeststellungsklage** (zulässige Verfahrensart), § 113 I S. 4 VwGO analog
- (a) Erledigung des begehrten Verwaltungsakts (d.h. *nach* Klageerhebung, aber *vor* Urteilverkündung)
- (b) Analoge Anwendung des § 113 I S. 4 VwGO

(4) ***Besondere*** **Sachentscheidungsvoraussetzungen**:
- (a) Klagebefugnis, § 42 II VwGO
- (b) Vorverfahren, §§ 68 ff. VwGO
- (c) Klagefrist, § 74 VwGO
- (d) Klagegegner, § 78 VwGO
- (e) Fortsetzungsfeststellungsinteresse, § 113 I S. 4 VwGO analog
  - (aa) Schutzwürdiges Interesse rechtlicher Art (Wiederholungsgefahr)
  - (bb) Schutzwürdiges Interesse ideeller Art (Rehabilitationsinteresse)
  - (cc) Schutzwürdiges Interesse wirtschaftlicher Art (Vorbereitung eines Amtshaftungs- oder Entschädigungsprozesses)

[574] Vgl. nur BVerwGE 52, 313, 316; 81, 365, 367; 89, 354, 355; 106, 295, 296; BVerwG NVwZ 2015, 986, 987; *Schmitt Glaeser/Horn* VerwProzR, Rn 359; *Schenke*, VerwProzR, Rn 330; *Ogorek*, JA 2002, 222, 223; *Gaentzsch*, NVwZ 2000, 993, 1000; *Decker*, JA 2016, 241 ff.

(5) ***Allgemeine* Sachentscheidungsvoraussetzungen**:
- **(a)** Beteiligungsfähigkeit, § 61 VwGO
- **(b)** Prozessfähigkeit, § 62 VwGO
- **(c)** Ordnungsmäßigkeit der Klageerhebung, §§ 81, 82 VwGO

a. Verwaltungsrechtsweg

429 Bei der Verpflichtungsfortsetzungsfeststellungsklage kann die Eröffnung des Verwaltungsrechtswegs problematisch werden, da es in Fällen, in denen diese Klageart in Betracht kommt, häufig um eine Zulassung zu einer öffentlichen Einrichtung geht, deren Benutzung privatrechtlich ausgestaltet ist. Die Eröffnung des Verwaltungsrechtswegs erfolgt dann unter Anwendung der **Zwei-Stufen-Theorie**. Vgl. dazu ausführlich Rn 56, 58, 67, 359 sowie *R. Schmidt*, AllgVerwR, Rn 1008 ff. und 1022 ff.

430 **Hinweis für die Fallbearbeitung:** Die Zulassung selbst ist innerhalb der Verpflichtungsfortsetzungsfeststellungsklage natürlich nicht mehr Streitgegenstand, weil wegen rechtlicher oder faktischer Unmöglichkeit (z.B. Terminverstreichung) nur noch festgestellt werden kann, dass die Nichtzulassung rechtswidrig *war*. Im Übrigen sei auf die Ausführungen zum Verwaltungsrechtsweg verwiesen.

b. Zuständigkeit des Gerichts

431 Die sachliche Zuständigkeit des Gerichts richtet sich nach §§ 45 ff. VwGO, die örtliche Zuständigkeit nach § 52 VwGO. Vgl. dazu im Einzelnen Rn 105 ff.

c. Statthafte Klageart

432 Die Verpflichtungsfortsetzungsfeststellungsklage ist die richtige Klageart, wenn zunächst eine Verpflichtungsklage zulässig war, der Kläger nach Erledigung des begehrten Verwaltungsakts die Verpflichtungsklage auf eine Verpflichtungsfortsetzungsfeststellungsklage umstellt hat und § 113 I S. 4 VwGO analog angewendet werden kann.

aa. Erledigung des begehrten Verwaltungsakts

433 Zur Erledigung eines Verwaltungsakts vgl. bereits ausführlich Rn 403 ff. Im Rahmen der Verpflichtungsfortsetzungsfeststellungsklage hat sich der begehrte Verwaltungsakt (hypothetisch) erledigt, wenn dem mit ihm geltend gemachten Anspruch (rechtlich oder tatsächlich) nicht mehr nachgekommen werden kann. Das ist etwa anzunehmen, wenn

- der begehrte Verwaltungsakt zwar noch erlassen werden könnte, dieser sich bei Erlass aber erledigt hätte. Auch die tatsächliche Unmöglichkeit gehört hierher. Typischer Klausurfall ist die Zulassung zu einer öffentlichen Einrichtung bzw. Veranstaltung, nachdem sich der Grund des Zulassungsbegehrens infolge Zeitablaufs erübrigt hat.

  Beispiel: Schausteller S beantragt im Februar die Zulassung seines Fahrgeschäfts zum Schützenfest der Gemeinde G, das im August stattfinden soll. Nach Ablehnung seines Antrags und erfolgloser Durchführung des Widerspruchsverfahrens erhebt er eine auf Zulassung gerichtete Verpflichtungsklage. Bevor das Gericht entscheiden kann, ist das Schützenfest vorbei.

- sich nach Erhebung der Verpflichtungsklage die Sach- und/oder Rechtslage geändert hat. Denn dadurch, dass in einer Verpflichtungssituation bei der Frage nach der Beurteilung der Rechtmäßigkeit auf den Zeitpunkt der letzten mündlichen Gerichtsverhandlung abzustellen ist, kann es vorkommen, dass ein Leistungs- oder Zulassungsanspruch nach Erhebung der Verpflichtungsklage unbegründet werden und sich somit erledigen kann. Daher ist eine Verpflichtungsfortsetzungsfeststellungsklage erforderlich, um wenigstens die Rechtswidrigkeit feststellen zu lassen für den Fall, dass der Kläger die Rechtswidrigkeit des ursprünglichen Verwaltungshandelns „festgestellt" wissen möchte, etwa um einen Amtshaftungsprozess vorzubereiten oder den diskriminierenden Inhalt klären zu lassen.

Beispiel: Marktbudenbetreiber M beantragt im August die Zulassung seines Kastanienröstereistandes zum Weihnachtsmarkt der Stadt S, der im Dezember stattfinden soll. Nach Ablehnung seines Antrags und erfolgloser Durchführung des Widerspruchsverfahrens erhebt er eine auf Zulassung gerichtete Verpflichtungsklage. Bevor das Gericht entscheiden kann, ändert die Stadt ihre Marktsatzung und erweitert die Zulassungsvoraussetzungen, sodass der Stand des M nunmehr zugelassen werden kann. ⇨ Hier hat sich die Rechtslage nach Erhebung der Verpflichtungsklage zugunsten des M geändert, sodass die Aufrechterhaltung der Verpflichtungsklage keinen Sinn macht. Sollten die Voraussetzungen für eine Verpflichtungsfortsetzungsfeststellungsklage vorliegen, kann die Klage auf eine solche umgestellt werden.

- die Behörde während der laufenden Verpflichtungsklage den begehrten Verwaltungsakt erlässt. Einer Fortführung der Verpflichtungsklage fehlt dann wegen des Wegfalls der Beschwer das Rechtsschutzbedürfnis. Auch hier kann der Kläger den Prozess als Verpflichtungsfortsetzungsfeststellungsklage fortsetzen, sofern er die Rechtswidrigkeit des ursprünglichen Verwaltungshandelns „festgestellt" wissen möchte, etwa um einen Amtshaftungsprozess vorzubereiten oder den diskriminierenden Inhalt klären zu lassen. Typische Klausurfälle sind die Versagung einer Baugenehmigung und die beamtenrechtliche Anstellung.

Beispiele:

(1) B führt einen bereits mehrere Monate andauernden Rechtsstreit mit der Baubehörde bezüglich einer räumlichen Erweiterung seines Geschäftsbetriebs. Als die Baubehörde dann endgültig einen Versagungsbescheid erlassen und B dagegen erfolglos Widerspruch eingelegt hat, erhebt er nun eine Verpflichtungsklage. Während des Prozesses erkennt die Behörde, dass ihre bisherige Rechtsauffassung fehlerhaft war, und erteilt dem B die beantragte Genehmigung. ⇨ Hier kann B nun mit einer Klageumstellung die Feststellung begehren, dass die ursprüngliche Versagung der Baugenehmigung rechtswidrig war, damit er den entgangenen Gewinn als Schadensersatz geltend machen kann.

(2) K bewirbt sich auf eine ausgeschriebene Bundesbeamtenstelle. Bei den ihm zugeschickten Bewerbungsunterlagen befindet sich auch ein Formularsatz, der Fragen zur politischen Aktivität sowie eine zu unterschreibende Einverständniserklärung dergestalt enthält, dass die Einstellungsbehörde beim Bundesamt für Verfassungsschutz Informationen über das politische Engagement des K einholen darf. Da K sich weigert, den Formularsatz auszufüllen und die Einverständniserklärung zu unterzeichnen, wird ihm mitgeteilt, dass er nicht die nötigen Voraussetzungen für die Beamtenstelle erfülle. Nach erfolglos durchgeführtem Widerspruchsverfahren erhebt K daher form- und fristgerecht Klage mit dem Ziel, die Behörde zu der gewünschten Einstellung zu verurteilen, zumindest aber, dass sie den K neu bescheidet. Der Behörde kommen Bedenken, ob ihre Rechtsauffassung vor Gericht Bestand haben wird, und lenkt ein, indem sie K mitteilt, dass er die Stelle mit sofortiger Wirkung antreten könne. Zwar über den positiven Bescheid erfreut, möchte K dennoch gerichtlich klären lassen, ob die Vorlage des Formularsatzes und die Einverständniserklärung rechtmäßig waren.

Der Verwaltungsrechtsweg ist gem. § 126 I BBG eröffnet (auf Landesebene würde § 54 I BeamtStG gelten). Die statthafte Klageart richtet sich nach dem Klagebegehren, § 88 VwGO. Vorliegend hatte K bereits Verpflichtungsklage erhoben, als ihm die Einstellung mitgeteilt wurde, sich der ursprüngliche Ablehnungsbescheid also erledigte. Hier steht ihm nun die Klageumstellung auf eine Verpflichtungsfortsetzungsfeststellungsklage gem. § 113 V i.V.m. I S. 4 VwGO analog zur Verfügung mit dem Klageziel, festzustellen, dass die ursprüngliche Ablehnung rechtswidrig war und ihn in seinen Rechten verletzt hat. Das Fortsetzungsfeststellungsinteresse hängt maßgeblich von dem diskriminierenden Inhalt des Ablehnungsbescheids ab. Bei der Begründetheit ist zu prüfen, ob und inwieweit die Vorlage des Formularsatzes und die Einverständniserklärung den K tatsächlich in seinen Rechten verletzt haben. Prüfungsmaßstab ist die Vereinbarkeit mit Art. 33 II, 12 I, 2 I GG.[575]

bb. Analoge Anwendung des § 113 I S. 4 VwGO

434 Bei der Fortsetzungsfeststellungsklage in Form der Verpflichtungsfortsetzungsfeststellungsklage handelt es sich um eine Fortsetzungsfeststellungsklage, bei der sich die Erledigung des Verwaltungsakts nach Erhebung der *Verpflichtungs*klage einstellt. In diesem Fall muss § 113 I S. 4 VwGO analog angewendet werden. Die analoge Anwendung des § 113 I S. 4 VwGO ist zwar weitgehend anerkannt (vgl. Rn 427), in der Fallbearbeitung empfiehlt sich dennoch, die Voraussetzungen einer Analogie kurz darzustellen und deren Vorliegen herauszuarbeiten: Eine Analogie setzt voraus, dass

- eine Regelungslücke (d.h. eine Unvollständigkeit im Gesetz) besteht,
- die Interessenlage es gebietet, die Lücke bzw. Unvollständigkeit i.S.d. vorhandenen Regelung zu schließen (Interessengleichheit)
- und die Lücke (d.h. die Unvollständigkeit) planwidrig ist.

a.) Regelungslücke (Unvollständigkeit im Gesetz)

435 Die VwGO stellt keine Fortsetzungsfeststellungsklage für die Erledigung eines (begehrten) Verwaltungsakts während einer Verpflichtungsklage zur Verfügung (§ 113 I S. 4 VwGO geht von der Erledigung eines Verwaltungsakts während einer Anfechtungsklage aus). Bevor jedoch eine analoge Anwendung des § 113 I S. 4 VwGO in Betracht gezogen wird, ist zunächst zu fragen, ob die VwGO nicht schon durch die (allgemeine) Feststellungsklage nach § 43 I VwGO den Sachverhalt erfasst. Die h.M. verneint die Anwendung der allgemeinen Feststellungsklage mit dem Argument, ein Verwaltungsakt begründe zwar ein Rechtsverhältnis, stelle selbst aber kein festzustellendes Rechtsverhältnis dar. Dem kann so nicht gefolgt werden. Denn Gegenstand einer allgemeinen Feststellungsklage wäre allein die Feststellung der Berechtigung bzw. Verpflichtung des Klagegegners zum Erlass des begehrten Verwaltungsakts. Gleichwohl ist die Verpflichtungsfortsetzungsfeststellungsklage vorzuziehen. Denn da bereits Verpflichtungsklage erhoben wurde und sich der Rechtsstreit lediglich während des laufenden Prozesses erledigt hat, spricht die Prozessökonomie dafür, die Klage lediglich umzustellen und als Fortsetzungsfeststellungsklage fortzuführen. Folgt man dieser Argumentation, scheidet die allgemeine Feststellungsklage zur Schließung der vorhandenen Lücke aus. Es besteht somit eine Regelungslücke.[576]

b.) Interessengleichheit

436 War die Verpflichtungsklage die ursprünglich statthafte Klageart, kann das Bedürfnis nach einer Schließung der vorhandenen Regelungslücke mit dem Argument bejaht werden, dass die Rechtsschutzgewährung nicht davon abhängen kann, ob der Kläger durch eine Verfügung oder die Ablehnung eines Antrags belastet ist.

c.) Planwidrigkeit

437 Wenn die vergleichbare Interessenlage es gebietet, die Unvollständigkeit i.S. der vorhandenen Regelung zu beseitigen, kann i.d.R. daraus die Planwidrigkeit abgeleitet

[575] Vgl. OVG Koblenz NVwZ 1998, 874.
[576] Wie hier später auch *Heinze*, JA 2007, 805, 807 f.

werden. Daraus folgt, dass es sinnvoll ist, die Planwidrigkeit *nach* der Interessenlage zu prüfen. Diesbezüglich bietet sich folgende Formulierung an:

„Die Planwidrigkeit ergibt sich aus der Generalklausel des § 40 I S. 1 VwGO und der Rechtsschutzgarantie des Art. 19 IV S. 1 GG, wonach der Bürger stets eine Rechtsschutzmöglichkeit gegen Akte der öffentlichen Gewalt haben muss. Da für die o.g. Problemfälle aber keine Regelungen vorhanden sind und die vergleichbare Interessenlage es gebietet, die Regelungslücke im Sinne der vorhandenen Regelung zu schließen, besteht somit das Erfordernis einer Analogie.“ 438

d. Klagebefugnis, § 42 II VwGO analog

Da die Verpflichtungsfortsetzungsfeststellungsklage lediglich eine Weiterführung der ursprünglichen Verpflichtungsklage bedeutet („**umgestellte Verpflichtungsklage**“), müssen (in Übereinstimmung mit dem zur Anfechtungsfortsetzungsfeststellungsklage Gesagten) auch alle besonderen Sachentscheidungsvoraussetzungen der Verpflichtungsklage, somit auch die Klagebefugnis, vorliegen. Die Verpflichtungsfortsetzungsfeststellungsklage ist daher nur zulässig, wenn der Kläger geltend macht, er werde durch den Nichterlass des begehrten Verwaltungsakts in seinen Rechten verletzt, wobei diese geltend gemachte Rechtsverletzung lediglich unter keinen denkbaren Umständen ausgeschlossen sein darf. Im Übrigen sei auf die Ausführungen zur Verpflichtungsklage verwiesen. 439

e. Vorverfahren, §§ 68 ff. VwGO

Da die Verpflichtungsfortsetzungsfeststellungsklage an die Stelle der Verpflichtungsklage tritt, muss grundsätzlich auch das Vorverfahren erfolglos durchgeführt worden sein. Das folgt schon allein daraus, dass diese Klageart sonst schon nicht zulässig gewesen wäre (vgl. aber die auf S. 445 ff. dargestellte abweichende Regelung in Bezug auf die erweiterte Fortsetzungsfeststellungsklage). 440

f. Klagefrist, § 74 VwGO

Aufgrund des Charakters der Verpflichtungsfortsetzungsfeststellungsklage als „umgestellte“ Verpflichtungsklage befindet sich der Kläger bereits in einem gerichtlichen Verfahren. Die Klagefrist ist daher nur bezüglich der ursprünglichen Verpflichtungsklage nach § 74 I VwGO einzuhalten. 441

g. Klagegegner, § 78 VwGO

Gegenüber den Bestimmungen für die Anfechtungs- bzw. Verpflichtungsklage ergeben sich bei der Verpflichtungsfortsetzungsfeststellungsklage keine Besonderheiten. 442

h. Fortsetzungsfeststellungsinteresse, § 113 I S. 4 VwGO analog

Wie bereits im Rahmen der Anfechtungsfortsetzungsfeststellungsklage dargestellt, muss der Kläger ein **berechtigtes Interesse an der begehrten Feststellung** haben. Damit ist jedes schutzwürdige Interesse rechtlicher Art (Wiederholungsgefahr), ideeller Art (Rehabilitationsinteresse) sowie wirtschaftlicher Art (Vorbereitung eines Amtshaftungs- oder Entschädigungsprozesses) gemeint. Vgl. dazu die Ausführungen zur Anfechtungsfortsetzungsfeststellungsklage (Rn 415 ff.). 443

i. Weitere Sachentscheidungsvoraussetzungen

Bei allen Arten der Fortsetzungsfeststellungsklage müssen die gleichermaßen für alle Klagearten der VwGO geltenden (allgemeinen) Sachentscheidungsvoraussetzungen vorliegen. Die wichtigsten, und hier zu nennenden, sind die **Beteiligungsfähigkeit** 444 gem. § 61 VwGO, die **Prozessfähigkeit** gem. § 62 VwGO und die **ordnungsgemäße Klageerhebung** gem. §§ 81, 82 VwGO. Vgl. dazu die Ausführungen zur Anfechtungsklage. Dagegen ist das **allgemeine Rechtsschutzbedürfnis** bei Vorliegen des Fortsetzungsfeststellungsinteresses regelmäßig nicht mehr zu prüfen.[577]

[577] Vgl. auch *Jahn*, JuS 2001, 173, 175.

3. Erweiterte Fortsetzungsfeststellungsklage, § 113 I S. 4 VwGO analog

Wie bereits mehrfach ausgeführt, stellt die VwGO keine spezielle Fortsetzungsfeststellungsklage für die Erledigung bereits *vor* Klageerhebung zur Verfügung (§ 113 I S. 4 VwGO geht von einer Erledigung *nach* Klageerhebung aus). Darüber hinaus ist der Fall der (hypothetischen) Erledigung eines *begehrten* Verwaltungsakts nicht geregelt (§ 113 I S. 4 VwGO geht von der Erledigung eines bereits erlassenen Verwaltungsakts aus). Aufgrund der Rechtsweggarantie des Art. 19 IV S. 1 GG besteht aber auch in diesen Fällen ein Rechtsschutzbedürfnis. Es kann daher keine Frage sein, *ob* für den Kläger eine Klagemöglichkeit besteht, sondern lediglich, *mit welcher Klageart* er sein Rechtsschutzziel erreichen kann. Für den Fall der Erledigung eines erlassenen Verwaltungsakts vor Klageerhebung reicht das Spektrum der angebotenen Lösungen von der Anfechtungsklage, einer Analogie zu § 113 I S. 4 VwGO, einer Klage sui generis bis hin zur allgemeinen Feststellungsklage.[578] Durchgesetzt hat sich aufgrund einer Leitentscheidung des BVerwG die Lösung über eine Analogie zu § 113 I S. 4 VwGO.[579] Diese Lösung galt bis vor einiger Zeit als nahezu unangefochtene h.M.[580], wurde aber dann vom *6. Senat* des BVerwG in seinem Urteil v. 14.7.1999 in Frage gestellt.[581] Ohne sich abschließend festzulegen, favorisiert der *6. Senat* in dieser Entscheidung die von einigen Literaturstimmen[582] vertretene Auffassung, den Rechtsschutz gegen bereits *vor* Klageerhebung erledigte Verwaltungsakte der **allgemeinen Feststellungsklage** nach § 43 I VwGO zuzuordnen.[583] Dies ist zwar prinzipiell möglich, die besseren Argumente sprechen aber für eine **Analogie zu § 113 I S. 4 VwGO**. Denn die Sachentscheidungsvoraussetzungen der allgemeinen Feststellungsklage unterscheiden sich sowohl hinsichtlich Klagebefugnis, Vorverfahren, Klagefrist, aber auch des Klagegegners grundlegend von denen der Anfechtungs-, Verpflichtungs- und auch Fortsetzungsfeststellungsklage. Wenn man bedenkt, dass der Zeitpunkt der Erledigung des Verwaltungsakts mehr oder weniger zufällig eintritt, käme der Anwendung der allgemeinen Feststellungsklage für Rechtsstreitigkeiten bezüglich vorprozessual erledigter Verwaltungsakte eine so gravierende Bedeutung für die Abwicklung des Rechtsschutzes zu, dass man von schwerwiegenden Wertungswidersprüchen sprechen müsste.[584] Erfreulicherweise kehrt der *6. Senat* in einer jüngeren Entscheidung zur Statthaftigkeit der Fortsetzungsfeststellungsklage zurück[585], freilich ohne auf seine damaligen Bedenken einzugehen. Damit dürfte nun auch wieder für die Rechtspraxis gesichert sein, dass gegen vorprozessual erledigte Verwaltungsakte die **Fortsetzungsfeststellungsklage** gem. § 113 I S. 4 VwGO analog statthaft ist.[586] Folgt man dem, bietet sich folgender Prüfungsaufbau an: 445

[578] Vgl. dazu die Nachweise bei *R.P. Schenke*, NVwZ 2000, 1255, 1256.
[579] Vgl. BVerwGE 26, 161, 165 ff. („Schwabinger Krawalle") und im Anschluss daran BVerwGE 49, 36, 39; 81, 226, 227; 87, 23, 25; OVG Münster NJW 1999, 2205 sowie aus der Literatur *Würtenberger*, VerwProzR, Rn 644; *Hufen*, VerwProzR, § 18 Rn 28; *Kopp/Schenke*, VwGO, § 113 Rn 99; *Redeker/v. Oertzen*, VwGO, § 113 Rn 99; *Rozek*, JuS 1995, 414, 415.
[580] *R.P. Schenke*, NVwZ 2000, 1255, 1245.
[581] Vgl. BVerwGE 109, 203 ff.
[582] *Pietzcker*, in: Schoch/Schneider/Bier, VwGO, § 42 Abs. 1 Rn 86; *Gerhardt*, in: Schoch/Schneider/Bier, VwGO, § 113 Rn 99.
[583] Vgl. bereits die 9. Auflage 2005 dieses Buches; später auch *Ronellenfitsch/Glemser*, JuS 2008, 888, 889.
[584] So auch *Jahn* JuS 2001, 173, 174; *Rozek*, JuS 2002, 470, 471; 2000, 1162, 1166; *Göpfert*, BayVBl 2000, 303 f.; *R.P. Schenke*, JuS 2007, 697, 700; *Ronellenfitsch/Glemser*, JuS 2008, 888, 889; *J. Schmidt*, in: Eyermann, VwGO, § 113 Rn 72; *Kopp/Schenke*, VwGO, § 113 Rn 99; *Hufen*, VerwProzR, § 18 Rn 28 und *Mann/Wahrendorf*, VerwProzR, § 20 Rn 8.
[585] BVerwG JZ 2008, 1102, 1103 ff. Vgl. auch BVerwG NVwZ 2015, 896 (3. Senat).
[586] Folgerichtig VGH München DAR 2009, 218 f. (vgl. dazu Rn 421).

446

Sachentscheidungsvoraussetzungen der erweiterten Fortsetzungsfeststellungsklage

(1) Eröffnung des Verwaltungsrechtswegs, § 40 I S. 1 VwGO
- **(a)** Aufdrängende Spezialzuweisung
- **(b)** Öffentlich-rechtliche Streitigkeit
- **(c)** Keine verfassungsrechtliche Streitigkeit
- **(d)** Keine abdrängende Sonderzuweisung

(2) Zuständigkeit des Verwaltungsgerichts, §§ 45, 52 VwGO

(3) Statthaftigkeit der erweiterten Fortsetzungsfeststellungsklage (zulässige Verfahrensart), § 113 I S. 4 VwGO analog
- **(a)** Erledigung des Verwaltungsakts
- **(b)** Zeitpunkt der Erledigung vor Klageerhebung
- **(c)** Analoge Anwendung des § 113 I S. 4 VwGO

(4) *Besondere* Sachentscheidungsvoraussetzungen:
- **(a)** Klagebefugnis, § 42 II VwGO analog
- **(b)** Vorverfahren, §§ 68 ff. VwGO (nicht durchzuführen, str.)
- **(c)** Klagefrist, § 74 VwGO (nicht einzuhalten, str.)
- **(d)** Klagegegner, § 78 VwGO[587]
- **(e)** Fortsetzungsfeststellungsinteresse, § 113 I S. 4 VwGO analog
  - **(aa)** Schutzwürdiges Interesse rechtlicher Art (Wiederholungsgefahr)
  - **(bb)** Schutzwürdiges Interesse ideeller Art (Rehabilitationsinteresse)
  - **(cc)** Schutzwürdiges Interesse wirtschaftlicher Art (Vorbereitung eines Amtshaftungs- oder Entschädigungsprozesses)

(5) *Allgemeine* Sachentscheidungsvoraussetzungen:
- **(a)** Beteiligungsfähigkeit, § 61 VwGO
- **(b)** Prozessfähigkeit, § 62 VwGO
- **(c)** Ordnungsmäßigkeit der Klageerhebung, §§ 81, 82 VwGO

a. Verwaltungsrechtsweg

447 Gegenüber der Anfechtungs- und Verpflichtungsfortsetzungsfeststellungsklage ergeben sich keine Besonderheiten. Vgl. dazu Rn 400, 429 i.V.m. Rn 25 ff.

b. Zuständigkeit des Gerichts

448 Die sachliche Zuständigkeit des Gerichts richtet sich nach §§ 45 ff. VwGO, die örtliche Zuständigkeit nach § 52 VwGO. Vgl. dazu im Einzelnen die Ausführungen bei Rn 105.

c. Statthafte Klageart

aa. Erledigung des Verwaltungsakts vor Klageerhebung

449 Insbesondere bei **vollzugspolizeilichen Maßnahmen** (wie beispielsweise aufgrund einer Standardmaßnahme oder der Befugnisgeneralklausel) erledigt sich der Verwaltungsakt oftmals bereits *vor* Klageerhebung.

Beispiele:

(1) Bei einer Razzia wird auch A kontrolliert. Als er sich weigert, seine Personalien offenzulegen, wird er auf die Polizeiwache verbracht. Dort sieht er ein, dass er – um schnellstmöglich die Wache wieder verlassen zu können – die Personalien ange-

[587] Nach der hier vertretenen Auffassung wird § 78 VwGO als Prüfungspunkt „Klagegegner" im Rahmen der Sachentscheidungsvoraussetzungen behandelt. Die Gegenauffassung prüft § 78 VwGO als „Passivlegitimation" bei der Begründetheit. Vgl. dazu im Einzelnen die Ausführungen bei Rn 301 ff.

ben muss. Nach entsprechender Angabe darf A die Wache wieder verlassen („Erledigung" des Verwaltungsakts *Verbringung*). Am folgenden Tag möchte A gerichtlich klären lassen, ob die Verbringung auf die Wache rechtmäßig war.

(2) Anlässlich einer gewalttätigen Demonstration filmte B mit seinem Smartphone die Festnahme von Demonstranten durch die Polizei. Der Einsatzleiter der Polizei ließ daraufhin die SD-Karte aus dem Smartphone entnehmen und sicherstellen. Die SD-Karte wurde dem B vor Klageerhebung zurückgegeben.

(3) Ein weiteres Beispiel befindet sich bei Rn 421.

Da Ausgangspunkt der Beispiele eine Anfechtungssituation ist („Normalfall"), und nur der Zeitpunkt der Erledigung *vor* Erhebung der Anfechtungsklage liegt, handelt es sich um eine **erweiterte Fortsetzungsfeststellungsklage** in Form der **erweiterten Anfechtungsfortsetzungsfeststellungsklage** (§ 113 I S. 1 i.V.m. S. 4 VwGO analog).[588] **450**

Aber auch wenn es sich um eine Verpflichtungssituation handelt, ist die **erweiterte Fortsetzungsfeststellungsklage** – hier in der Form der **erweiterten Verpflichtungsfortsetzungsfeststellungsklage** – bei Erledigung des begehrten Verwaltungsakts, wie beispielsweise ein behaupteter Anspruch auf polizeiliches Einschreiten, bereits vor Klageerhebung die statthafte Klageart. Häufiger Klausurfall ist auch die begehrte Zulassung zu einer öffentlichen Einrichtung, wobei die Erledigung wegen Terminverstreichung eintrat. Aber auch dem Beamtenrecht ist die erweiterte Feststellungsklage nicht fremd. **451**

bb. Analoge Anwendung des § 113 I S. 4 VwGO

Bei der erweiterten Fortsetzungsfeststellungsklage handelt es sich also unabhängig von der zugrunde liegenden Klageart (Anfechtungs- oder Verpflichtungsklage) um eine Fortsetzungsfeststellungsklage, bei der die Erledigung bereits *vor* Klageerhebung eintrat. Je nachdem, ob nun eine Anfechtungs- oder eine Verpflichtungssituation vorliegt, muss § 113 I S. 4 VwGO analog bzw. doppelt analog angewendet werden.[589] Die in der Fallbearbeitung dann erforderliche Analogieprüfung sollte unter Darstellung des in der Einführung Gesagten vorgenommen werden. **452**

d. Klagebefugnis, § 42 II VwGO analog

Gleichgültig, ob eine erweiterte Anfechtungs- oder Verpflichtungsfortsetzungsfeststellungsklage vorliegt, ist eine Klagebefugnis analog § 42 II VwGO erforderlich. Der Grund hierfür liegt darin, dass auch die erweiterte Fortsetzungsfeststellungsklage einen Rechtsbehelf zum Schutz subjektiver Rechte darstellt. Das Vorliegen des Feststellungsinteresses genügt zur Bejahung der Klagebefugnis nicht, da sich das Feststellungsinteresse nur auf die Feststellung als solche richtet, nicht notwendigerweise auf die Möglichkeit der Rechtsverletzung durch die ursprüngliche Maßnahme oder deren Unterlassung.[590] Der Kläger muss also behaupten, er sei durch die Maßnahme oder deren Unterlassung in seinen Rechten verletzt (worden), und diese geltend gemachte Rechtsverletzung muss zumindest möglich erscheinen. Sollte das (wie regelmäßig) der Fall sein, kann die Frage, ob eine Klagebefugnis entgegen der hier vertretenen Auffassung erforderlich ist, letztlich aber dahinstehen. **453**

---

[588] Vgl. dazu BVerwGE 109, 203, 207; OVG Münster NJW 1999, 2202; *R.P. Schenke*, NVwZ 2000, 1255 ff. sowie die Klausurfälle von *Jahn*, JuS 2001, 173 ff. und *Pünder/Mattig*, JA 2016, 115 ff.

[589] Vgl. bereits die 1. Aufl. 1997; später auch *Jahn*, JuS 2001, 173, 174; *Heinze*, JA 2007, 805, 807 f.; *Schübel-Pfister*, JuS 2009, 999, 1000; *Decker*, JA 2016, 241, 246. Vgl. auch BVerwG NVwZ 2015, 986, 987 f. (mit Bespr. v. *Hufen*, JuS 2016, 189).

[590] Vgl. auch *Jahn*, JuS 2001, 173, 174; *Ogorek*, JA 2014, 278, 281; *Hufen*, VerwProzR, § 18 Rn 36.

e. Vorverfahren, §§ 68 ff. VwGO

454 Ist bei der Anfechtungs- und Verpflichtungsklage die Durchführung eines Vorverfahrens gesetzlich ausgeschlossen (vgl. Rn 224 ff.) gilt dies selbstverständlich auch für die Fortsetzungsfeststellungsklage. Ist aber bei der Anfechtungs- und Verpflichtungsklage die Durchführung eines Vorverfahrens erforderlich, ist hinsichtlich der Fortsetzungsfeststellungsklage Folgendes zu beachten: Tritt die Erledigung des Verwaltungsakts *vor* Klageerhebung ein, ergibt sich das Folgeproblem, inwieweit die Durchführung eines Vorverfahrens erforderlich ist. Jedenfalls gilt das zur Anfechtungs- und Verpflichtungsklage Ausgeführte **nicht** in gleicher Weise für die erweiterte Fortsetzungsfeststellungsklage. Grundüberlegung ist, dass die (normale) Fortsetzungsfeststellungsklage an die Stelle einer Anfechtungs- bzw. Verpflichtungsklage tritt. Daher müssen – bei Erledigung des Verwaltungsakts *nach* der Klageerhebung – grds. auch deren klageartabhängigen Sachentscheidungsvoraussetzungen vorliegen, da diese Klagen sonst schon nicht zulässig gewesen wären.

454a Daraus folgt: Tritt die Erledigung *nach* Ablauf der Widerspruchsfrist ein und wurde innerhalb der Widerspruchsfrist auch kein erforderlicher Rechtsbehelf eingelegt, ist eine Fortsetzungsfeststellungsklage nicht mehr zulässig. Denn anderenfalls würde es dem Bürger ermöglicht, nach Ablauf der Widerspruchsfrist und Eintritt der Bestandskraft eine neue, vom Gesetz nicht vorgesehene Rechtsschutzmöglichkeit zu erlangen.

Beispiel: K erhält einen Verwaltungsakt mit Datum vom 7.1.2016 (Donnerstag), der auch an diesem Tag abgesendet wurde. Am 17.2.2016 (Mittwoch) tritt die Erledigung ein. Am 19.2.2016 (Freitag) erhebt K Fortsetzungsfeststellungsklage.

Hier muss die Fortsetzungsfeststellungsklage wegen Verfristung als unzulässig abgewiesen werden, da die Widerspruchsfrist am 10.2.2016 um 24 Uhr (gem. § 70 I VwGO am 7.1.2016 plus Drei-Tages-Frist gem. § 41 II VwVfG plus einen Monat) abgelaufen war. K kann nicht eine wegen Versäumnisses der Widerspruchsfrist unzulässige Anfechtungsklage dadurch umgehen, dass er eine Fortsetzungsfeststellungsklage erhebt. Das Gleiche gilt für den Fall, in dem der Verwaltungsakt bereits bestandskräftig geworden ist, bevor die Erledigung eintritt.

455 Umstritten ist jedoch, ob es der Durchführung eines Vorverfahrens (**Fortsetzungsfeststellungswiderspruch**) bedarf, wenn noch keine Klage erhoben wurde und auch die Widerspruchsfrist noch **nicht** abgelaufen, die **Erledigung also bereits vor Ablauf der Widerspruchsfrist** eingetreten ist (sog. **offene Widerspruchsfrist**).[591]

Beispiel: Dem K wird am 7.1.2016 (Donnerstag) der Verwaltungsakt zugestellt. Am 25.1.2016 (Montag) tritt die Erledigung ein. Am 27.1.2016 entschließt sich K, den Verwaltungsakt anzugreifen. Kann er sofort Fortsetzungsfeststellungsklage erheben oder muss er zunächst Widerspruch erheben?

⇨ Nach der Meinung eines Teils der Literatur[592] ist auch in diesem Fall die Durchführung eines Vorverfahrens erforderlich. Zwar könne die Widerspruchsbehörde wegen der Erledigung der Beschwer dieser nicht mehr abhelfen bzw. keinen Abhilfebescheid mehr erlassen. Allerdings könne sie die Rechtswidrigkeit des Verwaltungshandelns feststellen (arg. § 44 V VwVfG). Zudem sei bei Ermessensverwaltungsakten ohnehin eine Zweckmäßigkeitskontrolle ausschließlich durch die Behörde mög-

---

[591] Wäre dagegen die Widerspruchsfrist bereits abgelaufen, ohne dass der Betroffene einen Rechtsbehelf eingelegt hätte, würde das auf jeden Fall zur Unzulässigkeit der Klage führen.

[592] *Kopp/Schenke*, VwGO, § 113 Rn 127; *Schenke*, VerwProzR, Rn 666; *Dolde/Porsch*, in: Schoch/Schneider/Bier, VwGO, § 68 Rn 23; *Aulehner*, JA 2005, 98, 99; *R.P. Schenke*, NVwZ 2000, 1255, 1257; *Dreier*, NVwZ 1987, 477; *Hellerbrand*, JA 1995, 153, 154.

lich. Schließlich sei die Durchführung des Widerspruchsverfahrens schon deshalb sinnvoll, weil es nicht nur der Selbstkontrolle der Verwaltung und der Entlastung der Gerichte, sondern vor allem auch dem Rechtsschutz des Bürgers diene.

⇨ Die Rechtsprechung und der andere Teil der Literatur[593] halten die Durchführung des Widerspruchsverfahrens für nicht geboten und daher auch für nicht zulässig. Das Widerspruchsverfahren sei auf die Aufhebung bzw. den Erlass des begehrten Verwaltungsakts gerichtet und nicht auf die Feststellung der Rechtswidrigkeit von Verwaltungsakten (eine Aufhebung ist wegen der Erledigung ja gerade nicht mehr möglich). Eine Feststellung durch die Behörde besitze nicht die gleiche Bindungswirkung wie ein Feststellungsurteil durch das Gericht. Das Feststellungsurteil gewährleiste wegen § 121 VwGO und Art. 20 III GG einen stärkeren Rechtsschutz für den Bürger. Zudem kenne die VwGO keinen „Fortsetzungsfeststellungswiderspruch"; ein solcher sei daher schon allein deswegen unstatthaft.

⇨ Stellungnahme: Nach der hier vertretenen Auffassung stellt sich die Streitfrage nur dann, wenn das Widerspruchsverfahren überhaupt statthaft ist. Denn ist es z.B. unstatthaft[594] (oder entbehrlich), kann (innerhalb der Klagefrist) Klage erhoben werden. Ist aber das Widerspruchsverfahren im konkreten Fall grds. vorgesehen, sollte in einer gutachtlichen (regelmäßig im Rahmen des Polizeirechts zu erfolgenden) Ausarbeitung der o.g. Meinungsstreit kurz dargestellt und im Ergebnis der zuletzt genannten Auffassung gefolgt werden. Denn die Durchführung des Vorverfahrens vor Erhebung der Fortsetzungsfeststellungsklage in Bezug auf vorprozessual erledigte Verwaltungsakte findet keine Stütze in der VwGO (diese schreibt die erfolglose Durchführung eines Vorverfahrens nur für die Anfechtungsklage und für die Verpflichtungsklage in Gestalt der Versagungsgegenklage vor; derartige Klagearten liegen gerade nicht vor). Darüber hinaus ist die Durchführung des Vorverfahrens kein Selbstzweck und macht nur dann einen Sinn, wenn die Verwaltung den Verwaltungsakt noch aufheben kann.[595] Ein erledigter Verwaltungsakt ist gem. § 43 II VwVfG unwirksam. Unwirksame Verwaltungsakte sind keiner Aufhebung zugänglich. Tragend ist auch das Argument des stärkeren Rechtsschutzes eines gerichtlichen Feststellungsurteils. Folgt man dieser Auffassung, ist ein Vorverfahren nicht nur entbehrlich, sondern auch **unstatthaft**.[596]

Tritt die Erledigung während des Widerspruchsverfahrens ein, sind nach der o.g. Rspr. das Widerspruchsverfahren einzustellen und die Klageerhebung zulässig.

f. Klagefrist, § 74 I i.V.m. § 58 I, II VwGO

Bereits im Rahmen der Prüfung, ob die vorherige Durchführung eines Vorverfahrens notwendig war, musste auf die Frage nach der Widerspruchsfrist und damit auf die Bestandskraft des Verwaltungsakts eingegangen werden. Es wurde festgestellt, dass in dem Fall, in dem die Erledigung des Verwaltungsakts *nach* Ablauf der Monatsfrist eintrat und innerhalb der Monatsfrist auch kein Widerspruch eingelegt wurde, die Fortsetzungsfeststellungsklage nicht mehr zulässig sei. Denn anderenfalls würde es dem Bürger ermöglicht, nach Ablauf der Widerspruchsfrist und Eintritt der Bestandskraft eine neue, vom Gesetz nicht vorgesehene Rechtsschutzmöglichkeit zu erlangen. **456**

---

593 St. Rspr., vgl. BVerwGE 26, 161, 165 ff.; 81, 226, 229; 109, 203, 209. Aus der Lit. vgl. *Jahn*, JuS 2001, 173, 174; *Fechner*, NVwZ 2000, 121, 124; *Rozek*, JuS 2000, 1162, 1163; *Schwerdtfeger/Schwerdtfeger*, Rn 54; *J. Schmidt*, in: Eyermann, VwGO, § 113 Rn 72; *Knemeyer*, POR, Rn 68, 364, 397; *Redeker/v. Oertzen*, VwGO, § 113 Rn 35; *Hufen*, VerwProzR, § 18 Rn 37; *Stern/Blanke*, Rn 257; *Geis/Hinterseh*, JuS 2001, 1074, 1077; *Ingold*, JA 2009, 711, 714; sich anschließend *Pünder/Mattig*, JA 2016, 115, 118.

594 Zur weitgehenden Abschaffung des Widerspruchsverfahrens auf Landesebene vgl. Rn 225.

595 Vgl. bereits sämtliche Vorauflagen (mit Bezug auf die genannte Rspr.); ähnlich später auch *Pünder/Mattig*, JA 2016, 115, 118.

596 Eine Besonderheit besteht wiederum im Beamtenrecht. So bedarf es in bundesbeamtenrechtlichen Streitigkeiten stets der Durchführung eines Vorverfahrens (§ 126 II BBG). Auf Landesebene ist die Durchführung eines Vorverfahrens entbehrlich, wenn das betreffende Landes(beamten)gesetz (oder das Ausführungsgesetz zur VwGO) dies bestimmt, § 54 II S. 3 BeamtStG.

Sofern die Erledigung also noch *innerhalb* der Monatsfrist eintritt, steht der Zulässigkeit der Klage nicht entgegen, dass der Kläger die Klage erst nach Ablauf der Monatsfrist erhebt. Fraglich ist aber, ob der Kläger überhaupt eine Klagefrist beachten muss.

457 Die Klagefrist beträgt bei der Anfechtungs- und Verpflichtungsklage gem. § 74 VwGO einen Monat bzw. bei fehlender oder unrichtiger Rechtsbehelfsbelehrung gem. § 58 II VwGO ein Jahr nach Bekanntgabe des Verwaltungsakts. Für die *Fortsetzungsfeststellungsklage* in der Konstellation, in der die Erledigung *vor* Klageerhebung eintritt, ist § 74 VwGO aber nicht unmittelbar anwendbar, da sich diese Vorschrift systematisch nur auf einen noch nicht erledigten Verwaltungsakt bezieht. Da aber auch in solchen Fällen der Gedanke der Rechtssicherheit nicht unterlaufen werden darf, kann die Erhebung einer Fortsetzungsfeststellungsklage nicht unbefristet möglich sein.

- Daher spricht vieles dafür, die §§ 74, 58 VwGO analog heranzuziehen.[597] Teilt man diese Auffassung, gilt aber regelmäßig die **Jahresfrist des § 58 II VwGO analog**[598], da die Behörde kaum darüber aufgeklärt haben wird, dass die Möglichkeit einer Fortsetzungsfeststellungsklage besteht. Zu beachten ist aber, dass die Frist mit der Bekanntgabe des Verwaltungsakts zu laufen beginnt, nicht erst mit dem Zeitpunkt der Erledigung.

- Nach der Gegenauffassung unterliegt die Klage auf Feststellung der Rechtswidrigkeit eines Verwaltungsakts, der sich vorprozessual vor Eintritt der Bestandskraft erledigt hat, keiner Frist.[599] Nach dieser Gegenauffassung sind weder § 74 I S. 2 VwGO noch § 58 II VwGO (entsprechend) anwendbar, da die Fortsetzungsfeststellungsklage schwerpunktmäßig eine Feststellungsklage und keine umgestellte Anfechtungs- oder Verpflichtungsklage sei. Es seien lediglich die Grundsätze der **Verwirkung** zu beachten, da sich der Zeitpunkt der Erledigung für den Kläger nicht immer eindeutig ermitteln lasse.

- Stellungnahme: Wenn man die erweiterte (nicht die „normale"!) Fortsetzungsfeststellungsklage dem Bereich der Feststellungsklagen zuordnet[600], ist das Erfordernis der Einhaltung einer Klagefrist analog der Vorschriften über die Anfechtungsklage weder terminologisch noch dogmatisch überzeugend. Daher lässt sich Folgendes festhalten: Die für die Anfechtungs- und Verpflichtungsklagen geltenden Widerspruchs- bzw. Klagefristen laufen zwar bis zum Zeitpunkt der Erledigung und sind insoweit vom Rechtsschutzsuchenden zu beachten. *Diese* Fristen dürfen im Erledigungszeitpunkt noch nicht – mit der Folge der Bestandskraft – abgelaufen sein. Die erweiterte Fortsetzungsfeststellungsklage analog § 113 I S. 4 VwGO selbst hat dagegen **weder die erfolglose Durchführung eines Vorverfahrens zur Voraussetzung noch unterliegt sie einer Klagefrist**. Die Klagemöglichkeit ist aber dann ausgeschlossen, wenn der Kläger seinen Rechtsschutz **verwirkt** hat.

> **Hinweis für die Fallbearbeitung:** In der Fallbearbeitung bleibt es dem Bearbeiter unbenommen, sich der einen oder anderen Auffassung anzuschließen. Eine Streitentscheidung kann aber regelmäßig dahinstehen, da auch die hier vertretene Gegenauffassung als Indiz für die Verwirkung die Jahresfrist des § 58 II VwGO heranzieht.

458 **Fazit:** Tritt die Erledigung *nach* Ablauf der Widerspruchsfrist ein und wurde innerhalb der Widerspruchsfrist auch kein Rechtsbehelf eingelegt, ist eine Fortsetzungsfeststel-

---

[597] So *Kopp/Schenke*, VwGO, § 113 Rn 128; *Aulehner*, JA 2005, 98, 99; *R.P. Schenke*, NVwZ 2000, 1255, 1256 f.; *J. Schmidt*, in: Eyermann, VwGO, § 113 Rn 72.

[598] VGH Mannheim DVBl 1998, 835, 836 (aufgehoben durch BVerwGE 109, 203 ff.); *Kopp/Schenke*, VwGO, § 113 Rn 128; *J. Schmidt*, in: Eyermann, VwGO, § 113 Rn 72; *R.P. Schenke*, NVwZ 2000, 1255, 1256 f.

[599] BVerwGE 109, 203, 206 ff.; VGH München NVwZ-RR 1992, 218, 219; BayVBl 1997, 594; dem zustimmend *Rozek*, JuS 2000, 1162, 1164 f.; *Wehr*, DVBl 2001, 785 f.; ähnlich später auch *Pünder/Mattig*, JA 2016, 115, 118.

[600] Die Bezeichnung „umgestellte Anfechtungsklage" kommt ohnehin nur für die normale Fortsetzungsfeststellungsklage in Betracht, also für den Fall, dass sich der Verwaltungsakt *nach* Klageerhebung erledigt.

lungsklage nicht mehr zulässig. Grundsätzlich keine Fristbindung besteht also nur dann, wenn die Erledigung schon *vor* Ablauf der Widerspruchsfrist eingetreten ist. Lediglich der Verwirkungsgedanke, der sich an der **Jahresfrist des § 58 II VwGO** orientiert, setzt hier die zeitliche Grenze.

g. Klagegegner

Gleichgültig, ob eine Anfechtungs- oder Verpflichtungssituation vorliegt, ist bei der erweiterten Fortsetzungsfeststellungsklage ebenfalls die Bestimmung des Klagegegners erforderlich. Wegen der Erledigung bereits vor Klageerhebung ist entweder § 78 VwGO analog anzuwenden oder schlicht auf das Rechtsträgerprinzip abzustellen. **459**

h. Fortsetzungsfeststellungsinteresse, § 113 I S. 4 VwGO

Wie bereits im Rahmen der Anfechtungsfortsetzungsfeststellungsklage dargestellt, muss der Kläger als besondere Ausprägung des allgemeinen Rechtsschutzbedürfnisses ein **berechtigtes Interesse an der begehrten Feststellung** haben. Damit ist jedes schutzwürdige Interesse *rechtlicher Art* (Wiederholungsgefahr), *ideeller Art* (Rehabilitationsinteresse) sowie *wirtschaftlicher Art* (Vorbereitung eines Amtshaftungs- oder Entschädigungsprozesses) gemeint, wobei die zuletzt genannte Fallgruppe nur bei Erledigung des Verwaltungsakts *nach* Klageerhebung anerkannt ist. Vgl. dazu die Ausführungen zur Anfechtungsfortsetzungsfeststellungsklage bei Rn 415 ff. **460**

i. Weitere Sachentscheidungsvoraussetzungen

Bei allen Arten der Fortsetzungsfeststellungsklage müssen die gleichermaßen für alle Klagearten der VwGO geltenden (allgemeinen) Sachentscheidungsvoraussetzungen vorliegen. Die wichtigsten und hier zu nennenden sind die Beteiligungsfähigkeit gem. § 61 VwGO, die Prozessfähigkeit gem. § 62 VwGO und die ordnungsgemäße Klageerhebung gem. §§ 81, 82 VwGO. **461**

4. Allgemeine Feststellungsklage, § 43 I VwGO

462 Der allgemeinen Feststellungsklage verbleibt aufgrund des weiten Anwendungsbereichs der Fortsetzungsfeststellungsklage und der generellen Subsidiarität gegenüber Leistungs- und Gestaltungsklagen (§ 43 II VwGO) ein vergleichsweise schmaler Anwendungsbereich. Wegen der daraus folgenden geringen Bedeutung soll diese Klageart nur in ihren Grundzügen behandelt werden. Soweit sie aber in Betracht kommt, ist zu beachten, dass sie sich in einem wesentlichen Punkt von der Leistungs- und Gestaltungsklage unterscheidet: Sie dient **nicht der unmittelbaren Durchsetzung eines materiellen Rechts** des Klägers. Das folgt daraus, dass nach heutigem Verständnis die Vorschriften des materiellen Rechts, die ein Rechtsverhältnis begründen und prägen, keinen Anspruch auf die „Anerkennung" dieses Rechtsverhältnisses geben. Ebenso wenig geben Abwehrrechte einen Anspruch auf die Anerkennung, dass ein Rechtsverhältnis nicht bestehe. Weil die Feststellungsklage nicht der unmittelbaren Durchsetzung eines materiellen Rechts dient, ist es auch nicht erforderlich, dass das Rechtsverhältnis aktuell in durchsetzbarer Weise besteht. Vielmehr ist typisch, dass das fragliche Rechtsverhältnis sich noch nicht in jeder Hinsicht konkretisiert hat und die fragliche Pflicht noch nicht fällig ist. Daher gewinnt die Feststellungsklage zum einen besondere Bedeutung für die Klärung von Rechten und Pflichten, die in der Zukunft, vor allem auch **wiederholt** entstehen können. Zum anderen kommt sie für die Klärung von Rechtsverhältnissen in Betracht, die ein **Bündel von Rechten und Pflichten** erzeugen (z.B. Beamtenverhältnis oder sonstige Statusrechte mit an sie geknüpften Rechten und Pflichten, öffentlich-rechtlicher Vertrag). Sie führt hier zu einer **Klärung der Gesamtsituation**. Der Aufbau einer Feststellungsklage sollte nach folgendem Schema erfolgen:

463

Sachentscheidungsvoraussetzungen der allgemeinen Feststellungsklage

(1) Eröffnung des Verwaltungsrechtswegs, § 40 I S. 1 VwGO
- **(a)** Aufdrängende Spezialzuweisung
- **(b)** Öffentlich-rechtliche Streitigkeit
- **(c)** Keine verfassungsrechtliche Streitigkeit
- **(d)** Keine abdrängende Sonderzuweisung

(2) Zuständigkeit des Verwaltungsgerichts, §§ 45, 52 VwGO

(3) Statthaftigkeit der Feststellungsklage (zulässiges Verfahren), § 43 I VwGO
- **(a)** Feststellung des Bestehens oder Nichtbestehens eines konkreten (und grds. nur gegenwärtigen) Rechtsverhältnisses, § 43 I Var. 1 VwGO
- **(b)** Nichtigkeitsfeststellungsklage, § 43 I Var. 2 VwGO
- **(c)** Subsidiarität, § 43 II S. 1 VwGO. Ausnahmen:
  - ⇒ Gesetzliche Ausnahmebestimmung, § 43 II S. 2 VwGO bzgl. § 43 I Var. 1
  - ⇒ Einzig in Betracht kommende Klageart
  - ⇒ Rechtsschutzintensivere Klageart
  - ⇒ Klagegegner öffentlich-rechtliche Körperschaft (str.)

(4) *Besondere* Sachentscheidungsvoraussetzungen:
- **(a)** Klagebefugnis, § 42 II VwGO analog (str.; nach der hier vertretenen Auffassung nicht erforderlich)
- **(b)** Feststellungsinteresse, § 43 I Hs. 2 VwGO
- **(c)** Vorverfahren, § 68 VwGO: grds. nicht durchzuführen (beachte aber etwa § 126 II BBG bzw. § 54 II S. 1 und 2 BeamtStG)
- **(d)** Klagefrist: grds. nicht einzuhalten. Aber: Verwirkung möglich
- **(e)** Klagegegner: Der andere Beteiligte des streitigen Rechtsverhältnisses

(5) ***Allgemeine*** **Sachentscheidungsvoraussetzungen**:

(a) Beteiligungsfähigkeit, § 61 VwGO
(b) Prozessfähigkeit, § 62 VwGO
(c) Ordnungsgemäße Klageerhebung, §§ 81, 82 VwGO
(d) Allgemeines Rechtsschutzbedürfnis

a. Verwaltungsrechtsweg, § 40 I VwGO

Da unabhängig von der jeweiligen Klageart für alle verwaltungsgerichtlichen Streitverfahren der Verwaltungsrechtsweg gleichermaßen eröffnet sein muss, wird insoweit auf die allgemeinen Ausführungen bei Rn 25 ff. verwiesen. **464**

b. Zuständigkeit des Gerichts, §§ 45 ff., § 52 VwGO

Die sachliche Zuständigkeit des Gerichts richtet sich nach §§ 45 ff. VwGO, die örtliche Zuständigkeit nach § 52 VwGO. Vgl. dazu im Einzelnen die Ausführungen bei Rn 105. **465**

c. Statthafte Klageart, § 43 I VwGO

§ 43 I VwGO regelt die allgemeine Feststellungsklage in zwei Alternativen: Es soll gerichtlich festgestellt werden: **466**

1. das Bestehen (**positive Feststellungsklage**) oder das Nichtbestehen (**negative Feststellungsklage**) eines Rechtsverhältnisses.[601]
2. die Nichtigkeit eines Verwaltungsakts (**Nichtigkeitsfeststellungsklage**).

aa. Feststellung des Bestehens/Nichtbestehens eines Rechtsverhältnisses

Wie bei jeder Klageart folgt zunächst der Einleitungssatz:

„Die statthafte Klageart richtet sich nach dem Klagebegehren (§ 88 VwGO). Die allgemeine Feststellungsklage ist u.a. die richtige Klageart, wenn das Klagebegehren auf die Feststellung des Bestehens oder Nichtbestehens eines Rechtsverhältnisses gerichtet ist, § 43 I Var. 1 VwGO. Vorliegend ... " **467**

a.) Rechtsverhältnis

aa.) Definition

Als **Rechtsverhältnis** i.S.d. § 43 VwGO werden die rechtlichen Beziehungen angesehen, die sich aus einem hinreichend konkreten Sachverhalt aufgrund einer diesen Sachverhalt betreffenden öffentlich-rechtlichen Norm für das Verhältnis mehrerer Personen untereinander oder einer Person zu einer Sache ergeben.[602] **468**

Rechtsverhältnisse sind durch subjektive Rechte und Pflichten gekennzeichnet[603], nach der Rechtsprechung des BVerwG[604] dergestalt „ein bestimmtes Tun oder Unterlassen der anderen Seite verlangen" zu können. Feststellungsfähig ist nach allgemei- **469**

---

[601] Die Unterscheidung zwischen positiver und negativer Feststellungsklage ist für die Frage der Beweislast von Bedeutung. Bei der positiven Feststellungsklage trägt sie der Kläger, anderenfalls der Beklagte. Allerdings ist der Untersuchungsgrundsatz des Gerichts nach § 86 I VwGO zu beachten.
[602] BVerfG NVwZ 2006, 922 f.; BVerwGE 100, 262, 264; BVerwG NVwZ 2010, 1300 f.; *Kopp/Schenke*, VwGO, § 43 Rn 11; *Happ*, in: Eyermann, VwGO, § 43 Rn 12. Vgl. auch *Muckel*, JA 2007, 76, 77 f. und *Geis/Schmidt*, JuS 2012, 599 ff.
[603] Ganz h.L., vgl. nur *Pietzcker*, in: Schoch/Schneider/Bier, VwGO, § 43 Rn 5; *Schenke*, VerwProzR, Rn 384.
[604] BVerwGE 100, 83, 90; BVerwG NVwZ 2002, 1505, 1506.

ner Auffassung aber nur ein hinreichend **konkretisiertes** Rechtsverhältnis, weil ein abstraktes nicht geklärt werden kann.[605]

Beispiele für hinreichend konkrete Rechtsverhältnisse sind[606]: Status als Körperschaft des öffentlichen Rechts (Verleihung der Körperschaftsrechte)[607]; Mitgliedschafts- und Statusverhältnisse zu einem öffentlich-rechtlichen Verband (Körperschaft, Anstalt oder Stiftung); Streit um die Zulässigkeit von Werbemaßnahmen, um die gewerberechtliche oder gaststättenrechtliche Erlaubnispflicht[608] oder um die Versagung einer gewerberechtlichen Erlaubnis wegen Unzuverlässigkeit; Streit um die Genehmigungsbedürftigkeit/-freiheit eines Vorhabens[609]; Streit um die Zulässigkeit von Gefährderansprachen[610]; Streit um Vertragspflichten eines verwaltungsrechtlichen Vertrags; Streit um die Anwendbarkeit einer vom Kläger für verfassungswidrig gehaltenen Rechtsverordnung, bis über die Verfassungsmäßigkeit gerichtlich entschieden ist[611]; Streit über die Auswirkungen einer Rechtsnorm, die nicht in den Anwendungsbereich von § 47 VwGO fällt[612]

470 Bei der Feststellung der Beziehung einer Person zu einer Sache ist zu bemerken, dass auch dort letztlich die Beziehung zwischen Personen maßgeblich ist. Die Sache dient lediglich der Vermittlung der Beziehung.

Beispiel: Eine öffentliche Sache begründet erst durch ihre Widmung ein Rechtsverhältnis zwischen dem Träger öffentlicher Gewalt und dem Nutznießer.

471 Unwesentlich für ein Rechtsverhältnis ist, ob es sich um ein Außen- oder Innenrechtsverhältnis handelt.[613] So kommt eine verwaltungsgerichtliche Feststellungsklage auch innerhalb von Organen einer juristischen Person in Betracht (z.B. kommunalverfassungsrechtlicher Inter- oder Intraorganstreit[614]).

bb.) Begründungsmöglichkeiten

472 Bei dem Rechtsverhältnis muss es um eine rechtliche Beziehung gehen, die durch Rechtssatz (i.S.e. Norm), Vertrag oder Verwaltungsakt begründet sein kann.[615] Reine Tatsachenfragen, Vorfragen und unselbstständige Teile eines Rechtsverhältnisses sind **nicht** feststellungsfähig.

Beispiele für das Nichtvorhandensein eines Rechtsverhältnisses:

(1) *Intensität* des von einer Gaststätte ausgehenden Lärms.[616]

(2) *Zuverlässigkeit* eines Gewerbetreibenden gem. § 35 GewO: Hier geht es nur um die Frage, ob ein Tatbestandsmerkmal erfüllt ist oder nicht. Generell sind Auslegungen einer Norm keine Rechtsverhältnisse. Geht es dem Kläger aber trotz seiner unzulässigen Antragstellung letztlich um eine Rechtsbeziehung, im vorliegenden Beispielsfall also etwa um die Pflicht der Behörde, eine Gewerbeuntersagung zu unterlassen, kann dies durch Klageumstellung bereinigt werden.

---

605 Vgl. BVerwG NVwZ 2010, 1300 f.; VGH Mannheim NVwZ 2000, 1304; VG Düsseldorf NVwZ 2002, 1269 (zur Dosenpfand-Verordnung der Bundesregierung).
606 Vgl. *Hufen*, VerwProzR, § 18 Rn 11; *Schenke*, VerwProzR, Rn 378 ff.
607 Vgl. BVerfGE 102, 370 ff.; OVG Berlin NVwZ 2005, 1450 f. (jeweils Zeugen Jehovas).
608 BVerwGE 16, 92, 93 (Eintragung in die Handwerksrolle). Hierher gehört auch die Frage der Feststellung, dass es einer straßenrechtlichen Sondernutzungserlaubnis nicht bedarf (BVerfG NVwZ 2007, 1306 ff.
609 BVerwG NJW 1988, 1534 (Streit um die Genehmigungsfreiheit von Tierversuchen).
610 Vgl. dazu *R. Schmidt*, POR, Rn 597a ff.
611 BVerwG NVwZ 2000, 1168.
612 BVerwG NJW 2000, 3584 mit Bespr. von *Hufen*, JuS 2001, 406 ff.; VG Düsseldorf NVwZ 2002, 1269 (zur Dosenpfand-Verordnung der Bundesregierung).
613 H.M., vgl. nur *Happ*, in: Eyermann, VwGO, § 43 Rn 14; *Kopp/Schenke*, VwGO, § 43 Rn 10.
614 Vgl. ausführlich Rn 584 ff.
615 BVerwGE 62, 351; *Happ*, in: Eyermann, VwGO, § 43 Rn 17; *Schenke*, VerwProzR, Rn 393.
616 *Hufen*, VerwProzR, § 18 Rn 9 ff.

(3) Kein Rechtsverhältnis ist auch die rechtliche Qualifizierung eines Handelns der Verwaltung als rechtswidrig, fehlerhaft, nichtig, ungültig, unwirksam usw. Die Feststellung der Rechtswidrigkeit eines *Verwaltungsakts* kann allerdings nur nach § 113 I S. 1 (ggf. i.V.m. S. 4) VwGO Gegenstand einer Klage sein, die Feststellung von dessen Nichtigkeit ist als Sonderfall in § 43 VwGO geregelt.

(a.) Durch Normen

Wie bereits der Definition des Rechtsverhältnisses zu entnehmen ist, kann ein Rechtsverhältnis bereits unmittelbar durch eine Norm begründet werden, sobald die dort geregelten Voraussetzungen erfüllt sind. **473**

Beispiel: Bei Vorliegen der Tatbestandsvoraussetzungen des § 2 I IHKG wird automatisch die Zwangsmitgliedschaft in der IHK begründet. Ein darüber hinausgehender Vollzugsakt zu der Begründung dieses Rechtsverhältnisses ist nicht erforderlich. Es handelt sich um ein selbstausführendes (selbstvollziehendes) Gesetz. Im Rahmen der Begründung eines Rechtsverhältnisses durch Normen kommen ohnehin fast ausschließlich solche Gesetze in Betracht. Weitere Beispiele sind: Sozialhilfeanspruch mit der Kenntnis des Sozialhilfeträgers vom Hilfefall (§ 18 SGB XII), Erwerb der Staatsangehörigkeit durch Gesetz (§ 4 StAG).

Wird ein Rechtsverhältnis durch eine Norm begründet, ist weiterhin zu klären, ob bei der Feststellung dieses Rechtsverhältnisses die **Gültigkeit der Norm** selbst durch das Verwaltungsgericht überprüft werden darf. Hier muss kategorisch zwischen Parlamentsgesetzen und untergesetzlichen Normen unterschieden werden: **474**

- Streitigkeiten mit dem Ziel, die Nichtigkeit bzw. Verfassungswidrigkeit eines **Parlamentsgesetzes** festzustellen, sind verfassungsrechtlicher Natur und daher mit § 40 VwGO unvereinbar. Dies schließt allerdings nicht aus, eine Klage nach § 43 VwGO wegen des Nichtbestehens eines (verwaltungsrechtlichen) Rechtsverhältnisses zu erheben und die Klage damit zu begründen, dass das für das Rechtsverhältnis maßgebliche Parlamentsgesetz verfassungswidrig sei.[617] Das angerufene Verwaltungsgericht muss dann aufgrund der Bindung an Gesetz und Recht (vgl. Art. 20 III GG) die fragliche Rechtsnorm auf ihre Verfassungsmäßigkeit hin überprüfen, wenn es *Zweifel* an deren Vereinbarkeit mit höherrangigem Recht hat. Gelangt es nach entsprechender Prüfung zu der *Überzeugung*, dass die fragliche Rechtsnorm verfassungswidrig ist, muss es diese – soweit es sich um ein formelles nachkonstitutionelles Gesetz handelt – aufgrund des Verwerfungsmonopols der Verfassungsgerichte bezüglich dieser Art von Gesetzen gem. Art. 100 I GG oder entsprechender landesverfassungsrechtlicher Vorschriften dem zuständigen Verfassungsgericht zur Prüfung vorlegen. **475**

Hinweis für die Fallbearbeitung: Kommt in der Fallbearbeitung eine Rechtssatzverfassungsbeschwerde (Art. 93 I Nr. 4a GG, §§ 13 Nr. 8a, 90 ff. BVerfGG) in Betracht, ist wegen ihrer formellen Subsidiarität zunächst die Möglichkeit der Erhebung einer verwaltungsgerichtlichen (Feststellungs-)Klage zu prüfen. Ist die Feststellungsklage statthaft und kommt das Gericht (und somit der Klausurbearbeiter) zu dem Ergebnis, dass eine Verpflichtung aus dem Gesetz besteht oder nicht besteht, ist die Klage entweder unbegründet oder begründet. Ist das Gericht bei der inzidenten Prüfung des dem Rechtsstreit zugrunde liegenden nachkonstitutionellen Parlamentsgesetzes allerdings der Überzeugung, dass das betreffende Gesetz verfassungswidrig ist, hat es den Rechtsstreit auszusetzen und die Entscheidung des zuständigen Verfassungsgerichts einzuholen.[618]

---

[617] BVerfG NVwZ 1998, 169, 170; BVerwG DVBl 2000, 636; *Peters*, NVwZ 1999, 506; *Happ*, in: Eyermann, VwGO, § 43 Rn 9.
[618] Zur Vorlagepflicht vgl. *R. Schmidt*, Staatsorganisationsrecht, Rn 366 ff.

476 ▪ Hinsichtlich untergesetzlicher Normen wie **Rechtsverordnungen** und **Satzungen**[619] gilt Folgendes: Zwar kann die prinzipale Feststellung der Gültigkeit einer untergesetzlichen Norm nicht mit Hilfe einer Klage nach § 43 I VwGO begehrt werden, weil einerseits die Ungültigkeit einer Norm kein Rechtsverhältnis betrifft und andererseits die prinzipale Überprüfung – soweit landesrechtlich zulässig[620] – Gegenstand einer **verwaltungsgerichtlichen Normenkontrolle** nach § 47 VwGO ist. Das Verwaltungsgericht ist aber befugt, bei der Feststellung des Bestehens oder Nichtbestehens eines Rechtsverhältnisses, welches durch die untergesetzliche Norm begründet wird, dessen Gültigkeit *inzident* zu prüfen.[621] Denn zum einen geht es dem Kläger nicht um eine prinzipale Kontrolle einer untergesetzlichen Norm, sondern nur um die Feststellung von Rechten und Pflichten aus dem konkreten Verwaltungsrechtsverhältnis, und zum anderen ist das Verwaltungsgericht wie jedes andere Gericht auch wegen der Bindung an Gesetz und Recht (Art. 20 III GG) ohnehin verpflichtet, das dem Rechtsstreit zugrunde liegende (untergesetzliche) Regelwerk auf seine Vereinbarkeit mit höherrangigem Recht zu prüfen. Von einer unzulässigen Normenkontrolle im Rahmen einer Feststellungsklage kann daher nicht die Rede sein.[622]

Gelangt das Verwaltungsgericht im Rahmen der Feststellungsklage zu der Überzeugung, dass die Rechtsverordnung bzw. Satzung rechtswidrig sei, hat es die Befugnis, diese nicht anzuwenden. Diese Nichtanwendungsbefugnis wird als **Verwerfungskompetenz** bezeichnet. Das bedeutet jedoch nicht die Kompetenz zur Nichtigkeitserklärung, sondern lediglich die Kompetenz zur Nichtanwendung der Rechtsverordnung bzw. Satzung im Einzelfall: Das Regelwerk gilt zwar noch allgemein, nur nicht im Verhältnis zwischen den Prozessparteien. Man spricht insoweit von Wirkung „inter partes" der Gerichtsentscheidung.

477 Für den Fall, dass das Landesrecht eine prinzipale Überprüfung nach § 47 VwGO nicht zulässt (das betrifft die Länder Berlin, Hamburg und Nordrhein-Westfalen) sowie für den Fall, dass die Gültigkeit von untergesetzlichem *Bundesrecht* in Rede steht, wird mit Blick auf Art. 19 IV S. 1 GG teilweise vertreten, eine prinzipale Feststellungsklage nach § 43 I VwGO zuzulassen. Auch das BVerwG hat jüngst entschieden, dass eine gegen den Normgeber gerichtete Feststellungsklage in Betracht komme, solange die Norm nur unmittelbar Rechte und Pflichten der Betroffenen begründet. Eine Konkretisierung der rechtlichen Beziehung zwischen Normgeber und Normadressat durch Verwaltungsvollzug sei nicht erforderlich.[623] Diese Rechtsauffassung ist zweifelhaft, da die gesetzgeberische Wertung eindeutig ist. Da es dem Kläger aber in den meisten Fällen lediglich darum gehen dürfte, zu wissen, ob er aus der in ihrer Gültigkeit bezweifelten Norm berechtigt oder verpflichtet wird, und es damit um ein konkretes Rechtsverhältnis geht, kann der Streit letztlich dahinstehen.[624]

Führen alle verwaltungsgerichtlichen Möglichkeiten nicht zur Inzidentkontrolle der Norm, verbleibt dem Kläger nur die Individualverfassungsbeschwerde gem. Art. 93 I Nr. 4a GG, §§ 13 Nr. 8a, 90 ff. BVerfGG.

---

[619] Die Feststellung der Unwirksamkeit/Rechtswidrigkeit von Rechtssätzen wie etwa Verwaltungsvorschriften ist von vornherein grundsätzlich unzulässig (vgl. BVerwGE 100, 262, 270). Zur möglichen Ausnahme bei normkonkretisierenden Verwaltungsvorschriften vgl. *R. Schmidt*, AllgVerwR, Rn 877 ff.

[620] Vgl. die landesrechtlichen Ausführungsgesetze zur VwGO.

[621] Vgl. etwa BVerwG NVwZ 2015, 1215.

[622] Vgl. dazu BVerwG NVwZ 2002, 1505 und NJW 2000, 3584, das ebenfalls davon ausgeht, dass § 47 VwGO keine Sperrwirkung gegenüber anderen Verfahrensarten, bei denen eine Inzidentprüfung stattfinden kann, entfaltet.

[623] BVerwG NVwZ 2010, 1300 f. Vgl. dazu auch *Hufen*, JuS 2011, 668.

[624] Vgl. dazu *Kopp/Schenke*, VwGO, § 43 Rn 8 und 14. Jedenfalls können sich betroffene Bürger nach BVerwG NJW 2000, 3584 mit Hilfe einer Feststellungsklage gegen Auswirkungen einer Rechtsnorm wehren, die nicht in den Anwendungsbereich von § 47 VwGO fällt.

(b.) Durch Verwaltungsakt

Wurde das Rechtsverhältnis durch Verwaltungsakt begründet, kommt die **Subsidiaritätsklausel** des § 43 II S. 1 VwGO zum Tragen. In diesem Fall besteht die Möglichkeit, den Verwaltungsakt mittels einer Anfechtungsklage anzugreifen. Etwas anderes gilt, wenn das Rechtsverhältnis durch eine dem Verwaltungsakt vorgelagerte Situation begründet wurde. So *kann* beispielsweise die Bauordnungsbehörde (etwa nach § 76 I hmbLBO) die Baubeseitigung anordnen. Allein diese Berechtigung für sich stellt bereits ein Rechtsverhältnis i.S.d. § 43 I VwGO dar. Hier kommt ein Vorgehen nach § 43 VwGO insoweit in Betracht, als der Kläger die Feststellung des Nichtbestehens der Pflicht zur Befolgung der Baubeseitigungsverfügung begehrt. Voraussetzung ist nur, dass sich das Rechtsverhältnis bereits **hinreichend konkretisiert** hat, etwa durch eine behördliche Ankündigung der Baubeseitigungsanordnung. Die Subsidiaritätsklausel kommt nicht zum Zuge, da gerade noch kein Verwaltungsakt vorliegt, der mittels Anfechtungsklage beseitigt werden könnte. Insbesondere scheidet wegen des repressiven Charakters der Anfechtungsklage eine vorbeugende Anfechtungsklage aus. Zur (restriktiven) Zulässigkeit einer (vorbeugenden) Feststellungsklage siehe sogleich sowie Rn 1059 ff. **478**

b.) Zeitmoment

§ 43 I VwGO verlangt ein berechtigtes Interesse an der *baldigen* Feststellung. Feststellungfähig in diesem Sinne können grundsätzlich nur **gegenwärtige** Rechtsverhältnisse sein. Ein Rechtsverhältnis ist gegenwärtig, wenn sich im Zeitpunkt der Klageerhebung schon oder noch Rechte und Pflichten für die Beteiligten ergeben bzw. nicht ergeben. **Vergangene Rechtsverhältnisse** können nur dann zum Gegenstand eines Feststellungsverfahrens gemacht werden, wenn sie noch in der Gegenwart Wirkungen zeigen[625] (häufig geht es dabei um Diskriminierungswirkungen). Auch kann die Feststellung **zukünftiger Rechtsverhältnisse**, also solcher, die sich aus einem künftigen oder noch nicht abgeschlossenen Sachverhalt ergeben, dann Gegenstand einer Feststellungsklage sein, wenn diese künftigen Rechtsverhältnisse bereits hinreichend konkret, also die maßgeblichen rechtlichen und tatsächlichen Grundlagen schon gelegt sind.[626] Das ist insbesondere der Fall, wenn der Gegenstand der Feststellungsklage lediglich von einer Bedingung abhängt[627], oder bei einer Klage auf Feststellung des Erlöschens einer Baulast bei Eintritt des Nacherbfalls[628]. **479**

c.) Vorbeugende Feststellungsklage

Bei strenger Befolgung der Subsidiaritätsanordnung (§ 43 II VwGO) bleibt auch für die Anwendung der vorbeugenden Feststellungsklage wenig Raum, da sich das Ziel der vorbeugenden Feststellungsklage regelmäßig auch im Wege der (vorbeugenden) Unterlassungsklage als Unterfall der allgemeinen Leistungsklage verfolgen lässt. **480**
Die vorbeugende Feststellungsklage ist daher allenfalls statthaft, wenn innerhalb eines bereits bestehenden Rechtsverhältnisses nachteilige Veränderungen drohen.[629] Das allgemeine Rechtsschutzbedürfnis wird allerdings nur dann gegeben sein, wenn es wegen drohender irreparabler Schäden unzumutbar ist, auf den repressiven Rechtsschutz verwiesen zu werden. Im Übrigen sei auf die zusammenfassende Darstellung der vorbeugenden Feststellungsklage bei Rn 1059 ff. verwiesen.

---

625 BVerwGE 100, 83, 90.
626 *Pietzcker*, in: Schoch/Schneider/Bier, VwGO, § 43 Rn 21; *Schenke*, VerwProzR, Rn 406.
627 BVerwGE 38, 346, 347; *Kopp/Schenke*, VwGO, § 43 Rn 18.
628 VGH Mannheim NJW 1990, 268.
629 *Hufen*, VerwProzR, § 18 Rn 21 ff.

d.) Feststellungsklage im Drittrechtsverhältnis

481 Im „Normalfall" besteht das Rechtsverhältnis zwischen dem Kläger als unmittelbar am Rechtsverhältnis beteiligter Bürger und dem beklagten Träger öffentlicher Gewalt (z.B. der Handwerksinnung). Bei der Feststellungsklage im Drittrechtsverhältnis („**Drittfeststellungsklage**") hingegen besteht das Rechtsverhältnis zwischen einem Dritten und dem Beklagten.

> **Beispiel:** Die Gemeinde G schließt mit der Privatperson P einen verwaltungsrechtlichen Vertrag gem. §§ 54 f. VwVfG, der in die Rechte des X eingreift (vgl. § 58 I VwVfG). X erwägt, eine Drittfeststellungsklage zu erheben.

482 Zulässig ist eine Feststellungsklage im Drittrechtsverhältnis nur, wenn das Feststellungsinteresse gerade gegenüber der beklagten Partei besteht[630], wenn also von dem Drittrechtsverhältnis *eigene* Rechte des Klägers abhängen. Aus diesem Grund ist entweder eine Klagebefugnis (§ 42 II VwGO analog) oder ein entsprechendes Feststellungsinteresse (§ 43 I Hs. 2 VwGO) zu fordern, vgl. dazu Rn 501.

bb. Nichtigkeitsfeststellungsklage, § 43 I Var. 2 VwGO

483 Die Nichtigkeitsfeststellungsklage kommt in Betracht, wenn das Klagebegehren auf die Feststellung der Nichtigkeit eines Verwaltungsakts gerichtet ist.[631] Zu bemerken ist, dass hier in Abgrenzung zu § 43 I Var. 1 VwGO nicht ein Rechtsverhältnis überprüft wird, da sich ein Rechtsverhältnis nur aus einem Verwaltungsakt ergeben kann, der Verwaltungsakt selbst aber kein Rechtsverhältnis darstellt. Aus diesem Grund ist für die Zulässigkeit der Nichtigkeitsfeststellungsklage lediglich das objektive Vorliegen eines (möglicherweise) nichtigen Verwaltungsakts Voraussetzung. Da es für den Bürger zudem oft schwierig ist, die Nichtigkeit gem. § 44 VwVfG zu erkennen, kann es im Zweifel sinnvoll sein, gegen einen solchen Verwaltungsakt, der trotz seiner Nichtigkeit einen Rechtsschein entfaltet, zunächst (freilich innerhalb der Frist des § 74 VwGO) Anfechtungsklage zu erheben, da nur die Anfechtungsklage aufschiebende Wirkung entfaltet und so zur einstweiligen Vollzugshemmung führt. Stellt sich während des Prozesses die Nichtigkeit heraus, ändert dies nach h.M. nichts an der Statthaftigkeit der Anfechtungsklage. Zwar wäre es möglich, die ursprünglich erhobene Anfechtungsklage in eine Feststellungsklage umzustellen, die Argumente für die h.M. wurden jedoch bereits bei Rn 125 dargelegt. Letztlich führt die Auffassung der h.M. zu der Konsequenz, dass der Antrag des Klägers über die Klageart entscheidet. Anfechtungsklage und Feststellungsklage können wegen der Gleichartigkeit des Streitgegenstands jedoch niemals gleichzeitig erhoben werden. Es kommt aber ein Eventualklageverhältnis in Betracht. Vgl. dazu Rn 625.

484 Nach dem Gesagten gilt es in der statthaften Klageart somit nur festzustellen, dass ein möglicherweise nichtiger Verwaltungsakt vorliegt. Ob er tatsächlich nach § 44 VwVfG nichtig ist, ist eine Frage der Begründetheit.

cc. Subsidiarität

a.) Grundsatz der Subsidiarität

485 Gemäß § 43 II S. 1 VwGO kann die Feststellung nicht begehrt werden, soweit der Kläger das in Rede stehende Recht durch Gestaltungs- oder Leistungsklage verfolgen kann oder hätte verfolgen können. Wegen der prinzipiellen Gleichwertigkeit der Rechtswege gilt diese Zielsetzung „rechtswegübergreifend", d.h. auch dann, wenn

---

[630] BVerwG DVBl 1998, 49.
[631] Zur Nichtigkeit eines Verwaltungsakts gem. § 44 VwVfG vgl. *R. Schmidt*, AllgVerwR, Rn 633 ff.

eine Gestaltungs- oder Leistungsklage vor dem Zivilgericht erhoben werden könnte oder erhoben worden ist.[632]

Die Subsidiaritätsanordnung basiert auf zwei Gründen: Zum einen soll damit nach der ständigen Rechtsprechung des BVerwG[633] gewährleistet werden, dass die strengen besonderen Sachentscheidungsvoraussetzungen der Anfechtungs- und Verpflichtungsklage, konkret die Durchführung eines Vorverfahrens und die Einhaltung der Klagefrist, nicht umgangen werden.[634] Zum anderen besteht kein allgemeines Rechtsschutzbedürfnis für die Feststellungsklage, wenn dem Klagebegehren durch Leistungs- oder Gestaltungsklagen nachgekommen werden kann, da diese aufgrund der Vollstreckbarkeit des ergangenen Urteils rechtsschutzintensiver sind.[635] Ein Feststellungsurteil kann demgegenüber – mit Ausnahme der Kosten – nicht vollstreckt werden. 486

Die Subsidiaritätsklausel soll 487

(1) eine Umgehung der strengeren Sachentscheidungsvoraussetzungen der Gestaltungs- und Leistungsklagen vermeiden sowie

(2) weitgehenden Vollstreckungsschutz gewährleisten.

Hinweis für die Fallbearbeitung: Subsidiarität der Feststellungsklage bedeutet, dass man in der Fallbearbeitung unter dem Prüfungspunkt „statthafte Klageart" zunächst alle in Betracht kommenden Gestaltungs- und Leistungsklagen (auch die allgemeine Leistungsklage und die Fortsetzungsfeststellungsklage) auf ihre Statthaftigkeit hin prüfen muss. Denn ist bereits eine solche Klage statthaft, scheidet die allgemeine Feststellungsklage aus. Ein Konkurrenzverhältnis kann es somit nicht geben. Nur für den Fall, dass im Bearbeitervermerk ausdrücklich nach den Erfolgsaussichten einer (bereits erhobenen) allgemeinen Feststellungsklage gefragt ist, sollte zunächst auf die Feststellungsklage eingegangen, dann aber auf die Subsidiarität gegenüber Gestaltungs- und Leistungsklagen hingewiesen und geprüft werden, ob eine solche Klageart statthaft wäre. Wäre eine solche Klageart statthaft, führt das zur Unzulässigkeit der Feststellungsklage. In einem solchen Fall muss der Kläger seine Klage ändern (vgl. § 91 VwGO). 488

b.) Ausnahmen von der Subsidiaritätsklausel

aa.) Gesetzliche Ausnahmebestimmung, § 43 II S. 2 VwGO

Nach § 43 II S. 2 VwGO greift die Subsidiaritätsanordnung des § 43 II S. 1 VwGO nicht bei der Nichtigkeitsfeststellungsklage ein. 489

bb.) Einzig in Betracht kommende Klageart

Kann die zwischen den Parteien streitige Frage umfassend und endgültig nur durch ein Feststellungsurteil geklärt werden, greift die Subsidiaritätsklausel auch nicht.[636] 490

Beispiel[637]: Strebt der Kläger eine umfassende Klärung des Bestehens und des Umfangs der Pflichten des Beklagten aus einer Vorschrift der Verpackungsverordnung (=

---

[632] BVerwG NVwZ 2000, 1411, 1412.
[633] Vgl. BVerwG NVwZ 2002, 1505, 1506; BVerwG NVwZ 2001, 928; BVerwG NJW 2000, 3584.
[634] So kann, wenn die Frist der Anfechtungsklage verstrichen ist, nicht mit einer allgemeinen Feststellungsklage die Feststellung der Nichtigkeit des Verwaltungsakts begehrt werden.
[635] BVerwG NVwZ 2000, 1411, 1412.
[636] BVerwG NVwZ 2015, 1215.
[637] Nach BVerwG NVwZ 2015, 1215.

Bundesrechtsverordnung auf Grundlage des KrWG) an, kann er dies mithilfe der Feststellungsklage erreichen.

cc.) Rechtsschutzintensivere Klageart

491 Die Feststellungsklage geht den Gestaltungs- und Leistungsklagen vor, wenn sie rechtsschutzintensiver ist. Das ist immer dann der Fall, wenn durch sie der Rechtsstreit schneller, effektiver und umfassender beigelegt werden kann.

Beispiel: Zwar kann gegen einen Leistungsbescheid (etwa ein kommunaler Gebührenbescheid) mit der Anfechtungsklage vorgegangen werden. Sollte die Behörde dann aber immer noch die Möglichkeit haben, erneut einen Bescheid zu erlassen, wird der Rechtsstreit umfassend und endgültig nur dann geklärt, wenn festgestellt wird, ob ein Rechtsverhältnis, aus dem ein erneuter Verwaltungsakt ergehen könnte, besteht oder nicht besteht. Ebenso ist eine Ausnahme von der Subsidiaritätsklausel zu machen, wenn eine Anfechtungsklage nur zur Klärung von Teilfragen führte. Auch hier wird der Rechtsstreit umfassend und endgültig nur durch eine Feststellungsklage geklärt.

492 In Bezug auf das Verhältnis zwischen **Feststellungsklage** und **allgemeiner Leistungsklage** verfolgt das BVerwG konsequent die Linie, entgegen dem Wortlaut des § 43 II VwGO den Anwendungsbereich der Feststellungsklage zu Lasten der allgemeinen Leistungsklage auszudehnen.[638] Zwar beziehe sich der Wortlaut des § 43 II VwGO sowohl auf Gestaltungs- als auch auf Leistungsklagen und somit auch auf die allgemeine Leistungsklage, *Ratio* der Subsidiaritätsanordnung sei aber, dass die Feststellungsklage nur dann nicht zur Anwendung gelange, wenn die Sonderregelungen über Fristen und Vorverfahren für Anfechtungs- und Verpflichtungsklagen unterlaufen würden oder wenn eine andere, sachnähere und wirksamere Klageart zur Verfügung stünde. Gerade aber wegen des Grundsatzes, dass Träger öffentlicher Gewalt an Gesetz und Recht gebunden seien (Art. 20 III GG) und dadurch eine Befolgung von Feststellungsurteilen zu erwarten sei, bedürfe es eines durch eine Gestaltungs- oder Leistungsklage hervorgerufenen Vollstreckungsdruckes nicht.[639] Daher sei dem Rechtsschutz des Bürgers mit der Feststellungsklage voll und ganz gedient. Für den Vorrang der Feststellungsklage vor der allgemeinen Leistungsklage spreche schließlich, dass Letztere nur auf Überprüfung von Einzelakten gerichtet sei. § 43 II VwGO sei daher seinem Zweck entsprechend insgesamt **einschränkend auszulegen.**[640] Folgt man dieser Auffassung, ist die gesetzlich angeordnete Subsidiarität der Feststellungsklage nahezu ausgehöhlt. Hinzu kommt, dass – wie sogleich näher erläutert wird – auch die öffentliche Hand nicht stets gerichtliche Entscheidungen beachtet, sodass das Feststellungsurteil dem Klägerbegehren nicht gerecht wird.

dd.) Klagegegner öffentlich-rechtliche Körperschaft (str.)

493 Nach der Rechtsprechung[641] wird der Grundsatz der Subsidiarität schließlich nicht bei Feststellungsklagen angewendet, die sich gegen Körperschaften des öffentlichen Rechts richten. Aufgrund der Bindung der Exekutive an Gesetz und Recht (Art. 20 III GG) könne von der öffentlichen Hand erwartet werden, dass sie den Urteilsspruch

---

[638] So BVerwGE 80, 355, 361; BVerwG NVwZ-RR 2010, 882 ff.; NVwZ 2002, 1505, 1506; NVwZ 1990, 162; OVG Münster NWVBl 2002, 381 u. 434. In diesem Sinne auch *Sodan*, in: NKVwGO, § 42 Rn 49 und *Sodan*, NVwZ 2000, 601, 609.

[639] Ein Feststellungsurteil ist – im Gegensatz zu einem Gestaltungs- oder Leistungsurteil – nur hinsichtlich der Kostenentscheidung vollstreckungsfähig (s.o.).

[640] BVerwG NVwZ 2002, 1505, 1506.

[641] BVerwGE 36, 179, 181; 40, 323, 327; 51, 69, 75; 90, 112, 114; BVerwG NVwZ 2000, 575; NJW 2000, 3584; VGH Mannheim NVwZ 2000, 1304, 1305; offengelassen von BVerwG NVwZ-RR 1998, 302.

auch ohne Vollstreckungsdruck, wie er gerade bei der Feststellungsklage fehle, befolgen werde (sog. „**Ehrenmanntheorie**").

Die herrschende Literatur[642] sieht für diesen Standpunkt keine Stütze in § 43 II S. 1 VwGO. Darüber hinaus sei sie auch in der Sache falsch. Ziel der Subsidiaritätsklausel sei nicht nur, Vorverfahren und Klagefrist zu sichern, sondern dem Rechtsschutzsuchenden auch einen vollstreckbaren und einen auf eine konkrete Handlung bezogenen Titel, somit einen intensiveren Rechtsschutz zu verschaffen. **494**

Stellungnahme: Die Subsidiaritätsanordnung läuft bei Befolgen der Rspr. regelmäßig leer. Da im Verwaltungsprozess fast immer öffentlich-rechtliche Körperschaften auf Beklagtenseite stehen, macht die Rspr. des BVerwG die Subsidiaritätsanordnung des § 43 II S. 1 VwGO praktisch obsolet. Die Rspr. überzeugt daher nicht. Zudem verstößt sie nicht nur gegen den klaren Wortlaut des § 43 II S. 1 VwGO, sondern sie wirft auch die Frage auf, warum die VwGO Vorschriften über die Vollstreckung gegen den öffentlichen Rechtsträger vorsieht (vgl. §§ 170, 172 VwGO). Diese Vorschriften setzen offenbar voraus, dass auch die öffentliche Verwaltung nicht stets gewillt ist, den gerichtlichen Entscheidungen Geltung zu verschaffen.[643] Die von der Rspr. aufgestellte Erwartung in den behördlichen Respekt vor gerichtlichen Entscheidungen ist demnach überzogen. Mit der h.L. ist daher der Grundsatz der Subsidiarität zu beachten, sodass die Gestaltungs- und Leistungsklagen vorrangig sind. **495**

d. Klagebefugnis gemäß § 42 II VwGO analog?

Obwohl weder die einfache Feststellungsklage noch die Feststellungsklage im Drittrechtsverhältnis der unmittelbaren Durchsetzung eines materiellen Rechts dienen, knüpfen sie doch an subjektive Rechte des Klägers an. **496**

- Nach der Rspr.[644] und einem Teil der Literatur[645] legitimiert das bloße Feststellungsinteresse die Klage daher nicht. Sie sei keine Interessenklage, sondern wie die anderen Klagearten der VwGO eine Verletztenklage. Es sollen Feststellungspopularklagen ausgeschlossen werden. § 42 II VwGO sei daher analog anzuwenden. **497**

- Diese Auffassung teilt die wohl h.L.[646] nicht. Sei Streitgegenstand das Rechtsverhältnis zwischen dem unmittelbar am Rechtsverhältnis beteiligten Kläger und dem beklagten Träger öffentlicher Gewalt, könne wegen des (innerhalb des Feststellungsinteresses ohnehin zu prüfenden) i.d.R. vorhandenen tatsächlich bestehenden berechtigten Interesses an der Feststellung auf die Notwendigkeit einer zusätzlichen Klagebefugnis verzichtet werden. **498**

- Stellungnahme: Für die zuerst genannte Auffassung spricht, dass durch sie sowohl Popularklagen als auch Interessenklagen schon im Ansatz ausgeschlossen werden. Darüber hinaus flankiert sie das insgesamt auf die subjektive Rechtsverletzung ausgerichtete Klagesystem der VwGO. Allerdings ist nach Wortlaut und systematischer Stellung des § 42 II VwGO das Erfordernis der Klagebefugnis nur für die Anfechtungs- und Verpflichtungsklage vorgesehen. Fraglich ist daher, ob wirklich eine planwidrige Regelungslücke besteht, die die analoge Anwendbarkeit des § 42 II VwGO auf Feststellungsklagen fordert. Da ein Feststellungsurteil ohnehin nur die Parteien bindet (§ 121 VwGO), ist die Gefahr einer Popular- oder Interessenklage nicht sehr groß. Zudem wird **499**

---

642 *Kopp/Schenke*, VwGO, § 43 Rn 28; *Hufen*, VerwProzR, § 18 Rn 6 f.; *ders.*, JuS 2001, 406, 407; *Schmitt Glaeser/Horn*, VerwProzR, Rn 337; *Happ*, in: Eyermann, VwGO, § 43 Rn 43.

643 Zur Vollstreckung gegen Behörden vgl. VG Frankfurt a.M. NVwZ 1998, 545.

644 BVerwGE 99, 64, 66; 100, 262, 271; 111, 276, 279; BVerwG DVBl 2008, 520, 521; VGH Kassel NVwZ 2003, 875, 876; OVG Münster NWVBl 2002, 381 u. 434; VGH Mannheim NVwZ 2000, 1304, 1305.

645 *Happ*, in: Eyermann, VwGO, § 42 Rn 80, § 43 Rn 4; *Jaroschek*, JuS 2000, 53, 55; *Brüning*, JuS 2004, 882, 884.

646 *Wahl/Schütz*, in: Schoch/Schneider/Bier, VwGO, § 43 Rn 23 ff.; *Hufen*, VerwProzR, § 18 Rn 17; *Schenke*, VerwProzR, Rn 410; *Kopp/Schenke*, VwGO, § 42 Rn 63; *Ehlers*, Jura 2007, 188 f.

die Popularklage bei konsequenter Anwendung des Merkmals „konkretes Rechtsverhältnis" und durch das Feststellungsinteresse zuverlässig ausgeschlossen. Es scheint daher überzeugender, das Feststellungsinteresse genügen zu lassen. Allerdings sollten dann aber nur solche Rechtsverhältnisse feststellungsfähig sein, von denen eigene Rechte des Klägers abhängen. Eine analoge Anwendung des § 42 II VwGO ist demnach nicht erforderlich.

500 **Hinweis für die Fallbearbeitung:** Da auch an die Klagebefugnis i.S.d. § 42 II VwGO keine allzu großen Anforderungen zu stellen sind (diese ist bereits dann gegeben, wenn die geltend gemachte eigene Rechtsverletzung lediglich unter keinen denkbaren Gesichtspunkten ausgeschlossen werden kann), wird sie in aller Regel zu bejahen sein. Eine Streitentscheidung ist dann nicht nur rein akademischer Natur, sondern in der Fallbearbeitung auch entbehrlich. Nur wenn die Klagebefugnis nicht hergeleitet werden kann, muss der oben gezeigte Streit dargestellt und entschieden werden. Sollte man sich für die Notwendigkeit der Klagebefugnis entscheiden, obwohl diese im zu prüfenden Fall verneint werden muss, bietet sich an, in einem Hilfsgutachten weiterzuprüfen.

e. Feststellungsinteresse

501 § 43 VwGO verlangt ein *besonderes Feststellungsinteresse*, das dann vorhanden ist, wenn der Kläger ein besonderes, über das allgemeine Rechtsschutzbedürfnis hinausgehendes Interesse an der klageweisen Verfolgung seines Zieles hat. Wie bereits dargelegt, ist das Feststellungsinteresse aber grundsätzlich weit auszulegen. Es ist zunächst zu bejahen, wenn die **Rechtslage unklar ist** bzw. wenn eine **Ungewissheit über das Bestehen oder Nichtbestehen des streitigen Rechtsverhältnisses** besteht. Zu beachten ist allerdings, dass nicht jede Ungewissheit zur Bejahung des Feststellungsinteresses führt. Erforderlich ist ein **konkreter Klärungsbedarf**, etwa weil zwischen dem Kläger und der Behörde eine Meinungsverschiedenheit in einer für den Kläger wichtigen Frage besteht, weil der Kläger sein Verhalten oder seine wirtschaftlichen Dispositionen auf die Rechtslage einstellen muss, oder weil er angedrohte wirtschaftliche oder strafrechtliche Sanktionen vermeiden will. In diesem Fall sei es für ihn unzumutbar, die Rechtsfolge seines Verhaltens abzuwarten und die Klärung der Rechtsfrage gleichsam „auf der Anklagebank"[647] mit zu verfolgen.

502 Vor allem im Technik- und Umweltrecht ist dies von Bedeutung, da hier bei unklarer Rechtslage dem Betroffenen nicht zuzumuten ist, zunächst ein Straf- oder Bußgeldverfahren abzuwarten, um die Rechtmäßigkeit seines Verhaltens in einem solchen Verfahren feststellen zu lassen. Der Kläger kann also schon im Vorfeld Feststellungsklage erheben, wenn ihm eine Strafanzeige oder ein Ordnungswidrigkeitenverfahren droht. Ähnlich kann argumentiert werden, wenn es um das Bestehen oder Nichtbestehen einer konkreten Erlaubnispflicht z.B. im Gewerbe-, Straßen- oder Beamtenrecht geht.

Beispiele: Streit um die Zulässigkeit von Werbemaßnahmen, Versagung einer gewerberechtlichen Erlaubnis wegen Unzuverlässigkeit

503 Auch im Bereich des **EU-Rechts** kann das Feststellungsinteresse zu bejahen sein. So wird eine Feststellungsklage für zulässig erachtet, wenn der Kläger anderenfalls zunächst gegen das nationale Recht verstoßen müsste, um dessen Vereinbarkeit mit EU-Recht klären zu lassen.[648]

---

[647] BVerwG Buchholz, 310, § 43, Nr. 31; *Kopp/Schenke*, VwGO, § 43 Rn 24.
[648] Vgl. dazu *Stern*, JuS 1998, 769, 772.

Des Weiteren ist das Feststellungsinteresse (wie bei der Fortsetzungsfeststellungsklage[649]) anerkannt bei Bestehen eines berechtigten Interesses ideeller Art (**Rehabilitationsinteresse**), rechtlicher Art (**Wiederholungsgefahr**) sowie wirtschaftlicher Art (**Vorbereitung eines Schadensersatzprozesses**). Vgl. Rn 415 ff. 504

Schließlich ist Voraussetzung für die Zulässigkeit einer Feststellungsklage, dass das Feststellungsinteresse **gerade gegenüber dem Beklagten** besteht.[650] Das Feststellungsinteresse gegenüber einem beigeladenen Dritten genügt nicht, da sich anderenfalls die ungewöhnliche Situation ergeben würde, dass die bei Klageerhebung zunächst mangels Feststellungsinteresses unzulässige Klage erst durch Beiladung des Dritten zulässig würde.[651] 505

Das Feststellungsinteresse hat auch eine **zeitliche Dimension**. § 43 I Hs. 2 VwGO spricht insoweit von einer „**baldigen**" Feststellung. Ein Interesse an baldiger Feststellung liegt vor, wenn das Bedürfnis des Klägers nach Klarstellung der Rechtslage bereits in der Gegenwart oder für eine nicht ferne Zukunft besteht. Bei künftigen Rechtsverhältnissen wird i.d.R. eine vorbeugende Feststellungsklage in Betracht kommen. Vorbeugender Rechtsschutz richtet sich gegen drohende Rechtsverletzungen, vgl. dazu ausführlich Rn 1059 ff. Handelt es sich um eine Nichtigkeitsfeststellungsklage, wird das erforderliche Interesse an der Feststellung dieser Nichtigkeit unproblematisch anzunehmen sein. 506

f. Übrige Sachentscheidungsvoraussetzungen

Bei den übrigen Sachentscheidungsvoraussetzungen wie Vorverfahren, Klagefrist, Beteiligungsfähigkeit, Prozessfähigkeit ergeben sich gegenüber der allgemeinen Leistungsklage keine Besonderheiten. Allerdings ist auch hier die Regelung des § 126 II BBG zu beachten, wonach es vor allen bundesbeamtenrechtlichen Klagen (somit auch vor Erhebung einer bundesbeamtenrechtlichen Feststellungsklage) der erfolglosen Durchführung eines Widerspruchsverfahrens bedarf.[652] Wenn aber ein Widerspruchsverfahren erfolglos durchgeführt wird, ergeht stets ein Widerspruchsbescheid, der insoweit die Klagefrist des § 74 I VwGO auslöst. 507

g. Klagegegner

Bei der positiven Feststellungsklage ist richtiger Beklagter derjenige, dem gegenüber das Rechtsverhältnis festgestellt werden soll, bei der negativen Feststellungsklage derjenige, der das streitige Rechtsverhältnis als existent behauptet. 508

In beiden Fällen ergibt sich der Klagegegner aus dem Rechtsverhältnis. Zwar ist wegen seiner systematischen Stellung im 8. Abschnitt der VwGO § 78 nicht (direkt) anwendbar, doch ist auf das dort niedergelegte Rechtsträgerprinzip abzustellen. Bei der Nichtigkeitsfeststellungsklage gilt jedenfalls § 78 I Nr. 1 VwGO analog.[653]

---

[649] Vgl. BVerwGE 100, 262, 271; VGH München NVwZ-RR 1999, 378; *Göpfert*, ThürVBl 1999, 185; *Kopp/Schenke*, VwGO, § 43 Rn 23; *Happ*, in: Eyermann, VwGO, § 43 Rn 30.
[650] BVerwG DVBl 1998, 49 f.; *Kopp/Schenke*, VwGO, § 43 Rn 24.
[651] BVerwG DVBl 1998, 49, 50; *Kopp/Schenke*, VwGO, § 43 Rn 24.
[652] Das gilt dem Grunde nach auch für Landesbeamtenverhältnisse, wobei dort aber die Besonderheit gilt, dass ein Landesgesetz (d.h. das betreffende Landesbeamtengesetz oder das Ausführungsgesetz zur VwGO) die Durchführung des Vorverfahrens ausschließen kann, § 54 II S. 3 BeamtStG.
[653] Vgl. nunmehr auch BVerwGE 124, 47, 54; BVerwG DVBl 2007, 1372.

h. Allgemeines Rechtsschutzbedürfnis

509 Wurden (in der Fallbearbeitung) die Subsidiaritätsanordnung des § 43 II S. 1 VwGO überwunden und das besondere Feststellungsinteresse bejaht, wird regelmäßig auch das allgemeine Rechtsschutzbedürfnis gegeben sein. In einer Klausur genügt daher regelmäßig ein kurzer Hinweis hierauf.

510 Bezüglich der Nichtigkeitsfeststellungsklage *kann* gem. § 44 V VwVfG ein für nichtig gehaltener Verwaltungsakt von der Behörde als nichtig festgestellt werden. Ebenso kann der Bürger diese Feststellung beantragen. Mit dieser konstitutiv wirkenden Feststellung verliert der Verwaltungsakt seine (schwebend wirksame) Rechtsverbindlichkeit. Problematisch ist, ob die Behörde bzw. der Bürger zunächst nach § 44 V VwVfG vorgehen muss, da wegen dieser Möglichkeit das Rechtsschutzbedürfnis für die Nichtigkeitsfeststellungsklage fehlen könnte. In der Tat scheint es einen einfacheren Weg darzustellen, zunächst nach § 44 V VwVfG vorzugehen, bevor verwaltungsgerichtlicher Rechtsschutz in Anspruch genommen werden kann. Auf der anderen Seite besteht ein Rechtsschutzbedürfnis jedenfalls dann, wenn damit zu rechnen ist, dass ein Vorgehen nach § 44 V VwVfG den Streit nicht beenden wird, etwa weil Bürger und Behörde zerstritten sind. Bei derartigen Verhältnissen ist ein schnellerer und umfassenderer Rechtsschutz nur im Klageverfahren zu erreichen. Daher bedarf es in diesen Fällen keines Verfahrens nach § 44 V VwVfG. Vielmehr kann sofort eine Nichtigkeitsfeststellungsklage erhoben werden. Schließlich ist zu beachten, dass auch bei der Nichtigkeitsfeststellungsklage das Rechtsschutzbedürfnis wegen **Erledigung** des streitgegenständlichen Verwaltungsakts entfallen kann, etwa weil der als nichtig behauptete Verwaltungsakt für sich keine Geltung mehr in Anspruch nimmt.[654]

511 Die restriktive Anerkennung des vorbeugenden Rechtsschutzes wirkt sich insbesondere auf das allgemeine Rechtsschutzbedürfnis aus. Vgl. dazu die zusammenhängenden Erläuterungen bei Rn 1049 ff.

[654] BVerwG NVwZ-RR 2000, 324.

V. Sachentscheidungsvoraussetzungen des Normenkontrollverfahrens, § 47 VwGO

1. Allgemeines

Es ist nicht ungewöhnlich, dass die Verwaltungsgerichte nicht nur Einzelakte der Verwaltung, sondern auch Rechtsnormen auf ihre Vereinbarkeit mit höherrangigem Recht prüfen. Das kann zunächst dadurch geschehen, dass die Gültigkeit einer Norm als Vorfrage der eigentlichen Entscheidung zu klären ist. Man spricht insoweit von einer **Inzidentkontrolle**. 512

So kann ein Bürger eine Inzidentkontrolle herbeiführen, indem er den ihn belastenden Exekutivakt mit verwaltungsrechtlichen Rechtsbehelfen (Widerspruch und Anfechtungsklage gegen belastende Verwaltungsakte; Leistungsklage auf Aufhebung/Unterlassung von Realakten; Verpflichtungsklage auf Vornahme von grundrechtswidrig abgelehnten Verwaltungsakten; Feststellungsklage, dass sich aus dem fraglichen Rechtssatz für ihn keine Rechtsfolgen ergeben) angreift und auf diese Weise eine inzidente Überprüfung der Rechtsgrundlage veranlasst. Insbesondere wird eine inzidente Normenkontrolle nicht durch die Regelung des § 47 VwGO ausgeschlossen.[655]

> **Beispiel:** Der von der Gemeinde G erlassene Bebauungsplan (= Satzung, vgl. § 10 BauGB) enthält Festsetzungen über die Art und das Maß der baulichen Nutzung (vgl. § 30 I i.V.m. § 9 I Nr. 1 BauGB). Gemäß diesen Festsetzungen wird dem Bauherrn B die Baugenehmigung zum Bau eines 5-stöckigen Wohnhauses erteilt. Nachbar N fühlt sich dadurch in seinen Eigentümerrechten verletzt und ficht die gegenüber B erteilte Baugenehmigung an.
>
> Hier muss das Verwaltungsgericht bei der Überprüfung der Baugenehmigung inzident die Wirksamkeit des Bebauungsplans prüfen. Denn ist der Bebauungsplan unwirksam, kann er keine Vorgaben für Einzelmaßnahmen machen.

Demgegenüber ist bei der dem § 47 VwGO unterfallenden **prinzipalen Normenkontrolle** die Norm selbst Gegenstand des verwaltungsgerichtlichen Verfahrens. 513

So kann ein Bürger eine Normenkontrolle nach § 47 VwGO etwa dadurch herbeiführen, dass er einen ihn belastenden **Bebauungsplan** für nichtig hält und bei Gericht den Antrag stellt, den Bebauungsplan zu überprüfen.[656] Entsprechendes gilt für die Überprüfung einer **Gefahrenabwehrverordnung**, die ein bestimmtes Tun oder Unterlassen (etwa Taubenfütterung, aufdringliches Betteln etc.) gebietet oder verbietet.

> **Beispiele:**
>
> **(1)** E ist Eigentümer eines Hausgrundstücks im Geltungsbereich des Braunkohleplans Garzweiler II. Als nun der weitere Braunkohleabbau beschlossen wird, erlässt die Gemeinde einen zusätzlichen Bebauungsplan (Satzung), welcher die Umsiedlung auch des E vorsieht. E möchte sein Hausgrundstück nicht räumen und gegen den als Satzung beschlossenen Bebauungsplan vorgehen.
>
> **(2)** T ist Tierfreund und füttert auf dem Münchener Marienplatz regelmäßig die dort lebenden Tauben. Eines Tages wird er von einem Beamten der Ordnungsbehörde auf das bestehende Taubenfütterungsverbot hingewiesen. T fühlt sich in seiner allgemeinen Handlungsfreiheit eingeschränkt und stellt vor dem VGH München den Antrag, die Gefahrenabwehrverordnung, die das Taubenfüttern auf dem Marienplatz untersagt, für nichtig zu erklären.

---

[655] Vgl. dazu VG Düsseldorf NVwZ 2002, 1260; BVerfG NVwZ 1998, 169, 170; *Peters*, NVwZ 1999, 506.

[656] Freilich gilt dies nur im Grundsatz, da der Gesetzgeber mit den Baurechtsnovellen 2004 und 2007 die Rechtsschutzmöglichkeiten des Bürgers zugunsten der Planerhaltung und der Verfahrensbeschleunigung (vgl. §§ 214, 215 BauGB, § 47 IIa VwGO) zunehmend eingeschränkt hat.

514 Da gegen höherrangiges Recht verstoßende Rechtsnormen wegen Art. 20 III GG grundsätzlich aus sich heraus schon ungültig sind (*Ipso-iure-Nichtigkeitstheorie*), ist das verwaltungsgerichtliche Normenkontrollverfahren nach § 47 VwGO ein besonders geartetes **Feststellungsverfahren**. Die Gültigkeit oder Ungültigkeit einer Rechtsnorm muss vom Gericht lediglich festgestellt werden.

Eine Ausnahme zum Nichtigkeitsdogma bilden – wie im Folgenden noch zu zeigen sein wird – die bereits erwähnten §§ 214, 215 BauGB, nach denen bestimmte Rechtsmängel für die Gültigkeit des Bebauungsplans unbeachtlich sind. Ferner ist die Fehlerbehebungsvorschrift des § 214 IV BauGB zu beachten, durch die die Gemeinden vor allem in die Lage versetzt werden sollen, zeit- und kostenaufwendige Verfahren zu vermeiden, denen sie im Falle der Unwirksamkeitserklärung der Satzung ausgesetzt wären. Die Gemeinde kann sich nach dieser Regelung auf die Behebung der festgestellten Mängel beschränken. Macht die Gemeinde von dieser Möglichkeit keinen Gebrauch, bleibt die Satzung dauerhaft unwirksam.

515 Ferner kommt der verwaltungsgerichtlichen Normenkontrolle eine Mischfunktion zu. Einerseits fungiert sie als ein objektives Rechtsbeanstandungsverfahren (abstrakte Normenkontrolle), andererseits aber auch als ein (subjektives) Rechtsschutzverfahren, sofern sie von einem Bürger oder einer juristischen Person initiiert wird (§ 47 II S. 1 Var. 1 VwGO). Letzterer Aspekt ist wichtig für die Behauptung der subjektiven Rechtsverletzung i.S.v. § 47 II S. 1 Var. 1 VwGO. Vgl. dazu Rn 543 ff.

2. Prüfungsaufbau des verwaltungsgerichtlichen Normenkontrollverfahrens

516

Normenkontrollverfahren gem. § 47 VwGO

Möglicher Obersatz:

„Der Antrag auf Durchführung eines verwaltungsgerichtlichen Normenkontrollverfahrens ist erfolgreich, wenn die Voraussetzungen der §§ 40 und 47 VwGO gegeben sind."

I. Sachentscheidungsvoraussetzungen[657]

(1) Eröffnung des Verwaltungsrechtswegs, § 47 I i.V.m. § 40 I S. 1 VwGO
- **(a)** Öffentlich-rechtliche Streitigkeit
- **(b)** Keine verfassungsrechtliche Streitigkeit

(2) **Zuständigkeit des OVG/VGH**, § 47 I VwGO

(3) **Vorbehalt zugunsten der Landesverfassungsgerichtsbarkeit**, § 47 III VwGO

(4) **Statthaftigkeit des Normenkontrollantrags** (zulässige Verfahrensart)

(5) ***Besondere* Sachentscheidungsvoraussetzungen**
- **(a)** Antragsbefugnis, § 47 II S. 1 VwGO
  - **(aa)** Möglichkeit einer subjektiven Rechtsverletzung (nicht für Behörden)
  - **(bb)** Befristung des Normenkontrollantrags (1 Jahr nach Bekanntmachung)
- **(b)** **Antragsgegner**

(6) ***Allgemeine* Sachentscheidungsvoraussetzungen**:
- **(a)** Beteiligungs- und Prozessfähigkeit, § 47 II VwGO
- **(b)** Ordnungsgemäße Antragstellung, §§ 81, 82 VwGO analog
- **(c)** Allgemeines Rechtsschutzbedürfnis
  - **(aa)** Natürliche und juristische Personen

[657] Die Durchführung eines Vorverfahrens ist im Rahmen der Normenkontrolle nicht vorgesehen.

(bb) Behörden

II. Begründetheit

Der Normenkontrollantrag ist **begründet**, wenn der Kontrollgegenstand gegen höherrangiges Recht verstößt. Das diesbezügliche Prüfungsschema findet sich bei *R. Schmidt*, BauR, Rn 18 ff.

3. Eröffnung des Verwaltungsrechtswegs, § 47 I i.V.m. § 40 VwGO

Da nach § 47 I VwGO das Oberverwaltungsgericht (OVG)[658] im Rahmen seiner Gerichtsbarkeit entscheidet, muss folgerichtig auch der Verwaltungsrechtsweg eröffnet sein.[659] Das ist der Fall, wenn es sich um eine öffentlich-rechtliche Streitigkeit nichtverfassungsrechtlicher Art handelt und diese Streitigkeit nicht einem anderen Gericht gesetzlich ausdrücklich zugewiesen ist (§ 40 I S. 1 VwGO). Regelmäßig nichtverfassungsrechtlicher Art sind untergesetzliche Normen (Rechtsverordnungen und Satzungen)[660], was im Wesentlichen auch dem Antragsgegenstand entspricht (vgl. § 47 I Nr. 1 und 2 VwGO). Wird ein formelles Gesetz angegriffen, handelt es sich um eine verfassungsrechtliche Streitigkeit, für die der Verwaltungsrechtsweg gesperrt ist.[661] Da im Übrigen die mit der Eröffnung des Verwaltungsrechtswegs verbundenen Probleme umfassend bei Rn 25 ff. beschrieben sind, wird insoweit auf die dortigen Ausführungen verwiesen. **517**

Hinweis für die Fallbearbeitung: Da Verwaltungsrechtsweg und Zuständigkeit des OVG parallel laufen, kann es in der Fallbearbeitung auch angebracht sein, die Rechtswegfrage sowie die Zuständigkeit des OVG unter einem eigenständigen Prüfungspunkt mit der Bezeichnung „Im Rahmen seiner Gerichtsbarkeit" zu fassen.

4. Zuständigkeit des OVG

Sachlich zuständig ist immer das OVG des betreffenden Bundeslandes. Eine örtliche Zuständigkeit kann es dagegen nicht geben, da Prüfungsgegenstand immer nur das Landesrecht des betreffenden Bundeslandes sein kann und es in jedem Bundesland nur ein OVG gibt. Problematisch ist die sachliche Zuständigkeit, wenn es um die Überprüfung eines Rechtssatzes geht, der neben verwaltungsrechtlichen Regelungen z.B. auch Bestimmungen enthält, die rein ordnungsrechtlicher Natur sind. **518**

Beispiel[662]**:** Die Bettelverbotssatzung der Stadt S enthält mit ihrem § 15 eine Bußgeldbewehrungsvorschrift, dass das in § 3 verbotene Betteln auf öffentlichen Straßen der Stadt S eine Ordnungswidrigkeit i.S.d. Polizeigesetzes darstellt und mit einem Bußgeld bis zu 500,- € geahndet werden kann.

Während die Überprüfung und Verwerfung der öffentlich-rechtlichen *Verbots*vorschrift unstreitig der Verwaltungsgerichtsbarkeit unterfällt, ist die Verwerfung der *Bewehrungs*vorschrift durch das OVG unzulässig, da das Ordnungswidrigkeitenrecht gem. §§ 67 ff. OWiG den ordentlichen Gerichten zugeordnet ist. Ein verwaltungsgerichtlicher Normenkontrollantrag ist insoweit nicht zur Sachentscheidung anzunehmen. **519**

---

[658] In Bayern, Baden-Württemberg und Hessen lautet die Bezeichnung „Verwaltungsgerichtshof" (VGH), vgl. § 184 VwGO i.V.m. den landesrechtlichen Bestimmungen. Im Folgenden wird aber einheitlich die Bezeichnung „OVG" benutzt.

[659] Insoweit lediglich klarstellend BVerwGE 99, 88, 96; BVerwG NVwZ 2013, 1298.

[660] Wie hier BVerwGE 80, 355, 358 f.; BVerwG NVwZ 2002, 1506; a.A. *Schenke*, VerwProzR, Rn 131 (verfassungsrechtlicher Art).

[661] Vgl. zur Abgrenzung BVerfGE 31, 364, 368; 45, 297, 334; 70, 35, 55; 76, 107, 115; BVerwGE 75, 330, 334; 80, 355, 358 sowie unten Rn 536 ff.

[662] Vgl. *Kintz*, JuS 2000, 1099, 1101; *R. Schmidt*, BremPolG. Kommentar, 2006, Anhang VII, Rn 2 f.

5. Vorbehalt zugunsten der Landesverfassungsgerichtsbarkeit

520 Des Weiteren ist die Vorbehaltsklausel des **§ 47 III VwGO** zu beachten. Nach dieser Norm, die nach mittlerweile wohl unstreitiger Auffassung sowohl auf § 47 I Nr. 1 als auch auf § 47 I Nr. 2 VwGO anwendbar ist, prüft das OVG die Vereinbarkeit der Rechtsvorschrift mit Landesrecht nicht, soweit gesetzlich vorgesehen ist, dass die Rechtsvorschrift *ausschließlich* durch das Landesverfassungsgericht nachprüfbar ist.[663] Gesetzlich bestimmte Nachprüfungen sehen die Länder Bayern (vgl. Art. 98 S. 4 BayVerf und § 53 BayVerfGHG), Hessen (vgl. Art. 132 HessVerf) und Rheinland-Pfalz (Art. 17 I, II, 130, 130a RhlPfVerf[664]) vor. In allen anderen Ländern gibt es keine gesetzlich geregelte Zuständigkeit der Landesverfassungsgerichte. Aber auch in den Ländern, in denen sie existiert, bleibt selbstverständlich die Zuständigkeit des OVG zur Überprüfung der angegriffenen Norm am Maßstab des Bundesrechts von der Vorbehaltsklausel unberührt.

521 **Hinweis für die Fallbearbeitung:** Nach der hier vertretenen Auffassung[665] handelt es sich bei der Vorbehaltsklausel des § 47 III VwGO um eine eigenständige Zulässigkeits- bzw. Sachentscheidungsvoraussetzung oder zumindest um einen Unterpunkt der Statthaftigkeit. Die Gegenauffassung[666] versteht die Vorbehaltsklausel als eine bei der Begründetheit anzusprechende Beschränkung des Prüfungsmaßstabs. Diese Auffassung verkennt aber, dass im Anwendungsbereich der Vorbehaltsklausel – soweit der Antragsteller die Unvereinbarkeit der angegriffenen Norm ausschließlich mit höherrangigem Landesrecht rügt – das OVG sich von vornherein nicht mit der Sache befassen darf, ein Normenkontrollantrag von daher schon unstatthaft ist. In der Fallbearbeitung sind längere Ausführungen über den Prüfungsstandort aber entbehrlich, da beide Auffassungen gleichermaßen vertretbar sind.

6. Statthaftigkeit des Normenkontrollantrags, § 47 VwGO

522 Die Statthaftigkeit des Normenkontrollantrags richtet sich nach § 47 I VwGO. Nach § 47 I **Nr. 1** kann Gegenstand einer verwaltungsgerichtlichen Normenkontrolle die Klärung der Gültigkeit von **Satzungen** sein, **die nach den Vorschriften des BauGB** erlassen worden sind, sowie von **Rechtsverordnungen** aufgrund des § 246 II BauGB. Damit besteht hinsichtlich der wichtigsten untergesetzlichen Rechtsvorschriften aus dem Bereich des Bauplanungsrechts die Möglichkeit, ein Normenkontrollverfahren durchzuführen.

Beispiele: Klausurrelevante Satzungen des BauGB und somit mögliche Gegenstände von Normenkontrollverfahren sind Bebauungspläne (§ 10 BauGB), Satzungen über Veränderungssperren (§§ 14, 16 I BauGB), Satzungen über die Bestimmung des Innenbereichs (§ 34 IV BauGB), Außenbereichssatzungen (§ 35 VI BauGB), Erschließungsbeitragssatzungen (§ 132 BauGB), Sanierungssatzungen (§ 142 BauGB), Erhaltungssatzungen (§ 172 BauGB), Satzungen über die Ausübung eines Vorkaufsrechts (§ 25 I BauGB) und die nach § 246 II i.V.m. §§ 10, 132, 142 und 172 BauGB an die Stelle von Satzungen tretenden Rechtsverordnungen[667].

Keine Satzungen sind „planreife" Bebauungsplanentwürfe, da sie noch keine Rechtsvorschriften i.S.d. § 47 VwGO darstellen. Nach der bisher h.M. stellten auch Flächen-

---

[663] Vgl. *Kopp/Schenke*, VwGO, § 47 Rn 95; *Redeker/v. Oertzen*, VwGO, § 47 Rn 6.

[664] Vgl. RhlPfVerfGH NVwZ 2002, 77.

[665] So auch *J. Schmidt*, in: Eyermann, VwGO, § 47 Rn 34.

[666] *Schenke*, VerwProzR, Rn 885/918; *Hufen*, VerwProzR, § 19 Rn 7.

[667] Das betrifft die sog. Stadtstaaten. Anstelle der in § 246 II BauGB genannten Satzungen können die Stadtstaaten Rechtsverordnungen bzw. förmliche Gesetze erlassen. Die Verwerfung förmlicher Gesetze durch die Oberverwaltungsgerichte ist aber verfassungsrechtlichen Bedenken ausgesetzt, vgl. dazu sogleich.

nutzungspläne (§§ 1 II, 5 BauGB)[668] Innenrecht *sui generis* dar und unterfielen nicht der Normenkontrolle nach § 47 VwGO. Es kam aber eine Feststellungsklage nach § 43 VwGO in Betracht. Ob diese Auffassung nach den Baurechtsnovellen 2004 und 2007 noch Geltung beanspruchen kann, ist fraglich (Rn 534).

Hinweis für die Fallbearbeitung: In der Fallbearbeitung könnte folgendermaßen formuliert werden: „Die Statthaftigkeit des Normenkontrollantrags richtet sich nach § 47 I VwGO. Nach dessen Nr. 1 richtet sich das Normenkontrollverfahren auf die Klärung der Gültigkeit von Satzungen, die nach den Vorschriften des BauGB erlassen worden sind, sowie von Rechtsverordnungen aufgrund des § 246 II BauGB. Der Bebauungsplan der Antragsgegnerin (Gemeinde) ist eine Satzung, die aufgrund des § 10 BauGB erlassen wurde. Sie kann daher Gegenstand einer verwaltungsgerichtlichen Normenkontrolle sein." **523**

Darüber hinaus richtet sich das Normenkontrollverfahren auf die Klärung der Verfassungsmäßigkeit von im Rang **unter dem förmlichen Landesgesetz** stehenden Rechtsvorschriften, **sofern das Landesrecht dies bestimmt**, § 47 I **Nr. 2** VwGO (sog. *landesrechtliches Ergänzungsrecht*). **524**

- Mit **Rechtsvorschriften** sind alle abstrakt-generellen Regelungen mit Außenwirkung gemeint. Das trifft insbesondere auf **Rechtsverordnungen** und **Satzungen** zu. **525**

  Umstritten ist, ob auch Gewohnheitsrecht (einschließlich der sog. Observanzen[669]) als Rechtsvorschrift i.S.d. § 47 I Nr. 2 VwGO anzusehen und somit der Normenkontrolle zugänglich ist. Nach der hier vertretenen Auffassung ist das nicht der Fall, da es sich bei dieser Rechtsquelle um ungeschriebenes Recht handelt und der Begriff der Rechtsvorschrift an geschriebenes Recht anknüpft.[670] Folgt man der hier vertretenen Ansicht, ist eine Normenkontrolle nach § 47 VwGO nicht statthaft. Es kommt aber auch hier inzidenter Rechtsschutz (über eine Feststellungsklage) in Betracht.

  Keine Rechtsvorschriften i.S.d. § 47 I Nr. 2 VwGO sind jedenfalls Benutzungsordnungen, soweit sie in der Form der Allgemeinverfügung (§ 35 S. 2 VwVfG) ergehen.

- Die fragliche Rechtsvorschrift muss im **Rang unter dem förmlichen Landesgesetz** stehen. Es darf sich also nicht um eine Rechtsvorschrift eines Landes handeln, die als förmliches Gesetz erlassen worden ist. Ob die Ermächtigungsgrundlage ein förmliches Bundes- oder Landesgesetz ist, spielt dabei keine Rolle.[671] **526**

- Schließlich muss das **Landesrecht** die Überprüfung durch das OVG **zulassen.**[672] **527**

---

[668] Flächennutzungspläne stellen lediglich Formen vorbereitender Bauleitplanung dar. Bei ihnen fehlte nach bisher h.M. der Regelungscharakter, zumindest aber die Außenwirkung (vgl. BVerwGE 68, 324).

[669] = Kommunales Gewohnheitsrecht.

[670] So auch *Kopp/Schenke*, VwGO, § 47 Rn 28; *Hufen*, VerwProzR, § 19 Rn 14; *Stern/Blanke*, Rn 177.

[671] Einen Sonderfall stellt das Rettungsgesetz des Bundes dar (vgl. dazu *R. Schmidt*, AllgVerwR, Rn 1162a). Dieses erlaubt eine Enteignung durch Bundesrechtsverordnung und sieht – wegen seiner Bedeutung – eine prinzipale Normenkontrolle vor dem BVerwG vor. Diese ausdrückliche Regelung war deshalb erforderlich, weil § 47 VwGO gerade keine prinzipale Normenkontrolle bzgl. Bundesrechtsverordnungen vorsieht.

[672] Die Normenkontrolle eingeführt haben etwa: BW: § 4 AGVwGO, Bay: Art. 5 AGVwGO, Brand: § 4 I VwGG, Brem: Art. 7 AGVwGO, Hess: § 15 AGVwGO, MeckVor: § 13 GerStrG, Nds: § 75 NJG; RhlPfl: in beschränktem Umfang (§ 4 AGVwGO), Saar: § 18 AGVwGO, Sachs: § 24 I SächsJG, SachsAnh: § 10 AGVwGO, SchlHolst: § 5 AGVwGO, Thür: § 4 AGVwGO. Keine Regelungen bezüglich einer verwaltungsgerichtlichen Normenkontrolle nach § 47 I Nr. 2 VwGO haben bislang Berlin, Hamburg und Nordrhein-Westfalen getroffen (hier kommt aber immer noch inzidenter Rechtsschutz in Betracht).

528 Als statthafter **Prüfungsgegenstand** i.S.d. § 47 I Nr. 2 VwGO kommen insbesondere in Betracht:

529 - **Rechtsverordnungen** der Landesregierung oder eines Landesministers

  Beispiele: (Kampf-)Hundeverordnungen[673]; Festlegung von Abflugrouten eines Flughafens, sofern diese untergesetzliches Landesrecht darstellt[674]; Umlegungsverfahren nach § 46 II BauGB; ladenschlussrechtliche Rechtsverordnungen[675]; Bayerische Biergarten-Nutzungsverordnung[676]; Rechtsverordnung, die es im Sperrgebiet untersagt, zu Prostituierten Kontakt aufzunehmen, um sexuelle Handlungen gegen Entgelt zu vereinbaren[677]; Landschaftsschutzverordnung, die ein Reitverbot enthält[678]; auf Landesebene erfolgte Allgemeinverbindlichkeitserklärung eines Tarifvertrags[679]

530 - **Rechtsverordnungen** der allgemeinen Verwaltungsbehörden

  Beispiele: Landschafts- und Naturschutzverordnungen eines Landratsamts oder eines Regierungspräsidenten nach den Naturschutzgesetzen der Länder[680] oder Wasserschutzverordnungen nach § 23 WHG; Gartenabfallentsorgungsverordnungen der Landkreise[681]

531 - Autonome **Satzungen** von Gebietskörperschaften oder von anderen juristischen Personen des öffentlichen Rechts

  Beispiele: Bettelverbotssatzungen[682]; Taubenfütterungsverbotssatzungen[683]; bauordnungsrechtliche Gestaltungssatzungen und -verordnungen; Satzungen von Verbänden, Universitäten, Berufskammern (z.B. Ärztekammer), Anstalten und Stiftungen des öffentlichen Rechts; Geschäftsordnungen eines kommunalen Vertretungsorgans (z.B. des Gemeinderats)[684] oder andere kommunale Satzungen außerhalb des BauGB (z.B. aus dem Kommunalabgabenrecht[685]); Satzungen über Anschluss- und Benutzungszwang; Hundesteuersatzungen[686]; Abfallwirtschafts- und Gebührensatzungen[687]

532 - Ferner Anstalts- und Benutzungsordnungen, Badeordnungen, Organisationsverordnungen, Schul- und Prüfungsordnungen, Sozialhilferegelsätze, Studienpläne, sofern sie nicht als Allgemeinverfügung i.S.v. § 35 S. 2 VwVfG ergehen

533 - Eine besondere Problematik besteht hinsichtlich der Frage, ob nach der Novellierung des BauGB im Jahre 2004 auch **Regionalpläne** und **Flächennutzungspläne** taugli-

---

673 RhlPfVerfGH NVwZ 2001, 193; OVG Frankfurt/O NVwZ 2001, 223; VGH Kassel NVwZ 2000, 1438, OVG Bremen NVwZ 2000, 1435 und OVG Lüneburg NVwZ 2000, 1441.

674 Vgl. dazu BVerwG NVwZ 2001, 71; BVerwG NVwZ 2000, 1149; NJW 2000, 3584 ff. und NVwZ 2001, 71. Zu beachten ist allerdings, dass das BVerwG über Feststellungsklagen zu entscheiden hatte, da es sich um Bundesrechtsverordnungen handelte, und § 47 VwGO somit nicht einschlägig war. Vgl. dazu *Rupp*, NVwZ 2002, 286 ff.

675 Vgl. BVerwG NJW 1999, 1567; OVG Magdeburg NJW 1999, 2985; VG Berlin NJW 1999, 2988. Zum subjektiven öffentlichen Recht nach LadenschlussG vgl. *Wallerath*, NJW 2001, 781 ff.

676 Vgl. BVerwG NVwZ 1999, 651.

677 VGH Mannheim NVwZ 2001, 1299 ff.

678 Vgl. BVerwG NVwZ 2000, 1296 f. Zur Gültigkeit einer Landschaftsschutzverordnung vgl. auch BVerwG NVwZ 2001, 1038 ff.; VGH Mannheim NVwZ-RR 2000, 488; *Hermanns*, JA 2002, 26 ff.

679 Vgl. zum Letzteren BVerwGE 80, 355, 358 aber auch BVerfGE 44, 322, 340; 55, 7, 20.

680 Vgl. dazu OVG Bautzen NVwZ 2002, 110.

681 Vgl. dazu BVerwG NVwZ 2013, 1547 f.

682 Vgl. dazu *R. Schmidt*, BremPolG. Kommentar, 2006, Anhang VII, Rn 2 f.; ferner VGH Mannheim NVwZ 1999, 560 zu einer Polizeiverordnung, die das Betteln auf öffentlichen Straßen und in öffentlichen Anlagen schlechthin untersagt.

683 Vgl. hierzu OVG Lüneburg NuR 1997, 610; VGH München BayVBl 1998, 311; *Jahn*, JuS 1999, 1004.

684 Geschäftsordnungen des Gemeinderats entfalten zwar keine Außenwirkung gegenüber dem Bürger, bestimmen aber die Mitwirkungsrechte der Gemeindeordnung. Es wird daher vertreten, dass nicht nur die Mitglieder des Gemeinderats, sondern generell alle Gemeindeangehörigen einen Normenkontrollantrag stellen können, weil es sich bei der Geschäftsordnung des Gemeinderats um einen tauglichen Prüfungsgegenstand i.S.v. § 47 I Nr. 2 VwGO handele (BVerwG NVwZ 1988, 1119; VGH Kassel NVwZ 2007, 107).

685 Vgl. dazu BVerwG NVwZ 2002, 1123 ff. Vgl. auch OVG Schleswig 6.2.2014 – 4 KN 2/13 (Bettensteuersatzung der Stadt Flensburg).

686 Vgl. dazu BVerwG NVwZ 2005, 1325 ff.

687 Vgl. VGH München NVwZ 2001, 704.

cher Prüfungsgegenstand einer prinzipalen Normenkontrolle sein können. Das hat folgenden Hintergrund[688]: Da in der ersten Hälfte der 1990er Jahre eine regelrechte Windkrafteuphorie entstand, wurden die Gemeinden als Träger der Planungshoheit sowohl durch politische Stellen als auch durch Interessenverbände dazu animiert, im Wege der Ortsplanung die Voraussetzungen für den Bau von Windkraftanlagen zu schaffen. Auch im Rahmen der überörtlichen Planung – etwa durch die Ausweisung von Vorrang- oder Vorbehaltsgebieten für Windenergieanlagen in Regionalplänen – wurden die Weichen entsprechend gestellt. Nachdem das BVerwG aber entschieden hatte, dass Windkraftanlagen keine privilegierten Vorhaben i.S.v. § 35 I BauGB a.F. darstellten und daher grundsätzlich nicht genehmigungsfähig seien[689], erhob sie der Gesetzgeber durch die Schaffung bzw. Änderung des § 35 I Nr. 6 BauGB n.F.[690] mit Wirkung ab dem Jahre 1997 zu privilegierten Vorhaben im Außenbereich. Windkraftanlagen sollten von nun an grundsätzlich genehmigungsfähig sein. Gerade aber in der jüngeren Vergangenheit wurde die Kritik an den Windkraftanlagen lauter. Kritisiert wurden neben weggeschleuderten Eisbrocken und psychosomatischen Schäden, die durch die monotonen Drehbewegungen verursacht würden, auch die ästhetischen Wirkungen der Windkraftanlagen (vgl. näher *R. Schmidt*, BauR, Rn 470). Jedenfalls kann der mitunter als „Verspargelung" der Landschaft bezeichneten Entwicklung nun in gewissem Umfang durch die im Zuge der Baurechtsnovelle 2004 eingeführte Rückbauverpflichtung (vgl. § 35 V S. 2 BauGB n.F.) begegnet werden. Jedenfalls sollte das Spannungsverhältnis zwischen der fortbestehenden gesetzgeberischen Privilegierung der Windkraftanlagen und ihrer zunehmend kritischen Beurteilung in der Bevölkerung deutlich geworden sein. Wenn man zudem bedenkt, dass viele Planungsträger versuchen, die Errichtung derartiger Anlagen durch entsprechende (negative) Festsetzungen in den Regionalplänen zu verhindern, und dies im Widerspruch zu den Interessen der Anlagenbetreiber steht, wird die Klausurrelevanz überaus deutlich. Die zentralen verwaltungsprozessualen Fragen lauten dabei, ob ein Regionalplan tauglicher Prüfungsgegenstand sein kann und ob aus ihm ein subjektives Recht, also eine Antragsbefugnis, hergeleitet werden kann.

Beispiel[691]**:** E ist Eigentümer eines für Windkraft geeigneten Grundstücks und möchte gegen die Festsetzungen des Regionalplans, der im Wege einer Zielaussage den Betrieb von Windkraftanlagen für das gesamte Plangebiet ausschließt, vorgehen.

Bislang waren in einem derartigen Verfahren die Fragen der statthaften Verfahrensart sowie der Antragsbefugnis von Privatleuten umstritten. Hinsichtlich der Rechtsnatur der Regionalpläne und damit des **Prüfungsgegenstands** hat das BVerwG nunmehr klargestellt, dass Regionalpläne, die Zielaussagen enthalten, Gegenstand eines Normenkontrollverfahrens gem. § 47 I Nr. 2 VwGO sein können. Zur Begründung zieht das Gericht die sog. Raumordnungsklausel des § 35 III S. 3 BauGB i.V.m. § 4 V ROG heran, aus der sich die gesetzgeberische Erweiterung der Bindungswirkung des Regionalplans auf Privatleute ergibt. Enthält ein Regionalplan etwa die Festsetzung, dass in einem bestimmten Gebiet keine Windkraftanlagen errichtet werden sollen, ist diese planerische Vorgabe keiner weiteren Abwägung auf einer nachgeordneten Planungsstufe zugänglich und entfaltet damit Außenwirkung gegenüber dem Bürger. Da Privatleute aus den genannten Gründen zudem als Normadressaten des Regionalplans anzusehen sind, hat das BVerwG auch ihre **Antragsbefugnis** nach § 47 II S. 1 VwGO bejaht. Damit hat es den Weg für eine materiell-rechtliche Prüfung des Regionalplans frei gemacht (vgl. *R. Schmidt*, BauR, Rn 426b).

Das zu den Regionalplänen gefundene Ergebnis bleibt nicht ohne Einfluss auf die **534**
Rechtsnatur von **Flächennutzungsplänen**. Die bislang vorherrschende Ansicht, wo-

[688] Vgl. auch *Schröppel/Schübel-Pfister*, JuS 2005, 415, 417.

[689] BVerwGE 96, 95, 96. Zur grundsätzlichen Unbebaubarkeit des bauplanungsrechtlichen Außenbereichs vgl. *R. Schmidt*, BauR, Rn 237 ff.

[690] Seit der Baurechtsnovelle 2004: Nr. 5.

[691] Nach BVerwGE 119, 217 ff.

nach es sich beim Flächennutzungsplan aufgrund seines vorbereitenden Charakters um Innenrecht *sui generis* handele und er somit nicht der Normenkontrolle nach § 47 VwGO unterfalle, kann schon vor dem Hintergrund des neuen § 35 III S. 3 BauGB nicht mehr aufrechterhalten werden. Denn diese Vorschrift statuiert eine gewisse Rechtsverbindlichkeit und damit Außenwirkung von Flächennutzungsplänen. Ein weiteres Argument für die Rechtsnormqualität des Flächennutzungsplans liefert der durch die BauGB-Novelle 2004 neu eingeführte § 15 III BauGB, wonach die Gemeinden erstmals die Zurückstellung eines Baugesuchs wegen eines Konflikts mit einer Flächennutzungsplanung beantragen können. Bislang war dies nur im Zuge der Aufstellung eines Bebauungsplans möglich. Mittlerweile haben nicht wenige Gemeinden dieses neu geschaffene Instrument auch zur Verhinderung von Windkraftanlagen eingesetzt, indem sie sog. „Konzentrationszonen" geschaffen haben, außerhalb derer die Errichtung von Windkraftanlagen unzulässig sein soll.

Auch das BVerwG hat in der o.g. Entscheidung zum Regionalplan deutlich gemacht, dass Darstellungen des Flächennutzungsplans wie die Festsetzungen eines Bebauungsplans Inhalt und Schranken des Eigentums i.S.v. Art. 14 I S. 2 GG bestimmten und dass die Darstellungen des Flächennutzungsplans wie ein Bebauungsplan dem Gewährleistungsgehalt des Art. 14 I S. 1 GG genügen müssten.

Entfaltet eine staatliche Maßnahme damit Rechtswirkungen nach außen, kann die Frage nach der Rechtsnatur nicht offenbleiben. Da jedenfalls weder ein Verwaltungsakt (in Form der Allgemeinverfügung) noch eine Satzung noch eine Rechtsverordnung in Betracht kommen, liegt es nahe, sie als Rechtssätze eigener Art (*sui generis*) zu qualifizieren und der Normenkontrolle nach § 47 I VwGO zu unterwerfen. Fraglich ist nur, ob ein Fall des § 47 I Nr. 1 oder Nr. 2 VwGO vorliegt. Während ein Teil der Rechtsprechung den Flächennutzungsplan als tauglichen Prüfungsgegenstand i.S.v. § 47 I Nr. 2 VwGO ansieht[692], wendet das BVerwG § 47 I Nr. 1 VwGO analog an.[693] Die Unterwerfung unter Nr. 1 hat den Vorteil, dass eine prinzipale Normenkontrolle bundesweit gewährleistet ist (denn nicht alle Länder haben von der Ermächtigung nach Nr. 2 Gebrauch gemacht, siehe Rn 527).

535 **Hinweis für die Fallbearbeitung:** Unabhängig von den gerade behandelten Problemen um die Regional- und Flächennutzungspläne ist es in der Fallbearbeitung erforderlich, die landesrechtliche Norm zu zitieren, die den Weg zur Normenkontrolle eröffnet. Es könnte folgendermaßen formuliert werden: „Die Statthaftigkeit des Normenkontrollverfahrens richtet sich nach § 47 I VwGO. Nach dessen Nr. 2 richtet sich das Normenkontrollverfahren auf die Klärung der Gültigkeit von im Rang unter dem Landesgesetz stehenden Rechtsvorschriften (insb. Rechtsverordnungen und Satzungen), sofern das Landesrecht dies bestimmt. Das Land L hat mit § ... AGVwGO von der Ermächtigung des § 47 I Nr. 2 VwGO Gebrauch gemacht. Die ... (z.B. Polizeiverordnung) der Antragsgegnerin kann daher Gegenstand einer verwaltungsgerichtlichen Normenkontrolle sein."

536 Die Beschränkung der verwaltungsgerichtlichen Normenkontrolle auf die bisher behandelten Gegenstände ergibt sich daraus, dass jedes Gericht die Rechtmäßigkeit der Normen, auf die es bei der Streitentscheidung ankommt, aufgrund der Bestimmung der Art. 97 I, 100 I S. 1 GG prüfen muss (sog. *richterliches Prüfungsrecht;* besser: Prüfungs*pflicht*). Aber nur die Verfassungsgerichte dürfen gem. Art. 100 I GG und entsprechender landesverfassungsrechtlicher Vorschriften nachkonstitutionelle *formelle* Gesetze verwerfen (sog. Verwerfungsmonopol der Verfassungsgerichte). Eine Verwerfungskompetenz der Fachgerichte bezüglich nachkonstitutioneller formeller

---

[692] OVG Koblenz NVwZ 2006, 1442.

[693] BVerwGE 128, 382 ff. (dazu *Frey*, NVwZ 2013, 1184, 1185; *Battis*, JZ 2007, 1153 f.; *Schenke*, NVwZ 2007, 134; *Schröppel/Schübel-Fister*, JuS 2007, 1001, 1002 f.; *Scheidler*, DÖV 2008, 768 f.). Kritisch *Herrmann*, NVwZ 2009, 1185 ff. Vgl. auch *Hyckel*, JuS 2015, 162, 163.

Gesetze würde dem Gewaltenteilungsprinzip widersprechen, denn der Fachrichter steht nicht über dem Parlament. Daher ist der Prüfungsgegenstand der verwaltungsgerichtlichen Normenkontrolle auf untergesetzliches Regelwerk beschränkt.

Das BVerfG[694] unterstellt **förmliche Landesgesetze** unter Berufung auf Art. 19 IV GG i.V.m. Art. 3 I GG dennoch der verwaltungsgerichtlichen Normenkontrolle, sofern sie lediglich **satzungsvertretend** sind. Dies trifft auf die bereits angesprochenen Fälle des § 246 II BauGB zu, der den Stadtstaaten die Wahl lässt, Bebauungspläne in Gesetzesform zu beschließen. Gegen diese Auffassung argumentiert die Lit.[695] mit dem klaren Wortlaut des § 47 I VwGO und der Kollision mit Art. 100 I GG, der für förmliche nachkonstitutionelle Parlamentsgesetze eine Richtervorlage vorschreibt und sie nicht der Disposition der Verwaltungsgerichtsbarkeit (bzw. der ordentlichen Gerichtsbarkeit) unterstellt.

Nicht durch die verwaltungsgerichtliche Normenkontrolle überprüfbar sind das **537**
gesamte Bundesrecht[696], das **Landesverfassungsrecht** und das **formelle einfache Landesrecht**. Davon unberührt bleibt aber die Möglichkeit (und die gerichtliche Pflicht), die fragliche Norm inzident (d.h. im Rahmen einer Individualklage) zu überprüfen (freilich nur mit eingeschränkter Verwerfungskompetenz, vgl. Rn 474 ff., 512).

Jedoch hat das BVerfG entschieden, dass der parlamentarische Gesetzgeber unter bestimmten Voraussetzungen durch ein formelles Gesetz bestehende Rechtsverordnungen ändern oder ergänzen darf. Die ergänzte oder eingefügte Vorschrift gilt dann (insgesamt) als Rechtsverordnung.[697] Handelt es sich bei der geänderten oder ergänzten Rechtsverordnung um eine Landesrechtsverordnung, ist gegen die geänderte oder ergänzte Vorschrift (nicht gegen das formelle Änderungsgesetz!) unter den Voraussetzungen des § 47 I Nr. 2 VwGO ein verwaltungsgerichtlicher Normenkontrollantrag statthaft.[698]

Durch die verwaltungsgerichtliche Normenkontrolle grundsätzlich nicht überprüfbar **538**
sind nach bisher h.M. auch **norminterpretierende, ermessenslenkende** sowie **normkonkretisierende Verwaltungsvorschriften**.[699] Nach einer gewichtigen Gegenauffassung[700] unterstehen jedenfalls *solche* Verwaltungsvorschriften der Normenkontrolle nach § 47 VwGO, die nach Inhalt und Funktion die allgemeine (Außen-) Rechtsordnung ergänzen.

Nach der Rechtsprechung des BVerwG[701] kommen als Rechtsvorschriften i.S.d. § 47 I Nr. 2 VwGO Verwaltungsvorschriften dann in Betracht, wenn ihnen die Rechtsordnung unmittelbare Außenwirkung gegenüber den Beteiligten zukommen lässt, wie dies bspw. bei der Festlegung der Sozialhilferegelsätze der Fall sei. Ob dies auch für **normkonkretisierende Verwaltungsvorschriften** angenommen werden kann, ist äußerst problematisch, da sie streng der Rechtsquellenlehre folgend Innenrecht darstellen und Innenrecht nur auf verwaltungsinterne Regelungen gerichtet ist, den Bürger also nicht unmittelbar belasten kann.[702] Konsequent und aus Rechtsschutzgesichtspunkten geboten scheint es aber, dass

---

694 BVerfGE 70, 35, 36.

695 *Kopp/Schenke*, VwGO, § 47 Rn 21; *J. Schmidt*, in: Eyermann, VwGO, § 47 Rn 8; *Ehlers*, Jura 2005, 168, 172.

696 Zur Ausnahme bzgl. der Enteignungsrechtsverordnung nach dem RettungsG vgl. Rn 526.

697 BVerfGE 114, 196, 238 (abw. Votum auf S. 250 ff.).

698 Vgl. BVerfGE 114, 196, 238; BVerwGE 117, 313, 317 ff.; *Sendler*, DVBl 2005, 106 ff.

699 BVerfGE 78, 214, 227; *Kopp/Schenke*, VwGO, § 47 Rn 17; indirekt auch BVerwG NVwZ 2007, 708 („keine Rechtssatzqualität"). Zur Rechtsnatur der Verwaltungsvorschriften vgl. *R. Schmidt*, AllgVerwR, Rn 864 ff.

700 *Ossenbühl*, HdbStR III, § 65 Rn 30 ff., 40 f., 60; ihm folgend VGH Mannheim VBlBW 1990, 302; *Saurer*, VerwArch 97 (2006), 249; *Kiefer*, LKRZ 2007, 212.

701 Vgl. zuletzt BVerwGE 110, 216, 218 f.; ihm folgend *Schmitz-Rode*, NVwZ 1998, 415.

702 Zu der Problematik der Anerkennung einer Außenrechtswirkung von normkonkretisierenden Verwaltungsvorschriften technischen Inhalts (vgl. TA-Luft) siehe BVerwGE 55, 255 ff. („antizipiertes Sachverständigengutachten") und BVerwGE 110, 216 ff. sowie BVerwGE 72, 300 ff. („administrative Standardisierungsbefugnis").

wenn solchen Verwaltungsvorschriften schon eine Außenrechtswirkung zugesprochen wird, sie dann auch einer verwaltungsgerichtlichen Normenkontrolle zugänglich zu machen.[703]

Hinsichtlich **Bundesrechtsverordnungen** und solchen Landesrechtsverordnungen, die nicht der Normenkontrolle gem. § 47 VwGO unterfallen, sei erwähnt, dass diese – soweit sie den Kläger unmittelbar betreffen – nach der Rechtsprechung des BVerwG[704], die vom BVerfG bestätigt worden ist[705], mit Hilfe der **Feststellungsklage** angegriffen werden können. Insbesondere entfaltet § 47 VwGO hier keine Sperrwirkung. Die Feststellungsklage bietet sich deswegen an, weil sie nicht zur Nichtigkeitserklärung der Norm zwingt. Die Statthaftigkeit dieser Klageart führt allerdings zur folgenden denkwürdigen Sachlage: Während hinsichtlich der „kleinen" Landesrechtsverordnungen regelmäßig die prinzipale Normenkontrolle gem. § 47 VwGO statthaft und dann stets das für das betreffende Bundesland einheitlich urteilende OVG zuständig ist, ist bei einer Feststellungsklage hinsichtlich einer „großen" Bundesrechtsverordnung regelmäßig das Verwaltungsgericht zuständig. Dadurch kann es in der Folge zu unterschiedlichen Urteilen über die Rechtmäßigkeit der Auswirkung ein und derselben Bundesrechtsnorm kommen. Um diese vermeintliche Ungereimtheit zu vermeiden, wird teilweise gefordert, den Anwendungsbereich des § 47 VwGO auch auf Bundesrechtsverordnungen auszudehnen, sofern diese den Kläger unmittelbar belasten.[706] Diese Auffassung genießt zwar den Vorzug der Rechtsklarheit und Einheitlichkeit, ist mit Blick auf den klaren Wortlaut des § 47 VwGO aber abzulehnen. Hätte der Bundesgesetzgeber die Überprüfung von Bundesrechtsverordnungen in den Anwendungsbereich des § 47 VwGO stellen wollen, hätte er diese in den Wortlaut der Norm aufgenommen. Im Übrigen besteht auch kein prozessuales Bedürfnis, entgegen dem eindeutigen Wortlaut des § 47 VwGO die Überprüfung einer Bundesrechtsverordnung im Rahmen des § 47 VwGO zuzulassen. Denn sollte die fragliche Rechtsnorm unmittelbare Wirkung gegenüber dem Rechtsschutzsuchenden entfalten, steht diesem – wie bereits dargestellt – die Feststellungsklage gem. § 43 VwGO zur Verfügung. Sollte die Rechtsnorm keine unmittelbare Wirkung entfalten, sondern lediglich Grundlage für den Erlass eines Einzelakts sein, ist der Betroffene auch hier nicht schutzlos, weil er den Einzelakt angreifen kann.

540 Wird aus dem Voranstehenden deutlich, dass Prüfungsmaßstab übergeordnetes Recht ist, stellt sich die Frage, ob die Verwaltungsgerichte die Prüfungsgegenstände des § 47 VwGO auch am Maßstab des **Unionsrechts** prüfen dürfen. Nach der hier vertretenen Auffassung ist das der Fall.[707] Stellt das Gericht eine Unvereinbarkeit der Satzung bzw. Rechtsverordnung mit Unionsrecht fest, greift der Anwendungsvorrang des Unionsrechts.

541 Das verwaltungsgerichtliche Normenkontrollverfahren hat auch eine **zeitliche Dimension**. So muss die zu überprüfende Rechtsnorm bereits **erlassen** worden sein. Erlassen ist eine Norm, wenn über sie entschieden wurde, eine etwa notwendige Genehmigung erteilt ist und wenn sie verkündet bzw. bekannt gegeben wurde.[708] Darauf, dass die betreffende Norm bereits **in Kraft getreten** ist, kommt es dagegen **nicht** an.[709] Vor Erlass der Rechtsnorm ist die Normenkontrolle unstatthaft. Es gibt **keine vorbeugende Normenkontrolle**. In Fällen, in denen es um vorbeugenden Rechtsschutz geht, kommt aber eine vorbeugende Unterlassungs- oder Feststellungs-

---

[703] Wie hier nun auch BVerwG NVwZ 2005, 602, 603; *Saurer*, VerwArch 97 (2006), 249; *Kiefer*, LKRZ 2007, 212). Vgl. aber auch BVerwG NVwZ 2007, 708: „keine Rechtssatzqualität"; a.A. auch *Kopp/Schenke*, VwGO, § 47 Rn 29. Gegen die generelle Anerkennung solchen administrativen Ergänzungsrechts auch EuGH NVwZ 1991, 866 ff. mit Anm. *Rupp* JZ 1991, 417 ff. Im Übrigen wird auf die ausführlichen Erläuterungen bei *R. Schmidt*, AllgVerwR, Rn 887 f. verwiesen.
[704] Vgl. BVerwG NJW 2000, 3584 f. Vgl. auch VG Düsseldorf NVwZ 2002, 1269.
[705] BVerfG NVwZ 2006, 922 f. mit Bespr. v. *Muckel*, JA 2007, 76 ff.
[706] So *Hufen*, JuS 2001, 406, 408.
[707] Vgl. dazu (wie die h.M.) auch *Jeremias*, NVwZ 2014, 495 ff.
[708] *Hufen*, VerwProzR, § 19 Rn 17.
[709] VGH München BayVBl 1999, 760; *Kopp/Schenke*, VwGO, § 47 Rn 15 u. 26.

klage in Betracht. Vgl. dazu Rn 1059 ff. Tritt die betreffende Norm während des Normenkontrollverfahrens außer Kraft, kann der Antragsteller die Feststellung begehren, dass die Norm ungültig war.[710] Im Übrigen ist der Normenkontrollantrag auch gegen **nicht mehr geltende**, insbesondere gegen bereits aufgehobene oder durch andere ersetzte, Rechtsvorschriften der genannten Art **zulässig**, wenn und soweit sie **noch Auswirkungen auf Rechtsbeziehungen in der Gegenwart** haben.[711]

Auch gegen ein **Unterlassen** des Normgebers ist die Normenkontrolle gem. § 47 VwGO prinzipiell nicht statthaft. Unschädlich ist es jedoch, wenn der Antragsteller geltend macht, dass eine Rechtsvorschrift deshalb fehlerhaft sei, weil sie bestimmte Regelungen nicht getroffen habe (sog. relatives Unterlassen).[712] **542**

7. Antragsbefugnis, § 47 II S. 1 VwGO

a. Die Geltendmachung einer subjektiven Rechtsposition

Gemäß § 47 II S. 1 Var. 1 VwGO muss jeder Antragsteller, der nicht Behörde ist, geltend machen, durch die Rechtsvorschrift oder deren Anwendung **in seinen Rechten** *verletzt zu sein* oder in *absehbarer Zeit verletzt zu werden*. Durch dieses dem Wortlaut zufolge an die subjektive Rechtsverletzung der Individualklagearten angelehnte Erfordernis (vgl. § 42 II VwGO) entsteht eine materiell-rechtliche Prüfung innerhalb der Sachentscheidungsvoraussetzungen, die in der Begründetheit – anders als bei § 113 I und V VwGO – keine Entsprechung hat. Bei den Individualklagen wurde in diesem Rahmen bislang immer darauf hingewiesen, dass eine objektive Rechtsverletzung für die Begründetheit nicht ausreiche, sondern dass die Rechtsverletzung gerade auch beim Kläger eingetreten sein müsse (zusätzliche subjektive Rechtsverletzung). Das Normenkontrollverfahren weist aber nach wie vor eine stark objektiv-rechtliche Prägung auf, weil mit dem Urteil eine Allgemeinverbindlichkeit der Entscheidung zum Ausdruck kommt; eine subjektive Rechtsverletzung beim Antragsteller ist bei der Begründetheit folgerichtig nicht zu prüfen.[713] Maßgeblich ist dort ausschließlich, ob die angegriffene Norm mit höherrangigem, dem OVG als Prüfungsmaßstab zur Verfügung stehenden Recht (siehe § 47 III, V VwGO) übereinstimmt. Gleichwohl muss der Antragsteller zur Bejahung der Antragsbefugnis aufgrund des eindeutigen Wortlauts des § 47 II S. 1 Var. 1 VwGO hinreichend substantiiert Tatsachen vortragen, die es zumindest als möglich erscheinen lassen, dass er durch die angegriffene Rechtsvorschrift in *seinen Rechten* verletzt wird (sog. **Möglichkeitstheorie**).[714] An die Geltendmachung einer Rechtsverletzung nach § 47 II S. 1 VwGO sind aber keine höheren Anforderungen zu stellen als nach § 42 II VwGO.[715] **543**

Beispiele für die Bejahung der Antragsbefugnis:

(1) Bei einem Antragsteller, der sich gegen eine Gefahrenabwehrverordnung wendet, die von ihm ein bestimmtes Tun oder Unterlassen (etwa Taubenfütterung, Betreten eines Grundstücks, Tauch- oder Badeverbot in einem See, Anlegen von Lei-

---

[710] BVerwGE 68, 12, 14 f.; *Mann/Wahrendorf*, VerwProzR, § 21 Rn 14.

[711] Vgl. dazu BVerwG NVwZ-RR 2002, 152; *Kopp/Schenke*, VwGO, § 47 Rn 26.

[712] *Schenke*, VerwProzR, Rn 877; *Ehlers*, Jura 2005, 171, 173; kritisch hierzu *Grünebaum*, BayVBl 2005, 11 ff. Vgl. im Übrigen zum Problem des Rechtsschutzes gegen gesetzgeberisches Unterlassen Rn 568 ff.

[713] Zur doppelten Funktion der Normenkontrolle nach § 47 VwGO als subjektives Rechtsschutzverfahren und objektives Prüfungsverfahren vgl. auch BVerwGE 110, 203, 209.

[714] BVerwG NVwZ 2007, 229 f.; BVerwG NVwZ 2000, 1296; BVerwG NVwZ 2000, 1413; BVerwGE 110, 193, 196; 107, 215, 217; NJW 1999, 1567; OVG Greifswald LKV 1999, 68; *Kopp/Schenke*, VwGO, § 47 Rn 46 ff.; *Jahn*, JuS 2001, 485, 488.

[715] BVerwG NVwZ 2001, 1280; NVwZ 2000, 1296; BVerwGE 107, 215, 217 mit Anm. von *Selmer*, JuS 1999, 717 f.; OVG Bautzen NVwZ 2002, 110, 111; OVG Münster NVwZ 2000, 1307; *J. Schmidt*, in: Eyermann, VwGO, § 47 Rn 40. Zur Klagebefugnis gem. § 42 II VwGO vgl. ausführlich Rn 135 ff.

nen- oder Maulkörben) verbietet bzw. gebietet, ist eine subjektive Rechtsverletzung möglich und die Antragsbefugnis gegeben.

(2) Auch bei einem Studienbewerber, der sich gegen eine Kapazitätsverordnung wendet, ist die Antragsbefugnis gegeben.

(3) Die in einer Verkaufsstätte angestellte Verkäuferin kann geltend machen, durch eine Rechtsverordnung, die die besondere Schließungspflicht gem. § 14 I S. 2 LadenschlussG aufhebt, in ihren Rechten verletzt zu sein.[716]

(4) Ein Antragsteller, der einen Bebauungsplan überprüfen lassen möchte, ist z.B. dann antragsbefugt, wenn er die Verletzung des in § 1 VII BauGB normierten Abwägungsgebots geltend macht und dabei Tatsachen vorträgt, die es für möglich erscheinen lassen, dass die Gemeinde einen abwägungserheblichen Belang nicht beachtet hat.[717] Vgl. dazu näher bei Rn 547.

(5) Eine Gemeinde kann sich zwar nicht auf den grundrechtlichen Eigentumsschutz berufen, wohl aber auf ihr einfachgesetzliches Eigentum, das etwa durch eine Naturschutzverordnung beschränkt wird.[718]

(6) Wendet sich ein Bürger gegen einen Bebauungsplan mit der Begründung, seine privaten Belange i.S.v. § 1 VII BauGB seien verletzt worden, ist die Antragsbefugnis gegeben, wenn es sich tatsächlich um schutzwürdige Interessen des Antragstellers handelt, die nicht nur geringfügig (sondern erheblich) betroffen sind. Voraussetzung ist nur, dass sie bereits im Rahmen der Bürgerbeteiligung (§ 3 BauGB) geltend gemacht wurden. Anderenfalls kann eine Präklusion angezeigt sein (vgl. dazu näher bei Rn 547 sowie *R. Schmidt*, BauR, Rn 38 ff.). Zur Antragsbefugnis eines Windkraftanlagenbetreibers, der sich gegen die Festsetzungen in einem Regionalplan wendet, vgl. bereits Rn 533, zur Antragsbefugnis in Bezug auf Flächennutzungspläne vgl. Rn 534.

544 **Nicht geschützt** sind lediglich **wirtschaftliche** und **ideelle Interessen**, die nicht durch eine gesetzliche Regelung oder zumindest nach den der Rechtsordnung (insbesondere den Grundrechten) insgesamt zu entnehmenden Wertungen als nicht rechtlich geschützte Interessen anzusehen sind.[719]

Beispiele für die Verneinung der Antragsbefugnis:

(1) Vorgehen eines Konkurrenten gegen eine Ausnahmeregelung zum LadenschlussG.[720]

(2) Vorgehen eines Konkurrenten gegen die Ansiedlung eines Wettbewerbers.[721]

(3) Vorgehen von Herstellern von Schiffsmotoren gegen eine neue, strengere Abgasverordnung.[722]

545 **Nicht geschützt** sind auch Rechte, die dem Antragsteller nicht selbst zustehen (Ausschluss der Popularklage). Das betrifft zum einen die Interessen **Dritter** und zum anderen die Interessen der **Allgemeinheit**, etwa im Bereich des Denkmal-, Natur-, Gewässer- oder Landschaftsschutzes, selbst im Hinblick auf Bebauungspläne.

Beispiele für nicht geschützte Dritt- oder Allgemeininteressen:

(1) Wendet sich ein Antragsteller gegen eine landesrechtliche, untergesetzliche Regelung aus dem Landschaftsschutz, fehlt grds. die subjektive Rechtsbetroffenheit.[723]

---

[716] BVerwG NJW 1999, 1567.

[717] Vgl. BVerwG NVwZ 2002, 1126; VGH Mannheim NVwZ 2000, 1187; *Gaentzsch*, NVwZ 2000, 993, 999; *Dageförde*, NVwZ-Beilage II/2001, 19, 20.

[718] OVG Bautzen NVwZ 2002, 110.

[719] *Kopp/Schenke*, VwGO, § 47 Rn 52.

[720] OVG Bautzen NJW 1999, 2539. Die Rspr. als zu kurz greifend ansehend *Wallerath*, NJW 2001, 781 ff.

[721] Vgl. dazu auch VGH München BayVBl 1996, 180.

[722] Vgl. dazu auch VGH München BayVBl 1996, 180.

[723] BVerwG NVwZ 1998, 728.

(2) Gleiches gilt, wenn eine Fraktion Rechte ihrer Mitglieder geltend macht.[724]

(3) Ebenso wenig kann eine Gemeinde Rechte ihrer Gemeindebürger oder eine Religionsgemeinschaft die ihrer Mitglieder oder Anhänger geltend machen. Allerdings geht eine rechtliche Beeinträchtigung einzelner oder aller Mitglieder oft auch parallel mit der Rechtsbetroffenheit in der eigenen Rechtsposition des Verbands, der Gemeinde oder der Religionsgemeinschaft einher. So ist etwa eine Gemeinde bei einer Beeinträchtigung ihres Rechts auf Selbstverwaltung, insbesondere auf Planungshoheit (Art. 28 II GG)[725], ebenso antragsbefugt wie eine Religionsgemeinschaft bei einer Beeinträchtigung ihres Rechts auf Entfaltung und Betätigung gemäß ihres religiösen Selbstverständnisses (Art. 4 I und II GG, Art. 140 GG i.V.m. Art. 137 II WRV). Zum (einfachgesetzlichen) Eigentumsschutz vgl. oben.

Anders als § 42 II VwGO (Rn 135 ff.) sieht § 47 II S. 1 Var. 1 VwGO hinsichtlich natürlicher oder juristischer Personen **keine Ausnahme** vom Erfordernis der Geltendmachung der Verletzung eigener Rechte vor (davon unberührt bleibt jedoch die Antragsbefugnis von Behörden gem. § 47 II S. 1 Var. 2 VwGO). Jeder Antragsteller, der nicht Behörde ist, muss also gem. § 47 II S. 1 Var. 1 VwGO geltend machen, durch die Rechtsvorschrift oder deren Anwendung **in seinen Rechten** *verletzt zu sein* oder in *absehbarer Zeit verletzt zu werden*, und diese geltend gemachte Rechtsverletzung muss zumindest möglich sein. Allerdings ist es dem Bundesgesetzgeber freigestellt, in **anderen** Regelungen bzw. Gesetzen Ausnahmen von diesem Erfordernis vorzusehen oder den Landesgesetzgeber zu entsprechenden Ausnahmeregelungen zu ermächtigen. Dies ist etwa im Recht der **naturschutzrechtlichen Vereinsklage** geschehen. Nach § 64 BNatSchG kann eine anerkannte Naturschutzvereinigung unter den in § 64 BNatSchG genannten Voraussetzungen neben den Rechtsbehelfen nach § 2 UmwRG (Umweltrechtsbehelfsgesetz), ohne in eigenen Rechten verletzt zu sein, Rechtsbehelfe nach Maßgabe der VwGO einlegen. Gemäß § 64 III BNatSchG können die Länder Rechtsbehelfe von anerkannten Naturschutzvereinigungen auch in anderen Fällen zulassen, in denen nach § 63 II Nr. 8 BNatSchG eine Mitwirkung vorgesehen ist. 546

Sehr häufig anzutreffen ist die Überprüfung von planerischen Abwägungsentscheidungen, insbesondere eines **Bebauungsplans** (ausführlich *R. Schmidt*, BauR, Rn 18 ff.). In Bezug auf Bebauungspläne ist die Antragsbefugnis regelmäßig zu bejahen, wenn sich der Eigentümer (oder der ihm Gleichgestellte[726]) eines *im* Geltungsbereich eines Bebauungsplans gelegenen Grundstücks gegen eine bauplanerische Festsetzung wendet, die unmittelbar sein Grundstück betrifft.[727] Die Festsetzungen des Bebauungsplans bestimmen, soweit es um die baurechtlich zulässige Nutzung geht, Inhalt und Schranken des Eigentums.[728] 547

Grenzt das Grundstück des Antragstellers dagegen nur an das Plangebiet an, ist ggf. die Rechtsfrage zu erörtern, ob sich die für die Antragsbefugnis erforderliche mögliche subjektive Rechtsverletzung aus § 1 V, VI i.V.m. VII BauGB (planungsrechtliches Abwägungsgebot) ergibt, da die Vorschrift von „privaten Belangen" spricht und diese

---

[724] VGH Kassel DVBl 1995, 931.

[725] Vgl. OVG Bautzen NVwZ 2002, 110, 111 (im konkreten Fall verneint).

[726] Dem Eigentümer gleichzustellen ist, wer in eigentumsähnlicher Weise an einem Grundstück dinglich berechtigt ist. Hierzu zählt der Inhaber eines Erbbaurechts ebenso wie der Nießbraucher und der im Grundbuch eingetragene Auflassungsvorgemerkte (OVG Münster NVwZ 2000, 1307). Selbst bloße Schuldverhältnisse (Kauf, Miete, Pacht) können zur Antragsbefugnis führen (vgl. BVerwG NVwZ 2000, 806; vgl. auch OVG Lüneburg BauR 2004, 716 ff.; *Kintz*, JuS 2000, 1099, 1101 für den Pächter, BVerwG NVwZ 2000, 807 für den Mieter). Dagegen ist der Nacherbe nicht antragsbefugt. Zur Antragsbefugnis von lediglich obligatorisch Berechtigten vgl. allgemein *Clausing*, JuS 1999, 474 ff.

[727] BVerwG NVwZ 2000, 1413; OVG Münster NVwZ 2000, 1307; *Kopp/Schenke*, VwGO, § 47 Rn 68. Zur (nicht gegebenen) Antragsbefugnis des Eigentümers eines an das Plangebiet angrenzenden Grundstücks, der durch den angrenzenden Bebauungsplan nur geringfügig in seinen Belangen beeinträchtigt wird VGH Mannheim NVwZ-RR 1998, 420.

[728] BVerwG NVwZ 2000, 1413.

mit öffentlichen Belangen gerecht abzuwägen sind. Erkennt man wegen dieser Formulierung ein subjektives öffentliches Recht ohne weiteres an, wäre der Kreis der Antragsbefugten erheblich weiter zu ziehen, als wenn nur die einhergebrachten subjektiven öffentlichen Rechte zur Verfügung stünden.

Das BVerwG hat in einer Entscheidung aus dem Jahre 1979[729] bezüglich des damals erforderlichen Nachteils in § 47 II VwGO auf die bei der *Planung zu berücksichtigenden Belange* abgestellt. So war der Antragsteller antragsbefugt, wenn er die Verletzung eines in § 1 V, VI BauGB (damals BBauG) genannten *abwägungserheblichen Belangs* geltend machen konnte. Ausgeschlossen werden sollte damit die Geltendmachung von bloßen **wirtschaftlichen Interessen** oder Annehmlichkeiten, wie z.B. das **Freihalten der schönen Aussicht**. Danach lag ein zur Antragsbefugnis führender Nachteil vor, wenn der Antragsteller durch den Bebauungsplan oder dessen Anwendung negativ in seinem Interesse, das bei der Abwägung nach § 1 VI BauGB (seit der Baurechtsnovelle 2004: § 1 VII BauGB) als privater Belang Berücksichtigung finden musste, nicht nur unwesentlich betroffen wurde oder betroffen werden konnte.[730] Geschützt wurden also abwägungserhebliche Belange, die gerade dem Antragsteller zugutekommen sollten.

Auch zu der Neufassung des § 47 II S. 1 VwGO liegen seit einiger Zeit entsprechende Judikate des BVerwG vor. Nach diesen Urteilen hat das in § 1 VII BauGB enthaltene Abwägungsgebot drittschützenden Charakter hinsichtlich solcher privater Belange, die für die Abwägung erheblich sind.[731] Kernaussage dieser Urteile ist also, bei der Herleitung der Antragsbefugnis danach zu fragen, hinter welchem Belang ein subjektives Recht des Antragstellers steht. Ein solches subjektives Recht kann sich aus einfachgesetzlichen Bestimmungen (z.B. aus §§ 30, 34 oder 35 BauGB i.V.m. dem Gebot der gegenseitigen Rücksichtnahme[732]) oder aus Grundrechten (z.B. Art. 4, 5 III, 2 II oder 3 I GG[733]) ergeben. Dieses subjektive öffentliche Recht, nicht der in § 1 VI bzw. VII BauGB genannte Belang, begründet dann die Antragsbefugnis.[734]

Beispiele[735]**:** Als schutzwürdige Belange i.S.d. § 1 VII BauGB angesehen worden sind:

(1) Das Interesse am Schutz der Wohnbebauung vor der Festsetzung von Spiel-, Sport- oder Bolzplätzen in der Nachbarschaft.

(2) Das Interesse am Schutz vor Lärmeinwirkungen, die sich aufgrund der Festsetzungen des Bebauungsplans ergeben können, oder am Schutz einer Wohnnutzung gegenüber einem Bebauungsplan, der eine mit Emissionen verbundene gewerbliche oder industrielle Nutzung in der Nachbarschaft zulässt.[736]

(3) Der Wunsch eines Grundstückspächters, ein für die Existenz des Betriebes wichtiges Grundstück unabhängig von der Laufzeit des Pachtvertrags in derselben Weise wie bisher auf Dauer nutzen zu können.[737]

(4) Ebenfalls ist die Antragsbefugnis zu bejahen, wenn das Interesse des Antragstellers an der Vermeidung der durch eine Kleingartenanlage verursachten nachteiligen Veränderungen seiner Grundstückssituation einen abwägungserheblichen Belang darstellt.[738]

---

[729] BVerwGE 59, 87 ff.

[730] BVerwGE 59, 87, 94.

[731] BVerwGE 107, 215, 220; ebenso OVG Lüneburg NVwZ 2002, 109; BVerwG NVwZ 1999, 987, 988; BVerwG BauR 2000, 243; OVG Münster NVwZ 2000, 1307; VGH Mannheim NVwZ 2000, 1187. Vgl. dazu auch *Muckel*, NVwZ 1999, 963; *Schmidt-Preuß*, DVBl 1999, 193; *Schütz*, NVwZ 1999, 929; *Gaentzsch*, NVwZ 2000, 993, 999; *Dageförde*, NVwZ-Beilage II/2001, 19, 20.

[732] Vgl. ausführlich *R. Schmidt*, BauR, Rn 18 ff.

[733] Vgl. oben Rn 135 ff.

[734] Vgl. auch OVG Lüneburg BauR 2004, 716 ff.; *Dolde/Menke*, NJW 1999, 1070, 1072; *Schütz*, NVwZ 1999, 929, 930.

[735] Vgl. *Kintz*, JuS 2000, 1099, 1102.

[736] BVerwG NVwZ 2000, 807 und NVwZ 2000, 197.

[737] BVerwG NVwZ 2000, 806.

[738] BVerwGE 107, 215, 220; ebs. BVerwG BauR 2000, 243. Vgl. auch *Gaentzsch*, NVwZ 2000, 993, 999.

Nicht antragsbefugt sind solche Antragsteller, die die Verletzung eines Rechts geltend machen, das nicht ihnen, sondern **Dritten** zusteht. Gleiches gilt für die Geltendmachung von Belangen der **Allgemeinheit** (zu den Ausnahmen bzgl. anerkannter Naturschutzvereine vgl. Rn 546). Auch Antragsteller, die sich mit der Normenkontrolle gegen einen Bebauungsplan wenden und dabei die Verletzung von bloßen **wirtschaftlichen** Interessen, **Annehmlichkeiten** und **Rechtsreflexen** geltend machen, sind nicht antragsbefugt, auch wenn ihre Belange im Abwägungsvorgang berücksichtigt werden müssen. Gleiches gilt, wenn ein Belang als verletzt gerügt wird, der für die Abwägung nicht zu berücksichtigen war.[739] **548**

Beispiele für nicht gegebene Antragsbefugnis:

(1) Regelungen des Denkmalschutzes, des Naturschutzes, soziale und kulturelle Bedürfnisse, Umweltschutzbelange i.S.d. § 1 VI Nr. 7 und § 1a BauGB

(2) Die schöne Aussicht (etwa auf einen Wald, einen See oder generell auf die Landschaft)

(3) Verlust der Parkmöglichkeit vor dem Grundstück

(4) Schutz vor der Errichtung eines Einkaufszentrums in der Nachbarschaft durch ein Konkurrenzunternehmen

(5) Sieht ein Braunkohleplan (Bebauungsplan) eine Umsiedlung von Personen vor, deren Hausgrundstücke von einem geplanten Braunkohleabbau betroffen sind, ist die Antragsbefugnis nicht gegeben, wenn der Plan an anderer Stelle im Gemeindegebiet als Angebot eines Umsiedlungsstandortes Flächen für Wohnbebauung und zugehörige Infrastruktureinrichtungen festsetzt[740]

(6) Auch das Interesse, mit einem – bisher nicht bebauten – Grundstück in den Geltungsbereich eines Bebauungsplans einbezogen zu werden, begründet i.d.R. keinen abwägungserheblichen Belang i.S.v. § 1 VII BauGB und damit keine Antragsbefugnis[741]

Zusammenfassung und Hinweis für die Fallbearbeitung: § 1 VII BauGB hat einen drittschützenden Charakter auf gerechte Abwägung. Allerdings wird durch diesen drittschützenden Charakter des Abwägungsgebots ein privater Belang, der in der Abwägung nach § 1 VII BauGB zu berücksichtigen ist, noch nicht selbst zum subjektiven Recht und ist auch als solcher noch nicht wehrfähig in dem Sinne, dass der Private die Durchsetzung seines Belangs – wie bei einem subjektiven Recht – verlangen könnte. Der Private hat lediglich ein subjektives Recht darauf, dass sein Belang in der Abwägung seinem Gewicht entsprechend „abgearbeitet" wird. **549**

In der Fallbearbeitung sollte die Antragsbefugnis auf die Weise hergeleitet werden, dass nicht auf die in § 1 VI i.V.m. VII BauGB genannten privaten Belange abgestellt, sondern wie bei der Klagebefugnis der Anfechtungsklage danach gefragt wird, ob der Antragsteller Träger eines subjektiven öffentlichen Rechts ist. Hier ist auf solche Rechte (einschließlich Grundrechte) abzustellen, die durch den Bebauungsplan möglicherweise verletzt werden. Der Antragsteller ist also antragsbefugt, wenn er geltend macht, **gerade durch den Bebauungsplan** oder seine Anwendung in **seinen Rechten** verletzt zu sein oder in absehbarer Zeit verletzt zu werden.[742]

Zu beachten ist schließlich die mit der Baurechtsnovelle 2007 eingeführte **Präklusion** von verspätet eingegangenen Einwendungen natürlicher oder juristischer Personen für alle Bebauungspläne: Gemäß dem seit 1.1.2007 geltenden § 47 IIa VwGO **549a**

---

[739] OVG Münster NVwZ 2000, 1307.
[740] OVG Münster NVwZ 2000, 1307.
[741] BVerwG NVwZ 2004, 1120 (mit Bespr. v. *Hufen*, JuS 2005, 88).
[742] Vgl. bereits sämtliche Vorauflagen; wie hier nun auch *Schübel-Pfister*, JuS 2008, 329, 332 f.

ist der Antrag einer natürlichen oder juristischen Person, der einen Bebauungsplan (oder eine Satzung nach § 34 IV S. 1 Nr. 2 und 3 oder § 35 VI BauGB) zum Gegenstand hat, unzulässig, wenn die den Antrag stellende Person nur Einwendungen geltend macht, die sie im Rahmen der öffentlichen Auslegung (§ 3 II BauGB) oder im Rahmen der Beteiligung der betroffenen Öffentlichkeit (§ 13 II Nr. 2 und § 13a II Nr. 1 BauGB) nicht oder verspätet geltend gemacht hat, aber hätte geltend machen können, und wenn auf diese Rechtsfolge im Rahmen der Beteiligung hingewiesen worden ist.[743] Damit möchte der Gesetzgeber vermeiden, dass natürliche oder juristische Personen (des Privatrechts) einen Normenkontrollantrag erheben, wenn sie zuvor im Auslegungsverfahren von Einwendungen abgesehen haben.[744]

550 Klausurrelevant kann auch die Anfechtung einer **naturschutzrechtlichen Verordnung** durch eine **Gemeinde**[745] oder die Anfechtung eines **Bebauungsplans** durch eine **Nachbargemeinde** sein. Zunächst ist zu beachten, dass Gemeinden (und andere Körperschaften des öffentlichen Rechts) sowohl als Träger eigener Rechte i.S.v. § 47 II S. 1 Var. 1 VwGO („juristische Person") als auch als antragsberechtigte Behörden i.S.v. § 47 II S. 1 Var. 2 VwGO in Betracht kommen. Soll sich die Antragsbefugnis aus § 47 II S. 1 Var. 1 VwGO ergeben, muss die Gemeinde als Träger eigener Rechte auftreten. Eine Geltendmachung der Rechte von Gemeindebürgern kommt nicht in Betracht. Tritt sie als Träger eigener Rechte auf, sind wiederum nur solche Aspekte zu berücksichtigen, die sich gerade den Gemeinden zurechnen lassen.

551 So kann sich eine Gemeinde zwar nicht auf den grundrechtlichen Eigentumsschutz berufen, wohl aber auf ihr einfachgesetzliches Eigentum, das etwa durch eine Naturschutzverordnung beschränkt wird (siehe bereits oben).[746]

552 Besondere Bedeutung haben neuerdings sog. **Factory-Outlet-Center**[747] und Freizeiteinrichtungen[748] von benachbarten Gemeinden gewonnen. Hier kann sich die Antragsbefugnis der Gemeinde aus dem in § 2 II BauGB verankerten **interkommunalen Abstimmungs- oder Rücksichtnahmegebot** ergeben. Nach dieser Bestimmung sind die Bauleitpläne benachbarter Gemeinden aufeinander abzustimmen. Unter „benachbarten Gemeinden" sind dabei nicht nur die unmittelbaren Grenzgemeinden gemeint, sondern alle Gemeinden, die von den Auswirkungen einer Planung betroffen sind.[749] Eine Abstimmung ist immer dann erforderlich, wenn eine grenzüberschreitende Auswirkung gewichtiger Art in Betracht kommt.[750]

553 Das Erfordernis der Geltendmachung einer subjektiven Rechtsposition gilt nicht für Behörden. Das hat den Hintergrund, dass Behörden – anders als Gerichte – keine Normverwerfungskompetenz haben. Dann sollen sie aber die Möglichkeit haben, eine von ihnen für rechtswidrig gehaltene untergesetzliche Norm, die sie an sich anwenden müssten, dem zuständigen OVG zur Prüfung vorzulegen.[751] Zum Rechtsschutzbedürfnis vgl. Rn 563 ff.

---

[743] Vgl. dazu *Schübel-Pfister*, JuS 2010, 976, 979 f.
[744] Vgl. dazu auch BVerwG NVwZ 2014, 786, 787 f.
[745] Vgl. dazu BVerwG NVwZ 2001, 1280 ff.; OVG Bautzen NVwZ 2002, 110.
[746] OVG Bautzen NVwZ 2002, 110.
[747] Vgl. hierzu *R. Schmidt*, BauR, Rn 101 und 266 sowie den Übungsfall ebd. Rn 116.
[748] Vgl. hierzu OVG Frankfurt/O LKV 1998, 359 (Errichtung eines Multiplex-Kinos).
[749] BVerwG NVwZ 1995, 694, 695; *Kintz*, JuS 2000, 1099, 1102.
[750] VGH München UPR 1998, 467; OVG Weimar UPR 1997, 376; *Kintz*, JuS 2000, 1099, 1102. Zum interkommunalen Abstimmungsgebot insgesamt vgl. VGH München NVwZ 2000, 822 ff. und OVG Greifswald NVwZ 2000, 826 ff. Zum Normenkontrollantrag einer Gemeinde in Bezug auf einen Bebauungsplan einer Nachbargemeinde, der das interkommunale Abstimmungsgebot verletzt, vgl. den Übungsfall bei *R. Schmidt*, BauR, Rn 116.
[751] Tritt die Behörde aber wie eine Privatperson auf (etwa eine Gemeinde als Grundstückseigentümer), muss auch sie ihre Klagebefugnis auf subjektive Rechte stützen (OVG Bautzen NVwZ 2002, 110, 111).

Zu beachten ist schließlich, dass – anders als für die Klagebefugnis nach § 42 II VwGO – es für die Antragsbefugnis im Normenkontrollverfahren bereits ausreicht, wenn eine Rechtsverletzung **in absehbarer Zeit** eintreten wird. Das ist der Fall, wenn die Rechtsverletzung nach dem gewöhnlichen Lauf der Dinge mit großer Wahrscheinlichkeit eintreten wird. **554**

> **Beispiel:** Die in einer Verkaufsstätte angestellte Verkäuferin kann geltend machen, durch eine Rechtsverordnung, die die besondere Schließungspflicht gem. § 14 I S. 2 LadenschlussG aufhebt, in ihren Rechten verletzt zu sein.[752] Ein Abwarten auf das Ereignis, das zu der Verlängerung der Ladenöffnungszeiten führt, ist nicht erforderlich.

b. Die Befristung des Normenkontrollantrags (Antragsfrist)

Nach § 47 II S. 1 VwGO in der seit dem 1.1.2007 geltenden Fassung ist der Normenkontrollantrag innerhalb einer Frist von **1 Jahr** nach Bekanntmachung der Rechtsvorschrift zu stellen. Bei dieser Frist handelt es sich ihrem Zweck nach um eine **echte Ausschlussfrist**. Eine Wiedereinsetzung in den vorigen Stand gem. § 60 VwGO ist daher nicht statthaft.[753] Anderenfalls hätten alle Personen, die erst nach Ablauf der Ein-Jahres-Frist antragsbefugt geworden sind, einen Anspruch auf Wiedereinsetzung in den vorigen Stand. Der gesetzgeberische Zweck der Befristung einer prinzipalen Normenkontrolle würde damit weitgehend obsolet. **555**
Für die Fristberechnung gilt die allgemeine Regelung des § 57 VwGO. Eine Rechtsbehelfsbelehrung ist – wie sich aus § 58 II VwGO schließen lässt – nicht vorgesehen.

Die Jahresfrist für die Geltendmachung der Rechtsverletzung ist im Hinblick auf Art. 19 IV S. 1 GG nicht ganz unbedenklich. Denn dem durch eine Norm in seinen subjektiven Rechten verletzten Bürger könnte u.U. nie die Möglichkeit eingeräumt sein, ein Normenkontrollverfahren zu beantragen, wenn die Norm ihn innerhalb der Jahresfrist des § 47 II S. 1 VwGO nicht in einer subjektiven Rechtsposition betrifft und es in diesem Zeitraum auch nicht absehbar ist, dass sie (bzw. ihre Vollziehung) in eine subjektive Rechtsposition eingreifen würde.[754] Wenn aber auf der anderen Seite die Möglichkeit eines verwaltungsgerichtlichen Normenkontrollverfahrens von Rechts wegen schon nicht vorgeschrieben ist[755], kann auch dessen Befristung keinen Verstoß gegen die Rechtsweggarantie der Verfassung (Art. 19 IV S. 1 GG) darstellen. Hinzu kommt, dass auch gegen formelle Gesetze nur die Jahresfrist des § 93 III BVerfGG gilt. Warum dem Bürger bei einer untergesetzlichen Norm eine längere Frist zustehen soll, ist nicht plausibel. Daher wird man die Regelung in § 47 II VwGO nicht beanstanden können. Im Übrigen ist der Rechtsschutzsuchende auch nach Ablauf der Jahresfrist keineswegs schutzlos. So kann er die Nichtigkeit einer Rechtsvorschrift inzident im Rahmen einer Anfechtungs- oder Verpflichtungsklage geltend machen oder Rechtsschutz über die allgemeine Feststellungsklage erlangen.[756] Die Frage nach einer unzulässigen Verkürzung der Rechtsweggarantie des Art. 19 IV S. 1 GG stellt sich also überhaupt nur dann, wenn dieser inzidente Rechtsschutz nicht effektiv ist. **556**

---

[752] BVerwG NJW 1999, 1567. Vgl. dazu auch *Wallerath*, NJW 2001, 781 ff.

[753] *Schenke*, VerwProzR, Rn 912b; *Kopp/Schenke*, VwGO, § 47 Rn 83; *Kintz*, JuS 2000, 1099, 1102; *J. Schmidt*, in: Eyermann, VwGO, § 47 Rn 74; a.A. *Hufen*, VerwProzR, § 19 Rn 40; offengelassen von BVerwG LKV 1996, 336, 337.

[754] *Schenke*, NJW 1997, 81, 83 f.; *Uechtritz*, ZfBR 2005, 11, 20. Entsprechende Probleme ergeben sich, wenn eine Norm zunächst rechtmäßig erlassen wurde, jedoch später infolge einer Veränderung der tatsächlichen und/oder rechtlichen Verhältnisse rechtswidrig wird (BVerwG NVwZ 2013, 1547 f. – dazu *Schenke*, NVwZ 2014, 341).

[755] Vgl. BVerfGE 69, 1, 33.

[756] Wie hier *Dageförde*, NVwZ-Beilage II/2001, 19, 20; *Gerhardt/Bier*, in: Schoch/Schneider/Bier, VwGO, § 47 Rn 10; *Schmitz-Rode*, NJW 1998, 415, 416; *Pielow*, DV 1999, 445, 452 ff.; a.A. *Schenke*, NJW 1997, 81, 83 f. und konsequenterweise *Kopp/Schenke*, VwGO, § 47 Rn 84.

8. Antragsgegner, § 47 II S. 2 VwGO

557 Die Frage, wer im Normenkontrollverfahren richtiger Antragsgegner ist, muss bereits im Rahmen der Zulässigkeitsprüfung erörtert werden.[757] Abzulehnen ist die Auffassung, die den Antragsgegner erst bei der Begründetheit, und zwar als Passivlegitimierten prüft.[758] Die Prüfung der Passivlegitimation ist nur dann erforderlich, wenn es um eine subjektive Rechtsverletzung geht. Das Normenkontrollverfahren weist aber auch nach der Änderung der Antragsbefugnis durch das 6. VwGOÄndG 1996 eine stark objektiv-rechtliche Prägung auf; eine subjektive Rechtsverletzung beim Antragsteller ist bei der Begründetheit nicht zu prüfen. Maßgeblich für die Begründetheit ist ausschließlich, ob die angegriffene Norm mit höherrangigem, dem OVG als Prüfungsmaßstab zur Verfügung stehenden Recht (s. § 47 III, V VwGO), übereinstimmt. Daraus folgt, dass sich die Frage nach der Prüfung einer Passivlegitimation erst gar nicht stellt.

558 Die Normenkontrolle ist gem. § 47 II S. 2 VwGO gegen den **Rechtsträger** des Organs zu richten, das die strittige Norm erlassen hat. § 78 VwGO wird insoweit verdrängt.

Beispiele:

(1) Bei einer Verordnung eines Ministers (z.B. Polizeiverordnung eines Innenministers) ist das Land, dem der Minister angehört, Antragsgegner.

(2) Bei einer Verordnung des Landratsamtes in seiner Funktion als Staatsbehörde ist das Land Antragsgegner. Dagegen ist bei einer Verordnung des Landratsamtes in seiner Funktion als Behörde des Landkreises der Landkreis Antragsgegner.

(3) Im Bereich der Selbstverwaltung einer Körperschaft, Anstalt oder Stiftung des öffentlichen Rechts ist diese selbst Antragsgegner. Das betrifft insbesondere die Gemeinden beim Erlass von bauplanungsrechtlichen Satzungen gem. § 47 I Nr. 1 VwGO.

(4) Handelt es sich um Rechtsvorschriften nach § 47 I Nr. 2 VwGO, ist bei Rechtsverordnungen staatlicher Stellen immer das Land, bei Satzungen anderer Körperschaften, Anstalten und Stiftungen die jeweilige juristische Person Antragsgegner.

(5) Bei körperschaftsinternem Recht (z.B. Geschäftsordnung eines Gemeinderats) wird teilweise vertreten, dass Antragsgegner nicht die Körperschaft, sondern das Organ (z.B. der Gemeinderat) sei, das die strittige Norm erlassen hat.[759] Das ist abzulehnen, da § 47 II S. 2 VwGO auf dem Rechtsträgerprinzip basiert und Rechtsträger des Gemeinderats die Gemeinde ist.[760]

559 Schließlich ist auf die richtige Terminologie zu achten. Nach der Terminologie des § 47 VwGO handelt es sich nicht um „Kläger" und „Beklagten", sondern um **Antragsteller** und **Antragsgegner!**

9. Beteiligungs- und Prozessfähigkeit, § 47 II VwGO

560 Gemäß § 47 II S. 1 VwGO sind im Normenkontrollverfahren jede natürliche und juristische Person sowie jede Behörde beteiligungsfähig. Die Regelung des § 61 VwGO wird somit als *lex generalis* verdrängt.[761] Nach § 47 II S. 2 VwGO ist der Antrag gegen *die* Körperschaft zu richten, welche die Rechtsvorschrift erlassen hat (Rechtsträgerprinzip, s.o.). Diese ist beteiligungsfähig.

---

[757] So auch *Schenke*, VerwProzR, Rn 899; *Mann/Wahrendorf*, VerwProzR, § 21 Rn 20.
[758] So *Hufen*, VerwProzR, § 30 Rn 2; *Kintz*, JuS 2000, 1099, 1103.
[759] So OVG Lüneburg DVBl 1999, 1737 und *Hufen*, VerwProzR, § 30 Rn 2.
[760] Wie hier *Kopp/Schenke*, VwGO, § 47 Rn 39.
[761] *Hufen*, VerwProzR, § 19 Rn 8; *Jahn*, JuS 2001, 485, 487.

Die Prozessfähigkeit richtet sich zwar grundsätzlich nach der allgemeinen Vorschrift des § 62 VwGO. Zu beachten ist allerdings, dass natürliche und juristische Personen des Privatrechts sich durch einen Rechtsanwalt oder einen Rechtslehrer an einer deutschen Hochschule als Bevollmächtigten vertreten lassen müssen, vgl. § 67 IV S. 1, S. 3, II S. 1 VwGO. **561**

10. Ordnungsgemäße Form der Antragstellung, §§ 81, 82 VwGO analog

Analog der Formvorschriften für die Klageerhebung (§ 81 I S. 1 VwGO) ist der Antrag auf Durchführung eines Normenkontrollverfahrens schriftlich durch einen i.S.d. § 67 I VwGO postulationsfähigen Prozessvertreter unter Nennung der angegriffenen Norm (§ 82 I S. 1 VwGO) zu stellen.[762] Sollte der Antrag irrtümlich beim VG eingereicht worden sein, muss dieses den Antrag von Amts wegen an das zuständige OVG verweisen, § 83 VwGO analog. **562**

11. Allgemeines Rechtsschutzbedürfnis

Nach der ständigen Rechtsprechung des BVerwG[763] tritt das allgemeine Rechtsschutzbedürfnis auch im Normenkontrollverfahren neben die Antragsbefugnis. Das allgemeine Rechtsschutzbedürfnis fehlt aber nicht schon dann, wenn eine Inzidentkontrolle der strittigen Rechtsnorm (etwa innerhalb einer Anfechtungsklage) möglich wäre. Das allgemeine Rechtsschutzbedürfnis fehlt aber dann, wenn sich die Inanspruchnahme des Gerichts als nutzlos erweist. Da § 47 VwGO zwischen Anträgen von natürlichen bzw. juristischen Personen einerseits und von Behörden andererseits unterscheidet, wird auch im Folgenden dahingehend differenziert. **563**

a. Von natürlichen und juristischen Personen

Bei Anträgen von natürlichen und juristischen Personen liegt das allgemeine Rechtsschutzbedürfnis von vornherein nur dann vor, wenn die eingetretene Rechtsverletzung noch beseitigt oder die erwartete noch verhindert werden kann. Dies ist beispielsweise nicht der Fall, wenn durch die gerichtliche Nichtigkeitserklärung die Rechtsstellung des Antragstellers nicht mehr verbessert werden kann. Auch entfällt das Rechtsschutzbedürfnis, wenn ein auf einer nichtigen Norm basierender Verwaltungsakt bestandskräftig ist und auch bereits vollzogen wurde. In diesem Fall wäre die Fortsetzungsfeststellungsklage bzw. subsidiär die allgemeine Feststellungsklage einschlägig. **564**

Ferner besteht das Rechtsschutzbedürfnis nur, solange die Norm noch Rechtswirkung entfaltet. Das kann insbesondere bei der kurzlebigen Veränderungssperre (vgl. §§ 14 ff. BauGB, 9a FStrG, 15 WaStrG, 86 WHG, 34 FlurbG) relevant werden. Zu beachten ist aber, dass auch nach Außerkrafttreten der betreffenden Norm diese noch insofern Rechtswirkungen entfalten kann, als mögliche Schadensersatzansprüche, ein Rehabilitationsinteresse oder eine Wiederholungsgefahr in Betracht kommen (vgl. die Parallelproblematik des Fortsetzungsfeststellungsinteresses). Für das Rechtsschutzbedürfnis erforderlich ist aber ein besonderes Interesse an der Feststellung, dass die Rechtsverordnung rechtswidrig und ungültig war. Das ist entsprechend den zu § 113 I S. 4 VwGO entwickelten Grundsätzen zu prüfen.[764]

---

[762] Eine Antragstellung zur Niederschrift des Urkundsbeamten der Geschäftsstelle des OVG ist dagegen nicht möglich (VGH Mannheim Justiz 1998, 89; *Kintz*, JuS 2000, 1099, 1102).

[763] BVerwG NVwZ 2000, 194.

[764] Vgl. *Kintz*, JuS 2000, 1099, 1102 und die Ausführungen zur Fortsetzungsfeststellungsklage bei Rn 395 ff.

Beispiel: So kann sich ein Beschäftigter eines Einzelhandelsunternehmens gegen eine aufgrund des LadenschlussG erlassene, inzwischen aber infolge Zeitablaufs erledigte Rechtsverordnung, wonach an einem bestimmten Sonntag vor Ort die Läden geöffnet werden durften, wenden.

565 Keine Auswirkungen auf das allgemeine Rechtsschutzbedürfnis hat wegen der unterschiedlichen Zielsetzung die gleichzeitige Erhebung einer Anfechtungs- oder Verpflichtungsklage.

b. Von Behörden

566 Da eine Behörde nicht in subjektiven Rechten beeinträchtigt sein kann, sondern nur den Zweck der objektiven Rechtskontrolle verfolgt, kann sie auch kein Rechtsschutzbedürfnis haben. Aus diesem Grund wird stattdessen auf das **objektive Kontrollinteresse** abgestellt. Zu beachten ist aber, dass eine Gemeinde nicht die verwaltungsgerichtliche Überprüfung der eigenen Satzung beantragen kann. Der Grund hierfür liegt darin, dass das Gericht die betreffende Norm nur (negativ) auf deren Nichtigkeit, nicht (positiv) auf deren Wirksamkeit überprüfen darf.
Will die Behörde, die die Satzung erlassen hat, also die Wirksamkeit überprüfen lassen, ist ein entsprechender Antrag unzulässig. Will sie hingegen die Nichtigkeit überprüfen lassen, kommt ein einfacherer Weg in Betracht, nämlich dass sie diese im Rechtsetzungsverfahren selbst aufhebt bzw. abändert.[765]

12. Beiladung

567 Da die Beiladung (§ 65 VwGO) auch im Normenkontrollverfahren keine Zulässigkeitsvoraussetzung darstellen kann (würde man dies annehmen, müsste der Normenkontrollantrag als unzulässig abgewiesen werden, wenn die Voraussetzungen der Beiladung nicht vorlägen), ist sie richtigerweise außerhalb der Zulässigkeit zu prüfen. Daher wird insoweit auf Rn 615 f. verwiesen.

[765] Zum Rechtsschutzbedürfnis von Gemeinden im Normenkontrollverfahren vgl. BVerwG NVwZ 2000, 808.

VI. Sachentscheidungsvoraussetzungen der Normerlassklage

1. Allgemeines

Eine Normerlassklage ist eine Klage, mit der der Bürger seinen geltend gemachten Rechtsanspruch auf Erlass oder Ergänzung einer Rechtsnorm gerichtlich durchzusetzen versucht. Soll das Gericht den Normgeber verpflichten, die bisher unterlassene, aber vom Kläger gewünschte Rechtsnorm zu erlassen, spricht man von einer **echten Normerlassklage**. Soll das Gericht dagegen den Normgeber lediglich verpflichten, die bestehende Rechtsnorm zu ergänzen, spricht man von einer **unechten Normerlassklage**.[766] Des Weiteren ist dahingehend zu unterscheiden, ob die Klage auf den Erlass bzw. die Ergänzung einer *förmlichen* oder einer *untergesetzlichen* Rechtsnorm gerichtet ist. Nur wenn die Klage auf Erlass bzw. Ergänzung einer *untergesetzlichen* Rechtsnorm gerichtet ist, kommt überhaupt der Verwaltungsrechtsweg in Betracht.[767] Gegenstand der vorliegenden Bearbeitung ist ausschließlich die Klage auf **Erlass**[768] einer **untergesetzlichen** Norm. 568

Beispiele[769]**: (1)** Eine Bezirksregierung weigert sich, eine Rechtsverordnung nach § 203 I BauGB zu erlassen[770]; **(2)** eine Gemeinde weigert sich, einen Bebauungsplan zu erlassen, obwohl sie sich hierzu in einem sog. Bauherrenvertrag verpflichtet hat; **(3)** in einer Hochschule fehlt eine Prüfungsordnung; **(4)** der Normgeber unterlässt die Allgemeinverbindlichkeitserklärung eines Tarifvertrags.[771]

2. Verfassungsrechtliche Bedenken

Gegen die Normerlassklage werden allgemein folgende Bedenken geäußert[772]: 569

- Die verwaltungsgerichtlichen Klage- und Verfahrensarten seien in der VwGO abschließend geregelt. Dort sei von einer Normerlassklage nicht die Rede. Eine Erweiterung des Klagesystems sei allein Sache des Gesetzgebers. Es verstoße gegen den Grundsatz der Gewaltenteilung, wenn die Rechtsprechung die Normerlassklage akzeptiere.
- Handele es sich um eine zu erlassende Rechtsnorm aus dem Bereich des kommunalen Selbstverwaltungsrechts, greife die Rechtsprechung, die eine Normerlassklage zulasse, in die Planungshoheit und die Satzungsautonomie der Gemeinde ein.
- Ein Anspruch auf Normerlass sei ohnehin i.d.R. unbegründet, sodass es keinen Verstoß gegen Art. 19 IV S. 1 GG darstelle, wenn man ganz auf sie verzichte.
- Schließlich sei die Normenkontrolle – soweit sie Rechtsnormen außerhalb von Satzungen nach dem BauGB betreffe – in das Ermessen der Länder gestellt (sog. landesrechtliches Ergänzungsrecht, vgl. § 47 I Nr. 2 VwGO). Dies müsse erst recht für die Normerlassklage gelten. Wenn aber die Normerlassklage in das Ermessen der Länder gestellt sei, führe das zu einer Regionalisierung des Prozessrechts.

Die ganz h.M. bejaht gleichwohl die grundsätzliche Zulässigkeit der Normerlassklage. 570
Wenn eine Person (ausnahmsweise) ein Recht auf Erlass einer Rechtsnorm durch die Exekutive habe, müsse ihr hinsichtlich Art. 19 IV S. 1 GG auch der Rechtsweg offen-

---

[766] So die zutreffende Unterscheidung von *J. Schmidt*, in: Eyermann, VwGO, § 47 Rn 17; *Geis/Meier*, JuS 2013, 28, 31; wohl auch von *Kopp/Schenke*, VwGO, § 47 Rn 13; *Schenke*, VerwProzR, Rn 1081 ff. und *Sodan*, NVwZ 2000, 601 ff.

[767] Bei der Klage auf Erlass einer förmlichen, also einer vom Parlament zu erlassenden Rechtsnorm handelt es sich um eine verfassungsrechtliche Streitigkeit, die vor den Verfassungsgerichten auszutragen ist (vgl. BVerfGE 70, 35, 55; BVerwG NVwZ 2002, 1505; BVerwGE 80, 355, 358; *Sodan*, NVwZ 2000, 601, 602).

[768] Zur Klage auf *Änderung* einer untergesetzlichen Norm vgl. BVerwG NVwZ 2002, 1505 ff. mit Bespr. v. *Köller/Haller*, JuS 2004, 189 ff.

[769] Vgl. *Hufen*, VerwProzR, § 20 Rn 1.

[770] Vgl. BVerwG NVwZ 2008, 423 (mit Anm. v. *Winkler*, DVBl 2008, 596); vgl. auch *Schübel-Pfister*, JuS 2008, 874 f.

[771] Weitere Beispiele bei *Robbers*, JuS 1988, 949, 950.

[772] Vgl. dazu BVerwGE 13, 328, 329; VGH Kassel, NJW 1983, 2895 ff.; *Ehlers*, Jura 2005, 171 ff.; *Grünebaum*, BayVBl 2005, 11 ff.; *Köller/Haller*, JuS 2004, 189, 190; *Hufen*, VerwProzR, § 20 Rn 2.

stehen.[773] Auch greife der Einwand der Verletzung des Gewaltenteilungsgrundsatzes nicht, da die Verwaltungsgerichte lediglich die Exekutive, nicht die Legislative zum Normerlass verpflichte. Die Verpflichtung der Exekutive zu einem bestimmten Handeln finde sich auch bei der Verpflichtungsklage, ohne dass dort verfassungsrechtliche Bedenken geäußert würden. Dies gelte auch für Verpflichtungsklagen, die hinsichtlich des Erlasses von Regelungen gegenüber einer unbestimmten Zahl von Adressaten (Allgemeinverfügungen) erhoben werden. Es sei daher inkonsequent, eine auf die Verpflichtung der Verwaltung zum Erlass von Allgemeinverfügungen gerichtete Verpflichtungsklage zuzulassen, eine Normerlassklage aber nicht.[774]

571 **Stellungnahme und Hinweis für die Fallbearbeitung:** Die grundsätzlich bestehenden Bedenken gegen die Zulässigkeit einer verwaltungsgerichtlichen Normerlassklage werden von der h.M. in überzeugender Weise ausgeräumt. Der h.M. sollte daher gefolgt werden. Freilich eine andere Frage ist es, ob der Anspruch auch in tatsächlicher Hinsicht besteht. Dies ist bei der Begründetheit zu prüfen. Vgl. dazu Rn 581.

3. Verwaltungs- oder verfassungsrechtliche Streitigkeit?

572 Bejaht man mit der h.M. die grundsätzliche Zulässigkeit der Normerlassklage, bestehen weiterhin Bedenken hinsichtlich der Annahme, dem Kläger stehe eine *verwaltungs*gerichtliche Verfahrensart zur Verfügung. Diese Bedenken knüpfen an den Gewaltenteilungsgrundsatz an. Teilweise wird geltend gemacht, dass es mit dem Gewaltenteilungsgrundsatz nicht vereinbar sei, wenn das einfache Verwaltungsgericht die Exekutive verpflichten könne, eine Rechtsnorm zu erlassen. Die Entscheidung, eine untergesetzliche Rechtsnorm zu erlassen, sei allein Aufgabe der Exekutive. Die Feststellung hinsichtlich des Bestehens eines Rechtsanspruchs auf Normenerlass durch die Verwaltungsgerichte scheide daher aus. Vielmehr stelle sich eine solche Streitigkeit als eine **verfassungsrechtliche Streitigkeit** dar, für die gem. § 40 VwGO der Verwaltungsrechtsweg ausgeschlossen sei.[775] Die h.M. teilt diese Bedenken nicht. Die gerichtliche Überprüfung der Exekutive einschließlich ihrer rechtsetzenden Tätigkeit sei prinzipiell Aufgabe der Verwaltungsgerichte.[776] Folgt man dieser Auffassung, ist der **Verwaltungsrechtsweg** eröffnet.

4. Statthafte Klage- bzw. Verfahrensart

573 Unklar ist auch, welche Klage- bzw. Verfahrensart statthaft ist. Denkbar ist ein Feststellungsverfahren analog § 47 VwGO, aber auch eine Feststellungsklage nach § 43 VwGO oder eine allgemeine Leistungsklage.

574
- Eine Auffassung will **§ 47 I VwGO analog** anwenden.[777] Zwar gehe es nicht um die Kontrolle, sondern um den Erlass von Normen. § 47 VwGO sei aber in Fragen in Bezug auf Normen generell die speziellere Verfahrensart. Darüber hinaus sei es angemessen, Normenklagen wegen ihrer Bedeutung in die erstinstanzliche Zuständigkeit des OVG zu stellen, was nur über § 47 VwGO möglich sei. Statthaft sei daher ein Feststellungsan-

---

[773] Vgl. BVerwG NVwZ 2002, 1505 f.; BVerwGE 80, 355, 361; *Sodan*, NVwZ 2000, 601 ff.; *Rennert*, in: Eyermann, VwGO, § 40 Rn 27; *Kopp/Schenke*, VwGO, § 47 Rn 13; *Schenke*, VerwProzR, Rn 1081 ff.

[774] Vgl. *Hufen*, VerwProzR, § 20 Rn 1 ff. Das BVerwG (NVwZ 2002, 1505 f.) ohne weiteres von der Zulässigkeit einer Normerlassklage aus.

[775] So *Schenke*, VerwProzR, Rn 131 f.; *Kopp/Schenke*, VwGO, § 47 Rn 13 u. § 40 Rn 32a; *J. Schmidt*, in: Eyermann, VwGO, § 47 Rn 19 a.E. (unklar aber in Rn 18); anders aber *Rennert*, in: Eyermann, VwGO, § 40 Rn 59: Verwaltungsrechtsweg.

[776] So BVerwG NVwZ 2008, 423; NVwZ 2002, 1505; BVerwGE 80, 355, 358; *Köller/Haller*, JuS 2004, 189; *Sodan*, NVwZ 2000, 601, 608; *Rennert*, in: Eyermann, VwGO, § 40 Rn 59; *Hufen*, VerwProzR, § 20 Rn 1 ff.; *Axer*, NZS 1997, 10, 15; *Geis/Meier*, JuS 2013, 28, 31 f.

[777] VGH München BayVBl 1980, 209 ff. und 2003, 433 ff. Die analoge Anwendung erfolgt deshalb, weil der Wortlaut des § 47 VwGO von einer *Kontrolle* spricht.

trag im Normenkontrollverfahren. Die Rechtsprechung des BVerwG und die h.L. verneinen aber die analoge Anwendbarkeit des § 47 VwGO.[778] Gegen die analoge Anwendung spreche wegen der möglichen Statthaftigkeit der Feststellungsklage und der allgemeinen Leistungsklage das fehlende Analogiebedürfnis aufgrund einer nicht vorhandenen Regelungslücke. Darüber hinaus würde sonst aufgrund der unterschiedlichen Länderbestimmungen über die Zulässigkeit der Normenkontrolle (s.o.) eine Verschärfung der Regionalisierung des Prozessrechts stattfinden. Im Ergebnis sei daher die analoge Anwendung des § 47 VwGO abzulehnen.

- Die Rechtsprechung des BVerwG und ein Teil der Lit. bedienen sich der **Feststellungsklage**.[779] Zwar beziehe sich der Wortlaut des § 43 II VwGO (Subsidiarität der Feststellungsklage) sowohl auf Gestaltungs- als auch auf Leistungsklagen, und somit auch auf die allgemeine Leistungsklage, *Ratio* der Subsidiaritätsanordnung sei aber, dass die Feststellungsklage nur dann nicht zur Anwendung gelange, wenn die Sonderregelungen über Fristen und Vorverfahren für Anfechtungs- und Verpflichtungsklagen unterlaufen würden oder wenn eine andere, sachnähere und wirksamere Klageart zur Verfügung stünde. Gerade aber wegen des Grundsatzes, dass Träger öffentlicher Gewalt an Gesetz und Recht gebunden sind (Art. 20 III GG) und dadurch eine Befolgung von Feststellungsurteilen zu erwarten sei, bedürfe es eines durch eine Gestaltungs- oder Leistungsklage hervorgerufenen Vollstreckungsdrucks nicht.[780] Daher sei dem Rechtsschutz des Bürgers mit der Feststellungsklage voll und ganz gedient. Für den Vorrang der Feststellungsklage vor der allgemeinen Leistungsklage spreche schließlich, dass Letztere nur auf Überprüfung von Einzelakten gerichtet sei. § 43 II VwGO sei daher seinem Zweck entsprechend insgesamt einschränkend auszulegen.[781] Folgt man dieser Auffassung, richtet sich die Klage auf die Feststellung der Verpflichtung des Normgebers zum Normerlass. 575

- Überwiegend wird jedoch unter Bezugnahme auf die grundsätzliche Subsidiarität der Feststellungsklage die **allgemeine Leistungsklage** für statthaft gehalten.[782] Dass die Leistungsklage sich nur auf Einzelakte beziehe, sei nirgendwo festgelegt. Überdies entspreche der Vorrang der Leistungsklage nicht nur der klaren Regelung des § 43 II VwGO, sondern der Kläger erreiche mit der Verurteilung zum Normerlass auch mehr als mit der (bloßen) Feststellungsklage. Folgt man dieser Auffassung, richtet sich die Klage auf die Verurteilung des Normgebers zum Normenerlass. 576

Stellungnahme und Hinweis für die Fallbearbeitung: Im Ergebnis ist die analoge Anwendung des § 47 I VwGO mit den oben angeführten Argumenten abzulehnen. Eine Entscheidung zwischen der allgemeinen Leistungsklage und der Feststellungsklage sollte nicht nur von der Meinung des Klausurbearbeiters abhängig gemacht, sondern vor allem im Hinblick auf die Klausurkonsequenz getroffen werden: Bei Favorisierung der Feststellungsklage richten sich die weiteren Sachentscheidungsvoraussetzungen selbstverständlich nach § 43 VwGO. Neben der (nicht ohne weiteres herzuleitenden) Konkretheit des Rechtsverhältnisses ist ferner das Feststellungsinteresse zu begründen. Bevor man sich also für die Feststellungsklage entscheidet und diese im Ergebnis infolge des Nichtvorliegens weiterer Sachent- 577

[778] BVerwG NVwZ 2008, 423; BVerwGE 80, 355, 361 f.; *Kopp/Schenke*, VwGO, § 47 Rn 13; *Happ*, in: Eyermann, VwGO, § 42 Rn 63; *Robbers*, JuS 1988, 949, 951; vgl. auch *Schübel-Pfister*, JuS 2008, 874, 875.

[779] So BVerwG DVBl 2008, 520, 521; NVwZ 2002, 1505, 1506; BVerwGE 80, 355, 361; 111, 276, 279; BVerwG NVwZ 1990, 162. Damit verfolgt das BVerwG konsequent die Linie, (entgegen dem Wortlaut des § 43 II VwGO) den Anwendungsbereich der Feststellungsklage zu Lasten der allgemeinen Leistungsklage auszudehnen. In diesem Sinne auch *Sodan*, in: NKVwGO, § 42 Rn 49 und *Sodan*, NVwZ 2000, 601, 609.

[780] Ein Feststellungsurteil ist – im Gegensatz zu einem Gestaltungs- oder Leistungsurteil – nur hinsichtlich der Kostenentscheidung vollstreckungsfähig.

[781] BVerwG NVwZ 2002, 1505, 1506.

[782] So OVG Bremen NVwZ-RR 2001, 378; VGH Mannheim NVwZ-RR 2000, 701; VGH München BayVBl 1981, 499, 503; BSG NZS 2001, 590 (für die Sozialgerichtsbarkeit); *Duken*, NVwZ 1993, 546, 548; *Hufen*, VerwProzR, § 20 Rn 8; *Pietzcker*, in: Schoch/Schneider/Bier, VwGO, § 42 Abs. 1 Rn 160; im Ergebnis auch *Happ*, in: Eyermann, VwGO, § 42 Rn 63; *Kopp/Schenke*, VwGO, Vorb § 40 Rn 8a. Vgl. auch *Geis/Meier* JuS 2013, 28, 31.

scheidungsvoraussetzungen ablehnen muss, kann es klausurtaktisch sinnvoller sein, sich von vornherein für die allgemeine Leistungsklage zu entscheiden. Andererseits kann das für die allgemeine Leistungsklage erforderliche Rechtsschutzbedürfnis Schwierigkeiten bereiten. Die beiden die *Feststellungsklage* tragenden und in einer Klausur anzuführenden Argumente sind jedenfalls, dass

⇨ Normen nicht als tauglicher Gegenstand der Leistungsklage angesehen werden können,
⇨ und in diesem Fall die Feststellungsklage die sachnähere Verfahrensart sei.

Wird hingegen eine *allgemeine Leistungsklage* angenommen, sollte unbedingt damit argumentiert werden, dass

⇨ nirgendwo festgelegt ist, dass die Leistungsklage sich nur auf Einzelakte beziehe, und
⇨ dass kein sachlicher Grund vorliege, von dem Grundsatz der in § 43 II VwGO vorgeschriebenen Subsidiarität abzuweichen, vor allem aber, dass die Leistungsklage rechtsschutzintensiver sei.

578 Begehrt der Kläger indes eine **Änderung** einer untergesetzlichen Norm, setzt die Änderung voraus, dass die aktuelle Fassung ungültig ist. Daher ist in diesem Fall nach der hier vertretenen Auffassung die **Normenkontrolle** statthaft, nicht die allgemeine Leistungsklage.[783]

5. Feststellungsinteresse/Klagebefugnis

579 Erklärt man die Feststellungsklage für statthaft, ist als Nächstes das **Feststellungsinteresse** zu prüfen. Dieses liegt vor, wenn der Kläger ein rechtliches, wirtschaftliches oder ideelles Interesse an der baldigen Feststellung des Bestehens oder Nichtbestehens eines Rechtsverhältnisses hat. Darüber hinaus ist – wie von vornherein bei der Annahme einer **allgemeinen Leistungsklage** – eine Klagebefugnis analog § 42 II VwGO zu fordern. Der Kläger muss also geltend machen, durch den Nichterlass der gewünschten Rechtsnorm in seinen Rechten verletzt zu sein, und diese geltend gemachte Rechtsverletzung darf nach der **Möglichkeitstheorie** lediglich nicht ausgeschlossen sein.[784]

6. Sonstige Sachentscheidungsvoraussetzungen

580 Zu den sonstigen Sachentscheidungsvoraussetzungen gelten grds. die Ausführungen zur Feststellungsklage und zur allgemeinen Leistungsklage. Im Rahmen der Normerlassklage ist Klagegegner der potentielle Normgeber bzw. der Rechtsträger.

7. Exkurs: Begründetheit der Normerlassklage

581 Bei der Begründetheit ist zu prüfen, ob der geltend gemachte Anspruch auf Erlass einer Norm in tatsächlicher Hinsicht besteht. Dazu ist zunächst darzulegen, dass Ansprüche auf den Erlass von bestimmten Normen in bestimmten Fällen zu bejahen sind. Jedenfalls ist (wie bei der Begründetheitsprüfung einer Verpflichtungsklage oder allgemeinen Leistungsvornahmeklage) im konkreten Fall eine Anspruchsgrundlage erforderlich. Diese kann sich aus der Verfassung ergeben, insbesondere aus grundrechtlichen Schutzpflichten[785] und dem allgemeinen Gleichheitssatz. Speziell in Bezug auf untergesetzliche Normen kommt auch ein einfachgesetzliches Gesetz als Anspruchsgrundlage in Betracht.[786] Aufgrund des weiten Einschätzungsspielraums seitens des Normgebers wird aber zumeist von einem Nichtvorliegen einer Verpflichtung auszugehen sein.

---

[783] Anders BVerwG NVwZ 2002, 1505 f.
[784] Vgl. dazu auch *Dörr*, JuS 2000, 491.
[785] Vgl. dazu BVerfGE 88, 203, 251 (Schwangerschaftsabbruch); BVerfGE 77, 170, 214 (Lagerung chemischer Waffen).
[786] Vgl. dazu ausführlich *Sodan*, NVwZ 2000, 601 ff.

VII. Sachentscheidungsvoraussetzungen der Organklage

1. Allgemeines

Durchaus wichtiger Inhalt des Verwaltungsrechts sind auch Organklagen, insbesondere der **Kommunalverfassungsstreit**[787], aber auch Streitigkeiten zwischen Organen oder Organteilen einer sonstigen Körperschaft des öffentlichen Rechts[788]. Ausgangspunkt der Überlegung ist die Unterscheidung zwischen Innen- und Außenrecht. Das **Außenrecht** betrifft die Rechtsbeziehungen *zwischen* Rechtssubjekten, im Bereich des Verwaltungsrechts vornehmlich die Beziehungen zwischen der Verwaltung und den Bürgern. Hauptanwendungsfall ist der Erlass von Verwaltungsakten. Das **Innenrecht** hingegen betrifft die rechtlichen Verhältnisse *innerhalb* eines Rechtssubjekts. Betroffene des Innenrechts sind die Organe, eventuell auch Untergliederungen und Teile von Organen. 582

Beispiele:

(1) Der **Gemeinderat** (die Gemeindevertretung) und der Bürgermeister bzw. der Gemeindedirektor oder der Magistrat sind Organe einer Gemeinde. Einzelne Angehörige oder Fraktionen von Gemeinderäten sind Organteile des Organs Gemeinderat.

(2) Die **Stadtverordnetenversammlung** und der **Magistrat** sind Organe einer Stadt.

(3) Der **Senat einer Universität** ist ein Organ einer Universität. Der Vorsitzende des Senats einer Universität ist ein Teil des Organs Senat.

(4) Die **Vollversammlung einer IHK** ist Hauptentscheidungsorgan der Kammer (vgl. § 4 IHKG). Jedes Mitglied der Vollversammlung hat bestimmte Organrechte gegenüber der Vollversammlung und den Exekutivorganen.

Problematisch ist, ob Organe durch das Innenrecht nur verpflichtet werden oder ob sie sich auch auf Rechte berufen können, und ob sie – falls es solche Organrechte gibt – diese bei Beeinträchtigung durch andere Organe gerichtlich geltend machen können. 583

Im Grundsatz gilt, dass die Organe, die in den hierarchischen Aufbau der Verwaltung eingebunden sind, keine Zuständigkeits- oder sonstigen Organrechte haben. Zuständigkeitskonflikte sind hier durch die übergeordnete Instanz, letztlich auf Regierungsebene zu lösen. Die Anrufung eines Gerichts würde in diesem Zusammenhang einen unzulässigen **Insichprozess** bedeuten.

Allerdings ist zu beachten, dass etwas anderes bei solchen Organen gilt, die repräsentativen Charakter haben und in einem gesetzlich ausbalancierten Verhältnis zu anderen Organen stehen. Das ist zum einen bei den Verfassungsorganen (Parlament, Regierung und Teile derselben), zum anderen aber auch bei den in den obigen Beispielen genannten Organen der Gemeinden und sonstigen Selbstverwaltungskörperschaften der Fall. Sie haben ihre Zuständigkeiten auch gegen Übergriffe anderer Organe zu verteidigen und besitzen deshalb **gerichtlich durchsetzbare Organrechte**.[789] Entsprechendes gilt für Organteile.

Im Bereich des Verfassungsrechts sind Organstreitigkeiten ausdrücklich geregelt, vgl. für den Bund Art. 93 I Nr. 1 GG, §§ 63 ff. BVerfGG und für die Länder die entsprechenden Normen des Landesrechts. Im außerverfassungsrechtlichen Bereich kommen diese Vorschriften nicht zur Anwendung. Der Rechtsweg dieser Streitigkeiten richtet

---

[787] Vgl. OVG Münster NWVBl 2002, 381 u. 434, *Franz*, Jura 2005, 156 ff., *Meyer*, NVwZ 2003, 183 f., *Jaroschek*, JuS 2000, 53 ff., *Suerbaum/Brüning*, JuS 2001, 992 ff., *Burbaum*, JuS 2001, L 68 ff. und nun auch *Rennert*, JuS 2008, 119, 123 f. sowie *Ogorek*, JuS 2009, 511 ff. Zum Begriff vgl. unten Rn 585.

[788] Vgl. OVG Münster NVwZ 2003, 1526 ff. für eine IHK.

[789] Vgl. OVG Münster NVwZ 2003, 1526, 1527; OVG Münster NWVBl 2002, 381 u. 434; *Maurer*, AllgVerwR, § 21 Rn 28.

sich nach der Generalklausel des § 40 I S. 1 VwGO. Dass Organklagen und insbesondere der „Kommunalverfassungsstreit" dem Verwaltungsrecht zugeordnet werden, mag zwar zunächst verwundern, da der Verwaltungsprozess in der Regel nur im Verhältnis Bürger/Staat eine Rolle spielt. Dennoch sind sie anzuerkennen, da es auch innerhalb von Körperschaften des öffentlichen Rechts zwischen deren Organen und sogar innerhalb eines Organs selbst zu Streitigkeiten kommen kann und es nicht einzusehen ist, warum sie einem gerichtsfreien Raum unterliegen sollten. Insbesondere handelt es sich bei einer Organstreitigkeit im Gemeindebereich entgegen der Bezeichnung „Kommunalverfassungsstreit" nicht um eine Verfassungsstreitigkeit, da es nicht um spezifisches Staats(verfassungs-)recht geht, sondern um Organisationsrecht im Bereich der kommunalen Selbstverwaltung. Zudem handelt es sich bei den Gemeindeverfassungsorganen nicht um Organe im staatsrechtlichen Sinn.

584 Bestehen Differenzen zwischen verschiedenen Organen einer Körperschaft des öffentlichen Rechts über die Rechtmäßigkeit des innerorganisatorischen Funktionsablaufs, spricht man von einem **Interorganstreit**. Bestehen hingegen Differenzen innerhalb eines Kollegialorgans (z.B. des Magistrats der Gemeinde Bremerhaven), zwischen einem Organteil und dem Organ, dem es angehört, oder zwischen Organteilen desselben Organs, liegt ein **Intraorganstreit** vor.

585 Ist eine verwaltungsrechtliche Organklage Klausurgegenstand, wird es sich zumeist um einen **Kommunalverfassungsstreit** handeln. Ein Kommunalverfassungsstreit liegt vor bei einer Streitigkeit zwischen Organen oder Organteilen einer kommunalen Gebietskörperschaft, bei der es um Maßnahmen geht, deren Rechtswirkungen sich auf Beziehungen innerhalb der Körperschaft beschränken.[790]

Beispiel: Nach den Bestimmungen der GemO müssen wichtige Angelegenheiten der laufenden Verwaltung vom Bürgermeister mit dem Gemeinderat abgesprochen werden. Missachtet der Bürgermeister diese Pflicht und macht der Gemeinderat die Verletzung dieses Mitwirkungsrechts geltend, liegt ein Kommunalverfassungsstreit vor.

586 **Abzugrenzen** ist der Kommunalverfassungsstreit von anderen typischen kommunalen Streitigkeiten. So ist zunächst zu beachten, dass **kommunale Aufsichtsklagen** das Rechtsverhältnis zwischen Staat und Gemeinde betreffen: Während bei einem Kommunalverfassungsstreit nur Organe und Organteile der Gemeinde beteiligt sind, sind bei einer Aufsichtsklage die Gemeinde und der Staat beteiligt.[791]

587 Des Weiteren ist vom Kommunalverfassungsstreit das **gemeindeinterne Beanstandungsverfahren** zu unterscheiden: Der Bürgermeister oder Gemeindedirektor ist verpflichtet, Ratsbeschlüsse zu beanstanden und deren Vollzug auszusetzen, wenn er sie für rechtswidrig hält. Andere Gemeindeorgane, Organteile oder gar die Gemeindebürger haben keine Möglichkeit, gerichtlich gegen ein entsprechendes Fehlverhalten vorzugehen, da die Beanstandungspflicht ausschließlich dem Gesetzmäßigkeitsprinzip entspricht und daher im öffentlichen Interesse steht, und nicht dem (subjektiven) Rechtsschutz dient.

588 Keinen Kommunalverfassungsstreit stellt auch der Streit um die Ablehnung der Durchführung von **Bürgerbegehren und -entscheiden** dar. Zwar handelt es sich um eine verwaltungsrechtliche Streitigkeit, statthaft ist allerdings die „normale" Verpflichtungsklage, da die Entscheidung über die Zulässigkeit bzw. Unzulässigkeit eines Bürgerbegehrens gegenüber dem Antragsteller einen Verwaltungsakt darstellt. Zudem lassen sich die Unterzeichner eines Bürgerbegehrens weder institutionell noch funktionell als Organ der Gemeinde qualifizieren. Ein Organ zeichnet sich gerade durch die vom Wechsel seiner Inha-

---

[790] OVG Münster NWVBl 2002, 381 u. 434; wiederholend *Ogorek*, JuS 2009, 511.
[791] Zur staatlichen Kommunalaufsicht vgl. *R. Schmidt*, AllgVerwR, Rn 93 und 439 ff.

ber unabhängige organisatorische Verselbstständigung aus. Ferner müssen ihm bestimmte Zuständigkeiten zugewiesen sein. Die Unterzeichner eines Bürgerbegehrens hingegen nehmen (lediglich) punktuell eingeräumte demokratische Teilhaberechte wahr.[792]

2. Sachentscheidungsvoraussetzungen

a. Verwaltungsrechtsweg

Liegt ein Kommunalverfassungsstreit vor, kommt die Eröffnung des Verwaltungsrechtswegs nicht etwa nach der besonderen Zuweisungsnorm des § 54 I BeamtStG in Betracht, da Gemeinderatsmitglieder oder andere kommunale Organe bzw. Organteile keine Beamten im statusrechtlichen Sinne sind. Mangels einer sonst in Betracht kommenden aufdrängenden Spezialzuweisung kann der Verwaltungsrechtsweg daher nur gemäß **§ 40 I S. 1 VwGO** eröffnet sein. Dies setzt allerdings voraus, dass die Auseinandersetzung zwischen den Organen oder den Organteilen und dem Organ überhaupt justiziabel ist. Zweifel hieran könnten sich deshalb ergeben, weil kommunalverfassungsrechtliche Organklagen allein auf Innenrechtsbeziehungen abstellen, die VwGO jedoch grundsätzlich auf den Außenrechtsstreit zugeschnitten ist.[793] **589**

Organen können aus kommunalverfassungsrechtlichen Grundsätzen Aufgabenbereiche dergestalt zugewiesen werden, dass hieraus auf die Übertragung einer wehrfähigen Zuständigkeit, ihre Interessen wahrzunehmen, geschlossen werden kann. Daher erscheint es sachgerecht, dem Verlangen nach gerichtlicher Klärung dadurch Rechnung zu tragen, die Maßstäbe subjektiver Außenrechte sinngemäß anzuwenden.[794]

Auch für Streitigkeiten innerhalb eines Organs (Intraorganstreit) kann nichts anderes gelten. Aufgrund der pluralistischen Zusammensetzung eines kommunalrechtlichen Organs sind Interessenkonflikte unabwendbar und sogar gewünscht. Daraus folgt das Erfordernis, dass den Organteilen Gestaltungs-, Einsichtnahme-, Rede- und Stimmrechte zustehen, die neben der vordergründigen verfahrensrechtlichen Bedeutung auch regelmäßig eine Teilhabe- und Kontrollfunktion beinhalten.[795] Aus dieser Funktionenzuweisung und der Notwendigkeit, Machtpositionen auszubalancieren, folgt die wehrfähige Wahrnehmungszuständigkeit auch einzelner Organteile.

Unter Anwendung dieser Maßstäbe muss somit auch der Streit um die Verletzung von organschaftlichen Streitigkeiten justiziabel sein. Da der kommunale organisationsrechtliche Streit nicht zwischen Verfassungsorganen auf dem Gebiet des Bundes- oder Landesverfassungsrechts ausgetragen wird und es daher nicht um spezifisches Verfassungsrecht geht, sondern um schlichtes Organisationsrecht im Bereich der kommunalen Selbstverwaltung, kommt der Kommunalverfassungsstreit als öffentlich-rechtliche Streitigkeit nichtverfassungsrechtlicher Art i.S.d. § 40 I S. 1 VwGO in Betracht. Der Verwaltungsrechtsweg ist dann eröffnet, wenn die dem Streit zugrunde liegenden Normen unmittelbare Folge des öffentlichen Rechts sind.[796]

Beispiele:

(1) Der Rat der Stadt S beschließt, dass zur Förderung der Wirtschaft der industrielle Stromtarif um 15 % gesenkt wird. Die A-Fraktion im Rat ist der Auffassung, dieser Beschluss sei rechtswidrig und darüber hinaus energiepolitisch verfehlt.

Nachdem die Wehrfähigkeit einer Ratsfraktion, also die generelle Justiziabilität bejaht wurde, muss festgestellt werden, ob der Streitgegenstand unmittelbare Folge des öffentlichen Rechts ist. Streitgegenstand ist vorliegend zwar der Ratsbeschluss, der unzweifelhaft dem öffentlichen Recht zuzuordnen ist. Abzustellen ist

---

[792] Vgl. näher *Meyer*, NVwZ 2003, 183; für die Landesebene vgl. ThürVerfGH LKV 2002, 83, 90.
[793] *Hufen*, VerwProzR, § 21 Rn 3 f.; *Martensen*, JuS 1995, 989.
[794] *Schoch*, JuS 1987, 783, 785. Vgl. nunmehr auch *Rennert*, JuS 2008, 119, 123.
[795] *Bauer/Krause*, JuS 1996, 411; *Suerbaum/Brüning*, JuS 2001, 992 ff.
[796] Vgl. ausführlich Rn 25 ff.

aber auf die Rechtsnatur der dahinterstehenden Wirtschaftsförderung (Subvention). Darauf bezieht sich der Streit. Da es vorliegend nicht um eine Frage der Ausgestaltung (des „Wie") geht, sondern um das „Ob" der Subventionierung, ist unter Zugrundelegung der **Zwei-Stufen-Theorie**[797] der Verwaltungsrechtsweg eröffnet.

(2) Umstritten ist, ob der **Ausschluss eines Fraktionsmitglieds** aus der Gemeinderatsfraktion eine verwaltungsrechtliche oder eine privatrechtliche Streitigkeit darstellt.[798] Teilweise wird eine privatrechtliche Streitigkeit angenommen mit der Begründung, dass zwischen Fraktionsmitglied und Fraktion kein Sonderrecht und keine Subordination vorlägen.[799] Es wird aber auch vertreten, dass diesbezüglich eine öffentlich-rechtliche Streitigkeit nichtverfassungsrechtlicher Art vorliege.[800] Zur Begründung wird angeführt, dass eine Fraktion nach modernem Staatsverständnis kein bloßer privater Zusammenschluss mehr sei, sondern ein i.d.R. fest organisierter und in den meisten Gemeindeordnungen erwähnter Funktionsträger im innerorganisatorischen Bereich. Daher handele es sich bei dem Fraktionsausschluss um eine besondere öffentlich-rechtliche Rechtsbeziehung innerhalb eines Organs des öffentlichen Rechts. Folgt man dieser (zutreffenden) Auffassung, ist der Verwaltungsrechtsweg eröffnet.

590 Auch außerhalb des Kommunalrechts kommt eine Organklage in Betracht, wenn es um Streitigkeiten zwischen Organen oder Organteilen einer sonstigen Körperschaft des öffentlichen Rechts, die ausschließlich einfachgesetzlich geregelte Verwaltungsaufgaben wahrnimmt (vgl. etwa § 1 IHKG für die **IHK**), geht. Auch hier können zwischen Organen oder Organteilen der Körperschaft auch nur verwaltungsrechtliche Beziehungen entstehen.[801]

b. Zuständiges Gericht

591 Die Zuständigkeit ergibt sich aus den §§ 45 ff. VwGO. Insoweit sei auf die Ausführungen zu den einzelnen bisher dargestellten Klage- und Verfahrensarten verwiesen.

c. Statthafte Klage- oder Verfahrensart

aa. Keine Klage *sui generis* / allgemeine Gestaltungsklage

592 Weil – wie bereits erläutert – die von der VwGO angebotenen Klageformen und Klagearten offensichtlich individualrechtlich und auf Außenrechtsbeziehungen hin konzipiert sind, ist die Bestimmung der statthaften Klageart ebenfalls problematisch. Dieser Umstand legt die Auffassung nahe, dass als richtige Rechtsschutzform im Kommunalverfassungsstreitverfahren eine Klageart *sui generis* (bzw. allgemeine Gestaltungsklage) statthaft sei.[802] Da die VwGO aber ein in sich geschlossenes System darstellt, ist eine solche Annahme nur dann angezeigt, wenn keine der von der VwGO zur Verfügung gestellten Verfahrensarten oder von ihnen abgeleiteten Rechtsschutzformen eine sachgerechte Lösung herbeizuführen vermag.[803] Die heute ganz herrschende Meinung geht jedoch davon aus, dass auch inter- und intraorganisatorische Streitig-

---

[797] Vgl. oben Rn 56 sowie ausführlich *R. Schmidt*, AllgVerwR, Rn 1008 ff.
[798] Vgl. dazu *Ziekow*, NWVBl 1998, 297 ff.
[799] So VGH München NJW 1988, 2754.
[800] So OVG Münster NJW 1989, 1105; OVG Lüneburg DÖV 1993, 1101; VGH Kassel NVwZ 1999, 1369; *Hufen*, VerwProzR, § 21 Rn 5; *Ehlers*, NVwZ 1990, 105, 107; *Erdmann*, DÖV 1988, 907.
[801] Vgl. OVG Münster NVwZ 2003, 1526, 1527.
[802] So noch OVG Münster OVGE 17, 261, 265; 27, 258, 260 und OVG Lüneburg OVGE 2, 225; 22, 508.
[803] Vgl. *Ehlers*, NVwZ 1990, 105, 106; *Suerbaum/Brüning*, JuS 2001, 992, 993.

keiten mit dem Klagesystem der VwGO zu vereinbaren seien, und dass es einer Klageart *sui generis* für die Erfassung dieser Streitigkeiten nicht bedürfe.[804]

Stellungnahme: Dieser Auffassung ist zuzustimmen. Da das grundsätzlich nur für Außenrechtsbeziehungen konzipierte Rechtsschutzsystem der VwGO auch auf Innenrechtsstreitigkeiten angewendet werden kann, ist nicht einzusehen, warum einzelne Klagearten dann wiederum einem Innenrechtsstreit nicht zugänglich sein sollen. Im Ergebnis ist daher mit der h.M. der in der VwGO angebotene Kanon an Klage- und Verfahrensarten als abschließend zu betrachten. Für die Anwendung einer Klageart *sui generis* bzw. einer allgemeinen Gestaltungsklage bleibt somit kein Raum. 593

bb. Anfechtungs- bzw. Verpflichtungsklage

Da Voraussetzung für eine Anfechtungs- oder Verpflichtungsklage das Vorliegen bzw. Begehren eines Verwaltungsakts i.S.d. § 35 VwVfG ist und ein Verwaltungsakt nur von einer Behörde i.S.d. § 1 IV VwVfG erlassen werden kann, muss es sich bei dem Organ bzw. Organteil, dessen Verwaltungsakt angegriffen bzw. von dem der Erlass eines Verwaltungsakts begehrt wird, um eine Behörde in dem dargelegten Sinne handeln. Der Behördenbegriff umfasst alle Stellen, die mit der Wahrnehmung öffentlicher Aufgaben gegenüber Dritten betraut sind. Das ist bei der Körperschaft *Gemeinde* als solche der Fall. Anders stellt sich die Situation dar, wenn lediglich ein Organ oder ein Organteil handelt, da hier zumeist interne Willensbildungsprozesse ablaufen. Da aber zugunsten des effektiven Rechtsschutzes an den Behördenbegriff keine allzu hohen Anforderungen zu stellen sind, sollte die Behördeneigenschaft auch in diesem Fall bejaht werden. 594

Bejaht man den Behördencharakter des Organs bzw. Organteils, ist weitere Voraussetzung für die Annahme einer Anfechtungs- oder Verpflichtungsklage das Vorliegen einer Verwaltungsentscheidung mit Außenwirkung (§ 35 VwVfG). Dies wird von der Rechtsprechung und einem Teil der Literatur[805] allerdings verneint. Das Außenrechtsverhältnis sei dem Verhältnis öffentlich-rechtliche Körperschaft - Bürger vorbehalten. Das betroffene Organ oder der betroffene Organteil sei ein integraler Bestandteil der Körperschaft bzw. des Organs. Ein Verwaltungsakt richte sich aber nicht gegen einzelne Teile der ihn erlassenden Behörde, sondern sei gerade auf die Herbeiführung einer unmittelbaren Rechtsfolge nach *außen* gerichtet. 595

Folgt man dieser Auffassung, wäre z.B. der **Ausschluss eines Gemeinderatsmitglieds** aus der Gemeinderatssitzung kein Verwaltungsakt.[806]

In der übrigen Literatur[807] setzt sich demgegenüber zunehmend die Auffassung durch, das Kriterium der Außenwirkung zu modifizieren und anzunehmen, dass die im Organstreit durchsetzbaren Rechtspositionen stets subjektive Rechte im Außenverhältnis sind. Ein Verwaltungsakt liege vor, wenn die fragliche Handlung den organschaftlichen Rechtskreis des Organs bzw. Organteils berührt. 596

Stellungnahme: Um ein sachgerechtes Ergebnis zu erzielen, muss differenziert werden: Geht es um rein innerorganschaftliche Akte wie z.B. Beschränkungen von Rede- 597

---

[804] *Kopp/Schenke*, VwGO, Vorb § 40 Rn 8b; *Bauer/Krause*, JuS 1996, 411, 413; *Ehlers*, NVwZ 1990, 105, 106; *Menzel/Schumacher*, Jura 1998, 156, 157; so jetzt auch OVG Münster OVGE 32, 192; OVG Münster NVwZ 2003, 1526, 1527; OVG Lüneburg OVGE 36, 456; 37 473, 474.

[805] OVG Münster NWVBl 2002, 381 u. 434; VGH München BayVBl 1988, 16; zust. *Preusche*, NVwZ 1987, 854, 855; *Bauer/Krause*, JuS 1996, 411, 413; *Stober*, Kommunalrecht, § 15 X 3b; *Menzel/Schumacher*, Jura 1998, 156, 157; *Rennert*, JuS 2008, 119, 124 (allerdings unter Verschweigung der Gegenauffassung).

[806] So VGH München BayVBl 1988, 16.

[807] *Kopp/Schenke*, VwGO, Vorb § 40 Rn 7; *Schenke*, VerwProzR, Rn 228; *Hufen*, VerwProzR, § 21 Rn 10; *Pietzcker*, in: Schoch/Schneider/Bier, VwGO, § 43 Rn 26.

rechten, Abstimmungsrechten oder um sonstige Mitwirkungsrechte, ist das betroffene Organ bzw. der betroffene Organteil als integraler Bestandteil der Körperschaft betroffen. Hier eine Außenwirkung auch innerhalb der Körperschaft zu bejahen, nur um eine wehrfähige Rechtsposition justiziabel zu machen, ist mit Blick auf die allgemeine Leistungsklage und Feststellungsklage nicht erforderlich. Etwas anderes gilt bei einer persönlichen Betroffenheit. Wenn etwa ein Gemeinderatsmitglied aufgrund einer ehrverletzenden Äußerung von der weiteren Sitzung ausgeschlossen wird, ist wegen der damit verbundenen diskriminierenden Wirkung die persönliche Rechtsstellung berührt. In Anlehnung an die im Beamtenrecht geltenden Grundsätze (Justiziabilität bei Betroffensein der persönlichen Rechtsstellung[808]) sollte hier von einem Verwaltungsakt und somit von einer Anfechtungsklage bzw. Fortsetzungsfeststellungsklage ausgegangen werden. Jedenfalls immer als Verwaltungsakt anzusehen ist die Entscheidung über den Verweis aus dem Sitzungssaal, wenn das störende Gemeinderatsmitglied zunächst nur von der Sitzung ausgeschlossen wird, im Saal verbleibt und dann als Bürger auf der Besuchertribüne weiter stört.[809] Um einen Verwaltungsakt handelt es sich auch bei der Entscheidung des Gemeinderats über einen Antrag, aus dem Gemeinderat auszuscheiden.[810]

cc. Allgemeine Leistungsklage

598 Auch in verwaltungsrechtlichen Organstreitigkeiten ist die allgemeine Leistungsklage statthaft, sofern der Kläger gegenüber dem Beklagten einen Anspruch auf schlichtes **Tun**, **Dulden** oder **Unterlassen** geltend macht.[811]

Beispiele: Klage auf Änderung der Tagesordnung oder auf Erlass eines Rauchverbots, Klage auf Unterlassung ehrverletzender Äußerungen im Gemeinderat; Klage auf Gewährung von Akteneinsicht.

dd. Allgemeine Feststellungsklage

599 Ob im Bereich des verwaltungsrechtlichen Organstreits eine allgemeine Feststellungsklage statthaft ist, wird uneinheitlich beantwortet. Der Streit entzündet sich bereits an der Frage, ob zwischen den Beteiligten einer innerorganisatorischen Streitigkeit ein für die Statthaftigkeit der Feststellungsklage notwendiges Rechtsverhältnis besteht.

Nach der gängigen Definition sind als Rechtsverhältnis „die rechtlichen Beziehungen anzusehen, die sich aus einem konkreten Sachverhalt aufgrund einer öffentlich-rechtlichen Regelung für das Verhältnis mehrerer Personen untereinander oder einer Person zu einem Sachgut ergeben"[812]. In verwaltungsrechtlichen Organstreitigkeiten kommen hierfür insbesondere die Interessen von Organen oder Organwaltern in Betracht, die mit der eigenen Organstellung verbundenen Rechte, Befugnisse oder Kompetenzen zu verteidigen und auszuüben.[813]

---

[808] Vgl. dazu *R. Schmidt*, AllgVerwR, Rn 462 (Darstellung nebst Fallgruppen).

[809] Zu beachten ist jedoch, dass nur der Verweis auf die Zuschauertribüne eine kommunalverfassungsrechtliche Streitigkeit darstellt. Bei dem anschließenden Verweis auch aus dem Sitzungssaal wird das Ratsmitglied dagegen nicht mehr in seiner Organstellung betroffen (denn der Ausschluss von der Sitzung ist bereits erfolgt), sondern in seiner persönlichen Rechtsstellung als Bürger beeinträchtigt. Folgt der Verweis des Gemeinderatsmitglieds aus dem Sitzungssaal dagegen direkt, d.h. ohne den „Zwischenschritt" über die Zuschauertribüne, ist ein Kommunalverfassungsstreit gegeben.

[810] *Martensen*, JuS 1995, 989, 992.

[811] OVG Münster NVwZ 2003, 1526, 1527; VGH München BayVBl 1988, 166; *Kopp/Schenke*, VwGO, Vorb § 40 Rn 8a; *Preusche*, NVwZ 1987, 854, 858; *Hufen* VerwProzR, § 21 Rn 11; *Stober*, Kommunalrecht, § 21 X 3 b. Vgl. nun auch *Ogorek*, JuS 2009, 511, 513.

[812] *Redeker/v. Oertzen*, VwGO, § 43 Rn 3.

[813] OVG Münster NVwZ 2003, 1526, 1527; OVG Münster NWVBl 2002, 381 u. 434; *Preusche*, NVwZ 1987, 854, 857; *Menzel/Schumacher*, Jura 1998, 156, 158.

Beispiele:

(1) Feststellung, ob ein Saalverweis rechtswidrig war, sofern hier nicht die Erledigung eines Verwaltungsakts angenommen und die Fortsetzungsfeststellungsklage als einschlägig erachtet wird

(2) Feststellung, dass man zum Ordnungsruf berechtigt ist

Zu beachten ist jedoch: Wird die Feststellungsklage in Betracht gezogen, ist neben dem Feststellungsinteresse (§ 43 I VwGO) auch die grundsätzliche Subsidiarität gegenüber Leistungs- und Gestaltungsklagen (§ 43 II VwGO) zu beachten. So ist bei dem Begehren eines Mitglieds der Vollversammlung einer IHK gegenüber dem Geschäftsführer auf Akteneinsicht die allgemeine Leistungsklage vorrangig vor der allgemeinen Feststellungsklage.[814] **600**

ee. Normenkontrolle

Ist Streitgegenstand die Geschäftsordnung eines Gemeinderats oder ein Gemeinderatsbeschluss, kommt auch ein Normenkontrollverfahren gem. § 47 VwGO in Betracht.[815] Zu den Zulässigkeitsvoraussetzungen vgl. Rn 512 ff. **601**

> **Hinweis für die Fallbearbeitung:** In der Fallbearbeitung müssen alle Klage- und Verfahrensarten in Betracht gezogen werden. Nach dem Prinzip der gezielten Retardation (Rn 643) sollte zunächst auf die Klage *sui generis* bzw. auf die allgemeine Gestaltungsklage eingegangen werden, die Frage nach deren Anwendbarkeit aber dahingestellt bleiben, wenn eine in der VwGO bereitgestellte und damit vorrangige Klageart greift. Sodann sind die in der VwGO geregelten Klagearten hintereinander durchzuprüfen, beginnend mit denjenigen Klagearten, die im Ergebnis abgelehnt werden sollen. Schließlich ist auf die im Ergebnis als einschlägig empfundene Klageart einzugehen und als statthafte Klageart zu bezeichnen. **602**
> Zu beachten ist, dass alle Klage- und Verfahrensarten auch i.V.m. dem einstweiligen Rechtsschutz in Betracht kommen, vgl. dazu den Abschlussfall bei Rn 612 ff.

d. Klagebefugnis

Auch im Bereich der verwaltungsprozessualen Organklage ist nach einhelliger Auffassung[816] die Anwendung des **§ 42 II VwGO unentbehrlich**. Insbesondere verleiht die Stellung als Organ oder Organteil kein Recht zur Popularklage. Für die Herleitung der Klagebefugnis ist aber allein die **organisatorisch-funktionale** Organstellung maßgeblich, nicht dagegen die Rechtsstellung der das Organ bildenden natürlichen Personen. Daher genügt weder die Berufung auf Grundrechte (siehe dazu sogleich) noch die Berufung auf die Verletzung des objektiven Rechts. Das klagende Organ oder der Organteil muss vielmehr unter Zugrundelegung der Möglichkeitstheorie geltend machen, durch den in Rede stehenden Akt gerade **in *seinen* (Organ-) Rechten** (i.d.R. Mitwirkungsrechte) verletzt zu sein. **603**

Beispiele:

(1) Wird ein Gemeinderatsmitglied nicht zur Gemeinderatssitzung eingeladen, liegt eine mögliche Verletzung des Mitwirkungsrechts vor.

(2) Ein zur Ratssitzung nicht geladenes Mitglied kann den in der betreffenden Sitzung gefassten Beschluss über eine Steuersatzung[817] im Kommunalverfassungsstreit angreifen, weil die Beschlussfassung sein Mitwirkungsrecht betrifft. Macht die be-

---

[814] OVG Münster NVwZ 2003, 1526, 1527. Vgl. nun auch *Ogorek*, JuS 2009, 511, 513.
[815] BVerwG NVwZ 1988, 1119; VGH Kassel LKRZ 2007, 262 f.; NVwZ 2007, 108; *Hufen*, VerwProzR, § 21 Rn 13.
[816] Vgl. nur OVG Münster NVwZ 2003, 1526, 1527; *Kopp/Schenke*, VwGO, Vorb § 40 Rn 8a und § 42 Rn 62; *Jaroschek*, JuS 2000, 53, 55; *Suerbaum/Brüning*, JuS 2001, 992, 993; *Ogorek*, JuS 2009, 511, 514.
[817] Zur Rechtsgrundlage vgl. Art. 106 VI GG.

treffende Person hingegen geltend, durch den Beschluss in ihrer persönlichen Rechtsstellung (als Steuerzahler) verletzt zu sein, kommt ein Kommunalverfassungsstreit nicht in Betracht.

(3) Die Klage eines Ratsmitglieds gegen einen Beschluss, bei dem ein befangenes Ratsmitglied mitgewirkt hat, ist mangels Klagebefugnis unzulässig, da das Mitwirkungsrecht nicht tangiert ist.

(4) Ferner kann ein einzelnes Ratsmitglied keine Rechte geltend machen, die nur der Gemeindevertretung zur gesamten Hand zustehen. So kann ein Gemeinderat sich nicht gegen Aufsichtsmaßnahmen gegen die ganze Gemeinde wenden. Möglicherweise ist hier aber die Verletzung eines Mitwirkungsrechts gegeben, die zur Klagebefugnis führt.

(5) Ein Mitglied der Vollversammlung einer IHK (§ 4 IHKG) kann gegenüber dem Geschäftsführer ein Akteneinsichtsrecht geltend machen und sich dabei auf seine Organrechte berufen.[818]

604 Fühlt sich ein Organwalter (etwa ein Gemeinderatsmitglied) durch eine Maßnahme des Organs, dem er angehört, in einem **Grundrecht** verletzt, ist fraglich, ob er eine Grundrechtsverletzung prozessual geltend machen kann. Die rechtliche Behandlung dieser Frage ist sehr strittig. Insbesondere die Rechtsprechung trennt strikt zwischen den Rechten im Innenverhältnis (Organrechte) und den Rechten im Außenverhältnis (Rechte zwischen Gemeinde und Bürger). Werde mit der Maßnahme in **subjektive Rechte einer natürlichen Person regelnd eingegriffen**, sei das betreffende Gemeinderatsmitglied in der Lage, eine Grundrechtsverletzung geltend zu machen. Sei es hingegen lediglich in seiner Stellung als Funktionsmitglied seines Organs (in seiner **Amtsstellung**) betroffen, dann lägen keine Außenwirkung und damit keine subjektive Rechtsverletzung von Grundrechten vor.[819]

Beispiel: Verweist der Bürgermeister während einer Gemeinderatssitzung ein Gemeinderatsmitglied aus dem Sitzungssaal, weil dieses eine übergroße Plakette mit dem Aufdruck „Atomkraft nein danke" trägt, kommt neben einer Verletzung des Mitwirkungsrechts an der Arbeit im Gemeinderat auch eine Grundrechtsverletzung (Meinungsfreiheit) in Betracht. Hier ist gem. der o.g. Auffassung zu differenzieren: Der Ausschluss von der Gemeinderatssitzung betrifft das Gemeinderatsmitglied zunächst organschaftlich. Insoweit wäre ein Kommunalverfassungsstreit anzunehmen. Daneben wird das Gemeinderatsmitglied auch als Bürger betroffen, bei dem in das Recht auf freie Meinungsäußerung eingegriffen wird. Diesbezüglich wäre eine „normale" Individualklage statthaft. Folgt man diesem Gedanken, ist an zwei voneinander unabhängige Klagen zu denken.

605 § 42 II VwGO kommt auch dann zur Anwendung, wenn mangels Außenwirkung die **Feststellungsklage** zur Klärung von Organrechten eingesetzt wird.[820] Speziell für die Feststellungsklage hat auch das BVerwG ausdrücklich klargestellt, dass der Kläger geltend machen müsse, er werde durch die Maßnahme, deren Rechtswidrigkeit festgestellt werden solle, in seinen (Organ-) Rechten verletzt.[821]

606 Sehr problematisch ist der Fall, in dem eine Minderheitsfraktion über einen Kommunalverfassungsstreit versucht, einen **Mehrheitsbeschluss** zu beseitigen, etwa weil sie ihn für politisch verfehlt hält. Hier ist die Klagebefugnis mehr als fraglich, wenn eine Verletzung der mit der eigenen Organstellung verbundenen Mitwirkungsrechte

---

[818] OVG Münster NVwZ 2003, 1526, 1527.

[819] BVerfGE 48, 344, 348; BVerwG NVwZ 1997, 1220; OVG Münster NVwZ 2003, 1526, 1527; *Bauer/Krause*, JuS 1996, 512, 513.

[820] *Hufen*, VerwProzR, § 18 Rn 17 und § 21 Rn 15 ff.; *Ehlers*, NJW 1990, 105, 111.

[821] BVerwG NVwZ 1989, 470; 1991, 470, 471.

an dem Ratsbeschluss nicht ersichtlich ist, sondern lediglich dessen Rechts- oder Sachwidrigkeit geltend gemacht wird. Weitergehende Rechte als die ordnungsgemäße Mitwirkung an Ratsbeschlüssen kann die Fraktion nicht herleiten, auch nicht aus den in Art. 20 III GG niedergelegten Grundsätzen der Gesetzmäßigkeit der Verwaltung. Nach der Rechtsprechung des BVerwG gewährt dieser Verfassungsgrundsatz einem überstimmten Gemeinderatsmitglied kein Klagerecht gegen den seiner Meinung nach rechtswidrigen Gemeinderatsbeschluss, bei dessen Zustandekommen er ordnungsgemäß mitwirken konnte.[822] Ein von einem Gemeinderat gefasster Beschluss fußt - und sei er noch so rechtswidrig - auf einer breiten demokratisch legitimierten Mehrheitsentscheidung einer gewählten Vertretung der Gemeindebürger.[823] Einer überstimmten Minderheitsfraktion kann daher kein mitgliedschaftlicher Anspruch darauf eingeräumt werden, dass die Vertretungskörperschaft nur rechtmäßige Beschlüsse fasst.[824] Die (bloße) Geltendmachung, der Ratsbeschluss verstoße gegen objektives Recht, vermag eine Klagebefugnis daher nicht zu begründen. Freilich ist davon die Möglichkeit zu unterscheiden, dass die Mitglieder der Minderheitsfraktion in ihrer Eigenschaft als natürliche Personen und Rechtsunterworfene Individualrechtsschutz einlegen.

Zusammenfassung: Da Popularklagen der VwGO generell fremd sind und auch der Kommunalverfassungsstreit nicht der objektiven Rechtskontrolle dient, muss die Verletzung eigener subjektiver Rechte geltend gemacht werden. Verletzte subjektive Rechte des Klägers können dabei jedoch nur **Mitgliedschaftsrechte** (Mitwirkungsrechte) **aus der Organstellung** des Klägers sein. Selbstverständlich bleibt dem Kläger die zusätzliche Möglichkeit, sich *persönlich* im Rahmen eines anderen Rechtsbehelfs zu wehren. 607

e. Richtiger Klagegegner

Schwierigkeiten bereitet auch die Bestimmung des richtigen Klagegegners. Der für 608
Außenrechtsstreitigkeiten konzipierte § 78 VwGO kann bei Innenrechtsstreitigkeiten nicht direkt angewendet werden. Die **Rechtsprechung** geht aber von einer planwidrigen Regelungslücke aus und wendet § 78 VwGO auf Organklagen analog an.[825] In der **Literatur** wird teilweise versucht, das in § 78 VwGO enthaltene Rechtsträgerprinzip anzuwenden.[826] Danach wäre in jedem Fall die Gemeinde Klagegegner. Da bei Innenrechtsstreitigkeiten um Rechte und Pflichten bzw. deren Abgrenzung zwischen einzelnen Organen und Organteilen gestritten wird, kann die Gemeinde zwar durchaus Klagegegner sein, dies darf aber nicht zu einer generellen Annahme führen. Sachgerecht dürfte daher die Auffassung sein, wonach die Klage gegen denjenigen **Funktionsträger** zu richten ist, dem gegenüber die mit der Organklage beanspruchte Innenrechtsposition bestehen soll.[827]

f. Beteiligungs- und Prozessfähigkeit

Kläger und Klagegegner müssen ferner *beteiligungsfähig* i.S.d. § 61 VwGO sein. Da 609
der Kläger **Rechte als Organmitglied** (Fraktions- bzw. Ratsmitglied; Mitglied der Vollversammlung einer IHK etc.) und nicht als natürliche Person geltend macht, ergibt sich die Beteiligungsfähigkeit **nicht** aus § 61 Nr. 1 VwGO.[828] Er kann indes als Innenrechtssubjekt z.B. in seiner Funktion als Mitglied einer Gemeinderatsfraktion oder

---

[822] BVerwG DÖV 1972, 350.
[823] Vgl. dazu auch *Stober*, Kommunalrecht, § 15 II 2.
[824] Vgl. dazu *Martensen*, JuS 1995, 989, 990.
[825] OVG Münster NJW 1992, 670; VGH Mannheim NVwZ-RR 1990, 369, 370.
[826] *Stober*, Kommunalrecht, § 15 X 4.
[827] OVG Münster NVwZ 1990, 188; VG Leipzig DÖV 1998, 1023; *Hufen*, VerwProzR, § 21 Rn 8; *Bauer/Krause*, JuS 1996, 512, 516; *Menzel/Schumacher*, Jura 1998, 156, 159; *Suerbaum/Brüning*, JuS 2001, 992, 994; sich anschließend *Ogorek*, JuS 2009, 511, 516.
[828] OVG Münster NVwZ 2003, 1526, 1527; *Czybulka*, in: NKVwGO, VwGO, § 61 Rn 37 f.; *Bauer/Krause*, JuS 1996, 512, 515; sich anschließend *Ogorek*, JuS 2009, 511, 516; a.A. *Hufen*, VerwProzR, § 21 Rn 6.

einer IHK-Vollversammlung analog **§ 61 Nr. 2 VwGO** beteiligungsfähig sein. Dies ist der Fall, soweit ihm die mit der Innenrechtsposition verbundene Zuständigkeit zur eigenständigen Wahrnehmung übertragen ist (wehrfähige Rechtsposition).[829] Entsprechend ist der Klagegegner ebenfalls analog § 61 Nr. 2 VwGO beteiligungsfähig, da er Adressat der in der genannten Innenrechtsposition des Klägers korrespondierenden Verpflichtung ist.
Die *Prozessfähigkeit* richtet sich für beide Parteien nach **§ 62 III VwGO**.[830] Für die Vertretungsbefugnis ist das jeweilige Organisationsrecht heranzuziehen.

g. Sonstige Sachentscheidungsvoraussetzungen

610 Schließlich sind die Ordnungsmäßigkeit der Klageerhebung (§§ 81, 82 VwGO) und das allgemeine Rechtsschutzbedürfnis zu beachten. Vgl. hierzu die Ausführungen zu den einzelnen Klage- und Verfahrensarten.

3. Exkurs: Begründetheit

611 Die Begründetheitsprüfung richtet sich nach der als einschlägig befundenen Klage- bzw. Verfahrensart. Insoweit sei auf die Ausführungen zu den jeweiligen Klage- und Verfahrensarten verwiesen.

4. Abschlussfall

612 In den Industrie- und Handelskammern (IHK) liegen nach § 4 IHKG die wesentlichen Entscheidungen bei der Vollversammlung (= Hauptentscheidungsorgan einer IHK). Hingegen wird die laufende Verwaltung vom Präsidenten und dem Hauptgeschäftsführer der IHK wahrgenommen (§§ 6, 7 IHKG).
Die IHK im Bundesland X hat für die Rechnungsprüfung einen Ausschuss gebildet. Der Ausschuss legt seinen Bericht dem Präsidenten P vor. Gibt es keine Beanstandungen, dann erteilt die Vollversammlung dem Präsidenten und dem Hauptgeschäftsführer die Entlastung.
K ist ordentliches Mitglied der Vollversammlung dieser IHK. Er verlangt von P die Einsichtnahme in den Bericht des Rechnungsprüfers.
P ist dagegen der Auffassung, dass die Mitglieder der Vollversammlung zwar ein Recht auf Kenntnis des Ergebnisses der Rechnungsprüfung haben, nicht aber auf Übermittlung des vollständigen Berichts. Er fühlt sich in seiner Auffassung bestätigt, weil auch die Satzung der IHK keinerlei Aussagen zu dieser Frage trifft.
Daraufhin verklagt K den P auf Einsichtnahme in den Bericht der Rechnungsprüfungsstelle vor dem Verwaltungsgericht. Hat er mit der Klage Erfolg?

Die Darstellung der Lösung würde den Rahmen dieses Buches sprengen. Sie steht daher auf der Internetseite des Verlags zum kostenlosen Download bereit

---

[829] OVG Münster NVwZ 2003, 1526, 1527; *Czybulka*, in: NKVwGO, VwGO, § 61 Rn 37 f.; *Bauer/Krause*, JuS 1996, 512, 515; *Suerbaum/Brüning*, JuS 2001, 992, 994; *Kopp/Schenke*, VwGO, § 61 Rn 5.
[830] Vgl. dazu *Schoch*, Jura 2008, 826, 833, der allerdings § 62 VwGO analog anwenden will.

3. Kapitel – Prozessuale Erleichterungen

Bei den im Folgenden näher beschriebenen Prüfungspunkten „Beiladung" und „Objektive Klagehäufung" handelt es sich **nicht** um Zulässigkeits- bzw. Sachentscheidungsvoraussetzungen, sondern um **prozessuale Erleichterungen**, die auf die Sachentscheidung grundsätzlich keine Auswirkungen haben. Daher sind sie auch außerhalb von Sachentscheidungsvoraussetzungen und Begründetheit, nach der hier vertretenen Auffassung dazwischen, zu prüfen. 613

Hinweis für die Fallbearbeitung: Einige Autoren[831] prüfen die Beiladung und die objektive Klagehäufung bei der Zulässigkeit bzw. bei den Sachentscheidungsvoraussetzungen. Betrachtet man die Beiladung und die objektive Klagehäufung aber als Zulässigkeits- bzw. Sachentscheidungsvoraussetzungen, führt das zur Konsequenz, dass bei Nichtvorliegen von deren Voraussetzungen die Klage als unzulässig abgewiesen werden müsste. Das kann (auch nach Ansicht der genannten Autoren) ersichtlich nicht der Fall sein. Insbesondere stellt die fehlende notwendige Beiladung lediglich einen (wenn auch schwerwiegenden) Verfahrensfehler und somit einen Berufungs- bzw. Revisionsgrund dar. Daher dürfen diese Aspekte nicht als Zulässigkeits- bzw. Sachentscheidungsvoraussetzungen geprüft werden.[832] 614

A. Beiladung, § 65 VwGO

Zweck einer Beiladung ist, Dritten die Möglichkeit zu geben, ihre rechtlichen Interessen in einem fremden Prozess geltend zu machen (Nebenintervention). Darüber hinaus soll durch die Rechtskrafterstreckung (§ 121 Nr. 1 VwGO) verhindert werden, dass über dieselbe Sache noch einmal gerichtlich verhandelt wird.[833] Durch die Beiladung erhält der Dritte die Stellung eines Beteiligten, vgl. § 63 Nr. 3 VwGO. Bei der (einfachen und klausurirrelevanten) Beiladung nach § 65 I VwGO kann das Gericht Dritte beiladen, sofern der Inhalt der Entscheidung eine Rechtsposition des Dritten berührt.[834] Unterbleibt diese Beiladung, kommt es auch nicht zur Bindungswirkung des § 121 VwGO. Wichtiger (und damit klausurrelevanter) ist die **notwendige** Beiladung nach § 65 II VwGO. Diese soll gewährleisten, dass eine Sachentscheidung, die in die Rechte Dritter eingreift und aus diesem Grund auch ihnen gegenüber nur einheitlich ergehen kann, nicht ohne Beteiligung dieser Dritten erlassen wird, um auf diese Weise zu gewährleisten, dass sie an die Rechtskraft des in der Sache ergehenden Urteils nach Maßgabe des § 121 VwGO gebunden sind (arg.: Art. 19 IV S. 1, 103 I GG).[835] Klausurtypische Fälle, in denen eine notwendige Beiladung zu thematisieren sein kann, sind die Anfechtungsklagen gegen Verwaltungsakte mit **Doppelwirkung i.S.e. Drittwirkung**, d.h. Verwaltungsakte, die einen Bürger begünstigen und einen anderen belasten (vgl. *R. Schmidt*, AllgVerwR, Rn 360 ff.). 615

Beispiele notwendiger Beiladung sind:

- Klage eines **Nachbarn** gegen die Bauerlaubnis. ⇨ Hier ist der Bauherr notwendig beizuladen.

---

[831] *Fuerst*, JuS 2010, 149, 152; *Kemmler*, JA 2003, 136, 141; *Hufen*, VerwProzR, § 12 Rn 3 ff. und § 19 Rn 10 (Beiladung), § 13 Rn 13 (Klagehäufung); *Schenke*, VerwProzR, Rn 464 (Beiladung), anders aber in Bezug auf die Klagehäufung, siehe ebd. Rn 73 ff.; *Schmitt Glaeser/Horn*, VerwProzR, Rn 84 (Beiladung), auch hier anders in Bezug auf die Klagehäufung, siehe ebd. Rn 398 ff.

[832] Wie hier nun auch *Manssen/Greim*, JuS 2010, 429, 431 f.

[833] BVerwG NVwZ 2001, 202; BVerwG NVwZ 2008, 798, 799. Vgl. auch *Schenke*, VerwProzR, Rn 464.

[834] BVerwG NVwZ-RR 1999, 276. Vgl. auch *Guckelberger*, JuS 2007, 436 f.; *Koehl*, JuS 2016, 133 f.

[835] BVerwG NVwZ 2001, 202; BVerwG NVwZ 2008, 798, 799. Vgl. auch *Schenke*, VerwProzR, Rn 470 f.

- Klage einer **Gemeinde** gegen eine vom Landkreis erteilte Baugenehmigung oder gegen eine von diesem verweigerte Bauordnungsverfügung. ⇨ In beiden Fällen ist der Bauherr als negativ Betroffener notwendig beizuladen.[836]
- Klage eines **Baubewerbers** gegen nachbarschützende Auflagen seiner Baugenehmigung. ⇨ Hier sind die Nachbarn notwendig beizuladen, zu deren Schutz die Auflagen erteilt wurden.
- Klage eines **Anliegers** einer Ortsdurchfahrt gegen die Entscheidung gem. § 17 FStrG (der Planfeststellungsbeschluss ist ein Verwaltungsakt). ⇨ Hier ist der Träger der Straßenbaulast (§ 5 FStrG) notwendig beizuladen.
- Klage eines **Unternehmers** gegen die seinem Konkurrenten gewährte Subvention („wirtschaftliche Konkurrentenklage"). ⇨ Hier ist der Konkurrent notwendig beizuladen.
- Klage eines erfolglosen **Bewerbers** um eine Anstellung zum Beamten oder um den Posten eines Behördenleiters („beamtenrechtliche Konkurrentenklage"). ⇨ Hier ist der begünstigte Konkurrent notwendig beizuladen, da der Erfolg des Begehrens an die (grds. nur unter den strengen Voraussetzungen der beamtenrechtlichen Bestimmungen mögliche) Aufhebung der Gewährung zugunsten des Konkurrenten gekoppelt ist.[837]

616 Um Fälle notwendiger Beiladung handelt es sich *immer* auch bei den Klagen auf Erlass sog. **„mehrstufiger" Verwaltungsakte**, d.h. von Verwaltungsakten, welche die zuständige Behörde aufgrund besonderer gesetzlicher Vorschriften nur mit **Einvernehmen, Zustimmung** oder ähnlicher Konsensakte einer anderen Behörde erlassen darf, **wenn und soweit** es sich bei der anderen Behörde um eine Behörde eines anderen, insoweit selbstständigen Rechtsträgers handelt, vgl. *R. Schmidt*, AllgVerwR, Rn 433 ff.

Beispiele:

(1) Beizuladen ist deshalb die **Gemeinde** wegen ihres notwendigen Einvernehmens gem. § 36 BauGB im Rechtsstreit um die Erteilung einer Baugenehmigung in den Fällen der §§ 31 und 33-35 BauGB, zu der sie ihre Zustimmung verweigert. Entsprechendes gilt, wenn bei der Überprüfung eines Bebauungsplans inzident der Bebauungsplan der Gemeinde überprüft werden muss. Auch hier ist die Gemeinde notwendig beizuladen.

(2) Auch ist bei der Klage eines Baubewerbers auf Erteilung einer Baugenehmigung, die gem. §§ 35 II und IV, 36 I S. 4 BauGB bei Vorhandensein einer entsprechenden Rechtsverordnung nur mit Zustimmung der **höheren Verwaltungsbehörde** (beispielsweise Bezirksregierung) erteilt werden kann, diese beizuladen, sofern sie nicht schon gem. § 61 Nr. 3 VwGO im konkreten Verfahren beteiligungsfähig ist.

617 Eine **unterlassene** notwendige Beiladung stellt einen **Verfahrensfehler** dar, der so wesentlich ist, dass i.d.R. das Urteil nach § 130 II Nr. 1 VwGO aufgehoben wird. Durch die Vorschrift des § 142 I S. 2 VwGO kann die notwendige Beiladung aber auch im Revisionsverfahren zugelassen werden. Damit soll eine Zurückverweisung der Sache im Interesse unnötiger Verfahrensverzögerungen vermieden werden, wenn der Beizuladende ein berechtigtes Interesse an der Zurückverweisung nicht haben kann, weil weitere Tatsachenfeststellungen nicht notwendig sind.[838]

618 **Hinweis für die Fallbearbeitung:** In der Fallbearbeitung könnte wie folgt formuliert werden: „An dem streitigen Rechtsverhältnis zwischen K und ... (der Behörde) ist als Dritter die ... (andere Behörde bei einem mehrstufigen Verwaltungsakt) beteiligt. Sie wird durch die ... (Begehren des K) in ihrem Mitwirkungsrecht aus § ... be-

[836] Vgl. VGH München NVwZ-RR 2005, 56 f. und ausführlich *R. Schmidt*, AllgVerwR, Rn 992.
[837] Vgl. dazu BVerfG NVwZ 2006, 1401 f.
[838] BVerwG NVwZ 2001, 202. Unberechtigt sind daher die Bedenken von *Hufen*, VerwProzR, § 12 Rn 14.

> troffen. Eine Verurteilung der ... (Erstbehörde = Klagegegner) zum Erlass des ... (begehrten Verwaltungsakts) ersetzt die Zustimmung und berührt damit unmittelbar die Kompetenzen der insoweit als selbstständiger Rechtsträger handelnden ... (die Zweitbehörde).
> Demnach ist diese gemäß § 65 II VwGO notwendig beizuladen. Nach §§ 121, 63 Nr. 3 VwGO wirkt die Rechtskraft des Urteils auch gegenüber dem Beigeladenen."

Hinsichtlich der Beiladung im **Normenkontrollverfahren** ist zu sagen, dass gemäß des 1997 in Kraft getretenen § 47 II S. 4 VwGO die §§ 65 I, IV und 66 VwGO entsprechend gelten. Das OVG kann (Ermessen!) also von Amts wegen oder auf Antrag andere, deren rechtliche Interessen durch die Normenkontrollentscheidung berührt werden, beiladen.[839] 619

B. Objektive Klagehäufung, § 44 VwGO

Es kommt vor, dass ein Kläger mehrere Klagebegehren verfolgt. Damit er nicht pro Klagebegehren eine eigene Klage beschreiten muss, ermöglicht ihm § 44 VwGO die Verbindung seiner Klagebegehren, d.h. die Geltendmachung mehrerer prozessualer Ansprüche nebeneinander. Man spricht in diesem Zusammenhang von einer ***kumulativen*** **Klagehäufung**. Diese setzt nach dem Gesetzeswortlaut voraus, dass 620

- alle Klagebegehren sich gegen denselben Beklagten (vgl. § 78 VwGO) richten,
- das Gericht für alle Klagebegehren sachlich und örtlich zuständig (vgl. §§ 45 ff. VwGO) ist
- und alle Klagebegehren in einem sachlichen Zusammenhang stehen.

Die kumulative Klagehäufung tritt *insbesondere* im allgemeinen Polizei- und Ordnungsrecht auf, da dort eine behördliche Verfügung oftmals mehrere Regelungen enthält. Greift der Betroffene die Verfügung im Ganzen an, lassen sich die Einzelregelungen unter den Voraussetzungen des § 44 VwGO zusammenfassen. 621

> **Hinweis für die Fallbearbeitung:** Im Gutachten muss darauf geachtet werden, dass alle Einzelregelungen hinsichtlich Sachentscheidungsvoraussetzungen und Begründetheit zu prüfen sind. Dabei kann es aus zeitlichen Gründen durchaus sinnvoll sein, statt einer getrennten eine verzahnte, aber hinreichend differenzierte Prüfung durchzuführen. 622

Da § 44 VwGO der Prozessökonomie dient, ist eine weite Auslegung der Vorschrift geboten. So genügt es, wenn die einzelnen Begehren einem einheitlichen Lebensvorgang zuzurechnen sind.[840] 623

> **Beispiel:** K beantragt bei der zuständigen Behörde die Genehmigung eines Straßenfestes sowie eine Ausnahmebewilligung hinsichtlich des Verbots des Ausschanks alkoholischer Getränke nach 02.00 Uhr. Nachdem die Behörde beide Anträge abgelehnt hat, erhebt K Verpflichtungsklage und verbindet dabei gem. § 44 VwGO beide Klagebegehren zu einer Klage.

Fehlt der Zusammenhang, trennt das Gericht die Begehren zu eigenständigen Klagen (vgl. § 93 VwGO). 624

---

[839] Zu den Fragen, die diese Gesetzesänderung mit sich gebracht hat (Ausübung des gerichtlichen Ermessens etc.), vgl. *Komorowski*, NVwZ 2003, 1458 ff.; *Bamberger*, NVwZ 2002, 556 ff.; *Seibert*, NVwZ 2002, 265, 270; *Lotz*, BayVBl 2002, 353, 354; *Kienemund*, NJW 2002, 1231, 1236; *Bracher*, DVBl 2002, 309, 314.

[840] *Kopp/Schenke*, VwGO, § 44 Rn 5.

625 § 44 VwGO gilt auch dann, wenn der Kläger Haupt- und Hilfsklage erhebt, sei es, dass über die Hilfsklage nur bei *Misserfolg* der Hauptklage (**„eigentliche" eventuale Klagehäufung**), oder sei es, dass über sie nur bei *Erfolg* der Hauptklage entschieden werden soll (**„uneigentliche" eventuale Klagehäufung**, auch **Stufenklage** genannt). Die Hilfsklage wird mit der Hauptklage rechtshängig, allerdings bedingt durch deren Erfolg bzw. Misserfolg.[841] In der Eventualklagesituation ist eine getrennte Prüfung der Streitgegenstände zwingend: Auf den Hilfsantrag darf nur dann eingegangen werden, wenn der Hauptantrag erfolglos bzw. erfolgreich ist!

Beispiel: In langjähriger Verwaltungsübung wurde K, Inhaber einer Sozialstation mit 10 Vollzeitbeschäftigten (5 Männer, 5 Frauen), in jedem Kalenderjahr eine Subvention i.H.v. 4.500,- € pro Vollzeitbeschäftigten gewährt. Im laufenden Jahr wird die Höhe der Subvention aufgrund der angespannten Haushaltslage auf 2.500,- € pro Vollzeitbeschäftigten verringert. Zur Förderung der Gleichberechtigung von Frauen werden K aber 3.000,- € pro weiblichen Vollzeitbeschäftigten gewährt. K klagt auf volle Subventionierung i.H.v. 4.500,- € für alle seine Vollzeitbeschäftigten. Zumindest möchte er aber eine Anpassung der Subvention für seine männlichen Vollzeitbeschäftigten an die seiner weiblichen Vollzeitbeschäftigten erreichen.

Hier verfolgt K zwei Klagebegehren: Sein Hauptantrag richtet sich auf volle Subventionierung i.H.v. 4.500,- € für alle seine Vollzeitbeschäftigten. Nur für den Fall, dass dieser Hauptantrag erfolglos bleibt, möchte er (hilfsweise) zumindest die Anpassung der Subvention für seine männlichen Vollzeitbeschäftigten an die seiner weiblichen.

626 Von der objektiven Klagehäufung ist die in § 64 VwGO i.V.m. §§ 59 ff. ZPO geregelte **subjektive Klagehäufung** zu unterscheiden, die dadurch gekennzeichnet ist, dass nicht eine Person mehrere Klagebegehren miteinander verbindet, sondern dass mehrere Personen (als Streitgenossen) auf Kläger- (aktive Streitgenossenschaft) bzw. Beklagtenseite (passive Streitgenossenschaft) auftreten (Beispiel: mehrere Bauherren klagen gegen einen Bebauungsplan). Mit Hilfe der subjektiven Klagehäufung werden also mehrere Klagen zur gemeinsamen Verhandlung und Entscheidung miteinander verbunden.

Zu unterscheiden sind die **notwendige** (§ 62 ZPO) und die **einfache** (§§ 59, 60 ZPO) Streitgenossenschaft. Eine notwendige Streitgenossenschaft liegt vor, wenn eine Sachentscheidung des Gerichts einheitlich ausfallen muss, sodass sich die Rechtskraft des Urteils auch auf die anderen Streitgenossen erstreckt.

---

[841] BVerwG DVBl 1980, 597; zust. *Rennert*, in; Eyermann, VwGO, § 44 Rn 5; *Pietzcker*, in: Schoch/Schneider/Bier, VwGO, § 44 Rn 9 f.; *Kopp/Schenke*, VwGO, § 44 Rn 1.

4. Kapitel
Begründetheit verwaltungsgerichtlicher Verfahren

A. Begründetheit der Anfechtungsklage

Rechtswidrige Staatsakte sind grundsätzlich nichtig (d.h. rechtsunwirksam) mit der Folge, dass sie von den Adressaten nicht beachtet werden müssen. Das ist vor dem Hintergrund der Grundrechte sowie des Rechtsstaats- und Demokratieprinzips (Art. 20 III GG) selbstverständlich. Von diesem Grundsatz kann der parlamentarische Gesetzgeber allerdings Ausnahmen zulassen. So ist ein rechtswidriger Verwaltungsakt nur dann nichtig, wenn er an einem besonders schwerwiegenden Fehler leidet und dies bei verständiger Würdigung aller in Betracht kommenden Umstände offensichtlich ist (§ 44 VwVfG). Im Übrigen ist der rechtswidrige Verwaltungsakt wirksam (Umkehrschluss aus § 43 III VwVfG). Um aber eine Kollision mit den o.g. Verfassungsprinzipien zu vermeiden, muss ein rechtswidriger (aber nicht nichtiger) Verwaltungsakt angefochten und aufgehoben werden können. Da die Anfechtungsklage aber kein objektives Rechtsbeanstandungsverfahren darstellt, sondern der Beseitigung einer subjektiven Rechtsverletzung dient, genügt allein die objektive Rechtswidrigkeit des Verwaltungsakts nicht. Dieser muss den Kläger gerade in seinen subjektiven Rechten verletzen. Anderenfalls besteht der geltend gemachte Aufhebungsanspruch nicht. Dies bringt § 113 I S. 1 VwGO zum Ausdruck. Aufgabe des angerufenen Verwaltungsgerichts ist es also (sofern die Sachentscheidungsvoraussetzungen vorliegen), den fraglichen Verwaltungsakt auf seine Rechtmäßigkeit hin zu überprüfen. Aber nur wenn sich objektive Rechtswidrigkeit des Verwaltungsakts und subjektive Rechtsverletzung beim Kläger herausstellen, hebt das Gericht den Verwaltungsakt auf. 627

Der sich für die Anfechtungsklage ergebende Einleitungssatz kann direkt aus dem Wortlaut des § 113 I S. 1 VwGO entnommen werden: 628

„Die Klage des Kl. ist begründet, wenn ... (der belastende Verwaltungsakt) rechtswidrig ist und den Kl. dadurch in seinen Rechten verletzt, vgl. § 113 I S. 1 VwGO."[842]

629

Hinweis für die Fallbearbeitung: Wie bereits im Rahmen der Klagebefugnis erwähnt, hat der enge systematische Zusammenhang von § 42 II VwGO und § 113 I S. 1 VwGO, der insoweit besteht, als die Klagebefugnis mit dem materiell-rechtlichen Anspruchsgrund des § 113 I S. 1 VwGO korrespondiert, notwendigerweise zur Folge, dass eine gesetzliche Befreiung von dem Erfordernis der Geltendmachung eigener Rechtsverletzung (vgl. Rn 208) dazu führt, dass auch für die Begründetheit der Klage die objektive Rechtsverletzung ausreicht. Für die Aufhebung des Verwaltungsakts ist in diesem Zusammenhang daher – entgegen dem Wortlaut des § 113 I S. 1 VwGO – keine *subjektive* Rechtsverletzung erforderlich. Insoweit wäre der Obersatz der Begründetheitsprüfung zu modifizieren: „Die Klage ist begründet, wenn die ... (konkrete Maßnahme) rechtswidrig ist".

[842] Sollte man entgegen der hier vertretenen Auffassung § 78 VwGO nicht als Klagegegner bei der Zulässigkeit prüfen, sondern mit der Gegenauffassung als Passivlegitimation bei der Begründetheit (zum Streit vgl. Rn 301 ff.), wäre der Obersatz selbstverständlich zu modifizieren: „Die Klage des K ist begründet, wenn sie sich gegen den richtigen Beklagten richtet, der ... (belastende Verwaltungsakt) rechtswidrig ist und den Kl. dadurch in seinen Rechten verletzt, vgl. § 113 I S. 1 VwGO." Schließlich ist für den Fall, in dem nicht der Ausgangsbescheid (in der Gestalt des Widerspruchsbescheids), sondern allein der Widerspruchsbescheid (isolierte Anfechtung des Widerspruchsbescheids) Klagegegenstand ist, § 115 VwGO zu beachten, der die §§ 113, 114 VwGO für entsprechend anwendbar erklärt.

630 Im Mittelpunkt der Anfechtungsklage steht somit die Prüfung der **Rechtmäßigkeit/ Rechtswidrigkeit des Verwaltungsakts**. Da aber – wie noch zu sehen sein wird – nicht alle Fehler eines Verwaltungsakts zu dessen Rechtswidrigkeit führen, sind die differenzierten **Fehlerfolgen** zu beachten.

631 Der Verwaltungsakt kann mit *formellem* und *materiellem* Recht kollidieren. *Formell* fehlerhaft ist der Verwaltungsakt, wenn er nicht von der örtlich, sachlich und instanziell zuständigen Behörde erlassen wurde sowie Verfahrens- und Formvorschriften nicht eingehalten wurden bzw. Verstöße hiergegen nicht der Heilung zugänglich sind (§ 45 VwVfG). Demgegenüber ist der Verwaltungsakt *materiell* fehlerhaft, wenn er gegen diejenigen Rechtsnormen verstößt, die ein Verhalten von Rechtssubjekten gebieten, verbieten oder erlauben.

632 **Unbeachtlich** bzw. **heilbar** sind nur bestimmte **formelle Fehler**. Denn das formelle Recht besitzt in der deutschen Rechtsordnung nicht die gleiche Relevanz wie beispielsweise im US-amerikanischen Recht, wo ein ordnungsgemäßes Verfahren („due process") die sachliche Richtigkeit einer Entscheidung indiziert. Der grundsätzlich in § 113 I S. 1 VwGO vorgesehene Aufhebungsanspruch wird daher durch die §§ 46 und 45 VwVfG bei solchen Verwaltungsakten ausgeschlossen, die an (lediglich) bestimmten Verfahrens- und Formfehlern bzw. an Mängeln der örtlichen Zuständigkeit leiden.[843]

633 Systematisch kann § 46 VwVfG zwar keine unmittelbare Einschränkung des § 113 I S. 1 VwGO bewirken, weil das Verwaltungsverfahrensrecht nicht das Verwaltungsprozessrecht bestimmen kann. Dies ändert aber nichts daran, dass das Gericht bei Anwendbarkeit des § 46 VwVfG den Aufhebungsanspruch zu verneinen hat. Daraus folgt, dass fehlerhafte Verwaltungsakte im Anwendungsbereich des § 46 VwVfG rechtswidrig bleiben, jedoch die Fehlerfolge modifiziert ist.

634 **Zusammenfassend** lässt sich sagen, dass ein Verwaltungsakt fehlerhaft ist, wenn er mit der Rechtsordnung kollidiert. Die Fehlerhaftigkeit führt - wie sich aus §§ 44, 43 III VwVfG ergibt - in der Regel aber nicht zur Nichtigkeit, sondern nur zur Rechtswidrigkeit, die durch die Möglichkeit der Anfechtbarkeit und Aufhebbarkeit gekennzeichnet ist. Der fehlerhafte Verwaltungsakt ist also wirksam, wenn er nicht nichtig ist. Ob ein (formell) fehlerhafter Verwaltungsakt zur Aufhebung durch das Verwaltungsgericht führt, hängt zunächst von der Unbeachtlichkeitsregel des § 46 VwVfG ab. Danach bleibt es zwar bei der (formellen) Rechtswidrigkeit des Verwaltungsakts, jedoch ist diese unbeachtlich; es entfällt der gerichtliche Aufhebungsanspruch gemäß § 113 I S. 1 VwGO. Ist der Fehler beachtlich, ist des Weiteren zu prüfen, ob Heilungsvorschriften wie beispielsweise § 45 VwVfG greifen. Ist ein Verwaltungsakt geheilt, entfällt dessen Rechtswidrigkeit. Es besteht auch hier kein Aufhebungsanspruch. Vgl. dazu ausführlich *R. Schmidt*, AllgVerwR, Rn 549 ff.

Eine materielle Rechtswidrigkeit ist dagegen nicht der Unbeachtlichkeit bzw. der Heilung zugänglich.

Der Aufhebungsanspruch gem. § 113 I S. 1 VwGO besteht allerdings grundsätzlich nur dann, wenn der rechtswidrige Verwaltungsakt den Kläger auch in *seinen* Rechten verletzt.

635 Um die nachfolgenden Ausführungen strukturell besser einordnen zu können, sei zunächst ein Überblick über den möglichen Aufbau der Begründetheitsprüfung der Anfechtungsklage vorgestellt:

[843] Zur Heilungsmöglichkeit formell fehlerhafter Verwaltungsakte und zur Unbeachtlichkeit siehe *R. Schmidt*, AllgVerwR Rn 549, 584 einerseits und Rn 564, 585 andererseits.

Begründetheit der Anfechtungsklage 636

„Die Klage des K ist begründet, wenn der ... (belastende Verwaltungsakt) rechtswidrig ist und den Kl. dadurch in seinen Rechten verletzt, vgl. § 113 I S. 1 VwGO."

I. Rechtsgrundlage für den Erlass eines Verwaltungsakts (siehe sogleich)

Rechtsgrundlage für den Erlass eines Exekutivakts kann ein **Parlamentsgesetz**, eine **Rechtsverordnung** oder eine **Satzung** sein.

II. Formelle Rechtmäßigkeit des Verwaltungsakts

1. **Zuständigkeit** der handelnden Behörde (örtlich, sachlich, instanziell)
2. Beachtung der maßgeblichen **Verfahren**svorschriften (wie z.B. Anhörung, keine Befangenheit, Begründung etc.; neben Spezialnormen sind i.d.R. auch §§ 21 ff. VwVfG anwendbar). Bei Fehlern: §§ 45, 46 VwVfG.
3. Einhaltung der **Form**vorschriften (wie z.B. Schriftform, Zustellung etc.; sofern keine Spezialnormen greifen, ist § 37 II-V VwVfG zu beachten)

III. Materielle Rechtmäßigkeit des Verwaltungsakts

1. Rechtmäßigkeit der Rechtsgrundlage (nur wenn angezeigt)

Die Rechtsgrundlage darf ihrerseits nicht gegen höherrangiges Recht verstoßen, da anderenfalls keine wirksame Rechtsgrundlage i.S.d. Vorbehalts des Gesetzes vorliegt.
Für den **Prüfungsaufbau** bedeutet dies: Solange ***keine*** Rechtsverordnung oder Satzung zwischengeschaltet ist, muss in einem zweistufigen Prüfungsaufbau zunächst die Verfassungsmäßigkeit (formell, materiell) der formell-gesetzlichen Rechtsgrundlage (und/oder ggf. die Vereinbarkeit mit höherrangigem EU-Recht) (1. Stufe) und sodann die Vereinbarkeit der Einzelmaßnahme, hier des Verwaltungsakts, mit der Rechtsgrundlage (2. Stufe) geprüft werden. Daraus ergibt sich folgende Prüfungsreihenfolge:

1. Stufe:

⇒ Vereinbarkeit des Gesetzes mit höherrangigem EU-Recht

⇒ Vereinbarkeit des Gesetzes mit höherrangigem nationalen Verfassungsrecht (*formell*: Zuständigkeit nach Art. 70 ff. GG, Verfahren nach Art. 76 ff. GG, Form nach Art. 82 I GG; *materiell*: hinreichende Bestimmtheit, kein Verstoß gegen Staatsprinzipien und Grundrechte)

2. Stufe:

⇒ Vereinbarkeit der Einzelmaßnahme mit der Rechtsgrundlage (s. Punkte 2-3)

Zu beachten ist jedoch, dass in einer verwaltungsrechtlichen Klausur die Rechtmäßigkeit eines Parlamentsgesetzes regelmäßig nur dann Prüfungsgegenstand sein wird, wenn Zweifel an der Rechtmäßigkeit bestehen (siehe sogleich).
Existiert dagegen eine **Rechtsverordnung**, die als taugliche Rechtsgrundlage in Betracht kommt, muss in einem dann dreistufigen Prüfungsaufbau zunächst die Rechtmäßigkeit des der Rechtsverordnung zugrunde liegenden Parlamentsgesetzes (der Ermächtigungsgrundlage) geprüft werden (**1. Stufe**). Das hat den Hintergrund, dass eine Rechtsverordnung keine wirksame Rechtsgrundlage für den Erlass eines Verwaltungsakts darstellen kann, wenn bereits ihre Ermächtigungsgrundlage rechtswidrig ist. Neben den bereits genannten formellen und materiellen Voraussetzungen eines Parlamentsgesetzes sind deren Inhalt, Zweck und Ausmaß am Maßstab des Art. 80 I S. 2 GG (Bestimmtheitstrias) zu prüfen. In einer **2. Stufe** ist dann die Rechtsverordnung zu untersuchen: Sie ist *formell* rechtmäßig, wenn die in der Ermächtigungsgrundlage enthaltenen Zuständigkeits- und Verfahrensvorschriften sowie die in Art. 80 I GG, 19 I S. 2 GG normierten Formvorschriften eingehalten wurden. *Materiell* rechtmäßig ist die Rechtsverordnung, wenn sie mit ihrer Ermächtigungsgrundlage vereinbar ist und sie sich im Übrigen an die an ein Parlamentsgesetz zu stellenden Rechtmäßigkeitsvoraussetzungen hält. Im Gegensatz zum formellen Gesetz darf die Rechtmäßigkeit einer Rechtsverordnung niemals unterstellt werden! In einer **3. Stufe** ist dann die Vereinbarkeit der Einzelmaßnahme mit der Rechtsverordnung zu prüfen (siehe Punkte 2-3). Für **Satzungen** gilt im Wesentlichen dasselbe.

2. Vereinbarkeit des Verwaltungsakts mit der Rechtsgrundlage
Insbesondere müssen **unbestimmte Rechtsbegriffe** (*R. Schmidt*, AllgVerwR, Rn 259, 596) richtig ausgelegt sein oder bei eingeräumten **Beurteilungsspielräumen** (*R. Schmidt*, AllgVerwR, Rn 283 ff.) müssen diese eingehalten werden. Entsprechendes gilt für **planerische Abwägungsentscheidungen** (*R. Schmidt*, AllgVerwR, Rn 292 ff.).

3. Fehlerfreie Ausübung des eingeräumten Ermessens (vgl. § 40 VwVfG)
Zu beachten ist das fehlerfreie **Entschließungs- u. Auswahlermessen**; im Polizei- und Ordnungsrecht insbesondere die Störereigenschaft des Adressaten nach den Polizeigesetzen (*R. Schmidt*, POR, Rn 748 ff.). Vor allem ist die **Verhältnismäßigkeit** der Maßnahme zu beachten, die nach richtiger Auffassung im Rahmen der Ermessensüberschreitung zu prüfen ist (vgl. dazu *R. Schmidt*, AllgVerwR, Rn 317 ff.).

IV. Maßgeblicher Zeitpunkt

1. Noch nicht vollzogener Verwaltungsakt
2. Dauerverwaltungsakte
3. Nachschieben von Gründen

V. Rechtsverletzung beim Kläger

I. Rechtsgrundlage für den Erlass eines Verwaltungsakts

637-641 Dadurch, dass ein **Eingriff** (seitens der Exekutive) in die Rechtssphäre des Klägers nur dann gerechtfertigt ist, wenn er im ordnungsgemäßen Vollzug eines rechtmäßigen Gesetzes erfolgt, ist erste Voraussetzung für die Rechtmäßigkeit eines belastenden Verwaltungsakts das Vorliegen einer gesetzlichen **Rechtsgrundlage** für dessen Erlass.[844] Das ergibt sich aus dem Prinzip der **Gesetzmäßigkeit der Verwaltung** (**Vorrang und Vorbehalt des Gesetzes**): Das Verhältnis der Exekutive zur Legislative bestimmt sich nach den Art. 1 III, 20 III, 83 und 86 GG, wonach die Verwaltung die Gesetze ausführt und dabei an Gesetz und Recht gebunden ist. Die Verwaltung darf also die Voraussetzungen ihres Eingreifens nicht selbst festlegen. Das darf aufgrund des Demokratieprinzips nur die unmittelbar demokratisch legitimierte Legislative. Nur diese hat die Voraussetzungen für (Grund-)Rechtseingriffe festzulegen.

Beispiel: G betreibt in der Innenstadt von S eine Kneipe und lässt dort den Handel mit Drogen zu. Nachdem ihn die Behörde bereits mehrmals aufgefordert hat, dies zu unterbinden, entzieht sie ihm wegen Unzuverlässigkeit die Gaststättenerlaubnis.

Der Entzug der Gaststättenerlaubnis ist ein belastender Verwaltungsakt und Instrument der Eingriffsverwaltung. Die Behörde bedarf somit einer Rechtsgrundlage. Eine solche stellt § 15 II GastG i.V.m. § 4 I S. 1 Nr. 1 GastG dar. Erfüllt G die dort normierten Voraussetzungen, ist der Widerruf der Erlaubnis gerechtfertigt.

642 **Hinweis für die Fallbearbeitung:** Die Rechtsgrundlage gleich zu Anfang der Begründetheitsprüfung zu benennen (nicht deren Voraussetzungen zu prüfen!), hat den Vorteil der klaren Strukturierung, weil sich aus dem Normengefüge, dem die konkrete Rechtsgrundlage entstammt, regelmäßig die (später bei der formellen Rechtmäßigkeit zu prüfende) Zuständigkeit der Behörde ableitet (Entsprechendes

[844] Die Terminologie ist uneinheitlich. Verbreitet wird der Begriff „Ermächtigungsgrundlage" verwendet, obwohl dieser Begriff bereits durch das formellgesetzliche Ermächtigungsverfahren, namentlich eine oberste Bundes- oder Landesbehörde zum Erlass von (abstrakt-generellen) Rechtsverordnungen zu ermächtigen (Art. 80 I GG), besetzt ist. Es empfiehlt sich deshalb, den neutralen Begriff „Rechtsgrundlage" zu verwenden. Bei Maßnahmen der an dieser Stelle zu erörternden Eingriffsverwaltung kann auch mit dem Begriff „Eingriffsermächtigung" gearbeitet werden. Im Übrigen ist zu beachten, dass ein Verwaltungsakt, der ohne Rechtsgrundlage erlassen worden ist, nach der Rspr. nicht von vornherein nichtig ist, sondern nur dann, wenn die Kriterien des § 44 I VwVfG erfüllt sind (OLG Hamm NStZ 2015, 44 f.).

gilt ggf. hinsichtlich sonstiger formeller Gesichtspunkte, insbesondere Verfahrensvorschriften). Auf diese Weise werden Inzident-Prüfungen vermieden.[845]

Beispiel: § 35 I GewO dient als Rechtsgrundlage für die Gewerbeuntersagung wegen Unzuverlässigkeit. Bei der Frage nach der formellen Rechtmäßigkeit einer entsprechenden Verfügung ist § 35 IV GewO zu beachten, wonach zuvor grundsätzlich die Aufsichtsbehörde, die IHK und die Handwerkskammer gehört werden sollen. Zur formellen Rechtmäßigkeit der Untersagungsverfügung kann in diesem Fall also nur dann Stellung genommen werden, wenn zuvor die Eingriffsnorm bestimmt wurde.

An dieser Stelle des Gutachtens wird also lediglich das Vorliegen der Rechtsgrundlage geprüft. Die *Rechtmäßigkeit* der Rechtsgrundlage ist indes eine Frage der materiellen Rechtmäßigkeit der Einzelmaßnahme (dazu später).

1. Auffinden und Bestimmen der Rechtsgrundlage

Rechtsgrundlagen können sich aus speziellen fachgesetzlichen, aber auch aus allgemeinen Regelungen ergeben. **643** Bei der Frage nach der einschlägigen Rechtsgrundlage ist der Grundsatz zu beachten, dass die speziellen Rechtsgrundlagen den allgemeinen vorgehen (lex specialis derogat legi generali). Relevant ist dies v.a. im Polizei- und Ordnungsrecht, da die Landesgesetzgeber in ihren Polizei- und Ordnungsgesetzen seit einiger Zeit zunehmend dazu übergegangen sind, bereichsspezifische Regelungen zu treffen. Ein Rückgriff auf die Befugnisgeneralklausel ist nur dann zulässig, wenn der zu prüfende Sachverhalt nicht unter die in Betracht kommende Spezialermächtigung subsumierbar ist.[846]

a. Spezielle Rechtsgrundlagen

Rechtsgrundlagen für den Erlass eines Verwaltungsakts sind i.d.R. dem Fachgesetz, **644** dem der zu prüfende Sachverhalt unterfällt, zu entnehmen. Insbesondere das VersG, das VereinsG, das WaffG, das GastG, das StVG, die GewO, die Beamtengesetze, Umweltgesetze etc. enthalten eine Vielzahl prüfungsrelevanter Rechtsgrundlagen.

Beispiele: Die Untersagung des Betriebs einer immissionsschutzrechtlich relevanten Anlage wegen Nichteinhaltung von Auflagen lässt sich auf § 25 BImSchG stützen; die Befugnis der Gewässerbehörde zum Betreten von Wohnräumen und Betriebsgrundstücken ergibt sich aus § 101 I S. 1 Nr. 5 WHG; die Untersagung eines Gewerbes wegen Unzuverlässigkeit lässt sich auf § 35 GewO stützen; die Möglichkeit eines Versammlungsverbots ergibt sich aus § 15 I VersG.

Die spezialgesetzlichen Rechtsgrundlagen sind also in den die jeweils betreffende **645** Rechtsmaterie regelnden Normkomplexen (bereichsspezifisches Normgefüge) enthalten. Neben den Umweltschutzgesetzen enthalten viele (andere) besondere Ordnungsgesetze (vgl. insb. die bei Rn 644 genannten), die Beamtengesetze und die Polizei- und Ordnungsgesetze eine Vielzahl prüfungsrelevanter Rechtsgrundlagen. Aufgrund der Regelungsdichte des öffentlichen Rechts ist aber davon abzuraten, möglichst viele Rechts- oder Anspruchsgrundlagen auswendig zu lernen. Entscheidend ist, unter Anwendung rechtsmethodischer Grundsätze eine Rechtsgrundlage an der jeweiligen Formulierung „muss", „darf", „kann" oder „ist befugt", die der Behörde eine entsprechende Befugnis erteilt, zu erkennen und anzuwenden.

Insbesondere im Polizei- und Ordnungsrecht kann auch eine **Rechtsverordnung,** die **646** aufgrund einer Ermächtigung aus dem Landespolizeigesetz erlassen wurde, als Rechtsgrundlage für den Erlass von Verfügungen (Verwaltungsakten) fungieren. Sollte sich in

---

[845] So auch *Schenke*, VerwProzR, Rn 731; *Jahn*, JuS 2001, 173, 175.
[846] Vgl. dazu ausführlich *R. Schmidt*, POR, Rn 600 ff.

einem solchen Fall herausstellen, dass die Rechtsverordnung rechtswidrig und somit nichtig ist, ist auch der darauf basierende Verwaltungsakt (mangels wirksamer Rechtsgrundlage) rechtswidrig. Auch eine **Satzung** kann Rechtsgrundlage für den Erlass von Verwaltungsakten bilden. Auch hier gilt die Folge: Ist die Satzung rechtswidrig und in Ermangelung einer Heilungsmöglichkeit (vgl. etwa § 214 BauGB) nichtig, ist auch der darauf basierende Verwaltungsakt rechtswidrig (und ggf. nichtig) (Vorbehalt des Gesetzes).

b. Allgemeine Rechtsgrundlagen

647 In Ermangelung einer spezialgesetzlichen Rechtsgrundlage ist auf die allgemeinen Institute zurückzugreifen. Dabei muss beachtet werden, dass eine spezialgesetzliche Rechtsgrundlage in ihrem Anwendungsbereich nicht einschlägig sein darf. Grundsätzlich ist es untersagt, bei Nichtvorliegen ihrer Tatbestandsvoraussetzungen auf die allgemeinen Institute zurückzugreifen. Dies zu tun wäre nicht nur systemwidrig, sondern würde vielmehr die Gefahr der Umgehung der engeren Tatbestandsvoraussetzungen der Spezialgesetze in sich bergen, die in ihrem engeren Anwendungsbereich grundsätzlich eine abschließende Regelung darstellen. Nur wenn nach entsprechender Auslegung das einschlägige Spezialgesetz den Sachverhalt nicht abschließend regelt, kann subsidiär auf die allgemeinen Institute zurückgegriffen werden.

Beispiele:

(1) Im Polizei- und Ordnungsrecht greifen z.B. bei fehlender Anwendbarkeit des VersG die Rechtsinstitute des Landespolizeigesetzes. In Betracht kommen dort zunächst die normierten Standardmaßnahmen und schließlich – wenn der Sachverhalt nicht in deren Regelungsbereich fällt oder sie den Sachverhalt nicht abschließend regeln – die Befugnisgeneralklausel.

(2) Im Bereich der Rücknahme und des Widerrufs von (begünstigenden) Verwaltungsakten ist darauf zu achten, dass spezielle Rechtsgrundlagen oft in dem einschlägigen Spezialgesetz vorhanden sind. Das trifft etwa auf das Gaststättenrecht (§ 15 GastG: Rücknahme/Widerruf der Gaststättenerlaubnis) und das Immissionsrecht (§ 21 BImSchG: Widerruf einer Anlagengenehmigung) zu. Weitere abschließende Sondervorschriften sind etwa § 10 BtMG für die Rücknahme und den Widerruf betäubungsmittelrechtlicher Genehmigungen, § 45 WaffG für die Rücknahme und den Widerruf waffenrechtlicher Erlaubnisse oder Zulassungen[847], § 3 I StVG für die Entziehung der Fahrerlaubnis und § 14 BBG, § 12 BeamtStG hinsichtlich der Rücknahme beamtenrechtlicher Ernennungen. Ein Rückgriff auf die allgemeinen Verwaltungsverfahrensgesetze (vgl. §§ 48, 49 VwVfG) ist nur dann zulässig, wenn der jeweilige Sachverhalt nicht unter die in Betracht kommende Spezialregelung subsumierbar ist.[848]

648 **Hinweis für die Fallbearbeitung:** In der Fallbearbeitung könnte die Prüfung wie folgt eingeleitet werden: „Die ... (konkrete Einzelmaßnahme) ordnet an, dass ... (deren Inhalt). Es handelt sich somit um einen belastenden Verwaltungsakt. Dieser ist ein Instrument der Eingriffsverwaltung. Eingriffe in Freiheit und Eigentum bedürfen wegen der rechtsstaatlichen Bindung der Verwaltung einer gesetzlichen Grundlage. Es gilt der sog. Vorbehalt des Gesetzes, Art. 20 III GG. Die .. (konkrete Maßnahme) bedarf daher einer Rechtsgrundlage. In Betracht kommt § ...".

Gedanklich muss sodann die Normenhierarchie[849] rezipiert werden: EU-Recht (siehe sogleich), Bundesverfassungsrecht, allgemeine Regeln des Völkerrechts, Bundesparlamentsgesetze, Bundesadministrativrecht (untergesetzliches staatliches

[847] Vgl. dazu BVerwG NJW 2015, 1127 f.
[848] Vgl. dazu näher *R. Schmidt*, AllgVerwR, Rn 644 ff.
[849] Zur Rechtsquellenlehre und zur Normenhierarchie vgl. *R. Schmidt*, AllgVerwR, Rn 125 ff.

Recht wie Rechtsverordnungen oder nichtstaatliches, autonomes Recht wie Satzungen), Landesverfassungsrecht, Landesparlamentsgesetze, sonstiges untergesetzliches Landesrecht.[850]

2. Einfluss des EU-Rechts

Aufgrund der zunehmenden Europäisierung des Verwaltungsrechts[851] und des Anwendungsvorrangs des unmittelbar anwendbaren EU-Rechts[852] vor nationalem Recht[853] muss bei der Frage nach der Vereinbarkeit der Rechtsgrundlage mit höherrangigem Recht immer häufiger auf Rechtsakte der EU eingegangen werden. Das führt zwar zu einer Unübersichtlichkeit im Prüfungsaufbau und damit möglicherweise zu einer Störung des Leseflusses der vorliegenden Darstellung[854]; eine weniger differenzierte Darstellung würde jedoch den Anforderungen, die an eine Prüfungsarbeit gestellt werden, nicht gerecht. **649**

So kann zunächst zu untersuchen sein, ob eine unmittelbar anwendbare Norm des EU-Rechts eine Rechtsgrundlage für das Eingreifen deutscher Behörden in die Rechte der Bürger darstellen kann. Nach der Rechtsprechung des BVerfG[855] ist das der Fall, soweit sie vom deutschen Zustimmungsgesetz in Bezug auf das betreffende EU-Primärrecht gedeckt ist. Prüfungsmaßstab ist aber das EU-Recht (dazu sogleich). Daher ist das EU-Recht als möglicher Prüfungsmaßstab heranzuziehen, wenn die streitentscheidende Norm selbst dem EU-Recht entstammt. Gleiches gilt aber auch, wenn die als Rechtsgrundlage in Betracht kommende Norm nicht direkt dem EU-Recht entstammt, sondern in seinem Vollzug von der Bundesrepublik erlassen wurde. Des Weiteren gilt dies für einen Rechtsstreit, der zumindest vordergründig mittels eines nationalen Rechtssatzes entschieden wird, aber mit höherrangigem EU-Recht kollidieren kann.[856] **650**

Zu beachten ist aber, dass Rechtsakte der EU von keinem nationalen Gericht verworfen werden können (vgl. Art. 267 AEUV). Im Rahmen der deutschen Verwaltungsgerichtsbarkeit wäre für eine Prinzipalkontrolle auch schon der Verwaltungsrechtsweg nicht eröffnet.[857] Im Rahmen einer Inzidentkontrolle muss das Gericht bei *Zweifeln*[858] über die Rechtmäßigkeit der betreffenden Norm des Sekundärrechts den Fall nach Maßgabe des Art. 267 AEUV dem Gerichtshof der EU vorlegen. Vgl. dazu ausführlich Rn 660 ff. **651**

---

[850] Verwaltungsvorschriften (vgl. *R. Schmidt*, AllgVerwR, Rn 864 ff.) genügen dem Gesetzesvorbehalt nicht, weil sie – streng der Rechtsquellenlehre folgend – grundsätzlich nur Innenrecht darstellen und sich im Grundsatz ausschließlich an nachgeordnete Behörden und Beamte richten. Im Bereich des eingeschränkten Gesetzesvorbehalts (Leistungsverwaltung) können sie jedoch bei der Subventionsvergabe eine Rolle spielen.

[851] Vgl. bereits Rn 104, 188 ff., aber auch 1041. Vgl. auch *R. Schmidt*, AllgVerwR, Rn 165 ff.

[852] Unmittelbar anwendbar ist zunächst das Primärrecht wie der EU-Vertrag und der AEU-Vertrag. Auch bestimmtes Sekundärrecht wie die Verordnung ist unmittelbar anwendbar. Zur unmittelbar anwendbaren Richtlinie sowie zur Rechtsquellenlehre vgl. *R. Schmidt*, AllgVerwR, Rn 165 ff., Rn 125 ff.

[853] Vgl. nur EuGH NVwZ 2000, 497 ff.; BVerfGE 121, 1, 15 ff.; BVerfG NJW 2010, 833, 835; NJW 2001, 1267; BVerwG NVwZ 2000, 1039; *Schöbener*, JA 2011, 885, 887 f.; *Polzin*, JuS 2012, 1 f.; *Jarass/Beljin*, NVwZ 2004, 1 ff. *Anwendungsvorrang* bedeutet, dass das untergeordnete Recht weiterhin seine Gültigkeit behält, es bei einer Kollision mit dem höherrangigem Recht nur nicht zur Anwendung gelangt. Im Gegensatz dazu steht der *Geltungsvorrang* (beispielsweise des Bundesrechts gegenüber entgegenstehendem Landesrecht, vgl. Art. 31 GG): In diesem Fall verliert das untergeordnete Recht auch seine Gültigkeit.

[854] Immerhin sind bis zu 7 Rechtskreise zu beachten: Völkerrecht, EU-Recht, Bundesverfassungsrecht, einfaches Bundesrecht, Landesverfassungsrecht, einfaches Landesrecht, Kommunalrecht.

[855] BVerfGE 89, 155, 175 (Maastricht) bestätigt in BVerfGE 102, 147, 161 ff. (Bananenmarktordnung).

[856] Diese Fallgruppe wird vor allem dann relevant, wenn auf der Grundlage von § 48 VwVfG rechtswidrige Subventionsverhältnisse (rück-)abgewickelt werden. Vgl. dazu sowie zur Prüfung der Vereinbarkeit des nationalen Gesetzes mit höherrangigem EU-Recht die Darstellung zum Subventionsrecht auf der Internetseite des Verlags.

[857] Vgl. bereits Rn 25 ff.

[858] Vgl. den Unterschied zum deutschen Verfassungsrecht (Art. 100 I GG), wonach Zweifel nicht genügen. Vielmehr muss dort das vorlegende Gericht von der Verfassungswidrigkeit überzeugt sein. Hält dagegen ein nationales Gericht oder sogar eine nationale Behörde ein Gesetz für mit EU-Recht unvereinbar, bedarf es einer Vorlage gem. Art. 267 AEUV nicht. Das Gesetz darf nach der Rechtsprechung des EuGH schlicht nicht angewendet werden.

II. Formelle Rechtmäßigkeit des Verwaltungsakts

652 Wie bereits erläutert, kann der Verwaltungsakt in formeller und materieller Hinsicht mit der Rechtsordnung kollidieren. Stellt sich bei der Prüfung die Fehlerhaftigkeit des zu untersuchenden Verwaltungsakts heraus, sind die differenzierten Rechtsfolgen (**Fehlerfolgen**) zu behandeln, die sich im Zusammenhang mit der Fehlerhaftigkeit ergeben. Der rechtswidrige, aber nicht nichtige Verwaltungsakt ist wirksam. Er ist aber anfechtbar und aufhebbar (vgl. § 113 I S. 1 VwGO, § 43 II/III und § 44 VwVfG). Das eröffnet den Anwendungsbereich der Anfechtungsklage.

653 **Formell** fehlerhaft ist der Verwaltungsakt, wenn er nicht von der örtlich, sachlich und instanziell **zuständigen Behörde** erlassen wurde sowie **Verfahrens**- und **Form**vorschriften missachtet wurden bzw. Verstöße hiergegen nicht der Heilung zugänglich (§ 45 VwVfG) sind (§ 46 VwVfG betrifft hingegen nur den Aufhebungsanspruch).

654 **Hinweis für die Fallbearbeitung:** Die einzelnen Voraussetzungen der formellen Rechtmäßigkeit sind nur zu prüfen, wenn der Sachverhalt entsprechende Hinweise und Angaben enthält. Ansonsten gilt es lediglich festzustellen, dass der Sachverhalt in *formeller* Hinsicht keine Anhaltspunkte für eine Rechtmäßigkeitsprüfung bietet. So darf z.B. nicht angenommen werden, ein Verfahrensfehler sei passiert, nur weil der Sachverhalt die Vornahme der gebotenen Handlung nicht erwähnt.

Ist aber der Sachverhalt auf eine Prüfung der formellen Rechtmäßigkeit angelegt, sind die **Z**uständigkeit der handelnden Behörde und die ordnungsgemäße Einhaltung von **V**erfahrens- und **F**ormvorschriften (kurz: ZVF) zu prüfen. Vgl. dazu die ausführliche Darstellung bei *R. Schmidt*, AllgVerwR, Rn 503 ff.

III. Materielle Rechtmäßigkeit des Verwaltungsakts

655 Nachdem im Rahmen einer Fallbearbeitung innerhalb des Prüfungspunkts „Klagebefugnis" die *Möglichkeit* der subjektiven Rechtsverletzung festgestellt worden ist, muss nunmehr geprüft werden, ob diese (mögliche) Rechtsverletzung *tatsächlich* vorliegt. Zu beachten ist aber, dass zunächst nur die objektive Rechtsverletzung geprüft wird. Erst wenn feststeht, dass der Verwaltungsakt objektiv rechtswidrig ist, kann der Frage nachgegangen werden, ob dadurch auch der Kläger in seinen Rechten verletzt ist (subjektive Rechtsverletzung), vgl. § 113 I S. 1 VwGO. Die Prüfung der objektiven Rechtsverletzung lässt sich aus Zweckmäßigkeitserwägungen nach dem bei Rn 636 erläuterten Schema aufbauen.

656 **Hinweis für die Fallbearbeitung:** In Abweichung zu dem genannten Schema kann es in der Fallbearbeitung u.U. angebracht sein, die Vereinbarkeit der Rechtsgrundlage mit höherrangigem Recht erst dann zu prüfen, wenn die Vereinbarkeit des Verwaltungsakts mit seiner Rechtsgrundlage geprüft wurde. Denn es ist nicht ungewöhnlich, dass erst während dieser Prüfung Gesichtspunkte erkannt werden, die bei der Frage nach der Vereinbarkeit der Rechtsgrundlage mit höherrangigem Recht eine maßgebliche Rolle spielen.[859] In aller Regel ist aber nach dem hier vorgestellten Prüfungsschema zu verfahren.

1. Rechtmäßigkeit der Rechtsgrundlage

a. Vereinbarkeit mit höherrangigem Recht

657 Aus dem bisher Gesagten folgt, dass bei einem angegriffenen Exekutivakt (Verwaltungsakt) ggf. zunächst die Vereinbarkeit von dessen Rechtsgrundlage mit höherran-

[859] So auch *Lietzmann*, JuS 2001, 571, 574.

gigem Recht (i.d.R. EU-Recht; Verfassungsrecht), bzw. wenn eine Rechtsverordnung als Rechtsgrundlage fungieren soll, zunächst die Vereinbarkeit der Ermächtigungsgrundlage mit höherrangigem Recht, und erst dann die Vereinbarkeit der Rechtsverordnung mit ihrer Ermächtigungsgrundlage geprüft werden muss. Erst im Anschluss daran kann der Verwaltungsakt auf seine Vereinbarkeit mit der Rechtsgrundlage und sonstigem (höherrangigem) Recht geprüft werden. Eine derartige Schachtelprüfung ist unvermeidlich und hat den Hintergrund, dass ein Verwaltungsakt keinesfalls rechtmäßig sein kann, wenn bereits seine Rechtsgrundlage rechtswidrig ist (Vorbehalt des Gesetzes). Denn rechtswidrige Staatsakte können keine wirksame Grundrechtsbegrenzung enthalten und somit keine wirksame Rechtsgrundlage für den Erlass eines Exekutivakts darstellen. Erst wenn feststeht, dass die dem Exekutivakt zugrunde liegende Rechtsgrundlage (Rechtsverordnung, Satzung, förmliches Gesetz) rechtmäßig ist, kann der angegriffene Exekutivakt selbst auf einen Rechtsanwendungsfehler hin überprüft werden.

Beispiel: Im Polizeigesetz des Landes X existiert eine Norm, die das präventivpolizeiliche, verdachtsunabhängige Abhören der Telekommunikation zulässt. Bürger B, dessen private Telefongespräche abgehört wurden, erhebt, nachdem die Maßnahme eingestellt wurde und er davon Kenntnis erlangt hat, Fortsetzungsfeststellungsklage.

In diesem Fall ist zwar Klagegegenstand die polizeiliche Abhörmaßnahme. Diese kann jedoch von vornherein nur rechtmäßig sein, wenn auch die polizeigesetzliche Eingriffsbefugnis rechtmäßig ist. Da im vorliegenden Fall durchaus Zweifel an deren Vereinbarkeit insbesondere mit Art. 10 I GG bestehen, ist es unabdingbar, inzident im Rahmen der verwaltungsgerichtlichen Klage die Verfassungsmäßigkeit der Befugnisnorm zu prüfen. Kommt das Verwaltungsgericht zu dem Ergebnis, dass die Befugnisnorm mit Art. 10 I GG unvereinbar ist, muss es den Rechtsstreit aussetzen und gem. Art. 100 I GG dem BVerfG vorlegen.

Hinweis für die Fallbearbeitung: Bezüglich Prüfungsgegenstand und Prüfungsumfang der Rechtsgrundlage muss differenziert werden: Ist das Gericht (und damit der Klausurenschreiber) nach entsprechender Prüfung trotz Versuchs einer verfassungskonformen Auslegung der Überzeugung[860], das (nachkonstitutionelle) Parlamentsgesetz sei verfassungswidrig, verbietet sich wegen des Verwerfungsmonopols der Verfassungsgerichte für diese Art von Gesetzen eine allgemeinverbindliche Feststellung der Verfassungswidrigkeit. Vielmehr ist eine Richtervorlage (**konkrete Normenkontrolle**) gem. Art. 100 I GG erforderlich.[861] In der Fallbearbeitung kann es also durchaus sein, dass eine Richtervorlage zu prüfen ist. Lediglich bei formellen Mängeln der Rechtsgrundlage – etwa bei Unzuständigkeit des Normgebers – kann es angebracht sein, die Verwaltungsrechtsklausur hilfsgutachtlich weiter zu prüfen. Bietet der Sachverhalt allerdings (anders als im vorstehenden Beispiel) keine konkreten Anhaltspunkte für die Rechtswidrigkeit eines nachkonstitutionellen Parlamentsgesetzes, kann dessen Rechtmäßigkeit unterstellt werden. 658

Etwas anderes gilt im Hinblick auf die Überprüfung einer **untergesetzlichen** Norm (Rechtsverordnung oder Satzung). Deren Rechtmäßigkeit darf i.d.R. nicht unterstellt werden! Zwar wird im Normalfall das Verfahren nach § 47 VwGO (prinzipale Normenkontrolle) einschlägig sein.[862] Doch kann in der Fallbearbeitung eine Inzidentkontrolle durchzuführen sein, wenn der Kläger den ihn belastenden Exekutivakt mit verwaltungsrechtlichen Rechtsbehelfen (Widerspruch und Anfechtungsklage gegen belastende Verwaltungsakte, Leistungsklage auf Aufhebung/Unterlassung

[860] *Zweifel* genügen nicht (vgl. den Wortlaut des Art. 100 I GG sowie *R. Schmidt*, Staatsorganisationsrecht, Rn 672).
[861] Wie hier nun auch *Schaks*, JA 2014, 40, 41. Bei landesrechtlichen nachkonstitutionellen Parlamentsgesetzen sind die Landesverfassungsgerichte anzurufen, soweit landesrechtlich zulässig.
[862] Zur Begriffsbestimmung und zur Statthaftigkeit der verwaltungsgerichtlichen Normenkontrolle siehe die Ausführungen bei Rn 512 ff.

von Realakten, Leistungs-/Verpflichtungsklage auf Vornahme von grundrechtswidrig abgelehnten Verwaltungsakten, Feststellungsklage auf Feststellung der Rechtswidrigkeit/Nichtigkeit des Einzelakts) angreift und auf diese Weise eine inzidente Überprüfung der untergesetzlichen (nur-materiellen) Rechtsgrundlage veranlasst. Die Klage ist dann begründet, wenn das Gericht zu dem Ergebnis kommt, dass die Norm rechtswidrig ist. Zu beachten ist jedoch, dass nach strittiger Auffassung das Urteil bei einer Inzidentkontrolle nur zwischen den Parteien (*inter partes*) gilt, nicht wie bei der Prinzipalkontrolle nach § 47 VwGO gegenüber allen (*inter omnes*).

659 Die Rechtsgrundlage muss – um wirksam bzw. gültig zu sein – mit sämtlichem höherrangigen Recht vereinbar sein. Dies impliziert u.U. eine Prüfung der Rechtsgrundlage nicht nur am Maßstab des nationalen (Verfassungs-)Rechts, sondern auch am Maßstab des (im Folgenden dargestellten) **EU-Rechts**.

b. Besonderheiten bezüglich des EU-Rechts

660 Zum Einfluss des EU-Rechts auch auf das Verwaltungsprozessrecht wurde bereits bei Rn 649 ff. eingegangen. Besteht eine Kollision der nationalen Rechtsgrundlage mit **primärem Unionsrecht** (*direkte Kollision*), liegt nach der Rechtsprechung des EuGH[863] ein klarer Fall des Anwendungsvorrangs vor: Die nationale Rechtsgrundlage wird durch entgegenstehendes Gemeinschaftsrecht in ihrer Anwendung gesperrt.

661 Der EuGH verlangt hierbei nicht nur, dass die nationalen Gerichte, sondern auch, dass die nationalen Behörden ein Gesetz, das trotz europarechtskonformer Auslegung nicht mit dem primären Gemeinschaftsrecht vereinbar ist, schlicht nicht anwenden. Für ein Vorabentscheidungsverfahren gem. Art. 267 AEUV besteht demnach kein Bedürfnis. Ein solches kommt lediglich bei *Zweifeln* an der Vereinbarkeit der nationalen Rechtsgrundlage mit EU-Recht in Betracht.

Beispiel (fiktiv): Fügt der Bundesgesetzgeber in das LFGB eine Vorschrift ein, wonach die Einfuhr bestimmter genetisch veränderter Gemüsesorten untersagt wird, verstößt diese innerstaatliche Vorschrift gegen das Verbot von Einfuhrbeschränkungen (Art. 34 AEUV), wenn ein Gemüsebauer aus Italien nach italienischem Recht und in unionsrechtlich konformer Weise rechtmäßig produziertes Gemüse nicht nach Deutschland einführen darf.

Liegt demnach eine Kollision mit Art. 34 AEUV vor, darf die fragliche Norm des LFGB nicht angewendet werden. Dem Einfuhrverbot fehlt es in diesem Fall an einer anwendbaren Rechtsgrundlage. Eine Klage wäre begründet.

662 Steht der nationalen Rechtsgrundlage unmittelbar anwendbares **sekundäres** Unionsrecht (Verordnung, nicht oder unzureichend umgesetzte Richtlinie, Entscheidung) gem. Art. 288 AEUV entgegen, muss zunächst dessen Vereinbarkeit mit primärem Unionsrecht geprüft werden. Als Prüfungsmaßstab kommen dabei insbesondere die Grundfreiheiten und die auf Unionsebene gewährleisteten Grundrechte in Betracht. Zu beachten ist aber: Kommt das prüfende Gericht (und somit der Klausurbearbeiter) zu dem Ergebnis, dass das streitentscheidende Sekundärrecht mit dem Primärrecht kollidiert, darf es dieses Sekundärrecht nicht verwerfen, sondern muss es dem EuGH gem. Art. 267 AEUV zur Entscheidung vorlegen. Die Entscheidung des EuGH ist bindend für das vorlegende Gericht und alle anderen Gerichte, die mit der betreffenden Norm zu tun haben werden.

---

[863] Vgl. EuGH NJW 1999, 2355 (Begrenzung von Bootsanlegeplätzen für EU-Ausländer). Vgl. auch *Beljin*, JuS 2002, 987 ff.; *Haus/Cole*, JuS 2002, 1181 ff.

Kommt das prüfende Gericht zu dem Ergebnis, dass die unmittelbar anwendbare streitentscheidende Norm des Sekundärrechts mit dem **nationalen *einfachen* Recht** kollidiert, steht ihm hierfür nicht der Weg zum EuGH offen, da der dem EuGH zur Verfügung stehende Prüfungsmaßstab nur das EU-Recht sein kann. In diesem Fall genießt das Sekundärrecht **Anwendungsvorrang** gegenüber dem entgegenstehenden nationalen Recht (s.o.). **663**

Für die Fallbearbeitung ergeben sich daher folgende Konstellationen: **664**

(1) Greift ein Bürger einen von einer deutschen Behörde erlassenen Verwaltungsakt an und kollidiert dessen **nationale Rechtsgrundlage** (trotz europarechtskonformer Auslegung) mit unmittelbar anwendbarem EU-Recht, führt das zu deren Unanwendbarkeit. Aber auch die Unanwendbarkeit hat zur Folge, dass keine Rechtsgrundlage im Sinne des Grundsatzes vom Vorbehalt des Gesetzes besteht, sodass die Anfechtungsklage gegen den Verwaltungsakt schon deshalb begründet ist (§ 113 I S. 1 VwGO).

(2) Verstößt der nationale **Verwaltungsakt** selbst gegen unmittelbar anwendbares EU-Recht, treten die gleichen Folgen ein wie bei einem Verstoß gegen nationales höherrangiges Recht: Der Verwaltungsakt ist rechtswidrig und wird bei Erhebung einer Anfechtungsklage seitens des Betroffenen vom angerufenen Verwaltungsgericht aufgehoben (§ 113 I S. 1 VwGO).

(3) Fühlt sich ein Bundesbürger durch einen **Akt eines Unionsorgans** in Grundrechten verletzt, muss man zunächst klarstellen, dass Prüfungsmaßstab allein die Unionsgrundrechte sind, denn die Unionsorgane sind beim Erlass von Rechtsakten nicht an die Grundrechte des Grundgesetzes gebunden. In einem zweiten Schritt ist dann die Vereinbarkeit des fraglichen Rechtsakts mit den Unionsgrundrechten zu prüfen. Hier kann man sich des bekannten Schemas (Schutzbereich, Eingriff in den Schutzbereich, Rechtfertigung des Eingriffs) bedienen. In prozessualer Hinsicht ist die Nichtigkeitsklage vor dem EuG/EuGH statthaft, vgl. Art. 256 I/263 IV AEUV. Das BVerfG würde sich in diesem Fall nur dann für zuständig erklären (freilich mit dem Grundgesetz als Prüfungsmaßstab), wenn es eine Kompetenzüberschreitung durch das betreffende Unionsorgan bzw. eine evidente und generelle Missachtung des erforderlichen Grundrechtsstandards feststellte.

(4) Sieht sich der Kläger durch einen Rechtsakt deutscher Behörden **in Anwendung von Unionsrecht** in Grundrechten des Grundgesetzes verletzt, muss er vor dem zuständigen deutschen Verwaltungsgericht klagen. Da das deutsche Verwaltungsgericht zwar deutsches untergesetzliches Regelwerk (bestimmte Rechtsverordnungen und Satzungen), nicht aber Unionsrecht für nicht anwendbar erklären kann (hierzu ist nur der EuGH befugt), kann bzw. muss es das Verfahren aussetzen und die fragliche Europarechtsnorm dem EuGH bzw. EuG vorlegen, sog. **Vorabentscheidung** (vgl. Art. 267 AEUV).[864] Stellt der EuGH bzw. das EuG die Unanwendbarkeit der fraglichen Europarechtsnorm fest, ist der Sache damit abgeholfen. Verneint der EuGH bzw. das EuG hingegen ein Überschreiten der Kompetenzen der Unionsorgane bzw. ein Unterschreiten des gebotenen Grundrechtsschutzes und ist das vorlegende Fachgericht weiterhin von der Unvereinbarkeit der Europarechtsnorm mit dem Grundgesetz überzeugt, kann nach der Rechtsprechung des BVerfG eine Vorlage gem. Art. 100 I GG (analog) zulässig sein. Sofern das BVerfG die Vorlage für zulässig erachtet, würde es dann über die Vereinbarkeit der in Frage stehenden Europarechtsnorm mit dem Grundgesetz entscheiden, wenn es prüfte, ob

---

[864] Vgl. dazu EuGH NJW 2003, 1379 (Alexander Dory); BVerfG NJW 2001, 1267 f.; VG Stuttgart NVwZ 2002, 1274 ff. Zum Vorabentscheidungsverfahren vgl. auch *Pache/Knauff*, NVwZ 2004, 16 ff.

die Unionsorgane den unverzichtbaren Grundrechtsstandard unter- bzw. ihre ihnen zugewiesenen Kompetenzen überschritten haben. Es müsste dann über die Unanwendbarkeit der fraglichen Europarechtsnorm – ohne erneute Vorlage an den EuGH – im Geltungsbereich des Grundgesetzes entscheiden. Allerdings ist zu beachten, dass das BVerfG eine Vorlage (gem. Art. 100 I oder 93 I Nr. 4a GG) von sekundärem Unionsrecht nur dann für zulässig erachtet, wenn ihre Begründung im Einzelnen darlegt, dass eine Kompetenzüberschreitung oder eine evidente und generelle Missachtung der Grundrechte durch die Union vorliege.

(5) Unterlässt das Fachgericht (i.d.R. das VG) die gebotene Vorlage an den EuGH, kann der Rechtsschutzsuchende **Verfassungsbeschwerde** vor dem BVerfG gegen den Beschluss des betreffenden Gerichts erheben mit der Rüge, ihm sei der **gesetzliche Richter entzogen** worden (vgl. Art. 101 I S. 2 GG). Der EuGH ist gesetzlicher Richter i.S. dieser Vorschrift.[865] Das BVerfG müsste dann seinerseits die fragliche Europarechtsnorm gem. Art. 267 AEUV dem EuGH vorlegen. Gelangte dieser zu dem Ergebnis, dass die fragliche Europarechtsnorm gültig sei, müsste das BVerfG selbst in der Sache über die Anwendbarkeit der Europarechtsnorm entscheiden, wenn es der Auffassung wäre, dass der fragliche Unionsakt einschließlich der Rspr. des EuGH unter den erforderlichen Grundrechtsstandard abgesunken sei. Eine Verfassungsbeschwerde gegen Rechtsakte der Union ist nach Auffassung des BVerfG allerdings nur dann zulässig, wenn das Niveau des allgemeinen, nicht nach Einzelgrundrechten differenzierten Grundrechtsstandards unterschritten wird.[866] Versagt ist bundesverfassungsgerichtlicher Schutz demnach nicht nur bei „Ausrutschern" innerhalb eines Grundrechtsbereichs, sondern auch dann, wenn (nur) einzelne Grundrechte strukturell in Gefahr geraten.

(6) Ist Klausurgegenstand die Frage nach der Anwendbarkeit bzw. Gültigkeit eines **unmittelbar anwendbaren** Akts des Unionsrechts (i.d.R. eine Verordnung oder ein Beschluss nach Art. 288 AEUV), kommt für den Unionsbürger die **Direktklage** gem. Art. 256 I/263 IV AEUV vor dem EuG bzw. dem EuGH in Betracht, freilich mit dem Erfordernis der qualifizierten individuellen Betroffenheit.[867] Handelt es sich bei dem Klagegegenstand um eine Verordnung i.S.d. Art. 288 II AEUV, ist zudem die sog. Plaumann-Formel des EuGH zu beachten: Danach sind natürliche und juristische Personen durch eine Verordnung nur dann individuell betroffen (und klagebefugt), wenn diese sie „wegen bestimmter persönlicher Eigenschaften oder besonderer, sie aus dem Kreis aller übrigen Personen heraushebender Umstände berührt und sie daher in ähnlicher Weise individualisiert wie einen Adressaten".[868] Gelangt der EuGH zu der Entscheidung, dass die fragliche Norm des Unionsrechts gültig sei, und verletzt die Entscheidung das gebotene Mindestmaß an Grundrechtsschutz, kommt gegen die Entscheidung eine (Urteils-)Verfassungsbeschwerde vor dem BVerfG in Betracht, das dann über die Frage der Anwendbarkeit der fraglichen Norm des Unionsrechts entscheiden müsste.[869] Freilich sind die unter (5) genannten Einschränkungen zu beachten.

2. Vereinbarkeit des Verwaltungsakts mit der Rechtsgrundlage

665-728 Ist die dem Verwaltungsakt zugrunde liegende Rechtsgrundlage mit höherrangigem Recht vereinbar, muss schließlich der Verwaltungsakt selbst auf seine Vereinbarkeit

[865] Vgl. dazu BVerfG NJW 2001, 1267, 1268; *Kube*, JuS 2001, 858, 860.
[866] BVerfG NJW 2001, 1267, 1268; *Kube*, JuS 2001, 858, 859 f.
[867] Vgl. dazu bereits Rn 205.
[868] Vgl. nur EuGH Slg. 1963, 199; Slg. 2008, 6351; EuGH NVwZ 2014, 53, 54 ff. (Inuit).
[869] *Hamer*, JA 2003, 666 ff.

mit höherrangigem Recht geprüft werden. Diese Prüfung umfasst die Überprüfung der Auslegung von in der Rechtsgrundlage enthaltenen **unbestimmten Rechtsbegriffen**, die Überprüfung der Einhaltung von **Beurteilungsspielräumen** sowie die Überprüfung von **planerischen Abwägungsentscheidungen**. Auf der Rechtsfolgeseite ist – soweit die Norm der Verwaltung ein **Ermessen** einräumt – die Einhaltung der Ermessensgrenzen zu überprüfen. Schließlich ist zu prüfen, ob die Verwaltung den **Grundsatz der Verhältnismäßigkeit** beachtet hat.

Beispiel: Gastwirt G duldet den Drogenhandel in seinen Gastronomieräumen, woraufhin die Behörde gem. § 15 II GastG die Gaststättenerlaubnis entzieht.

Gemäß § 15 II GastG ist (kein Ermessen, sondern gebundene Entscheidung) die Erlaubnis zum Betrieb einer Gaststätte zu widerrufen, wenn einer der Versagungsgründe des § 4 GastG vorliegt. Ein solcher Versagungsgrund ist die in § 4 I S. 1 Nr. 1 GastG genannte „Unzuverlässigkeit" (unbestimmter Rechtsbegriff). Das Dulden von Drogenhandel führt dazu, dass die für den Betrieb einer Gaststätte erforderliche Zuverlässigkeit i.S.d. §§ 4, 15 GastG nicht vorliegt. Mithin durfte die Behörde die Gaststättenerlaubnis widerrufen.

Vgl. dazu insgesamt ausführlich *R. Schmidt*, AllgVerwR, Rn 265 ff. (unbestimmte Rechtsbegriffe), 283 ff. (Beurteilungsspielräume), 292 ff. (planerische Abwägungsentscheidungen) und 295 ff. (Ermessen und Verhältnismäßigkeit).

IV. Zeitpunkt für die Beurteilung der Sach- und Rechtslage

Zu den schwierigsten Fragen im Bereich des Verwaltungsrechts gehört diejenige nach **729** dem maßgeblichen Zeitpunkt bei der Beurteilung der Rechtmäßigkeit von Verwaltungsakten. Es ist möglich, auf den Zeitpunkt der letzten behördlichen Entscheidung (i.d.R. die Zustellung des Widerspruchsbescheids) abzustellen, aber auch auf den Zeitpunkt der letzten mündlichen Verhandlung vor dem Verwaltungsgericht.[870] Im Bereich der Anfechtungsklage gewinnt diese Frage v.a. dann an Bedeutung, wenn

- sich die **Sach- und Rechtslage** in Bezug auf einen **noch nicht vollzogenen** Verwal- **730** tungsakt zwischen dem Zeitpunkt der letzten behördlichen Entscheidung (i.d.R. der Widerspruchsbescheid, s.o.) und der letzten mündlichen Gerichtsverhandlung **geändert** hat.[871]

  Beispiel 1a: B wird rechtswidrig eine Baugenehmigung erteilt. Nachbar N ficht die Baugenehmigung nach erfolgloser Durchführung des Widerspruchsverfahrens an. Noch bevor das Verwaltungsgericht darüber entscheiden kann, ändert die Gemeinde den Bebauungsplan, sodass das Vorhaben des B nunmehr rechtmäßig wird.

  Beispiel 1b: B wird rechtmäßig eine Baugenehmigung erteilt. Nachbar N ist anderer Auffassung und ficht die Baugenehmigung nach erfolgloser Durchführung des Widerspruchsverfahrens an. Noch bevor das Verwaltungsgericht darüber entscheiden kann, ändert die Gemeinde den Bebauungsplan, sodass das Vorhaben des B nunmehr rechtswidrig wird.

---

[870] Auf weitere, für möglich erachtete Zeitpunkte soll hier nicht weiter eingegangen werden. Vgl. dazu *Kopp/Schenke*, VwGO, § 113 Rn 29 ff.; *J. Schmidt*, in: Eyermann, VwGO, § 113 Rn 45 ff.; *Gerhardt*, in: Schoch/Schneider/Bier, VwGO, § 113 Rn 21 ff.

[871] Wurde der Verwaltungsakt zwischenzeitlich vollzogen, hat sich dieser i.d.R. erledigt, sodass von einer Fortsetzungsfeststellungsklage auszugehen ist. In diesem Fall ist bei der Frage des maßgeblichen Zeitpunkts stets auf die letzte Behördenentscheidung abzustellen.

731 - ein **Verwaltungsakt mit Dauerwirkung** vorliegt. Ein Verwaltungsakt mit Dauerwirkung ist ein Verwaltungsakt, der sich nicht in einem einmaligen Gebot oder Verbot erschöpft, sondern die mit ihm verbundene Belastung auch für die Zukunft aufrechterhält.[872]

  Beispiel 2: Die dem Landkreis L zugehörige Behörde X untersagt dem C eine handwerkliche Betätigung mit der Begründung, es handele sich um einen unzulässigen handwerklichen Nebenbetrieb nach § 3 II HandwO. C bestreitet dies und erhebt nach erfolglos durchgeführtem Widerspruch Anfechtungsklage gegen die Untersagung.

  Weitere Beispiele von Dauerverwaltungsakten sind Verkehrszeichen, Gewerbegenehmigungen[873], Bewilligungen von monatlichen Stipendien und die Sanierungspflicht nach dem BBodSchG[874].

732 - ein **rechtsgestaltender Verwaltungsakt** vorliegt, der sich auf einen **besonders verliehenen Status** (etwa Beamtenernennung) bezieht oder diesen etwa widerruft.

  Beispiel 3: B ist zum Beamten ernannt worden (§§ 10 ff. BBG bzw. §§ 8 ff. BeamtStG i.V.m. den Vorschriften des Landesbeamtengesetzes). Drei Wochen später widerruft die Einstellungsbehörde die Ernennung. Die Ernennung zum Beamten ist ein rechtsgestaltender Verwaltungsakt, der sich auf einen *besonders verliehenen Status* bezieht.

733 - ein **rechtsgestaltender Verwaltungsakt** vorliegt, der eine Genehmigung eines zulassungspflichtigen Gewerbes (etwa nach dem PBefG) zum Gegenstand hat.

  Beispiel 4: Die Busunternehmen A und B stehen im Wettbewerb zueinander. Als die Behörde dem Unternehmen B weitere Erlaubnisse nach dem PBefG erteilt, beantragt das Unternehmen A ebenfalls entsprechende Genehmigungen. Als die Anträge der A abgelehnt werden, verklagt A die Behörde auf Genehmigungserteilung.

734 Nach der früher herrschenden, teilweise auch heute noch vertretenen Ansicht gilt der Grundsatz, dass im Rahmen der Anfechtungsklage bei der rechtlichen Beurteilung des Verwaltungsakts auf den Zeitpunkt der **letzten behördlichen Entscheidung** (also i.d.R. der Zeitpunkt der Zustellung des Widerspruchsbescheids) abzustellen sei.[875] Von diesem Grundsatz wurden und werden aber zahlreiche Ausnahmen gemacht. Insbesondere dann, wenn

- eine Drittanfechtung (baurechtliche Nachbarklage[876] etc.) oder eine Klage einer Gemeinde gegen einen Widerspruchsbescheid der Rechtsaufsichtsbehörde[877] vorliegt,
- es um eine bauaufsichtsrechtliche Beseitigungsanordnung geht[878],
- sich seit der letzten Behördenentscheidung die *Sach- und Rechtslage geändert hat,*
- ein Ausländer ausgewiesen wird (§§ 53 ff. AufenthG),
- ein *Dauerverwaltungsakt* vorliegt
- oder ein Verwaltungsakt angegriffen wird, der wegen der aufschiebenden Wirkung des Widerspruchs und der Anfechtungsklage noch *nicht vollzogen* wurde,

---

872 *Redeker*, NVwZ 2000, 1223, 1225.

873 So *Maurer*, AllgVerwR, § 10 Rn 3. Demgegenüber konstatiert das BVerwG ausdrücklich zumindest für die Genehmigung nach dem PBefG, dass diese kein Dauerverwaltungsakt, sondern ein rechtsgestaltender Verwaltungsakt sei (vgl. BVerwG DVBl 2000, 1614 mit Bespr. von *Selmer*, JuS 2001, 198, 199).

874 Zum letzteren vgl. VGH Kassel DVBl 2000, 210.

875 BVerwGE 82, 260, 261; BVerwG DÖV 1974, 104; OVG Münster VBlNW 1992, 371; BVerwG DVBl 2000, 1614; *Hufen*, VerwProzR, § 24 Rn 8 ff.; *Schmitt Glaeser/Horn*, VerwProzR, Rn 525; *Redeker/v. Oertzen*, VwGO, § 108 Rn 20; *Schübel-Pfister*, JuS 2008, 874, 875; *Schnapp/Henkenötter*, JuS 1998, 624, 625; VGH Mannheim VBlBW 2007, 20. Offengelassen von VGH Mannheim NVwZ 2002, 224, 225. Sollte in dem betreffenden Bundesland das Widerspruchsverfahren ganz oder zumindest für den konkreten Fall abgeschafft sein, ist maßgeblicher Zeitpunkt die Bekanntgabe des Ausgangsverwaltungsakts.

876 Vgl. OVG Münster BauR 2008, 799 (baurechtliche Nachbarklage).

877 BVerwG NVwZ 2008, 437 f. (Klage einer Gemeinde gegen einen Widerspruchsbescheid der Aufsichtsbehörde).

878 Vgl. BVerwGE 5, 351, 352; 74, 15; *Jäde*, NVwZ 2014, 455, 456. Offengelassen von BVerwG NVwZ 2014, 454.

wird auf den Zeitpunkt der **letzten mündlichen Gerichtsverhandlung** in der Tatsacheninstanz abgestellt.[879] Lediglich, wenn es dem Kläger auf eine Aufhebung des angegriffenen Verwaltungsakts mit Wirkung für die Vergangenheit (ex tunc) ankomme oder ein besonders verliehener Status in Rede stehe, sei maßgeblicher Zeitpunkt die letzte Verwaltungsentscheidung.

Die genannten weitreichenden, nahezu jeden Sachverhalt erfassenden Ausnahmefälle haben dazu geführt, dass der o.g. Grundsatz verstärkt in Zweifel gezogen wird. Hinzu kommt, dass es dem Kläger i.d.R. nicht um die Feststellung der Rechtswidrigkeit der Behördenentscheidung geht, sondern primär um die Aufhebung der Behördenentscheidung mit Wirkung für die Zukunft (ex nunc). Es wird daher zunehmend vertreten, dass bei der rechtlichen Beurteilung eines Verwaltungsakts grundsätzlich auf den Zeitpunkt der **letzten mündlichen Verhandlung vor dem Verwaltungsgericht** in der Tatsacheninstanz abzustellen sei.[880] Das BVerwG führt in seiner Entscheidung v. 3.11.1994 sogar noch undifferenzierter aus: **735**

„Maßgeblich für die Entscheidung eines Gerichts sind die Rechtsvorschriften, die sich im Zeitpunkt der Entscheidung für die Beurteilung des Klagebegehrens Geltung beimessen und zwar gleichgültig, ob es sich um eine Feststellungsklage, Leistungsklage, eine Anfechtungsklage oder einer Verpflichtungsklage handelt."[881]

Die Vertreter dieser Auffassung machen geltend, dass das Abstellen auf den Zeitpunkt der gerichtlichen Entscheidung bzw. der letzten mündlichen Gerichtsverhandlung schon deshalb überzeuge, weil die Ansicht, dass grundsätzlich nur der Zeitpunkt der letzten behördlichen Entscheidung maßgeblich sein könne, klar dem Wortlaut des § 113 I S. 1 VwGO („Soweit der Verwaltungsakt rechtswidrig *ist*") widerspreche. Dem ist zuzustimmen, in der Regel kann die Frage aber dahinstehen, wenn die beiden unterschiedlichen Betrachtungsweisen zu demselben Ergebnis kommen. Das dürfte bis auf den rechtsgestaltenden Verwaltungsakt, der sich auf einen besonders verliehenen Status (etwa Beamtenernennung) bezieht oder diesen etwa widerruft oder den rechtsgestaltenden Verwaltungsakt, der eine Genehmigung eines zulassungspflichtigen Gewerbes zumindest nach dem PBefG zum Gegenstand hat, stets der Fall sein. **736**

Für die o.g. Beispiele ergibt sich somit Folgendes: Gleichgültig, auf welchen Standpunkt man sich stellt, richtet sich in **Beispiel 1** die Zulässigkeit des Vorhabens des B nach den materiellen Vorschriften, die im Zeitpunkt der letzten mündlichen Gerichtsverhandlung gültig sind.

In **Beispiel 1a** wäre dann das Vorhaben des B aufgrund des geänderten Bebauungsplans rechtmäßig, sodass die Klage des N erfolglos bliebe. Das ist sachgerecht, denn würde man auf den Zeitpunkt der letzten Behördenentscheidung abstellen, wäre die Klage des N zwar erfolgreich, B könnte dann aber sofort einen neuen Antrag stellen, der dann rechtmäßigerweise zu seinen Gunsten beschieden werden müsste. N geht daher auf jeden Fall leer aus.

In **Beispiel 1b** ist das Vorhaben des B im Zeitpunkt der gerichtlichen Entscheidung dagegen rechtswidrig, sodass er den Bau nicht ausführen darf. Hat B bereits mit dem Bau begonnen, muss er diesen wieder abreißen. Dem steht auch nicht der Grundsatz des Vertrauensschutzes bzw. Bestandsschutzes entgegen, da ein Begünstigter die ihm eingeräumte Rechtsposition in vollem Umfang erst mit der Unanfechtbarkeit der Ent-

[879] Vgl. BVerfG NVwZ 2004, 103; BVerwG NVwZ 2008, 437 f.; BVerwG NVwZ 2008, 434 f.; BVerwG DVBl 2000, 1614; BVerwG NVwZ-RR 1999, 387 ff.; BVerwGE 97, 79, 81 f.; OVG Münster BauR 2008, 799, 800 f.

[880] Vgl. außer den in der vorigen Fußnote genannten Entscheidungen auch *Redeker*, NVwZ 2000, 1223, 1225 und *Kopp/Schenke*, VwGO, § 113 Rn 35.

[881] BVerwGE 97, 79, 90.

scheidung erlangt (vgl. § 50 VwVfG, § 80 VwGO). Zu dem gleichen Ergebnis gelangt man, wenn man der älteren Auffassung folgt, da diese von dem (ehemaligen) Grundsatz, dass auf den Zeitpunkt der letzten Behördenentscheidung abzustellen sei, gerade für den Fall der veränderten Sach- und Rechtslage eine Ausnahme macht und ebenfalls auf den Zeitpunkt der letzten mündlichen Gerichtsverhandlung abstellt.

Hinweis für die Fallbearbeitung: Eine in der Fallbearbeitung häufig verlangte Problemdarstellung besteht darin, dass die Behörde eine Baubeseitigungsanordnung in Bezug auf ein dem aktuellen Bebauungsplan nicht entsprechendes, seinerzeit aber im Einklang mit den bauplanungs- und bauordnungsrechtlichen Vorschriften errichtetes Gebäude erlässt. Die Rechtsgrundlage für eine Baubeseitigungsanordnung ist den Landesbauordnungen zu entnehmen.[882] Zu problematisieren ist aber, ob bei der Beurteilung der Illegalität des Baus auf die damalige oder die heutige Rechtsordnung abzustellen ist. Hier machen es der **Vertrauensschutz** und der **Bestandsschutz** erforderlich, dass eine Beseitigungsanordnung nicht ergehen darf. Die Landesbauordnungen haben dies positivrechtlich geregelt, indem die Vorschriften über die Baubeseitigung verlangen, dass die Anlage im Widerspruch zu öffentlich-rechtlichen Vorschriften errichtet *wurde*. **Eine Beseitigungsanordnung ist also nur dann zulässig, wenn die materielle Illegalität bei der Errichtung des Baus vorlag, nicht jedoch, wenn sie später eintrat.**

Wird in **Beispiel 2** C die handwerkliche Betätigung mit der Begründung der Unzulässigkeit untersagt, hat dies in die Zukunft reichende Wirkungen. Hier ist sowohl nach der einen als auch nach der anderen Auffassung auf den Zeitpunkt der **letzten mündlichen Gerichtsverhandlung** abzustellen. Denn zum einen liegt ein Dauerverwaltungsakt vor, und zum anderen wird der Kläger zwar den Verwaltungsakt als von Anfang an rechtswidrig angreifen, aber besonders festgestellt wissen wollen, dass im Zeitpunkt der letzten mündlichen Verhandlung vor dem Gericht die Untersagung auf jeden Fall nicht mehr rechtmäßig ist.[883]

Weiterführender Hinweis: Bezüglich der **Gewerbeuntersagung nach § 35 GewO** besteht die Besonderheit, dass das in § 35 VI GewO normierte Wiedergestattungsverfahren zwingend mit einem – nicht vor Ablauf einer bestimmten Frist zulässigen – Antrag bei der Behörde beginnt.[884] Die Wiedererteilung der Gewerbeerlaubnis ist also von einer Entscheidung über einen erneuten Antrag abhängig. Diese besondere Gestaltung schließt es nach Auffassung des BVerwG aus, die für eine Wiedergestattung relevanten Umstände schon in einem laufenden Anfechtungsprozess zu berücksichtigen, wenn sich ein Kläger darauf beruft, der Untersagungsgrund der Unzuverlässigkeit sei weggefallen. Aus diesem Grund stellen das BVerwG und das BVerfG bei der Beurteilung der Rechtmäßigkeit einer Untersagungsverfügung gem. § 35 I GewO auf den Zeitpunkt der **letzten Behördenentscheidung** ab.[885] Dem Betroffenen bleibt also nur die Möglichkeit, unter Berücksichtigung der geänderten Sach- und Rechtslage einen neuen Antrag nach § 35 VI GewO zu stellen.

---

[882] Vgl. MBO: § 80; BaWü: § 65 LBO; Bay: Art. 76 LBO; Berl: § 79 LBO; Brand: §§ 73, 74 LBO; Brem: § 79 LBO; Hamb: § 76 LBO; Hess: § 72 LBO; MV: § 80 LBO; Nds: § 79 LBO; NRW: § 61 LBO; RhlPfl: §§ 81, 82 LBO; Saar: §§ 82, 82a LBO; Sachs: § 80 LBO; SachsAnh: § 79 LBO; SchlHolst: § 59 LBO; Thür: § 79 LBO.

[883] *Redeker*, NVwZ 2000, 1223, 1225. Von praktischer Bedeutung ist dies für die Frage, ob eine Aufhebungsverfügung der Behörde sich nach den Rücknahme- oder den Widerrufsregeln (vgl. §§ 48, 49 VwVfG) bestimmt und damit eine Aufhebung mit Wirkung auch für die Vergangenheit (*ex tunc*) oder nur für die Zukunft (*ex nunc*) erfolgen kann. Da Dauerverwaltungsakte ihre Rechtswirkungen nicht zu einem bestimmten Zeitpunkt entfalten, sondern dies auf einen längeren Zeitraum erstrecken, muss auch ihre Vereinbarkeit mit den ihnen zugrunde liegenden Rechtssätzen für die Zeitdauer der Wirkung unverändert Bestand haben. Daher scheint eine Rücknahme beispielsweise nach § 48 VwVfG mit *Ex-nunc*-Wirkung angebracht, soweit nicht die Regeln über den Widerruf, d.h. nach spezialgesetzlichen Vorschriften ggf. i.V.m. §§ 49, 49a VwVfG einen Widerruf auch *ex tunc* zulassen. Vgl. dazu BVerwG NJW 1999, 2912; *Gerhardt*, in: Schoch/Schneider/Bier, VwGO, § 114 Rn 14c; *Clausing*, JuS 2000, 59, 60.

[884] BVerwGE 65, 1 ff.

[885] So ausdrücklich BVerwG GewArch 1997, 478, 479; BVerfG NVwZ 2004, 103. Vgl. auch *Oberrath*, JA 2001, 991, 997.

Bezüglich **Beispiel 3** gilt: Wird ein Beamtenverhältnis widerrufen, kommt es nach der bisher herrschenden, auch heute noch vertretenen Auffassung allein darauf an, ob zur Zeit des Widerrufs dieser rechtmäßig war. Denn in diesem Falle sei das Beamtenverhältnis beendet und es gebe keinen allgemeinen Rechtsanspruch auf den Beamtenstatus. Nichts anderes ergibt sich, wenn man die abweichende Auffassung in Rechtsprechung und Literatur zugrunde legt. Denn auch im Falle des besonders verliehenen Status kommt es nach dieser Auffassung ausschließlich auf den Zeitpunkt der Statusbegründung bzw. Statusvernichtung an.

Im Bereich des Personenbeförderungsrechts konstatiert das BVerwG, dass eine Genehmigung nach dem PBefG (**Beispiel 4**) insbesondere kein Dauerverwaltungsakt sei, bei dessen Beurteilung Änderungen der Sach- und Rechtslage während des Verwaltungsprozesses zu berücksichtigen seien; vielmehr handele es sich um einen rechtsgestaltenden Verwaltungsakt, der mit seinem Ergehen die ihm entsprechende Rechtslage herstelle. Eine Genehmigung nach dem PBefG werde nicht rechtswidrig, wenn die Genehmigungsvoraussetzungen nachträglich entfielen. Vielmehr sehe § 25 PBefG in einem solchen Fall den Widerruf der Genehmigung vor. Daher sei auf den Zeitpunkt der letzten Verwaltungsentscheidung abzustellen.[886] Die Gegenauffassung würde wohl auf den Zeitpunkt der Gerichtsentscheidung bzw. der letzten mündlichen Gerichtsverhandlung abstellen, da sie entweder keinen Dauerverwaltungsakt annehmen würde oder davon ausgeht, dass es dem Kläger auf die Aufhebung mit Wirkung für die Zukunft (ex tunc) ankommt.

Hinweis für die Fallbearbeitung: Es sollte deutlich geworden sein, wie schwierig die Frage nach dem maßgeblichen Zeitpunkt bei der Beurteilung der Sach- und Rechtslage ist. Die Beantwortung der Frage wird nicht dadurch einfacher, dass selbst das BVerwG uneinheitlich entscheidet. Für die Lösung von Fällen kann daher nur angeraten werden, darzustellen, dass je nach dem, auf welchen Zeitpunkt man abstellt, unterschiedliche Ergebnisse erzielt werden, und dass man sich dann für einen Zeitpunkt entscheidet.

Die Bestimmung des maßgeblichen Zeitpunkts wird auch dann relevant, wenn sich zwischen der letzten Behördenentscheidung und der Entscheidung des Verwaltungsgerichts eine Änderung der **örtlichen Zuständigkeit der Behörde** ergibt. 737

Beispiel: Wie oben Beispiel 2. Während des Gerichtsverfahrens, aber noch vor der letzten mündlichen Gerichtsverhandlung ändert sich die örtliche Zuständigkeit der Behörde. Nunmehr ist die Behörde Y zuständig.

Kommt es während des *Verwaltungs*verfahrens zu einer Änderung der örtlichen Zuständigkeit, geht diese grundsätzlich auf die neu zuständige Behörde über, wenn nicht unter den besonderen Voraussetzungen des § 3 III VwVfG die bisherige Behörde das Verfahren weiterführt. Für den Verwaltungsprozess fehlt eine entsprechende Regelung. Sie wäre (für den Bereich der Landesverwaltung) auch nicht zulässig. Legt man die mittlerweile herrschende Auffassung zum maßgeblichen Zeitpunkt bei der Beurteilung der Sach- und Rechtslage zugrunde, kommt es auch hier auf den Zeitpunkt der letzten mündlichen Gerichtsverhandlung an. Das wird insbesondere bei Ermessensverwaltungsakten relevant. Denn es kommt nicht selten vor, dass bei gleicher Sach- und Rechtslage die Behörden das ihnen eingeräumte Ermessen unterschiedlich ausüben. Es entspricht gerade dem Wesen einer Ermessensentscheidung, dass die Behörden bei gleichem Sachverhalt ein Wahlrecht zwischen verschiedenen, rechtlich vertretbaren Rechtsfolgen ausüben können. Anderenfalls hätte die gesetzliche Norm eine gebundene Entscheidung vorsehen müssen. Der Wechsel der örtlichen Zuständigkeit der Behörde kann also zur Folge haben, dass die neu zuständige Behörde zu einer anderen Entscheidung gelangt als die bisher zuständige. 738

[886] BVerwG DVBl 2000, 1614.

Im obigen **Beispiel 2** kann es für C durchaus von Bedeutung sein, ob das ausgesprochene Verbot auch von der nunmehr zuständigen Behörde Y getragen wird oder ob diese das Verbot aufhebt. Stellt man bei der Frage nach dem maßgeblichen Zeitpunkt für die Beurteilung der Rechtmäßigkeit der Verwaltungsentscheidung auf die letzte mündliche Gerichtsverhandlung ab, ist die Rechtsauffassung der Behörde Y in den Verwaltungsprozess einzubeziehen. Wird demnach das von der Behörde X ausgesprochene Verbot durch die Behörde Y aufgehoben, führt das zu einem Wechsel des Klagegegners nach § 78 VwGO. Erforderlich ist dann eine Klageänderung nach § 91 VwGO. Die Klageänderung hat wiederum zur Folge, dass das Verwaltungsgericht nicht mehr örtlich zuständig ist. Freilich bleibt die Klagefrist dadurch gewahrt.

V. Nachschieben von Gründen im Anfechtungsprozess

1. Allgemeines

739 Es ist denkbar, dass die Behörde eine inhaltlich fehlerhafte Begründung im laufenden Anfechtungsprozess durch eine fehlerfreie ersetzt bzw. weitere Gründe für die Rechtmäßigkeit des Verwaltungsakts und/oder Ermessenserwägungen nachschiebt, weil sie befürchtet, die bisherigen genügten nicht, um den Prozess zu gewinnen. Bei dem Nachschieben von Gründen geht also nicht um das Nachreichen von nachträglich entstandenen Gründen, sondern um das nachträgliche Vorbringen von Gründen, die **bereits bei Erlass des Verwaltungsakts existierten**, dort jedoch nicht eingebracht bzw. berücksichtigt worden sind.[887]

740 Beim „Nachschieben von Gründen" handelt es also nicht um ein verwaltungsverfahrensrechtliches, sondern um ein verwaltungsprozessuales Problem, das nicht die formelle, sondern die *materielle* Rechtmäßigkeit des Verwaltungsakts betrifft. Daher ist dieses Nachschieben von Gründen von dem *Nachholen einer ganz oder teilweise fehlenden Begründung*, das den §§ 39 I, 45 I Nr. 2, II VwVfG (der Länder) unterfällt und bei *R. Schmidt*, AllgVerwR, Rn 584 dargestellt ist, strikt zu trennen. Bei dem *Nachholen einer Begründung* handelt es sich um eine Heilungsmöglichkeit *formeller* (i.d.R. landesverwaltungsverfahrensrechtlicher) Rechtsfehler. Der Bundesgesetzgeber hätte hier schon gar keine Kompetenz, Heilungsvorschriften bezüglich Fehlern des Landesverwaltungsverfahrens zu erlassen (vgl. Art. 30, 70, 83, 86 GG).[888] Beim *Nachschieben von Gründen* i.S.d. § 114 S. 2 VwGO geht es um die prozessuale Regelung, die das Ersetzen einer fehlerhaften Begründung Ergänzen von Ermessenserwägungen und sogar den Austausch der Rechtsgrundlage[889] im Verwaltungsprozess erlaubt.

2. Grundsätzliche Zulässigkeit

741 Für Ermessensentscheidungen (oder Entscheidungen mit Beurteilungsspielräumen) ermöglicht § 114 S. 2 VwGO in *prozessualer* Hinsicht die Ergänzung unvollständiger Ermessenerwägungen.[890] Die materiell-rechtliche Zulässigkeit des Nachschiebens von Ermessenerwägungen kann § 114 S. 2 VwGO indes nicht regeln. Dazu bedarf es entsprechender materieller Vorschriften bzw. solcher des Verfahrensrechts[891], da dem Bundesgesetzgeber für eine umfassende Regelung dieser materiell-rechtlichen Problematik – jedenfalls sofern es um Landesrecht geht – die Gesetzgebungskompetenz fehlt[892] (Rn 740). § 114 S. 2 VwGO gestattet also lediglich die (nach materiellem

---

[887] BVerwG NVwZ 2000, 1186; NVwZ-RR 2010, 550. Vgl. auch *R.P. Schenke*, VerwArch 1999, 232, 236; *Sodan*, DVBl 1999, 733; *Schübel-Pfister*, JuS 2010, 976, 977 f.; *Kiefer*, NVwZ 2013, 1257, 1258; *Schenke*, DVBl 2014, 584 ff.; OVG Münster NVwZ 2001, 1424.

[888] So nun auch *Lindner/Jahr*, JuS 2013, 673, 677.

[889] *Brischke*, DVBl 2002, 429, 430; *Kiefer*, NVwZ 2013, 1257, 1258.

[890] Vgl. dazu auch BVerwG NVwZ 2012, 698, 699; NVwZ-RR 2010, 550; NVwZ 2008, 326; NVwZ 2007, 47; NVwZ 2000, 1186; NVwZ 1999, 425, 428; *Schenke*, DVBl 2014, 584.

[891] So BVerwG NVwZ 2014, 151, 154. Zuvor bereits BVerwGE 106, 351, 356.

[892] Vgl. *Schenke*, DVBl 2014, 584.

Recht bzw. Verfahrensrecht zulässige) Ergänzung von Ermessenserwägungen im *Verwaltungsprozess*.

3. Grenzen der Zulässigkeit

Selbstverständlich ändert § 114 S. 2 VwGO nichts daran, dass das Gericht nicht anstelle der Verwaltung eigene Ermessenserwägungen anstellen darf. Es ist in seiner Kontrolle ausschließlich auf eine Überprüfung der Rechtmäßigkeit beschränkt (vgl. § 114 S. 1 VwGO). Besteht die Gefahr, dass das Verbot der gerichtlichen Zweckmäßigkeitskontrolle unterlaufen wird, wird das Nachschieben von Gründen im Verwaltungsprozess als unzulässig anzusehen sein.[893] Folgerichtig **verneint** die Rechtsprechung die materiell-rechtliche Beachtlichkeit (d.h. die Zulässigkeit) von im Verwaltungsprozess nachgeschobenen Ermessenserwägungen in drei Fällen, nämlich wenn **742**

(1) der in Frage stehende Verwaltungsakt in seinem **Wesen geändert** wird,

(2) *neue* **Tatsachen** vorgebracht werden oder

(3) der Kläger in seiner **Rechtsverteidigung beeinträchtigt** wird.[894]

In der Praxis relevant ist insbesondere die Wesensänderung. Eine solche liegt etwa vor, wenn die Behörde den Verwaltungsakt auf einen völlig neuen, wenn auch schon im Zeitpunkt der Verwaltungsentscheidung gegebenen Sachverhalt bezieht. **743**

> **Beispiel:** Ein Erschließungsbeitrag wird in seinem Wesen geändert, wenn die in ihm enthaltene (Betrags-) Festsetzung zugunsten einer anderen Abgabe (bzw. Abgabenart) aufrechterhalten wird (Steuer oder Gebühr anstelle von Erschließungsbeitrag) oder wenn der Bezugsgegenstand des Bescheids ausgetauscht wird. Letzteres wäre z.B. der Fall, wenn der Erschließungsbeitrag auf ein anderes Grundstück des Klägers oder auf eine andere Erschließungsanlage bezogen würde.[895]

Des Weiteren wird der zulässige Rahmen durch § 114 S. 2 VwGO bestimmt, wonach die Behörde ihre Ermessenserwägungen „**ergänzen**" darf. „Ergänzen" bedeutet, dass die Behörde die ursprünglichen Ermessensgründe jedenfalls nicht beseitigen oder ersetzen darf.[896] Daraus folgt: **744**

- Zwar ist der Austausch der Rechtsgrundlage erlaubt, es ist aber unzulässig, dem Verwaltungsakt im Verwaltungsprozess bei gleichbleibendem Tenor nachträglich eine andere Rechtsgrundlage zu geben, wenn dadurch eine bisher gebundene Verwaltungsentscheidung zur Ermessensentscheidung umgewandelt wird. Gegen den umgekehrten Fall, dass durch das Nachschieben von Gründen aus der Ermessensentscheidung eine gebundene Entscheidung wird, bestehen aus der Sicht des § 114 S. 2 VwGO keine Bedenken. Allerdings ist zu beachten, dass der Verwaltungsakt dadurch nicht in seinem Wesen verändert werden darf.[897]

- Im verwaltungsgerichtlichen Verfahren ebenfalls ausgeschlossen sind gem. § 114 S. 2 VwGO Fälle, in denen wesentliche Teile der Ermessenserwägungen ausgetauscht werden[898], oder in denen eine völlige Auswechslung der Begründung des Verwaltungsakts, sei sie tatsächlicher oder rechtlicher Natur, vorgenommen wird. Denn dann lässt sich nicht mehr von „ergänzen" sprechen.

---

[893] *Schmitt Glaeser/Horn*, VerwProzR, Rn 531. Vgl. auch OVG Münster NVwZ 2001, 1424.

[894] St. Rspr., vgl. BVerwG NVwZ 2012, 698, 699; BVerwGE 38, 191, 195; 64, 356, 358; 71, 368; 106, 351, 356 ff. Zustimmend *Bader*, NVwZ 1999, 120, 122; *Gerhardt*, in: Schoch/Schneider/Bier, VwGO, § 114 Rn 12e; *Hufen*, VerwProzR, § 14 Rn 21; *Schmitt Glaeser/Horn*, VerwProzR, Rn 533 ff.; *Maurer*, AllgVerwR, § 10 Rn 40. Siehe auch *Schenke*, JuS 2000, 230 ff., *Püttner/Guckelberger*, JuS 2001, 218, 222 und nun auch *Lindner/Jahr*, JuS 2013, 673, 677.

[895] BVerwGE 64, 356, 358.

[896] Vgl. auch BVerwG NVwZ 2007, 470; *Hufen/Waldhoff*, JuS 2007, 1049, 1050 f.

[897] *Schmitt Glaeser/Horn*, VerwProzR, Rn 535.

[898] BVerwGE 106, 351, 356.

Beispiel: A hisst vor seinem Haus die Reichskriegsflagge, verfolgt dabei aber keine rechtsextremistischen Ziele (er will nur die Nachbarn ärgern). Die Ordnungsbehörde untersagt ihm das mit der Begründung, es liege eine Verwirklichung des Tatbestands des § 130 StGB („Volksverhetzung") vor, und stützt ihre Untersagungsverfügung auf die polizeiliche Befugnisgeneralklausel wegen Vorliegens einer Störung der öffentlichen Sicherheit. A erhebt gegen diese Verfügung Anfechtungsklage. Während der Gerichtsverhandlung kommen der Behörde Bedenken, ob A überhaupt vorsätzlich den Tatbestand des § 130 StGB erfüllt hat. Entfiele der Tatbestandsvorsatz, käme eine Strafbarkeit aus § 130 StGB nicht in Betracht, was wiederum zur Folge hätte, dass A nicht wegen Begehung einer Straftat das Schutzgut öffentliche Sicherheit gefährdet hätte. Die Behörde ändert daher ihre Begründung der Untersagung und stützt diese nun darauf, dass A zwar nicht strafbar sei, gleichwohl aber aus der Sicht eines objektiven Beobachters rechtsextremistisch handele und damit eine Gefahr für die öffentliche Ordnung verursache. ⇨ Hier nimmt die Behörde eine völlige Auswechslung der Begründung vor. Das ist nach § 114 S. 2 VwGO nicht möglich.

- § 114 S. 2 VwGO erfasst auch nicht solche von der Behörde nachgeschobenen Gründe, die einen ursprünglichen *Ermessensnichtgebrauch* zu sanieren suchen. Das Nachreichen von im Prozess erstmalig angestellten Ermessenserwägungen ist von § 114 S. 2 VwGO nicht vorgesehen.[899]
- Weiterhin ist es ausgeschlossen, dass die Verwaltung nachträglich eine *Ermessensüberschreitung* korrigiert. Denn dadurch „ergänzt" sie ihre Ermessenserwägungen nicht, sondern sie beseitigt und ersetzt sie.
- Dagegen kann § 114 S. 2 VwGO Anwendung finden, wenn der Behörde ein Beurteilungsspielraum zusteht, nicht aber bei Planungsentscheidungen.
- Auch ist aus der Sicht des § 114 S. 2 VwGO jegliches Nachreichen von Ermessenserwägungen, das die Sanierung eines vorherigen *Ermessensfehlgebrauchs* oder einer *Ermessensunterschreitung* bezweckt, gerade wegen des Wortlautes „ergänzen" unbedenklich.
- Präzisierungen, Konkretisierungen und Klarstellungen der ursprünglich dem Verwaltungsakt beigefügten Begründung sowie das Vorbringen weiterer ermessensrelevanter Gesichtspunkte sind aber von § 114 S. 2 VwGO erfasst.[900]
- Das Nachschieben von wesentlichen Ermessenerwägungen ist nach Auffassung des BVerwG auch bei Dauerverwaltungsakten möglich. Dauerverwaltungsakte seien auf eine Anpassung an jeweils neue Umstände angelegt; ein Nachschieben von Ermessenserwägungen ändere daher nicht zwangsläufig das Wesen des Verwaltungsakts.[901]
- Jedenfalls darf das Nachschieben von wesentlichen Ermessenerwägungen nicht zu einer rückwirkenden Heilung von Ermessensverwaltungsakten führen.[902] Denn der Bürger hat einen Anspruch auf gerichtliche Aufhebung eines ihn in seinen Rechten verletzenden Verwaltungsakts.

745 **Hinweis für die Fallbearbeitung:** In einer Klausur stellt sich die Frage nach der Zulässigkeit des Nachschiebens von Gründen nur, wenn die – zunächst zu prüfenden – ursprünglich vorgebrachten Gründe nicht ausreichen, die Maßnahme als rechtmäßig anzusehen, der Verwaltungsakt also nur unter Berücksichtigung der nachgeschobenen Gründe/Ermessenserwägungen rechtmäßig ist. Da aber aufgrund der Regelung in § 114 S. 2 VwGO die Behörde Ermessenserwägungen auch noch

[899] BVerwG NVwZ 2007, 470; OVG Bautzen LKV 1998, 280; *Bader*, NVwZ 1999, 120, 122.
[900] BVerwGE 105, 55, 59; *Rennert*, in: Eyermann, VwGO, § 114 Rn 89; *Kopp/Schenke*, VwGO, § 113 Rn 72; *Lindner/Jahr*, JuS 2013, 673, 678.
[901] BVerfG NVwZ 2014, 151, 154; abl. *Schenke*, DVBl 2014, 584
[902] BVerfG NVwZ 2014, 151, 154; *Schenke*, DVBl 2014, 584.

im verwaltungsgerichtlichen Verfahren einbringen kann, sind – bis auf die skizzierten Ausnahmen – *alle* Begründungen bis zum Abschluss des verwaltungsrechtlichen Verfahrens ergänzungsfähig. Die den ursprünglichen Verwaltungsakt erlassende Behörde (Ausgangsbehörde) muss ihre ergänzenden Ermessensergänzungen aber spätestens bis zur letzten mündlichen Gerichtsverhandlung schriftlich einreichen und mit einer Begründung versehen.

VI. Rechtsverletzung beim Kläger

§ 113 I S. 1 VwGO bestimmt, dass das Gericht den angegriffenen Verwaltungsakt nur dann aufhebt, wenn der Verwaltungsakt rechtswidrig ist (objektive Rechtsverletzung) **und** den Kläger dadurch in seinen Rechten verletzt (subjektive Rechtsverletzung). Bei einem **Adressaten** eines ihn belastenden rechtswidrigen Verwaltungsakts ist dies wegen Art. 2 I GG stets der Fall. Weniger einfach ist die Frage nach dem Aufhebungsanspruch, wenn die Klage von einem **Dritten** eingelegt worden ist („Drittanfechtungsklage"). Denn in einem solchen Fall kann die Klage nur bei Verletzung eines drittschützenden Rechts begründet sein, was entsprechend geprüft werden muss.[903] **746**

Hinweis für die Fallbearbeitung: Es sollte wie folgt vorgegangen werden: **747**

⇨ Der Verwaltungsakt ist unter sämtlichen rechtlichen Gesichtspunkten zu prüfen.

⇨ Wird dabei festgestellt, dass er nur objektives Recht verletzt, ist die Klage unbegründet (es entfällt der Aufhebungsanspruch).[904]

Beispiel: Drittanfechtungsklage eines Nachbarn gegen eine Baugenehmigung wegen Verstoßes gegen Denkmalschutzrecht. Möglicherweise war aber bereits die Klagebefugnis abzulehnen.

⇨ Ist dagegen ermittelt, dass die streitentscheidende Norm nicht nur die Interessen der Allgemeinheit schützt, sondern – zumindest auch – Individualinteressen zu dienen bestimmt ist, muss jetzt geprüft werden, ob auch gerade der Kläger in den Schutzbereich dieser Norm fällt. Eine ausschließliche subjektive Rechtsverletzung anderer Beteiligter oder anderer Dritter hilft ihm dagegen nicht.

Beispiel: Auch die (objektiv rechtswidrige) Baugenehmigung darf auf Anfechtungsklage eines Nachbarn nur dann aufgehoben werden, wenn sie gegen nachbarschützende Normen verstößt und gerade der klagende Nachbar vom Schutzbereich dieser Normen umfasst ist.

Liegt demnach eine individuelle Rechtsverletzung des Klägers vor, muss gegebenenfalls auf die **Unbeachtlichkeitsregelung des § 46 VwVfG** zurückgegriffen werden. Nachdem im Prüfungspunkt „Formelle Rechtmäßigkeit" erstmalig angeprüft worden ist, dass Verfahrens- und Formfehler unbeachtlich sind, wenn offensichtlich ist, dass die Rechtsverletzung beim Kläger die Entscheidung der Behörde in der Sache nicht beeinflusst hat, das Ergebnis wegen seiner Abhängigkeit von der Rechtmäßigkeit des zu prüfenden Verwaltungsakts aber zurückgestellt werden musste (vgl. Rn 632 ff. sowie *R. Schmidt*, AllgVerwR, Rn 564/585), kann nun Rückbezug genommen und festgestellt werden, ob der Formfehler die behördliche Entscheidung in der Sache tatsächlich nicht beeinflusst hat. **747a**

[903] Vgl. dazu bereits die Ausführungen zur Klagebefugnis bei Rn 139 ff.
[904] BVerwGE 65, 313, 318.

747b Zu beachten ist schließlich: War im Rahmen der Klagebefugnis die Geltendmachung der eigenen Rechtsverletzung entbehrlich (vgl. dazu Rn 208), genügt es selbstverständlich auch für die Begründetheit einer Klage, wenn objektives Recht verletzt worden ist.

VII. Materielle Bestandskraft der gerichtlichen Entscheidung

748 Ist ein Verwaltungsakt aus materiellen Gründen vom Verwaltungsgericht als rechtswidrig aufgehoben worden, verbietet es die materielle Rechtskraft der gerichtlichen Entscheidung (§ 121 VwGO), den gleichen Verwaltungsakt (aufgrund einer anderen Rechtsgrundlage) erneut zu erlassen.[905]

---

[905] Vgl. OVG Koblenz NVwZ 2010, 1109.

B. Begründetheit der Verpflichtungsklage

I.d.R. erhebt der Kläger Verpflichtungsklage, wenn er den Inhalt des Ablehnungsbescheids (in der Gestalt des Widerspruchsbescheids) nicht gelten lassen möchte. 749

Beispiel: Gastronom G beantragt die Erlaubnis zum Betreiben einer Gaststätte (vgl. §§ 2 ff. GastG).[906] Doch die Gaststättenbehörde ist der Auffassung, dass G nicht die erforderliche Zuverlässigkeit besitze und versagt die Gaststättenerlaubnis (vgl. § 4 GastG). Nachdem der hiergegen gerichtete Widerspruch des G ebenfalls abgewiesen wird, erhebt G Verpflichtungsklage vor dem Verwaltungsgericht mit dem Antrag, das Gericht möge die Behörde zum Erlass der gewünschten Genehmigung verurteilen.

Dieses Beispiel hat den „Normalfall" einer Verpflichtungsklage zum Gegenstand, bei dem der Rechtsschutzsuchende zunächst einen Antrag auf Zulassung eines genehmigungspflichtigen Vorhabens stellt, der Antrag jedoch (durch Versagungsbescheid) abgelehnt wird. Wird auch der gegen diesen Versagungsbescheid eingelegte Widerspruch (durch Widerspruchsbescheid) abgelehnt, ist (sofern auch die übrigen Sachentscheidungsvoraussetzungen vorliegen) der Weg frei für die Verpflichtungsklage. Da dieser ein Versagungsbescheid (wenn auch in der Gestalt des Widerspruchs) vorausgeht, spricht man von einer **Versagungsgegenklage**.[907]

Der Obersatz für die Begründetheit der Versagungsgegenklage ergibt sich, folgt man dem **Ablehnungsaufbau**, direkt aus dem Wortlaut des § 113 V VwGO. Begründet wird dies damit, dass – im Gegensatz zur Anfechtungsklage – bei der Verpflichtungsklage gerade nicht der Erstbescheid (hier: der Versagungsbescheid) hintergründiger Prüfungsgegenstand sei, sondern dass der Kläger die in seinen Augen rechtswidrige Ablehnung bzw. das rechtswidrige Unterlassen angreife. Allerdings wird zunehmend die Auffassung vertreten, für den Bereich der gebundenen Entscheidung und der Ermessensentscheidung mit einer Ermessensreduzierung auf Null (also bei gegebener Spruchreife, dazu sogleich) den Obersatz aus der aus dem Wortlaut des § 113 V S. 1 VwGO resultierenden Rechtsfolge, dem Anspruch, zu bilden (**Anspruchsaufbau**). 750

Hinweis für die Fallbearbeitung: Um dieser das Gutachten nicht voranbringenden Streitigkeit aus dem Weg zu gehen, ist zu empfehlen, den Einleitungssatz aus dem Wortlaut des § 113 V VwGO zu bilden und bei den beiden oben genannten Fallgruppen den aus der Rechtswidrigkeit des Verwaltungshandelns resultierenden Anspruch des Klägers mit aufzunehmen (**Kombination aus Ablehnungs- und Anspruchsaufbau**, siehe die bei Rn 752 ff. vorgeschlagene Klausurformulierung). Ist der geltend gemachte Anspruch gegeben, impliziert dies die Rechtswidrigkeit des Versagungsbescheids.

Gleichgültig, ob man dem Ablehnungs- oder Anspruchsaufbau folgt, stellt das Gesetz in § 113 V VwGO auf die Rechtswidrigkeit des (versagenden) Verwaltungshandelns und die daraus resultierende Rechtsverletzung beim Kläger ab. Bei der Frage nach dem Klageziel ist danach zu unterscheiden, ob der vom Kläger begehrte Anspruch besteht, die Sache also „spruchreif" ist. „Spruchreif" ist die Sache, wenn die tatsächlichen und rechtlichen Voraussetzungen für eine gerichtliche Sachentscheidung über das Klagebegehren gegeben sind, was insbesondere bei gebundenen Entscheidungen wie im Beispiel von Rn 749 in Betracht kommt. In diesem Fall kann das Gericht die Verwaltung zur gewünschten Vornahme (Erlass des begehrten Verwaltungsakts) verpflichten („Vornahmeurteil"), wenn kein Versagungsgrund vorliegt. Bei Ermessensent- 751

[906] Zur Föderalismusreform vgl. Fußnote 33.
[907] Zur Untätigkeitsklage, der zweiten Form der Verpflichtungsklage, vgl. Rn 330, 339 und 362 f.

scheidungen (und erst recht bei Entscheidungen mit Beurteilungsspielraum)[908] ergeht allenfalls ein „Bescheidungsurteil", da das Gericht lediglich eine Vertretbarkeitsprüfung anstellen, nicht aber das Verwaltungsermessen ersetzen darf (vgl. § 114 S. 1 VwGO). Aber auch bei Ermessensentscheidungen ist eine Spruchreife anzunehmen, wenn eine „Ermessensreduzierung auf Null" vorliegt, wenn also die Behörde keine andere als die vom Kläger gewünschte Entscheidung treffen kann.

752 Aufgrund der Differenzierung zwischen spruchreifen (**Vornahmeklage**) und nicht spruchreifen (**Bescheidungsklage**) Sachen ergeben sich verschiedene Möglichkeiten der Obersatzbildung:

Vornahmeklage (Spruchreife gegeben)

753 Die Verpflichtungsklage ist begründet, soweit die Ablehnung (oder Unterlassung) des begehrten Verwaltungsakts rechtswidrig, der Kläger dadurch in seinen Rechten verletzt und die Sache spruchreif ist, § 113 V S. 1 VwGO, wenn der Kläger also einen Anspruch auf ... (die begehrte Leistung) hat.

Bescheidungsklage (Spruchreife nicht gegeben)

754 Die Verpflichtungsklage ist begründet, soweit die Ablehnung (oder Unterlassung) des begehrten Verwaltungsakts rechtswidrig, der Kläger dadurch in seinen Rechten verletzt ist und einen Anspruch auf nochmalige Bescheidung hat, § 113 V S. 2 VwGO.[909]

Hinweis für die Fallbearbeitung: Die Formulierung „Anspruch auf nochmalige Bescheidung" statt „Anspruch auf die Leistung" bei der Bescheidungsklage hat den Grund, dass ein methodischer Fehler vorläge, wenn im Obersatz von dem Vorliegen eines Vornahmeurteils ausgegangen würde, am Ende der Begründetheitsprüfung mangels Spruchreife jedoch „nur" ein Bescheidungsurteil herbeigeführt werden könnte. Daher muss bereits bei der Obersatzbildung (gedanklich) der Ausgang der Klage feststehen. Eine Festlegung des Ausgangs der Prüfung an dieser Stelle kann aber dadurch umgangen werden, indem ausschließlich der Ablehnungsaufbau zugrunde gelegt wird.

755

Begründetheit der Verpflichtungsklage

Zum jeweiligen Obersatz bei Vornahme- bzw. Bescheidungsklage vgl. Rn 753/754.

I. Anspruchsgrundlage

1. Standardproblem: Genehmigungsfälle
   a. Genehmigungspflichtigkeit
   b. Genehmigungsfähigkeit
2. Sonderprobleme:
   a. Zusicherung als Anspruchsgrundlage
   b. Anspruch aus einem öffentlich-rechtlichen Vertrag
3. Spezialgesetzliche Anspruchsgrundlagen
4. Gemeinderechtliche Anspruchsgrundlagen
5. Grundrechte als Anspruchsgrundlage

II. Formelle Voraussetzungen des begünstigenden Verwaltungsakts

III. Materielle Voraussetzungen des begünstigenden Verwaltungsakts

1. Gebundene Entscheidung: Spruchreife gegeben; es ergeht ein Vornahmeurteil
2. Ermessen: grds. keine Spruchreife gegeben; es ergeht ein Bescheidungsurteil; bei Ermessensreduzierung auf Null: Spruchreife gegeben; es ergeht ein Vornahmeurteil

IV. Maßgeblicher Zeitpunkt für die Beurteilung der Sach- und Rechtslage

[908] Zum Verwaltungsermessen und zu den Beurteilungsspielräumen vgl. *R. Schmidt*, AllgVerwR, Rn 295 ff./283 ff.
[909] Zum Streitgegenstand einer Bescheidungsklage vgl. auch BVerwG NVwZ 2007, 104, 105 f.

I. Anspruchsgrundlage

Das Erfordernis einer das Klägerbegehren stützenden Anspruchsgrundlage wurde bereits bei der statthaften Klageart und der Klagebefugnis angeführt. Dort wurde auch dargelegt, dass Klagegegenstand regelmäßig die Prüfung der Versagung einer beantragten Genehmigung ist. Da eine Genehmigung jedoch nur dann erteilt werden kann, wenn das (genehmigungspflichtige) Vorhaben auch genehmigungsfähig ist, ist zunächst auf die Genehmigungspflichtigkeit und die Genehmigungsfähigkeit einzugehen. **756**

1. Genehmigung von Vorhaben

Wichtigste Fälle der Verpflichtungsklage sind die Genehmigungen von Vorhaben, wobei deren (klausur-)relevanteste Form wiederum die **Kontrollerlaubnis** (z.B. Baugenehmigung oder Gaststättenerlaubnis) darstellt (vgl. Rn 769). Wird eine Genehmigung begehrt, ist methodisch zwischen **Genehmigungspflichtigkeit** und **Genehmigungsfähigkeit** zu unterscheiden. **757**

a. Genehmigungspflichtigkeit

Bei der Genehmigungspflichtigkeit geht es um die Frage, ob für die Verwirklichung eines Vorhabens überhaupt ein begünstigender Verwaltungsakt erforderlich ist. Gerade Tätigkeiten von geringem Umfang stellen häufig eine zu vernachlässigende mögliche Gefährdung der Öffentlichkeit dar. Der Staat hat sie daher von der präventiven Rechtskontrolle ausgenommen und sie allenfalls einer Anzeigepflicht unterstellt. Sie sind also **genehmigungsfrei** mit der Folge, dass eine Verpflichtungsklage nicht in Betracht kommt. Beispiele für genehmigungsfreie Vorhaben sind diejenigen gem. § 4 I S. 2 BImSchG, § 2 II GastG; Beispiele für lediglich anzeige- bzw. anmeldepflichtige Vorhaben sind diejenigen gemäß § 14 GewO, § 14 VersG sowie die genehmigungsfreigestellten Bauvorhaben nach den Landesbauordnungen. Ferner ist eine Verpflichtungsklage unstatthaft im Fall einer **Genehmigungsfiktion** (also in dem Fall, in dem die beantragte Genehmigung als erteilt gilt, wenn die Behörde nicht innerhalb einer bestimmten Frist bescheidet).[910] **758**

> **Beispiele**[911]**:** § 81 III, IV S. 1 AufenthG (Erteilung eines Aufenthaltstitels), § 12 V GentechnikG (Zustimmung zur Errichtung und zum Betrieb einer gentechnischen Anlage der Sicherheitsstufe 2), § 15 II S. 2 BImSchG (Zustimmung zu Änderungen einer genehmigungsbedürftigen Anlage), § 15 I S. 5 PBefG (Genehmigung zum Personentransport), § 22 V BauGB (Genehmigung zur Begründung oder Teilung von Wohnungseigentum zur Sicherung des Fremdenverkehrs)

> **Hinweis für die Fallbearbeitung:** Zu beachten ist das Regel-Ausnahme-Prinzip. So sollte bspw. bei einer Gaststättengenehmigung zunächst festgestellt werden, dass es sich bei dem geplanten Vorhaben um ein Gaststättengewerbe (vgl. § 1 GastG) handelt. In einem zweiten Schritt wäre dann auf die generelle Genehmigungspflichtigkeit derartiger Projekte (vgl. § 2 I GastG) einzugehen. Schließlich wäre zu untersuchen, ob nicht eine Ausnahmebestimmung greift, es sich also um ein genehmigungsfreies Vorhaben (vgl. § 2 II GastG) handelt. Erst wenn dies nicht der Fall ist, greift die Genehmigungspflichtigkeit mit der Folge, dass der Antragsteller die Genehmigungsvoraussetzungen erfüllen muss bzw., dass das Vorhaben genehmigungsfähig sein muss. Durch diese systematische Vorgehensweise gibt man zu verstehen, dass Kenntnisse der juristischen Methodenlehre vorhanden sind. **759**

---

[910] Vgl. auch § 42a VwVfG sowie *R. Schmidt*, AllgVerwR, Rn 379a ff.

[911] *R. Schmidt*, AllgVerwR, Rn 379a.

b. Genehmigungsfähigkeit

760 Ein Anspruch auf Genehmigung ist nur dann begründet, wenn das (genehmigungspflichtige) Vorhaben auch genehmigungsfähig ist. Nur dann kann eine Genehmigung erfolgen. Im Gutachten ist also zu prüfen, ob der Betroffene einen Anspruch auf Erlass des begünstigenden Verwaltungsakts hat, was der Fall ist, wenn die Genehmigungsvoraussetzungen gegeben sind. Ist eine Anspruchsgrundlage anwendbar (wie z.B. die landesbauordnungsrechtliche Genehmigungsnorm für eine Baugenehmigung oder § 3 I GastG[912] für eine Gaststättenerlaubnis), ist die Genehmigungsfähigkeit immer dann zu bejahen, wenn keine Versagungsgründe vorliegen. Im Bereich der Baugenehmigung kommen sämtliche öffentlich-rechtlichen Vorschriften, die der Baugenehmigung entgegenstehen könnten, in Betracht (insbesondere §§ 29 ff. BauGB). Im Bereich der Gaststättenerlaubnis ist § 4 GastG zu beachten.

761 **Hinweis für die Fallbearbeitung:** Durch die gängige Formulierung: „... ist zu erteilen, wenn keine öffentlich-rechtlichen Normen entgegenstehen", wird der Charakter der Genehmigung als Kontrollerlaubnis (präventives Verbot mit Erlaubnisvorbehalt) überaus deutlich. Wenn im Sachverhalt also keine Versagungsgründe angesprochen werden, die einer entsprechenden Versagungsnorm zuzuordnen sind, besteht ein Anspruch auf Genehmigung.

Beispiel: Aus § 3 I GastG, der den Inhalt der Erlaubnis beschreibt, i.V.m. Art. 12 I S. 1 GG folgt, dass die Gaststättengenehmigung zu erteilen *ist*, wenn kein in § 4 GastG genannter Versagungsgrund vorliegt. Das folgt aus dem Charakter der Gaststättenerlaubnispflicht als „präventives Verbot mit Erlaubnisvorbehalt": Das grundrechtlich Erlaubte wird präventiv zur Rechtskontrolle eingeschränkt. Der Betroffene hat also einen Anspruch auf Erteilung der Genehmigung, wenn kein Versagungsgrund vorliegt.

Besteht eine **Genehmigungsfiktion** (nach § 42a I S. 1 VwVfG gilt eine beantragte Genehmigung nach Ablauf einer für die Entscheidung festgelegten Frist als erteilt, wenn dies durch Rechtsvorschrift angeordnet und der Antrag hinreichend bestimmt ist), ist eine Verpflichtungsklage selbstverständlich nicht zulässig. Das betrifft etwa den Fall in § 6a GewO mit einer Genehmigungsfiktion als Rechtsfolge.

2. Zusicherung als Anspruchsgrundlage

762 Die Zusicherung ist in § 38 I VwVfG geregelt. Während bei einer *Zusage* ein beliebiges Verwaltungshandeln versprochen wird, erfasst die *Zusicherung* nur ein künftiges Handeln durch Verwaltungsakt. Zwar ist streitig, ob es sich bei der Zusicherung um einen Verwaltungsakt oder lediglich um eine Willenserklärung handelt[913], klar ist aber, dass sie einen eigenen Anspruch auf Erlass eines Verwaltungsakts begründet. Weigert sich die Behörde, den zugesicherten Verwaltungsakt (etwa eine Baugenehmigung) zu erlassen, kann der Rechtsschutzsuchende Verpflichtungsklage erheben. Bevor also der Anspruch aus der eigentlichen gesetzlichen Grundlage zu prüfen ist (etwa die bauordnungsrechtliche Vorschrift über die Erteilung der Baugenehmigung), kann zu untersuchen sein, ob er sich nicht schon aus § 38 VwVfG ergibt.[914]

---

[912] Streng genommen regelt § 3 GastG lediglich den Inhalt der Genehmigung; der Anspruch ergibt sich aber in Verbindung mit Art. 12 I S. 1 GG, da es sich bei der gaststättenrechtlichen Genehmigungspflicht um ein präventives Verbot mit Erlaubnisvorbehalt handelt.

[913] Für Verwaltungsakt *Kopp/Schenke*, VwGO, Anh § 42 Rn 39; *Bull/Mehde*, AllgVerwR, § 11 Rn 615 f.; zurückhaltend BVerwGE 97, 323, 330 f.

[914] Zu beachten ist jedoch, dass kein Fall des § 38 III VwVfG vorliegen, die Zusicherung nicht nach § 44 VwVfG nichtig oder gem. §§ 48, 49 VwVfG aufgehoben sein darf.

3. Öffentlich-rechtlicher Vertrag als Anspruchsgrundlage

Ein Anspruch auf Erlass eines Verwaltungsakts kann sich auch aus einem öffentlich-rechtlichen Vertrag ergeben. Schließt beispielsweise eine Gemeinde mit einem Bauherrn einen öffentlich-rechtlichen Vertrag über die Erschließungskosten und verpflichtet sich dabei, eine entsprechende Baugenehmigung zu erteilen, kann der Bauherr für den Fall, dass sich die Behörde weigert, die vereinbarte Baugenehmigung zu erteilen, Verpflichtungsklage erheben. Anspruchsgrundlage ist dann die entsprechende Bestimmung des Vertrags. **763**

4. Einzelne Anspruchsgrundlagen

In Betracht kommende und gleichermaßen zwischen gebundener Verwaltung und Ermessensverwaltung differenzierende Anspruchsgrundlagen sind bspw. § 70 GewO (Teilnahme an einer gewerberechtlichen Veranstaltung), §§ 2 ff. GastG (Erteilung einer Gaststättenerlaubnis), §§ 30 ff. GewO (Genehmigung eines Vorhabens im Gewerberecht), §§ 4 ff. BImSchG (Genehmigung eines Vorhabens im Immissionsschutzrecht), § 15 II BJagdG (Erteilung des Jagdscheins), §§ 3 ff. GüKG (Genehmigung des Güterverkehrs), §§ 4 ff. WaffG (Waffenerlaubnis), §§ 2 ff. PBefG (Genehmigung von Personenbeförderungen), § 5 I PartG (Gleichbehandlung von politischen Parteien, etwa bei der Vergabe von Leistungen)[915], §§ 7, 8 FStrG (Ausübung des Gemeingebrauchs bzw. Erteilung einer Sondernutzungserlaubnis) sowie landesrechtliche Anspruchsgrundlagen (etwa aus der Landesbauordnung in Bezug auf die Erteilung einer Baugenehmigung oder aus dem Landesstraßengesetz in Bezug auf die Erteilung einer Sondernutzungserlaubnis). **764**

5. Gemeinderechtliche Anspruchsgrundlagen

In Ermangelung eines einschlägigen Spezialgesetzes oder bei dessen Unanwendbarkeit kann eine Lösung über das Kommunalrecht erfolgen. So sind nach den auf § 17 DGO[916] zurückführbaren Vorschriften beinahe aller Bundesländer[917] die Einwohner einer Gemeinde im Rahmen des geltenden Rechts berechtigt, die öffentlichen Einrichtungen der Gemeinde zu nutzen.[918] Möglicherweise gewähren kommunale Satzungen solche Ansprüche.[919] Fehlt eine entsprechende Vorschrift, ist nach einer anspruchsbegründenden Vorschrift der Landesverfassung zu suchen. Lässt sich auch aus der Landesverfassung ein gemeinderechtlicher Anspruch auf Zulassung zu öffentlichen Einrichtungen nicht ableiten, kommt ein kommunalrechtlicher Zulassungsanspruch nicht in Betracht. Hier wären sonstige einfachgesetzliche Anspruchsgrundlagen (wie bspw. § 5 I PartG für die Gleichbehandlung politischer Parteien bei der Zulassung zur Nutzung der Stadthalle) oder die Grundrechte (Art. 3 I GG) heranzuziehen.[920] **765**

---

[915] Zu beachten ist jedoch, dass ein parteienspezifischer Zulassungsanspruch grundsätzlich nicht besteht und § 5 I PartG nur eine Ausformung des Gleichheitssatzes (Art. 21, 3 I GG) ist. Bei Ausschluss einer parteipolitischen Nutzung durch ausdrückliche Widmung kann der Anspruch der Partei auf Zulassung durch § 5 I PartG gegeben sein, sofern der Verwaltungsträger (Gemeinde o.ä.) die Einrichtung bereits anderen Parteien zur Verfügung gestellt hat, da sie an den verfassungsrechtlichen Grundsatz der abgestuften Chancengleichheit (die Abstufung erfolgt nach der Bedeutung der Partei) gebunden ist, der in § 5 I PartG konkretisiert wurde.

[916] Deutsche Gemeindeordnung vom 30.1.1935 („Verfassung der Nationalsozialisten").

[917] Siehe die jeweiligen Gemeindeordnungen der Bundesländer wie beispielsweise § 10 II GOBW, § 8 II GONRW, § 14 II GO RhlPfl für den Anspruch auf Zulassung zu den kommunalen öffentlichen Einrichtungen.

[918] Zu beachten ist auch, dass eine stehende Vergabepraxis einer öffentlichen Einrichtung auch dann zu einem Anspruch auf Zulassung führen kann, wenn die Vergabepraxis über den förmlichen Widmungsakt hinausgeht. Denn dadurch entsteht eine faktische Widmungserweiterung, die dazu führt, dass sich der Bewerber auf Gleichbehandlung berufen kann (VGH Mannheim NVwZ 1998, 540, 541). Zur Widmung als Grundlage der Nutzung kommunaler Einrichtungen vgl. *Axer*, NVwZ 1996, 114 ff.

[919] Vgl. VGH Mannheim GewArch 2008, 126, 127.

[920] Vgl. dazu OVG Bautzen NVwZ 2002, 615 (Parteitag in Stadthalle).

6. Grundrechte als Anspruchsgrundlage

766 Der Einzelne ist in gewissem Maße von staatlichen Leistungen abhängig. Diese Abhängigkeit gilt es durch die Grundrechte abzusichern. Die Grundrechte fungieren daher nicht nur als Abwehrrechte des Bürgers gegen staatliche Eingriffe (*status negativus*), sondern können auch als Leistungs- bzw. Teilhaberechte (*status positivus*) und Mitwirkungsrechte (*status activus*) fungieren.[921] Man spricht von **Leistungsgrundrechten** bzw. **sozialen Grundrechten**. Zu beachten ist jedoch, dass die Grundrechte bzw. grundrechtsgleiche Rechte unter Berücksichtigung von Wortlaut und Funktion überwiegend nicht als Anspruchsgrundlagen konzipiert sind und dass sich nur bei einigen Grundrechten (und grundrechtsgleichen Rechten) aus dem Wortlaut oder dem Inhalt bereits ein Leistungs- und Teilhabeanspruch des Bürgers (Leistungsrechte i.e.S. oder primäre Leistungsrechte[922]) ergibt.

Beispiele: Art. 6 IV GG: Anspruch der Mutter auf Schutz und Fürsorge der Gemeinschaft; Art. 6 V GG: Anspruch der nichtehelichen Kinder auf Gleichstellung mit den ehelichen; Art. 7 IV GG: Anspruch auf Errichtung von Privatschulen; Art. 16a I GG: Anspruch auf politisches Asyl; Art. 33 II GG: Anspruch auf Berücksichtigung des Leistungsprinzips im Beamtenrecht[923]

767 Die Zurückhaltung des Grundgesetzes hinsichtlich der Gewährung von sozialen Grundrechten (zumeist in Verbindung mit dem Sozialstaatsprinzip) hat den Hintergrund, dass Leistungsansprüche zu erheblichen finanziellen Belastungen des Staates führen können, die Budgethoheit aber beim Parlament liegt. Gäbe es z.B. ein grundgesetzlich garantiertes Recht auf Arbeit, müsste der Staat sämtliche Vorkehrungen treffen, um jedem Einzelnen einen Arbeitsplatz zu garantieren. Dies wäre mit erheblichen finanziellen Aufwendungen verbunden, was eine Zurückdrängung anderer Aufgaben zur Folge hätte.[924] Um den freiheitlichen Charakter der Verfassung zu wahren, lassen sich deshalb subjektive Leistungsrechte aus den Grundrechten grundsätzlich nicht ableiten.[925] Vgl. dazu die weiterführenden Ausführungen nebst Beispielen bei *R. Schmidt*, Grundrechte, Rn 15 ff.

768 Etwas anderes gilt für den Fall, dass der Staat Leistungen *bereits anderen gewährt hat*. Hier ist er nach Art. 3 I GG zur Gleichbehandlung verpflichtet und darf ohne sachlichen Grund Dritte nicht von der Leistungsgewährung ausschließen (**derivatives Leistungsrecht bzw. Teilhaberecht**). Vgl. auch dazu die weiterführenden Ausführungen nebst Beispielen bei *R. Schmidt*, Grundrechte, Rn 15 ff.

769 Gelegentlich kann ein Grundrecht auch ein Leistungsrecht sein, obwohl es in seiner Rechtsfolge eigentlich eine Abwehrfunktion ausübt. Das hat folgenden Hintergrund: Die Grundrechte in ihrer Funktion als Freiheitsrechte gewähren dem Bürger einen Anspruch auf freie Entfaltung seiner Persönlichkeit. Der Gesetzgeber kann dem Bürger ein Tätigwerden nur innerhalb der von den Grundrechten vorgesehenen Möglichkeiten materiell-rechtlich verbieten. Er darf allerdings ein Tätigwerden vorweg darauf hin kontrollieren, ob es dem materiellen Recht entspricht. Bei Einhaltung dieser Voraus-

---

[921] Die Statuslehre wurde - wie die Drei-Elemente-Lehre - begründet von *Georg Jellinek*, System der subjektiven öffentlichen Rechte, 2. Aufl. 1919, S. 87, 94 ff.

[922] *Pieroth/Schlink/Kingreen/Poscher*, Grundrechte, Rn 78 f. bzw. *Jarass*, in: Jarass/Pieroth, GG, Vorb. vor Art. 1 Rn 2.

[923] Der Beamte hat ein subjektives Recht auf fehlerfreie Anwendung des Art. 33 II GG (sowie der nachgebildeten Vorschriften des einfachen Bundes- und Landesrechts), vgl. dazu *R. Schmidt*, AllgVerwR, Rn 462 (Darstellung nebst Fallgruppen).

[924] Ein anderer Weg, dem Recht auf Arbeit nachzukommen, bestünde etwa darin, dass sich der Staat die Verfügungsbefugnis über die Arbeitsplätze verschafft. Dies würde aber faktisch zur Abschaffung des Art. 12 I GG führen.

[925] Vgl. BVerfGE 33, 303, 331; Sofern in den *Landes*verfassungen weitergehende soziale Grundrechte anzutreffen sind (etwa ein Recht auf Arbeit), stellen diese keine einklagbaren Rechte dar, sondern lediglich Staatszielbestimmungen. Zu Begriff und Funktion von Staatszielbestimmungen vgl. *R. Schmidt*, Staatsorganisationsrecht, Rn 314 ff.

setzung kann dann das Verbot nicht aufrechterhalten werden. Der Bürger hat aus dem Abwehrrecht einen Anspruch auf Genehmigung eines Vorhabens. Die Versagung der Leistung bzw. Genehmigung würde einen Eingriff in die subjektiven Rechte des Bürgers darstellen. Die **Kontrollerlaubnis** ist also **ein (präventives) Verbot mit Erlaubnisvorbehalt**. Dieser Erlaubnisvorbehalt ermöglicht der Behörde die rechtzeitige Nachprüfung, ob sich die beabsichtigte Tätigkeit *materiell* im Bereich des gesetzlich Erlaubten oder Verbotenen hält.

Beispiel: Art. 12 I S. 1 GG gewährt die Gewerbefreiheit. Allerdings steht das Grundrecht im Interesse des Schutzes der Allgemeinheit unter einem Schrankenvorbehalt (vgl. Art. 12 I S. 2 GG). Eine solche Schrankenregelung stellt z.B. § 2 I GastG dar. Hier kann der Gesetzgeber (präventiv) die Tätigkeit darauf hin kontrollieren, ob die Schranken einschlägig sind, d.h. ob der Gewerbetreibende zuverlässig ist. Diese Prüfung erfolgt anhand von § 4 GastG. Zeigt das Prüfungsverfahren, dass die Voraussetzungen für das bestimmte Gaststättengewerbe vorliegen, hat der Anspruchsteller einen Anspruch auf die Genehmigung (s.o.). Der Genehmigungsvorbehalt soll gewährleisten, dass von den Vorhaben keine Gefahren für die Allgemeinheit ausgehen. Die rechtstechnische Einkleidung macht aus dem Abwehrrecht ein Leistungsrecht.

Aber auch bei einem **repressiven Verbot mit Befreiungsvorbehalt** („Ausnahme- **770**
bewilligung") können die Grundrechte (insbesondere Art. 12 I GG) zu einem Zulassungsanspruch führen, wenn der Zulassung keine vernünftigen Gemeinwohlerwägungen entgegenstehen und die Ablehnung im Übrigen unverhältnismäßig wäre. Das gilt auch für die Zulassung zur Nutzung öffentlicher Einrichtungen.[926]

Beispiel: Im Gegensatz zu den Planbereichen der §§ 30 und 34 BauGB, in denen das Bauen grds. erlaubt ist, sind Vorhaben im sog. Außenbereich grds. unzulässig. Das hat zum einen den Hintergrund, dass die Belastung der Gemeinden mit immer neuen Erschließungs- und Infrastrukturmaßnahmen (Strom, Wasser, Abwasser, Straßen- und Verkehrswege etc.) begrenzt werden soll. Zum anderen soll der Außenbereich wegen der besonderen Bedeutung für die naturgegebene Bodennutzung und als Erholungslandschaft für die Allgemeinheit vor Bebauung geschützt werden (vgl. auch Art. 20a GG). § 35 BauGB konkretisiert und normiert diese Regelung. Daher sind Bauvorhaben im Außenbereich grds. unzulässig, können ausnahmsweise aber unter den Voraussetzungen des § 35 BauGB zugelassen werden.[927]

Schließlich kann sich aus den Grundrechten ein Anspruch auf **schützendes Tätig- 771**
werden ergeben, wenn ein Grundrecht durch Dritte gefährdet wird und der Grund- **-775**
rechtsträger sich selbst (mit legalen Mitteln) nicht mehr zu helfen vermag. Da eine Auseinandersetzung mit der staatlichen Schutzpflicht aber den Rahmen dieses Buches sprengen würde, wird insoweit auf die weiterführenden Ausführungen nebst Beispielen bei *R. Schmidt*, Grundrechte, Rn 301 ff. verwiesen.

Klausurhinweis zu den Grundrechten als Anspruchsgrundlage: Aufgrund **776**
des Anwendungsvorrangs der einfach-gesetzlichen Normen vor den Grundrechten kommen die Grundrechte als Anspruchsgrundlage nur dann in Betracht, wenn einfach-gesetzliche Vorschriften nicht existieren oder den Sachverhalt nicht abschließend regeln. In der Fallbearbeitung ist daher stets zunächst nach einfach-gesetzlichen Anspruchsgrundlagen zu suchen, bevor man auf den übergeordneten Verfassungskreis zurückgreift.

---

[926] Vgl. dazu VGH Mannheim GewArch 2008, 126, 127.
[927] Vgl. dazu im Einzelnen *R. Schmidt*, BauR, Rn 237 ff.

II. Formelle Voraussetzungen des begünstigenden Verwaltungsakts

777 Trotz gegebener Anspruchsgrundlage ist die Verpflichtungsklage nur dann begründet, wenn der Anspruch auf Erlass eines begünstigenden Verwaltungsakts auch in formeller Hinsicht besteht.

- Die zu verpflichtende Behörde muss sachlich, örtlich und instanziell zuständig sein.
- Im Falle der Versagungsgegenklage muss ein ordnungsgemäßer Antrag des Bürgers vorliegen.
- Dagegen ist bei mehrstufigen Verwaltungsakten die Mitwirkung anderer Behörden grds. nur verwaltungsintern zu beachten. Für den Anspruch des Bürgers im Außenverhältnis spielt sie grundsätzlich keine Rolle.[928]

778 Fraglich ist, ob die **Anhörungspflicht** des § 28 I VwVfG lediglich bei belastenden Verwaltungsakten greift, oder ob auch eine Anhörung erforderlich ist, wenn der Antrag auf Erlass eines begünstigenden Verwaltungsakts abgelehnt werden soll. Da die Beantwortung dieser Frage aber in die Thematik des Verwaltungsverfahrensrechts führen würde, wird insoweit auf die entsprechende Darstellung bei *R. Schmidt*, AllgVerwR, Rn 543 verwiesen.

III. Materielle Voraussetzungen des begünstigenden Verwaltungsakts

1. Gebundene Entscheidung

779 Liegen die Voraussetzungen einer gebundenen Entscheidung vor, ist die im Gesetz vorgesehene Rechtsfolge zwingend. Bei Einhaltung der tatbestandlichen Voraussetzungen besteht also ein **Anspruch** des Antragstellers **auf Erlass des begehrten begünstigenden Verwaltungsakts**. Kommt es zur gerichtlichen Klage, spricht das Gericht die Verpflichtung der Behörde zum Erlass des vom Kläger erstrebten begünstigenden Verwaltungsakts aus (**Vornahmeurteil**, § 113 V S. 1 VwGO) – dazu bereits Rn 750 ff.

Beispiele:

(1) Aus §§ 2-4 GastG i.V.m. der Rechtsnatur dieser Vorschriften als präventives Verbot mit Erlaubnisvorbehalt ergibt sich, dass die Gaststättengenehmigung zu erteilen *ist*, wenn kein in § 4 GastG genannter Versagungsgrund vorliegt.

(2) Nach den entsprechenden Normen der Landesbauordnungen *ist* die Baugenehmigung zu erteilen, wenn dem Vorhaben keine öffentlich-rechtlichen Vorschriften entgegenstehen. Dies ergibt sich aus der grundrechtlich (Art. 14 I S. 1 GG) gewährleisteten Baufreiheit, sodass es sich bei der bauordnungsrechtlichen Regelung über die Baugenehmigungserteilung ebenfalls um ein präventives Verbot mit Erlaubnisvorbehalt handelt.

2. Ermessen

780 Enthält die Anspruchsgrundlage auf ihrer Rechtsfolgeseite ein Ermessen, besteht nur ein **Anspruch auf ermessensfehlerfreie Entscheidung**. Ein solcher Anspruch kann aber von vornherein nur dann gegeben sein, wenn die einschlägige Norm die Ermessensbetätigung nicht nur kraft objektiven Rechts anordnet, sondern dem Anspruchsteller auch ein **subjektives Recht** einräumt.[929] Dazu muss sie – zumindest auch – seinem Interesse dienen. Besteht die Ermessensnorm im Individualinteresse

---

[928] Nur wenn dem Mitwirkungsbeitrag der anderen Behörde eine so übergeordnete Gewichtung zukommt, und die Versagung der Leistung auf die Entscheidung dieser anderen Behörde zurückzuführen ist, kann sich auch ein Anspruch des Bürgers direkt gegen diese Behörde richten.

[929] Zum subjektiven Recht vgl. die Ausführungen zur Klagebefugnis bei Rn 346 ff.

des Antragstellers, müssen weiterhin formell und materiell die Voraussetzungen vorliegen, unter denen die Behörde überhaupt ein Ermessen ausüben darf. Erst wenn diese vorliegen, hat der Bürger einen Anspruch auf fehlerfreie Ermessensausübung hinsichtlich der Entscheidung, *ob* die an sich mögliche Leistung gewährt werden soll oder nicht. Prozessual ergeht hier ein **Bescheidungsurteil** (§ 113 V S. 2 VwGO): Die Behörde wird verpflichtet, den Kläger unter Beachtung der Rechtsauffassung des Gerichts neu zu bescheiden (dazu ebenfalls Rn 750 ff.).

Ein direkter Anspruch auf Vornahme der gewünschten Handlung (Erlass des begehr- **781**
ten Verwaltungsakts) kann trotz Vorliegens einer Ermessensnorm dann bestehen, wenn das Ermessen **„auf Null reduziert"** ist. Ein Ermessen ist „auf Null reduziert", wenn jede andere als die begehrte Entscheidung ermessensfehlerhaft und damit rechtswidrig wäre. Das ist der Fall, wenn

- keine Gesichtspunkte ersichtlich sind, die gegen die begehrte Entscheidung sprechen, oder
- wenn Gegengründe so geringes Gewicht haben, dass es offensichtlich verfehlt wäre (= Ermessensfehlgebrauch oder Verstoß gegen den Grundsatz der Verhältnismäßigkeit), auf sie abzustellen (und somit den Antrag abzulehnen).
- Im Übrigen kann eine Ermessensreduzierung nur dann vorliegen, wenn die Behörde eine Zusicherung (i.S.d. § 38 I VwVfG) erteilt hat oder
- sie durch ihre Verwaltungspraxis (oder über ermessenslenkende Verwaltungsvorschriften = antizipierte Ermessensausübung) über Art. 3 I GG festgelegt ist (sog. Selbstbindung der Verwaltung), dazu sogleich Rn 783.

Ist das Ermessen auf Null reduziert, spricht das Gericht wie bei einer gebundenen **782**
Verwaltungsentscheidung die **Verpflichtung** der Behörde **zum Erlass des vom Kläger erstrebten begünstigenden Verwaltungsakts** aus (**Vornahmeurteil**, § 113 V S. 1 VwGO).

Beispiele:

(1) Das Ermessen bei Erteilung und Verlängerung einer Aufenthaltserlaubnis (vgl. § 1 I S. 2 i.V.m. § 4 I S. 2 Nr. 2 i.V.m. §§ 7, 8 AufenthG) kann wegen Art. 6 I GG bei einem verheirateten Ausländer mit Familie u.U. dahin reduziert sein, dass nur noch die Entscheidung, die Aufenthaltserlaubnis zu erteilen oder zu verlängern, verfassungskonform ist.

(2) Das Ermessen, für Straßenkünstler eine Sondernutzungserlaubnis gemäß dem Landesstraßengesetz zu erteilen, kann wegen Art. 5 III Var. 1 GG dahingehend reduziert sein, dass nur noch die Entscheidung, die Sondernutzung zumindest befristet zu erteilen, rechtmäßig ist.

(3) Im Gefahrenabwehrrecht kann bei Vorliegen einer schweren Gefahrenlage für Leben und Gesundheit das grds. bestehende Einschreitermessen (Opportunitätsprinzip) nach der Befugnisgeneralklausel wegen Art. 2 II S. 1 GG dahingehend reduziert sein, dass die Polizei einschreiten muss. Auch kann das polizeiliche Ermessen, etwa gegen Gegendemonstranten einzuschreiten, wegen Art. 8 GG zugunsten der bedrohten Versammlung dahingehend reduziert sein, dass nur noch ein Einschreiten rechtmäßig ist.

783 Eine Ermessensreduzierung auf Null kommt insbesondere über **Art. 3 I GG** in Betracht, wenn sich die Verwaltung durch längere gleichmäßige Verwaltungsübung oder durch Verwaltungsvorschriften (antizipierter Ermessensgebrauch)[930] in ihrer Ermessensausübung festgelegt hat (**Selbstbindung der Verwaltung**, s.o.).

Beispiel: Wenn die Behörde in den Fällen a, b und c von ihrer Berechtigung zum Einschreiten rechtmäßigerweise Gebrauch gemacht hat und in solchen Fällen auch künftig tätig bleiben will, dann darf sie im **gleichgelagerten Fall** d ebenfalls nicht untätig bleiben. Eine Abweichung von der bisherigen Verwaltungspraxis ist nur dann zulässig, wenn sich Sachgründe finden lassen, warum künftig anders verfahren werden soll. Unter Umständen können dann eine Härtefallregelung und/oder eine Übergangsregelung erforderlich sein. Etwas anderes gilt für die Selbstbindung der Verwaltung nur dann, wenn die anzuwendende Norm – wie bspw. § 48 I S. 2 VwVfG – gerade eine Einzelfallabwägung erfordert. In diesen Fällen darf eine individuelle Ermessensbetätigung nicht durch abstrakt formulierte Richtlinien ersetzt werden. Ein Verweis auf eine durch Verwaltungsvorschrift antizipierte Ermessensausübung oder auf die bisherige Verwaltungspraxis darf die Behörde nicht von ihrer Verpflichtung der Ermessensausübung im Einzelfall entheben.

784 Voraussetzung für eine Selbstbindung der Verwaltung aufgrund des Gleichheitssatzes ist jedoch, dass sich die bisherige Verwaltungspraxis als *rechtmäßig* erweist. War sie rechtswidrig, wird die Verwaltung durch Art. 3 I GG nicht daran gehindert, „auf den Boden des Rechts zurückzukehren". Es gibt keinen Anspruch auf behördliche Fehlerwiederholung. Vielmehr gilt der Grundsatz **„Keine Gleichheit im Unrecht"**. Dieser Grundsatz ist mit dem Prinzip der Gesetzmäßigkeit der Verwaltung zu begründen. Zu beachten ist jedoch, dass auch das Gleichbehandlungsgebot des Art. 3 I GG Verfassungsrang besitzt. Die Auffassung, den Grundsatz „keine Gleichheit im Unrecht" daher aufzulockern, hat sich allerdings (noch) nicht durchsetzen können.

785 Eine Ermessensreduzierung auf Null kann auch bei den sog. **Koppelungsvorschriften** (**Mischtatbeständen**) bestehen. Das sind Normen, die sowohl auf ihrer Tatbestandsseite unbestimmte Rechtsbegriffe enthalten als auch auf ihrer Rechtsfolgeseite Ermessen anordnen. In diesem Fall ist jede Seite grundsätzlich nach ihren Regeln zu beurteilen.[931] Wenn allerdings bei der Ermessensbetätigung *dieselben* Erwägungen herangezogen werden müssen, die schon der Auslegung der unbestimmten Rechtsbegriffe zugrunde gelegen haben (Identität des Argumentationshaushalts), soll nach dem GSOGB[932] nur noch eine einzige rechtsfehlerfreie Ermessensentscheidung möglich sein. Die Ermessensreduzierung auf Null hat zur Folge, dass aus der Kann-Vorschrift *faktisch* eine Muss-Vorschrift wird.[933]

786 **Beispiel:** Nach § 35 II BauGB *können* sonstige Vorhaben im Einzelfall zugelassen werden, wenn ihre Ausführung oder Benutzung *öffentliche Belange* nicht beeinträchtigt und ihre *Erschließung gesichert* ist.

Hier könnte nach dem Wortlaut „können" angenommen werden, dass der Verwaltung, auch wenn ein Sachverhalt die unbestimmten Rechtsbegriffe *„öffentliche Belange"* und *„Erschließung gesichert"* ausfüllt, noch ein Ermessen bei der Festlegung der Rechtsfolge (Zulassung) eingeräumt ist. Wenn aber die Ausführung oder die Benutzung öffentliche Belange nicht beeinträchtigt und die Erschließung gesichert ist, sind keine Ermessenserwägungen mehr denkbar, die über die bereits auf der Tatbestandsseite ange-

---

[930] Mit Hilfe der Figur des *antizipierten Ermessensgebrauchs durch Verwaltungsvorschrift* kann also nicht nur das Ermessen vorweggenommen, sondern auch reduziert werden, vgl. dazu BVerwG NVwZ 1998, 273 ff.
[931] *Maurer*, AllgVerwR, § 7 Rn 48.
[932] Vgl. BVerwGE 39, 355 ff.
[933] *Maurer*, AllgVerwR, § 7 Rn 49.

stellten Erwägungen hinausgehen. Das folgt schon aus der in Art. 14 GG garantierten Baufreiheit, die lediglich zur Rechtskontrolle präventiv eingeschränkt wurde. Beeinträchtigt also die Ausführung oder die Benutzung öffentliche Belange nicht und ist die Erschließung gesichert, *sind* sonstige Vorhaben zuzulassen. Es tritt somit ein Ermessensschwund ein.[934]

IV. Maßgeblicher Zeitpunkt

Da sich zwischen dem Zeitpunkt der letzten Behördenentscheidung und dem Zeitpunkt der letzten mündlichen Gerichtsverhandlung die Rechtslage derart ändern kann, dass der geltend gemachte Leistungsanspruch nicht (mehr) existiert, kann und darf das Gericht die Behörde in diesem Fall nicht zu der fraglichen Leistung verpflichten. Daraus folgt, dass bei der Verpflichtungsklage stets auf die Rechtslage zum Zeitpunkt der **letzten mündlichen Gerichtsverhandlung** abzustellen ist.[935] 787

Relevant wird dieser Befund auch bei einem Wechsel der **örtlichen Zuständigkeit der Behörde**. Das Prozessrecht enthält hierzu keine Regelung. Eine solche wäre (für den Bereich der Landesverwaltung) auch nicht zulässig. Die Rechtsprechung hat diesbezüglich seit jeher angenommen, dass bei einem Wechsel der örtlichen Zuständigkeit der Behörde (etwa aufgrund eines Wohnungswechsels des Klägers) die Klage nicht nur gegen den nunmehr richtigen Klagegegner fortzuführen sei, sondern dass auch eine Klageänderung (gem. § 91 VwGO) unvermeidlich erscheine.[936] Fraglich ist, ob nicht auch eine andere Auffassung möglich ist. In Betracht kommt eine Heranziehung des *Verwaltungsverfahrens*rechts: Kommt es während eines Verwaltungsverfahrens zu einer Änderung der örtlichen Zuständigkeit, kann die bisher örtlich zuständige Behörde unter den Voraussetzungen des § 3 III VwVfG (insbesondere im Interesse des Klägers) das Verfahren weiterführen. Nach einer neueren Literaturauffassung ist nicht besonders einsichtig, dass eine solche Regelung nicht auch während des Verwaltungsprozesses getroffen werden kann.[937] 788

Beispiel: Dem F ist die beantragte Fahrerlaubnis mit Hinweis auf die Ungeeignetheit versagt worden. Gegen die Versagung klagt er vor dem Verwaltungsgericht. Während des Prozesses zieht er in eine andere Stadt, für die eine andere Behörde örtlich zuständig ist.

Nach der Rechtsprechung muss F die Klage gegen die nunmehr örtlich zuständige Behörde fortführen; diese ist im Wege der Klageänderung in den Verwaltungsprozess einzubeziehen, die bisherige Behörde ist aus dem Verfahren zu entlassen.

Folgt man dagegen der neueren Literaturauffassung, ist der Regelungsgehalt des § 3 III VwVfG entsprechend heranzuziehen. Danach wäre die bisherige Behörde auch nach dem Verlust der örtlichen Zuständigkeit mit Zustimmung der an sich nunmehr zuständigen Behörde und im Interesse des Klägers weiterhin zuständig.

Hinweis für die Fallbearbeitung: Relevant wird der Streit vor allem dann, wenn die bisher zuständige Behörde eine andere Rechtsauffassung hat als die nunmehr zuständige. Sollte die im obigen Beispiel nunmehr zuständige Behörde der Auffassung sein, F sei sehr wohl zum Führen von Kraftfahrzeugen geeignet, wird es im Interesse des F liegen, eine Klageänderung vorzunehmen und die Klage gegen die nunmehr örtlich zuständige Behörde fortzuführen. Freilich sind die damit verbundenen Nachteile nicht zu übersehen, denn zum einen muss ein Einvernehmen zwischen den Behörden hergestellt werden und zum anderen ist Folge einer Klageänderung oftmals die Unzuständigkeit des angerufe- 789

[934] So BVerwGE 18, 247, 250.
[935] BVerwG NVwZ 2015, 986, 988 f.; VGH München BayVBl 1999, 179; *Ortloff*, NVwZ 2000, 750, 753; *Schenke*, VerwProzR, Rn 849; *Hufen*, JuS 2016, 189, 190.
[936] Vgl. nur OVG Münster DÖV 1980, 803.
[937] *Redeker*, NVwZ 2000, 1223, 1226.

nen Gerichts, sodass der Rechtsstreit verwiesen werden muss. Das kann sehr viel Zeit in Anspruch nehmen.

C. Begründetheit der allgemeinen Leistungsklage

Im Rahmen der Begründetheit der allgemeinen Leistungsklage ist zu prüfen, ob der Kläger einen tatsächlichen **Anspruch auf das begehrte Verwaltungshandeln** hat.[938] Begehrt sind zumeist **790**

- **Vertragsansprüche**
- **Folgenbeseitigungsansprüche**
- **Unterlassungsansprüche**
- **Erstattungsansprüche**

Der allgemeine Obersatz ergibt sich aus dem Sinngehalt des § 113 V S. 1 VwGO:

„Die allgemeine Leistungsklage ist **begründet**, wenn dem Kläger der behauptete Anspruch zusteht." **791**

Besteht allerdings hinsichtlich des Leistungsanspruchs noch keine Spruchreife, kann nach dem Rechtsgedanken des § 113 V S. 2 VwGO ein Bescheidungsurteil ergehen. Der Obersatz wäre dann entsprechend zu modifizieren. **792**

I. Vertragsansprüche

Neben der gerichtlichen Durchsetzung von Folgenbeseitigungs- und Unterlassungsansprüchen sind Ansprüche aus einem öffentlich-rechtlichen Vertrag Hauptanwendungsgebiet der allgemeinen Leistungsvornahmeklage. Voraussetzung für einen Vertragsanspruch ist zunächst das Vorliegen eines öffentlich-rechtlichen, d.h. verwaltungsrechtlichen, Vertrags i.S.d. §§ 54 ff. VwVfG.[939] Darunter versteht man einen Vertrag, durch den ein Rechtsverhältnis auf dem Gebiet des Verwaltungsrechts begründet, geändert oder aufgehoben wird. Er unterscheidet sich von dem Verwaltungsakt dadurch, dass nicht eine einseitig verbindliche Rechtsfolge begründet wird, sondern sich die Verwaltung mit dem Bürger auf eine Stufe der Gleichordnung stellt. Der verwaltungsrechtliche Vertrag ist also eine flexible Handlungsform der Verwaltung, die es ermöglicht, komplexe Sachverhalte in einem Kooperationsverhältnis mit dem Bürger zu regeln. Er ist zulässig, wenn ihm keine öffentlich-rechtlichen Vorschriften entgegenstehen (§ 54 S. 1 VwVfG). Zum Vertragsformverbot vgl. *R. Schmidt*, AllgVerwR, Rn 955 ff. **793**

> **Beispiel:** Die A-GmbH möchte im Zentrum der Stadt B ein Geschäftsgebäude errichten und beantragt bei der Baubehörde eine entsprechende Baugenehmigung. Da sie aber nicht in der Lage ist, die in der Landesbauordnung und im Bebauungsplan festgeschriebene erforderliche Zahl von Einstellplätzen für Kfz zu errichten, beantragt sie bei der Baubehörde ferner die Erteilung einer Ausnahmebewilligung gem. § 31 II BauGB (sog. Dispens, vgl. *R. Schmidt*, BauR, Rn 169, 343 und 374). B ist bereit, den Dispens zu erteilen, wenn A sich finanziell an dem Bau eines ganz in der Nähe geplanten Parkhauses beteiligt. Diesbezüglich schließen A und B einen Vertrag, durch den A verpflichtet wird, sich finanziell an dem Bau des Parkhauses zu beteiligen und B, den gewünschten Dispens zu erteilen. Es handelt sich um einen sog. **Baudispensvertrag**. Dieser Vertrag ist öffentlich-rechtlicher Natur, da er das öffentliche Baurecht betrifft.

---

[938] Vgl. auch *Schenke*, VerwProzR, Rn 867.

[939] Da auch völkerrechtliche und verfassungsrechtliche Verträge öffentlich-rechtliche Verträge sind, handelt es sich bei dem Vertrag nach den §§ 54 ff. VwVfG um einen *verwaltungsrechtlichen* Vertrag. Im allgemeinen juristischen Sprachgebrauch wird aber auch die Bezeichnung „öffentlich-rechtlicher Vertrag" verwandt, zumal das VwVfG selbst diese Terminologie benutzt.

794 In der **Fallbearbeitung** können sich drei Konstellationen stellen:

- In der **ersten Konstellation** ist schlicht nach der Rechtmäßigkeit des öffentlich-rechtlichen Vertrags gefragt. Hier ist eine umfassende Rechtmäßigkeitskontrolle (formell, materiell) durchzuführen. Diese materiell-rechtliche Prüfung ist an keine spezielle Klage- und Verfahrensart gebunden.
- In der **zweiten Konstellation** haben die Parteien einen öffentlich-rechtlichen Vertrag i.S.d. § 54 VwVfG geschlossen, wobei eine Partei nun die andere Partei dazu bringen möchte, dem geltend gemachten Leistungsanspruch aus dem Vertrag nachzukommen.[940] In einem solchen Fall ist **nicht** die umfassende formelle und materielle Rechtmäßigkeit des Vertrags zu prüfen, sondern lediglich, ob der Vertrag wirksam zustande gekommen ist und kein Nichtigkeitsgrund greift. Das hat den Hintergrund, dass auch rechtswidrige verwaltungsrechtliche Verträge grundsätzlich wirksam sind (vgl. §§ 57, 58, 59 VwVfG) und dadurch Vertragsansprüche begründen. Auf die (Nur-)Rechtswidrigkeit kommt es also nicht an. Da sich dieses Prüfungsmodell von dem der ersten Konstellation aber nur in einem Punkt (materielle Rechtmäßigkeit) unterscheidet, sollte generell von dem bei Rn 798 dargestellten Prüfungsschema ausgegangen werden. Bei Nichtvorliegen einer erforderlichen Zustimmung (§ 58 VwVfG) kann es wegen der damit verbundenen (schwebenden) Unwirksamkeit erforderlich sein, eine Rechtsverletzung des zustimmungsberechtigten Dritten (inzident) zu prüfen. Prüfungsmaßstab ist dann die Vereinbarkeit des Eingriffes mit höherrangigem Recht, ob also bei dem Vertragsschluss die Gesetzmäßigkeit der Verwaltung und die (Grund-)Rechte des Dritten beachtet wurden. Kommt man zu dem Ergebnis, dass eine Rechtsverletzung nicht vorliegt, ist eine eventuell fehlende schriftliche Zustimmung unbeachtlich und der Vertragsanspruch begründet. Aber auch bei einer festgestellten Rechtsverletzung ist mit einem Hilfsgutachten fortzufahren, da nicht auszuschließen ist, dass der Dritte nachträglich zustimmt. Statthafte Klageart in dieser Konstellation ist regelmäßig die **allgemeine Leistungsklage** auf Vornahme der Leistung aus dem Vertrag. Strittig ist die Rechtswegfrage, wenn es um die Geltendmachung von Ersatzansprüchen bei Leistungsstörungen geht. BVerwG und BGH, die den Vorbehalt des § 40 II VwGO bezüglich öffentlich-rechtlicher Verträge eng auslegen, sind der Auffassung, dass **Schadensersatzansprüche** wegen **Verschuldens bei Vertragsverhandlung** (c.i.c., vgl. §§ 311 II, III, 241 II, § 280 I BGB) vor den **Zivilgerichten** geltend zu machen sind.[941] Die Gegenauffassung nimmt den **Verwaltungsrechtsweg** an.[942]
- In der **dritten Konstellation** geht es um die Frage, ob ein Dritter, der nach § 58 VwVfG zustimmungsberechtigt ist, diese Rechtsverletzung geltend machen kann. In diesem Fall ist grds. innerhalb einer **(Dritt-)Feststellungsklage** die Rechtsverletzung des Betroffenen zu prüfen (vgl. aber auch den Abschlussfall bei *R. Schmidt*, AllgVerwR, Rn 992). Ist eine (Dritt-)Feststellungsklage einschlägig, ist der Vertrag auf seine formelle und materielle Vereinbarkeit mit denjenigen Rechten zu prüfen, die dem klagenden Dritten zur Seite stehen. Greift der Vertrag in die Rechte des Dritten ein, ist die Feststellungsklage begründet. Vgl. dazu Rn 816 ff.

795 Bei Ansprüchen aus einem verwaltungsrechtlichen Vertrag ist zu beachten, dass auch hier die allgemeinen Aufbaugrundsätze einer Begründetheitsprüfung anzuwenden sind, nämlich dass es zunächst einer Rechtsgrundlage für den geltend gemachten An-

---

[940] Vgl. dazu OVG Lüneburg NordÖR 2002, 307.

[941] BVerwG NJW 2002, 2894; BGH NJW 1986, 1109: Zivilrechtsweg deswegen, weil Grundlage für den c.i.c.-Anspruch nicht der öffentlich-rechtliche Vertrag, sondern ein gesetzliches Schuldverhältnis sei.

[942] OVG Koblenz NJW 2002, 3724; OVG Weimar NJW 2002, 386; *Dötsch*, NWVBl 2002, 140, 142; *Kopp/Schenke*, VwGO, § 42 Rn 72; *Maurer*, AllgVerwR, § 14 Rn 57.

spruch bedarf. Diese kann sich dann aus dem Vertrag ergeben. Dazu müsste der Vertrag zunächst wirksam zustande gekommen sein. Sodann ist dessen Wirksamkeit zu prüfen und es ist zu untersuchen, ob dem Vertragsanspruch rechtsvernichtende Einwendungen entgegenstehen. Im Übrigen kann grundsätzlich auf den aus dem Zivilrecht bekannten Aufbau (Anspruch entstanden, nicht untergegangen und durchsetzbar) zurückgegriffen werden. Typische Klausurkonstellationen, die zur Prüfung eines verwaltungsrechtlichen Vertrags führen, sind

- Geltendmachung von Ansprüchen aus dem Vertrag seitens einer Vertragspartei (allgemeine Leistungsklage).
- Verweigerung einer Vertragspartei, Forderungen aus dem Vertrag unter Berufung auf dessen Nichtigkeit oder Rechtswidrigkeit nachzukommen (allgemeine Leistungsklage).
- Klage eines Dritten gegen den i.d.R. einen Konkurrenten oder Nachbarn begünstigenden Vertrag (Feststellungsklage im Drittrechtsverhältnis).

Verfolgt der Kläger einen **Primärleistungsanspruch**, könnte der Obersatz wie folgt formuliert werden:

„Die allg. Leistungsklage ist begründet, wenn dem Kläger der geltend gemachte Leistungsanspruch aus dem Vertrag tatsächlich zusteht und dieser auch durchsetzbar ist." 796

Voraussetzung eines Leistungsanspruchs ist ein **wirksamer verwaltungsrechtlicher Vertrag**, der gemäß der bei *R. Schmidt*, AllgVerwR, Rn 952 ff. vorhandenen Darstellung geprüft werden sollte. Vorliegend sei daher lediglich das bei der Frage nach einem Leistungsanspruch in Betracht kommende Prüfungsschema vorgestellt: 797

Begründetheit der allgemeinen Leistungsklage bei Vertragsansprüchen 798

1. Bestehen eines Leistungs- bzw. Erstattungsanspruchs
- a. Vorliegen eines verwaltungsrechtlichen Vertrags
  - aa. Abgrenzung von verwaltungsrechtlichen und privatrechtlichen Verträgen
  - bb. Abgrenzung von verwaltungsrechtlichem Vertrag und Verwaltungsakt
  - cc. Verwaltungsrechtlicher Vertrag auch zwischen Privaten
- b. Wirksames Zustandekommen des verwaltungsrechtlichen Vertrags
  - aa. Zuständigkeit der vertragschließenden Behörde
  - bb. Wirksamer Vertragsschluss
  - cc. Einhaltung von Verfahrensvorschriften, insbesondere des Zustimmungserfordernisses nach § 58 VwVfG
  - dd. Einhaltung von Formvorschriften, insb. der Schriftform nach § 57 VwVfG
- c. Keine Nichtigkeit des verwaltungsrechtlichen Vertrags
  - aa. Kein Vertragsformverbot
  - bb. Keine sonstige Nichtigkeit des Vertrags
    - a.) Zulässigkeit des Vertragsinhalts
    - b.) Keine Nichtigkeit des Vertrags i.e.S.
      - aa.) Spezielle Nichtigkeitsgründe nach § 59 II VwVfG
      - bb.) Allgemeine Nichtigkeitsgründe nach § 59 I VwVfG
    - c.) Teilnichtigkeit des Vertrags
- d. Keine rechtsmissbräuchliche Geltendmachung des Anspruchs

2 Rechtsfolge: Gewährung des Leistungs- bzw. Erstattungsanspruchs

3. Durchsetzung des Anspruchs

Für Ansprüche aus Vertrag und Erstattungsansprüche sind die Verwaltungsgerichte zuständig.

II. Folgenbeseitigungsansprüche

1. Allgemeines

799 Weiteres Hauptanwendungsgebiet der allgemeinen Leistungsklage ist der von Bachof entwickelte[943] öffentlich-rechtliche Folgenbeseitigungsanspruch (im Folgenden: FBA). Dieser lässt sich grundlegend in einen Vollzugsfolgenbeseitigungsanspruch (vgl. § 113 I S. 2 VwGO) und in einen allgemeinen Folgenbeseitigungsanspruch unterteilen. Beide sind auf die **Beseitigung rechtswidriger Folgen** hoheitlicher Tätigkeit gerichtet. Es geht um die **Wiederherstellung des ursprünglichen tatsächlichen Zustands**, des *status quo ante in natura*.[944] Die Verwaltung soll, soweit sie das faktisch und rechtlich kann und ihr die Wiederherstellung zumutbar ist, das Erforderliche tun, um den früheren Zustand oder (bei Unmöglichkeit oder rechtlicher Unzulässigkeit) zumindest einen gleichwertigen Zustand wiederherzustellen. Dagegen kommen eine Entschädigung respektive ein Schadensersatz nicht in Betracht.[945] Der eigentliche Unterschied zwischen dem Vollzugsfolgenbeseitigungsanspruch und dem allgemeinen Folgenbeseitigungsanspruch liegt darin, dass die zu beseitigenden Folgen auf unterschiedliche Weise entstanden sind: Im Rahmen des Vollzugsfolgenbeseitigungsanspruchs durch den Vollzug eines Verwaltungsakts (vgl. nur den Annexantrag zur Anfechtungsklage auf Beseitigung der Vollzugsfolgen nach § 113 I S. 2 VwGO[946]) und im Rahmen des allgemeinen Folgenbeseitigungsanspruchs durch schlichtes Verwaltungshandeln.

Abzugrenzen sind die Folgenbeseitigungsansprüche zu den Amtshaftungs- und Entschädigungsansprüchen dadurch, dass Letztere ausschließlich auf Geldersatz gerichtet sind.[947] Darüber hinaus geht es im Gegensatz zum Leistungsunterlassungsanspruch ausschließlich um die Beseitigung rechtswidriger Beeinträchtigungen aus der Vergangenheit.

2. Typische Klausurkonstellationen

800 Die typischen Fälle, in denen ein Folgenbeseitigungsanspruch zu prüfen sind, sind bei *R. Schmidt*, AllgVerwR, Rn 1277 ff. dargestellt. Insoweit sei darauf verwiesen.

Der praktisch wichtigste Fall des Folgenbeseitigungsanspruchs ist der Widerruf amtlicher Äußerungen ehrverletzender oder berufsschädigender Art wie bspw. die Offenlegung einer Scientology-Mitgliedschaft[948], die Warnung vor einer Jugendsekte oder einer anderen Glaubensgemeinschaft[949], Veröffentlichung von Arzneimitteltransparenzlisten[950], Veröffentlichung von Warentests durch Behörden[951], Empfehlung, in Karton verpackte Getränke zu

---

[943] *Bachof*, Die verwaltungsgerichtliche Klage auf Vornahme einer Amtshandlung, 1951, S. 126 ff.

[944] BVerwGE 69, 366, 370; 80, 178, 179; 82, 76, 95; OVG Münster NVwZ 2000, 217, 218; VG Sigmaringen NJW 2001, 628, 629; *Faber*, NVwZ 2003, 159 ff.; *Bumke*, JuS 2005, 22 ff.

[945] Vgl. dazu *Erbguth*, JuS 2000, 336, 337.

[946] § 113 I S. 2 VwGO ermöglicht die Verbindung der Anfechtungsklage auf Aufhebung des belastenden Verwaltungsakts mit dem Antrag auf faktische Wiederherstellung des ursprünglichen Zustands. Der Vorteil dieser Verbindung liegt darin, dass die prozessuale Geltendmachung des Vollzugsfolgenbeseitigungsanspruchs schon vor Rechtskraft des Aufhebungsurteils möglich ist. Zu beachten ist aber, dass § 113 I S. 2 VwGO nur eine Verfahrensvorschrift darstellt, nicht als Rechtsgrundlage bzw. Anspruchsgrundlage für die Beseitigung der rechtswidrigen Folgen fungieren kann. Dafür ist der allgemeine FBA heranzuziehen.

[947] Aber auch der Folgenbeseitigungsanspruch kann auf Geldersatz gerichtet sein, wenn die rechtswidrigen Folgen in einem Geldverlust bestehen (vgl. BVerwGE 69, 366 ff. „Bardepotpflicht"). Diese Rechtsprechung ist neuerdings wieder aufgegriffen worden. So spricht sich auch der VGH München (NVwZ 1999, 1237) für eine Entschädigung in Geld aus (Folgenentschädigungsanspruch). Vgl. dazu *R. Schmidt*, AllgVerwR, Rn 1250 ff.

[948] BVerfG NJW 2002, 3458 ff.

[949] Vgl. BVerfGE 105, 279 ff.; BVerwGE 90, 112, 116; 82, 60, 76; BVerfG NJW 1989, 3269; OVG Hamburg NVwZ 1995, 498; VGH München NVwZ 1995, 793; OVG Münster NJW 1996, 2114; OVG Münster NJW 1996, 2115; BVerwG NVwZ 1994, 162, 163; *Faber*, NVwZ 2003, 159 ff.; *Beaucamp*, JA 2002, 398 ff.; *Winkler*, JA 2003, 113 ff. Vgl. auch *R. Schmidt*, AllgVerwR, Rn 893 ff.

[950] BVerwGE 71, 183.

[951] BVerwG DVBl 1996, 807 (Warentests von Futtermitteln).

meiden[952], Hinweis eines Landrats auf verunreinigtes Trinkwasser[953], Veröffentlichung einer Liste glykolhaltiger und damit gesundheitsschädlicher Weine[954], Warnung vor angeblich verdorbenen Teigwaren[955], oder Veröffentlichung von Warentests. Das Begehren auf Widerruf der Äußerungen richtet sich auf die Rückgängigmachung der Folgen des belastenden schlichten Verwaltungshandelns; es geht um die Wiederherstellung des ursprünglichen Zustands.[956]

Hinweis für die Fallbearbeitung: Eine typische Klausurkonstellation ist die Verbindung des **allgemeinen Folgenbeseitigungsanspruchs** mit dem **allgemeinen öffentlich-rechtlichen Unterlassungsanspruch**. So ist die öffentliche Warnung z.B. vor einer Religions- oder Weltanschauungsgemeinschaft einerseits mit Hilfe einer Leistungsunterlassungsklage, gerichtet auf die Unterlassung weiterer Warnungen, Auskünfte oder Empfehlungen anzugreifen, andererseits ist mit Hilfe des FBA der Widerruf durchzusetzen. Prozessual stellt sich eine derartige Verbindung als kumulative **Klagehäufung** nach § 44 VwGO dar. Das bedeutet, dass eine gemeinsame Zulässigkeitsprüfung erfolgen kann, bei der Begründetheit jedoch hinreichend nach den beiden Klagebegehren zu differenzieren ist. Der Widerruf ist mit Hilfe des FBA durchzusetzen. Für die künftige Unterlassung ist der allgemeine öffentlich-rechtliche Unterlassungsanspruch einschlägig. **801**

3. Besonderheiten zu den Sachentscheidungsvoraussetzungen

Bei der Prüfung des **Verwaltungsrechtswegs** kann vor allem die Abgrenzung zu privatrechtlichen Abwehransprüchen (etwa §§ 823 II, 1004 BGB) problematisch sein. Beispielsweise sind Äußerungen von Beamten in der Öffentlichkeit oder die Abwehr von Immissionen zu nennen. Stellt sich die Äußerung in einem engen Funktionszusammenhang mit der Erfüllung hoheitlicher Aufgaben dar, liegt eine öffentlich-rechtliche Streitigkeit vor (herrschende **Akzessorietätstheorie**, vgl. Rn 25 ff. und 369 ff.). Für die Immissionen gilt: Stehen sie nicht ausschließlich im Zusammenhang mit der privatrechtlichen Ausübung der Eigentümerfunktion (§ 903 BGB), sind sie wegen der Vermutung, dass der Hoheitsträger grundsätzlich öffentlich-rechtlich tätig ist, Gegenstand eines öffentlich-rechtlichen Streits. **802**

Bei der **statthaften Klageart** kann die Abgrenzung zur Verpflichtungsklage problematisch sein. Zwar stellt die Folgenbeseitigung als solche die Beseitigung eines faktischen Zustandes und somit einen Realakt dar. Wenn die Folgenbeseitigung allerdings nur durch einen einem Dritten gegenüber zu erlassenden Verwaltungsakt herbeigeführt werden kann, ist die **Verpflichtungsklage** statthaft. **803**

Beispiele für die *Verpflichtungsklage* als statthafte Klageart sind der Anspruch eines Straßenanliegers auf Aufstellung eines Halteverbotszeichens vor seiner Garageneinfahrt, um Dritte am Parken zu hindern[957], oder der Anspruch des Nachbarn auf Einschreiten der Polizei gegen einen Störer, der Anspruch des Nachbarn gegenüber der Baubehörde, mit einer Baubeseitigungsanordnung gegen den Bauherrn eines Schwarzbaus vorzugehen[958] und der Anspruch eines Betroffenen gegenüber der Ordnungsbehörde, gegen einen Gewerbetreibenden gem. § 16 III HandwO einzuschreiten.

---

[952] VGH Kassel NVwZ 1995, 611.
[953] LG Göttingen NVwZ 1992, 98.
[954] BVerfGE 105, 252 ff.; BVerwGE 87, 37 ff.
[955] OLG Stuttgart NJW 1990, 2690 („Birkel“).
[956] Ausführlich *R. Schmidt*, AllgVerwR, Rn 893 ff.
[957] OVG Münster, DVBl 1977, 258.
[958] OVG Lüneburg OVGE 8, 484; *Kopp/Schenke*, VwGO, § 42 Rn 10.

Ein weiteres **Beispiel** (nach der hier vertretenen Auffassung für die Statthaftigkeit der Verpflichtungsklage) stellt auch die **Exmittierung eines Obdachlosen** dar. Vgl. dazu Rn 337 und ausführlich *R. Schmidt*, Fälle zum POR, Fall 11.

804 **Zusammenfassend** lässt sich sagen: Nur wenn *kein* Verwaltungsakt im dargelegten Sinn „inmitten" steht, ist nach der hier vertretenen Auffassung die **allgemeine Leistungsklage** die statthafte Klageart. Sollte die Folgenbeseitigungsmaßnahme in einem Einschreiten gegenüber einem Dritten erfolgen und besteht die dem Dritten gegenüber zu erlassene Maßnahme in einem Verwaltungsakt, ist die **Verpflichtungsklage** statthaft. Als Anspruchsgrundlage kann in beiden Fällen der allgemeine FBA oder (subsidiär) die polizeiliche Befugnisgeneralklausel fungieren. Als Rechtsgrundlage für das behördliche Einschreiten gegen den Dritten kommt aber nur eine spezialgesetzliche Vorschrift bzw. die Befugnisgeneralklausel in Betracht.

4. Begründetheit des Folgenbeseitigungsanspruchs

805 Da sowohl der allgemeine Folgenbeseitigungsanspruch als auch die Problematik der öffentlichen Warnungen (Glykolwein, Jugendsekten etc.) ausführlich bei *R. Schmidt*, AllgVerwR, Rn 1274 ff. dargestellt sind, soll an dieser Stelle lediglich das in Betracht kommende Prüfungsschema vorgestellt werden:

806 **Begründetheit der allgemeinen Leistungsklage beim FBA**

I. Anspruchsgrundlage

Art. 20 III GG i.V.m. den im Einzelfall einschlägigen Freiheitsgrundrechten

II. Voraussetzungen

1. Hoheitliches Handeln (Eingriff)
2. Eingriffsobjekt: subjektives Recht
   a. Schaffung eines andauernden, rechtswidrigen Zustands durch den hoheitlichen Eingriff (Rechtsgrundlage der Behörde für den Eingriff; keine Duldungspflicht des Anspruchstellers)
   b. Unmittelbarkeit (Zurechenbarkeit) der Folgen
   c. Wiederherstellung ist tatsächlich möglich, rechtlich zulässig und zumutbar

III. Rechtsfolge

1. Wiederherstellung des status quo ante, ggf. Geldersatz
2. ggf. Mitverschulden gem. § 254 BGB analog
3. Verjährung in 30 Jahren

IV. Durchsetzung des Anspruchs

Für Folgenbeseitigungsansprüche wegen rechtswidrigen hoheitlichen Handelns sind die Verwaltungsgerichte zuständig.

III. Öffentlich-rechtlicher Unterlassungsanspruch

807 Die vorstehenden Ausführungen zum Folgenbeseitigungsanspruch haben verdeutlicht, dass dieser Anspruch auf Beseitigung rechtswidriger, noch andauernder Folgen staatlichen Handelns gerichtet ist. Häufig geht es dem Bürger jedoch darum, einen bevorstehenden oder andauernden (angeblich) rechtswidrigen Eingriff des Staates in seine Rechte schlicht **abzuwehren**. Soweit es um die Abwehr **bereits vorgenommener** Handlungen mit Wirkung für *Zukunft* geht (⇨ der Staat soll es unterlassen, seine Handlung zu wiederholen), ist der öffentlich-rechtliche **Unterlassungsanspruch** unproblematisch zulässig und in Form der **Leistungsunterlassungsklage** geltend zu machen. Anspruchsgrundlage ist – soweit keine spezialgesetzlichen Regelungen greifen – der auf Art. 20 III GG i.V.m. den Freiheitsgrundrechten und § 1004

BGB analog gestützte allgemeine öffentlich-rechtliche Unterlassungsanspruch, der immer dann zum Erfolg führt, wenn

(1) die bereits vorgenommene hoheitliche Handlung einer Verwaltungsbehörde, d.h. der Grundrechtseingriff, **rechtswidrig** war und

(2) eine **Wiederholungsgefahr** besteht.

Verbreitete **Anwendungsfälle** von Unterlassungsansprüchen sind[959]: **808**

(1) **Immissionsfälle:** Mülldeponie, Kinder- und Behindertenspielplatz, Bolzplatz, Kläranlage, Grillplatz, Sportanlage[960], Skater-Anlage[961], Altglascontainer[962], kirchliches Glockengeläut usw.). ⇨ Hier ist Streitgegenstand die Emission von Lärm, Geruch oder gesundheitsschädlichen Stoffen.

(2) **Ehrverletzende und rufschädigende amtliche Äußerungen**: Beschimpfungen seitens hoheitlicher Bediensteter, abfällige Äußerungen des ASTA zu studentischen Verbindungen. Auch Warnungen vor Jugendsekten, vor bestimmten, angeblich gesundheitsbeeinträchtigenden Lebensmitteln können ehrverletzende und rufschädigende Wirkungen zeigen (dazu sogleich).

(3) **Öffentliche Warnungen/Äußerungen:** Unter öffentlichen (d.h. behördlichen) Warnungen/Äußerungen versteht man Erklärungen von Behörden oder Regierungsorganen, die an die Bevölkerung gerichtet sind und diese vor bestimmten gewerblichen oder landwirtschaftlichen Produkten, aber auch vor bestimmten Institutionen warnen bzw. informieren.[963]

Beispiele: Offenlegung einer Scientology-Mitgliedschaft[964], Warnung vor Jugendsekten oder anderen Glaubensgemeinschaften[965], Veröffentlichung von Arzneimitteltransparenzlisten[966], Veröffentlichung von Warentests durch Behörden[967], Empfehlung, in Karton verpackte Getränke zu meiden[968], Hinweis eines Landrats auf verunreinigtes Trinkwasser[969], Veröffentlichung einer Liste glykolhaltiger und damit gesundheitsschädlicher Weine[970], Warnung vor angeblich verdorbenen Teigwaren[971].

Hinweis für die Fallbearbeitung: Regelmäßig begehrt der Kläger sowohl die Beseitigung der rechtswidrigen Folgen eines solchen schlicht hoheitlichen Handelns (Folgenbeseitigungsanspruch) als auch das Unterlassen weiterer solcher Handlungen (Unterlassungsanspruch). In diesem Fall ist bei der Begründetheit der allgemeinen Leistungsklage nach den genannten Rechtsinstituten zu differenzieren. Beide Ansprüche sind aus materieller Sicht getrennt voneinander zu prüfen (Fall der kumulativen Klagehäufung i.S.d. § 44 VwGO). **809**

---

[959] Diese Fälle kommen auch beim FBA in Betracht.

[960] VG Arnsberg NVwZ 1999, 450.

[961] OVG Koblenz NVwZ 2000, 1190.

[962] VG Osnabrück NVwZ 2003, 1010 f.

[963] Vgl. dazu ausführlich BVerfGE 105, 252 ff. (Glykolwein); 105, 279 ff. (Jugendsekte); BVerfG NJW 2002, 3458 ff. (Scientology-Mitgliedschaft).

[964] Vgl. BVerfG NJW 2002, 3458 ff.

[965] Vgl. BVerfGE 105, 279 ff.; BVerwGE 90, 112, 116; 82, 60, 76; BVerfG NJW 1989, 3269; OVG Hamburg NVwZ 1995, 498; VGH München NVwZ 1995, 793; OVG Münster NJW 1996, 2114; OVG Münster NJW 1996, 2115; BVerwG NVwZ 1994, 162, 163; *Beaucamp*, JA 2002, 398 ff.

[966] BVerwGE 71, 183.

[967] BVerwG DVBl 1996, 807 (Warentests von Futtermitteln).

[968] VGH Kassel NVwZ 1995, 611.

[969] LG Göttingen NVwZ 1992, 98.

[970] BVerfGE 105, 252 ff.; BVerwGE 87, 37 ff.; OVG Münster NJW 1986, 2783; OVG Münster GewArch 1988, 11.

[971] OLG Stuttgart NJW 1990, 2690 („Birkel").

810 Ob der geltend gemachte Unterlassungsanspruch begründet ist, hängt von der Zumutbarkeit der Belastung ab.

Als ortsüblich und sozialadäquat hinzunehmende Beeinträchtigung wurden angesehen[972]**:** Fastnachtsumzug (wegen seiner kurzen Dauer)[973], Wertstoffcontainer im Wohngebiet[974], ortsüblicher Schullärm[975], Lärm von einem Kinderspielplatz[976]

Dagegen wurden als nicht mehr hinnehmbar angesehen[977]**:** Sirenengeheule in einer gesundheitsgefährdenden Lautstärke[978], lautstarkes Schlagen einer Kirchturmuhr[979], ständiges Hinüberfliegen von Bällen von einem öffentlichen Fußballplatz[980]. Zur Prüfung in der Fallbearbeitung siehe sogleich.

811 Soweit der öffentlich-rechtliche Unterlassungsanspruch allerdings auf die Abwehr eines ausschließlich *künftig* zu erwartenden hoheitlichen Handelns abzielt (⇨ es hat noch kein Rechtseingriff stattgefunden; ein solcher wird lediglich erwartet), stellt er **vorbeugenden** Rechtsschutz dar. Da hier das Gericht mit einer Rechtssache beschäftigt werden soll, die erst in der Zukunft zu einer Rechtsverletzung führen könnte, und die VwGO an eine bereits stattgefundene Rechtsverletzung anknüpft (sog. repressiver Rechtsschutz), sind besondere Anforderungen an das Rechtsschutzbedürfnis zu stellen. Daher ist eine vorbeugende Unterlassungsklage nur dann zulässig, wenn die Verweisung auf den repressiven Rechtsschutz für den Kläger zu spät käme und zu irreparablen Schäden führen würde. Zum vorbeugenden Rechtsschutz vgl. Rn 1049 ff.

812

Voraussetzungen und Rechtsfolge des Unterlassungsanspruchs

I. Anspruchsgrundlage

Art. 20 III GG i.V.m. den im Einzelfall einschlägigen Freiheitsgrundrechten i.V.m. § 1004 BGB analog

II. Voraussetzungen

1. Hoheitliches Handeln (etwa Lärmemissionen, Warnungen vor bestimmten Produkten oder Vereinigungen, ehrverletzende Äußerungen etc.)
2. Eingriffsobjekt: subjektives Recht (zumeist allg. PersönlichkeitsR, EigentumsR)
   a. Schaffung eines andauernden, rechtswidrigen Zustandes durch den hoheitlichen Eingriff (Rechtsgrundlage der Behörde für den Eingriff; keine Duldungspflicht des Anspruchstellers)
   b. Unmittelbarkeit (Zurechenbarkeit) der Folgen

III. Rechtsfolge

Unterlassen des gerügten Verhaltens für die Zukunft

813 Soweit es um behördliche Warnungen/Informationen/Äußerungen geht, die den Betroffenen lediglich faktisch-mittelbar belasten, ist die dazu ergangene Rechtsprechung des BVerfG zu beachten, wonach teilweise schon die Schutzbereiche der einschlägigen Grundrechte nicht eröffnet sind, sofern die Äußerungen zutreffend und sachlich gehalten sind.[981] Ein Unterlassungsanspruch scheidet demzufolge aus. Im Übrigen bedarf es in solchen

---

972 Vgl. *Hufen*, VerwProzR, § 27 Rn 12.
973 VG Frankfurt a.M. NJW 1999, 1986.
974 VG Osnabrück NVwZ 2003, 1010 f.; VGH Kassel NVwZ 1999, 1204.
975 OVG Koblenz NVwZ 1990, 279.
976 VGH Mannheim NVwZ 1990, 988.
977 Vgl. *Hufen*, VerwProzR, § 27 Rn 12.
978 BVerwGE 79, 254, 258.
979 OVG Saarlouis NVwZ 1992, 72; BVerwG NJW 1992, 2779.
980 OVG Lüneburg NJW 1998, 2921.
981 BVerfGE 105, 252 ff. (Glykolwein); BVerfG NJW 2002, 3458 ff. (Offenlegung der Mitgliedschaft in der Scientology-Organisation). Vgl. aber BVerfGE 105, 279 ff. (Sektenwarnung), wo das Gericht der herkömmlichen Grundrechtsdogmatik folgt und einen Eingriff in Art. 4 I GG bejaht.

Fällen nach Auffassung des BVerfG für die Informationstätigkeit einer Regierung im Rahmen der ihr zugewiesenen Aufgaben der Staatsleitung über die Zuweisung dieser Aufgabe hinaus auch keiner besonderen gesetzlichen Ermächtigung (vgl. BVerfGE 105, 279, 295 – Sektenwarnung; dazu ausführlich *R. Schmidt*, AllgVerwR, Rn 893 ff.).

IV. Öffentlich-rechtlicher Erstattungsanspruch

Der öffentlich-rechtliche Erstattungsanspruch ist ein Instrument sowohl in der Hand **814**
des Bürgers als auch der Behörde, rechtsgrundlos erfolgte Zahlungen zurückzuerhalten. Damit entspricht er dem Grunde nach dem zivilrechtlichen Bereicherungsanspruch nach den §§ 812 ff. BGB. Da auch dieser Anspruch ausführlich bei *R. Schmidt*, AllgVerwR, Rn 1321 ff. behandelt ist, kann an dieser Stelle ebenso verwiesen werden.

Begründetheit der allgemeinen Leistungsklage beim Erstattungsanspruch **815**

I. Rechtsgrundlage/Anspruchsgrundlage

Spezialgesetzlich oder das den Art. 1 III und 20 III GG zugrunde liegende Prinzip der Gesetzmäßigkeit der Verwaltung.

II. Voraussetzungen

1. Vermögensverschiebung: Vermögensverschiebung kann durch Leistung oder in sonstiger Weise erfolgen. Es muss eine Entreicherung auf der einen und eine Bereicherung auf der anderen Seite stattgefunden haben.
2. Ohne Rechtsgrund: Leistung ohne Rechtsgrund oder späterer Wegfall des Rechtsgrundes.

III. Rechtsfolge

1. Erstattung der zu Unrecht erfolgten Vermögensmehrung.
2. Ggf. Wegfall der Bereicherung, aber: Erstattung jedenfalls bei Kenntnis oder grobfahrlässiger Unkenntnis der Umstände, die zur Leistungsgewährung geführt haben. Bei Verstoß gegen EU-Recht gelten verschärfte Bedingungen. Bei Erstattungsansprüchen gegen den Staat ist der Einwand der Entreicherung unzulässig.

D. Begründetheit der Feststellungsklagen

I. Begründetheit der Anfechtungsfortsetzungsfeststellungsklage

816 Da die Anfechtungsfortsetzungsfeststellungsklage den Charakter einer „umgestellten" Anfechtungsklage aufweist, muss der erledigte Verwaltungsakt nicht nur rechtswidrig gewesen sein, sondern den Kläger auch in *seinen* Rechten verletzt haben. Der Obersatz wird wegen der Erledigung in der Zeitform der Vergangenheit gebildet und ergibt sich aus dem Wortlaut des § 113 I S. 4 i.V.m. S. 1 VwGO.

817 „Die Fortsetzungsfeststellungsklage ist begründet, wenn der Verwaltungsakt rechtswidrig war und der Kläger hierdurch in seinen Rechten verletzt wurde, § 113 I S. 4 i.V.m. S. 1 VwGO."

818 Fraglich ist die **Rechtskraftwirkung** eines Fortsetzungsfeststellungsurteils. Grundgedanke der Anfechtungsfortsetzungsfeststellungsklage ist die Feststellung der Rechtswidrigkeit (nicht die Aufhebung!) eines erledigten Verwaltungsakts. Da andererseits aber auch der rechtswidrige Verwaltungsakt wirksam ist, solange er nicht aufgehoben wurde, führt dies zu der Konsequenz, dass das Fortsetzungsfeststellungsurteil keinen Einfluss auf die Wirksamkeit des (rechtswidrigen) Verwaltungsakts ausübt. Dieser kann also weiterhin Rechtsgrund für einen bestimmten Zustand sein.

Beispiel[982]**:** K war als Erster Beigeordneter der Stadt S Beamter auf Zeit. Drei Jahre vor Ablauf des Dienstverhältnisses wurde K durch sofort vollziehbare Verfügung mit sofortiger Wirkung entlassen. Hiergegen erhob K Widerspruch und später Anfechtungsklage. Im Zeitpunkt der letzten mündlichen Verhandlung war das befristete Dienstverhältnis beendet (= Erledigung der Entlassungsverfügung durch Zeitablauf). Deshalb stellte K den Antrag, seine Anfechtungsklage in eine Fortsetzungsfeststellungsklage umzustellen. Das Gericht gab sowohl dem Antrag als auch der Klage im Übrigen statt und stellte fest, dass die Entlassung rechtswidrig gewesen sei. S zahlte K die Besoldung nach. Von dem neuen Oberbürgermeister – einem studierten Juristen – wird S auf die Regelung des § 43 II VwVfG hingewiesen. Daraufhin fordert sie von K die Besoldung – wenn auch in Raten – zurück. Dabei beruft sie sich auf die Wirksamkeit der Entlassungsverfügung, deren Rechtswidrigkeit zwar festgestellt, die aber niemals aufgehoben worden sei. Da K sich weigert, klagt S auf Rückzahlung. Mit Erfolg?

I. Sachentscheidungsvoraussetzungen

1. Da § 54 I BeamtStG auch auf beendete Beamtenrechtsverhältnisse anwendbar ist, steht S der **Verwaltungsrechtsweg** offen.

2. Statthafte Klageart könnte die **allgemeine Leistungsklage** sein da diese die richtige Klageart ist, wenn es um die Verurteilung zu einem Tun oder Unterlassen geht, das nicht im Erlass eines Verwaltungsakts besteht. K soll zur Rückzahlung der geleisteten Bezüge verurteilt werden. Die (Rück-)Zahlung von Geld ist ein Realakt.

3. Auch für Klagen der öffentlichen Hand gegen eine Privatperson muss die **Klagebefugnis** (gem. § 42 II VwGO) vorliegen. Das für die Klagebefugnis erforderliche subjektive Recht der S ergibt sich aus der der Regelung des § 12 II BBesG entsprechenden Bestimmung des Landesbeamtenbesoldungsgesetzes.

4. Fraglich ist allein das **allgemeine Rechtsschutzbedürfnis**. Dieses wäre zu verneinen, wenn der S ein einfacheres Mittel zur Verfügung stünde, den erwünschten Erfolg herbeizuführen. Als ein solches Mittel kommt der Erlass eines Rückforderungsbescheids (= Verwaltungsakt) in Betracht, den S auch ohne Erwirkung eines gerichtlichen Vollstreckungstitels durchsetzen könnte. Allerdings fehlt der S schon die Befugnis zum Erlass eines Verwaltungsakts, wie sich aus der der Regelung des Landesbeamtengeset-

---

[982] Nach BVerwG NVwZ 2002, 853 ff.

zes über die Rückforderung zu viel gezahlter Bezüge ergibt. Da S angesichts des vorausgegangenen Prozesses zudem mit einer Klage des K rechnen muss, ist es auch von daher nicht zu beanstanden, wenn sie sogleich den Verwaltungsrechtsweg beschreitet.

II. Begründetheit der Klage

Die Klage ist begründet, wenn der Stadt der geltend gemachte Anspruch zusteht.

1. Als **Anspruchsgrundlage** kommt der in der Bestimmung des Landesbeamtengesetzes über die Rückforderung zu viel gezahlter Bezüge spezialgesetzlich normierte öffentlich-rechtliche Erstattungsanspruch in Betracht.

2. Kraft gesetzlicher Verweisung richtet sich die Rückforderung zu viel gezahlter Dienstbezüge grundsätzlich nach §§ 812 ff. BGB.[983] Danach ist Voraussetzung, dass Besoldungsbezüge **ohne Rechtsgrund** geleistet worden sind. Das Fehlen eines Rechtsgrundes für die geleisteten Dienstbezüge könnte dann angenommen werden, wenn die Entlassungsverfügung **wirksam** war. Zwar hatte seinerzeit das Gericht im Rahmen einer Fortsetzungsfeststellungsklage die Rechtswidrigkeit der Entlassungsverfügung festgestellt, jedoch bleibt gem. § 43 II VwVfG ein Verwaltungsakt wirksam, solange und soweit er nicht aufgehoben wurde oder sich durch Zeitablauf erledigt hat. Die Feststellung der Rechtswidrigkeit ist gerade nicht mit einer Aufhebung gleichzusetzen. Demzufolge wäre die Entlassungsverfügung trotz der festgestellten Rechtswidrigkeit wirksam und K müsste die erhaltenen Bezüge erstatten.

Das BVerwG hat jedoch unter Berufung auf die Bindungswirkung rechtskräftiger Urteile nach § 121 Nr. 1 VwGO und unter Verweis auf BVerwGE 105, 370, 373[984] anders entschieden. In dem verwaltungsgerichtlichen Feststellungsurteil sei die Rechtswidrigkeit der Entlassungsverfügung rechtskräftig festgestellt worden. Aufgrund einer derartigen rechtskräftigen Entscheidung sei nicht mehr der Regelungsgehalt des Verwaltungsakts rechtlich maßgebend, sondern die Rechtslage, die ohne ihn besteht.

3. Folgt man dieser, mit dem Wortlaut des § 43 II VwVfG nicht zu vereinbarenden Auffassung, steht mit Feststellung der Rechtswidrigkeit der Entlassungsverfügung zwischen den Beteiligten fest, dass die vorzeitige Entlassung keine Wirksamkeit entfaltet. Damit wäre die Besoldung nicht ohne Rechtsgrund erfolgt, weil K bis zum regelmäßigen Ende des befristeten Beamtenverhältnisses Beamter war. Die Klage der S wäre somit **unbegründet**.

Fazit: Die Entscheidung hat den in **Art. 20 III GG** angelegten **Wertungswiderspruch** zwischen **Rechtssicherheit** (Wirksamkeit rechtswidriger, aber nicht aufgehobener Verwaltungsakte) und **materieller Gerechtigkeit** (Beseitigung rechtswidriger Zustände) zugunsten der materiellen Gerechtigkeit gelöst. Freilich verstößt sie damit gegen den klaren Wortlaut des § 43 II VwVfG. Angesichts des Inhalts des Feststellungsurteils wäre es aber ungerecht, die Parteien an der Gültigkeit festzuhalten. Deshalb ist der Entscheidung im Ergebnis zuzustimmen. Ein Verwaltungsakt muss nach erfolgreichem Fortsetzungsfeststellungsverfahren also so behandelt werden, als sei er aufgehoben worden.

Im Übrigen liegen keine Besonderheiten gegenüber der Anfechtungsklage (Rechtsgrundlage, formelle und materielle Rechtmäßigkeit) vor. Daher kann auf die Ausführungen bei Rn 627 ff. verwiesen werden. Da die Fortsetzungsfeststellungsklage ihr Hauptanwendungsfeld im **Polizei- und Ordnungsrecht** hat, sind des Weiteren die Ausführungen bei *R. Schmidt*, POR, Rn 1 ff. heranzuziehen. **819**

---

[983] Zum Bereicherungsrecht vgl. ausführlich *R. Schmidt*, SchuldR BT II, 11. Aufl. 2016, Rn 196 ff.

[984] Bei dieser Entscheidung ging es darum, dass ein Sozialhilfeempfänger - wie sich später in einem Urteil nach § 113 I S. 4 VwGO herausstellte - zu Unrecht vorübergehend zur Ableistung gemeinnütziger Arbeit als Voraussetzung für den Bezug der Sozialhilfe verpflichtet wurde. Die Heranziehung zur gemeinnützigen Arbeit konnte nicht angefochten werden, weil zuvor Erledigung eintrat. Aufgrund des Fortsetzungsfeststellungsurteils wurde der Kläger so behandelt, als sei er nicht zur Ableistung gemeinnütziger Arbeit verpflichtet gewesen mit der Folge, dass die Arbeit nachträglich zusätzlich entlohnt werden musste.

II. Begründetheit der Verpflichtungsfortsetzungsfeststellungsklage

820 Bei der Begründetheit der Verpflichtungsfortsetzungsfeststellungsklage ergeben sich aufbautechnisch keine allzu großen Unterschiede zur Verpflichtungsklage.

821 Danach ist die Verpflichtungsfortsetzungsfeststellungsklage bis auf die Erledigung unter den gleichen Voraussetzungen begründet wie die Verpflichtungsklage es wäre. Insoweit kann in vollem Umfang auf die Darstellung zur Verpflichtungsklage verwiesen werden. Zu beachten ist aber, dass im Ergebnis kein Vornahme- oder Bescheidungsurteil ergehen kann, sondern lediglich ein Feststellungsurteil, das jedoch an die Kriterien eines Vornahme- oder Bescheidungsurteils anknüpft. Es ist also auf eine hypothetische Betrachtungsweise abzustellen. Es ist also danach zu fragen, ob der Anspruch *vor* der Erledigung (aber *nach* Klageerhebung) bestanden hätte. Lag im Rahmen der Verpflichtungsklage die Spruchreife bei Erledigung vor, könnte die Begründetheitsprüfung etwa wie folgt eingeleitet werden:

822 „Die Verpflichtungsfortsetzungsfeststellungsklage ist begründet, wenn die Versagung (bzw. die Unterlassung) des begehrten Verwaltungsakts rechtswidrig war und der Kläger dadurch in seinen Rechten verletzt wurde, ihm somit der geltend gemachte Anspruch zugestanden hätte, § 113 V S. 1 i.V.m. I S. 4 VwGO analog."[985]

III. Begründetheit der erweiterten Fortsetzungsfeststellungsklage

823 Bezüglich der Begründetheit der erweiterten Fortsetzungsfeststellungsklage ergeben sich gegenüber der Anfechtungs- und Verpflichtungsfortsetzungsfeststellungsklage keine Besonderheiten. Insbesondere im Hauptanwendungsbereich dieser Klageart – dem **Polizei- und Ordnungsrecht** – ergeben sich bei der **formellen** Rechtmäßigkeit einer Gefahrenabwehrverfügung keine allzu großen Probleme.
Die **sachliche Zuständigkeit** ist eine Frage der Eilfallkompetenz und bei Vorliegen einer Gefahr für die öffentliche Sicherheit gegeben.
Die **örtliche Zuständigkeit** ist deshalb unerheblich, weil die Vollzugsbeamten der Polizei im gesamten Gebiet des jeweiligen Bundeslandes befugt sind (über das Gebiet hinaus nur aufgrund eines entsprechenden Staatsvertrags).
Auch **Verfahren** und **Form** bereiten keine Schwierigkeiten: Die **Anhörung** des Betroffenen ist wegen regelmäßig vorliegender Gefahr im Verzug entbehrlich (vgl. § 13 I Nr. 2 i.V.m. § 28 II Nr. 1 VwVfG). Polizeiliche Verwaltungsakte können **mündlich** erlassen werden (vgl. § 37 II S. 1 VwVfG) und bedürfen **keiner Begründung** (vgl. § 39 I S. 1 VwVfG). Ist in diesem Zusammenhang die Rechtsbehelfsbelehrung unterblieben oder fehlerhaft, hat dies nur die Verlängerung der Rechtsbehelfsfrist auf ein Jahr zur Folge (§ 58 II VwGO).

824 Zur **materiellen** Rechtmäßigkeit vgl. die Ausführungen bei *R. Schmidt*, POR, Rn 1 ff.

---

[985] Bei fehlender Spruchreife ist die Verpflichtungsfortsetzungsfeststellungsklage (hier: Bescheidungsklage) begründet, wenn die Behörde zur Bescheidung verpflichtet gewesen wäre.

IV. Begründetheit der allgemeinen Feststellungsklage

1. Feststellungsklage nach § 43 I Var. 1 VwGO

„Die Feststellungsklage ist begründet, wenn das vom Kläger geltend gemachte bzw. verneinte Rechtsverhältnis nach den Vorschriften des materiellen Rechts besteht bzw. nicht besteht[986]." 825

Es müssen die für das Rechtsverhältnis maßgeblichen Normen (Rechtsverordnungen, Satzungen) oder gar Observanz (örtlich geltendes Gewohnheitsrecht) herangezogen werden, da sich die **maßgebliche Rechtslage** nach dem materiellen Recht bestimmt, das auf den zu beurteilenden Sachverhalt anzuwenden ist.[987] Dabei kann neben der bloßen Prüfung, ob die relevanten Normen tatbestandlich erfüllt sind, auch eine Überprüfung der Normen auf ihre Gültigkeit hin erforderlich sein. Da eventuell auftretende Probleme einer Begründetheitsprüfung in der jeweiligen Fallgestaltung zu suchen sind, ist an dieser Stelle nur die Skizzierung eines Grobschemas möglich: 826

827

(1) Geht es um die Genehmigungsfreiheit eines Vorhabens?
(2) Geht es um die Wirksamkeit eines öffentlich-rechtlichen Vertrags?
(3) Welche (selbstvollziehende) Norm ist für die Klärung des streitbefangenen Rechtsverhältnisses relevant?
(4) Muss die Norm auf ihre Gültigkeit hin überprüft werden?
(5) Sind die Voraussetzungen der Norm erfüllt?

2. Nichtigkeitsfeststellungsklage nach § 43 I Var. 2 VwGO

„Die Nichtigkeitsfeststellungsklage ist begründet, wenn der Verwaltungsakt nach Maßgabe des ... (z.B. § 44 VwVfG, § 13 BBG) nichtig ist." 828

Bei der Nichtigkeitsfeststellungsklage nach § 43 I Var. 2 VwGO erschöpft sich die Begründetheitsprüfung in der Überprüfung, ob die Voraussetzungen einer Spezialnorm (wie z.B. § 13 BBG) oder die des (subsidiären) § 44 VwVfG gegeben sind. 829
Für die Prüfung des § 44 VwVfG bietet sich folgendes Schema an:

830

(1) Positivkatalog des § 44 II VwVfG
(2) Negativkatalog des § 44 III VwVfG
(3) Nur wenn diese Absätze keine Klärung bringen, werden die allgemeinen Voraussetzungen des § 44 I VwVfG geprüft:
  a) Liegt ein Fehler vor?
  b) Ist er schwerwiegend?
  c) Ist er offensichtlich (d.h. auch für Laien erkennbar)? Denn nur dann ist der Verwaltungsakt nichtig

Sind nur einzelne Teile eines Verwaltungsakts nichtig („**Teilnichtigkeit**"), führt dies zur Gesamtnichtigkeit, wenn der nichtige Teil so wesentlich ist, dass die Behörde den Verwaltungsakt ohne den nichtigen Teil nicht oder nicht so erlassen hätte (§ 44 IV VwVfG).

Vgl. im Einzelnen die Ausführungen bei *R. Schmidt*, AllgVerwR, Rn 633 ff., 642 ff.

---

[986] *Happ*, in: Eyermann, VwGO, § 43 Rn 45; *Schenke*, VerwProzR, Rn 879. Zu beachten ist, dass die subjektive Rechtsverletzung (wie bei den Gestaltungs- und Leistungsklagen) nur dann zu prüfen ist, wenn bei der Zulässigkeit das Erfordernis einer Klagebefugnis analog § 42 II VwGO bejaht wurde (vgl. dazu Rn 496 ff.).
[987] BVerwG NVwZ-RR 1996, 566; NVwZ 1996, 66, 67.

E. Begründetheit des Normenkontrollantrags

831 „Der Normenkontrollantrag ist begründet, wenn ... (der Kontrollgegenstand) gegen höherrangiges Recht verstößt."[988]

832 **Hinweis für die Fallbearbeitung:** Im Gegensatz zu § 113 I S. 1 VwGO bedarf es - wie bereits im Rahmen der Sachentscheidungsvoraussetzungen gesagt - einer tatsächlichen subjektiven Rechtsverletzung des Antragstellers nicht. Das OVG (und somit der Klausurbearbeiter) prüfen die fragliche Norm daher ausschließlich in formeller und materieller Hinsicht, und zwar unter jedem rechtlichen Gesichtspunkt, den der Antragsteller rügt oder der sich ansonsten aufdrängt.[989] Denn das Normenkontrollverfahren ist trotz des 6. VwGOÄndG von 1996 ein objektives Rechtsbeanstandungsverfahren. Ist daher der Normenkontrollantrag zulässigerweise gestellt, wird die Norm vom OVG auch hinsichtlich solcher Rechtsfehler untersucht, die eine Antragsbefugnis nicht zu begründen vermögen.[990]

Prüfungsmaßstab ist dabei das gesamte höherrangige Recht, also sowohl das einfache formelle Bundes- und Landesrecht als auch das Bundes- und Landesverfassungsrecht. Auch EU-Recht ist nach h.M. tauglicher Prüfungsmaßstab.[991] Der Umstand, dass ein Verstoß gegen (höherrangiges) EU-Recht lediglich zur Unanwendbarkeit, nicht zur Nichtigkeit der unionsrechtswidrigen Norm führt, ist kein Argument für den Ausschluss der verwaltungsgerichtlichen Normenkontrolle am Maßstab des EU-Rechts. Stellt das OVG die Unvereinbarkeit der strittigen Norm mit EU-Recht fest, beschränkt sich das Urteil auf die Unanwendbarkeit der unionsrechtswidrigen Norm.[992] Dies ist auch sonst einer Normenkontrolle nicht fremd.

I. Rechtsgrundlage

833 Entfaltet eine untergesetzliche Rechtsnorm belastende Wirkungen für die Bürger, greift der Vorbehalt des Gesetzes: Die betreffende untergesetzliche Norm ist zunächst nur dann rechtmäßig, wenn sie aufgrund einer Ermächtigung durch den förmlichen Gesetzgeber erlassen wurde. Bei **Rechtsverordnungen** sind dabei die Vorgaben des Art. 80 I S. 2 GG bzw. die der Landesverfassungen zu beachten. So müssen Inhalt, Zweck und Ausmaß der Ermächtigung bereits in der Ermächtigungsgrundlage hinreichend beschrieben sein. Bei **Satzungen** gelten diese Vorgaben nicht, da Satzungen kein staatliches Exekutivrecht, sondern *nichtstaatliches*, autonomes Recht darstellen. Art. 80 GG und die entsprechenden Bestimmungen der Landesverfassungen sind daher nicht anwendbar. Gleichwohl muss auch hier das für die Ausübung der Grundrechte Wesentliche in einer förmlichen Ermächtigung enthalten sein (sog. Wesentlichkeitsrechtsprechung).[993]

834 Daher befugt die nach Art. 28 II GG bzw. den Gemeindeordnungen gewährleistete allgemeine Satzungsautonomie der Gemeinden nicht zum Erlass von kommunalen Satzungen, die in die Rechte der Gemeindebürger eingreifen.[994] Hier ist eine förmliche Rechtsgrundlage erforderlich. Auch Berufskammern (etwa Ärztekammern) dürfen keine Restriktionen bezüglich der Berufszulassung in einer Satzung regeln.[995]

---

[988] Vgl. auch *Schenke*, VerwProzR, Rn 914a; *Püttner/Guckelberger*, JuS 2001, 218, 221; *Jahn*, JuS 2001, 485, 489.
[989] Vgl. *Kintz*, JuS 2000, 1099, 1103; *Kuhla/Hüttenbrink*, DVBl 1999, 898, 900; *Konrad*, JA 1999, 331, 334.
[990] Vgl. dazu BVerwG NVwZ 2002, 83; 2001, 431.
[991] BVerwG NVwZ-RR 1995, 358, 359; VGH Kassel GewArch 1996, 233, 237 f.; *Pielow*, DV 1999, 445, 474 ff.; *Schenke*, VerwProzR, Rn 917; a.A. VGH München BayVBl 1996, 240, 243; *Rinze*, NVwZ 1996, 458, 459.
[992] *Schenke*, VerwProzR, Rn 917.
[993] Vgl. BVerfGE 33, 125, 155 (Facharzt); *Jahn*, JuS 2001, 485, 489 f.
[994] *Löwer*, in v. Münch/Kunig, GG, Art. 28 Rn 4; *Pieroth*, in: Jarass/Pieroth, GG, Art. 28 Rn 10; *Becker/Sichert*, JuS 2000, 144, 147.
[995] BVerfGE 76, 171, 196.

Im Bereich des **BauGB** (§ 47 I Nr. 1 VwGO) sind für den Erlass eines Bebauungsplans § 1 III i.V.m. § 2 I i.V.m. § 10 BauGB, für den Erlass einer Veränderungssperre §§ 14 ff. BauGB die einschlägigen Rechtsgrundlagen. Weitere Beispiele sind im Rahmen des Prüfungsgegenstands bei Rn 522 ff. genannt. Im Bereich der **sonstigen, im Rang unter dem Landesgesetz stehenden Rechtsvorschriften** (§ 47 I Nr. 2 VwGO) sind die entsprechenden Rechtsgrundlagen dem betroffenen Sachgebiet und/oder Personenkreis zu entnehmen. 835

Beispiele: So dient etwa § 82 BremWassG als Rechtsgrundlage für die Errichtung einer Veränderungssperre, die zwar eigentlich eine Satzung darstellt (s.o.), in der Freien Hansestadt Bremen aber als Rechtsverordnung erlassen wird.[996] Auch stellt § 18 II S. 3 BremLStrG die Rechtsgrundlage für den Erlass von bestimmten Ortsgesetzen (= Satzungen) dar. Des Weiteren können die Gemeindeordnungen und sogar die Kommunalabgabengesetze Rechtsgrundlagen für Gemeindesatzungen darstellen.[997]

Ist die Rechtsgrundlage benannt, ist als Nächstes (zumindest gedanklich) nach deren formeller und materieller Verfassungsmäßigkeit zu fragen. Denn ist bereits die Rechtsgrundlage verfassungswidrig, kann eine auf sie gestützte Rechtsverordnung bzw. Satzung schon deshalb nicht rechtmäßig sein.[998] Dabei ist zu beachten, dass das OVG (und damit der Klausurbearbeiter) die vom Parlament erlassene Rechtsgrundlage nicht verwerfen darf, sondern den Verfassungsgerichten im Wege der konkreten Normenkontrolle (auf Bundesebene vgl. Art. 100 I GG) vorlegen muss. 836

Hinweis für die Fallbearbeitung: In einer Klausur, die eine Normenkontrolle nach § 47 VwGO zum Gegenstand hat, wird in aller Regel von der Verfassungsmäßigkeit der Rechtsgrundlage auszugehen sein. Das gilt insbesondere für die im BauGB geregelten Rechtsgrundlagen oder diejenigen der Gemeindeordnung. Hier genügt dann ein kurzer Hinweis, etwa dergestalt, „dass an der Verfassungsmäßigkeit der Rechtsgrundlage keine Zweifel bestehen". 837

II. Formelle Rechtmäßigkeit

Damit die Rechtsvorschrift formell rechtmäßig ist, muss der Normgeber unter Beachtung der verfahrensrechtlichen Vorschriften zuständig gewesen sein und in der gesetzlich vorgeschriebenen Form gehandelt haben. 838

1. Zuständigkeit

Die Verbands- und die Organkompetenz ergeben sich i.d.R. aus der Ermächtigungsgrundlage. 839

2. Verfahren/Form

In Betracht kommende Verfahrensfehler sind insbesondere die unterbliebene Mitwirkung anderer Behörden, fehlende Beschlussfassung in einem Gremium oder die fehlende Bekanntmachung bzw. Verkündung. Bei Beschlüssen der Gemeinde sind vor allem die ordnungsgemäße Ladung, das Verfahren bei der Abstimmung und das Verfahren bei der **Befangenheit** eines mitwirkenden Gemeinderatsmitglieds zu nennen.[999] Zu beachten ist aber das eventuelle Bestehen einer Heilungsmöglichkeit.[1000] 840

---

[996] Vgl. die Parallelproblematik zu § 246 II BauGB.
[997] Vgl. auch *Jahn*, JuS 2001, 485, 489.
[998] Vgl. dazu BVerwG NVwZ 2000, 1296, 1297.
[999] Vgl. dazu ausführlich *Becker/Sichert*, JuS 2000, 144 ff.; *Jahn*, JuS 2001, 485, 489.
[1000] Vgl. nur die §§ 214, 215 BauGB oder die entsprechenden Vorschriften der Gemeindeordnungen oder der Kommunalabgabengesetze.

III. Materielle Rechtmäßigkeit

841 Im Rahmen der materiellen Rechtmäßigkeit ist zu prüfen, ob die Rechtsnorm mit ihrer Rechtsgrundlage übereinstimmt und ob sie mit sonstigem höherrangigen Recht vereinbar ist. Als sonstiges höherrangiges Recht ist – wie bereits erörtert – sowohl das einfache formelle Bundes- und Landesrecht als auch das Bundes- und Landesverfassungsrecht anzusehen. Auch das EU-Recht ist höherrangiges Recht in diesem Sinne. Kein höherrangiges Recht im oben dargestellten Sinn ist anderes untergesetzliches Recht. Kollidiert die strittige Norm mit anderem untergesetzlichen Regelwerk, ist diese Kollision nach allgemeinen Kollisionsregeln zu behandeln. Danach geht die Norm der „höherrangigen Instanz" vor.

> **Beispiel:** Verstößt eine Gemeindesatzung (etwa ein Bebauungsplan) gegen eine Rechtsverordnung des Landes (etwa eine Landschaftsschutzverordnung), geht die Rechtsverordnung vor.

Bei gleichrangigen Normen geht die Norm vor, die zuletzt erlassen wurde (sog. Lex-posterior-Grundsatz). Zur Vorbehaltsklausel des § 47 III VwGO vgl. Rn 520 ff.

842 Als prüfungsrelevanter Gegenstand einer Normenkontrolle kommt insbesondere ein **Bebauungsplan** in Betracht. Da die Prüfung eines Bebauungsplans jedoch ausführlich bei *R. Schmidt*, BauR, Rn 18 ff. nebst Übungsfall (Rn 116) dargestellt ist, wird insoweit auf die dortigen Ausführungen verwiesen. Im Übrigen sind die allgemeinen Ausführungen bei *R. Schmidt*, AllgVerwR, Rn 831 ff. (Rechtsverordnung) und Rn 859 ff. (Satzung) als Grundlage für die Begründetheitsprüfung heranzuziehen.

IV. Tenor des Gerichts

843 Kommt das OVG zu der Überzeugung, dass die Rechtsvorschrift ungültig (d.h. rechtswidrig) ist, erklärt es sie grds. für **unwirksam**, und zwar mit allgemeinverbindlicher Wirkung, § 47 V S. 2 VwGO. Lediglich, wenn bei allgemeinverbindlicher Unwirksamkeitserklärung ein Zustand einträte, der mit höherrangigem Recht noch weniger vereinbar wäre, sind eine Nichtanwendbarkeitserklärung für den konkreten Fall oder eine bloße Feststellung der Rechtswidrigkeit zulässig.

> **Beispiel:** Gewährt eine Landesrechtsverordnung finanzielle Hilfe für notleidende Bedürftige, verstößt jedoch gegen Art. 3 I GG, ist sie rechtswidrig und damit nichtig. Würde das OVG die Rechtsverordnung aber für unwirksam erklären, wäre diese Feststellung allgemeinverbindlich und weiterer Hilfe wäre die Grundlage entzogen. Daher ist es anerkannt, dass sich das OVG auf eine Nichtanwendbarkeitserklärung in Bezug auf den konkreten Fall oder auf eine bloße Feststellung der Rechtswidrigkeit beschränkt, damit die Verordnung im Übrigen wirksam bleibt.

843a Bei der Feststellung der Unvereinbarkeit des Prüfungsgegenstands mit **Unionsrecht** (Rn 540) ergeht keine Nichtigkeitsfeststellung, sondern (wegen des Anwendungsvorrangs des EU-Rechts) eine Unanwendbarkeitsfeststellung.[1001]

V. Ergänzendes Verfahren bei Bebauungsplänen

844 Sollte Verfahrensgegenstand ein Bebauungsplan sein und dieser vom OVG für unwirksam erklärt werden, besteht für die Gemeinde die Möglichkeit des ergänzenden Verfahrens mit der Folge der Heilung des Bebauungsplans (§ 214 IV BauGB).[1002]

[1001] Vgl. *Jeremias*, NVwZ 2014, 495 ff.
[1002] Vgl. dazu *R. Schmidt*, BauR, Rn 61 f. und 106.

5. Kapitel
Sonderfälle zu den Verwaltungsakt - Klagen

Gegenstand dieses Kapitels ist zunächst die Beantwortung der Frage, ob und inwieweit es der Widerspruchsbehörde möglich ist, im Rahmen des Erlasses eines Widerspruchsbescheids eine für den Widerspruchsführer im Vergleich zum Ausgangsbescheid noch größere Belastung herbeizuführen (sog. ***Reformatio in peius*** – Verböserung). Die Frage nach der Anfechtung einer **Rücknahme** oder eines **Widerrufs** eines Verwaltungsakts ist bei Rn 872 ff. sowie bei *R. Schmidt*, AllgVerwR, Rn 644 ff. behandelt. Die isolierte Anfechtung von **Nebenbestimmungen** ist wegen des Sachzusammenhangs ausschließlich bei *R. Schmidt*, AllgVerwR, Rn 816 ff. erläutert. **845**

A. *Reformatio in peius* im Widerspruchsverfahren

Nach § 79 I Nr. 1 VwGO ist grundsätzlich der Ausgangsverwaltungsakt in der Gestalt des Widerspruchsbescheids Gegenstand der Anfechtungsklage.[1003] Demgegenüber kann nach § 79 II S. 1 VwGO alleiniger Gegenstand der Anfechtungsklage auch der Widerspruchsbescheid sein, wenn und soweit er gegenüber dem Ausgangsverwaltungsakt eine zusätzliche selbstständige Beschwer enthält. Verwaltungsprozessual handelt es sich bei § 79 II S. 1 VwGO somit um eine **isolierte Anfechtung des Widerspruchsbescheids.**[1004] Hauptfall des § 79 II S. 1 VwGO ist die *Reformatio in peius* (Verböserung) im Widerspruchsverfahren. Verfahrensrechtlich geht es bei dieser Figur um die Problematik, ob und inwieweit es der Widerspruchsbehörde möglich ist, im Rahmen des Erlasses eines Widerspruchsbescheids eine für den Widerspruchsführer im Vergleich zum Ausgangsbescheid noch größere Belastung herbeizuführen. Anknüpfungspunkt der Problematik ist die Formulierung in § 79 II S. 1 VwGO **„zusätzliche selbstständige Beschwer"**. **846**

Eine **zusätzliche selbstständige Beschwer** i.S.d. § 79 II S. 1 VwGO ist jede Änderung des ursprünglichen Verwaltungsakts durch die Widerspruchsbehörde zuungunsten des durch diesen Verwaltungsakt Belasteten.[1005] **847**

Eine Änderung des ursprünglichen Verwaltungsakts zuungunsten des Belasteten kann auf verschiedene Weise erfolgen. Zunächst ist es möglich, dass die Widerspruchsbehörde den eigentlichen Streitgegenstand unberührt lässt, und lediglich die Intensität der Belastung erhöht (quantitative Mehrbelastung). In diesem Fall spricht man von einer *Reformatio in peius*. **848**

Beispiel 1 (*Reformatio in peius*): (a) W erhebt form- und fristgerecht Widerspruch gegen einen Gebührenbescheid. Die Widerspruchsbehörde erhöht die zu zahlende Summe. W möchte überhaupt nichts zahlen.[1006] **(b)** W wird vom zuständigen Gewerbeamt wegen nachträglich eingetretener Unzuverlässigkeit die Ausübung seines Waffengeschäfts untersagt (vgl. § 45 I oder II i.V.m. § 21 III Nr. 1 i.V.m. §§ 5 und/oder 6 WaffG: Widerruf der Erlaubnis zum Waffenhandel). Dagegen legt W form- und fristgerecht Widerspruch ein. Die Ausgangsbehörde hilft dem Widerspruch nicht ab und übergibt den Vorgang an die Widerspruchsbehörde (vgl. § 73 VwGO). Die Widerspruchsbehörde ändert den Tenor des Ausgangsbescheids dahingehend, dass W nun die Ausübung eines jeden Gewerbes untersagt wird (vgl. § 35 I S. 2 GewO). W sieht ein, dass **849**

[1003] Das setzt freilich voraus, dass ein Widerspruchsverfahren durchzuführen ist. Soweit das Widerspruchsverfahren gesetzlich ausgeschlossen ist (vgl. dazu Rn 224 ff.), kann es folgerichtig keine Reformatio in peius geben. Die nachfolgenden Ausführungen sind für diesen Fall irrelevant.
[1004] *Allesch*, NVwZ 2000, 1227, 1231. Vgl. auch VGH Mannheim NVwZ-RR 2002, 3 ff. und *Meister*, JA 2002, 567 ff.
[1005] *Kopp/Schenke*, VwGO, § 68 Rn 10.
[1006] Vgl. dazu VGH Mannheim NVwZ-RR 2002, 3 ff.

die Fortführung seines Waffengeschäfts nicht möglich ist, möchte aber in einem anderen Gewerbezweig tätig werden. Deshalb möchte er gegen die umfassende („erweiterte") Gewerbeuntersagung vorgehen.

850 Denkbar ist auch, dass die Widerspruchsbehörde den ursprünglichen Streitgegenstand verlässt, und eine neue, vom ursprünglichen Streitgegenstand losgelöste Mehrbelastung herbeiführt (qualitative Mehrbelastung). In diesem Fall handelt es sich *nicht* um eine *Reformatio in peius*, sondern um einen (grundsätzlich unzulässigen) Selbsteintritt der Widerspruchsbehörde, der aber ebenfalls einen Fall des § 79 II S. 1 VwGO darstellt.[1007]

850a **Beispiel 2 (keine *Reformatio in peius*, sondern grundsätzlich unzulässiger Selbsteintritt der Widerspruchsbehörde):** K, Betreiber eines Waffengeschäfts und Inhaber eines Waffenscheins, wird wegen Unzuverlässigkeit der Waffenschein entzogen (§ 45 I oder II, §§ 10, 13 ff. WaffG[1008]). Gegen diese Verfügung legt er form- und fristgerecht Widerspruch ein. Die Widerspruchsbehörde bestätigt nicht nur den Inhalt des Ausgangsbescheids, sondern untersagt K zusätzlich noch die Weiterführung seines Waffengeschäfts (vgl. § 45 I oder II i.V.m. § 21 III Nr. 1 i.V.m. §§ 5 und/oder 6 WaffG). Wie ist diese zusätzliche Belastung rechtlich zu behandeln?

851 **Hinweis für die Fallbearbeitung:** Da die *Reformatio in peius* ein Problem des Abwehranspruchs gegen eine behördliche Entscheidung darstellt, ist in Betracht kommender Rechtsschutz die Anfechtungsklage. Bei deren Zulässigkeitsprüfung (hier: statthafte Klageart) ist zunächst wie gewohnt vom Klagebegehren auszugehen: Will der Kläger den gesamten Vorgang, also sowohl den Ausgangsbescheid als auch die Verböserung angreifen, bleibt es bei der Regelung des § 79 I Nr. 1 VwGO. Klagegegenstand ist hier der Ausgangsbescheid in der Gestalt des Widerspruchsbescheids. Akzeptiert der Kläger jedoch den Ausgangsbescheid und will lediglich die Verböserung nicht gelten lassen, greift § 79 II S. 1 VwGO. Hier ist Klagegegenstand ausschließlich der verbösernde Widerspruchsbescheid.
Bei der Prüfung der Begründetheit der Anfechtungsklage ist – wenn der Rechtsschutzsuchende den Ausgangsbescheid in der Gestalt des verbösernden Widerspruchsbescheids angreift – zunächst zu prüfen, ob der Ausgangsbescheid rechtmäßig ist. Sodann ist auf die Verböserung einzugehen, also auf die Problematik, ob und inwieweit die Widerspruchsbehörde den Ausgangsbescheid zum Nachteil des Widerspruchsführers abändern darf. Hier ist zum einen die Frage aufzuwerfen, ob die Widerspruchsbehörde für derartige Maßnahmen (formell-rechtlich) zuständig ist und zum anderen, ob (materiell-rechtlich) eine Rechtsgrundlage für die Verböserung erforderlich ist. Entsprechendes gilt, wenn Klagegegenstand von vornherein ausschließlich die Verböserung ist. Da die Problematik der *Reformatio in peius* den gesamten Klausuraufbau durchzieht, bietet sich eine fallaufbauorientierte Darstellungsweise an:

I. Sachentscheidungsvoraussetzungen (der Anfechtungsklage)

1. Verwaltungsrechtsweg

852 Bezüglich des Verwaltungsrechtswegs ergeben sich im Vergleich zu den bei Rn 25 ff. dargestellten Grundsätzen keine Besonderheiten.

[1007] Wie hier *Happ*, in: Eyermann, VwGO, § 79 Rn 22; *Kopp/Schenke*, VwGO, § 68 Rn 10 und *Czybulka/Biermann*, JuS 2000, 353, 356; a.A. *Piontek*, JuS 2000, 1244, 1245 und *Redeker/v. Oertzen*, VwGO, § 79 Rn 9, wonach § 79 II S. 1 VwGO ausschließlich die Fälle des Selbsteintritts der Widerspruchsbehörde erfasst.

[1008] Der Katalog der §§ 13 ff. WaffG ist so differenziert, dass vorliegend keine Präzisierung vorgenommen werden soll. In einer Prüfungsarbeit sind die konkreten Sachverhaltsangaben unter den jeweiligen Tatbestand zu subsumieren.

2. Statthafte Klageart

a. Abzugrenzen ist die *Reformatio in peius* zunächst vom **Verwaltungsakt mit Drittwirkung**, der durch den belasteten Dritten angefochten wird. Hier ist i.d.R. § 79 I Nr. 1 oder 2 VwGO einschlägig. Auch fallen diejenigen Änderungen des Ausgangsbescheids nicht in den Streit um die *Reformatio in peius*, die über den **Gegenstand des Widerspruchsverfahrens** (über den angegriffenen Ausgangsverwaltungsakt) **hinausgehen** (siehe Beispiel 2: qualitative Mehrbelastung), denn die Frage der Zulässigkeit der Verschlechterung der Rechtsposition des Widerspruchsführers kann nur so weit reichen, wie der Streitgegenstand selbst reicht. Handelt es sich um eine qualitative Mehrbelastung, liegt ein anderer Fall des § 79 II S. 1 VwGO vor, nämlich der **Selbsteintritt der Widerspruchsbehörde:** Im Unterschied zur *Reformatio in peius* handelt die Widerspruchsbehörde hier nicht im Rahmen des Devolutiveffekts[1009] des Widerspruchs (Verlagerung der gesamten Entscheidungskompetenz auf die nächsthöhere Behörde), sondern nimmt das Verfahren lediglich zum Anlass, dem Verwaltungsakt eine weitere beschwerende und **eigenständige Regelung** hinzuzufügen. Die Widerspruchsbehörde wird in diesem Fall also selbst originär als Ausgangsbehörde tätig. Da sie damit in den Zuständigkeitsbereich der nachgeordneten Behörde eingreift, ist die Rechtmäßigkeit des Selbsteintritts fraglich. Ist die Zuständigkeit einer (Widerspruchs-)Behörde rechtssatzmäßig (also durch Gesetz, Rechtsverordnung oder Satzung) festgelegt, ist der Selbsteintritt nur rechtmäßig, wenn er vom Rechtssatz zugelassen ist (häufig im Polizeirecht). Im Übrigen ist er grundsätzlich unstatthaft, da die übergeordnete Behörde i.d.R. nur Aufsichtsbehörde ist und die Tätigkeit der nachgeordneten Behörde nur durch Weisungen steuern kann, nicht aber an ihre Stelle treten darf. Es handelt sich dann um einen **unzulässigen Selbsteintritt der Widerspruchsbehörde**: Diese ist nicht (instanziell) zuständig. Ein in diesem Verfahren erlassener Verwaltungsakt ist (formell) rechtswidrig und anfechtbar, aber grundsätzlich nicht nichtig, weil Fehler der erstinstanziellen Zuständigkeit nicht so schwerwiegend sind, als dass die Voraussetzungen des § 44 I VwVfG vorlägen (vgl. auch unten, „Formelle Rechtmäßigkeit"). In beiden Fällen des Selbsteintritts handelt es sich jedenfalls nicht mehr um eine *Reformatio in peius*. Anfechtungsgegenstand ist hier immer die eigenständige Entscheidung der Widerspruchsbehörde. 853

Im obigen **Beispielsfall 2** stellt die Untersagung der Weiterführung des Waffengeschäfts keine schlichte Verböserung der ursprünglichen Verfügung (Aufhebung des Waffenscheins) mehr dar, sondern eine andere (vom ursprünglichen Streitgegenstand losgelöste), bei dieser Gelegenheit erlassene Regelung der Widerspruchsbehörde im Rahmen des (hier unzulässigen) Selbsteintritts. Daher stellt sie einen eigenen Streitgegenstand dar und ist separat, insbesondere wegen der fehlenden Zuständigkeit der Widerspruchsbehörde, anfechtbar. In **Beispielsfall 1 (a und b)** hingegen handelt es sich um eine *Reformatio in peius*, die aufgrund der Regelung in § 79 II S. 1 VwGO (ebenfalls) selbstständig anfechtbar, allerdings nicht schon wegen Unzuständigkeit der Widerspruchsbehörde rechtswidrig ist. Ob sie materiell rechtswidrig ist, soll Gegenstand der weiteren Untersuchung sein.

Zusammenfassung: Im Rahmen der *Reformatio in peius* kommen bei der statthaften Klageart demnach folgende Möglichkeiten des Klagebegehrens in Betracht: 854

- Der Kläger begehrt nur die Aufhebung des verbösernden Widerspruchsbescheids.
- Der Kläger begehrt die Aufhebung des gesamten Vorgangs, also die Aufhebung des Ausgangsbescheids und des verbösernden Widerspruchsbescheids.

[1009] Zum Devolutiveffekt vgl. Rn 1066 ff.

855 b. Somit gilt es in einer Klausur, (ggf. durch Auslegung[1010]) das Klagebegehren festzustellen und entsprechend dem Klägerbegehren die Klagearten zu bestimmen (§ 88 VwGO).

⇨ Wird die Belastung quantitativ vergrößert (kommt also *keine* andere, vom ursprünglichen Streitgegenstand losgelöste Belastung hinzu), liegt ein Fall der *Reformatio in peius* vor (**Beispiele 1 a und b**). Statthafte Klageart ist in Abhängigkeit von dem Klagebegehren entweder

⇨ eine isolierte Anfechtungsklage nur gegen die Verböserung, damit wenigstens der Inhalt des Ausgangsverwaltungsakts erhalten bleibt. Gegenstand dieser Anfechtungsklage ist dann gem. § 79 II S. 1 VwGO allein der Widerspruchsbescheid (**Beispiel 1b**). Der Kläger hat aber auch die Möglichkeit, den ursprünglichen Verwaltungsakt in der Gestalt des Widerspruchsbescheids (teilweise) anzufechten.

⇨ Begehrt der Kläger jedoch insgesamt die Anfechtung des ursprünglichen Bescheids in der Gestalt des verbösernden Widerspruchsbescheids, bleibt nur die Anfechtungsklage wegen des ursprünglichen Bescheids nach § 79 I Nr. 1 VwGO gegen den Träger der Ausgangsbehörde (§ 78 I S. 1 VwGO, **Beispiel 1a**).

⇨ Im Fall des (unzulässigen) *Selbsteintritts der Widerspruchsbehörde* (**Beispiel 2**) bleibt wegen der zusätzlichen, vom ursprünglichen Streitgegenstand losgelösten und selbstständigen Beschwer nur die Klage gegen den Rechtsträger der Widerspruchsbehörde, § 79 I Nr. 2 VwGO. Eine Wahlmöglichkeit scheidet aus. Die Klage gegen den Ausgangsbescheid nach § 79 I Nr. 1 VwGO kommt hier nicht in Betracht, da dieser keine Regelung erfasst, welche die Widerspruchsbehörde im Wege des Selbsteintritts, also originär, getroffen hat. Der Erfolg der Klage hängt neben materiellen Gesichtspunkten auch von der formellen Zulässigkeit des Selbsteintritts ab (siehe unten, Begründetheit).

3. Klagebefugnis

856 Bezüglich der Klagebefugnis ergeben sich im Vergleich zu den bei Rn 135 ff. dargestellten Grundsätzen keine Besonderheiten.

4. Widerspruchsverfahren

857 Zwar ist die Durchführung eines Widerspruchsverfahrens grundsätzlich Sachentscheidungsvoraussetzung der Anfechtungsklage, im Fall der *Reformatio in peius* hat aber bereits die Widerspruchsbehörde den Kläger beschieden, sodass eine erneute Durchführung eines Widerspruchsverfahrens analog § 68 I Nr. 2 VwGO[1011] entbehrlich ist.

5. Klagefrist

858 Zwar könnte man wegen der Entbehrlichkeit der Durchführung eines erneuten Widerspruchsverfahrens auf die Klagefrist nach § 74 I S. 2 VwGO abstellen, allerdings ist Gegenstand der *Reformatio in peius* gerade der verbösernde Widerspruchsbescheid, der zudem zuzustellen war, sodass die Klagefrist richtigerweise gem. § 74 I S. 1 VwGO von dem Zeitpunkt der Zustellung des verbösernden Widerspruchsbescheids an zu laufen beginnt.

6. Klagegegner

859 Die *Reformatio in peius* hat auch Auswirkungen auf den Klagegegner. Als Klagegegner kommt nach wie vor der Träger der Ausgangsbehörde in Betracht, wenn dieser die

---

[1010] Vgl. BVerfG NVwZ 2016, 238, 241.

[1011] § 68 I Nr. 2 VwGO muss analog angewendet werden, weil der Widerspruchsbescheid keine erstmalige Beschwer enthält, sondern eine bereits vorhandene nur vergrößert. Dies verkennen *Czybulka/Biermann*, JuS 2000, 353, 357; richtig *Piontek*, JuS 2000, 1244, 1245. Vgl. auch VGH Mannheim NVwZ-RR 2002, 3.

Verböserung wie ein normaler Widerspruchsbescheid zugerechnet wird (arg. § 79 I Nr. 1; § 78 I Nr. 1 VwGO). Aber auch der Träger Widerspruchsbehörde selbst könnte Klagegegner sein, da die Widerspruchsbehörde den Erstbescheid verändert hat (arg. § 79 II S. 3; § 78 II VwGO).
Begehrt der Kläger die Anfechtung des *ursprünglichen Bescheids* (wenn auch in der Gestalt des verbösernden Widerspruchsbescheids), bleibt nur die Anfechtungsklage wegen des ursprünglichen Bescheids nach § 79 I Nr. 1 VwGO gegen den Träger der Ausgangsbehörde (§ 78 I Nr. 1 VwGO).[1012]
Wird jedoch isoliert der verbösernde *Widerspruchsbescheid* angegriffen, ist Klagegegner der Träger der Widerspruchsbehörde (§ 79 II S. 3, § 78 II VwGO analog).[1013]
Liegt kein Fall der *Reformatio in peius* vor, sondern ein Selbsteintritt der Widerspruchsbehörde (**Beispiel 2**), kommt von vornherein nur diese als Klagegegner in Betracht (§ 78 I Nr. 1 i.V.m. § 79 I Nr. 2 VwGO).

II. Begründetheit (der Anfechtungsklage)

Der Obersatz richtet sich danach, ob der Kläger den Ausgangsbescheid in der Gestalt der Verböserung oder diese isoliert angreift.

- **Anfechtung des Ausgangsbescheids in der Gestalt des verbösernden Widerspruchsbescheids** 860

„Die Klage ist begründet, soweit der Verwaltungsakt rechtswidrig ist und den Kläger dadurch in seinen Rechten verletzt, § 113 I S. 1 i.V.m. § 79 I Nr. 1 VwGO."

Zwar wird in diesem Obersatz nicht zwischen Erstbescheid und Verböserung differenziert, eine Differenzierung ist aber auch entbehrlich, da Anfechtungsgegenstand der Ausgangsverwaltungsakt in der Gestalt ist, die er durch den Widerspruchsbescheid gefunden hat (§ 79 I Nr. 1 VwGO). In diesem Fall ist zunächst auf die Frage nach der Rechtmäßigkeit des Ausgangsbescheids einzugehen und sodann die Problematik um die Zulässigkeit der *Reformatio in peius* (dazu sogleich) aufzuwerfen. Stellt sich nun heraus, dass *nur* die Verböserung rechtswidrig ist, wird das Gericht der Klage teilweise stattgeben und ausschließlich die Verböserung aufheben (vgl. Wortlaut § 113 I S. 1 VwGO: „soweit").

- **Isolierte Anfechtung des verbösernden Widerspruchsbescheids** 861
  In diesem Fall ist Klagegegenstand nur der verbösernde Widerspruchsbescheid.

„Die Klage ist begründet, wenn der angefochtene Widerspruchsbescheid rechtswidrig ist und den Kläger in seinen Rechten verletzt, §§ 115, 113 I S. 1 i.V.m. § 79 II S. 1 VwGO."

1. Rechtsgrundlage der *Reformatio in peius*

Geht man von der grundsätzlichen Zulässigkeit der *Reformatio in peius* aus, ist des Weiteren darzulegen, dass es sich bei der Verböserung durch die Widerspruchsbehörde um ein Instrument der Eingriffsverwaltung handelt, welches einer Rechtsgrundlage bedarf. Allein die Tatsache, dass der Verwaltungsakt angefochten bzw. noch nicht (formell) bestandskräftig ist, liefert keineswegs schon die notwendige Rechtsgrundlage dafür, den Verwaltungsakt jederzeit ändern zu können. Wie *jede* Verwaltungsbehörde bedarf auch die Widerspruchsbehörde dazu einer materiell-rechtlichen Rechtsgrundlage, die im jeweils einschlägigen formellen Bundes- oder Landesrecht zu 862

[1012] *Kopp/Schenke*, VwGO, § 78 Rn 13; *Meister*, JA 2002, 567, 568.
[1013] *Czybulka/Biermann*, JuS 2000, 353, 357; *Hufen*, VerwProzR, § 9 Rn 22; *Kopp/Schenke*, VwGO, § 78 Rn 12; *Meister*, JA 2002, 567, 568.

suchen ist. Die Rechtsprechung zieht die Grundsätze über die Rücknahme und den Widerruf von Verwaltungsakten (§§ 48, 49 VwVfG) heran, da die Verböserung regelmäßig eine Teilaufhebung des ursprünglichen Verwaltungsakts in sich berge. Teilt man diese Auffassung, bedeutet die Anwendung der §§ 48, 49 VwVfG vor allem, dass der Vertrauensschutz des Betroffenen auf den Bestand des Verwaltungsakts einerseits und der Grundsatz der Rechtmäßigkeit des Verwaltungshandelns andererseits gegeneinander abzuwägen sind. Dies hat für den Betroffenen einen großen Nachteil. Denn durch die Einlegung des Rechtsbehelfs gibt er einen Teil des Vertrauensschutzes auf, weil er dadurch selbst „die Ursache für die Unbeständigkeit des ergangenen Verwaltungsakts gesetzt hat"[1014]. Diese Folge vermeidet man, indem man als **Rechtsgrundlage** für den **verbösernden Widerspruchsbescheid** nicht die §§ 48 f. VwVfG, sondern diejenige heranzieht, die **bereits für den Erlass des Ausgangsbescheids** herangezogen wurde.[1015] Umfasst diese Rechtsgrundlage tatbestandlich auch die Verböserung, ist diese ebenfalls rechtmäßig. Eines rechtsdogmatisch fragwürdigen Rückgriffs auf die (im Übrigen subsidiären) §§ 48 f. VwVfG bedarf es demzufolge nicht.

863 Zu beachten ist aber: Hat die Widerspruchsbehörde den Verfahrensgegenstand verlassen, also bei dieser Gelegenheit mit dem vermeintlichen Widerspruchsbescheid einen neuen, selbstständigen Verwaltungsakt erlassen (Fall des Selbsteintritts der Widerspruchsbehörde), ergibt sich die Rechtsgrundlage auch nach der Rspr. aus dem materiellen Recht. Insoweit besteht kein Unterschied zur „normalen" Anfechtungsklage.

2. Formelle Rechtmäßigkeit

864 Innerhalb der Zuständigkeitsprüfung der formellen Rechtmäßigkeitsprüfung muss festgestellt werden, ob sich die Verböserung durch den Widerspruchsbescheid auf die (instanzielle) Zuständigkeit der handelnden Behörde (hier die Widerspruchsbehörde) auswirkt.
Eindeutig ist die Zuständigkeit der Widerspruchsbehörde gegeben, wenn diese auch die Erlassbehörde ist, vgl. § 73 I Nr. 2 und 3 VwGO.
Im Regelfall stehen Erlass- und Widerspruchsbehörde aber im Unter- und Überordnungsverhältnis zueinander. Will hier die Widerspruchsbehörde „verbösern", stellt sich die Frage nach einer besonderen Kompetenznorm. Wie bereits gesagt, hat die Widerspruchsbehörde im Rahmen des Devolutiveffekts die umfassende Prüfungs- und Verwerfungskompetenz. Daher ist die Widerspruchsbehörde – solange sie den Verfahrensgegenstand (ursprünglicher Streitgegenstand) nicht verlässt – zuständig.

Exkurs: Der Devolutiveffekt geht aber nur soweit, wie der Verfahrensgegenstand reicht. Bewegt sich die Widerspruchsbehörde – wie in **Beispiel 2** – außerhalb des Verfahrensgegenstands, liegt keine Verböserung mehr vor, sondern eine neue, bei dieser Gelegenheit getroffene Entscheidung. Diese wiederum ist nur dann zulässig, wenn die Widerspruchsbehörde über ein **Selbsteintrittsrecht**, d.h. über eine selbstständige Außenrechtsentscheidungsbefugnis verfügt (s.o.).[1016] Dies richtet sich nach dem einschlägigen formellen Bundes- bzw. Landesrecht.[1017] Eine derartige Entscheidungsbefugnis steht ihr daher zu, wenn sie kraft ausdrücklicher rechtssatzmäßiger Regelung[1018] dazu ermächtigt ist. Andernfalls ist der Selbsteintritt unzulässig (Unzuständigkeit). Der Klage des Rechtsschutzsuchenden ist schon wegen dieser formellen Rechtswidrigkeit stattzugeben.

[1014] BVerwGE 51, 310, 312 f.; vgl. auch BVerwGE 65, 313, 319; OVG Koblenz NVwZ 1992, 386 f.; VGH Mannheim NVwZ-RR 2002, 3 ff.
[1015] Wie hier *Meister*, JA 2002, 567, 569.
[1016] *Kopp/Schenke*, VwGO, § 68 Rn 10b.
[1017] BVerwG NVwZ 1987, 215, 216.
[1018] Vgl. Art. 3b BayVwVfG; § 10 I NWOBG; § 16 III SHLVwG.

Zusammenfassend lässt sich feststellen, dass die Widerspruchsbehörde für eine Entscheidung *zuungunsten* des Widerspruchsführers aufgrund des Devolutiveffekts grundsätzlich zuständig ist (**Beispiel 1**). Liegt aber keine *Reformatio in peius* mehr vor, weil die Widerspruchsbehörde den Verfahrensgegenstand verlässt und bei dieser Gelegenheit eine vom Ausgangsverfahren losgelöste, eigenständige Maßnahme erlässt (grundsätzlich unzulässiger Selbsteintritt, **Beispiel 2**), ist in der Fallbearbeitung festzustellen, dass die Widerspruchsbehörde für den Erlass dieses Verwaltungsakts grundsätzlich nicht zuständig war. Denn kraft Devolutiveffekts fallen nur solche Regelungen in deren Zuständigkeitsbereich, welche Gegenstand des Ausgangsverfahrens sind. Enthält also der Widerspruchsbescheid *zusätzliche selbstständige belastende* Anordnungen, welche nicht Streitgegenstand zwischen dem Rechtsschutzsuchenden und der Ausgangsbehörde waren, ist dieser Widerspruchsbescheid mangels Zuständigkeit i.d.R. **formell rechtswidrig**.[1019] Eine Heilung dieses Mangels nach § 45 VwVfG oder eine Unbeachtlichkeit nach 46 VwVfG kommt nicht in Betracht. Das Zuständigkeitsproblem stellt sich aber nicht, wenn die übergeordnete Behörde durch Rechtssatz zum Selbsteintritt ermächtigt ist. **865**

Der betroffene Bürger muss vor der Verschärfung der Belastung im Widerspruchsverfahren (erneut) **angehört** werden. Das ergibt sich aus § 71 VwGO, wonach der Betroffene, der durch eine Änderung des Verwaltungsakts im Widerspruchsverfahren erstmalig beschwert ist, vor Erlass des Widerspruchsbescheids gehört werden soll.[1020] **866**

Die Formulierung „soll" bedeutet im Fall des § 71 VwGO, dass die Behörde grundsätzlich, nicht aber in atypischen Fällen, verpflichtet ist, eine vorherige Anhörung durchzuführen. Ein atypischer Fall, der eine Anhörung entbehrlich macht, besteht etwa nach § 28 II oder III VwVfG oder in dem Fall, dass der ursprüngliche Verwaltungsakt unter dem ausdrücklichen Vorbehalt einer Nachprüfung ergangen war, bzw. dass die endgültige Entscheidung über die in dem Ausgangsverwaltungsakt getroffene Regelung erst später getroffen werden soll. In einem solchen Fall muss der Betroffene mit einer Abänderung des ursprünglichen Bescheids rechnen, sodass von einer vorherigen Anhörung abgesehen werden kann.[1021] **867**

Ist eine erforderliche Anhörung unterblieben, ist stets an die Heilungs- bzw. Unbeachtlichkeitsvorschriften der §§ 45 und 46 VwVfG zu denken. **868**

> **Hinweis für die Fallbearbeitung:** Ist die *Reformatio in peius* Gegenstand einer Klausur, wird die Widerspruchsbehörde meist mehrere Maßnahmen getroffen haben, von denen wenigstens eine (d.h. die vom ursprünglichen Streitgegenstand nicht mehr erfasste Beschwer) keine *Reformatio in peius* mehr darstellt und wegen fehlender Zuständigkeit formell rechtswidrig ist (Kombination von Beispiel 1 und 2). Auf die dann anschließende materielle Rechtmäßigkeitsprüfung wird in Form eines Hilfsgutachtens einzugehen sein. In solchen Fällen sollte jede dieser angegriffenen Maßnahmen zumindest in der Begründetheit getrennt geprüft werden.

3. Materielle Rechtmäßigkeit

Um eine *Reformatio in peius* annehmen zu können, darf die Widerspruchsbehörde zwar den Verfahrensgegenstand nicht verlassen, sie muss aber den Entscheidungsausspruch (den Tenor) ändern. Die bloße Abweichung in der materiell-rechtlichen **869**

[1019] *Kopp/Schenke*, VwGO, § 68 Rn 10b; insoweit unklar und nicht vom unzulässigen Selbsteintritt differenzierend *Schmitt Glaeser/Horn*, VerwProzR, Rn 213; *Hufen*, VerwProzR, § 9 Rn 15 ff.
[1020] Auch das BVerwG hat entschieden, dass § 71 VwGO auf die *Reformatio in peius* Anwendung findet (vgl. BVerwG NVwZ 1999, 1218; bestätigt von VGH Mannheim NVwZ-RR 2002, 3, 4); kritisch *Piontek*, JuS 2000, 1244, 1245.
[1021] VGH Mannheim NVwZ-RR 2002, 3, 4.

Begründung der im Entscheidungssatz bestätigten Entscheidung der Ausgangsbehörde fällt nicht unter den Begriff der Verböserung.[1022] Liegt eine Änderung des Tenors vor, ist die Zulässigkeit (d.h. die materielle Rechtmäßigkeit) fraglich. Bedenken gegenüber der Zulässigkeit einer *Reformatio in peius* im Verwaltungs*verfahren* knüpfen an den Umstand, dass sie in den verwaltungs*gerichtlichen* Verfahren wie der Berufung (§§ 124 ff. VwGO), der Revision (§§ 132 ff. VwGO) und der Beschwerde (§§ 146 ff. VwGO) verboten ist.[1023] Eine entsprechende Regelung für das Widerspruchsverfahren als Verwaltungsverfahren existiert nicht. Grundsätzlich abgelehnt wird die Zulässigkeit der *Reformatio in peius* allerdings nur von einer Mindermeinung in der Literatur. Diese verweist in erster Linie auf die angebliche Primärfunktion des Widerspruchsverfahrens als Rechtsschutzverfahren sowie auf den Sinn und Zweck der Regelungen in den §§ 68 ff. VwGO (insb. §§ 71 f. VwGO).[1024] Die h.M.[1025], insb. die Rechtsprechung[1026], geht demgegenüber von der grundsätzlichen Zulässigkeit einer *Reformatio in peius* aus. Bei der Diskussion um ihre Zulässigkeit bieten sich folgende Argumente an[1027]:

870

Argumente für die *Reformatio in peius*	**Argumente gegen die *Reformatio in peius***
Die Widerspruchsbehörde hat eine umfassende Recht- und Zweckmäßigkeitskontrolle durchzuführen, § 68 VwGO. Der Gesetzgeber hat für das Verwaltungsverfahren – anders als für das Prozessrecht – kein Verböserungsverbot angeordnet. Auch kann sich der Rechtsschutzsuchende schon deshalb nicht auf Vertrauensschutz berufen, weil er selbst die Bestandskraft des Ausgangsverwaltungsakts durch Einlegung des Widerspruchs verhindert hat. Nach § 79 I Nr. 1 VwGO ist Klagegegenstand der ursprüngliche Verwaltungsakt in der Gestalt des Widerspruchsbescheids. Das Verwaltungsverfahren einschließlich des Vorverfahrens bildet also eine Einheit und unter Rechtsschutzgesichtspunkten ist der Verwaltungsakt erst in der Gestalt des Widerspruchsbescheids perfekt. § 79 II VwGO selbst lässt eine „zusätzliche selbstständige Beschwer" des Widerspruchsbescheids zu.	Der Wortlaut der §§ 71-73 VwGO lässt nur eine Aufhebung des Verwaltungsakts oder eine Verbesserung der Stellung des Betroffenen (*Reformatio in melius*) zu. Die Dispositionsmaxime und der Grundsatz der Bindung des Gerichts an die Anträge (vgl. §§ 88, 129 VwGO, 331 StPO) lassen auf ein Verbot der *Reformatio in peius* im Rechtsbehelfsverfahren schließen. Mit der Rechtsschutzgarantie aus Art. 19 IV S. 1 GG ist es wohl kaum vereinbar, dass der Betroffene bei Einlegung des Rechtsbehelfs mit einer Verböserung rechnen muss, da ihn diese Gefahr davon abhalten könnte, Rechtsschutz zu suchen. Der Rechtsschutzcharakter des Vorverfahrens verbietet also eine *Reformatio in peius*.

871 Die übrigen Rechtmäßigkeitsvoraussetzungen wie die Einhaltung der Tatbestandsvoraussetzungen der Rechtsgrundlage, die Einhaltung der Ermessensgrenzen und (soweit nicht schon abschließend im Rahmen der Ermessensüberschreitung geprüft) die

---

[1022] BVerwGE 38, 60, 65; *Schmitt Glaeser/Horn*, VerwProzR, Rn 211.

[1023] Vgl. dazu näher *Happ*, in: Eyermann, VwGO, § 129 Rn 1; *Schmitt Glaeser/Horn*, VerwProzR, Rn 211.

[1024] Vgl. etwa *Menger/Erichsen*, VerwArch 57 (1966), S. 281 ff.; *Ule/Laubinger*, VerwVerfR, § 46 Rn 5; *Renck*, JuS 1980, 28 ff.; *Klindt*, NWVBl 1996, 454 ff; *Greifeld*, NVwZ 1983, 725 ff.; kritisch auch *Hufen*, VerwProzR, § 9 Rn 17.

[1025] Etwa *Schmitt Glaeser/Horn*, VerwProzR, Rn 219 f.; *Determann*, Jura 1997, 350, 353; *Kopp/Schenke*, VwGO, § 68 Rn 10b und c.

[1026] BVerwGE 21, 142, 145; zur materiell-rechtlichen Grundlage der *Reformatio in peius* vgl. BVerwGE 51, 310, 313; 65, 313, 319; VGH Mannheim NVwZ-RR 2002, 3, 4; a.A. OVG Bremen DÖV 1966, 575 (Unzulässigkeit der *Reformatio in peius* nach bremischem Landesrecht).

[1027] Vgl. auch die Übersichten bei *Kopp/Schenke*, VwGO, § 68 Rn 10 ff.; *Hufen*, VerwProzR, § 9 Rn 16-17; *Kahl/Hilbert*, Jura 2011, 660, 661 f.; *Schaks*, JuS 2014, 149, 154.

Beachtung des Grundsatzes der Verhältnismäßigkeit beurteilen sich nach den allgemeinen Grundsätzen. Das ergibt sich aus § 115 VwGO, der die §§ 113, 114 VwGO für entsprechend anwendbar erklärt.

B. Anfechtungsklage gegen Rücknahme/Widerruf eines VA

I. Sachentscheidungsvoraussetzungen

Die Rücknahme und der Widerruf von Verwaltungsakten werden ausführlich bei 872 *R. Schmidt*, AllgVerwR, Rn 644 ff. behandelt. Vorliegend soll lediglich auf die prozessuale Seite eingegangen werden. Spezifische Probleme im Bereich der Sachentscheidungsvoraussetzungen einer Anfechtungsklage gegen die Rücknahme oder den Widerruf eines Verwaltungsakts ergeben sich regelmäßig nur im Prüfungspunkt „Statthafte Klageart" (vgl. Rn 126). Dort kommt zunächst eine Verpflichtungsklage in Betracht, die auf den Erlass eines in vollem Umfang stattgebenden Verwaltungsakts gerichtet ist. Dem ist aber folgendes entgegenzuhalten: Wird ein Verwaltungsakt aufgehoben, sei es durch Rücknahme nach § 48 VwVfG oder durch Widerruf nach § 49 VwVfG, kann der entsprechende Aufhebungsakt – da er nach dem ***Actus-contrarius***-Gedanken ebenfalls einen Verwaltungsakt darstellt – mit einer **Anfechtungsklage** angegriffen werden. Ist die Anfechtungsklage dann erfolgreich, ist der Aufhebungsakt mit Wirkung *ex tunc* beseitigt. Der ursprüngliche Verwaltungsakt lebt wieder auf, da sich aus § 43 II VwVfG u.a. ergibt, dass ein Verwaltungsakt so lange wirksam bleibt, bis er zurückgenommen oder widerrufen wird. Eine Verpflichtungsklage auf Erlass einer erneuten Vergünstigung ist also nicht erforderlich; für sie würde auch schon das Rechtsschutzbedürfnis fehlen.

Hinweis für die Fallbearbeitung: Nicht selten geht es in diesem Zusammenhang 873 um die Rückabwicklung vermeintlich rechtswidriger Subventionen. Zumeist wird lediglich die Rückforderung der erbrachten Leistung durch Bescheid festgesetzt (Leistungsbescheid). Ficht der Betroffene diesen Bescheid an, verfolgt er streng genommen zwei Begehren: Zum einen richtet sich sein Klagebegehren gegen den Rückforderungsbescheid und zum anderen gegen die regelmäßig im Rückforderungsbescheid konkludent enthaltene Aufhebung des ursprünglichen Bewilligungsbescheids, sodass ein Fall der „kumulativen" Klagehäufung gem. § 44 VwGO vorliegt. Vgl. dazu Rn 620.

II. Begründetheit

Die Rücknahme und der Widerruf werden in den §§ 48 f. VwVfG sowie in etlichen 874 Spezialgesetzen geregelt. Bevor daher als Rechtsgrundlage für die Aufhebung eines Verwaltungsakts die §§ 48 f. VwVfG (bzw. die Vorschriften der Landesverwaltungsverfahrensgesetze) herangezogen werden, ist stets zu bedenken, dass wegen der grundsätzlichen Subsidiarität des VwVfG **Spezialregelungen** in anderen Gesetzen auch in diesem Bereich **vorgehen**.[1028]

- **Eine Spezialregelung** findet sich beispielsweise in **§ 15 I GastG**[1029] (Rücknahme der Gaststättenerlaubnis, wenn bereits bei Erteilung der Erlaubnis Versagungsgründe nach § 4 I S. 1 Nr. 1 GastG vorlagen). Liegen dessen Voraussetzungen vor, *muss* die Behörde die Gaststättenerlaubnis zurücknehmen. Die Ermessensvorschrift des § 48 VwVfG tritt zurück. Ist die Erlaubnis dagegen aus anderen Gründen rechtswidrig, steht die Rücknahme nach § 48 VwVfG im Ermessen der Behörde.

[1028] Vgl. BVerwG NJW 2000, 1512; VGH München NVwZ 2001, 931; *Neumann*, NVwZ 2000, 1244, 1250.
[1029] Zur Föderalismusreform 2006 vgl. Fußnote 33.

- **§ 15 II, III GastG** (Widerruf der Gaststättenerlaubnis, wenn nachträglich Tatsachen eintreten, die die Versagung der Erlaubnis nach § 4 I S. 1 Nr. 1 GastG rechtfertigen würden bzw. wenn eine der in § 15 III GastG genannten Nrn. einschlägig ist) ist dagegen stets abschließend und verdrängt § 49 VwVfG vollständig.
- Darüber hinaus stellt **§ 21 BImSchG** (Widerruf einer Anlagengenehmigung) eine § 49 VwVfG insoweit völlig verdrängende Spezialvorschrift dar.
- Weitere abschließende Sondervorschriften sind **§ 17 II, III AtomG** für die Rücknahme und den Widerruf atomrechtlicher Genehmigungen, **§ 10 BtMG** für die Rücknahme und den Widerruf betäubungsmittelrechtlicher Genehmigungen, **§ 45 WaffG** für die Rücknahme und den Widerruf waffenrechtlicher Erlaubnisse oder Zulassungen[1030], **§ 3 I StVG** für die Entziehung der Fahrerlaubnis und **§ 14 BBG, § 12 BeamtStG** hinsicht-lich der Rücknahme beamtenrechtlicher Ernennungen. Weitere Beispiele finden sich bei *R. Schmidt*, AllgVerwR, Rn 647.
- Für den Bereich des **EU-Rechts** gilt, dass die Rücknahme unionsrechtswidriger Verwaltungsakte wegen des Fehlens entsprechender genereller und umfassender unionsrechtlicher Vorschriften im Grundsatz (noch) nach nationalem Recht zu beurteilen ist.[1031] Sollte es zu einer Harmonisierung der Rücknahme unionsrechtswidriger Verwaltungsakte kommen, würden die entsprechenden Vorschriften des EU-Rechts die Anwendung der nationalen Rücknahmevorschriften sperren (sog. Anwendungsvorrang des EU-Rechts).

875 **Hinweis für die Fallbearbeitung:** In einer Klausur empfiehlt es sich, dass zunächst *gedanklich* geklärt wird, ob ein *rechtmäßiger* oder ein *rechtswidriger* Verwaltungsakt aufgehoben wird, bevor eine einschlägige spezialgesetzliche Rechtsgrundlage für die Aufhebung gesucht wird, da diese nur entweder § 48 *oder* § 49 VwVfG, nicht jedoch beide verdrängen kann. Sodann wird die im Ergebnis einschlägige Vorschrift als Rechtsgrundlage herangezogen und die Rechtmäßigkeit oder Rechtswidrigkeit des aufzuhebenden Verwaltungsakts wird dann im Rahmen der Tatbestandsvoraussetzungen der Aufhebungsnorm – also inzident – geprüft. Bei dieser inzidenten Prüfung des ursprünglichen Verwaltungsakts sind dessen sämtliche formellen und materiellen Rechtmäßigkeitsvoraussetzungen, insbesondere der in der Leistungsverwaltung problematische eingeschränkte Gesetzesvorbehalt, zu prüfen.
In einem weiteren Schritt sind die übrigen (der Aufhebungsnorm und subsidiär den allgemeinen Vorschriften der §§ 48 ff. VwVfG zu entnehmenden) Rücknahme-/Widerrufsvoraussetzungen zu prüfen. Die Frage, ob und inwieweit eine spezialgesetzliche Aufhebungsvorschrift einen Rückgriff auf die §§ 48 ff. VwVfG zulässt, muss methodisch durch Auslegung gelöst werden, indem untersucht wird, ob das einschlägige Spezialgesetz eine *erschöpfende* Regelung einer bestimmten Materie darstellt. Regelt das Spezialgesetz ausdrücklich nur Teile des Sachgebietes und ist dieses Spezialgesetz gegenüber dem VwVfG zeitlich früher erlassen worden, wird ein Rückgriff auf die §§ 48 ff. VwVfG bezüglich offener Teilfragen regelmäßig zulässig sein. Diese offenen Teilfragen sind insbesondere Fristen und Vertrauensschutz (siehe dazu *R. Schmidt*, AllgVerwR, Rn 644 ff.). Schließlich ist das Aufhebungsermessen zu überprüfen.

876 **Zusammenfassend** lässt sich feststellen: Kommt ersichtlich keine Sonderregelung in Betracht oder regelt diese den Sachverhalt nicht abschließend, muss subsidiär (insbesondere im Bereich der Fristen oder des Vertrauensschutzes) auf die §§ 48 ff. VwVfG zurückgegriffen werden. Die Prüfung einer Rücknahme (insbesondere von unionsrechtswidrig gewährten Subventionen) und eines Widerrufs eines Verwaltungsakts ist

[1030] Vgl. dazu BVerwG NJW 2015, 1127 f.
[1031] Vgl. BVerwGE 74, 357, 360.

bei *R. Schmidt*, AllgVerwR, Rn 644 ff. dargestellt. Insoweit wird auf die dortigen Ausführungen verwiesen.

6. Kapitel – Vorläufiger Rechtsschutz

A. Einleitung

877 Ein den Bürger belastender Verwaltungsakt in Form der Verfügung besitzt neben seiner Regelungsfunktion auch eine Titelfunktion[1032], d.h. die Verwaltung kann ihn unter bestimmten Voraussetzungen selbst *vollziehen* bzw. nach den Verwaltungsvollstreckungsgesetzen selbst *vollstrecken*[1033] und ist nicht wie der Bürger auf die Erwirkung eines gerichtlichen Vollstreckungstitels angewiesen.

878 Zu unterscheiden sind somit die Begriffe Vollziehung und Vollstreckung. **Vollziehung** bedeutet die schlichte Umsetzung und somit die Realisierung eines wirksamen Verwaltungsakts. Unter **Vollstreckung** ist dagegen der Gebrauch von Zwangsmitteln zu verstehen, für deren Einsatz die Wirksamkeit des Grundverwaltungsakts i.d.R. allein nicht ausreicht, vgl. § 6 BundesVwVG. Vielmehr sind die dort genannten Voraussetzungen einzuhalten. Im Fall von befehlenden Verwaltungsakten, d.h. von Verwaltungsakten, die auf ein Tun, Unterlassen oder Dulden gerichtet sind (Verfügungen), liegt stets eine materielle Vollstreckbarkeit vor. Verfügungen können also bei Vorliegen der Vollstreckungsvoraussetzungen mit Mitteln des Verwaltungszwangs durchgesetzt werden, ohne dass es eines gerichtlichen Vollstreckungstitels bedarf. Demgegenüber sind rechtsgestaltende (wie z.B. die Ernennung zum Beamten) und feststellende (wie z.B. die Feststellung der Eigenschaft als *Deutscher* i.S.d. Art. 116 GG) Verwaltungsakte als solche nicht vollstreckungsfähig. Freilich können diese praktisch umgesetzt werden (etwa durch Aushändigung der Beamtenernennungsurkunde oder des Bundespersonalausweises). Der Begriff der Vollziehbarkeit ist somit weiter als der der Vollstreckbarkeit und umfasst diesen.

879 Die Selbstvollziehbarkeit bzw. -vollstreckbarkeit gilt i.d.R. sogar für **rechtswidrige Verwaltungsakte**, weil auch diese grundsätzlich wirksam sind (Umkehrschluss aus §§ 43 II, III, 44 VwVfG).[1034] Es besteht insoweit **kein Rechtmäßigkeitszusammenhang** zwischen der Grundverfügung und der anschließenden Vollstreckung. Das gilt nach der dogmatisch zutreffenden Auffassung des BVerfG auch für das Gefahrenabwehrrecht.[1035] Da demzufolge auch ein rechtswidriger (aber wirksamer) Verwaltungsakt mit Mitteln des Zwangs durchgesetzt werden kann, birgt ein solches Vorgehen die Gefahr in sich, dass der Bürger seitens der vollziehenden Gewalt kraft ihrer Hoheitsfunktion vor vollendete Tatsachen gestellt wird, die er an sich nicht dulden müsste. Um diesen Nachteil und daraus eventuell folgende irreparable Schäden abwenden zu können, kennen alle Prozessordnungen als besonderen Ausdruck der Rechtsschutzgarantie des Art. 19 IV S. 1 GG Institute des vorläufigen Rechtsschutzes; denn Effektivität bedeutet auch in hohem Maße Rechtzeitigkeit.

880 Vorläufigen Rechtsschutz bieten zunächst **Anfechtungswiderspruch**[1036] und **Anfechtungsklage**. Beide entfalten gem. § 80 I VwGO gegen belastende (und noch nicht bestandskräftige) Verwaltungsakte prinzipiell vorläufigen Rechtsschutz in Form von **aufschiebender Wirkung**. Aufschiebende Wirkung bedeutet, dass der fragliche Verwaltungsakt (vorerst) nicht vollzogen werden darf. Das hat zur Konsequenz, dass

---

[1032] Vgl. dazu *R. Schmidt*, AllgVerwR, Rn 345 ff.

[1033] Zur Verwaltungsvollstreckung vgl. ausführlich *R. Schmidt*, POR, Rn 902 ff.

[1034] Zu den Begriffen Rechtswirksamkeit, Rechtsunwirksamkeit, Rechtswidrigkeit, Nichtigkeit vgl. Rn 124 ff.

[1035] Die Grundverfügung muss nur wirksam sein, vgl. BVerfG NVwZ 1999, 290, 292; OVG Münster NVwZ 2001, 231; a.A. *Jahn*, JA 2000, 79, 86 und *Knemeyer*, POR, Rn 358, jedoch ohne Berücksichtigung von BVerfG NVwZ 1999, 290, 292. Vgl. näher *R. Schmidt*, POR, Rn 902 ff.

[1036] Aus dem Zusammenhang von Widerspruch und Anfechtungsklage wird deutlich, dass nur dem *Anfechtungs*widerspruch i.S.d. § 68 I VwGO aufschiebende Wirkung zukommen kann; auf den *Verpflichtungs*widerspruch i.S.d. § 68 II VwGO und auf die anschließende Versagungsgegenklage im Hauptsacheverfahren ist § 80 I VwGO somit unanwendbar. In diesem Fall verbleibt - wie auch bei allen anderen Fällen außerhalb der Anfechtungssituation - die einstweilige Anordnung nach § 123 VwGO.

der Betroffene die durch den Verwaltungsakt verbotene Handlung bzw. untersagte Tätigkeit einstweilen ausführen darf, ohne irgendwelche Sanktionen befürchten zu müssen. Dadurch wird (vorläufiger) Vollzugsschutz hinreichend gewährleistet. Eines besonderen behördlichen Verfahrens (§ 80 IV VwGO) oder eines gerichtlichen Eilverfahrens (Eilantrag nach § 80 V VwGO) bedarf es dann nur in Fällen, in denen die aufschiebende Wirkung nach § 80 II VwGO ausgeschlossen ist (Prinzip von Regel-Ausnahme-Gegenausnahme).

Beispiel: Gegen eine Untersagungsverfügung nach § 35 I GewO sind **Widerspruch** und **Anfechtungsklage** statthaft. Diese Rechtsbehelfe entfalten grundsätzlich gem. § 80 I VwGO aufschiebende Wirkung. Bis zur Entscheidung über den Widerspruch bzw. der Anfechtungsklage kann der Gewerbetreibende also seine Tätigkeit fortsetzen, ohne Sanktionen befürchten zu müssen. Um dieses (vorläufige und aus Sicht der Behörde missliche) Ergebnis zu vermeiden, wird die Gewerbeaufsichtsbehörde daher regelmäßig die sofortige Vollziehung der auf § 35 I GewO gestützten Untersagungsverfügung gem. § 80 II S. 1 Nr. 4 VwGO anordnen, damit sie die Gewerbeuntersagung mit Mitteln des Zwangs durchsetzen kann. Hiergegen kann der Gewerbetreibende wiederum einstweiligen Rechtsschutz in dem gerichtlichen Verfahren gem. § 80 V S. 1 Var. 2 VwGO (**Eilantrag gerichtet auf Wiederherstellung der aufschiebenden Wirkung**) erreichen.[1037] Die Zulässigkeit eines solchen Antrags beurteilt sich nach den allgemeinen Kriterien, vgl. Rn 931 ff. Begründet ist der Eilantrag, wenn bereits die behördliche Anordnung der sofortigen Vollziehung aus formellen Gründen fehlerhaft ist und/oder das Aussetzungsinteresse des Gewerbetreibenden das Vollzugsinteresse der Behörde überwiegt. Für diese vom Gericht vorzunehmende Interessenabwägung gelten ebenfalls die allgemeinen Regeln, vgl. Rn 951 ff. Dazu überprüft das Gericht zunächst summarisch[1038] die Erfolgsaussichten in der Hauptsache. Denn wäre der Rechtsbehelf der Hauptsache offensichtlich begründet, wird das Vollzugsinteresse der Behörde das Aussetzungsinteresse des Gewerbetreibenden kaum überwiegen. Bei dieser Prüfung steht die materielle Rechtmäßigkeit der Untersagungsverfügung im Vordergrund. Diese ist materiell rechtmäßig, wenn der Gewerbetreibende **unzuverlässig** ist.[1039]

Das vorstehende Beispiel hat die Funktion des § 80 VwGO lediglich komprimiert dargestellt, damit an dieser Stelle schon einmal ein Gespür dafür entwickelt wird, worum es im vorläufigen Rechtsschutz geht. Im Folgenden wird dieser ausführlich erläutert.

§ 80 VwGO versus § 123 VwGO: Vorläufiger Rechtsschutz spielt nicht nur im **881**
Rahmen der Eingriffsverwaltung eine Rolle. Auch die Versagung einer staatlichen Leistung kann den Bürger ebenso intensiv treffen wie ein direkter Eingriff in seine Rechtssphäre. Aus diesem Grund steht ihm die Möglichkeit des Antrags auf Erlass einer einstweiligen Anordnung (§ 123 VwGO) offen. Das Verfahren nach § 123 VwGO ist immer dann einschlägig, wenn es nicht um die Suspendierung eines belastenden Verwaltungsakts geht. § 123 V VwGO stellt den Vorrang des vorläufigen Rechtsschutzes nach § 80 VwGO und gleichzeitig die Abgrenzung beider Antragsarten klar: Geht es in der Hauptsache um die Anfechtung eines belastenden Verwaltungsakts, ist das Verfahren nach §§ 80, 80a VwGO statthaft. In allen anderen Fällen greift § 123 VwGO.

Fazit: Dem **vorläufigen Rechtsschutz** kommt somit die Aufgabe zu, den Schutz des **882**
Bürgers vor dem Vollzug einer Entscheidung oder deren Folgen zu bewirken oder auch ein bestimmtes Recht bis zum rechtskräftigen Abschluss eines Gerichtsverfahrens zu sichern, bis gerichtlich darüber befunden ist, ob die entsprechende Handlung der Verwaltung einem subjektiven Recht des Betroffenen widerspricht.

[1037] Das ist ganz gängige Praxis, vgl. nur VG Berlin GewArch 1998, 200; VG Stuttgart ebd. S. 291.
[1038] Zum Begriff „summarisch" vgl. Rn 951 ff.
[1039] Zum Begriff der gewerberechtlichen Unzuverlässigkeit vgl. *R. Schmidt*, AllgVerwR, Rn 344.

B. Der Regelungsgehalt des § 80 VwGO

I. Die aufschiebende Wirkung, § 80 I VwGO

1. Allgemeines

883 Aus Gründen der Rechtssicherheit und der effektiven Erfüllung hoheitlicher Aufgaben ist auch ein (möglicherweise) rechtswidriger Verwaltungsakt grundsätzlich wirksam (vgl. §§ 43 II, III, 44 VwVfG) und damit von jedermann zu beachten (s.o.). Als Ausgleich für diese grundsätzliche Wirksamkeit und die damit verbundenen Folgen dienen einerseits Anfechtungswiderspruch und Anfechtungsklage, welche kraft Gesetzes grundsätzlich aufschiebende Wirkung entfalten (§ 80 I VwGO), und andererseits die behördliche Aussetzung der Vollziehung (§ 80 IV VwGO) sowie die gerichtliche Anordnung bzw. Wiederherstellung der aufschiebenden Wirkung (§ 80 V VwGO) in Fällen, in denen kraft Gesetzes bzw. kraft behördlicher Anordnung die aufschiebende Wirkung entfällt, § 80 II VwGO.

Allerdings darf der Verwaltungsakt, dessen Vollziehbarkeit suspendiert werden soll, noch nicht bestandskräftig sein. Denn können Widerspruch und Anfechtungsklage wegen Fristablaufs nicht mehr eingelegt werden, kann ein gleichwohl eingelegter Rechtsbehelf keine aufschiebende Wirkung entfalten. Auch darf sich der Verwaltungsakt noch nicht erledigt haben. Denn hat sich ein Verwaltungsakt erledigt, kann er nicht mehr vollzogen werden; der Suspensiveffekt geht ins Leere.

Bei der Frage, welche Rechtsfolgen dieser aufschiebenden Wirkung zukommen, muss differenziert werden: Zunächst bedeutet aufschiebende Wirkung, dass der (befehlende) Verwaltungsakt jedenfalls **nicht** nach den Verwaltungsvollstreckungsgesetzen **vollstreckt**, d.h. mit **Zwangsmitteln durchgesetzt** werden darf. Das ergibt sich auf Bundesebene aus § 6 I BundesVwVG. Die Länder haben ganz ähnliche Bestimmungen. Da eine Vollstreckbarkeit bei nicht vollstreckungsfähigen, d.h. bei rechtsgestaltenden und feststellenden Verwaltungsakten aber keinen Sinn macht, ist die Bedeutung der aufschiebenden Wirkung bei solchen Verwaltungsakten fraglich. Das Institut der aufschiebenden Wirkung kann bei dieser Art von Verwaltungsakten überhaupt nur dann Sinn machen, wenn seine Bedeutung über die Hemmung der Vollstreckbarkeit hinausgeht. Die aufschiebende Wirkung betrifft also die Frage, ob und inwieweit sie bereits die **Wirksamkeit des Verwaltungsakts** selbst beeinflusst. Über diese Frage herrscht Streit.

2. Meinungsstand

884 ▪ Teilweise[1040] wird vertreten, dass die aufschiebende Wirkung die Wirksamkeit des Verwaltungsakts so lange aufschiebt, bis über die Rechtmäßigkeit rechtskräftig entschieden worden ist. Erst wenn nach Feststellung der Rechtmäßigkeit des Verwaltungsakts die aufschiebende Wirkung des Widerspruchs entfällt, wird der Verwaltungsakt mit Wirkung *für die Zukunft* wirksam (sog. **strenge Wirksamkeitstheorie**).

885 ▪ Eine andere Auffassung[1041] verbindet mit der aufschiebenden Wirkung lediglich eine Vollzugshemmung, lässt die Wirksamkeit des Verwaltungsakts von der aufschiebenden Wirkung des Widerspruchs also unberührt. Vollzugshemmung bedeutet, dass lediglich alle Vollziehungsmaßnahmen unzulässig werden (sog. **Vollziehbarkeits- oder Vollstreckbarkeitstheorie**). Nach Eintritt der Bestandskraft wird die Vollzugshemmung hingegen mit Wirkung *für die Vergangenheit* beseitigt.

[1040] *Erichsen/Klenke*, DOV 1976, 833 ff.; *Schoch*, NVwZ 1991, 1122. Vgl. auch *Loos*, JA 2001, 698.

[1041] *Kotulla*, DV 2000, 524 ff.; *Hufen*, VerwProzR § 32 Rn 3; *Schmitt Glaeser/Horn*, VerwProzR, Rn 250; v.a. aber von der Rspr. vertreten, vgl. nur BVerfGE 35, 263, 264; BVerwGE 13, 1, 5-8; 24, 92, 98 f.; 66, 218, 220 f.; 88, 218, 220 ff.; 89, 357, 361; 99, 109, 112 f.; OVG Münster NVwZ 1997, 1006, 1007.

- Nach einer (vermittelnden) **„verfahrensrechtlichen" Auffassung**[1042], die eine verfahrensrechtliche Fiktion annimmt, bedeutet aufschiebende Wirkung das Verbot, rechtliche oder tatsächliche Folgerungen aus dem angegriffenen Verwaltungsakt zu ziehen (im Einklang mit der Suspendierung der Wirksamkeit), dies jedoch – entgegen der strengen Wirksamkeitstheorie, aber insoweit im Einklang mit der Vollziehbarkeitstheorie – nur **vorläufig**, d.h., dass Behörden, Gericht und Bürger sich so verhalten müssen, als ob der Verwaltungsakt noch keine (innere) Wirksamkeit erlangt hätte.[1043] Nach abschließender Klärung der Rechtslage, d.h. nach Eintritt der Unanfechtbarkeit (Bestandskraft) entfällt die aufschiebende Wirkung mit Wirkung *für die Vergangenheit*, sodass alle Beteiligten grundsätzlich so zu behandeln sind bzw. behandelt werden müssen, wie es der von Anfang an gegebenen vollen Wirksamkeit bzw. Unwirksamkeit des Verwaltungsakts entsprochen hätte. **886**

Wird dem Verwaltungsakt durch die Behörde oder durch das Gericht die Wirksamkeit abgesprochen, sind Widerspruch bzw. Anfechtungsklage also erfolgreich, kommt diesem Meinungsstand keine Relevanz zu, da sich die nachträgliche Unwirksamkeit immer auf die *Vergangenheit* erstreckt. Vollzugsakte sind stets rechtswidrig. Unterschiede ergeben sich also nur, wenn die Wirksamkeit eines Verwaltungsakts bestätigt wird. Daher ist nach der **Vollziehbarkeitstheorie** und der **vermittelnden Auffassung** beispielsweise die aufgrund der aufschiebenden Wirkung, aber nach der wirklichen Lage zu Unrecht nicht „vollzogene" Entlassung aus einem Beamtenverhältnis (vgl. §§ 30 ff. BBG) als zum Entlassungszeitpunkt erfolgt anzusehen (also *ex tunc*). Die aufgrund der aufschiebenden Wirkung erhaltenen Leistungen (Dienstbezüge usw.) müssen nach Bereicherungsrecht zurückgewährt werden (vgl. 12 II BBesG, § 84a BBG jeweils i.V.m. §§ 812 I S. 2 Var. 1, 818, 819 I BGB). **887**

Da nach der strengen **Wirksamkeitstheorie** die Wirksamkeit der Entlassungsverfügung erst im Zeitpunkt, in dem sie bestandskräftig wird, und mit Wirkung *ex nunc* eintritt, folgt daraus, dass sich an dem Dienstverhältnis bis zur Bestandskraft der Entlassungsverfügung nichts ändert. Wegen des Suspensiveffekts besteht daher ein Rechtsgrund für die erhaltenen Leistungen. Ein Rückzahlungsanspruch der Behörde für diesen Zeitraum besteht somit nicht.

3. Bewertung

Gegen die strenge Wirksamkeitstheorie spricht, dass sie das Verhältnis zwischen Wirksamkeit (§ 43 II VwVfG) und Aufhebung (§ 80 I VwGO) zu Lasten der Wirksamkeit löst, denn der Suspensiveffekt des § 80 I VwGO soll nur einen Rechtsschutz vor drohenden irreparablen Nachteilen darstellen, nicht jedoch Vorteile gewähren, die dem Betroffenen nach materiellem Recht nicht zustehen, ihm aber nach der strengen Wirksamkeitstheorie gewährt werden.[1044] Eine Suspendierung nicht nur des Vollzugs, sondern auch der Wirksamkeit des Verwaltungsakts und der damit verbundenen weitreichenden Folgen kann § 80 I VwGO nicht entnommen werden. **888**

Diese mit dem materiellen Recht nur schwer zu vereinbarende Vorteilsgewährung findet bei der Vollziehbarkeitstheorie und der vermittelnden Auffassung nicht statt.

Zwar wird nach der vermittelnden Auffassung ebenfalls (wenn auch nur faktisch) die Wirksamkeit suspendiert, die gesetzlich nicht vorgesehene (und bedenkliche) Vorteilsgewährung findet gegenüber der strengen Wirksamkeitstheorie aufgrund der *Ex-tunc*-Wirkung jedoch nicht statt. Gegenüber der vermittelnden Auffassung ist die Vollziehbarkeitstheorie wiederum die dogmatisch sauberere Lösung, weil sie sich streng an

[1042] Auch eingeschränkte Wirksamkeitstheorie genannt: VGH Mannheim NuR 1999, 457; *Kopp/Schenke*, VwGO, § 80 Rn 22; *Schenke*, VerwProzR, Rn 949; *J. Schmidt*, in: Eyermann, VwGO, § 80 Rn 6; *Schoch*, in: Schoch/Schneider/Bier, VwGO, § 80 Rn 85.
[1043] Grundsatz der suspendierten Verbindlichkeit.
[1044] Vgl. BVerwGE 24, 92, 98 ff.

dem Wortlaut des § 43 II VwVfG orientiert, der Verwaltungsakt also so lange wirksam bleibt, bis er aufgehoben wurde oder sich erledigt hat, und nur dessen Vollzug hemmt.[1045]

Vor allem streitet der Wortlaut des § 80 VwGO für eine Entscheidung zugunsten der Vollziehbarkeitstheorie. Dort ist nur von aufschiebender Wirkung die Rede, sowohl in Abs. 1 als auch in Abs. 2 Nrn. 1-3 (Entfallen der aufschiebenden Wirkung), Nr. 4 (Anordnung der sofortigen Vollziehung), bzw. in Abs. 4 (Aussetzen der Vollziehung durch die Behörde) und Abs. 5 (Anordnung oder Wiederherstellung der aufschiebenden Wirkung durch das Gericht). Da es bei dem Regelungsgehalt des § 80 VwGO offensichtlich nur um eine Verhinderung des Vollzugs geht, kann darin eine Gleichstellung der aufschiebenden Wirkung mit der Vollzugshemmung gesehen werden, nicht aber eine Suspendierung der Wirksamkeit des Verwaltungsakts.

Die **Vollziehbarkeitstheorie** erscheint daher am überzeugendsten. Da aber zu der vermittelnden Auffassung oftmals im Ergebnis kein Unterschied besteht, ist eine Streitentscheidung zwischen diesen beiden Meinungen dann entbehrlich. Eine gesetzliche Regelung zugunsten der Vollziehbarkeitstheorie findet sich in § 84 II S. 1 AufenthG. Es sind aber auch Konstellationen denkbar, in denen die strenge Wirksamkeitstheorie nicht von der vermittelnden Auffassung abweicht. Einer Entscheidung zwischen diesen beiden Theorien bedarf es dann nicht.

> **Beispiel:** F wird die Fahrerlaubnis gem. § 3 StVG i.V.m. § 6 I Nr. 1q) StVG i.V.m. §§ 46 I, 3 I FeV entzogen. Dagegen legt er form- und fristgerecht Widerspruch ein. Fraglich ist, ob er bis zur Entscheidung über den Widerspruch weiterfahren darf. Der Widerspruch entfaltet vorliegend gem. § 80 I VwGO aufschiebende Wirkung. Das bedeutet nach der strengen Wirksamkeitstheorie, dass die Entziehung der Fahrerlaubnis vorerst unwirksam ist. F bleibt demzufolge also im Besitz einer gültigen Fahrerlaubnis. Nach der vermittelnden Auffassung bedeutet die Erhebung des Widerspruchs, dass die Entziehung der Fahrerlaubnis zwar wirksam bleibt, aber ihre Rechtswirkung zunächst nicht entfaltet. Auch daraus folgt, dass die ursprüngliche Fahrerlaubnis erhalten bleibt. F ist also nach beiden Theorien noch im Besitz einer gültigen Fahrerlaubnis. Möchte die Behörde dies verhindern, muss sie die Entziehung der Fahrerlaubnis gem. § 80 II S. 1 Nr. 4 VwGO (dazu später) für sofort vollziehbar erklären. Das setzt jedoch ein überwiegendes (öffentliches) Interesse an der Vollziehbarkeit voraus, das nur dann angenommen werden kann, wenn der Widerspruch des F offensichtlich aussichtslos ist (denn ist der Widerspruch aussichtslos, kann F kein berechtigtes Interesse an der Aussetzung der Vollziehung haben) oder wenn gewichtige Gründe dafür sprechen, dass F nicht nur generell ungeeignet zum Führen von Kfz ist, sondern auch gerade während des Anfechtungsverfahrens.
>
> Fraglich ist, ob etwas anderes gilt, wenn man der Vollziehbarkeitstheorie folgt: Wie bereits erörtert, bleibt nach dieser Theorie die Wirksamkeit des Verwaltungsakts – hier die Entziehung der Fahrerlaubnis – in vollem Umfang vorhanden. Lediglich die Vollziehbarkeit bzw. die Vollstreckbarkeit wird gehemmt. F ist vorliegend also nicht mehr im Besitz einer gültigen Fahrerlaubnis. Er darf nicht weiterfahren. Tut er es jedoch, hat er aufgrund der Vollzugshemmung keinerlei Sanktionen zu befürchten. Daher wird die Behörde i.d.R. die sofortige Vollziehung anordnen.

Zu den **Drittanfechtungsfällen**, in denen Widerspruch und Anfechtungsklage grundsätzlich bewirken, dass der Begünstigte die ihm gewährte Begünstigung vorerst nicht realisieren darf, vgl. Rn 923 und ausführlich Rn 978 ff.

[1045] Ebenso verhindert sie das Gebrauchmachen eines Verwaltungsakts mit Drittwirkung durch den Dritten. Darüber hinaus wird sie noch so verstanden, dass sie nicht nur auf die Vollziehbarkeit abstellt, sondern alle negativen Folgen der Verwirklichung des Verwaltungsakts erfasst, also ein umfassendes Verwirklichungsverbot darstellt. Dies ist wichtig bei den rechtsgestaltenden und feststellenden Verwaltungsakten, sodass bei diesen die negativen Folgen der Feststellung bzw. des Gebrauchmachens durch Dritte von dem Suspensiveffekt umfasst werden.

4. Abhängigkeit der aufschiebenden Wirkung von den Erfolgsaussichten des Rechtsbehelfs

Sind Anfechtungswiderspruch und Anfechtungsklage zwar zulässig aber (möglicherweise) **unbegründet**, entfalten sie dennoch aufschiebende Wirkung. Das ergibt sich bereits aus dem Wortlaut des § 80 I VwGO und der Rechtsschutzgarantie des Art. 19 IV S. 1 GG. Problematisch ist es hingegen, wenn Anfechtungswiderspruch und Anfechtungsklage (möglicherweise) schon **nicht zulässig** sind, denn dann könnte angenommen werden, dass sie auch keine aufschiebende Wirkung entfalteten. Als Ausgangspunkt der Überlegung gilt der Gedanke, dass der vorläufige Rechtsschutz nicht *mehr* gewähren soll als die Hauptsache. 889

- Nach einer Auffassung[1046] entfaltet ein unzulässiger Rechtsbehelf schlechthin *keine* aufschiebende Wirkung. Sie begründet dies damit, dass das Risiko der behördlichen Falschbeurteilung bei einem Anfechtungswiderspruch und den damit verbundenen (irreparablen) Nachteilen des Vollzugs eines rechtswidrigen Verwaltungsakts durch einen Antrag gem. § 80 V VwGO analog auf Feststellung, dass der Rechtsbehelf aufschiebende Wirkung habe, kompensiert werden könne. Darüber hinaus könne das Gericht gem. § 80 V S. 3 VwGO auf Antrag die Aufhebung der behördlichen Vollziehung anordnen.

- Die Gegenmeinung[1047] erkennt den Eintritt der aufschiebenden Wirkung schlechthin an, also auch bei Unzulässigkeit des Rechtsbehelfs.

- Nach der h.M.[1048] tritt die aufschiebende Wirkung grundsätzlich ohne Rücksicht auf die Zulässigkeit des eingelegten Rechtsbehelfs ein. Die Effektivität des vorläufigen Rechtsschutzes dürfe nicht durch eine u.U. langwierige Zulässigkeitsprüfung des Hauptsacheverfahrens eingeschränkt werden. Darüber hinaus seien bestimmte Zulässigkeitsmängel, wie etwa die Formerfordernisse nach §§ 81, 82 VwGO oder die Fristversäumnis der §§ 70, 74 VwGO durch mögliche Wiedereinsetzung nach § 60 VwGO heilbar. Allerdings dürfe der eingelegte Rechtsbehelf **nicht offensichtlich unzulässig** sein. Dies sei beispielsweise bei **evidenter** Fristversäumnis der Fall, wenn eine Fristverlängerung nach § 58 II VwGO (Ablauf der Jahresfrist) oder eine Wiedereinsetzung nach § 60 VwGO unter keinen denkbaren Umständen in Betracht kommt. Gleiches gelte bei offensichtlich fehlender subjektiver Rechtsverletzung (keine Klagebefugnis i.S.d. § 42 II VwGO) oder offensichtlich fehlendem Rechtsschutzbedürfnis.

- Stellungnahme: Dem effektiven Rechtsschutz aus Art. 19 IV S. 1 GG i.V.m. § 80 I VwGO widerspräche es, wenn – im Falle des Anfechtungswiderspruchs – die Behörde selbst darüber befinden könnte, ob dem Rechtsbehelf über den Weg der Zulässigkeit aufschiebende Wirkung zukommt oder nicht, da der Rechtsbehelf sich ja gerade gegen die Behörde richtet. Will die Behörde die aufschiebende Wirkung aussetzen, muss sie an die strengen Voraussetzungen des § 80 II S. 1 Nr. 4, III VwGO gebunden bleiben und darf grundsätzlich nicht mit Verweis auf die (nicht offensichtlich gegebene) Unzulässigkeit des Hauptsacheverfahrens über die Suspendierung der aufschiebenden Wirkung entscheiden.
  Auch der Verweis auf die Möglichkeit der gerichtlichen Anordnung der Aufhebung der behördlichen Vollziehung gem. § 80 V S. 3 VwGO wird dem Gebot des effektiven Rechtsschutzes nicht gerecht. Die zuerst genannte Auffassung ist daher abzulehnen.
  Für die h.M. spricht, dass sie die Mängel der Mindermeinung gerade nicht teilt. Sie wird dem Grundsatz, dass der vorläufige Rechtsschutz nicht weiter gehen darf als der Rechtsschutz des Hauptsacheverfahrens, dadurch gerecht, dass sie die Suspensivwir-

---

[1046] *Schmaltz*, DVBl 1992, 230, 231; VGH Kassel NVwZ 1982, 689, 690; OVG Münster NJW 1975, 794; *Schenke*, DÖV 1982, 709, 724.

[1047] Vgl. die Nachweise in *Eyermann/Fröhler*, VwGO (9. Auflage), § 80 Rn 14.

[1048] *Bamberger*, NVwZ 2000, 983, 984; *Schelp/Daniel*, JuS 2000, 472, 475 f.; *Loos*, JA 2001, 698 ff.; *Kopp/Schenke*, VwGO, § 80 Rn 50; *Hufen*, VerwProzR, § 32 Rn 6 f.; *Schmitt Glaeser/Horn*, VerwProzR, Rn 248; *J. Schmidt*, in: Eyermann, VwGO, § 80 Rn 13; *Spranger*, NVwZ 1999, 147, 148 f.

kung nicht eintreten lässt, wenn der **Hauptsacherechtsbehelf unter keinem denkbaren Gesichtspunkt zulässig sein kann (Evidenzfälle)**. Unter diesen Umständen wäre eine Berufung auf den Suspensiveffekt *Rechtsmissbrauch* und damit ein „Handeln ohne Recht"[1049]. Der h.M. ist daher zuzustimmen.

5. Zusammenfassung

889a § 80 I S. 1 VwGO stellt folgende Voraussetzungen an den Suspensiveffekt:

- Widerspruch oder Anfechtungsklage müssen erhoben sein.
- Der angegriffene Verwaltungsakt darf noch nicht bestandskräftig sein und er darf sich noch nicht erledigt haben.
- Ist der Verwaltungsakt nichtig, entfaltet er zwar keine Rechtswirkungen und braucht daher auch nicht angefochten zu werden. Allerdings kann die Nichtigkeit zweifelhaft sein bzw. die Behörde kann rechtsirrig von der Wirksamkeit ausgehen, weshalb Widerspruch und Anfechtungsklage auch gegen einen nichtigen Verwaltungsakt statthaft sind. Sind diese Rechtsbehelfe also statthaft, entfalten sie auch aufschiebende Wirkung.
- Der Rechtsbehelf darf (auch aus anderen Gründen als durch Verfristung) nicht offensichtlich unzulässig sein.

[1049] St. Rspr., vgl. nur BVerwGE 66, 218, 220.

II. Ausnahmen vom Grundsatz der aufschiebenden Wirkung, § 80 II VwGO

Zwischen dem behördlichen (oder auch privaten) Interesse an der Vollziehung des Verwaltungsakts (sog. Vollziehungsinteresse) und dem (privaten) Interesse an der Aussetzung der Vollziehung (sog. Aussetzungsinteresse) besteht naturgemäß ein Konflikt. Das Gesetz geht in **§ 80 I VwGO** von dem Vorrang des (privaten) Aussetzungsinteresses aus, indem es die aufschiebende Wirkung von Widerspruch und Anfechtungsklage anordnet. Dagegen ist der Grundsatz in **§ 80 II VwGO** umgekehrt. In den **Nrn. 1-3** des S. 1 unterstellt das Gesetz den Vorrang des Vollzugsinteresses gegenüber dem Aussetzungsinteresse (Legalausnahme). Ein eingelegter Rechtsbehelf entfaltet **kraft Gesetzes keine aufschiebende Wirkung**. In diesen Fällen kann das Gericht der Hauptsache auf Antrag die aufschiebende Wirkung – jeweils ganz oder teilweise – **anordnen**, also einem Rechtsbehelf erstmals eine aufschiebende Wirkung zukommen lassen (§ 80 V S. 1 Var. 1 VwGO).[1050] 890

Beispiel: Weinhändler W steht in Verdacht, gesundheitsschädigende Weine zu verkaufen. Die Polizei stellt daher mehrere Kisten der in Frage stehenden Weinsorte sicher. W legt sofort Widerspruch ein und verlangt die Kisten heraus.

Gemäß § 80 I VwGO entfaltet ein Widerspruch aufschiebende Wirkung, d.h. die Verwaltung darf den Verwaltungsakt nicht vollziehen. Bereits stattgefundene Vollziehungen sind rückgängig zu machen. W hat Widerspruch eingelegt. Würde dieser Widerspruch aufschiebende Wirkung entfalten, müsste die Polizei den Wein also wieder herausgeben und W könnte den Wein verkaufen.

Um derartige Folgen zu verhindern, hat das Gesetz für bestimmte Situationen die aufschiebende Wirkung von Widersprüchen ausgeschlossen, im vorliegenden Fall gem. § 80 II S. 1 Nr. 2 VwGO (speziell zum Polizeivollzugsdienst vgl. Rn 906). Der Widerspruch des W hat demzufolge keine aufschiebende Wirkung. Zwar könnte W gem. § 80 V S. 1 VwGO einen Antrag auf Anordnung der aufschiebenden Wirkung stellen, aufgrund der präjudizierenden Wirkung des Gesetzes müssen aber schon gewichtige Gründe vorgebracht werden, damit das Gericht dem Antrag stattgibt und die aufschiebende Wirkung anordnet. Solche Gründe sind im vorliegenden Fall nicht ersichtlich.

Dagegen bedarf es in § 80 II S. 1 **Nr. 4** VwGO für den Wegfall der aufschiebenden Wirkung, also für die Herbeiführung der sofortigen Vollziehung, einer besonderen Anordnung durch die Verwaltung (**Fakultativausnahme im Ermessen der Behörde**), wobei sie ihrerseits nachweisen muss, dass „ein besonderes Interesse" an der sofortigen Vollziehung besteht (§ 80 II S. 1 Nr. 4 i.V.m. III S. 1 VwGO). Gelingt ihr der Nachweis nicht, kann das Gericht die aufschiebende Wirkung **wiederherstellen** (§ 80 V S. 1 Var. 2 VwGO). 891

Beispiel: G betreibt eine Gaststätte, ohne im Besitz einer Gaststättenerlaubnis zu sein. Die Gaststättenbehörde erlässt daraufhin eine Stilllegungsverfügung und erklärt diese für sofort vollziehbar.

Der Betrieb einer Gaststätte ist erlaubnispflichtig (vgl. §§ 2 ff. GastG). Fehlt die Erlaubnis oder wurde sie zurückgenommen bzw. widerrufen (§ 15 GastG), kann die Behörde die unberechtigte Fortsetzung des Betriebs gem. § 15 II GewO verhindern, indem sie bspw. eine Stilllegungsverfügung erlässt.[1051] Diese Vorschrift ist eine der Behörde zur

[1050] Freilich ist der Rechtsschutzsuchende nicht daran gehindert, gegen den Verwaltungsakt Widerspruch einzulegen mit dem Ziel, dass die Behörde gem. § 68 VwGO prüft, ob der Verwaltungsakt rechtswidrig oder unzweckmäßig ist. Im Gegenteil ist die Einlegung des Widerspruchs sogar geboten, um den Eintritt der Bestandskraft des Verwaltungsakts zu verhindern.

[1051] Zum Gewerbe- und Gaststättenrecht vgl. im Einzelnen die diesbezügliche Ausarbeitung zum Gewerberecht, die auf der Internetseite des Verlags veröffentlicht ist.

Verfügung stehende Rechtsgrundlage, um die Fortsetzung des nicht genehmigten, aber genehmigungsbedürftigen Betriebs zu verhindern. Das gilt nicht nur, wenn eine gewerberechtliche Erlaubnis zunächst vorlag und später durch Rücknahme oder Widerruf aufgehoben wurde (z.B. nach §§ 48 f. VwVfG oder § 15 GastG), sondern auch dann, wenn die Fortsetzung des Betriebs aus anderen Gründen untersagt wurde oder bei einer nichtigen oder – wie vorliegend – gar nicht erst erteilten Erlaubnis.
Zu beachten ist jedoch, dass es sich bei einer Verfügung nach § 15 II GewO nicht um eine Maßnahme der Verwaltungsvollstreckung handelt. § 80 II S. 2 VwGO, wonach die Länder die aufschiebende Wirkung für Maßnahmen der Verwaltungsvollstreckung ausschließen können, greift daher nicht. Ein Rechtsbehelf gegen eine auf § 15 II GewO gestützte Verfügung hat somit aufschiebende Wirkung, d.h. der Gewerbebetrieb darf also zunächst weitergeführt werden (auch greift § 80 II S. 1 Nr. 2 VwGO nicht, da es sich bei der Gaststättenbehörde nicht um Vollzugspolizei handelt). Will die Behörde dies verhindern, muss sie die Untersagungsverfügung für sofort vollziehbar erklären (§ 80 II S. 1 Nr. 4 VwGO). Dies ist vorliegend geschehen, sodass ein von G eingelegter Widerspruch nicht zur Folge hätte, dass er seinen Betrieb vorerst weiterführen könnte. Daher muss G eine behördliche (§ 80 IV VwGO) oder gerichtliche (§ 80 V S. 1 Var. 2 VwGO) Wiederherstellung der aufschiebenden Wirkung beantragen. Unabhängig von den Erfolgsaussichten eines solchen Antrags ist G in jedem Fall zu raten, Widerspruch einzulegen, allein um die Stilllegungsverfügung nicht bestandskräftig werden zu lassen.

892 In der zuletzt erläuterten Konstellation soll also der Rechtszustand geschaffen werden, der im Regelfall gem. § 80 I VwGO unmittelbar durch die Einlegung des Rechtsbehelfs bewirkt würde. Bevor jedoch dazu im Einzelnen Stellung genommen wird, sollen zunächst die Legalausnahmen des § 80 II S. 1 Nrn. 1-3 VwGO erörtert werden.

1. Anforderung von öffentlichen Abgaben und Kosten, § 80 II S. 1 Nr. 1 VwGO

893 Die in § 80 II S. 1 Nr. 1 VwGO enthaltene Regelung verfolgt v.a. den Zweck, dass die Finanzierung notwendiger öffentlicher Aufgaben nicht durch Einlegung eines Widerspruchs oder Erhebung einer Anfechtungsklage **gefährdet** wird.[1052] Die Gefährdung, die ausgeschlossen werden soll, besteht v.a. in der Planbarkeit der Rechtzeitigkeit öffentlicher Einnahmen.

a. Öffentliche Abgaben

894-902 „**Öffentliche Abgaben**" ist der Sammelbegriff für alle Geldleistungen, die der Bürger kraft öffentlichen Rechts an den Staat oder an sonstige Körperschaften des öffentlichen Rechts abzuführen hat. Darunter sind jedenfalls die klassischen Abgaben wie **Steuern, Zölle, Gebühren und Beiträge**[1053] i.S.d. Abgabenordnung (AO) zu verstehen. Die Rspr. fasst unter „öffentliche Abgaben" auch sonstige hoheitlich geltend gemachte öffentlich-rechtliche Geldforderungen, die zur Deckung des Finanzbedarfs des Hoheitsträgers für die Erfüllung seiner öffentlichen Aufgaben dienen (Sonderabgaben).[1054]

[1052] BVerwG NVwZ-RR 1993, 279; VGH Mannheim KommJuR 2004, 342 ff.; *Loos*, JA 2001, 698.
[1053] Vgl. dazu *Kopp/Schenke*, VwGO, § 80 Rn 57; *J. Schmidt*, in: Eyermann, VwGO, § 80 Rn 19; OVG Weimar ThürVGRspr 2009, 150, 151 und ThürVGRspr 2009, 183, 184 f.
[1054] BVerwG NVwZ 1993, 1112; wie hier ablehnend *J. Schmidt*, in: Eyermann, VwGO, § 80 Rn 19 sowie *Schoch*, in: Schoch/Schneider/Bier, VwGO, § 80 Rn 112 f.; einschränkend *Kopp/Schenke*, VwGO, § 80 Rn 57 i.V.m. 61.

b. Öffentliche Kosten

Unter „Kosten" i.S.d. § 80 II S. 1 Nr. 1 VwGO sind grundsätzlich alle Gebühren und Auslagen zu verstehen, die den Beteiligten für **Verwaltungsleistungen**, die in einem **förmlichen Verwaltungsverfahren** entstanden sind, auferlegt werden.[1055] Zu beachten ist aber, dass es sich um eine **isolierte Kostenentscheidung** handeln muss.[1056] Das bedeutet, dass die Kosten, die neben oder im Zusammenhang mit einer Sachentscheidung erhoben werden (also Kosten, die mit einem Verwaltungsakt oder Widerspruchsbescheid verbunden sind), *nicht* unter § 80 II S. 1 Nr. 1 VwGO fallen, denn sonst würde sich das Entfallen der aufschiebenden Wirkung auch auf die Sachentscheidung erstrecken.[1057] **903**

c. Nicht: Kostenbescheid nach Ersatzvornahme

Weitere Einschränkungen sind im Bereich der **Verwaltungsvollstreckung** zu machen. So stellen Zwangsgelder oder Kosten einer Ersatzvornahme **keine** reinen Geldleistungen im Hinblick auf ein Verwaltungsverfahren dar, sondern üben primär eine Beugefunktion aus (Zwangsgelder) oder stellen Ersatz für Aufwendungen dar (Ersatzvornahme). Sie unterfallen daher nicht § 80 II S. 1 Nr. 1 VwGO. Ein dagegen eingelegter Rechtsbehelf entfaltet daher aufschiebende Wirkung gem. § 80 I VwGO.[1058] **904**

Zusammenfassend lässt sich sagen, dass § 80 II S. 1 Nr. 1 VwGO bei Kosten, die mit einem Verwaltungsakt oder einem Widerspruchsbescheid verbunden sind, sowie bei Kosten in der Verwaltungsvollstreckung unanwendbar ist mit dem Ergebnis, dass die aufschiebende Wirkung erhalten bleibt. **905**

2. Unaufschiebbare Anordnungen und Maßnahmen von Polizeivollzugsbeamten, § 80 II S. 1 Nr. 2 VwGO

Zweite Fallgruppe der Legalausnahme zu § 80 I VwGO sind unaufschiebbare Anordnungen und Maßnahmen von Polizeivollzugsbeamten, § 80 II S. 1 Nr. 2 VwGO. Mit der gesetzlichen Formulierung „Vollzugspolizei" ist die Polizei im institutionellen Sinne gemeint. Darunter sind alle polizeilichen Vollzugsbeamten (Schutzpolizei, Krimimalpolizei etc.) zu zählen. Anordnungen und Maßnahmen von Sonderordnungsbehörden (Gewerbebehörden, Baubehörden, Straßenbehörden etc.) fallen nicht unter § 80 II S. 1 Nr. 2 VwGO.[1059] Diesen Behörden verbleibt aber selbstverständlich die Möglichkeit, die Vollziehung gem. § 80 II S. 1 Nr. 4 VwGO besonders anzuordnen. **906**

Unaufschiebbar ist eine Anordnung oder Maßnahme i.S.d. § 80 II S. 1 Nr. 2 VwGO, wenn deren Zurückstellen einen **Schaden für die öffentliche Sicherheit** bedeutete. Da aber die Vollzugspolizei im Rahmen ihrer Sekundärkompetenz (Eilfallkompetenz) ohnehin nur bei Vorliegen einer Gefahr einschreiten kann und bei Vorliegen einer Gefahr das Zurückstellen einer Gefahrenabwehrmaßnahme immer einen Schaden für die öffentliche Sicherheit darstellen kann, bedeutet dies, dass das Entfallen der aufschiebenden Wirkung bei Anordnungen und Maßnahmen von Polizeivollzugsbeamten als selbstverständlich aufgefasst werden muss. Der Begriff der Unaufschiebbarkeit i.S.d. § 80 II S. 1 Nr. 2 VwGO hat also insoweit nur deklaratorische Bedeutung. **907**

[1055] *J. Schmidt*, in: Eyermann, VwGO, § 80 Rn 23; *Hufen*, VerwProzR, § 32 Rn 10; *Schmitt Glaeser/Horn*, VerwProzR, Rn 262; *Kopp/Schenke*, VwGO, § 80 Rn 62.
[1056] Vgl. dazu VGH Mannheim KommJuR 2004, 342 ff.
[1057] *Kopp/Schenke*, VwGO, § 80 Rn 62.
[1058] OVG Weimar ThürVGRspr 2009, 150, 151 und ThürVGRspr 2009, 183, 184 f.
[1059] *Schmitt Glaeser/Horn*, VerwProzR, Rn 263; *Kopp/Schenke*, VwGO, § 80 Rn 64; *R. Schmidt*, POR, Rn 1 ff.

Als **Beispiele** bzgl. § 80 II S. 1 Nr. 2 VwGO sind zu nennen: straßenverkehrsregelnde Weisungen von Polizeivollzugsbeamten gemäß § 36 I StVO, Weisungen zum Anhalten, insbesondere zur Überprüfung der Fahrzeugpapiere nach § 36 V StVO, Auflösung einer öffentlichen Versammlung gemäß § 13 VersG, Anordnung an einen Hundehalter, seinen Hund nicht mehr frei umherlaufen zu lassen

908 **Praktisch wichtigste Bedeutung** erlangt die Vorschrift in einem Bereich, für den sie ihrem Wortlaut nach eigentlich nicht gilt. Wegen deren „Funktionsgleichheit und wechselseitiger Austauschbarkeit zu unaufschiebbaren Anordnungen und Maßnahmen von Polizeivollzugsbeamten" wird Nr. 2 nach allgemeiner Auffassung im Wege einer Rechtsanalogie auch auf **Verkehrszeichen und -einrichtungen** (z.B. Ampeln und Schilder, vgl. §§ 39 ff. StVO) angewendet, weil bei Gewährung von aufschiebender Wirkung sonst ein Verkehrschaos entstünde.[1060]

909 Dem ist grundsätzlich zuzustimmen. Allerdings ist darauf hinzuweisen, dass eine unreflektierte Ausweitung der Regelung des § 80 II S. 1 Nr. 2 VwGO auf alle amtlichen Verkehrszeichen und -einrichtungen dem Ausnahmecharakter der Vorschrift widerspräche. Problematisch ist daher die (entsprechende) Anwendbarkeit von Nr. 2 bei der Aufstellung von **Parkuhren** gemäß §§ 13 I, 45 I StVO. Zwar kann dort (nach Ablauf der Parkzeit) wie auch beim Halteverbot das Gebot der alsbaldigen Weiterfahrt und somit ein vollstreckungsfähiger Verwaltungsakt gesehen werden. I.d.R. trifft aber der Zweck des § 80 II Nr. 2 VwGO auf diesen Fall nicht zu, da keine Gefahr i.S.d. polizeilichen Generalklausel besteht (das Kfz steht in einer Haltebucht, lediglich die Höchstparkdauer ist überschritten) und sich somit die Unaufschiebbarkeit i.S.d. Nr. 2 nur schwer begründen ließe.[1061]

910 Ferner findet § 80 II S. 1 Nr. 2 VwGO nach umstrittener Auffassung auch auf einen durch Verwaltungsakt verfügten **Smogalarm** analog Anwendung, weil wegen der Gesundheits- und Umweltgefahr eine Gefahr i.S.d. polizeilichen Generalklausel und auch die Unaufschiebbarkeit i.S.d. Nr. 2 vorliege.[1062] Auch diese Vorgehensweise ist bedenklich, denn zum einen verstärkt sie die Tendenz der Umkehrung des Regel-Ausnahme-Prinzips von § 80 I und II VwGO, und zum anderen ist es schwer einzusehen, die Behörde von der Notwendigkeit einer Anordnung nach Nr. 4 freizustellen.[1063]

911 Da eine polizeiliche Maßnahme sich oftmals bereits erledigt hat, bevor ein Rechtsbehelf eingelegt werden könnte, wäre in diesem Fall im Hauptsacheverfahren die erweiterte **Anfechtungsfortsetzungsfeststellungsklage** richtige Klageart. Ein Verfahren des vorläufigen Rechtsschutzes käme dann nicht in Betracht.

3. Andere durch Bundesgesetz oder für Landesrecht durch Landesgesetz vorgeschriebene Fälle, § 80 II S. 1 Nr. 3 VwGO

a. Bundesgesetz

912 Ebenso entfällt die aufschiebende Wirkung gem. § 80 II S. 1 Nr. 3 Var. 1 VwGO in anderen durch Bundesgesetz vorgeschriebenen Fällen. Wegen des Ausnahmecharakters des § 80 II VwGO und seiner Formulierung „*durch* Gesetz" sowie wegen der Wesentlichkeitsrechtsprechung des BVerfG kommen nur **formelle Bundesgesetze** in Betracht[1064], also keine Bundesrechtsverordnungen. Nr. 3 hat in diesem Zusam-

---

[1060] Vgl. BVerwGE 102, 316 ff.; OVG Münster NJW 1998, 329; *Kopp/Schenke*, VwGO, § 80 Rn 64. Zu den Verkehrszeichen vgl. ausführlich *R. Schmidt*, AllgVerwR, Rn 497 ff.

[1061] Zum Abschleppen von Kfz vgl. *R. Schmidt*, Fälle zum POR, 6. Aufl. 2014, Fall 12.

[1062] *Kopp/Schenke*, VwGO, § 80 Rn 64; *Brühl*, JuS 1995, 627, 629; *Puttler*, in: NKVwGO, § 80 Rn 68.

[1063] Wie hier *Schoch*, in: Schoch/Schneider/Bier, VwGO, § 80 Rn 124; *J. Schmidt*, in: Eyermann, VwGO, § 80 Rn 26.

[1064] OVG Münster NVwZ-RR 2000, 121 und DVBl 1999, 1671; *Loos*, JA 2001, 698; *Kopp/Schenke*, VwGO, § 80 Rn 65; *Schoch*, in: Schoch/Schneider/Bier, VwGO, § 80 Rn 126.

menhang allerdings nur deklaratorische Bedeutung, da der Bundesgesetzgeber durch (zeitlich) späteres Bundesgesetz ohnehin von § 80 I VwGO abweichen kann. Klausurrelevante **Beispiele** von durch Bundesgesetz geregelten Fällen sind

- § 212a I BauGB, der regelt, dass Widerspruch und Anfechtungsklage eines Dritten gegen die Zulassung eines Bauvorhabens keine aufschiebende Wirkung entfalten.[1065] Die *Ratio Legis* dieser Norm besteht in dem das Aussetzungsinteresse überwiegenden Vollzugsinteresse, baurechtliche Vorhaben nicht zu verzögern. Daher ist die Norm auch auf den Bauvorbescheid anzuwenden sowie für den Fall, dass eine Gemeinde geltend macht, in ihrer in § 36 BauGB oder in § 2 II BauGB Ausdruck findenden Planungshoheit verletzt zu sein.[1066]
- § 17e II S. 1; § 18f VIa S. 1 FStrG, wonach Anfechtungsklagen gegen vordringliche Änderungen oder den vordringlichen Bau von Bundesfernstraßen keine aufschiebende Wirkung entfalten. Auch hier steht das Aussetzungsinteresse hinter dem Vollzugsinteresse zurück.
- § 126 IV BBG bzw. § 54 IV BeamtStG, wonach die aufschiebende Wirkung von Widerspruch und Anfechtungsklage gegen Abordnungen und Versetzungen ausgeschlossen wird.
- § 84 I AufenthG, wonach Widerspruch und Klage gegen die in der Vorschrift genannten Maßnahmen keine aufschiebende Wirkung haben. Auch ist die Abschiebungsanordnung gem. § 58a AufenthG sofort vollziehbar. Ferner ist § 75 AsylG zu nennen.
- Besondere Fälle der Gefahrenabwehr, vgl. etwa § 37 S. 1 TierGesG, wonach Widerspruch und Anfechtungsklage gegen eine Anordnung der Tötung von Tieren keine aufschiebende Wirkung entfalten. *Ratio* des Entfallens der aufschiebenden Wirkung ist, dass die aus Gründen der Gefahrenabwehr notwendige Tötung von verseuchten Tieren oder seuchenverdächtiger Tiere nicht durch Einlegung eines ordentlichen Rechtsbehelfs verzögert werden soll. Insbesondere im Hinblick auf die BSE-Fälle[1067], die Maul- und Klauenseuche sowie die Vogelgrippe sei auf die Klausurrelevanz dieses Bereichs hingewiesen.
- § 3 I WBO, wonach die Beschwerde gegen (vermeintlich) unrichtige Behandlungen (§ 1) keine aufschiebende Wirkung hat.
- Ferner § 25 IV S. 1 JuSchG, § 16 VIII InfSchG, §§ 6 II, 8 II S. 3 VereinsG, § 6a II S. 3 VermG, § 93 III SGB XII und im Wirtschaftsverwaltungsrecht § 14 II AWG, § 49 KWG, § 29 VI S. 2 PBefG.

Der mittlerweile zur Regel gewordene gesetzliche Ausschluss der aufschiebenden **913**
Wirkung ist dogmatisch und rechtspolitisch sehr fragwürdig.[1068] Denn dadurch wird das Regel-Ausnahme-Verhältnis des § 80 I, II VwGO umgekehrt, was wiederum zur Folge hat, dass eine erhebliche Funktionsverschiebung von der Exekutive in Richtung Judikative stattfindet: Die sonst (bei der Einlegung des Widerspruchs) von der Behörde vorzunehmende Interessenabwägung muss nun das Verwaltungsgericht vornehmen, weil als einziges effektives Mittel zur Anordnung der aufschiebenden Wirkung

---

[1065] Zum Ausschluss der aufschiebenden Wirkung im Baunachbarrecht vgl. OVG Lüneburg NVwZ-RR 1999, 716 sowie ausführlich *R. Schmidt*, BauR, Rn 427 ff.

[1066] Vgl. dazu VG Neustadt NVwZ 1999, 101, 102; OVG Lüneburg NVwZ 1999, 1005; *Dippel*, NVwZ 1999, 925; *Ortloff*, NVwZ 1999, 958 und NVwZ 2000, 750, 753; *Bamberger*, NVwZ 2000, 983, 984. Zu den Auswirkungen des § 212a I BauGB auf § 80 II S. 1 Nr. 3 und damit auch auf § 80 V S. 1 Var. 1 VwGO vgl. *Huber*, NVwZ 2004, 915 ff.

[1067] Vgl. VGH Mannheim NVwZ 1997, 404 ff.; OVG Lüneburg NVwZ 1997, 407 f. (Rechtswidrigkeit der Tötungsanordnung von Rindern aufgrund der BSE-Schutzverordnung); OVG Koblenz NVwZ 1997, 408 f; VG Frankfurt/M NVwZ 1997, 409 f. (Rechtmäßigkeit solcher Tötungsanordnungen); VGH Kassel NVwZ 1997, 705 ff. (Rechtmäßigkeit der 2. BSE-Schutzverordnung); OVG Lüneburg NVwZ 1997, 710 f. und VG Cottbus NVwZ 1997, 711 ff (Rechtswidrigkeit der 2. BSE-Schutzverordnung; bestätigt durch OVG Frankfurt/Oder NVwZ 1997, 811). Zur Nichtigkeit der 2. BSE-Schutzverordnung vgl. BVerwG NJW 2001, 1592.

[1068] Kritisch auch *Stelkens*, NVwZ 2000, 155, 156.

dem Rechtsschutzsuchenden nur der Eilantrag gem. § 80 V VwGO bleibt, da dieser immer dann greift, wenn kein suspendierungsfähiger Verwaltungsakt in Rede steht. Dieses Verfahren ist aber gegenüber der Grundregel des § 80 I VwGO für den Rechtsschutzsuchenden unvorteilhafter, da der Suspensiveffekt nicht automatisch, d.h. mit Einlegung des Widerspruchs oder Erhebung der Anfechtungsklage, eintritt, sondern erst durch das Gericht angeordnet werden muss. Das Gericht wird die aufschiebende Wirkung jedoch nur dann anordnen, wenn eine Interessenabwägung ergibt, dass das Interesse des Antragstellers an der Anordnung der aufschiebenden Wirkung die gesetzliche Prädetermination (Entfallen der aufschiebenden Wirkung) überwiegt. Um dies festzustellen, ist zumindest eine summarische Prüfung erforderlich. Zudem besteht ein nicht unerhebliches Prozessrisiko. Der Rechtsschutz führt damit im Gegensatz zu den Anforderungen des § 80 I VwGO zu einer engen Abhängigkeit vom vorhandenen materiellen Recht sowie von der Auffassung des Richters.

b. Landesgesetz

914 Schon die genannten zahlreichen bundesgesetzlichen Ausnahmefälle lassen die Ausdünnung der Grundregel des § 80 I VwGO erkennen. Eine weitere Verstärkung dieser Tendenz liegt darin, dass seit dem Inkrafttreten des 6. VwGOÄndG 1997 nicht nur der formelle Bundes-, sondern auch der **formelle Landesgesetzgeber** ermächtigt ist (sog. Länderöffnungsklausel), im Bereich seiner Rechtsetzungsgewalt („für Landesrecht") den Suspensiveffekt zu beseitigen.[1069] Nach dieser Regelung entfällt die aufschiebende Wirkung in für Landesrecht durch Landesgesetz vorgeschriebenen Fällen, insbesondere für Widersprüche und Klagen Dritter gegen Verwaltungsakte, die Investitionen oder die Schaffung von Arbeitsplätzen betreffen (**§ 80 II S. 1 Nr. 3 Var. 2 VwGO**). Eine juristische Bedeutung i.S. einer rechtlichen Beschränkung der gesetzgeberischen Ermächtigung kommt der Formulierung „insbesondere" jedoch nicht zu. Vielmehr kommt in dieser Formulierung lediglich die rechtspolitische Zielsetzung des Gesetzgebers zum Ausdruck.

915 Des Weiteren ist die Regelung des **§ 80 II S. 2 VwGO** zu beachten. Danach können die Länder (hier nicht nur durch formelle Gesetze, sondern auch durch Rechtsverordnungen!) bestimmen, dass **Rechtsbehelfe keine aufschiebende Wirkung haben, soweit sie sich gegen Maßnahmen richten, die in der Verwaltungsvollstreckung durch die Länder nach Bundesrecht** getroffen werden. Diese Regelung wurde ebenfalls im Rahmen des 6. VwGOÄndG eingefügt und war erforderlich, um entsprechend der bisherigen Rechtslage auch die Fälle zu erfassen, in denen die Länder Verwaltungsvollstreckung nach Bundesrecht betreiben.

Beispiel: Nach §§ 58 ff. AufenthG ist ein Ausländer unter den dort genannten Voraussetzungen abzuschieben. Die Abschiebung ist ein bundesrechtlich geregelter Fall des unmittelbaren Zwangs. Zuständig für die Abschiebung sind jedoch die Länder. Das heißt: Soll ein Ausländer abgeschoben werden und legt dieser Widerspruch gegen die Abschiebung ein, entfaltet der Widerspruch grundsätzlich aufschiebende Wirkung (§ 80 I VwGO) mit dem Ergebnis, dass der Ausländer vorläufig nicht abgeschoben werden darf. An diesem Ergebnis ändert sich nur dann etwas, wenn die aufschiebende Wirkung ausgeschlossen ist. Der Ausschluss der aufschiebenden Wirkung gem. § 80 II S. 1 Nr. 2 VwGO greift nicht, da im Fall der Abschiebung der Polizeivollzugsdienst nicht im Rahmen seiner Eilfallkompetenz tätig ist. Möglicherweise ist die aufschiebende Wirkung aber gem. § 80 II S. 2 VwGO ausgeschlossen. Das Aufenthaltsgesetz ist ein Bundesgesetz, das von Landesbehörden vollzogen wird. Hat also das Land, das die Abschiebung

---

[1069] Vgl. näher *Schmieszek*, NVwZ 1996, 1151, 1154; *Schmitt Glaeser/Horn*, VerwProzR, Rn 264; *Schoch*, in: Schoch/Schneider/Bier, VwGO, § 80 Rn 136a-u.

vorzunehmen hat, die aufschiebende Wirkung von Rechtsbehelfen, die sich gegen die Abschiebung richten, ausgeschlossen, entfaltet ein dennoch eingelegter Widerspruch keine aufschiebende Wirkung; der Ausländer kann abgeschoben werden.

Von der Ermächtigung gem. § 80 II S. 2 VwGO haben alle Länder Gebrauch gemacht.[1070] Diesbezüglich wiederum gilt die Einschränkung, dass anderweitige Kosten der landesrechtlichen Verwaltungsvollstreckung, die nicht Zwangsmittel selbst sind, sondern erst nach deren Abschluss geltend gemacht werden, wie etwa die Kosten einer Ersatzvornahme oder die Kosten aufgrund der Anwendung unmittelbaren Zwangs nicht vom Begriff der landesrechtlichen Vollstreckungsmaßnahme umfasst werden, sodass für diese Kosten die aufschiebende Wirkung sowohl wegen der Unanwendbarkeit des § 80 II Nr. 1 VwGO als auch des § 80 II S. 2 VwGO i.V.m. dem Landesrecht erhalten bleibt.[1071] **916**

c. Verfassungsgemäßheit des § 80 II S. 1 Nrn. 1 bis 3 VwGO

Der durch § 80 II S. 1 Nrn. 1-3 VwGO gesetzlich angeordnete Ausschluss der aufschiebenden Wirkung verstößt nicht gegen Art. 19 IV S. 1 GG, sofern dem Betroffenen jedenfalls die Möglichkeit des Eilantrags nach § 80 V S. 1 Var. 1 VwGO offensteht.[1072] **917**

4. Anordnung der sofortigen Vollziehung, § 80 II S. 1 Nr. 4 VwGO

Ist die aufschiebende Wirkung nicht schon gesetzlich gem. § 80 II S. 1 Nr. 1-3 VwGO ausgeschlossen, kann dies durch eine behördliche Anordnung geschehen. § 80 II S. 1 Nr. 4 VwGO ermächtigt die Verwaltung (Ausgangs- *und* Widerspruchsbehörde[1073]), unter bestimmten Voraussetzungen die **aufschiebende Wirkung** insgesamt oder hinsichtlich eines abtrennbaren Teils (Auflage u.Ä.) des Verwaltungsakts für bestimmte Zeit durch eine **Anordnung der sofortigen Vollziehung (AnSoV) auszuschließen** und damit die Vollziehbarkeit zu erhalten.[1074] In einem solchen Fall darf der Betroffene trotz Erhebung eines Widerspruchs bzw. einer Anfechtungsklage **nicht** mit seiner Handlung bzw. Tätigkeit fortfahren. Häufig werden Untersagungsverfügungen, die der Gefahrenabwehr dienen (wie bspw. die Gewerbeuntersagung gem. § 35 GewO), für sofort vollziehbar erklärt. Derartige Verfügungen machen i.d.R. nur Sinn, wenn ihre sofortige Vollziehung angeordnet wird, damit ihr gefahrenabwehrrechtlicher Zweck durch Einlegung eines Widerspruchs und der damit verbundenen aufschiebenden Wirkung nicht gefährdet wird. Vgl. dazu *R. Schmidt*, POR, Rn 1 ff. **918**

[1070] Vgl. BW: § 12 VwVG; Berl: § 4 I S. 1 AGVwGO; Brand: § 16 VwVG; Brem: Art. 11 S. 1 AGVwGO; Hamb: § 8 S. 1 AGVwGO; Hess: § 16 S. 1 AGVwGO; MeckVor: § 99 I S. 2 SOG; Nds: § 66 und § 70 I VwVG i.V.m. § 64 IV S. 1 SOG; RhlPfl: § 20 AGVwGO; Saarl: § 20 S. 1 AGVwGO; Sachs: § 11 S. 1 VwVG; SachsAnh: § 9 AGVwGO; SchlHolst: § 229 I Nr. 2 LVwG; Thür: § 8 S. 1 AGVwGO.

[1071] Vgl. bereits Rn 893 ff. („öffentliche Kosten"). Bestätigt von OVG Weimar ThürVGRspr 2009, 150, 151 und ThürVGRspr 2009, 183, 184 f.

[1072] BVerfGE 51, 268, 285; *Kopp/Schenke*, VwGO, § 80 Rn 66.

[1073] Es war schon des Öfteren Klausurgegenstand, dass die Anordnung der sofortigen Vollziehung nicht von der Ausgangsbehörde, sondern von der Widerspruchsbehörde erlassen wurde. In einem solchen Fall bringt die Lektüre des § 80 II S. 1 Nr. 4 VwGO Klärung!

[1074] Zur Rechtsnatur der Vollziehungsanordnung und zum Rechtsschutz vgl. BVerfG NJW 2003, 3618 ff.; *Schenke*, VerwArch 2000, 587 ff.

919 Die Anordnung der sofortigen Vollziehung hat Ausnahmecharakter. Rechtmäßig ist sie daher nur dann, wenn sie im öffentlichen Interesse oder im überwiegenden Interesse eines Beteiligten ergangen ist (§ 80 II S. 1 Nr. 4 VwGO). Nur bei Rechtmäßigkeit der Anordnung tritt der Ausschluss der Suspensivwirkung ein. Dadurch wird in einer Fallbearbeitung eine vollständige Prüfung der Anordnung der sofortigen Vollziehung erforderlich. Da diese Prüfung regelmäßig innerhalb eines Eilantrags nach § 80 V S. 1 Var. 2 VwGO (Antrag auf Wiederherstellung der aufschiebenden Wirkung) zu erfolgen hat, soll aus Gründen der Übersichtlichkeit und des sachlichen Zusammenhangs die Erläuterung und Analyse des § 80 II S. 1 Nr. 4 VwGO bei dessen Darstellung erfolgen (Rn 925 ff.).

5. Beginn und Dauer der aufschiebenden Wirkung des § 80 I VwGO

a. Beginn der aufschiebenden Wirkung

920 Gemäß § 80 I VwGO tritt die aufschiebende Wirkung erst mit der Einlegung des Widerspruchs bzw. der Anfechtungsklage ein. Entsprechendes gilt für die Aussetzung der Vollziehung nach § 80 IV VwGO bzw. für die Anordnung oder Wiederherstellung der aufschiebenden Wirkung nach § 80 V VwGO.

Im Fall des § 80 I VwGO erstreckt sich die aufschiebende Wirkung *immer* zurück auf den Zeitpunkt des Erlasses des Verwaltungsakts[1075], im Fall des § 80 II VwGO nur in der Regel, d.h. die Rückwirkung kann dort beschränkt werden.[1076]

An praktischer Bedeutung gewinnt die Rückwirkung der aufschiebenden Wirkung, wenn die Behörde zwischen dem Zeitpunkt des Erlasses des Verwaltungsakts und dem der Einlegung des Rechtsbehelfs bereits Vollzugsmaßnahmen getroffen hat:

Zunächst muss festgehalten werden, dass gemäß § 43 II VwVfG ein Verwaltungsakt so lange wirksam bleibt, bis er zurückgenommen, widerrufen, anderweitig aufgehoben wird oder sich durch Zeitablauf oder sonst erledigt hat. Wird nun die Auffassung vertreten, dass ein zwar wirksamer aber noch nicht bestandskräftiger Verwaltungsakt nicht vollzogen werden darf, wird der grundsätzliche Unterschied zwischen Vollzug und Vollstreckung verkannt. Denn nur weil die *Vollstreckungs*gesetze Unanfechtbarkeit (formelle Bestandskraft) oder fehlende Suspensivwirkung des Verwaltungsakts voraussetzen, kann daraus noch nicht geschlossen werden, dass die Behörde nur bestandskräftige Verwaltungsakte *vollziehen* darf. Vielmehr geht – wie bereits bei Rn 878 ff. dargestellt – der Begriff des Vollzugs weiter als der der Vollstreckung, weil auch feststellende und gestaltende Verwaltungsakte, die ebenfalls unter die Regelung des § 80 I VwGO fallen, vollzogen, nicht aber vollstreckt werden können.

Somit darf die Behörde wirksame Verwaltungsakte *vollziehen*, auch wenn diese noch nicht bestandskräftig sind. Das folgt auch aus § 43 I S. 1 VwVfG, wonach jeder Verwaltungsakt mit seiner Bekanntgabe an den Betroffenen wirksam und damit auch vollziehbar ist. Vollzieht sie diese, liegt es in ihrem Risikobereich, wenn die aufschiebende Wirkung durch Einlegung eines Rechtsbehelfs gemäß § 80 I VwGO bzw. durch Aussetzung der Vollziehung nach § 80 IV VwGO oder durch Anordnung oder Wiederherstellung nach § 80 V VwGO *ex tunc* eintritt und die Vollzugsmaßnahmen von Anfang an unzulässig werden und daher rückgängig gemacht werden müssen. Entsteht dem Betroffenen aus dem voreiligen Vollzug des Verwaltungsakts ein Schaden, steht ihm ein entsprechender (Vollzugs-)Folgenbeseitigungsanspruch zu. Richtige Rechtsbehelfe gegen den voreiligen Vollzug sind Anfechtungswiderspruch und Anfechtungsklage, verbunden mit einem entsprechenden Annexantrag (vgl. § 113 I S. 2 VwGO[1077]). Wenn man davon ausgeht, dass die Behörde um das Risiko möglicher

---

[1075] VG Chemnitz NVwZ 1999, 1374, 1375.
[1076] *Kopp/Schenke*, VwGO, § 80 Rn 54.
[1077] Bei Einlegung eines Eilantrags vgl. § 80 V S. 3 VwGO.

Rechtswidrigkeit weiß, kommt hier bei einem in Geld bezifferbaren Schaden des Betroffenen weiterhin ein Amtshaftungsanspruch gem. § 839 BGB, Art. 34 GG in Betracht. Dagegen scheidet ein Schadensersatzanspruch nach § 945 ZPO (analog) aus.[1078]

b. Dauer der aufschiebenden Wirkung

921 Der im Zuge des 6. VwGOÄndG eingefügte § 80b VwGO sieht zum einen vor, dass die aufschiebende Wirkung (a.W.) von Widerspruch und Anfechtungsklage mit der *Unanfechtbarkeit* des Verwaltungsakts endet oder, wenn die Anfechtungsklage im ersten Rechtszug abgewiesen worden ist, drei Monate nach Ablauf der gesetzlichen Begründungsfrist des gegen die abweisende Entscheidung gegebenen Rechtsmittels (vgl. § 124a VwGO für die Berufung, § 139 VwGO für die Revision).[1079]

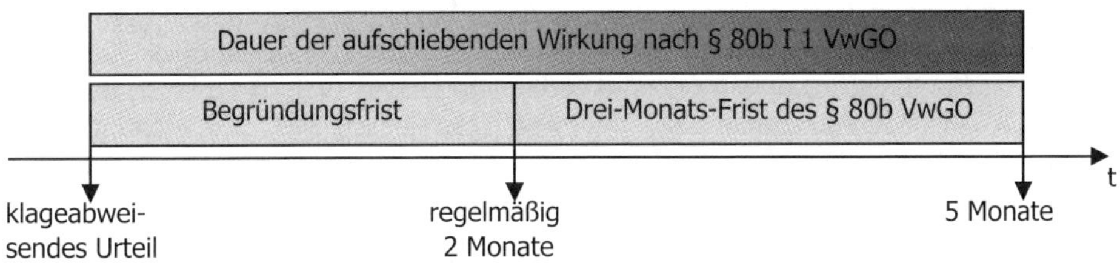

In der Regel beträgt die Begründungsfrist für das jeweils statthafte Rechtsmittel zwei Monate ab Zustellung des vollständigen Urteils (vgl. §§ 124a III S. 1, IV S. 4 VwGO im Falle der Berufung sowie § 139 III S. 1 und §§ 135 S. 3, 133 III S. 1 VwGO im Falle der Revision). Somit endet die aufschiebende Wirkung gemäß § 80b I S. 1 VwGO regelmäßig 5 Monate nach Zustellung des vollständigen Urteils.

Die Unanfechtbarkeitsregelung bestätigt damit die schon zuvor wiedergegebene h.M.[1080], wonach der Suspensiveffekt nicht schon mit dem Erlass des Widerspruchsbescheids endet und dann mit der Erhebung der Klage neu begründet wird, sondern ununterbrochen bis zur Unanfechtbarkeit fortdauert.

> **Beispiel für die Unanfechtbarkeit:** Der Verwaltungsakt wird durch Widerspruch angefochten, woraufhin ein Widerspruchsbescheid ergeht, der nicht innerhalb der erforderlichen Frist durch Anfechtungsklage angegriffen wird.

922 Die Unanfechtbarkeit des Verwaltungsakts als zeitliche Messlatte bedeutet nun aber nicht, dass der Suspensiveffekt durch alle denkbaren Instanzen des verwaltungsgerichtlichen Verfahrens bestehen bliebe. Durch die Drei-Monats-Frist des § 80b I S. 1 VwGO soll verhindert werden, dass Rechtsmittel nur deshalb eingelegt werden, um den Effekt der aufschiebenden Wirkung hinauszuzögern. Die Drei-Monats-Frist macht in diesem Zusammenhang folgenden Sinn: Es kann erwartet werden, dass derjenige, der eine erstinstanzliche Entscheidung anficht, im Zweifel auch die Fortdauer der aufschiebenden Wirkung anstrebt. Dies hat zur Folge, dass sich das Rechtsmittelgericht zusätzlich mit einem Antrag zur aufschiebenden Wirkung zu befassen hat. Innerhalb der Drei-Monats-Frist wird ein Berufungsgericht aber im Regelfall bereits über die Zulassung einer Berufung entscheiden können. Lässt es die Berufung nicht zu, wird das erstinstanzliche Urteil rechtskräftig und der Antrag über die aufschieben-

---

[1078] *Schmitt Glaeser/Horn*, VerwProzR, Rn 258.
[1079] Zu den Entscheidungsvoraussetzungen vgl. OVG Bautzen NVwZ-RR 2002, 74; zur Entscheidung des Gerichts, dass die a.W. fortdauere vgl. BVerwG NVwZ 2007, 1097.
[1080] Vgl. nur BVerwG NVwZ 1988, 251, 255.

de Wirkung erledigt sich. Ein Entscheidungsbedarf ergibt sich also dann nur bei den zugelassenen Berufungen.[1081] Die Beendigung der aufschiebenden Wirkung tritt auch ein, wenn die Vollziehung durch die Behörde ausgesetzt (§ 80 IV VwGO) oder durch das Gericht angeordnet oder wiederhergestellt (§ 80 V VwGO) worden ist, es sei denn, die Behörde hat die Vollziehung bis zur Unanfechtbarkeit ausgesetzt (§ 80b I S. 2 VwGO).

c. Umfang der aufschiebenden Wirkung

923 Die aufschiebende Wirkung gilt grds. nur zugunsten desjenigen, der den Rechtsbehelf eingelegt hat. Dies gilt insbesondere für Allgemeinverfügungen i.S.d. § 35 S. 2 VwVfG, weil sie nur ein Bündel von Einzelakten darstellen sowie für Planungsentscheidungen gem. § 74 I i.V.m. §§ 69 und 70 VwVfG.[1082] Anderenfalls käme der Anfechtung eines Einzelakts eine nicht vorgesehene und nicht zu akzeptierende Breitenwirkung zu. Auch bezieht sich die aufschiebende Wirkung jeweils auf den (den Betroffenen belastenden) Verwaltungsakt im Ganzen, wenn und soweit durch ein Gesetz oder durch eine Entscheidung der Behörde oder des Gerichts (vgl. §§ 80 IV, V, 80a VwGO) nicht ein anderes bestimmt ist, und zwar einschließlich aller unselbstständigen Nebenbestimmungen (bei Verwaltungsakten mit Doppelwirkung i.S.e. Mischwirkung) und der Kostenentscheidung (z.B. gem. § 73 III VwGO).[1083]

Etwas anderes gilt im Hinblick auf die **selbstständigen** Nebenbestimmungen. Ficht der Adressat beispielsweise isoliert eine Auflage an, erstreckt sich die aufschiebende Wirkung grundsätzlich nur auf diesen Teil.[1084]

Problematisch ist der Umfang der aufschiebenden Wirkung auch bei **Verwaltungsakten mit Doppelwirkung i.S.e. Drittwirkung** (§ 80 I S. 2 VwGO).[1085] Damit sind Verwaltungsakte gemeint, die teils begünstigende (bspw. für den Adressaten) und teils belastende Wirkung (bspw. für den Dritten) entfalten. Stehen diese unterschiedlichen Wirkungen materiell in einem untrennbaren Zusammenhang, erstreckt sich die aufschiebende Wirkung des angefochtenen belastenden Teils auch auf den begünstigenden Teil.

Beispiel: Greift ein Nachbar die mit einem Dispens (vgl. § 31 II BauGB) von nachbarschützenden Vorschriften versehene Baugenehmigung des Bauherrn mit einem Widerspruch an (Drittwiderspruch), führt dies gem. §§ 80 I S. 2, II S. 1 Nr. 3, V S. 1 Var. 1, 80a III S. 2 VwGO i.V.m. § 212a I BauGB zur Suspendierung der Baugenehmigung, weil diese nicht von dem Dispens getrennt werden kann, sodass der Bauherr den weiteren Bau nicht ausführen darf.

924 Angesichts der generellen Wertung des § 80 I VwGO zugunsten der aufschiebenden Wirkung ist im Zweifel Trennbarkeit anzunehmen, zumal die Behörde es in der Hand hätte, die aufschiebende Wirkung durch eine Anordnung der sofortigen Vollziehung vollständig auszuschließen, und eine Unklarheit der Rechtslage daher zu ihren Lasten gehen muss.

[1081] Vgl. zu diesem Komplex die ausführliche Darstellung bei *Schmitt Glaeser/Horn*, VerwProzR, Rn 259.
[1082] *J. Schmidt*, in: Eyermann, VwGO, § 80 Rn 12.
[1083] *Kopp/Schenke*, VwGO, § 80 Rn 43 ff.
[1084] OVG Lüneburg NVwZ 1992, 387; *Kopp/Schenke*, VwGO, § 80 Rn 47.
[1085] Mit „Doppelwirkung" i.S.d. § 80 I S. 2 VwGO ist, wie sich aus § 80a VwGO ergibt, Drittwirkung gemeint. Die gesetzliche Formulierung ist terminologisch verfehlt, vgl. *R. Schmidt*, AllgVerwR, Rn 360 ff.

III. Die behördliche Aussetzung der Vollziehung, § 80 IV VwGO

Wie bereits dargelegt, gilt der Grundsatz, dass Anfechtungswiderspruch und Anfechtungsklage gemäß § 80 I VwGO aufschiebende Wirkung entfalten. Diese aufschiebende Wirkung entfällt kraft Gesetzes in den Fällen des § 80 II S. 1 Nrn. 1-3 VwGO (**Legalausnahmen**) oder durch die Anordnung der sofortigen Vollziehung gemäß § 80 II S. 1 Nr. 4 VwGO (vom Ermessen der Behörde abhängige **Fakultativausnahme**). Der Verwaltungsakt darf also vollzogen werden. Diesen Vollzug kann nicht nur das Gericht gem. § 80 V VwGO, sondern auch und gerade die Behörde auf Antrag oder auch von Amts wegen gem. § 80 IV VwGO aussetzen, soweit nicht bundesgesetzlich etwas anderes bestimmt ist. 925

Damit die behördliche Aussetzung der Vollziehung rechtmäßig ist[1086], müssen formelle und materielle Kriterien erfüllt sein. Die **formelle** Rechtmäßigkeit setzt voraus, dass die **Behördenzuständigkeit** eingehalten wird. Gemäß § 80 IV VwGO sind sowohl Ausgangs- als auch Widerspruchsbehörde (nebeneinander) zuständig, und zwar unabhängig davon, ob die Ausgangsbehörde das Verfahren bereits an die Widerspruchsbehörde abgegeben hat oder nicht. Das bedeutet, dass auch der Bürger grundsätzlich frei wählen kann, an welche Behörde er seinen Antrag richtet. Dies kann zu Konkurrenzproblemen führen.

- Nach einer Auffassung[1087] gilt das Prioritätsprinzip. Dabei ist die eine Behörde an die bereits erfolgte Aussetzung der Vollziehung durch die andere Behörde gebunden.
- Nach h.M.[1088] ist aufgrund allgemeiner Rechtsgrundsätze des Staatsorganisationsrechts die Entscheidung der Widerspruchsbehörde – insoweit ähnlich wie bei der Widerspruchsentscheidung für die Ausgangsbehörde – grds. bindend. Nach diesem Hierarchieprinzip ist die Ausgangsbehörde in ihrer Entscheidung an die Weisung der Widerspruchsbehörde gebunden, sobald diese die Entscheidungskompetenz erlangt hat. Dies hat zur Konsequenz, dass die Widerspruchsbehörde auch in Abweichung zu einer bereits erfolgten Entscheidung der Ausgangsbehörde die Aussetzung der Vollziehung anordnen kann.

Neben der formellen Rechtmäßigkeit muss auch die **materielle** Rechtmäßigkeit der Aussetzungsanordnung vorliegen. Die Prüfung der materiellen Rechtmäßigkeit erfolgt unter Heranziehung einer Interessenabwägung: Das private Aussetzungsinteresse ist mit dem behördlichen Vollzugsinteresse abzuwägen. Vgl. hierzu die zu § 80 V VwGO gemachten und auf § 80 IV VwGO übertragbaren Erläuterungen bei Rn 951 ff./973. Es ist also eine umfassende Abwägung aller im konkreten Fall betroffenen öffentlichen und privaten Interessen unter Berücksichtigung von Art, Schwere und Dringlichkeit des Interesses an der Vollziehung bzw. an der aufschiebenden Wirkung und der Möglichkeit oder Unmöglichkeit einer etwaigen Rückgängigmachung der getroffenen Regelung und ihrer Folgen erforderlich. 926

Die Behördenentscheidung ist eine Ermessensentscheidung, d.h. die Entscheidung, ob die Vollziehung ausgesetzt wird oder nicht, ist nur dann rechtmäßig, wenn sie ermessensfehlerfrei ergangen ist. Hierzu gelten die allgemeinen Grundsätze des Rechtsstaatsprinzips und des Verwaltungsrechts.

Darüber hinaus *soll* die Aussetzung der Vollziehung gemäß § 80 IV S. 3 VwGO für die Fälle des § 80 II S. 1 Nr. 1 VwGO erfolgen, „wenn ernstliche **Zweifel an der Rechtmäßigkeit** des angegriffenen Verwaltungsakts bestehen oder wenn die Vollziehung

[1086] Die Rechtmäßigkeit der behördlichen Aussetzungsentscheidung ist immer dann relevant, wenn durch die Aussetzung der Vollziehung in Rechte Dritter eingegriffen wird.

[1087] *Pietzner/Ronellenfitsch*, § 56 I Rn 2.

[1088] *Kopp/Schenke*, VwGO, § 80 Rn 81 i.V.m. 111; *Puttler*, in: NKVwGO, § 80 Rn 105; *Beckmann*, NVwZ 2004, 184, 185.

für den Abgaben- oder Kostenpflichtigen eine unbillige, nicht durch überwiegende öffentliche Interessen gebotene **Härte** zur Folge hätte". Darüber, ob diese gesetzliche Wertung auch über § 80 II S. 1 Nr. 1 VwGO hinaus auf die Fälle des § 80 II S. 1 Nrn. 2-4 VwGO durch analoge Anwendung oder sogar durch Annahme eines allgemeinen Rechtsgedankens auch auf den Eilantrag nach § 80 V VwGO übertragbar ist, herrscht zwar Streit.[1089] Dieser Streit hat aber keine große Bedeutung, da auch die zitierte Wertung ohnehin nur die allgemeinen Grundsätze des Verwaltungsrechts (Bindung an Gesetz und Recht, Grundsatz der Verhältnismäßigkeit) widerspiegelt und die Behörde daher bei ernsthaften Zweifeln über die Rechtmäßigkeit ihres Handelns i.d.R. ohnehin die Vollziehung aussetzen muss.[1090]

927 Ist die Aussetzung der Vollziehung **rechtmäßig**, ist der Vollzug des Verwaltungsakts vorläufig gehemmt. Die Aussetzung der Vollziehung kann auch mit Wirkung für die Vergangenheit erfolgen. Dies wird zwar teilweise mit dem Argument kritisiert, dass sonst § 80 V S. 3 VwGO überflüssig wäre[1091], allerdings setzt auch § 80 V S. 3 VwGO voraus, dass vorher die Rechtsgrundlage der Vollziehung - rückwirkend - beseitigt wird.

928 Da die behördliche Aussetzung der Vollziehung für den Adressaten des Grundverwaltungsakts begünstigend wirkt, ist dieser nicht beschwert. **Rechtsschutz** gegen die Aussetzung der Vollziehung kommt in der Regel daher nur dann in Betracht, wenn durch sie ein Dritter belastet ist, der ein Interesse an der Vollziehung hat.

> **Beispiel:** Die Baubehörde erlässt gegenüber B einen Baustopp. Da B bereit ist, für die möglichen Konsequenzen einer weiteren Bauausführung einzustehen, setzt die Behörde die Vollziehung aus. Nachbar N, der sich durch die weitere Bauausführung in seinen Nachbarrechten verletzt sieht, fragt nach Rechtsschutzmöglichkeiten.
>
> Handelte es sich bei der behördlichen Entscheidung gem. § 80 IV VwGO um einen Verwaltungsakt, wäre an einen Drittwiderspruch bzw. eine Drittanfechtungsklage zu denken. Nach h.M. handelt es sich bei der behördlichen Entscheidung gem. § 80 IV VwGO aber nicht um einen Verwaltungsakt, sondern – in Übereinstimmung mit der Anordnung der sofortigen Vollziehung gem. § 80 II S. 1 Nr. 4 VwGO – um eine **Annexentscheidung**, die nicht mit den Rechtsbehelfen angegriffen werden kann, die allgemein gegen Verwaltungsakte zur Verfügung stehen. Dem Rechtsschutzsuchenden verbleibt aber die Möglichkeit des Rechtsschutzes nach § 80a i.V.m. § 80 V VwGO, da diese ihm auch gegen die behördliche Anordnung der sofortigen Vollziehung zur Verfügung stehen würde.

[1089] Vgl. dazu *Kopp/Schenke*, VwGO, § 80 Rn 115; *J. Schmidt*, in: Eyermann, VwGO, § 80 Rn 68 ff.
[1090] BVerwG DVBl 1985, 1322; NVwZ 1987, 997.
[1091] So *Schäfer*, DÖV 1967, 479: nur Aussetzung der Vollziehung *ex nunc*.

IV. Die gerichtliche Anordnung oder Wiederherstellung der aufschiebenden Wirkung, § 80 V VwGO

Das im Hinblick auf das Rechtsstaatsprinzip (und daher auf die Klausurrelevanz) weitaus wichtigste Verfahren des vorläufigen Rechtsschutzes im Rahmen des § 80 VwGO ist das gerichtliche Verfahren nach § 80 V VwGO. Mit dieser Regelung wird ein rechtsstaatlicher Ausgleich zum behördlichen Verfahren nach § 80 II S. 1 Nr. 4 VwGO geschaffen. Wir erinnern uns: Gemäß § 80 I VwGO entfalten Widerspruch und Anfechtungsklage aufschiebende Wirkung, d.h. der Verwaltungsakt darf vorerst nicht vollzogen werden. Diese grundsätzliche aufschiebende Wirkung entfällt in den Fällen des § 80 II S. 1 VwGO, und zwar gemäß dessen Nrn. 1-3 aufgrund der dort genannten Voraussetzungen und gemäß Nr. 4 aufgrund einer Entscheidung der Behörde. Als Reaktion darauf kann der Betroffene einen Antrag bei der Behörde stellen mit dem Inhalt, diese möge die Vollziehung aussetzen (§ 80 IV VwGO). Er kann aber auch das Gericht anrufen mit dem Begehren, dieses solle die aufschiebende Wirkung in den Fällen des § 80 II S. 1 Nrn. 1-3 VwGO anordnen (§ 80 V S. 1 Var. 1 VwGO) oder im Fall des § 80 II S. 1 Nr. 4 VwGO wiederherstellen (§ 80 V S. 1 Var. 2 VwGO). Insgesamt regelt die Vorschrift des § 80 V VwGO drei Rechtsschutzmöglichkeiten: 929

(1) Die vollständige oder teilweise **Anordnung der aufschiebenden Wirkung** in den Fällen des § 80 II S. 1 Nrn. 1-3 und S. 2 VwGO (§ 80 V S. 1 Var. 1 VwGO)[1092].

(2) Die vollständige oder teilweise **Wiederherstellung der aufschiebenden Wirkung** im Fall des § 80 II S. 1 Nr. 4 VwGO (§ 80 V S. 1 Var. 2 VwGO).

(3) Die **Anordnung**, dass die **Vollziehung aufgehoben** wird, falls der Verwaltungsakt im Zeitpunkt der (gerichtlichen) Entscheidung schon vollzogen ist (§ 80 V S. 3 VwGO).[1093]

Aufgrund der originären Zuständigkeit des Gerichts der Hauptsache ist das Verfahren nach § 80 V VwGO ein eigenständiges gerichtliches Verfahren, das wie jedes Verwaltungsgerichtsverfahren, um erfolgreich zu sein, zur Sachentscheidung angenommen werden und begründet sein muss. 930

1. Sachentscheidungsvoraussetzungen des Eilantrags nach § 80 V VwGO

Der Aufbau der Prüfung der Sachentscheidungsvoraussetzungen sollte nach dem hier vertretenen Muster erfolgen. Danach ist (a) zunächst der Verwaltungsrechtsweg festzustellen[1094], sodann (b) der Eilantrag als statthafte Verfahrensart zu qualifizieren. Anschließend sind (c) die besonderen Sachentscheidungsvoraussetzungen des Hauptsacheverfahrens[1095] und (d) die allgemeinen Sachentscheidungsvoraussetzungen zu prüfen. Demnach ergibt sich folgendes Prüfungsschema: 931

[1092] Zwar wird § 80 II S. 2 VwGO in § 80 V S. 1 VwGO nicht erwähnt, es ist jedoch rechtslogisch, dass auch diese Bestimmung in den Anwendungsbereich des § 80 V S. 1 VwGO fallen muss.

[1093] Bei dieser Möglichkeit geht das Gericht von der Fallkonstellation aus, dass die Vollziehungsmaßnahmen zunächst aufgrund § 80 II VwGO „rechtmäßig" waren und erst durch die verwaltungsgerichtliche Entscheidung nach § 80 V VwGO unzulässig wurden. In diesem Fall erweist sich die Entscheidung nach § 80 V S. 3 VwGO als Annexentscheidung (ähnlich § 113 I S. 2 VwGO) zur vorangegangenen (rechtsgestaltenden) richterlichen Entscheidung.

[1094] Zum Problem der Rechtsnatur als Zulässigkeits- oder Sachentscheidungsvoraussetzung vgl. Rn 23 f.

[1095] Bei der Anfechtungsklage waren dies: (1) Klagebefugnis nach § 42 II VwGO, (2) Vorverfahren nach §§ 68 ff. VwGO, (3) Klagefrist nach § 74 VwGO und (4) Klagegegner nach § 78 VwGO. Beim Eilantrag nach § 80 V VwGO entfallen die Einhaltung der Klagefrist und nach umstrittener Auffassung auch die Durchführung eines Vorverfahrens: Für das Verfahren nach § 80 V VwGO ist mangels gesetzlicher Regelung keine Antragsfrist einzuhalten. Da allerdings der Rechtsschutz im Eilverfahren nicht weiterreichen darf als im Hauptsacheverfahren, entfällt regelmäßig das allgemeine Rechtsschutzbedürfnis, wenn das Hauptsacheverfahren verfristet (§§ 70, 74, 58 I, II VwGO) und somit der Verwaltungsakt bestandskräftig geworden ist. Die Durchführung eines Vorverfahrens bzw. eines behördlichen Aussetzungsverfahrens ist nach § 80 IV VwGO deshalb keine *besondere* Sachentscheidungsvoraussetzung, weil es als

Sachentscheidungsvoraussetzungen des Eilantrags nach § 80 V VwGO[1096]

a. Eröffnung des Verwaltungsrechtswegs und Zuständigkeit des Gerichts

b. Statthaftigkeit des Eilantrags nach § 80 V VwGO
- aa. Sonderproblem „faktische" Vollziehung
- bb. Sonderproblem (vorbeugende) Feststellung der Rechtswidrigkeit einer angedrohten sofortigen Vollziehung

c. Besondere Sachentscheidungsvoraussetzungen entsprechend dem Hauptsacheverfahren
- aa. Antragsbefugnis, § 42 II VwGO analog
- bb. Antragsgegner, § 78 VwGO analog

d. Allgemeine Sachentscheidungsvoraussetzungen
- aa. Beteiligten- und Prozessfähigkeit, §§ 61, 62 VwGO
- bb. Formerfordernisse, §§ 81, 82 VwGO analog
- cc. Allgemeines Rechtsschutzbedürfnis
  - a.) Die vorherige Erhebung eines **Widerspruchs** ist nach strittiger Auffassung nicht erforderlich, wenn dadurch (wie i.d.R.) keine aufschiebende Wirkung herbeigeführt werden kann.
  - b.) Die vorherige Durchführung eines **behördlichen Aussetzungsverfahrens** ist nach der hier vertretenen Auffassung ebenfalls nicht erforderlich, da dieses im reinen Alternativverhältnis zum gerichtlichen Antrag steht.

a. Eröffnung des Verwaltungsrechtswegs und Zuständigkeit des Gerichts

932 Gemäß § 80 V S. 1 VwGO ist das Gericht der *Hauptsache* zuständig. Daraus ergibt sich zunächst, dass der Verwaltungsrechtsweg eröffnet sein muss. Insofern sei auf die ausführlichen Erläuterungen bei Rn 25 ff. (Verwaltungsrechtsweg) verwiesen. Gericht der Hauptsache ist – auch vor Klageerhebung – das sachlich und örtlich zur Entscheidung über die Anfechtungsklage zuständige Gericht, vgl. Rn 105 ff. (Zuständigkeit des Gerichts).[1097]

933 **Hinweis für die Fallbearbeitung:** In der Fallbearbeitung könnte folgendermaßen formuliert werden: „Als statthafte Verfahrensart kommt der Eilantrag gem. § 80 V VwGO in Betracht. Da hier das Gericht der Hauptsache zuständig ist und in der Hauptsache möglicherweise eine Anfechtungsklage statthaft sein wird, muss der Verwaltungsrechtsweg eröffnet sein. Das ist der Fall, wenn entweder eine aufdrängende Spezialzuweisung gegeben ist oder die Generalklausel des § 40 I S. 1 VwGO greift. Vorliegend ... ."
Bezüglich der gerichtlichen Zuständigkeit kann in gewohnter Form vorgegangen werden: „Die sachliche Zuständigkeit des Verwaltungsgerichts richtet sich nach § 45 VwGO, die örtliche Zuständigkeit nach § 52 VwGO. Vorliegend ... ."

---

solches in § 80 VwGO nicht vorgesehen ist (beachte aber § 80 VI S. 1 u. 2 VwGO). Zu der Frage, ob dadurch aber nicht das Rechtsschutzbedürfnis entfallen könnte, vgl. Rn 945 ff.

[1096] Das Prüfungsschema für die Begründetheit (hinsichtlich § 80 V S. 1 Var. 2 VwGO) befindet sich bei Rn 963.

[1097] Zu beachten ist, dass die Verweisungsvorschrift des § 17a II GVG auch im verwaltungsgerichtlichen Eilverfahren gilt, vgl. VGH Kassel NVwZ 2003, 238; VGH München NVwZ-RR 2003, 74; OVG Greifswald NVwZ 2001, 446; OVG Münster NJW 1998, 1578; *Schoch*, in: Schoch/Schneider/Bier, VwGO, § 80 Rn 307; a.A. VGH Kassel NJW 1994, 145 und DVBl 1995, 164; *Kopp/Schenke*, VwGO § 42 Rn 2a; dem sich anschließend *Hummel*, JuS 2011, 317, 319 f.

b. Statthafte Verfahrensart

Bei der Bestimmung der statthaften Verfahrensart muss die Abgrenzung zu dem Verfahren nach § 123 VwGO erfolgen. Wie sich aus § 123 V VwGO ergibt, ist die einstweilige Anordnung gem. § 123 VwGO die richtige Verfahrensart, soweit es sich in der Hauptsache *nicht* um die Anfechtung eines belastenden Verwaltungsakts handelt. 934

Hinweis für die Fallbearbeitung: In einer Klausur ist daher unbedingt die Regelung des § 123 V VwGO hervorzuheben: „Die statthafte Verfahrensart richtet sich nach dem Begehren des Rechtsschutzsuchenden, vgl. § 88 VwGO (analog). Vorliegend möchte ... (der Antragsteller) gegen ... (die Verfügung der Behörde) vorgehen. Es liegt somit eine Anfechtungssituation vor, für die in der Hauptsache eine Anfechtungsklage gem. § 42 I Var. 1 VwGO statthaft wäre. Aufgrund der behördlichen Anordnung der sofortigen Vollziehung (bzw. je nach Fallkonstellation auch aufgrund des gesetzlichen Ausschlusses) käme einem solchen Rechtsbehelf aber keine aufschiebende Wirkung zu, vgl. § 80 II S. 1 Nr. 4 VwGO (bzw. die Nrn. 1-3). Daher wird dem Begehren des ... (Antragsteller) nur dadurch Rechnung getragen, dass er die durch die Behörde angeordnete sofortige Vollziehung verwaltungsgerichtlich überprüfen und die aufschiebende Wirkung wiederherstellen (bzw. bei anderer Fallgestaltung anordnen) lässt. Dafür steht ihm der Eilantrag gem. § 80 V S. 1 Var. 2 (bzw. Var. 1) VwGO zur Verfügung, der gem. § 123 V VwGO anwendbar ist." 935

aa. Problem der „faktischen" Vollziehung

Unter faktischer Vollziehung versteht man die unter Missachtung der tatsächlich bestehenden aufschiebenden Wirkung erfolgende behördliche Vollziehung eines Verwaltungsakts.[1098] 936

Beispiel: G, der im Allgemeinen nicht viel von Bürokratie hält, betreibt in der Stadt S eine Kneipe. Eine Genehmigung gem. §§ 2 ff. GastG hat er bislang nicht beantragt. Als nun einer seiner Gäste nach dem Verzehr von Frikadellen, die G zubereitet und an seine Gäste ausgegeben hatte, wegen einer Lebensmittelvergiftung ins Krankenhaus eingeliefert wird, stellt sich heraus, dass die von G zubereiteten Frikadellen salmonellenverseucht sind. Gleich am nächsten Morgen untersagt ihm die zuständige Gewerbebehörde daher die weitere Ausübung des Gaststättengewerbes gem. § 31 GastG i.V.m. § 15 II GewO. G sieht zwar ein, dass er einer Gaststättenerlaubnis bedarf, hält die Untersagungsverfügung aber für ungerechtfertigt. Immerhin werde ihm seine Existenzgrundlage entzogen. Er fragt daher nach einer Möglichkeit, wie er den Betrieb seiner Kneipe fortführen kann.

G kann Widerspruch und Anfechtungsklage erheben, die gem. § 80 I VwGO aufschiebende Wirkung entfalten. Bis zur Entscheidung über die Rechtmäßigkeit der Untersagungsverfügung darf die Behörde keine Vollziehungsmaßnahmen (etwa die Versiegelung der Räume) vornehmen. Nimmt sie solche trotzdem vor, stellt sich die Frage nach dem Rechtsschutz.[1099]

Die Gründe für eine faktische Vollziehung sind vielfältig. So kann die Behörde, nachdem ein mit einer aufschiebenden Wirkung verbundener Widerspruch eingelegt wurde, den Verwaltungsakt dennoch **irrtümlich** für sofort vollziehbar halten. Dem entspricht die irrtümliche Auffassung der Behörde über das Vorliegen der Voraussetzungen einer sofortigen Vollziehbarkeit kraft Gesetzes (nach § 80 II S. 1 Nr. 3 VwGO: 937

[1098] *Schoch*, in: Schoch/Schneider/Bier, VwGO, § 80 Rn 238; OVG Frankfurt/O NVwZ 2000, 577.

[1099] Dieser Fall kommt in der Praxis kaum vor, weil die Behörde eine derartige Verfügung aufgrund der Dringlichkeit der Angelegenheit gem. § 80 II S. 1 Nr. 4 VwGO für sofort vollziehbar erklären wird. Um aber das Problem der faktischen Vollziehung zu verdeutlichen, wurde der o.g. Weg gewählt.

etwa gem. § 212a I BauGB[1100]) oder einer wirksamen Vollziehbarkeitsanordnung (nach § 80 II S. 1 Nr. 4 VwGO). Zwar ist eine Anordnung oder Wiederherstellung einer aufschiebenden Wirkung durch das Gericht nicht möglich, weil der Suspensiveffekt bereits besteht.[1101] Der Betroffene kann dennoch an der gerichtlichen Feststellung interessiert sein, ob dem eingelegten Rechtsbehelf nun aufschiebende Wirkung zukommt oder nicht.[1102] Dem damit verbundenen Anliegen des Betroffenen, Vollzugsmaßnahmen zu verhindern, wird deshalb dadurch Rechnung getragen, dass das Gericht in entsprechender Anwendung des § 80 V S. 1 VwGO **feststellt**, der Rechtsbehelf habe aufschiebende Wirkung.[1103] Denn wenn das Gericht die aufschiebende Wirkung schon *anordnen* kann, muss die *Feststellung* der aufschiebenden Wirkung erst recht möglich sein.

938 Hat die Behörde bereits Vollzugsmaßnahmen ergriffen, kann die Gewährung effektiven vorläufigen Rechtsschutzes dadurch erfolgen, dass neben dem Feststellungsbegehren analog § 80 V S. 1 VwGO entsprechend § 80 V S. 3 VwGO die Aufhebung der Vollziehung beantragt wird.[1104]

939 Missachtet die Behörde jedoch **bewusst** die bestehende aufschiebende Wirkung eines Rechtsbehelfs, ist die gerichtliche Feststellung über das Bestehen der aufschiebenden Wirkung nicht geeignet, effektiven Rechtsschutz zu gewähren. In diesem Fall taugt – ebenso wie bei der Missachtung einer gerichtlichen Entscheidung – nur der Erlass einer (notfalls auch vollstreckbaren, § 172 VwGO) **einstweiligen Anordnung** gem. § 123 VwGO.[1105]

Wenn man im obigen **Beispiel** davon ausgeht, dass die Behörde *irrtümlich* annimmt, der von G eingelegte Rechtsbehelf entfalte keine aufschiebende Wirkung (etwa weil sie die Voraussetzungen des § 80 II S. 1 VwGO für gegeben hält), kann G einen Antrag gem. § 80 V S. 1 VwGO analog stellen mit dem Ziel der gerichtlichen Feststellung, der ursprünglich eingelegte Rechtsbehelf entfalte aufschiebende Wirkung. Anderenfalls wäre der Antrag gem. § 123 VwGO statthaft.

bb. Problem der (vorbeugenden) Feststellung der Rechtswidrigkeit einer angedrohten sofortigen Vollziehung

940 Droht die Behörde an, dass sie den von ihr erlassenen Verwaltungsakt bei Zuwiderhandlung sofort vollziehen wird[1106], kann der Betroffene mit einem Antrag nach § 80 V VwGO auch die Unzulässigkeit (Rechtswidrigkeit) dieser nur angedrohten Anordnung der sofortigen Vollziehung gewissermaßen vorbeugend **feststellen** lassen, wenn der Verdacht besteht, dass die Behörde die Anordnung der sofortigen Vollziehung nur deshalb zurückgehalten hat, um dem Betroffenen Rechtsschutzmöglichkeiten zu nehmen.[1107]

[1100] Vgl. dazu *Huber*, NVwZ 2004, 915 ff.

[1101] So aber *Redeker/v. Oertzen*, VwGO, § 80 Rn 29.

[1102] Entsprechendes gilt beim „faktischen" Vollzug durch Dritte, wenn beispielsweise der Bauherr trotz Widerspruchs des Nachbarn gegen die Baugenehmigung mit dem Bau beginnt, die Baugenehmigung also „faktisch" vollzieht. Allerdings muss der Nachbar auf jeden Fall nach § 123 VwGO vorgehen, wenn erst gar keine Baugenehmigung vorliegt.

[1103] H.M., vgl. nur OVG Hamburg NVwZ-RR 1999, 145; VGH München NVwZ 1999, 1363; *Kuhla*, NVwZ 2002, 542, 545; *J. Schmidt*, in: Eyermann, VwGO, § 80 Rn 109; *Schoch*, in: Schoch/Schneider/Bier, VwGO, § 80 Rn 238 i.V.m. 241; *Kopp/Schenke*, VwGO, § 80 Rn 181; *Erichsen*, JK 1999, VwGO § 80 II/3.

[1104] *Schoch*, in: Schoch/Schneider/Bier, VwGO, § 80 Rn 241.

[1105] BVerwG Buchholz 310 § 123 Nr. 8; *J. Schmidt*, in: Eyermann, VwGO, § 80 Rn 110; a.A. *Schenke*, DVBl 1986, 10, 12, der § 80 V S. 3 VwGO entsprechend anwendet.

[1106] Androhung der *sofortigen Vollziehung*. Nicht zu verwechseln mit der Androhung von *Vollstreckungsmaßnahmen* nach den Verwaltungsvollstreckungsgesetzen, wozu die Behörde (z.B. gem. § 13 VwVG des Bundes) verpflichtet ist. Vgl. zu Letzteren *R. Schmidt*, POR, Rn 902 ff.

[1107] BezG Erfurt DVBl 1992, 778; *Kopp/Schenke*, VwGO, § 80 Rn 181.

c. Besondere Sachentscheidungsvoraussetzungen entsprechend dem Hauptsacheverfahren

aa. Antragsbefugnis, § 42 II VwGO analog

Da der Rechtsschutz im Eilverfahren nicht weiter gehen soll als im Hauptsacheverfahren, ist im Verfahren nach § 80 V VwGO nur antragsbefugt, wer auch im Hauptsacheverfahren antrags- bzw. klagebefugt wäre. § 42 II VwGO ist daher analog anzuwenden.[1108] Im Übrigen wird auf die Ausführungen zur Anfechtungsklage verwiesen. **941**

bb. Antragsgegner, § 78 I VwGO analog

Richtiger Antragsgegner ist in analoger Anwendung von § 78 I VwGO nach dem jeweiligen Landesrecht der **Rechtsträger der Ausgangsbehörde**, auch wenn die der Ausgangsbehörde übergeordnete Widerspruchsbehörde die sofortige Vollziehung angeordnet hat.[1109] **942**

d. Allgemeine Sachentscheidungsvoraussetzungen

aa. Beteiligten- und Prozessfähigkeit, §§ 61, 62 VwGO, und Frist, § 74 VwGO

Die Beteiligten- und Prozessfähigkeit für Antragsteller und Antragsgegner richten sich nach den §§ 61 ff. VwGO. Vgl. dazu die Ausführungen zur Anfechtungsklage. Eine Antragsfrist ist bis auf die Möglichkeit der Verwirkung grundsätzlich nicht einzuhalten (s.o.). Zu beachten ist aber das Fristerfordernis in einigen neuen Gesetzen wie § 18a IV S. 1 AsylG oder § 36 III S. 1 AsylG. Weitere Besonderheiten bestehen im Fachplanungsrecht. **943**

bb. Formerfordernisse, §§ 81, 82 VwGO analog

Auch ein Antrag nach § 80 V VwGO muss grundsätzlich die Formerfordernisse gemäß §§ 81, 82 VwGO analog erfüllen. Nach wohl h.M. genügt eine **telefonische Antragstellung** den Anforderungen **nicht**, und zwar auch dann nicht, wenn die besondere Eilbedürftigkeit dies erforderlich macht, denn zum einen sei eine Antragstellung **per Fax** (ergänze: oder per PC ***online***) zulässig und zum anderen könne der Antrag auch vor der Geschäftsstelle des Gerichts zu Protokoll gegeben werden.[1110] Dem kann nicht ohne weiteres gefolgt werden. Es gibt durchaus Situationen, in denen es die Rechtsschutzgarantie des Art. 19 IV S. 1 GG gebietet, auch eine telefonische Antragstellung zu akzeptieren. So ist es nicht einzusehen, in außergewöhnlichen Fällen die Zulässigkeit eines Antrags von dem Schriftformerfordernis abhängig zu machen, wenn ansonsten die Gefahr bestünde, dass der Rechtsschutz zu spät käme und befürchtete Nachteile nicht mehr abgewendet werden könnten. Voraussetzung für die Zulässigkeit eines mündlich erhobenen Antrags muss aber sein, dass Antragsteller und Antragsgegner eindeutig feststehen, das Streitverhältnis einigermaßen bestimmbar ist und über die Ernsthaftigkeit des Antrags kein Zweifel besteht.[1111] **944**

[1108] BVerwG NVwZ 1994, 1000, 1001; *Loos*, JA 2001, 698; 700; *Schoch*, in: Schoch/Schneider/Bier, VwGO, § 80 Rn 316. Vgl. auch *Kuhla*, NVwZ 2002, 542, 544.

[1109] OVG Bautzen NVwZ-RR 2002, 74; OVG Frankfurt/O VIZ 1999, 539; *J. Schmidt*, in: Eyermann, VwGO, § 80 Rn 67; OVG Lüneburg NJW 1989, 2147, 2148, VGH Mannheim NVwZ 1995, 1220, 1221; *Schenke*, VerwProzR, Rn 996; *Kopp/Schenke*, VwGO, § 80 Rn 140; a.A. VG Dessau LKV 1997, 264; *Schoch*, in: Schoch/Schneider/Bier, VwGO, § 80 Rn 321; *Hufen*, VerwProzR, § 32 Rn 37.

[1110] *Schoch*, in: Schoch/Schneider/Bier, VwGO, § 123 Rn 125; *Happ*, in: Eyermann, VwGO, § 123 Rn 32.

[1111] VG Wiesbaden NVwZ 1988, 90. Im Ergebnis ebenso *Clausing*, JuS 1998, 56, 58 f.; *Kopp/Schenke*, VwGO, § 80 Rn 128; *Puttler*, in: NKVwGO, § 80 Rn 120.

cc. Allgemeines Rechtsschutzbedürfnis

a.) Widerspruchsverfahren

945 Auch im Eilverfahren nach § 80 V VwGO entfällt das allgemeine Rechtsschutzbedürfnis jedenfalls dann, wenn der Antragsteller sein Ziel auf einfachere, schnellere und effektivere Weise erlangen kann. Das ist immer dann der Fall, wenn er sein Ziel *unschwer und in zumutbarer Weise* bereits über § 80 I VwGO durch Einlegung eines ordentlichen Rechtsbehelfs erreichen kann.[1112] Dies könnte bedeuten, dass der Antragsteller grundsätzlich zunächst **Widerspruch** (sofern dieser gesetzlich vorgesehen ist) erheben muss.

946 - Für eine solche Annahme spricht zunächst der Wortlaut des § 80 V S. 2 VwGO, wonach der Eilantrag schon vor Erhebung der *Anfechtungsklage* zulässig ist. Zieht man den Umkehrschluss (*argumentum e contrario*) und betrachtet diesen für maßgeblich, ist die vorherige Erhebung eines Widerspruchs erforderlich. In diese Richtung streitet auch die Bedeutung der Begriffe „anordnen" und „wiederherstellen" in § 80 V S. 1 VwGO. Diese Begriffe nehmen begriffsnotwendig Rückbezug auf einen zuvor eingelegten Rechtsbehelf, dessen aufschiebende Wirkung ausgeschlossen war (vgl. § 80 II S. 1 Nr. 1-3 VwGO) oder entfiel (vgl. § 80 II S. 1 Nr. 4 VwGO) und durch Gerichtsentscheidung gem. § 80 V S. 1 VwGO angeordnet oder wiederhergestellt werden kann.[1113]

947 - Der Wortlaut des § 80 V S. 2 VwGO lässt aber auch eine andere Auslegung zu. Denn dort, wo ein Widerspruchsverfahren nicht vorgesehen ist, ist der Eilantrag gem. § 80 V VwGO unstreitig bereits vor Erhebung der Anfechtungsklage zulässig. Es überzeugt nicht, warum etwas anderes gelten soll, wenn der Anfechtungsklage noch ein förmlicher Rechtsbehelf in Form eines Widerspruchs vorgeschaltet ist. Denn wenn schon die Erhebung der Anfechtungsklage nicht erforderlich ist, dann muss dies erst recht für den Widerspruch gelten (*argumentum e maiori ad minus*: Schluss von dem Stärkeren auf das Schwächere). Darüber hinaus muss berücksichtigt werden, dass in den Fällen, in denen es zu einem Eilantrag gem. § 80 V VwGO kommt, ein vorheriger Widerspruch *a priori* keine aufschiebende Wirkung entfalten kann, denn sonst bestünde schon kein Bedürfnis für die Anordnung oder Wiederherstellung der aufschiebenden Wirkung durch das Gericht. Die Einlegung eines Widerspruchs, der keine aufschiebende Wirkung entfaltet, macht im Rahmen des § 80 V VwGO überhaupt keinen Sinn. Schließlich ist es mit dem Gebot des effektiven Rechtsschutzes (Art. 19 IV S. 1 GG) nur schwer vereinbar, wenn trotz des Bedürfnisses nach einstweiligem Rechtsschutz zunächst ein (nicht mit einer aufschiebenden Wirkung verbundener) Widerspruch eingelegt werden müsste, zumal ein Abwarten auf den Widerspruchsbescheid auch nach dem Wortlaut des § 80 V S. 1 VwGO nicht gefordert wird. Die vorherige Erhebung des Widerspruchs ist somit reiner Formalismus. Nach richtiger Auffassung kann das gerichtliche Anordnungs- bzw. Wiederherstellungsverfahren daher schon **vor Erhebung des Widerspruchs** eingeleitet werden.[1114] Zu beachten ist aber, dass die **Widerspruchsfrist noch nicht abgelaufen**, der Verwaltungsakt also noch **nicht bestandskräftig** sein darf. Denn sonst würde der vorläufige Rechtsschutz etwas gewähren, was im Hauptsacherechtsbehelf durch Verfristung ausgeschlossen ist.

[1112] Ausführlich *Schoch*, in: Schoch/Schneider/Bier, VwGO, § 80 Rn 308.

[1113] Für das Erfordernis der vorherigen Erhebung eines Widerspruchs *J. Schmidt*, in: Eyermann, VwGO, § 80 Rn 65; *Schoch*, in: Schoch/Schneider/Bier, VwGO, § 80 Rn 314; *Schoch*, Jura 2002, 37, 41; *Günther*, DöD 1999, 121 ff.; OVG Koblenz NJW 1995, 1043; OVG Münster DVBl 1996, 115; OVG Weimar LKV 1994, 408 und wohl auch *Loos*, JA 2001, 698, 700.

[1114] Gegen die Notwendigkeit der vorherigen Erhebung eines Widerspruchs auch *Zacharias*, JA 2002, 345, 346; *Muckel*, BesVerwR, 3. Aufl. 2005, S. 54 f.; *Schmitt Glaeser/Horn*, VerwProzR, Rn 279; *Schenke*, VerwProzR, Rn 992; *Schenke*, JZ 1996, 1155, 1160; *Kopp/Schenke*, VwGO, § 80 Rn 139; *Puttler*, in: NKVwGO, § 80 Rn 129; VGH Mannheim DVBl 1995, 302, 303; VGH München DVBl 1988, 591. *Kuhla*, NVwZ 2002, 542, 543 f., nennt noch nicht einmal das Widerspruchsverfahren.

Beispiel: Gastronom G kokst regelmäßig und viel. Daher widerruft die Gaststättenbehörde am 7.3.2016 die Gaststättenerlaubnis gem. § 15 II GastG[1115] und erklärt den Widerruf gem. § 80 II Nr. 4 VwGO für sofort vollziehbar. Gegen diese Anordnung der sofortigen Vollziehung wendet sich G am 12.4.2016 mit einem Eilantrag gem. § 80 V S. 1 Var. 2 VwGO, ohne dass Wiedereinsetzungsgründe vorgetragen werden oder erkennbar sind.

Hier wäre ein Widerspruch gegen den Widerrufsbescheid offensichtlich unzulässig, da aufgrund der verstrichenen Anfechtungsfrist noch nicht einmal die Möglichkeit besteht, dass G durch seinen Rechtsbehelf Erfolg haben könnte.

- Die vorherige Erhebung der **Anfechtungsklage** bezüglich der Hauptsache ist jedenfalls schon nach § 80 V S. 2 VwGO keine Sachentscheidungsvoraussetzung. Daher kann es auch nicht am Rechtsschutzbedürfnis fehlen, wenn der Antragsteller seinen Antrag nach § 80 V VwGO vor Erhebung der Anfechtungsklage stellt. **948**

Hinweis für die Fallbearbeitung: **949**

(1) Verfehlt wäre es, auf den Streit einzugehen, wenn der Antragsteller bereits Widerspruch erhoben hat. Anderenfalls muss der Streit jedoch entschieden werden: Wird entgegen der hier vertretenen Auffassung die vorherige Erhebung eines Widerspruchs für erforderlich gehalten, muss, wenn es noch nicht zu einer Antragstellung gekommen ist, zunächst ein Widerspruch erhoben werden.[1116] Das gilt unbeschadet der Rechtsnatur des Widerspruchsverfahrens als echte Sach**urteils**voraussetzung[1117], die grundsätzlich bis zum Abschluss der letzten mündlichen Verhandlung nachgeholt werden kann.[1118] Denn das Gericht entscheidet im Rahmen des vorläufigen Rechtsschutzes durch Beschluss (vgl. § 123 IV, V, § 80 VII, V VwGO), unabhängig davon, ob über den Antrag mündlich verhandelt worden ist oder nicht. Daraus folgt: Hält man die vorherige Durchführung des Widerspruchs für erforderlich, muss sie *vor* Antragstellung erfolgt sein. Wurde der Antrag dennoch erhoben, muss er als unzulässig abgewiesen werden. Zu Fragen der Begründetheit wäre dann nur noch in Form eines Hilfsgutachtens Stellung zu nehmen.

(2) Abzulehnen ist jedenfalls der Gedanke, in der Antragserhebung und mit der damit verbundenen Zustellung des Schriftsatzes an die Behörde die konkludente Erhebung eines Widerspruchs zu sehen. Dagegen spricht schon der eindeutige Wortlaut des § 70 I VwGO.

(3) Unabhängig von dem dargestellten Streit ist schließlich zu beachten, dass der Antrag gem. § 80 V S. 1 VwGO nicht den Eintritt der Bestandskraft des Ausgangsverwaltungsakts verhindert. Möchte der Rechtsschutzsuchende den Eintritt der Bestandskraft verhindern, muss er auf jeden Fall Widerspruch einlegen. Es ist daher gängige Praxis, dass der Rechtsanwalt des Rechtsschutzsuchenden gleichzeitig mit dem Eilantrag nach § 80 V VwGO Widerspruch gegen die Verwaltungsentscheidung einlegt, unabhängig von der Frage, ob ein Widerspruch überhaupt erforderlich ist.

b.) Behördliches Aussetzungsverfahren

Des Weiteren ist fraglich, ob auch ein behördliches Aussetzungsverfahren einen einfacheren Weg darstellt. Die grundsätzliche Durchführung eines solchen Verfahrens hat das Gesetz in § 80 IV S. 3, VI S. 1 VwGO nur für Abgaben und Kosten i.S.d. § 80 II S. **950**

[1115] Zur Föderalismusreform 2006 vgl. Fußnote 33.
[1116] Ein Abwarten auf den Widerspruchsbescheid ist dagegen auch nicht nach dem Wortlaut des § 80 V VwGO erforderlich.
[1117] BVerfGE 35, 65, 72; BVerwGE 61, 360, 362.
[1118] Ganz h.M., vgl. nur BVerwGE 23, 135, 136; *Rennert*, in: Eyermann, VwGO, § 68 Rn 22.

1 Nr. 1 VwGO angeordnet („soll"), um den Vorrang der verwaltungsinternen Kontrolle zu stärken und eine Entlastung der Gerichte herbeizuführen.[1119] Fraglich ist, ob diese Regelung auch auf die anderen Fälle des § 80 II S. 1 VwGO (analog) anzuwenden ist.

- Nach einer Auffassung[1120] stellt der Antrag nach § 80 IV VwGO auch für die übrigen Fälle einen einfacheren Weg dar, sodass grundsätzlich das allgemeine Rechtsschutzbedürfnis für das Verfahren nach § 80 V VwGO entfällt.
- Nach h.M.[1121] hat die Zulässigkeit des Antrags nach § 80 V VwGO für die übrigen Fälle des § 80 II S. 1 VwGO *nicht* zur Voraussetzung, dass der Antragsteller vorher erfolglos einen entsprechenden Antrag gemäß § 80 IV VwGO an die Behörde gestellt hat, weil das behördliche Verfahren nach § 80 IV VwGO und das gerichtliche Verfahren nach § 80 V VwGO in einem Alternativverhältnis zueinander stünden. Das gelte auch für Verwaltungsakte mit belastender Drittwirkung.
- Stellungnahme: Der klare Wortlaut des § 80 IV S. 1 VwGO spricht gegen eine Anwendung der Regelung außerhalb des § 80 II S. 1 Nr. 1 (*argumentum e contrario*). Auch systematische Gesichtspunkte lassen keine andere Auslegung zu. Bei der Regelung des § 80 VI VwGO handelt es sich um eine Ausnahmebestimmung, die wie alle Ausnahmeregelungen eng auszulegen und grds. analogieunfähig zu Lasten des Bürgers ist. Die Möglichkeit eines vorherigen behördlichen Verfahrens lässt somit das allgemeine Rechtsschutzbedürfnis für einen Antrag nach § 80 V VwGO außerhalb der Fälle des § 80 II S. 1 Nr. 1 VwGO nicht entfallen. Der Antragsteller eines Antrags nach § 80 V VwGO kann daher **nicht** auf das vorherige **behördliche Verfahren** nach § 80 IV VwGO verwiesen werden.

2. Begründetheit des Eilantrags nach § 80 V VwGO

a. Prüfungsinhalt

951 Anders als bei § 113 VwGO hat der Gesetzgeber bei § 80 V VwGO keine Kriterien formuliert, nach denen sich die Begründetheitsprüfung richtet. Unter Zugrundelegung der *Ratio* des Eilverfahrens lässt sich aber (wie bei § 80 II S. 1 Nr. 4 und § 80 IV VwGO) das Erfordernis einer **Abwägung** zwischen dem öffentlichen (oder privaten) **Vollzugsinteresse** einerseits und dem privaten **Aussetzungsinteresse** andererseits ableiten. Bei dieser gebotenen Interessenabwägung sind also allgemein die Nachteile, die dem Betroffenen durch den Vollzug des möglicherweise rechtswidrigen Verwaltungsakts entstehen können, jenen Nachteilen gegenüberzustellen, die sich aus einem verspäteten Vollzug des angegriffenen Verwaltungsakts ergeben. Entscheidenden Einfluss auf diese Abwägung üben die **Erfolgsaussichten des Rechtsbehelfs in der Hauptsache** aus.[1122] Denn ist ein Rechtsbehelf in der Hauptsache **offensichtlich begründet**, wird das öffentliche Interesse an der Vollziehung des Verwaltungsakts das private Aussetzungsinteresse kaum überwiegen. Offensichtlich begründet ist der Hauptsacherechtsbehelf, wenn der angegriffene Verwaltungsakt offensichtlich rechtswidrig ist. Denn wegen Art. 19 IV S. 1 und 20 III GG wird es unterstelltermaßen nicht im öffentlichen Interesse liegen, einen offensichtlich rechtswidrigen

---

[1119] Zu beachten ist aber die Ausnahmeregelung in § 80 VI S. 2 Nr. 1 u. 2 VwGO. In diesen Fällen braucht ein behördliches Aussetzungsverfahren also auch im Fall des § 80 II Nr. 1 VwGO nicht abgewartet zu werden.

[1120] *Hufen*, VerwProzR, § 32 Rn 35; VG Neustadt NVwZ 1999, 101, 102.

[1121] *J. Schmidt*, in: Eyermann, VwGO, § 80 Rn 60 f.; *Kopp/Schenke*, VwGO, § 80 Rn 138; *Muckel*, BesVerwR, 3. Aufl. 2005, S. 54 f.; *Mann/Wahrendorf*, VerwProzR, § 24 Rn 4; *Loos*, JA 2001, 698, 700; *Zacharias*, JA 2002, 345, 346; OVG Koblenz KommJur 2004, 31, 32; VGH Mannheim NVwZ 1995, 292, 293.

[1122] BVerfG NVwZ 2008, 880; NVwZ 2004, 93, 94; OVG Lüneburg NVwZ 2010, 2905, 2906; OVG Münster DÖV 2010, 568; *Durner*, JA 2010, 398, 399 f.; *Schenke*, VerwProzR, Rn 1001; *Schoch*, Jura 2002, 37, 46; *Kuhla*, NVwZ 2002, 542, 544; *J. Schmidt*, in: Eyermann, VwGO, § 80 Rn 80. Das gilt dem Grunde nach auch für den Erlass einer einstweiligen Anordnung nach § 32 BVerfGG (vgl. BVerfG-K NJW 2001, 357). A.A. *Kopp/Schenke*, VwGO, § 80 Rn 152 i.V.m. 159, der primär auf die Interessenabwägung abstellt und nur ferner den offensichtlichen Ausgang des Hauptsacheverfahrens berücksichtigt.

Verwaltungsakt zu vollziehen.[1123] Andererseits spricht die offensichtliche Recht*mäßigkeit* des zu vollziehenden Verwaltungsakts für die Unbegründetheit des Hauptsacherechtsbehelfs und somit für das Überwiegen des Vollzugsinteresses.[1124]

Kann die offensichtliche Rechtswidrigkeit oder Rechtmäßigkeit des Verwaltungsakts nicht festgestellt werden (non liquet), ist dann erst in einem zweiten Schritt eine **Interessenabwägung** (Nachteilsabwägung) vorzunehmen.[1125] Bei dieser Prüfung ist das **öffentliche** (oder private) **Interesse** an der sofortigen Vollziehung (**Vollzugsinteresse**) mit dem Interesse des Betroffenen an der Aussetzung der sofortigen Vollziehung (**Aussetzungsinteresse**) unter Einbeziehung auch sonstiger Aspekte (nach Möglichkeit keine Schaffung von nicht mehr rückgängig zu machenden Tatsachen oder Vermeidung des Zuspätkommens des Hauptsacheverfahrens) abzuwägen. Das Gericht hat darüber hinaus aber auch anhand der Umstände des konkreten Falls zu ermitteln, ob ein von der Beurteilung der Erfolgsaussichten des Hauptsacherechtsbehelfs unabhängiges **besonderes Vollzugsinteresse** besteht, das in der Eilbedürftigkeit der Durchführung des zu vollziehenden Verwaltungsakts liegt. Jedenfalls folgt aus § 80 I VwGO, dass ein öffentliches Interesse erforderlich ist, das über jenes hinausgeht, das den Verwaltungsakt selbst rechtfertigt, wenn es um die Suspendierung eines von der Behörde gem. § 80 II S. 1 Nr. 4 VwGO für sofort vollziehbar erklärten Verwaltungsakts geht.[1126] 952

b. Prüfungsdichte

Entsprechend dem Schutzzweck des Eilverfahrens („vorläufiger Rechtsschutz") beschränkt sich die Prüfung der Erfolgsaussichten in der Hauptsache grds. auf eine **summarische Prüfung**[1127], und zwar zunächst unstreitig auf die **Aufklärung des Sachverhalts**, da es gerade Sinn und Zweck des Eilverfahrens ist, eine schnelle (und daher vorläufige) Entscheidung zu treffen, wobei eine aufwendige Beweisaufnahme zur Aufklärung streitiger Sachverhalte schon aus der Natur der Sache ausgeschlossen ist. Daher kann sich die Entscheidung – im Gegensatz zum Hauptsacheverfahren – auch lediglich auf eine glaubhaft gemachte Tatsachenbasis stützen (vgl. § 173 VwGO i.V.m. § 294 I ZPO). 953

Ob ebenfalls die **Rechtslage** (nur) summarisch oder gar vollständig und abschließend geprüft werden muss, ist zwar umstritten[1128], aber von keiner Klausurrelevanz, da in der universitären Fallbearbeitung zwar der Begriff „summarische Prüfung" nicht fehlen darf, die rechtliche Würdigung des (gegebenen) Sachverhaltes aber genauso vollständig und abschließend zu erfolgen hat, wie bei der Prüfung eines Hauptsacheverfahrens. 954

[1123] OVG Lüneburg NVwZ 2010, 2905, 2906; OVG Bautzen NJW 2000, 1057; OVG Lüneburg NVwZ 2000, 1194; *Schelp/Daniel*, JuS 2000, 472; *Volkmann*, JuS 1999, 544, 545; *Bodanowitz*, JuS 1999, 574, 577.

[1124] Aus diesem Grund bietet es sich in der Fallbearbeitung an, zwar auf die Interessenabwägung abzustellen, zunächst aber den offensichtlichen Ausgang des Hauptsacheverfahrens zu prüfen. Siehe auch den folgenden Punkt c (Rn 956).

[1125] So auch ausdrücklich OVG Lüneburg NVwZ 2010, 2905, 2906.

[1126] BVerfG NVwZ 2004, 93 f.

[1127] BVerfG NVwZ-RR 1999, 217; VGH Mannheim NJW 2000, 3658; OVG Lüneburg NVwZ 2000, 1194; OVG Greifswald LKV 1999, 232, 233; *Kuhla*, NVwZ 2002, 542, 544; *Ortloff*, NVwZ 2000, 750, 754; *J. Schmidt*, in: Eyermann, VwGO, § 80 Rn 81; *Kopp/Schenke*, VwGO, § 80 Rn 152; *Bodanowitz*, JuS 1999, 574, 577; *Schelp/Daniel*, JuS 2000, 472, 475 u. 477; *Bamberger*, NVwZ 2000, 983, 985.

[1128] Für eine bloße summarische Prüfung auch der Rechtslage OVG Lüneburg NVwZ 2000, 1194; OVG Bautzen NJW 2000, 1057; OVG Greifswald LKV 1999, 232, 233; *Bamberger*, NVwZ 2000, 983, 985 f.; *J. Schmidt*, in: Eyermann, VwGO, § 80 Rn 81; a.A. *Schoch*, in: Schoch/Schneider/Bier, VwGO, § 80 Rn 276 mit dem Argument der Rechtsverweigerung durch die Rechtsprechung. Diese Auffassung ist aber wenig realitätsnah. Denn würde man den Verwaltungsgerichten im Rahmen des vorläufigen Rechtsschutzes die Pflicht zur umfassenden Prüfung auch der Rechtslage auferlegen, würde das aufgrund der ohnehin schon bestehenden Überlastung der Gerichte zu einer erheblichen Verzögerung des vorläufigen Rechtsschutzes führen. Dies wäre einerseits kaum i.S.d. Art. 19 IV S. 1 GG und andererseits würde dadurch kein wesentlicher Unterschied zur Hauptsache bestehen.

Hinweis für die Fallbearbeitung: Während sich das Gericht bei der „summarischen" Prüfung mit den bisher ermittelten Tatsachen und den sofort verfügbaren Beweismitteln zufrieden geben darf und nicht unbedingt eine Beweisaufnahme durchzuführen braucht, gilt für den **Klausurbearbeiter** regelmäßig etwas anderes: In den überwiegenden Aufgabenstellungen ist eine ganz normale Begutachtung der Rechtmäßigkeit eines Verwaltungsakts angezeigt, die sich in nichts von derjenigen bei einer Anfechtungsklage unterscheidet. Anders als im gerichtlichen Verfahren ist in der Fallbearbeitung i.d.R. also eine **volle Rechtmäßigkeitsprüfung** erforderlich.

955 Geht es aber um eine behördliche Leistungsverweigerung, die für den Betroffenen **existentielle Bedeutung** hat, genügt auch ihn der Praxis eine summarische Prüfung i.d.R. nicht. Vielmehr haben die Gerichte in diesem Fall eine abschließende bzw. umfangreiche Prüfung der Sach- und Rechtslage auch im Verfahren des einstweiligen Rechtsschutzes vorzunehmen.[1129] Ist dem Gericht (aufgrund der geringen Zeit) eine vollständige Aufklärung der Sach- und Rechtslage nicht möglich, sind die betroffenen Grundrechte umfassend bei der Folgenabwägung zu berücksichtigen. Dabei haben sich die Gerichte schützend und fördernd vor die Grundrechte zu stellen[1130], was im Ergebnis dazu führen dürfte, dass eine Ablehnung einstweiligen Rechtsschutzes in existenzbedrohenden Fällen auch bei mangelhafter Glaubhaftmachung des Anordnungsanspruches durch den Anspruchsteller kaum rechtmäßig wäre.

c. Obersatzbildung und Prüfungsaufbau

956 Aus den obigen Ausführungen folgt, dass in der Obersatzbildung dogmatisch korrekt zwar primär auf die Interessenabwägung abzustellen ist, diese Interessenabwägung jedoch maßgeblich von den Erfolgsaussichten des Rechtsbehelfs in der Hauptsache beeinflusst wird. Dazu ist (entgegen der gerichtlichen Praxis) eine umfassende Rechtmäßigkeitsprüfung des Verwaltungsakts durchzuführen. Gelangt man nämlich zu dem Ergebnis, dass der Verwaltungsakt offensichtlich rechtswidrig ist, kann eine ausführliche Interessenabwägung regelmäßig unterbleiben, denn an der sofortigen Vollziehung eines offensichtlich rechtswidrigen Verwaltungsakts wird kaum ein überwiegendes öffentliches oder privates Interesse bestehen. Im umgekehrten Fall gilt Entsprechendes. Das führt zu folgender **gutachtlichen Prüfung**:

- Im Obersatz ist zunächst festzustellen, dass der Antrag nach § 80 V VwGO begründet ist, wenn eine vom Gericht vorzunehmende **Interessenabwägung** ergibt, dass das Aussetzungsinteresse des Antragstellers das Vollzugsinteresse der Behörde überwiegt.
- Sodann ist darzulegen, dass diese Interessenabwägung maßgeblich von den **Erfolgsaussichten des Rechtsbehelfs in der Hauptsache** beeinflusst wird und somit zunächst eine summarische Prüfung der Rechtmäßigkeit des Verwaltungsakts durchzuführen ist.
- Dann erfolgt (trotz der Bezeichnung „summarisch") eine **umfassende Prüfung des Verwaltungsakts** (formelle und materielle Rechtmäßigkeit).
- Gelangt man zu dem Ergebnis, dass der Verwaltungsakt rechtswidrig ist, wird die Interessenabwägung ergeben, dass das Aussetzungsinteresse des Antragstellers das Vollzugsinteresse der Behörde überwiegt. Der Antrag ist dann in aller Regel begründet. Sollte die Prüfung jedoch ergeben, dass der Verwaltungsakt rechtmäßig ist, fällt die Interessenabwägung regelmäßig zugunsten der Behörde aus. Es bleibt dann bei der Vollziehung des Verwaltungsakts. Etwas anderes gilt nur dann, wenn durch den Vollzug unzumutbare und irreparable Schäden auftreten. Hier wird auch ein rechtmäßiger Verwaltungsakt nicht vollzogen werden dürfen.

[1129] Vgl. BVerfG NVwZ 2009, 715 f. (amyotrophe Lateralsklerose).
[1130] BVerfG NVwZ 2008, 880 mit Bespr. v. *Sachs*, JuS 2008, 921. Vgl. auch BVerfG NVwZ 2009, 715 f.

d. Anordnung und Wiederherstellung der aufschiebenden Wirkung

Im Gegensatz zu § 80 II S. 1 Nr. 4 VwGO entfällt in Fällen des § 80 II S. 1 Nrn. 1-3 957
und S. 2 VwGO die aufschiebende Wirkung kraft Gesetzes. Eine besondere behördliche Anordnung der sofortigen Vollziehung findet also nicht statt. Deshalb kann in einer Klausur in Fällen des § 80 II S. 1 Nrn. 1-3 und S. 2 VwGO auch keine separate Prüfung der Vollziehungsanordnung erfolgen, sondern lediglich festgestellt werden, dass das Gericht aufgrund originärer Ermessensentscheidung bei einer Interessenabwägung zwischen Vollzugsinteresse und Aussetzungsinteresse die aufschiebende Wirkung *anordnet*, falls es zu dem Ergebnis kommt, dass das Aussetzungsinteresse das Vollzugsinteresse überwiegt (vgl. § 80 V S. 1 Var. 1 VwGO). Im Gegensatz dazu sind bei der gerichtlichen Entscheidung nach § 80 V S. 1 Var. 2 VwGO (*Wiederherstellung* der aufschiebenden Wirkung) zusätzlich formelle Gesichtspunkte der von der Behörde gemäß § 80 II S. 1 Nr. 4 VwGO erlassenen Vollziehungsanordnung zu prüfen. Aus diesem Grund empfiehlt sich eine differenzierte Darstellung der Begründetheitsprüfung:

e. Begründetheit des Eilantrags nach § 80 V S. 1 Var. 1 VwGO in den Fällen des § 80 II S. 1 Nrn. 1-3 und S. 2 VwGO

Wie bereits gesagt, ist aufgrund der Formulierung des § 80 II S. 1 Nrn. 1-3 und S. 2 958
VwGO die Interessenabwägung zwischen dem Vollzugsinteresse und dem Aussetzungsinteresse zugunsten des Vollzugsinteresses gesetzlich prädeterminiert. Ferner soll die Regelung des § 80 IV S. 3 VwGO (ernstliche Zweifel, unbillige Härte) nach überwiegender Ansicht eine Fernwirkung entfalten und auch auf das gerichtliche Verfahren anzuwenden sein.[1131] Daher sind in diesen Fällen Prüfungsmaßstab die in einer (summarischen) Prüfung zu untersuchenden Tatbestandsmerkmale *ernstliche Zweifel* und *unbillige Härte* und die Erfolgsaussichten (*offensichtlicher Ausgang*) in der Hauptsache.

Begründetheit des Eilantrags nach § 80 V S. 1 Var. 1 VwGO 959

Einstiegsformulierung:

„Begründet ist der Antrag auf Anordnung der aufschiebenden Wirkung nach § 80 V S. 1 Var. 1 VwGO, wenn die Interessenabwägung ergibt, dass das private Aussetzungsinteresse das behördliche (oder private) Vollzugsinteresse überwiegt, wobei die Erfolgsaussichten in der Hauptsache mit einzubeziehen sind."

Die Prüfung der Begründetheit erfolgt regelmäßig zweistufig:

⇨ Zunächst erfolgt die Prüfung der **Erfolgsaussichten** des Rechtsbehelfs in der Hauptsache. Dabei ist die Begründetheit[1132] eines Rechtsbehelfs der Hauptsache zu prüfen.[1133] Denn ist der fragliche Verwaltungsakt formell und/oder materiell rechtswidrig und verletzt den Antragsteller in seinen Rechten, ergibt die Interessenabwägung regelmäßig, dass das behördliche Vollzugsinteresse das private Aussetzungsinteresse wohl kaum überwiegen wird. Das folgt aus dem Umstand, dass

[1131] BVerfG NVwZ 2004, 93, 94; *J. Schmidt*, in: Eyermann, VwGO, § 80 Rn 50.

[1132] Die Sachentscheidungsvoraussetzungen sind nach der hier vertretenen Auffassung i.d.R. nicht zu prüfen, da – soweit diese nicht vorliegen – auch schon der Eilantrag nach § 80 V VwGO nicht zulässig gewesen wäre. Eine insoweit „doppelte" Prüfung ist überflüssig.

[1133] BVerfG NVwZ 2004, 93, 94; BVerfG NVwZ-RR 1999, 217; OVG Hamburg NVwZ 2002, 356; VGH Mannheim NJW 2000, 3658; OVG Lüneburg NVwZ 2000, 1194; OVG Greifswald LKV 1999, 232, 233; *Kuhla*, NVwZ 2002, 542, 544; *Zacharias*, JA 2002, 345, 347; *Bamberger*, NVwZ 2000, 983, 985; *Ortloff*, NVwZ 2000, 750, 754; *J. Schmidt*, in: Eyermann, VwGO, § 80 Rn 81; *Kopp/Schenke*, VwGO, § 80 Rn 158; *Bodanowitz*, JuS 1999, 574, 577; *Schelp/Daniel*, JuS 2000, 472, 475 u. 477.

i.d.R. nicht davon auszugehen ist, dass die Behörde ein Interesse daran haben wird, einen rechtswidrigen Verwaltungsakt zu vollziehen.[1134] Umgekehrt ist der Antrag abzulehnen, wenn der Verwaltungsakt offensichtlich rechtmäßig ist bzw. den Antragsteller nicht in seinen Rechten verletzt.

⇨ Sind die Erfolgsaussichten des Hauptsacheverfahrens nicht offensichtlich, kann die vom Gericht vorzunehmende **Interessenabwägung** der gegensätzlichen Interessen nicht allein aufgrund der Beurteilung der Hauptsache erfolgen. In diesem Fall ist die dem Gericht auferlegte Interessenabwägung in einem zweiten Schritt auf eine umfassende Folgeprüfung zu stützen: Es ist eine umfassende Abwägung derjenigen Folgen vorzunehmen, die eintreten würden, wenn das Eilrechtsschutzbegehren abgelehnt, der Rechtsbehelf in der Hauptsache aber Erfolg haben würde, gegenüber den Nachteilen, die entstünden, wenn die aufschiebende Wirkung angeordnet würde, die angegriffene Maßnahme sich aber später als rechtmäßig herausstellen würde.[1135] Insbesondere ist die Möglichkeit oder Unmöglichkeit einer etwaigen Rückgängigmachung der getroffenen Regelung und ihrer Folgen zu beachten. Freilich ist der gesetzlichen Prädeterminierung des § 80 II S. 1 Nr. 3 VwGO (überwiegendes öffentliches Interesse an der Vollziehung des Verwaltungsakts) besondere Bedeutung beizumessen.[1136]

f. Begründetheit des Eilantrags nach § 80 V S. 1 Var. 2 VwGO im Fall des § 80 II S. 1 Nr. 4 VwGO

960 Wie bereits erläutert, ermächtigt § 80 II S. 1 Nr. 4 VwGO die Verwaltung (Ausgangs- *und* Widerspruchsbehörde), unter bestimmten (im Folgenden zu erläuternden) Voraussetzungen die **aufschiebende Wirkung** insgesamt oder hinsichtlich eines abtrennbaren Teils (Auflage, Bedingung usw.) des Grundverwaltungsakts durch eine **Anordnung der sofortigen Vollziehung auszusetzen** und damit die Vollziehbarkeit zu erhalten. In einem solchen Fall darf der Betroffene trotz Erhebung eines Widerspruchs bzw. einer Anfechtungsklage **nicht** mit seiner Handlung bzw. Tätigkeit fortfahren (vgl. dazu den Übungsfall bei Rn 976). In der Praxis und im juristischen Studium häufig anzutreffen sind Untersagungsverfügungen, die der *Gefahrenabwehr* dienen (wie z.B. die Gewerbeuntersagung gem. § 35 GewO[1137]), da derartige Verfügungen ersichtlich auf Vollziehbarkeit angelegt sind, weil sie nur so den ihnen zugedachten Zweck der Gefahrenabwehr erfüllen können.[1138]

961 **Hinweis für die Fallbearbeitung:** Für den Klausuraufbau bedeutet dies, dass im Gegensatz zu der Prüfung des § 80 V S. 1 Var. 1 VwGO (*Anordnung* der aufschiebenden Wirkung) bei der gerichtlichen Entscheidung nach § 80 V S. 1 Var. 2 VwGO (*Wiederherstellung* der aufschiebenden Wirkung) die Voraussetzungen der von der Behörde gemäß § 80 II S. 1 Nr. 4 VwGO erlassenen **Vollziehungsanordnung** zu prüfen sind. Dies beinhaltet neben der **Interessenabwägung** zwischen Vollzugsinteresse und Aussetzungsinteresse eine separate (**formelle**) **Prüfung der behördlichen Vollziehungsanordnung**. Hierdurch erklärt sich der Umstand, dass in einer Prüfungsarbeit (Klausur oder Hausarbeit) regelmäßig das *Wiederherstellungs*verfahren, nicht das *Anordnungs*verfahren Gegenstand der Prüfung ist. Daher wurde auch der bei Rn 976 dargestellte Übungsfall hieran angelehnt.

[1134] *Volkmann*, JuS 1999, 544, 545.
[1135] VG Neustadt NVwZ 1999, 101, 102. Vgl. auch BVerwG NJW 2000, 160, 161 f. (zu § 123 VwGO).
[1136] BVerfG NVwZ 2004, 93, 94.
[1137] Vgl. dazu im Einzelnen die diesbezügliche Ausarbeitung zum Gewerberecht, die auf der Internetseite des Verlags veröffentlicht ist.
[1138] Vgl. dazu etwa den Klausurfall von *Kerst*, JA 2011, 935 ff.

Aus diesen Überlegungen heraus ergibt sich für die Begründetheitsprüfung eines Eilantrags nach § 80 V S. 1 Var. 2 VwGO (***Wiederherstellung* der aufschiebenden Wirkung**) folgender Aufbau: 962

963

Begründetheit des Antrags nach § 80 V S. 1 Var. 2 VwGO

Einstiegsformulierung:

„Begründet ist der Antrag nach § 80 V S. 1 Var. 2 VwGO, wenn sich die Anordnung der sofortigen Vollziehung gem. § 80 II S. 1 Nr. 4 VwGO bereits aus **formellen Gesichtspunkten** als unrechtmäßig herausstellen sollte oder aber die **Abwägung zwischen Vollzugsinteresse und Suspensivinteresse** ergibt, dass das private Aussetzungsinteresse das behördliche Vollzugsinteresse überwiegt, wobei die Erfolgsaussichten in der Hauptsache mit einzubeziehen sind."[1139]

Sodann erfolgt die Prüfung:

I. Formelle Rechtmäßigkeit der Anordnung der sofortigen Vollziehung (Zuständigkeit, Verfahren, Form)

II. Materielle Rechtmäßigkeit der Anordnung der sofortigen Vollziehung

1. Rechtsgrundlage der Behörde zur Anordnung der sofortigen Vollziehung ist § 80 II S. 1 Nr. 4 VwGO.
2. Materiell rechtmäßig ist die Anordnung der sofortigen Vollziehung, wenn die Interessenabwägung ergibt, dass das behördliche (oder private) Vollzugsinteresse das private Aussetzungsinteresse überwiegt, wobei die Erfolgsaussichten in der Hauptsache mit einzubeziehen sind, § 80 II S. 1 Nr. 4 VwGO. Dazu ist aus praktischen Erwägungen
   a.) zunächst eine (**summarische) Prüfung** des **offensichtlichen Ausgangs** des entsprechenden Hauptsacheverfahrens vorzunehmen.[1140] Denn ist der Ausgangsverwaltungsakt offensichtlich rechtmäßig, wird das Aussetzungsinteresse das Vollzugsinteresse kaum überwiegen. Eine mitunter schwierige Interessenabwägung kann dann i.d.R. entfallen. Im umgekehrten Fall gilt Entsprechendes.
   b.) Sind die Erfolgsaussichten des Hauptsacheverfahrens nicht offensichtlich, kann die vom Gericht vorzunehmende **Interessenabwägung** der gegensätzlichen Interessen nicht allein aufgrund der Beurteilung der Hauptsache erfolgen. In diesem Fall ist die dem Gericht auferlegte Interessenabwägung in einem zweiten Schritt auf eine Folgeprüfung zu stützen: Es ist eine umfassende Abwägung derjenigen Folgen vorzunehmen, die eintreten würden, wenn das Eilrechtsschutzbegehren abgelehnt, der Rechtsbehelf in der Hauptsache aber Erfolg haben würde, gegenüber den Nachteilen, die entstünden, wenn die aufschieben-

[1139] Die Formulierung dieses Obersatzes orientiert sich streng am Wortlaut des § 80 II S. 1 Nr. 4 VwGO. Inkorrekt wäre es, den Obersatz in einer Analogie aus § 113 I S. 1 VwGO zu bilden. Während es dort um das Rechtsschutzziel *Abwehr der Rechtsfolgen eines belastenden Verwaltungsakts* geht, ist Rechtsschutzziel des Eilantrags nach § 80 V VwGO (lediglich) *die Erzielung der aufschiebenden Wirkung*! Wegen seiner Undifferenziertheit abzulehnen auch *Zilkens*, JuS 2009, 350, 352.

[1140] BVerfG NVwZ 2004, 93 f.; BVerfG NJW 2003, 3618 ff.; BVerfG NVwZ-RR 1999, 217; VGH Mannheim NJW 2000, 3658; OVG Lüneburg NVwZ 2000, 1194; OVG Greifswald LKV 1999, 232, 233; *Kuhla*, NVwZ 2002, 542, 544; *Zacharias*, JA 2002, 345, 347; *Loos*, JA 2001, 698, 700; *Bamberger*, NVwZ 2000, 983, 985; *Ortloff*, NVwZ 2000, 750, 754; *J. Schmidt*, in: Eyermann, VwGO, § 80 Rn 81; *Bodanowitz*, JuS 1999, 574, 577; *Schelp/Daniel*, JuS 2000, 472, 475 u. 477. Diese Nachweise beantworten aber nicht die Frage, was unter „offensichtlichem Ausgang des Hauptsacheverfahrens" zu verstehen ist. Es könnte angenommen werden, darunter sei die Prüfung der Sachentscheidungsvoraussetzungen und der Begründetheit des Hauptsacherechtsbehelfs zu verstehen (denn der Ausgang des Hauptsacheverfahrens ist von beidem abhängig). Nach der hier vertretenen Ansicht sind die Sachentscheidungsvoraussetzungen des Hauptsacherechtsbehelfs i.d.R. nicht zu prüfen, da – soweit diese nicht vorliegen – auch schon der Eilantrag nach § 80 V VwGO nicht zulässig gewesen wäre. Eine insoweit „doppelte" Prüfung ist (wie bei dem Verfahren nach § 80 V S. 1 Var. 1 VwGO) überflüssig.

de Wirkung angeordnet würde, die angegriffene Maßnahme sich aber später als rechtmäßig herausstellen würde.[1141] Insbesondere ist die Möglichkeit oder Unmöglichkeit einer etwaigen Rückgängigmachung der getroffenen Regelung und ihrer Folgen zu beachten. Das Gleiche gilt, wenn der Antragsteller eine Entscheidung in der Hauptsache nicht mehr rechtzeitig erwirken kann und sein Begehren schon aufgrund der im Verfahren des vorläufigen Rechtsschutzes anzustellenden summarischen Prüfung der Erfolgsaussichten bei Anlegung eines strengen Maßstabes erkennbar Erfolg haben muss.[1142] Jedenfalls folgt aus § 80 I VwGO, dass ein öffentliches Interesse erforderlich ist, das über jenes hinausgeht, das den Verwaltungsakt selbst rechtfertigt, wenn es um die Suspendierung eines von der Behörde gem. § 80 II S. 1 Nr. 4 VwGO für sofort vollziehbar erklärten Verwaltungsakts geht.[1143]

964 **Fazit:** Wie die vorstehenden Ausführungen gezeigt haben, tritt nur bei Rechtmäßigkeit der Anordnung der sofortigen Vollziehung der Ausschluss der Suspensivwirkung ein. In der **Fallbearbeitung** muss demnach die Anordnung der sofortigen Vollziehung formell und materiell geprüft werden. Sie ist **formell** rechtmäßig, wenn die Erlassbehörde zuständig war und keine Verfahrens- und Formfehler vorliegen. **Materiell** rechtmäßig ist die Anordnung, wenn die sofortige Vollziehung im öffentlichen Interesse oder im überwiegenden Interesse eines Beteiligten erforderlich ist (vgl. § 80 II S. 1 Nr. 4 VwGO).

aa. Formelle Rechtmäßigkeit der Anordnung der sofortigen Vollziehung

965 Wie bei jeder formellen Rechtmäßigkeitsprüfung müssen Zuständigkeit, Verfahren und Form geprüft werden.

a.) Zuständigkeit

966 Gemäß § 80 II S. 1 Nr. 4 VwGO kann die sofortige Vollziehung von der Ausgangsbehörde und daneben - also kumulativ - auch von der Widerspruchsbehörde angeordnet werden. Dadurch besteht eine in der Praxis oft auf Schwierigkeiten stoßende Zuständigkeitskonkurrenz: Die Anordnung kann durch die Ausgangsbehörde auch noch nach der Abgabe an die Widerspruchsbehörde erfolgen oder von der Widerspruchsbehörde bereits vor Einleitung des Widerspruchsverfahrens erlassen werden.[1144]

b.) Verfahren

967 Zur Beantwortung der Frage, ob bestimmte Verfahrensregeln (z.B. **Anhörung** nach § 28 VwVfG) einzuhalten sind, ist es hilfreich, zunächst die Rechtsnatur der Anordnung der sofortigen Vollziehung zu klären.

- Teilweise[1145] wird vertreten, dass die Anordnung der sofortigen Vollziehung ein **Verwaltungsakt** sei, sodass grundsätzlich die Anhörung nach § 28 I VwVfG zu erfolgen habe.

[1141] BVerfG NVwZ 2004, 93 f.; BVerfG NJW 2003, 3618 ff.; VG Neustadt NVwZ 1999, 101, 102.
[1142] BVerfG NVwZ 2004, 93 f.; BVerfG NJW 2003, 3618 ff.; BVerwG NJW 2000, 160, 161 f. zu § 123 VwGO.
[1143] BVerfG NVwZ 2004, 93 f.
[1144] Vgl. OVG Bautzen NVwZ-RR 2002, 74; *Zacharias*, JA 2002, 345, 346 f.; *J. Schmidt*, in: Eyermann, VwGO, § 80 Rn 49; *Hufen*, VerwProzR, § 32 Rn 15; *Schmitt Glaeser/Horn*, VerwProzR, Rn 266; *Puttler*, in: NKVwGO, § 80 Rn 77; *Schoch*, in: Schoch/Schneider/Bier, VwGO, § 80 Rn 172; *Bodanowitz*, JuS 1999, 574, 577; *Brühl*, JuS 1995, 627, 630; a.A. *Kopp/Schenke*, VwGO, § 80 Rn 81 m.w.N.: Zuständigkeit der Widerspruchsbehörde erst mit Eintritt des Devolutiveffekts.
[1145] *Ganter*, DÖV 1984, 970; *Grigoleit*, Die Anordnung der sofortigen Vollziehung gem. § 80 Abs. 2 Nr. 4 VwGO als Verwaltungshandlung, 1997, S. 122 ff.; VGH Mannheim NVwZ 1991, 491, 492; OVG Bremen DVBl 1980, 420, 422.

- Das grundsätzliche Erfordernis der Anhörung trifft auch für eine abgeschwächte Meinung zu, welche die Anordnung der sofortigen Vollziehung einem Verwaltungsakt gleichstellt und zur analogen Anwendung des § 28 VwVfG gelangt.[1146]
- Die h.M.[1147] **verneint** den Verwaltungsaktcharakter der Anordnung der sofortigen Vollziehung. Richtigerweise handele es sich um eine Annex- oder Nebenentscheidung zum Verwaltungsakt, bei der eine vorherige Anhörung nicht erforderlich sei.
- Stellungnahme: Die h.M. basiert auf drei Gründen: Zunächst berücksichtigt sie, dass die Anordnung der sofortigen Vollziehung kein Verfahren nach § 9 VwVfG abschließt, das zum Erlass eines Verwaltungsakts führen würde. Zudem könnte ihr, wenn sie einen Verwaltungsakt darstellte, mit Widerspruch und Anfechtungsklage und der damit verbundenen aufschiebenden Wirkung (§ 80 I VwGO) begegnet werden, wodurch sie stark in ihrer Wirksamkeit einbüßte. Zuletzt arbeitet die h.M. heraus, dass die Anordnung der sofortigen Vollziehung eine reine Verfahrensregelung ohne materiellen Inhalt (also ohne sachlichen Regelungsgehalt) darstellt, sodass sie schon deshalb keinen Verwaltungsakt darstellen kann. Das alles ist zutreffend. Allerdings kommt dem Meinungsstreit nur eine geringe praktische Bedeutung zu. Denn selbst wenn man in der Anordnung der sofortigen Vollziehung einen Verwaltungsakt sähe, läge bei gegebenem öffentlichen Interesse an der sofortigen Vollziehung (vgl. Wortlaut § 80 II S. 1 Nr. 4 VwGO) gleichzeitig die Voraussetzung des § 28 II Nr. 1 Var. 2 VwVfG („öffentliches Interesse") vor, sodass von der Anhörung ohnehin abgesehen werden kann. Sollte man sich dieser Auffassung nicht anschließen, können Anhörungsmängel nach § 80 IV oder V VwGO immer noch dadurch geheilt werden, dass der Betroffene in diesem Verfahren noch alles vorbringen kann (vgl. § 45 I Nr. 3, II VwVfG).[1148]

c.) Form, insbesondere Begründung der Vollziehungsanordnung

Ein Formerfordernis schreibt § 80 III S. 1 VwGO vor. Danach ist das besondere Interesse an der sofortigen Vollziehung **schriftlich zu begründen.**[1149] Die Begründung soll einerseits eine Warnfunktion gegenüber der Behörde darstellen, indem diese gehalten wird, sich die **besondere Ausnahmesituation** vor Augen zu führen und die sofortige Vollziehung nur nach sorgfältiger Prüfung des Einzelfalls anzuordnen. Andererseits sollen sowohl dem betroffenen Bürger die Nachvollziehbarkeit als auch dem Gericht die Kontrolle der behördlichen Entscheidung im Rahmen des § 80 V VwGO erleichtert werden. Grundsätzlich sind aber keine zu hohen Anforderungen an die Ausführlichkeit der schriftlichen Begründung zu stellen. Entscheidend ist nur, dass sich die Begründung nicht in allgemeinen Floskeln (wie bspw., dass jeder Verwaltungsakt vollzogen gehöre), oder in der Wiedergabe des Gesetzestextes erschöpft.[1150] Vielmehr muss sie **klar erkennen** lassen, warum ein **besonderes Interesse** an der sofortigen Vollziehung besteht und warum dieses auch das individuelle Aussetzungsinteresse überwiegt.[1151] 968

Einer besonderen Begründung bedarf es ausnahmsweise nicht, wenn die Behörde bei Gefahr im Verzug, insbesondere bei drohenden Nachteilen für Leben, Gesundheit oder Eigentum (z.B. Hochwasserkatastrophen, Lawinengefahr) vorsorglich eine als solche 969

[1146] *Kopp*, VwGO (10. Aufl. 1994), § 80 Rn 64b; *Redeker/v. Oertzen*, VwGO, § 80 Rn 26; OVG Lüneburg NVwZ-RR 1993, 586.

[1147] BVerwGE 24, 92, 94; VGH Mannheim NVwZ 1995, 292, 293; *Zacharias*, JA 2002, 345, 347; *Loos*, JA 2001, 698, 700; *Schoch*, in: Schoch/Schneider/Bier, VwGO, § 80 Rn 140; *Hufen*, VerwProzR, § 32 Rn 16; *Kopp/Schenke*, VwGO, § 80 Rn 78 u. 82 und Anh § 42 Rn 47; *Puttler*, in: NKVwGO, § 80 Rn 82; *Muckel/Ogorek*, JA 2013, 845, 848. Für eine Ablehnung des Erfordernisses einer vorherigen Anhörung auch *Kaltenborn*, DVBl 1999, 828, 831.

[1148] *Kopp/Schenke*, VwGO, § 80 Rn 82; *Loos*, JA 2001, 698, 700.

[1149] Vgl. dazu BVerfG NJW 2003, 3618 ff.; OVG Weimar NVwZ 2002, 231; VG Frankfurt a.M. NVwZ 2000, 1324.

[1150] *Schenke*, VerwProzR, Rn 979.

[1151] Vgl. BVerfG NJW 2003, 3618 ff.; *Hufen*, VerwProzR, § 32 Rn 17; *Schmitt Glaeser/Horn*, VerwProzR, Rn 268; *Kopp/Schenke*, VwGO, § 80 Rn 87; *Loos*, JA 2001, 698, 700; *Hummel*, JuS 2011, 413, 415. Vgl. auch VGH Mannheim NVwZ-RR 2012, 54.

bezeichnete **Notstandsmaßnahme** im öffentlichen Interesse trifft (§ 80 III S. 2 VwGO). Auf die ausdrückliche Bezeichnung als Notstandsmaßnahme darf aber nicht verzichtet werden. Die Freistellung von der Begründungspflicht spielt in der Praxis und im Examen allerdings keine große Rolle.
Fehlt die nach § 80 III S. 1 VwGO erforderliche Begründung oder ist sie zumindest **fehlerhaft**, ist fraglich, ob der Antrag auf Wiederherstellung der aufschiebenden Wirkung schon deshalb begründet ist. Das wäre zumindest dann der Fall, wenn der Formfehler die **Nichtigkeit** der Vollziehungsanordnung zur Folge hätte. Dies würde aber eine Vergleichbarkeit mit § 44 VwVfG voraussetzen. Das Fehlen der Begründung müsste demnach **schwerwiegend** und **offenkundig** sein.

- Ein Teil der Literatur verneint Schwere und Offensichtlichkeit i.S.v. § 44 VwVfG und damit die Nichtigkeit der Vollziehungsanordnung. Das Fehlen einer Begründung stelle keinen evidenten Rechtsverstoß dar, denn die Behörde habe ja nach Maßgabe des § 80 III S. 2 VwGO die Möglichkeit, ohnehin rechtmäßig von einer Begründung der Vollziehungsanordnung abzusehen. Deshalb sei davon auszugehen, dass eine Vollziehungsanordnung, die unter Verstoß gegen das Begründungserfordernis ergeht, wirksam ist.[1152]

- Diese Auffassung ist jedoch abzulehnen. Insbesondere der Verweis auf § 80 III S. 2 VwGO geht fehl. Die dort genannte Möglichkeit der Behörde, auf eine Begründung zu verzichten, kann zwar im Einzelfall die Schwere des Fehlers relativieren, auf keinen Fall aber die Offensichtlichkeit des Fehlers beseitigen. Daran hat sich auch durch das 6. VwGOÄndG nichts geändert. Zwar wird vereinzelt vertreten, dass dadurch, dass die Novelle – wie anhand des Wortlautes des § 80 II S. 1 Nr. 3 VwGO zu sehen sei – das Gewicht des Aussetzungsinteresses gegenüber dem Vollzugsinteresse deutlich zurückgenommen habe, heute nicht mehr gefolgert werden könne, dass die Nichtbeachtung des Begründungserfordernisses *notwendigerweise* zur Rechtswidrigkeit der Vollziehbarkeitsanordnung führe.[1153] Diese Auffassung ändert aber nichts an der Offensichtlichkeit des Fehlers. Ihr ist aus rechtsstaatlicher Sicht nicht zu folgen. Der Antrag gem. § 80 IV oder V VwGO hat daher ohne sachliche Prüfung der Wiederherstellungsvoraussetzungen Erfolg. **Die aufschiebende Wirkung ist bei Fehlen der erforderlichen Begründung wiederherzustellen.**[1154]

970 **Hinweis für die Fallbearbeitung:** Sollte sich in einer Klausurprüfung herausstellen, dass die Begründung fehlt oder zumindest fehlerhaft ist, ist dem Klausurbearbeiter trotz der Interessenverlagerung durch das 6. VwGOÄndG 1996 zu empfehlen, weiterhin von der Nichtigkeit der Vollziehungsanordnung auszugehen, denn der hier dargestellte Wertungswandel wird von der h.M. nicht getragen. Darüber hinaus steht die Nichtigkeit der Anordnung der sofortigen Vollziehung einer weiteren gutachtlichen Prüfung nicht entgegen. In der Fallbearbeitung muss im Rahmen der Prüfung des § 80 V VwGO gleichwohl eine Interessenabwägung vorgenommen werden, da vertreten wird, dass eine neue Begründung nachgeschoben werden kann (dazu sogleich), und es andererseits Ziel des Antragstellers ist, *umfassend* zu klären, ob die Behörde bereits vor Entscheidung des Hauptsacheverfahrens rechtmäßig vollstrecken kann.
Ferner ist für die Klausurprüfung zu beachten: Ist im Sachverhalt die Begründung abgedruckt, muss diese besonders kritisch geprüft werden. Denn in diesem Fall hat ihr der Aufgabensteller besondere Bedeutung beigemessen. Ist im umgekehrten Fall nichts über eine erfolgte schriftliche Begründung gesagt, ist von deren Ordnungsmäßigkeit auszugehen!

[1152] So *Zacharias*, JA 2002, 345, 348 unter Berufung auf *Schenke*, VerwArch 2000, 587, 596 f.; *Terwiesche*, NWVBl 1996, 461, 465.
[1153] *Schmitt Glaeser/Horn*, VerwProzR, Rn 268.
[1154] Im Ergebnis ebenso *J. Schmidt*, in: Eyermann, VwGO, § 80 Rn 445; *Renck*, BayVBl 1994, 161, 165.

Umstritten ist weiter, ob das Fehlen einer erforderlichen Begründung durch Nachholen einer ordnungsgemäßen Begründung **geheilt** werden kann. 971

- Teilweise wird unter Berufung auf § 45 I Nr. 2, II VwVfG vertreten, dass die erforderliche Begründung nachgeholt werden könne.[1155]
- Dagegen lässt sich allerdings anführen, dass § 80 III VwGO zwar strukturell der Regelung des § 39 VwVfG entspricht, auf die § 45 I Nr. 2 VwVfG Bezug nimmt, andererseits § 39 VwVfG jedoch einige Ausnahmen von der Begründungspflicht vorsieht. § 80 III S. 1 VwGO fordert demgegenüber stets eine Begründung, sodass er den Ausnahmecharakter des § 80 II S. 1 Nr. 4 VwGO bestätigt. Außerdem besteht der Zweck des Begründungserfordernisses nach § 80 III VwGO darin, dass die Behörde *vor* Erlass der Vollziehungsanordnung die gebotene Interessenabwägung vornimmt. Dieser Schutzzweck kann *nach* Erlass der behördlichen Vollziehungsanordnung und erst recht im gerichtlichen Wiederherstellungsverfahren nicht mehr erreicht werden.[1156] Abzulehnen ist daher auch die Auffassung, eines Rückgriffs auf § 45 VwVfG bedürfe es schon deshalb nicht, weil es der Behörde möglich sei, während des gerichtlichen Wiederherstellungsverfahrens gem. § 80 V S. 1 Var. 2 VwGO die fehlerhafte Vollziehungsanordnung durch eine fehlerfreie zu ersetzen.[1157]

Eine Berufung auf § 45 VwVfG (analog) mit der Folge der Möglichkeit des Nachholens einer ordnungsgemäßen Begründung vor Beginn des gerichtlichen Aussetzungsverfahrens scheidet somit aus. 972

bb. Materielle Rechtmäßigkeit der Anordnung der sofortigen Vollziehung

Rechtsgrundlage der Behörde zur Anordnung der sofortigen Vollziehung ist **§ 80 II S. 1 Nr. 4 VwGO**. Um **materiell rechtmäßig** zu sein, muss die Anordnung der sofortigen Vollziehung im „öffentlichen Interesse" *oder* „im überwiegenden Interesse eines Beteiligten" liegen und dabei das Aussetzungsinteresse des Betroffenen überwiegen, § 80 II S. 1 Nr. 4 VwGO. Aufgrund der gesetzlichen Formulierung und deren *Ratio* ist bei *beiden* Varianten – sofern nicht schon ein offensichtlicher Ausgang des Hauptsacheverfahrens erkennbar ist[1158] – eine umfassende **Abwägung** aller Folgen vorzunehmen. Dabei sind die Folgen, die eintreten würden, wenn das Eilrechtsschutzbegehren abgelehnt, der Rechtsbehelf in der Hauptsache aber Erfolg haben würde, gegenüber den Nachteilen abzuwägen, die entstünden, wenn die aufschiebende Wirkung angeordnet würde, die angegriffene Maßnahme sich aber später als rechtmäßig herausstellen würde. Insbesondere ist die Möglichkeit oder Unmöglichkeit einer etwaigen Rückgängigmachung der getroffenen Regelung und ihrer Folgen zu beachten. Das Gleiche gilt, wenn der Antragsteller eine Entscheidung in der Hauptsache nicht mehr rechtzeitig erwirken kann. Der genaue Prüfungsinhalt und die Prüfungsdichte wurden bereits ausführlich bei Rn 951 ff. dargestellt. Jedenfalls folgt aus § 80 I VwGO, dass ein öffentliches Interesse erforderlich ist, das über jenes hinausgeht, das den Verwaltungsakt selbst rechtfertigt, wenn es um die Suspendierung eines von der Behörde gem. § 80 II S. 1 Nr. 4 VwGO für sofort vollziehbar erklärten Verwaltungsakts geht.[1159] 973

[1155] *Redeker/v. Oertzen*, VwGO, § 80 Rn 27a; OVG Greifswald NVwZ-RR 1999, 409; OVG Koblenz NVwZ-RR 1995, 572.
[1156] VGH München BayVBl 1999, 466; *Schoch*, in: Schoch/Schneider/Bier, VwGO, § 80 Rn 179; *Kopp/Schenke*, VwGO, § 80 Rn 87; *Puttler*, in: NKVwGO, § 80 Rn 101. Im Ergebnis ebenso *Zacharias*, JA 2002, 345, 349.
[1157] So aber *Kopp/Schenke*, VwGO, § 80 Rn 149; *Schenke*, VerwArch 2000, 587, 604.
[1158] BVerfG NJW 2003, 3618, 3619; vgl. auch BVerwG NJW 2000, 160, 161 f. zu § 123 VwGO.
[1159] BVerfG NVwZ 2004, 93 f.

Beispiele für das **Überwiegen des öffentlichen Interesses** bzw. des durch die Behörde wahrzunehmenden privaten Interesses sind:

(1) Besondere Gefahrensituationen, die durch den in Frage stehenden Verwaltungsakt behoben werden sollen, beispielsweise beim Entzug einer Fahrerlaubnis, wenn der Betroffene zum Führen des Kfz ungeeignet ist.

(2) Ausweisung eines Ausländers wegen einer ansteckenden Krankheit und ungenügenden Wohnverhältnissen.

(3) Versetzung eines Lehrers wegen sexueller Beziehung zu einer Schülerin.

(4) Untersagung eines Gewerbebetriebes wegen offensichtlicher Unzuverlässigkeit i.S.d. § 35 GewO.

(5) Versammlungsverbot, das der drohenden Gefahr der Volksverhetzung i.S.d. § 130 StGB vorbeugen soll.

(6) Kein überwiegendes öffentliches Vollzugsinteresse besteht indes, wenn eine bloße Gefährdung der öffentlichen Sicherheit i.S.d. § 15 I VersG besteht und kein öffentliches Interesse vorhanden ist, das über jenes hinausgeht, das bereits den Verwaltungsakt selbst rechtfertigt.[1160]

Ein besonderes Interesse kann auch gegeben sein, um ein „Exempel zu statuieren" und dadurch zu verhindern, dass ein Fall zum „Bezugsfall" für andere wird, und ebenso, wenn mit der Vollziehung die Begehung von Straftaten verhindert werden soll.

974 Für den Bereich des **EU-Rechts** ist zu beachten, dass es zwar die Möglichkeit gibt, die Durchführung der angefochtenen Handlung auszusetzen (**Aussetzung der Vollziehung**), wenn dies der Gerichtshof der EU für nötig hält, Art. 278 S. 2 AEUV. Auch kann der Gerichtshof der EU **einstweilige Anordnungen** treffen, Art. 279 AEUV. Da aber weder das EU-Recht (Art. 278 S. 1 AEUV) noch die anderen EU-Mitgliedstaaten eine – etwa mit § 80 I VwGO vergleichbare – automatisch eintretende aufschiebende Wirkung von Anfechtungswiderspruch und Anfechtungsklage kennen, ist ein Konflikt des deutschen Rechts mit materiellem EU-Recht daher möglich. Weil ein genereller Vorrang des EU-Rechts über eine gesetzliche Regelung i.S.d. § 80 II S. 1 Nr. 3 VwGO nicht gewährleistet ist, kann der Konflikt nur über § 80 II S. 1 Nr. 4 VwGO vermieden werden, indem das „Unionsinteresse" als überwiegendes „öffentliches Interesse" i.S. dieser Bestimmung angesehen wird.[1161]

975 Gegen eine verwaltungsgerichtliche Entscheidung im vorläufigen Rechtsschutz kann **Beschwerde** nach §§ 146 ff. VwGO eingelegt werden. Im Rahmen dieses Rechtsbehelfs überprüft das OVG die verwaltungsgerichtliche Entscheidung in dieser Hinsicht. Das OVG entscheidet durch Beschluss (§ 150 VwGO).

cc. Übungsfall

976 **Sachverhalt:** G, der im Allgemeinen nicht viel von Bürokratie hält, betreibt in Cuxhaven die Kneipe *Zum Rostigen Anker*. Eine Genehmigung gem. §§ 2 ff. GastG hat er bislang nicht beantragt. Als nun einer seiner Gäste nach dem Verzehr von Frikadellen, die G zubereitet und an seine Gäste ausgegeben hat, wegen einer Lebensmittelvergiftung ins Krankenhaus eingeliefert wird, stellt sich heraus, dass die von G zubereiteten Frikadellen salmonellenverseucht sind. Gleich am nächsten Morgen untersagt ihm die zuständige Gewerbebehörde gem. § 31 GastG i.V.m. § 15 II GewO daher die weitere Ausübung des Gaststättengewerbes und erklärt die Untersagungsverfügung mit der Begründung einer

---

[1160] BVerfG NVwZ 2004, 93 f.

[1161] *Schoch*, in: Schoch/Schneider/Bier, VwGO, § 80 Rn 157; *Schmitt Glaeser/Horn*, VerwProzR, Rn 267; *Kopp/Schenke*, VwGO, § 80 Rn 95.

erheblichen Gefahr für Leben und Gesundheit der Gäste gem. § 80 II S. 1 Nr. 4 VwGO für sofort vollziehbar.[1162] G sieht zwar ein, dass er einer Gaststättenerlaubnis bedarf, er hält die Untersagungsverfügung aber für nicht gerechtfertigt. Immerhin werde ihm seine Existenzgrundlage entzogen. Er fragt daher nach einer Möglichkeit, wie er den Betrieb seiner Kneipe fortführen kann.

Lösungsgesichtspunkte:

1. Sachentscheidungsvoraussetzungen eines Eilantrags nach § 80 V VwGO

Da ein Widerspruch des G gegen die auf § 15 II GewO gestützte Untersagungsverfügung gem. § 80 I VwGO grundsätzlich aufschiebende Wirkung entfalten würde und dies zur Folge hätte, dass die Behörde vor Unanfechtbarkeit keine Zwangsmaßnahmen zur Schließung der Kneipe anordnen dürfte (vgl. § 6 I BundesVwVG), war die Behörde gut beraten, die Verfügung gem. § 80 II S. 1 Nr. 4 VwGO für sofort vollziehbar zu erklären. Damit ist G aber nicht völlig schutzlos. Er hat nämlich die Möglichkeit, die aufschiebende Wirkung über einen Antrag gem. § 80 V S. 1 Var. 2 VwGO wiederherstellen zu lassen. Dazu müssten die Sachentscheidungsvoraussetzungen eines solchen Antrags vorliegen.

a. Verwaltungsrechtsweg

Der Verwaltungsrechtsweg ist gem. § 40 I S. 1 VwGO eröffnet, weil sich der Streit um die Fortführung eines Gaststättengewerbes nach den Vorschriften des GastG bemisst und diese Vorschriften aufgrund ihres gefahrenabwehrrechtlichen Charakters öffentlich rechtlicher Natur sind.

b. Statthaftigkeit des Antrags nach § 80 V S. 1 Var. 2 VwGO

Die statthafte Verfahrensart richtet sich nach dem Begehren des Rechtsschutzsuchenden, vgl. § 88 VwGO (analog). G möchte gegen die Untersagungsverfügung der Behörde vorgehen. Es liegt somit eine Anfechtungssituation vor, für die in der Hauptsache eine Anfechtungsklage gem. § 42 I Var. 1 VwGO statthaft wäre. Aufgrund der behördlichen Anordnung der sofortigen Vollziehung käme einem solchen Rechtsbehelf aber keine aufschiebende Wirkung zu, vgl. § 80 II S. 1 Nr. 4 VwGO. Daher wird dem Begehren des G nur dadurch Rechnung getragen, dass er die durch die Behörde angeordnete sofortige Vollziehung verwaltungsgerichtlich überprüfen und die aufschiebende Wirkung wiederherstellen lässt. Dafür steht ihm der Eilantrag gem. § 80 V S. 1 Var. 2 VwGO zur Verfügung, der gem. § 123 V VwGO anwendbar ist.

c. Antragsbefugnis, § 42 II VwGO analog

Da der Rechtsschutz im Eilverfahren nicht weiter gehen soll als im Hauptsacheverfahren, ist im Verfahren nach § 80 V VwGO nur antragsbefugt, wer auch im Hauptsacheverfahren antrags- bzw. klagebefugt wäre. § 42 II VwGO ist daher analog anzuwenden. G muss also geltend machen, in seinen Rechten verletzt zu sein und diese geltend gemachte Rechtsverletzung darf lediglich nicht ausgeschlossen sein. Durch die Untersagungsverfügung und deren sofortiger Vollziehungsanordnung kann G sein Gaststättengewerbe nicht mehr ausüben. Da das Betreiben einer Gaststätte die Ausübung eines Berufs darstellt, kann eine Verletzung des § 1 GewO i.V.m. Art. 12 I GG nicht ausgeschlossen werden. G ist mithin antragsbefugt.

d. Antragsgegner, § 78 I VwGO analog

Richtiger Antragsgegner ist in analoger Anwendung von § 78 I VwGO nach dem jeweiligen Landesrecht der **Rechtsträger der Ausgangsbehörde**, auch wenn die der Ausgangsbehörde übergeordnete Widerspruchsbehörde die sofortige Vollziehung angeordnet hat.

e. Allgemeine Sachentscheidungsvoraussetzungen

aa. Beteiligten- und Prozessfähigkeit, §§ 61, 62 VwGO und Frist, § 74 VwGO

Die Beteiligten- und Prozessfähigkeit für Antragsteller und Antragsgegner richten sich nach den §§ 61 ff. VwGO. Vgl. dazu die Ausführungen zur Anfechtungsklage. Eine Antragsfrist ist bis auf die Möglichkeit der Verwirkung grundsätzlich nicht einzuhalten. Freilich müssen

[1162] Das ist in Fällen dieser Art ganz gängige Praxis, vgl. nur VG Schleswig NJW 2001, 387.

die Anfechtungsfristen beachtet werden, weil sonst der vorläufige Rechtsschutz etwas gewähren würde, was im Hauptsacheverfahren nicht mehr zu realisieren ist.

bb. Formerfordernisse, §§ 81, 82 VwGO analog

Auch ein Antrag nach § 80 V VwGO muss grundsätzlich die Formerfordernisse gemäß §§ 81, 82 VwGO analog erfüllen. Von deren Einhaltung kann vorliegend ausgegangen werden.

cc. Allgemeines Rechtsschutzbedürfnis

Teilt man die Auffassung, dass der Antragsteller zunächst Widerspruch erheben müsse, muss G vor Antragstellung einen solchen erheben. Aber auch wenn man die vorherige Erhebung eines Widerspruchs für entbehrlich hält, sollte G Widerspruch erheben, um die Untersagungsverfügung nicht bestandskräftig werden zu lassen.

f. Zwischenergebnis

Somit liegen die Sachentscheidungsvoraussetzungen des Antrags gem. § 80 V S. 1 Var. 2 VwGO vor.

2. Begründetheit des Eilantrags auf Wiederherstellung der aufschiebenden Wirkung

Begründet wäre der Antrag nach § 80 V S. 1 Var. 2 VwGO, wenn sich die Anordnung der sofortigen Vollziehung gem. § 80 II S. 1 Nr. 4 VwGO bereits aus formellen Gesichtspunkten als unrechtmäßig herausstellen sollte oder aber im Ergebnis die Abwägung zwischen dem Vollzugsinteresse der Behörde (bzw. eines Dritten oder der Allgemeinheit) und dem Suspensivinteresse des G zugunsten des G ausfällt.

Dass die Anordnung der sofortigen Vollziehung bereits aus formellen Gründen rechtswidrig sein könnte, ist nicht anzunehmen. Insbesondere war sie ordnungsgemäß begründet (§ 80 III VwGO). Auch eine Anhörung war (unabhängig von dem Streit, ob es sich bei der Anordnung der sofortigen Vollziehung um einen Verwaltungsakt oder lediglich um eine Annexentscheidung zu der Grundverfügung handelt) wegen Vorliegens einer Gefahr im Verzug gem. § 28 II Nr. 1 VwVfG entbehrlich.

Bei der Abwägung zwischen dem Vollzugsinteresse und dem Suspensivinteresse sind primär die Erfolgsaussichten in der Hauptsache maßgeblich. Dort würde man zur Annahme der Rechtmäßigkeit der Untersagungsverfügung kommen, wenn sowohl die Voraussetzungen des § 15 II GewO erfüllt wären als auch die Behörde ermessensfehlerfrei gehandelt hätte (§ 15 II GastG: „*kann* ... verhindern"). Die Annahme, dass es sich bei einer Kneipe um ein genehmigungspflichtiges Gewerbe handelt, bereitet angesichts der §§ 2 ff. GastG keine Schwierigkeiten. Auch steht fest, dass G die Kneipe ohne erforderliche Genehmigung betrieben hat. Fraglich ist allerdings, ob die Behörde angesichts des Eingriffs in Art. 12 I GG ermessensfehlerfrei gehandelt hat. Insbesondere kommt eine Ermessensüberschreitung in Betracht, da die Behörde unverhältnismäßig gehandelt haben könnte. Der Grundsatz der Verhältnismäßigkeit besteht aus den Elementen der Geeignetheit, der Erforderlichkeit und der Angemessenheit. Sicherlich ist die Verhinderung der weiteren Ausübung des Kneipenbetriebs ein zwecktaugliches Mittel, um weitere Lebensmittelvergiftungen zu verhindern. Die Betriebsuntersagung müsste aber auch erforderlich gewesen sein. Erforderlich ist eine Maßnahme, wenn es für den Betroffenen kein weniger einschneidendes Mittel gibt, das den Erfolg in gleicher Weise herbeiführen könnte. In Betracht kommt hier die Möglichkeit, dass die Behörde den G zunächst hätte auffordern müssen, einen Antrag auf Erteilung einer Gaststättenerlaubnis zu stellen, um seine bislang formell illegal betriebene Kneipe anschließend zu genehmigen. Voraussetzung hierfür ist aber, dass dem G überhaupt eine Gaststättenerlaubnis hätte erteilt werden dürfen. Gemäß § 31 GastG i.V.m. § 1 I GewO hat jeder einen Rechtsanspruch auf die Erteilung einer solchen Erlaubnis, soweit keine zwingenden Versagungsgründe nach § 4 I S. 1 GastG vorliegen.[1163] Gemäß

[1163] Das ist die Kernaussage des präventiven Verbots mit Erlaubnisvorbehalt: Das an sich grundrechtlich Erlaubte (hier: die auf Art. 12 I GG gestützte Gewerbeausübung) wird präventiv zur Rechtskontrolle verboten. Sollte sich nach

§ 4 I S. 1 Nr. 1 GastG ist die Erlaubnis dann zu versagen, wenn Tatsachen die Annahme rechtfertigen, dass der Antragsteller die erforderliche Zuverlässigkeit nicht besitzt. Das ist u.a. dann der Fall, wenn er die Vorschriften des Gesundheitsrechts nicht einhalten wird. Ob G die Vorschriften des Gesundheitsrechts nicht einhalten wird, ist zwar eine Prognoseentscheidung. Bei dieser Prognose können aber die aktuellen Gegebenheiten berücksichtigt werden. Da G es aktuell nicht sehr genau nimmt, die erforderliche Lebensmittelhygiene einzuhalten, könnte der Schluss gezogen werden, dass es auch in Zukunft zu Lebensmittelvergiftungen kommen wird. Auf der anderen Seite weiß G nun, dass er bei der Herstellung von Speisen besondere lebensmittelrechtliche Kenntnisse, insbesondere Hygienevorschriften beachten muss. Die Kenntnis dieser Vorschriften muss er aber gem. § 4 I S. 1 Nr. 4 GastG durch eine Bescheinigung der IHK nachweisen. Das kann er aber nicht. Somit besitzt G nicht die für den Betrieb einer Gaststätte erforderliche Zuverlässigkeit. Daher hätte ihm die Behörde die Gaststättenerlaubnis auch nicht nach Stellung eines entsprechenden Antrags erteilen dürfen. Zur Betriebsuntersagung bestand somit keine Alternative. Damit war sie auch erforderlich.

Schließlich war die Untersagungsverfügung auch angemessen, da bei einer Abwägung der wirtschaftlichen Interessen des G mit den Allgemeininteressen (insbesondere Gesundheit der Gäste) Letztere eindeutig überwiegen.

Im Ergebnis bleibt somit festzuhalten, dass ein Rechtsbehelf in der Hauptsache unbegründet wäre. Somit wird auch die Interessenabwägung ergeben, dass das behördliche Vollzugsinteresse das Aussetzungsinteresse des G überwiegt. Damit wäre auch ein von G gestellter Antrag gem. § 80 V S. 1 Var. 2 VwGO unbegründet.

g. Begründetheit des Antrags nach § 80 V S. 3 VwGO auf Anordnung der Aufhebung der Vollziehung

Ist der Verwaltungsakt zum Zeitpunkt der Entscheidung schon vollzogen, kann das Gericht auch im Verfahren des vorläufigen Rechtsschutzes die (vorläufige) **Aufhebung der Vollziehung** anordnen (§ 80 V S. 3 VwGO). Die Aufhebung der Vollziehung bedeutet nichts anderes als die Beseitigung der bereits durch die Verwaltung erreichten Vollzugsfolgen, also einen Vollzugsfolgenbeseitigungsanspruch. Allerdings stellt nach ganz h.M.[1164] § 80 V S. 3 VwGO ebenso wenig wie § 113 I S. 2 VwGO eine Anspruchsgrundlage dar, sondern eine reine verfahrensrechtliche Vorschrift. Als materielle Anspruchsgrundlage dient der **allgemeine öffentlich-rechtliche Folgenbeseitigungsanspruch** i.V.m. dem einschlägigen materiellen Recht, dessen Voraussetzungen, soll der Antrag nach § 80 V S. 3 VwGO begründet sein, vorliegen müssen. 977

Hinweis für die Fallbearbeitung: In einer Klausur könnte der Aufbau auf die Weise vorgenommen werden, dass zunächst die Voraussetzungen des § 80 V S. 1 Var. 1 oder Var. 2 VwGO geprüft werden, das Gericht also die aufschiebende Wirkung entweder anordnet oder wiederherstellt. In einem zweiten Schritt wird dann festgestellt, dass die Vollzugsfolgen bereits eingetreten sind, und dass das Gericht gemäß § 80 V S. 3 VwGO die Aufhebung der Vollziehung anordnen kann. Dazu muss darauf eingegangen werden, dass § 80 V S. 3 VwGO keine materiell-rechtliche Anspruchsgrundlage auf Vollzugsfolgenbeseitigung darstellt, sondern lediglich eine prozessrechtliche Verfahrensvorschrift, und dass als materiell-rechtliche Anspruchsgrundlage der allgemeine Folgenbeseitigungsanspruch i.V.m. dem einschlägigen materiellen Recht dient. In einem letzten Schritt erfolgt die Prüfung von dessen Voraussetzungen. Diese sind ausführlich bei *R. Schmidt*, AllgVerwR, Rn 1250 ff., dargestellt.

---

entsprechender Prüfung herausstellen, dass die Tätigkeit für die Allgemeinheit unbedenklich ist, ist die Erlaubnis zu erteilen.

[1164] Vgl. nur *Kopp/Schenke*, VwGO, § 80 Rn 176; *Brosius-Gersdorf*, JA 2010, 41, 42 f.

C. Vorläufiger Rechtsschutz nach § 80a VwGO

978 Aus den bisherigen Ausführungen zu § 80 VwGO wird deutlich, dass dieser den vorläufigen Rechtsschutz im Zwei-Personen-Verhältnis zwischen Behörde und rechtsschutzsuchendem Widerspruchsführer (bzw. Anfechtungskläger) regelt. Da aber sowohl in der Praxis als auch in juristischen Prüfungsarbeiten (Klausuren, Hausarbeiten) Verwaltungsakte oftmals Doppelwirkung i.S.e. Drittwirkung entfalten und somit auch Dritte ein Interesse daran haben, ihre Rechte durchzusetzen, erweitert § 80a VwGO die in § 80 VwGO geregelten Antragsmöglichkeiten auf **Dritte**. Allerdings regelt § 80a VwGO ein auf den ersten Blick kompliziert erscheinendes Geflecht möglicher Anträge, dem man am besten begegnet, indem man von der **Interessenlage** der Beteiligten ausgeht und sich stets fragt:

„Wer" (Adressat oder Dritter)
„will was" (aufschiebende Wirkung oder sofortige Vollziehbarkeit)
„von wem" (Behörde oder Gericht)
„warum"? (Analyse der Interessenlage)

979 Hauptanwendungsfall des § 80a VwGO ist das **baurechtliche Nachbarschaftsverhältnis**, also die Rechtsbeziehung zwischen Bauherrn, Baugenehmigungsbehörde und Nachbarn. Weitere Anwendungsbereiche des § 80a VwGO sind Rechtsstreitigkeiten zwischen **wirtschaftsverwaltungsrechtlichen** oder **beamtenrechtlichen Konkurrenten**. Um die jeweilige Interessenlage der Beteiligten zu verdeutlichen, sollen im Folgenden die verschiedenen Fallkonstellationen exemplarisch aufgezeigt werden.

Als Vorüberlegung zu § 80a VwGO ist zunächst zu beachten, dass in § 80a I und II VwGO zwei unterschiedliche Ausgangskonstellationen geregelt sind, die sich graphisch am einprägsamsten darstellen lassen:

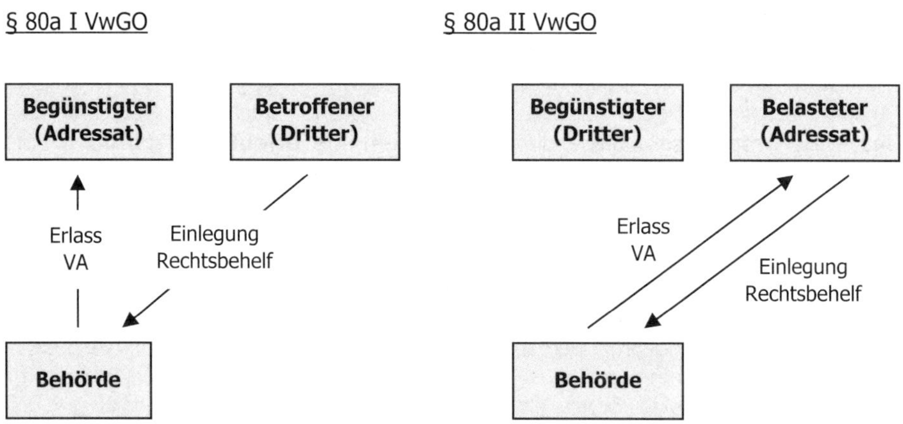

980 Wie der Skizze zu entnehmen ist, unterscheiden sich § 80a I und II VwGO Folgendermaßen: § 80a I VwGO regelt den Fall, dass der Adressat Begünstigter ist. § 80a II VwGO bezieht sich darauf, dass der Adressat Belasteter ist. Praktisch hat diese unterschiedliche Regelung keine Auswirkungen, da nach beiden Vorschriften dieselbe Rechtsfolge gilt. In formeller Hinsicht gilt jedoch, dass Anträge und Entscheidungen nach § 80 II VwGO auf § 80a I Nr. 1 *und* auf II zu stützen sind.[1165]

[1165] Vgl. *Kopp/Schenke*, VwGO, § 80a Rn 6.

I. § 80a I VwGO

In der Konstellation des § 80a I VwGO ist der Rechtsschutzsuchende nicht Adressat des Verwaltungsakts, durch diesen aber (faktisch) betroffen. 981

Beispiel: Dem Bauherrn B wird die Baugenehmigung (= Verwaltungsakt) für ein glasumdachtes Schwimmbad im Gartenbereich erteilt. Dadurch wird dem Nachbarn N die schöne Aussicht genommen. Wie ist die Rechtslage?

Grundsätzlich muss N (der Dritte) zunächst Widerspruch einlegen, § 68 I S. 1 VwGO. Unterstellt, dass dieser Widerspruch nicht dem Regelungsbereich des § 212a I BauGB unterfällt, also gem. § 80 I S. 1 und S. 2 VwGO aufschiebende Wirkung entfaltet, kann B aufgrund der damit verbundenen Vollzugshemmung weder mit dem Bau beginnen noch ihn fortsetzen. B seinerseits hat nun zwei Möglichkeiten, rechtlich vorzugehen:

1. Antrag bei der Behörde

Bei der Behörde kann er einen Antrag auf sofortige Vollziehung stellen, §§ 80a I Nr. 1, 80 II S. 1 Nr. 4 VwGO. 982

- Gibt die Behörde dem Antrag nach einer (bereits dargestellten) umfassenden Interessenabwägung statt, kann der Nachbar allerdings hiergegen wiederum mit einem gerichtlichen Antrag auf Wiederherstellung der aufschiebenden Wirkung seines Rechtsbehelfes reagieren, § 80a III S. 1 Var. 2 , 80 V S. 1 Var. 2 VwGO, um die Entscheidung der Behörde aufzuheben und damit die aufschiebende Wirkung wiederherzustellen.
- Entscheidet die Behörde gegen den Bauherrn, sodass es also bei der aufschiebenden Wirkung des vom Nachbarn eingelegten Widerspruchs bleibt, kann der Bauherr nun einen Antrag bei Gericht gem. §§ 80a III S. 1 Var. 3, 80 V S. 1 Var. 1 VwGO auf Anordnung der sofortigen Vollziehung stellen.

2. Antrag bei Gericht

Der Bauherr kann aber auch neben dem Antrag auf sofortige Vollziehung nach §§ 80a I Nr. 1, 80 II S. 1 Nr. 4 VwGO bei der Behörde einen Antrag bei Gericht auf Anordnung der sofortigen Vollziehung nach § 80a III S. 1 Var. 3, § 80 V i.V.m. § 80a I Nr. 1 VwGO stellen. Der Antrag ist erfolgreich, wenn dessen Sachentscheidungsvoraussetzungen erfüllt sind und er begründet ist. 983

a. Sachentscheidungsvoraussetzungen

Grundsätzlich erfolgt die Prüfung der Sachentscheidungsvoraussetzungen eines Antrags nach § 80a VwGO wie diejenige des § 80 V VwGO. Jedoch sind einige Besonderheiten zu beachten: 984

aa. Statthafte Verfahrensart

Im obigen Beispielsfall von Rn 981 ist aufgrund der gesetzlichen Regelung der §§ 80a III S. 1 Var. 3, 80 V i.V.m. 80a I Nr. 1 VwGO der Antrag nach § 80a VwGO statthafte Verfahrensart. Im Übrigen erfolgt die Abgrenzung zu dem Verfahren nach § 123 VwGO danach, ob ein Verwaltungsakt bzw. ein Verwaltungsakt mit Doppelwirkung i.S.e. Drittwirkung vorliegt, der in der Hauptsache mit der Anfechtungsklage (Drittanfechtung) anzugreifen wäre. 985

Ein besonderes Problem stellt sich in der umgekehrten Konstellation, wenn also der (belastete) Dritte einen Rechtsbehelf einlegt, der zwar aufschiebende Wirkung entfaltet, der (begünstigte) Adressat sich aber nicht an die damit verbundene Vollzugshemmung hält, die Bauarbeiten also fortsetzt. In diesem Fall führt der Bauherr sein Bauvorhaben vorläufig ohne die erforderliche Baugenehmigung durch. Es handelt sich also um einen Fall der „faktischen" Vollziehung ähnlich dem Fall, bei dem die Behörde rechtsirrig oder bewusst 986

den Verwaltungsakt trotz aufschiebender Wirkung des eingelegten Rechtsbehelfs vollzieht. Schwierig ist die Frage nach dem für den Dritten in Frage kommenden Rechtsschutz.
Zunächst kann der Dritte unstreitig einen Antrag an die Behörde stellen mit der Bitte, gegen den Bauherrn eine Baueinstellungs-, bzw. Bauabrissverfügung auf der Grundlage der einschlägigen Bestimmungen der jeweiligen Landesbauordnung (z.B. nach § 76 I hmbLBO) zu erlassen. Fraglich ist indes, welches gerichtliche Verfahren für ihn einschlägig ist. Dies könnte zum einen das Verfahren nach § 123 VwGO sein, mit dem Ziel, die Behörde zum Erlass einer Baueinstellungsverfügung aufgrund bauordnungsrechtlicher Vorschriften zu verpflichten. Das Verfahren nach § 123 VwGO ist im vorläufigen Rechtsschutz allerdings immer nur dann statthafte Klageart, wenn die Anfechtungsklage ausgeschlossen ist (§ 123 V VwGO). Fälle einer ergänzenden einstweiligen Anordnung zusätzlich zu § 80 I VwGO - etwa wie vorliegend bei Nichtbeachtung der aufschiebenden Wirkung usw. - sind seit Einführung des § 80a VwGO kaum noch denkbar, da hier Gericht und Behörde mit Maßnahmen nach § 80a I Nr. 2 VwGO helfen können[1166]. §§ 80, 80a VwGO regeln somit den vorläufigen Rechtsschutz im Zusammenhang mit Verwaltungsakten mit Drittwirkung abschließend, sodass für einen Rückgriff auf § 123 VwGO kein Raum ist.
Der Nachbar muss somit einen Antrag nach §§ 80a I Nr. 2, III S. 2 i.V.m. § 80 V S. 3 VwGO stellen. Da sich die gerichtliche Anordnung der Aufhebung der Vollziehung nach § 80 V S. 3 VwGO nur gegen einen Träger öffentlicher Gewalt und nicht auch unmittelbar gegen einen privaten Dritten richtet, da dieser niemals Antragsgegner sein kann[1167], kann das Gericht dem Antrag nach §§ 80a I Nr. 2, III S. 2 i.V.m. § 80 V S. 3 VwGO nur dadurch stattgeben, indem es die Behörde verpflichtet, die Vollziehung auszusetzen bzw. entsprechende einstweilige Maßnahmen zur Sicherung der Rechte des Dritten zu treffen.

bb. Antragsbefugnis, § 42 II VwGO analog

987 Ist der Antragsteller wie im Beispiel von Rn 981 Adressat der Baugenehmigung, ist nach dem Adressatengedanken die Klagebefugnis ohne weiteres zu bejahen.

988 Allerdings würde etwas anderes gelten, wenn in umgekehrter Konstellation der Nicht-Adressat Antragsteller wäre: Um antragsbefugt zu sein, kann nicht die bloße Verletzung von subjektiven Rechten geltend gemacht werden, sondern es muss ausschließlich die Verletzung drittschützender Normen gerügt werden.
Drittschutz bedeutet, dass die Normen in sachlicher und persönlicher Hinsicht gerade den Schutz des Dritten bezwecken müssen, der sich auf diese Normen beruft (vgl. Rn 140).
Der Antrag eines Nachbarn kann also nur Erfolg haben, wenn bei der Baugenehmigung Vorschriften verletzt worden sind, die gerade seinen Interessen zu dienen bestimmt sind.
Für die Fallbearbeitung muss angemerkt werden, dass an dieser Stelle der Prüfung lediglich die Möglichkeit einer Verletzung von drittschützenden Normen festgestellt werden darf. Ob die drittschützende Norm tatsächlich verletzt wurde, ist eine Frage der Begründetheit.

cc. Allgemeines Rechtsschutzbedürfnis

989 Mit seinem Rechtsschutzbegehren kann der Bürger, wie § 80a I und III VwGO zu entnehmen ist, sich an die Behörde und an das Gericht wenden. Fraglich ist, ob er zunächst (erfolglos) das **behördliche Vorverfahren** durchführen muss, der Antrag bei der Behörde also einen einfacheren und schnelleren Weg darstellt und somit einem Antrag bei Gericht das allgemeine Rechtsschutzbedürfnis fehlt.
Sicherlich ist es sachgerecht, auch im Verfahren des vorläufigen Rechtsschutzes die Behörde einzuschalten, **soweit diese noch nicht über den Vollzug entschieden hat**. Ein Vorrang des behördlichen Verfahrens kann deshalb aber noch nicht zwingend abgeleitet werden. Ausgangspunkt der Überlegung ist der Verweis in § 80a III S. 2 VwGO. Danach wird § 80 V bis VIII VwGO pauschal für entsprechend anwendbar

---

[1166] *Hufen*, VerwProzR, § 33 Rn 6; *Kopp/Schenke*, VwGO, § 80a Rn 17.
[1167] VGH Kassel DÖV 1991, 745; *Hufen*, VerwProzR, § 32 Rn 37.

erklärt. Da insoweit auch auf § 80 VI S. 1 VwGO verwiesen wird und dort das behördliche Verfahren nur für den Fall des § 80 II S. 1 Nr. 1 (öffentliche Abgaben und Kosten) vorgesehen ist, könnte angenommen werden, dass das behördliche Verfahren auch im Fall des § 80a III VwGO nur für das Abgaben- und Kostenrecht gilt.

Gegen eine solche Annahme spricht aber der Umstand, dass eine Konstellation, in der ein Dritter von einer Abgabenverfügung betroffen wäre, praktisch kaum denkbar ist. Daher wird vertreten, dass der Verweis in § 80a III S. 2 über § 80 VI S. 1 auf § 80 II S. 1 Nr. 1 VwGO vollkommen leerliefe und damit den Sinn verlöre, wollte man ihn lediglich auf Abgaben- und Kostenbescheide beschränken.[1168] Danach wäre also immer ein behördliches Vorverfahren erforderlich. **990**

Der klare Wortlaut des § 80a III VwGO und der Grundsatz der rechtsstaatlich gebotenen Rechtsmittelklarheit streiten jedoch gegen eine solche Annahme. Wenn ein gerichtlicher Rechtsbehelf von der vorherigen Durchführung eines Verwaltungsverfahrens abhängig sein soll, muss der Gesetzgeber dies ausdrücklich und klar anordnen.[1169] Im Gegenteil war es der ausdrückliche Wille des Gesetzgebers, der betont hat, dass „wegen der regelmäßig anzunehmenden besonderen Eilbedürftigkeit die unmittelbare Anrufung des Gerichts zur Gewährung einstweiligen Rechtsschutzes möglich" sein müsse.[1170] Bei der Verweisung des § 80a III S. 2 VwGO auch auf § 80 VI VwGO handelt es sich vielmehr um ein Redaktionsversehen ohne jede praktische Auswirkung.[1171] **991**

Demnach steht der Antrag bei Gericht zu dem bei der Behörde in einem Alternativverhältnis. Der Streit kann aber dahinstehen, wenn der Ausnahmetatbestand des § 80 VI S. 2 VwGO greift. Dann ist die Zulässigkeit eines Antrags bei Gericht in keinem Fall von einem vorherigen Antrag bei der Behörde abhängig. **992**

b. Begründetheit

Grundsätzlich ist ein Antrag nach § 80a VwGO unter den gleichen Voraussetzungen begründet wie ein Antrag nach § 80 V VwGO. Insofern sei auf das Schema bei Rn 959 verwiesen. Wegen der Drittanfechtungskonstellation muss zusätzlich die Verletzung eines subjektiven Rechts, und zwar einer drittschützenden Norm, geprüft werden. Der Einleitungssatz für die Begründetheitsprüfung könnte daher etwa wie folgt aussehen: **993**

„Der Antrag nach §§ 80a III, 80 V VwGO ist begründet, wenn das Aussetzungsinteresse des ... (Dritten) das Vollzugsinteresse des ... (Bauherrn) überwiegt. Ein vorrangiges Aussetzungsinteresse ist anzunehmen, wenn die ... (Baugenehmigung) offensichtlich rechtswidrig ist. Die Fehlerhaftigkeit der Begünstigung muss sich hierbei vorrangig aus der Verletzung drittschützender Normen ergeben." **994**

Fazit: Ist die den Adressaten begünstigende Maßnahme offensichtlich rechtmäßig, stellt dies ein starkes Indiz für das Überwiegen des Vollzugsinteresses dar. Ist die begünstigende Maßnahme hingegen offensichtlich rechtswidrig, stellt dies wiederum ein starkes Indiz für das Überwiegen des Aussetzungsinteresses dar. Für ein letztlich zu bejahendes Überwiegen des Aussetzungsinteresses muss aber die Verletzung einer drittschützenden Norm hinzukommen. **995**

[1168] *Heydemann*, NVwZ 1993, 419; OVG Koblenz NVwZ 1994, 1015; VGH Kassel DVBl 1994, 805; OVG Schleswig DVBl 1993, 123; OVG Lüneburg NJW 1993, 2553; VGH München BayVBl 1993, 747 f. und NVwZ 1992, 990.
[1169] BVerwG NVwZ-RR 1993, 330; *Hufen*, VerwProzR, § 32 Rn 35.
[1170] BT-Dr. 11/7030, S. 25.
[1171] H.M., vgl. nur *J. Schmidt*, in: Eyermann, VwGO, § 80a Rn 19; *Schoch*, in: Schoch/Schneider/Bier, VwGO, § 80a Rn 76-78; VGH Mannheim VBlBW 1995, 190; VBlBW 1997, 17; OVG Hamburg NVwZ-RR 1995, 551.

996 Bei der Interessenabwägung ist weiterhin zu beachten, dass sich im Gegensatz zu der Prüfung des § 80 V VwGO zwei private Interessen gegenüberstehen und gegeneinander abzuwägen sind.

So fällt es nicht schwer, das Vollzugsinteresse des kinderreichen Bauherrn gegen das entgegenstehende Interesse des Nachbarn, der eine Beschattung seines Küchenfensters in den Wintermonaten befürchtet, zu gewichten, denn die unterschiedliche Bedeutung dieser Belange ist offenkundig.

997 Nur wenn die Abwägung zwischen den privaten Interessen zu keinem Überwiegen eines der beiden Interessen führt, sind öffentliche Belange einzubeziehen. Wie bei dem Antrag nach § 80 V VwGO darf die Relevanz materieller Kriterien aber grundsätzlich nicht dazu führen, das Verfahren nach § 80a VwGO zum Hauptsacheverfahren zu machen („Keine Vorwegnahme der Hauptsache"). Demgemäß muss bei der Interessenabwägung auch die Möglichkeit der Rückgängigmachung des Vollzugs, im Bereich des Baurechts notfalls eines Abbruchs des aufgrund der sofortigen Vollziehung einer Baugenehmigung errichteten Gebäudes oder jedenfalls einer Nutzungsuntersagung angemessen berücksichtigt werden.[1172]

II. § 80a II VwGO

998 § 80a II VwGO behandelt den Fall, dass der Adressat des Verwaltungsakts durch diesen belastet und ein Dritter begünstigt wird (belastender Verwaltungsakt mit begünstigender Drittwirkung).

Beispiel: Im obigen Ausgangsfall (Rn 981) ordnet die Behörde den Abriss des Schwimmbades an, da es gegen bauordnungsrechtliche Abstandsbestimmungen verstoße (z.B. § 6 hmbLBO). Nachbar N, der durch das Glasdach in seiner Sicht gestört wurde, ist über die behördliche Verfügung erfreut. Wie ist die Rechtslage?

Gemäß § 80a II i.V.m. §§ 68 ff. VwGO kann der Bauherr B gegen die Baubeseitigungsanordnung Widerspruch einlegen, der gemäß § 80 I VwGO aufschiebende Wirkung entfaltet. Die Baubeseitigungsanordnung wird somit zunächst in ihrem Vollzug gehemmt. Hiergegen kann N wiederum gemäß §§ 80a II, 80 II S. 1 Nr. 4 VwGO entweder bei der Ausgangsbehörde oder bei der Widerspruchsbehörde die Anordnung der sofortigen Vollziehung beantragen. Da die Zulässigkeit eines Antrags gemäß § 80a III VwGO nicht zur Voraussetzung hat, dass der Antragsteller sich vorher erfolglos mit einem entsprechenden Antrag gemäß § 80a I oder II VwGO an die Behörde gewandt haben muss (s.o.), kann N die Anordnung der sofortigen Vollziehung auch gemäß § 80a III S. 1, II, 80 V S. 1 Var. 1 VwGO gleich bei Gericht beantragen.

Sollte N zunächst durch einen Antrag bei der Behörde vorgehen und wird sein Antrag abgelehnt, kann er auch dann erst den Antrag bei Gericht stellen. Wird seinem Antrag hingegen stattgegeben, kann B als Adressat nach §§ 80a III S. 1, II, III S. 2 i.V.m. 80 V VwGO bei Gericht die Wiederherstellung der aufschiebenden Wirkung verlangen.

[1172] *J. Schmidt*, in: Eyermann, VwGO, § 80a Rn 16. Zur Vorwegnahme der Hauptsache bei der Zuteilung eines sog. Speyer-Semesters im Rahmen der Referendarausbildung vgl. OVG Weimar LKV 2001, 79.

D. Die einstweilige Anordnung, § 123 VwGO

I. Allgemeines

1. Die einstweilige Anordnung nach § 123 VwGO ist immer dann einschlägig, wenn der vorläufige Rechtsschutz nicht unter §§ 80, 80a oder 47 VI VwGO fällt, also in Fällen, in denen es in der Hauptsache nicht um eine Anfechtung eines belastenden Verwaltungsakts oder um eine Normenkontrolle geht. Diese Negativabgrenzung genügt; die konkrete, in der Hauptsache statthafte Klageart braucht nicht bestimmt zu werden. Davon unbeschadet ist der vorläufige Rechtsschutz nach § 123 VwGO vor allen durch folgende Merkmale gekennzeichnet:[1173] **999**

- Vorrang der §§ 80, 80a VwGO (vgl. § 123 V VwGO) sowie Ausschluss durch § 47 VI VwGO.
- Das von den §§ 80, 80a VwGO bekannte komplizierte Wechselspiel von Behörde bzw. Widerspruchsbehörde einerseits und Gericht andererseits findet bei dem Verfahren nach § 123 VwGO nicht statt. Dort entscheidet allein das Gericht auf Antrag des Betroffenen.
- Während bei § 80 VwGO der vorläufige Rechtsschutz grundsätzlich bereits durch Einlegung eines Rechtsbehelfes eintritt (vgl. § 80 I VwGO), muss er bei § 123 VwGO gesondert beantragt werden, da außer der Anfechtungsklage keine Klage aufschiebende Wirkung hat.
- Dem Antragsteller wird (anders als beim Eilantrag nach § 80 V VwGO[1174]) gegenüber dem Antragsgegner nach § 123 III VwGO i.V.m. § 945 ZPO das Risiko einer ungerechtfertigten einstweiligen Verfügung auferlegt. Erweist sich der Erlass einer einstweiligen Anordnung später im Hauptsacheverfahren als von Anfang an ungerechtfertigt oder wird die Anordnung zur Erhebung der Klage in der Hauptsache nicht befolgt, hat der Antragsteller dem Antragsgegner (verschuldens<u>un</u>abhängig) den Schaden zu ersetzen, der diesem durch die einstweilige Anordnung entsteht.[1175] Dadurch besteht ein deutliches Risiko, das es bei den §§ 80, 80a VwGO nicht gibt.
- Geht es um den Vollzug von **EU-Recht**, verlangt der Gerichtshof der EU[1176], dass für den einstweiligen Rechtsschutz in allen Mitgliedstaaten einheitliche Regelungen gelten müssen. So dürfe ein nationales Gericht einstweilige Anordnungen in Bezug auf einen zur Durchführung einer EU-Verordnung ergangenen nationalen Verwaltungsakt nur dann erlassen, wenn

  (1) es erhebliche Zweifel an der Gültigkeit der Handlung der EU hat und diese Gültigkeitsfrage, sofern der Gerichtshof mit ihr noch nicht befasst ist, diesem selbst vorlegt,

  (2) die Entscheidung dringlich ist in dem Sinne, dass die sie beantragende Person einen schweren und nicht mehr gutzumachenden Schaden erleidet,

  (3) das Gericht das Interesse der Union hinreichend berücksichtigt und

  (4) es bei der Prüfung aller dieser Voraussetzungen die Entscheidungen des Gerichtshofs der EU über die Rechtmäßigkeit der Verordnung im Hinblick auf gleichartige einstweilige Anordnungen auf Unionsebene beachtet.

[1173] Vgl. *Hufen*, VerwProzR, § 33 Rn 1.
[1174] Vgl. BVerwG NVwZ 1991, 270.
[1175] *Schmitt Glaeser/Horn*, VerwProzR, Rn 324; *Hufen*, VerwProzR, § 33 Rn 23; *Kopp/Schenke*, VwGO, § 123 Rn 43; *Loos*, JA 2001, 871.
[1176] EuGH NJW 1996, 1333 ff. mit Anm. *Burmeister/Miersch*, EuZW 1995, 837, 840 f.

1000 2. § 123 VwGO unterscheidet wie die §§ 935, 940 ZPO zwischen einstweiligen Anordnungen zur Sicherung eines Individualanspruches (§ 123 I S. 1 VwGO, sog. Sicherungsanordnung) und einstweiligen Anordnungen zur Wahrung des Rechtsfriedens (§ 123 I S. 2 VwGO, sog. Regelungsanordnung).[1177]

1001 a. Die **Sicherungsanordnung** dient – vergleichbar mit der einstweiligen Verfügung nach § 935 ZPO – der Sicherung, d.h. der **Bewahrung des *status quo***, soweit dies erforderlich ist, um die *Vereitelung oder Beeinträchtigung eines Rechts* des Antragstellers zu verhindern. Deshalb kann das Gericht hier nur bestandsschützende Maßnahmen treffen.[1178]

> **Beispiele:** Sicherung der Rechte des Antragstellers auf Erlass eines Verwaltungsakts, etwa auf die Erteilung einer Erlaubnis, oder von Ansprüchen auf sonstige behördliche Leistungen, von Unterlassungsansprüchen wie etwa auf die Unterlassung ehrenrühriger Äußerungen[1179] oder zur Sicherung von Geldforderungen[1180]

1002 b. Demgegenüber ist die **Regelungsanordnung** – vergleichbar mit der einstweiligen Verfügung nach § 940 ZPO – in allen sonstigen Fällen möglich, in denen die Notwendigkeit einer *vorläufigen Regelung* in Bezug auf ein streitiges Rechtsverhältnis besteht, ggf. auch zur vorläufigen *Begründung oder Erweiterung einer Rechtsposition*, also zur **Erreichung eines *status ad quem*** des Antragstellers, soweit dies zur Abwehr von wesentlichen Nachteilen oder zur Verhinderung von drohender Gewalt oder aus anderen Gründen nötig ist.[1181] Die Regelungsanordnung reicht somit weiter als die Sicherungsanordnung.

> **Beispiele:** Auf Antrag des Nachbarn vom Gericht erlassene einstweilige Anordnung, die Baubehörde möge gegen eine genehmigungspflichtige, jedoch nicht genehmigte Baumaßnahme vorgehen[1182] (wobei das Gleiche für ein von der Genehmigungspflicht freigestelltes Vorhaben gilt), oder Antrag auf vorläufige Zulassung zur Nutzung einer öffentlichen Einrichtung (Stadthalle o.ä.)[1183]. Weiteres wichtiges Beispiel ist die vorläufige Zulassung zu einer berufsbezogenen Prüfung oder Versetzung in eine nächsthöhere Klasse (Erweiterung einer Rechtsposition)[1184].

1003 In der Praxis überschneiden sich diese beiden Grundtypen vielfach und sind oft voneinander nicht zu unterscheiden. Aus diesem Grund wird die Unterscheidung von der Rechtsprechung häufig nicht klar vorgenommen. Die Gerichte stützen einstweilige Anordnungen meist ohne zu differenzieren auf § 123 I S. 1 und S. 2 VwGO.[1185] Beide Formen sind jedenfalls Instrumente eines nur vorläufigen Rechtsschutzes, der in der Praxis aufgrund der langen Verfahrensdauer der Hauptsacheverfahren immer wichtiger wird und in weiten Bereichen die Bedeutung des Hauptsacheverfahrens verdrängt - insbesondere im (Hoch-)Schul- und Prüfungsrecht, bei der Hochschulzulassung und in weiten Bereichen des Beamtenrechts.[1186]

[1177] Vgl. auch *Schenke*, VerwProzR, Rn 1025.
[1178] *Happ*, in: Eyermann, VwGO, § 123 Rn 21; *Kopp/Schenke*, VwGO, § 123 Rn 7; *Zacharias*, JA 2002, 345, 349; *Schoch*, Jura 2002, 381; *Lietzmann*, JuS 2001, 571, 572; *Loos*, JA 2001, 871; OVG Schleswig DVBl 2002, 134.
[1179] *Kopp/Schenke*, VwGO, § 123 Rn 7.
[1180] VGH Mannheim DÖV 1988, 976.
[1181] *Kopp/Schenke*, VwGO, § 123 Rn 8; *Happ*, in: Eyermann, VwGO, § 123 Rn 23; *Zacharias*, JA 2002, 345, 349; *Lietzmann*, JuS 2001, 571, 572; *Loos*, JA 2001, 871; *Rademacher/Janz*, JuS 2002, 58, 59.
[1182] OVG Münster VRspr. 28, 1022.
[1183] Wenn diese in Privatrechtsform betrieben wird (str., vgl. *Hufen*, VerwProzR, § 11 Rn 34). Vgl. dazu OVG Bautzen NVwZ 2002, 615 (Parteitag in Stadthalle).
[1184] *Kopp/Schenke*, VwGO, § 123 Rn 14a.
[1185] So beispielsweise OVG Münster DVBl 1982, 2517; OVG Koblenz, NVwZ 1987, 77; VGH München BayVBl 1987, 83, 1989, 657.
[1186] *Schmitt Glaeser/Horn*, VerwProzR, Rn 314; *Hufen*, VerwProzR, § 33 Rn 1; *Kopp/Schenke*, VwGO, § 123 Rn 14a.

Hinweis für die Fallbearbeitung: Für die Klausurprüfung bleibt jedoch festzuhalten, dass das Gesetz eine Unterscheidung zwischen Sicherungs- und Regelungsanordnung vornimmt, sodass trotz nicht klar vorgenommener Differenzierung durch die Rechtsprechung eine Abgrenzung erfolgen sollte, zumal das Gericht im Rahmen der Sicherungsanordnung nur bestandsschützende Maßnahmen treffen kann. Da allerdings die konkrete Gefährdung der Rechtsverwirklichung (Sicherungsanordnung) gleichzeitig ein streitiges Rechtsverhältnis begründet (Regelungsanordnung) und die Zustandssicherung auch die Notwendigkeit einer Regelung rechtfertigt, kann eine Sicherungsanordnung stets auch als Regelungsanordnung ergehen. 1004
Kann in einer Klausur eine Differenzierung nicht klar vorgenommen werden, sollte die allgemeinere *Regelungsanordnung* angenommen werden. Da aber bei beiden Arten die Voraussetzungen und der Schutzzweck im Wesentlichen gleich sind, ist die Differenzierung nicht klausurentscheidend und sollte deshalb auf keinen Fall zu breit behandelt werden.

Zusammenfassung: Die Sicherungsanordnung ist statthaft, wenn es um die Sicherung eines bereits bestehenden Rechts, des *status quo*, geht. Besteht indes die Notwendigkeit einer vorläufigen Regelung, ggf. auch zur vorläufigen Begründung oder Erweiterung einer Rechtsposition des Antragstellers, ist die Regelungsanordnung einschlägig. 1005

II. Prüfungsaufbau

Die gutachtliche Prüfung eines Antrags nach § 123 VwGO ist grundsätzlich so aufzubauen wie die des Antrags nach § 80 V VwGO. Insoweit kann auf die dortigen Ausführungen verwiesen werden. Im Folgenden soll daher nur auf die Besonderheiten des Antrags auf Erlass einer einstweiligen Anordnung eingegangen werden. 1006

Antrag auf Erlass einer einstweiligen Anordnung nach § 123 VwGO

1. Sachentscheidungsvoraussetzungen

a. Verwaltungsrechtsweg, § 123 II S. 1 i.V.m. § 40 I S. 1 VwGO, und gerichtliche Zuständigkeit, § 123 II S. 1 i.V.m. §§ 45 ff., 52 VwGO
b. Statthafte Verfahrensart: Sicherungs- bzw. Regelungsanordnung
c. Antragsbefugnis, § 42 II (bzw. Feststellungsinteresse, § 43 I HS. 2) VwGO analog
   aa. Anordnungsanspruch
   bb. Anordnungsgrund
d. Allgemeines Rechtsschutzbedürfnis
e. Übrige Sachentscheidungsvoraussetzungen
   aa. Beteiligungs- und Prozessfähigkeit, §§ 61, 62 VwGO
   bb. Antragsgegner, § 78 VwGO analog (hier: Rechtsträgerprinzip)
   cc. Ordnungsgemäße Antragstellung, §§ 81, 82 VwGO unter Benennung des Anordnungsgrundes und des Anordnungsanspruchs, §§ 123 III VwGO, 920 ZPO

2. Begründetheit

„Der Antrag auf Erlass einer einstweiligen Anordnung ist begründet, wenn der prozessuale Anspruch auf Sicherung/Regelung des Hauptsacheanspruchs besteht. Das ist der Fall, wenn der Antragsteller Anordnungsanspruch und Anordnungsgrund glaubhaft machen kann, § 123 III VwGO i.V.m. §§ 920 II, 294 ZPO."

Dabei ist

- zunächst **summarisch** der **offensichtliche Ausgang** des entsprechenden Hauptsacheverfahrens vorzunehmen.[1187] Denn ist der Hauptsacherechtsbehelf offensichtlich unbegründet, wird kaum eine einstweilige Anordnung ergehen kön-

[1187] *Bamberger*, NVwZ 2000, 983, 986. Das gilt dem Grunde nach auch für den Erlass einer einstweiligen Anordnung nach § 32 BVerfGG (vgl. BVerfG-K NJW 2001, 357).

nen. Eine mitunter schwierige Interessenabwägung kann dann entfallen. Im umgekehrten Fall gilt Entsprechendes.

- Bei nicht offensichtlichem Ausgang des Hauptsacheverfahrens ist eine **Interessenabwägung** zwischen dem Erlass und dem Nichterlass einer einstweiligen Anordnung vorzunehmen. Dabei sind die Erfolgsaussichten des Hauptsacherechtsbehelfs als Gewichtungselemente zu berücksichtigen. Zu dem Sonderfall, dass durch die Versagung einstweiligen Rechtsschutzes eine existenzbedrohende Lage entstehen würde, vgl. Rn 954.

In der Fallbearbeitung hat also eine umfassende Prüfung der Rechtmäßigkeit des fraglichen Verwaltungshandelns zu erfolgen. Zu beachten ist aber, dass eine einstweilige Anordnung trotz Rechtmäßigkeit des Verwaltungshandelns möglich ist, wenn durch den Nichterlass einer einstweiligen Anordnung **vollendete Tatsachen** geschaffen werden, d.h. der ursprüngliche Zustand nicht mehr wiederhergestellt werden kann. Das Gleiche gilt, wenn der Antragsteller eine Entscheidung in der Hauptsache nicht mehr rechtzeitig erwirken kann und sein Begehren schon aufgrund der im Verfahren des vorläufigen Rechtsschutzes anzustellenden summarischen Prüfung der Erfolgsaussichten bei Anlegung eines strengen Maßstabes erkennbar Erfolg haben muss.[1188] In diesen Fällen überwiegt grundsätzlich das private Interesse am Erlass einer vorläufigen Sicherung oder Regelung, bis endgültig geklärt ist, ob das fragliche Verwaltungshandeln rechtmäßig ist oder nicht.

1. Sachentscheidungsvoraussetzungen

a. Verwaltungsrechtsweg und gerichtliche Zuständigkeit

1007 Der Rechtsweg bestimmt sich nach dem Rechtsweg der Hauptsache (§ 123 II S. 1 VwGO), was in einer Klausur auch so zu formulieren wäre. In der Hauptsache ist der Verwaltungsrechtsweg im Falle fehlender aufdrängender Spezialzuweisung und abdrängender Sonderzuweisung bei Vorliegen einer öffentlich-rechtlichen Streitigkeit nichtverfassungsrechtlicher Art eröffnet (§ 40 I S. 1 VwGO). Die sachliche Zuständigkeit des Verwaltungsgerichts richtet sich nach § 45 VwGO, die örtliche Zuständigkeit nach § 52 VwGO.[1189]

b. Statthafte Verfahrensart

1008 Bei der Bestimmung der statthaften Verfahrensart ist zunächst vom Begehren des Antragstellers auszugehen, § 88 VwGO. Da das Gericht nur an das Begehren, nicht jedoch an die Anträge gebunden ist, muss durch Auslegung des Vortrags das statthafte Verfahren bestimmt werden.[1190] Abgrenzungsprobleme zu den §§ 80, 80a VwGO können entstehen, wenn unklar ist, ob es sich bei einer bestimmten belastenden Maßnahme um einen Verwaltungsakt handelt (Bsp. 1) oder zwar ein Verwaltungsakt erlassen wurde, aber fraglich ist, ob die durch einen hiergegen gerichteten Rechtsbehelf ausgelöste aufschiebende Wirkung als Rechtsschutz ausreicht (Bsp. 2).

Beispiel 1[1191]: S, Empfänger von Grundsicherung (ALG II), geht ein Bescheid zu mit dem Inhalt, dass weitere Leistungen eingestellt würden. Zur Begründung wird angeführt, dass S seine Arbeitskraft zur Beschaffung des Lebensunterhalts nicht einsetze, § 11 III SGB XII. Welche statthafte Verfahrensart in diesen Fällen in Betracht kommt, ist problematisch und hängt davon ab, ob die Leistung aufgrund eines Verwaltungsakts mit Dauerwirkung gewährt wird oder ob es sich bei den monatlichen Fortzahlungen um ständige Neubewilligungen handelt.

[1188] BVerwG NJW 2000, 160, 161 f.
[1189] Zum Verwaltungsrechtsweg vgl. Rn 23 ff. und zur gerichtlichen Zuständigkeit Rn 105.
[1190] Vgl. BVerfG NVwZ 2016, 238, 241.
[1191] In Anlehnung an BVerfGE 57, 237 ff.

⇨ Handelt es sich bei der periodisch wiederkehrenden Auszahlung um Vollzugsakte (Realakte) eines (einzigen) Verwaltungsakts mit Dauerwirkung, ist in dem Einstellungsbescheid ein Widerruf i.S.d. § 49 VwVfG zu sehen. Nach der *Actus-contrarius*-Theorie bewirkt eine erfolgreiche Anfechtung des Widerrufs das Wiederaufleben des *status quo ante*, also vorliegend das des Verwaltungsakts mit Dauerwirkung. Für das Klägerbegehren würde dies bedeuten, dass in der Hauptsache eine Anfechtungsklage, gerichtet auf die Aufhebung des (belastenden) Widerrufs richtige Klageart wäre, sodass als statthafte Verfahrensart ein Eilantrag nach **§ 80 V VwGO** in Betracht kommt.

⇨ Handelt es sich bei der periodisch wiederkehrenden Auszahlung hingegen jeweils um Einzelakte, die Leistungen immer nur für einen bestimmten Zeitraum gewähren, dann würde eine Anfechtung des Widerrufs dem Klägerbegehren nicht gerecht. Denn durch die Anfechtung würde der Kläger *keine* Neubewilligung für den künftigen Zeitraum erhalten. Es läge also eine typische Verpflichtungssituation mit der Versagungsgegenklage als Verfahrensart der Hauptsache vor, womit dann der Antrag nach **§ 123 VwGO** statthaft wäre.

Die Entscheidung für die richtige Antragsart ist denkbar einfach, wenn folgende Erwägungen herangezogen werden: In der Praxis wird Sozialhilfe als öffentliche Nothilfe gewährt („Hilfe zur Selbsthilfe") und zwar in der Regel ohne zeitliche Angabe. Daraus folgt zum einen, dass die Leistungen nur so lange gewährt werden, bis die Notlage beendet ist, und zum anderen, dass sie dadurch gerade **nicht** als rentengleiche Dauerleistung mit Versorgungscharakter ausgestaltet sind.
In den periodisch wiederkehrenden Leistungen sind somit stillschweigende Neubewilligungen, also Einzelakte, zu sehen, sodass bei einem Widerruf eine Verpflichtungssituation vorliegt, der im vorläufigen Rechtsschutz mit einem Antrag nach **§ 123 I VwGO** begegnet werden muss.

Beispiel 2: Dem Bauherrn B ist eine Baugenehmigung für die Errichtung eines 10-stöckigen Mietshauses erteilt worden. Als Nachbar N feststellt, dass nunmehr Arbeiten am 11. und 12. Stockwerk verrichtet werden, möchte er einstweiligen Rechtsschutz einlegen.
Bei der Frage, ob ein Eilantrag nach §§ 80a, 80 V VwGO oder ein Antrag auf Erlass einer einstweiligen Anordnung nach § 123 I VwGO statthaft ist, muss folgende Überlegung angestellt werden: Der Widerspruch gegen die Baugenehmigung hilft nicht weiter, da die Errichtung des 11. und 12. Stockwerks durch die Baugenehmigung nicht gedeckt ist („Schwarzbau"). Es ist ein Antrag auf Erlass einer einstweiligen Anordnung nach **§ 123 I VwGO** zu stellen. Das Rechtsschutzziel muss darauf gerichtet sein, die Behörde dazu zu verpflichten, eine Baubeseitigungsanordnung (Verwaltungsakt) bzgl. der betreffenden Stockwerke zu erlassen.

Beispiel 3: Anwohner und Hauseigentümer E wird gem. §§ 129 ff. BauGB zu einem Sielbaubeitrag durch Bescheid herangezogen. Der von E beantragte Billigkeitserlass (Erlassbescheid gem. § 135 V S. 1 BauGB) wird nicht gewährt.
Beitragsrechtlich ist zwischen dem Festsetzungsbescheid und dem Erlassbescheid zu unterscheiden. Dabei handelt es sich um zwei Verwaltungsakte. Da E mit der Beantragung eines Erlassbescheids den Erlass eines ihn begünstigenden Verwaltungsakts begehrt, wäre in der Hauptsache eine Verpflichtungsklage statthaft. Der vorläufige Rechtsschutz wegen der Versagung des Erlassbescheids ist daher im Verfahren gem. § 123 I VwGO zu suchen.

Komplizierter ist die Bestimmung des richtigen Rechtsschutzverfahrens in Fällen, in **1009**
denen der Antragsteller eine Begünstigung begehrt, die die Behörde anstelle des Antragstellers einem anderen gewähren will (**beamtenrechtliche und wirtschaftsverwaltungsrechtliche Konkurrentenklage**).

c. Antragsbefugnis, § 42 II (bzw. Feststellungsinteresse, § 43 I Hs. 2) VwGO analog

1010 Da der vorläufige Rechtsschutz nicht mehr gewähren darf als das Hauptsacheverfahren[1192], muss der Antragsteller auch hier antragsbefugt sein. Ist in der Hauptsache eine Verpflichtungs- oder eine allgemeine Leistungsklage statthaft, muss die Antragsbefugnis einer einstweiligen Anordnung nach § 42 II VwGO analog vorliegen.[1193] Ist in der Hauptsache jedoch eine Feststellungsklage einschlägig, muss (zusätzlich) das Feststellungsinteresse i.S.d. § 43 I Hs. 2 VwGO gegeben sein.
Insgesamt entspricht die Antragsbefugnis somit den Rechtsgedanken der §§ 42 II, 43 I Hs. 2 VwGO. In jedem Fall muss der Antragsteller ein Recht geltend machen können, das *ihm* zukommt und das *möglicherweise verletzt* oder *gefährdet* ist. Welches Recht als möglicherweise verletzt oder gefährdet in Betracht kommt, hängt davon ab, ob es sich um eine Sicherungs- oder um eine Regelungsanordnung handelt.[1194]
Da die Begründetheit einer einstweiligen Anordnung nach § 123 VwGO die Glaubhaftmachung eines Anordnungsanspruchs und eines Anordnungsgrundes voraussetzt, bezieht sich die Antragsbefugnis auch jeweils darauf.[1195]

aa. Anordnungsanspruch

1011 Anordnungsanspruch ist der zu sichernde/zu regelnde **materielle Anspruch** des Antragstellers aus dem Hauptsacheverfahren. Gibt es den Hauptsacheanspruch nicht, kann auch keine einstweilige Anordnung zu dessen vorläufiger Sicherung/Regelung ergehen. Der maßgebliche Zeitpunkt für die Beurteilung des Anordnungsanspruchs bestimmt sich auch im vorläufigen Rechtsschutz nach dem jeweils einschlägigen materiellen Recht.[1196] Für die *Antragsbefugnis* bedeutet das: Der Antragsteller ist in Bezug auf den Anordnungsanspruch antragsbefugt, wenn er Tatsachen vorträgt, aus denen sich die Möglichkeit des Bestehens eines ihm zustehenden Rechts, ggf. auch zur vorläufigen Begründung oder Erweiterung seiner Rechtsposition, ergibt.[1197]

> **Beispiel:** Versagt die Krankenkasse die Übernahme der Kosten für eine Krebsbehandlung (hier: Hyperthermiebehandlung), obwohl diese Behandlungsmethode nicht ganz aussichtslos ist, ist die Rechtswidrigkeit dieser Ablehnung nicht von vornherein ausgeschlossen[1198]; die Antragsbefugnis ist daher gegeben.

> **Gegenbeispiel:** Die Zulassung eines von der Behörde abgelehnten Bewerbers zur Teilnahme an einem Markt im Wege der einstweiligen Anordnung nach § 123 I S. 2 VwGO ist bei einer tatsächlich erschöpften Platzkapazität nicht möglich.[1199]

bb. Anordnungsgrund

1012 Der Anordnungsgrund umfasst die **Eilbedürftigkeit** der Sache und ist gegeben, wenn dem Antragsteller bis zum Abwarten des Hauptsacheverfahrens tatsächlich *wesentliche Nachteile* drohen[1200] und die Entscheidung in der Hauptsache zu spät

---

[1192] Vgl. dazu VGH Kassel NVwZ 2001, 826; VGH München BayVBl 2001, 500; kritisch *Krodel*, NZS 2002, 234, 238 f.; *Bohl*, NVwZ 2001, 764.
[1193] BVerwG NVwZ 1994, 370; VGH Mannheim NVwZ-RR 1999, 580; *Dörr*, JuS 2000, 491; *Lietzmann*, JuS 2001, 571, 572; *Loos*, JA 2001, 871, 872; *Rademacher/Janz*, JuS 2002, 58, 59.
[1194] *Hufen*, VerwProzR, § 33 Rn 9; *Loos*, JA 2001, 871, 872.
[1195] Vgl. *Schmitt Glaeser/Horn*, VerwProzR, Rn 316 und 318 sowie *Loos*, JA 2001, 871, 872, wonach die Glaubhaftmachung nach § 123 III VwGO i.V.m. §§ 920 II, 294 ZPO zwar insgesamt in die Begründetheitsprüfung gehört, aber auch nach deren Auffassung die Antragsbefugnis den Anordnungsgrund und den Anordnungsanspruch umfasst. Undifferenzierend *Zacharias*, JA 2002, 345, 349.
[1196] *Happ*, in: Eyermann, VwGO, § 123 Rn 46; *Rademacher/Janz*, JuS 2002, 58, 60.
[1197] Vgl. *Hufen*, VerwProzR, § 33 Rn 9.
[1198] BVerfG NVwZ 2008, 880. Vgl. auch BVerfG NVwZ 2009, 715 f. (amyotrophe Lateralsklerose).
[1199] OVG Bautzen NVwZ-RR 1999, 500.
[1200] So VGH Kassel NJW 1997, 959; *Rademacher/Janz*, JuS 2002, 58, 62.

käme.[1201] Damit der Antragsteller *antragsbefugt* ist, muss er Tatsachen vortragen, aus denen sich die **Gefährdung einer Rechtsverwirklichung** (Sicherungsgrund) oder der Eintritt **wesentlicher Nachteile** als *möglich* ergibt und die ein Abwarten als unzumutbar erscheinen lassen.[1202]

Beispiel: In dem Bundesland X ist durch eine Bestimmung der Landesbauordnung die Errichtung von Anbauten, die eine bestimmte Größe nicht überschreiten, von der Genehmigungspflicht ausgenommen (sog. **Freistellungsverfahren**[1203]). Als A nun erblickt, dass sein Nachbar B einen Anbau errichtet, befürchtet er erhebliche Nachteile für sein Grundstück.

Hier wären eine Anfechtungsklage nach § 42 I Var. 1 VwGO bzw. ein Eilantrag nach §§ 80a, 80 V VwGO nicht statthaft, da gerade kein anfechtbarer Verwaltungsakt in Form einer Baugenehmigung erging. A kann ausschließlich über § 123 VwGO vorgehen. Der Erlass einer einstweiligen Anordnung setzt voraus, dass der Antragsteller Anordnungsanspruch und Anordnungsgrund glaubhaft macht (§ 123 III VwGO, §§ 920 II, 294 ZPO), d.h. die Regelung bzw. Sicherung nötig ist, um wesentliche Nachteile abzuwenden, drohende Gewalt zu verhindern, oder wenn andere, vergleichbare Gründe vorliegen (§ 123 I S. 2 VwGO). Der von einem (vermeintlich) baurechtswidrigen Vorhaben betroffene Nachbar hat mit seinem Begehren auf Erlass einer einstweiligen Anordnung jedenfalls dann Erfolg, wenn nach summarischer Prüfung der Sach- und Rechtslage mit erheblicher Wahrscheinlichkeit seine Rechte verletzt sind und er einen Rechtsanspruch auf Einschreiten der Behörde hat. Die Eilbedürftigkeit der Sache liegt regelmäßig spätestens dann vor, wenn der Bauherr mit dem Bau des vermeintlich rechtswidrigen Vorhabens beginnt und das Warten bis zur Hauptsacheentscheidung für den Antragsteller unzumutbar ist. Das Abstellen auf diesen Zeitpunkt hat folgende Bewandtnis: Der mit hohem Investitionsaufwand errichtete Bau erweist sich gegenüber einer Baubeseitigungsanordnung resistenter als das Baueinstellungsverfahren gegenüber einem gerade erst begonnenen Vorhaben. Der Anordnungsgrund liegt damit in der Gefahr der Schaffung vollendeter oder nur schwer rückgängig zu machender Tatsachen nach Erstellung des Bauvorhabens.

Eine besondere Problematik besteht in der Frage, ob ein Anordnungsanspruch auch dann zu bejahen ist, wenn die Behörde bezüglich der Entscheidung, ob sie gegen den Bau vorgeht, ein Ermessen hat und dieses Ermessen *nicht* gegen Null reduziert ist (bei einer Verpflichtungsklage hätte der Kläger also keinen Anspruch auf ein bestimmtes Einschreiten der Behörde, sondern es käme lediglich ein Bescheidungsurteil in Betracht: Die Behörde würde verpflichtet werden, den Kläger unter Beachtung der Rechtsauffassung des Gerichts neu zu bescheiden, § 113 V S. 2 VwGO). Wenn man berücksichtigt, dass der einstweilige Rechtsschutz nicht mehr gewähren darf als das entsprechende Hauptsacheverfahren, müsste man eigentlich zur Verneinung der Frage gelangen. Allerdings besteht für das Verfahren nach § 123 VwGO die Möglichkeit der **Regelungsanordnung**. Diese ist in allen Fällen möglich, in denen die Notwendigkeit einer *vorläufigen Regelung* in Bezug auf ein streitiges Rechtsverhältnis besteht, ggf. auch zur vorläufigen *Begründung oder Erweiterung einer Rechtsposition*, also zur **Änderung des *status quo*** des Antragstellers, soweit dies zur Abwehr von wesentlichen Nachteilen oder zur Verhinderung von drohender Gewalt oder aus anderen Gründen nötig ist. Geht man vorliegend von diesen Voraussetzungen aus, hat A einen Anspruch auf Erlass einer einstweiligen Anordnung. Die Behörde würde dann verpflichtet werden, dem B vorläufig die weitere Bauausführung zu untersagen.

[1201] *Hufen*, VerwProzR, § 33 Rn 16; *Lietzmann*, JuS 2001, 571, 574.
[1202] Vgl. auch *Bamberger*, NVwZ 2000, 983, 985 und *Loos*, JA 2001, 871, 872.
[1203] Vgl. dazu ausführlich *R. Schmidt*, BauR, Rn 120 ff.

d. Allgemeines Rechtsschutzbedürfnis

1013 Um das Rechtsschutzbedürfnis bejahen zu können, muss der Antragsteller gerade die beantragte Anordnung benötigen, um sein Recht vorläufig zu sichern oder drohende Nachteile abzuwenden. Daher fehlt das Rechtsschutzbedürfnis, wenn der Antragsteller sein Ziel auf andere, einfachere Weise erreichen oder der Antrag von vornherein keinen Erfolg haben kann.

- So fehlt das Rechtsschutzbedürfnis grundsätzlich in Fällen, in denen das materielle Recht einen Antrag bei der Behörde erfordert und der Antragsteller einen solchen noch nicht gestellt hat.[1204] Hätte ein vorheriger Antrag bei der Behörde aber keinerlei Aussicht auf Erfolg (etwa weil Rechtsschutzsuchender und Behörde zerstritten sind), würde das Stellen eines vorherigen erfolglosen Antrags bei der Behörde lediglich eine bloße Förmelei bedeuten. In diesem Fall entfällt das Rechtsschutzbedürfnis nicht, wenn der Antrag nach § 123 VwGO ohne vorherigen Antrag bei der Behörde gestellt wird.[1205]

- Des Weiteren fehlt das Rechtsschutzbedürfnis grds., wenn die einstweilige Anordnung die **Vorwegnahme der Hauptsache** bedeuten würde. Eine Vorwegnahme der Hauptsache liegt grds. aber nur dann vor, wenn *endgültig* bereits über ein Recht in der einen oder anderen Richtung entschieden wird.[1206] Das grundsätzliche Verbot der Vorwegnahme ergibt sich aus dem Wesen des einstweiligen Rechtsschutzes, der allein darauf gerichtet ist, eine Entwertung des streitigen Anspruchs durch Zeitablauf zu sichern und damit den Rechtsstreit entscheidungsfähig zu halten. Nur wenn Gründe zur Gewährleistung des effektiven Rechtsschutzes (Art. 19 IV S. 1 GG) es erfordern, darf die Hauptsache ausnahmsweise vorweggenommen werden. Dabei ist aber ein strenger Maßstab anzulegen. So müssen die sonst zu erwartenden Nachteile für den Antragsteller unzumutbar sein, die Hauptsacheentscheidung müsste zu spät kommen und es muss ein hoher Grad an Wahrscheinlichkeit für einen Erfolg auch in der Hauptsache bestehen.[1207] Lediglich, wenn mit der Ablehnung vorläufigen Rechtsschutzes schwerwiegende irreparable Schäden für den Rechtsschutzsuchenden verbunden wären, ist der erforderliche Grad der Wahrscheinlichkeit herabzusetzen (vgl. Rn 954).

- Der Antrag kann von vornherein keinen Erfolg haben, wenn das Ziel unmöglich erreicht werden kann, wenn beispielsweise über die Hauptsache bereits bestandskräftig entschieden ist oder wenn ein bestehender Zustand auch durch eine einstweilige Anordnung nicht mehr rückgängig gemacht werden kann.[1208] So ist dies beispielsweise bei der vollzogenen Ernennung eines Konkurrenten zum Beamten der Fall. Mit einem Antrag nach § 123 VwGO zu verfolgen ist daher der Anspruch auf vorläufige Untersagung der Ernennung des ausgewählten Bewerbers.

- Zwar ist die vorherige Durchführung eines Widerspruchsverfahrens nicht erforderlich, die Durchführung muss allerdings (zeitlich) noch möglich sein. Anderenfalls würde der einstweilige Rechtsschutz mehr gewähren, als dem Betroffenen zusteht.[1209]

[1204] VGH München BayVBl 1900, 565; VGH Kassel NVwZ 1989, 1184; VGH Mannheim DVBl 1989, 1198; *Hufen*, VerwProzR, § 33 Rn 10; *Würtenberger*, VerwProzR, Rn 544; *Happ*, in: Eyermann, VwGO, § 123 Rn 34; *Zacharias*, JA 2002, 345, 349; *Mückl*, JA 2000, 329, 331 f.

[1205] Wie hier VG Sigmaringen NJW 2001, 628, 629 zur allgemeinen Leistungsklage; *Schoch*, in: Schoch/Schneider/Bier, VwGO, § 123 Rn 121.

[1206] Vgl. *Bohl*, NVwZ 2001, 764; *Schrader*, JuS 2005, 37, 38 f.

[1207] Ganz h.M., vgl. nur BVerwG NVwZ 1999, 650; BVerwGE 63, 110, 111; VG Halle LKV 2000, 164; *Rademacher/Janz*, JuS 2002, 58, 63; *Kopp/Schenke*, VwGO, § 123 Rn 22. Zur Vorwegnahme der Hauptsache bei der Zuteilung eines sog. Speyer-Semesters im Rahmen der Rechtsreferendarausbildung vgl. OVG Weimar LKV 2001, 79.

[1208] *Hufen*, VerwProzR, § 33 Rn 10.

[1209] *Happ*, in: Eyermann, VwGO, § 123 Rn 43.

e. Besonderheiten der übrigen Sachentscheidungsvoraussetzungen

Die Beteiligten- und Prozessfähigkeit richtet sich nach den §§ 61, 62 VwGO, der Antragsgegner nach § 78 VwGO analog (hier: Rechtsträgerprinzip). Im Übrigen ist der Antrag **ordnungsgemäß** (§§ 81, 82 VwGO analog) zu erheben, was bedeutet, dass Antragsteller, Antragsgegner, Streitgegenstand sowie Anordnungsgrund und Anordnungsanspruch benannt sein müssen (§§ 123 III VwGO, 920 ZPO). Bezüglich der Möglichkeit, in außergewöhnlichen Fällen auch eine **telefonische Antragstellung** genügen zu lassen, vgl. die Ausführung bei Rn 944. Eine **Antragsfrist** ist bis auf die Möglichkeit der Verwirkung nicht einzuhalten. Ist jedoch im entsprechenden Hauptsacheverfahren eine Rechtsbehelfsfrist einzuhalten, ist diese Frist auch bei dem Antrag auf Erlass einer einstweiligen Anordnung einzuhalten, da anderenfalls mehr gewährt werden würde als im Hauptsacheverfahren. 1014

Beispiel: Der erfolglose Bewerber um eine Beamtenbeförderungsposition stellt den Antrag gem. § 123 I VwGO zur Wahrung seines Bewerbungsverfahrensanspruchs erst 6 Monate nachdem er die Mitteilung über seine erfolglose Bewerbung erhalten hat.

2. Begründetheit

Der Antrag auf Erlass einer einstweiligen Anordnung ist begründet, wenn die Voraussetzungen des § 123 I VwGO tatsächlich erfüllt sind. Nach der exakten Terminologie bedeutet das für die **Sicherungsanordnung** (§ 123 I S. 1 VwGO), dass sie begründet ist, wenn das Bestehen des betroffenen Rechts oder rechtlich geschützten Interesses, zu dessen Sicherung die einstweilige Anordnung beantragt wird (Anordnungsanspruch), und die Gefährdung dieses Rechts oder rechtlich geschützter Interessen (Anordnungsgrund) glaubhaft gemacht sind.[1210] Demgegenüber ist der Antrag auf Erlass einer **Regelungsanordnung** (§ 123 I S. 2 VwGO) begründet, wenn das streitige Rechtsverhältnis, über das eine vorläufige Regelung getroffen werden soll, und die Notwendigkeit einer vorläufigen Regelung glaubhaft gemacht sind.[1211] Diese Terminologie ist als merkfähiger Obersatz für den Einstieg in eine Begründetheitsprüfung aber denkbar ungeeignet. Daher sei folgende Einstiegsformulierung vorgeschlagen: 1015

„Der Antrag auf Erlass einer einstweiligen Anordnung ist begründet, wenn der prozessuale Anspruch auf Sicherung/Regelung des Hauptsacheanspruchs besteht. Das ist der Fall, wenn der Antragsteller Anordnungsanspruch und Anordnungsgrund glaubhaft machen kann, § 123 III VwGO i.V.m. §§ 920 II, 294 ZPO." 1016

Hinweis für die Fallbearbeitung: Wie bei Rn 1023 noch zu sehen sein wird, kommt der Glaubhaftmachung bei Fallbearbeitungen im juristischen Studium keine allzu große Bedeutung zu. 1017

Da das Gesetz selbst eine Unterscheidung zwischen Sicherungsanordnung (§ 123 I S. 1 VwGO) und Regelungsanordnung (§ 123 I S. 2 VwGO) vornimmt, sollten auch in einer Fallbearbeitung Anordnungsanspruch und Anordnungsgrund auf den jeweiligen Grundtypus bezogen werden. 1018

[1210] *Kopp/Schenke*, VwGO, § 123 Rn 24; *Lietzmann*, JuS 2001, 571, 573; *Loos*, JA 2001, 871, 873. Glaubhaftmachung bedeutet einen geringeren Erkenntnisgrad als Wahrscheinlichmachen. Auch eine Versicherung an Eides statt kann zur Glaubhaftmachung herangezogen werden, § 294 I ZPO.

[1211] *Bamberger*, NVwZ 2000, 983, 985; *Loos*, JA 2001, 871, 873 f.

a. Anordnungsanspruch

1019 Sowohl bei der Sicherungsanordnung als auch bei der Regelungsanordnung ist der Anordnungsanspruch (bei der Sicherungsanordnung: Sicherungsanspruch) dann gegeben, wenn das Recht bzw. das zu schützende rechtliche Interesse – genauer gesagt, die dafür erforderlichen tatsächlichen Voraussetzungen – glaubhaft gemacht sind. Es geht also um den **materiellen Anspruch**. Indiz dafür, ob der Anordnungsanspruch besteht bzw. nicht besteht, ist der **offensichtliche Ausgang im Hauptsacheverfahren**, der in einer **summarischen Prüfung** festgestellt werden muss.

1020 **Hinweis für die Fallbearbeitung:** Für die Klausurprüfung bedeutet dies, dass eine Begründetheitsprüfung so durchzuführen ist, wie sie auch bei einer Verpflichtungs- bzw. allg. Leistungsklage oder Feststellungsklage vorzunehmen wäre. Selbstverständlich erfolgt trotz der Bezeichnung „summarisch" eine vollständige Rechtmäßigkeitsprüfung. Vgl. dazu im Übrigen Rn 951 ff.

b. Anordnungsgrund

1021 Da – wie bereits erläutert – der Anordnungsgrund das eigentlich Typische an der einstweiligen Anordnung ist, dient er der Vermeidung der Gefahr vor vollendeten Tatsachen und begründet die Eilbedürftigkeit. Er ist gegeben, wenn dem Antragsteller bei einem Abwarten des Hauptsacheverfahrens tatsächlich *wesentliche Nachteile* drohen und die Entscheidung in der Hauptsache zu spät käme (s.o.).
Auch der Anordnungsgrund ist nicht zuletzt vom offensichtlichen Ausgang in der Hauptsache abhängig. Im Fall des *non liquet* ist eine umfassende Interessenabwägung vorzunehmen.

1022 **Hinweis für die Fallbearbeitung:** Da sich in einer Prüfung weder Anordnungsanspruch und Anordnungsgrund noch Sicherungsanordnung und Regelungsanordnung stets exakt trennen lassen, sollte im Mittelpunkt der Prüfung nicht deren Abgrenzung, sondern vielmehr der bekannte Aufbau der Begründetheit des vorläufigen Rechtsschutzes stehen. Siehe dazu die Übersichten bei Rn 959 und 963.

c. Glaubhaftmachung

1023 Sowohl Anordnungsanspruch als auch Anordnungsgrund müssen nicht bewiesen, sondern nur glaubhaft gemacht werden, § 123 III VwGO i.V.m. § 920 II ZPO, wobei sich die Glaubhaftmachung auf die entscheidungserheblichen Tatsachen bezieht. In der Praxis wird von den Gerichten die Glaubhaftmachung oftmals allein durch die Abgabe einer eidesstattlichen Versicherung (§ 294 ZPO) akzeptiert. Bei Fallbearbeitungen im juristischen Studium kommt es darauf i.d.R. jedoch nicht an, weil der Sachverhalt durchweg feststeht. Der Antrag auf Erlass einer einstweiligen Anordnung wird also Erfolg haben, wenn eine Prüfung ergibt, dass der zu sichernde/regelnde Anspruch des Antragstellers nach den Vorschriften des materiellen Rechts besteht (Anordnungsanspruch) und die in § 123 I VwGO normierten Voraussetzungen für den Erlass einer einstweiligen Anordnung (Anordnungsgrund) tatsächlich vorliegen. Zu dem Sonderfall, dass durch die Versagung einstweiligen Rechtsschutzes eine existenzbedrohende Lage entstehen würde, vgl. Rn 954.

d. „Ermessensentscheidung" des Gerichts

1024 Nach dem Wortlaut des § 123 I VwGO entscheidet das Gericht bei Vorliegen der rechtlichen Voraussetzungen der Vorschrift, **ob** es eine einstweilige Anordnung erlässt und **welche** Regelungen es im Einzelnen damit trifft, **nach freiem Ermessen** (gemäß § 123 III VwGO i.V.m. § 938 I ZPO im Rahmen des Ziels des Antrags).

- Die h.M.[1212] geht allerdings von einem missverständlichen Wortlaut des § 123 I S. 1 VwGO aus und verbietet ein gerichtliches Entschließungsermessen wegen der Rechtsschutzgarantie aus Art. 19 IV S. 1 GG *a priori*. Vielmehr handele es sich um eine reine Verfahrensbefugnis. Das Gericht müsse von dieser Befugnis Gebrauch machen und die einstweilige Anordnung erlassen, wenn der Antrag zulässig und begründet sei. Gerichtliches Ermessen gebe es nach § 123 III VwGO i.V.m. § 938 I ZPO nur im Rahmen des Inhalts, des „Wie" der Entscheidung (Beispiele für den möglichen Inhalt einer einstweiligen Anordnung enthält § 938 II ZPO).

- Die Gegenauffassung[1213] folgt dem strengen Wortlaut der Vorschrift und nimmt ein freies Ermessen des Gerichts an. Demnach muss das Gericht sowohl bei der Entscheidung, ob eine einstweilige Anordnung ergeht, als auch bei der Bestimmung des konkreten Inhalts, also des „Wie" alle betroffenen öffentlichen und privaten Interessen gegeneinander abwägen. Kriterien der Abwägung sind die Nachteile und Schäden, die entstehen, wenn die Anordnung ergeht bzw. nicht ergeht, die Bedeutung und die Dringlichkeit für den Antragsteller, die Zumutbarkeit, das Ergebnis der Hauptsache abzuwarten, die Reparabilität der eventuell eintretenden Schäden sowie die Erfolgsaussichten in der Hauptsache. Da genau diese Kriterien bereits bei der Bestimmung von Anordnungsanspruch/Anordnungsgrund eingeflossen sind, reduziert sich das Ermessen des Gerichts, ob es eine einstweilige Anordnung erlässt, somit auf Null. Im Ergebnis besteht also kein Unterschied zur h.M.

Der Grundsatz, dass der vorläufige Rechtsschutz nicht mehr gewähren darf als die **1025** Hauptsache gewähren würde, wird insbesondere dann problematisch, wenn in der Hauptsache mangels Spruchreife nur ein Bescheidungsurteil in Betracht käme (§ 113 V S. 2 VwGO). In Fällen dieser Art muss vom Gericht der Ermessens- oder Beurteilungsspielraum der Behörde Eingang in die Abwägung finden, was zur Folge hat, dass das Gericht nur in Ausnahmefällen, in denen das Gebot des effektiven Rechtsschutzes ihm gemäß Art. 19 IV S. 1 GG insoweit keine andere Wahl lässt, die Behörde zu einem bestimmten Verhalten verpflichten kann (sog. **Leistungsanordnung**). Anderenfalls kann das Gericht die Behörde bzw. den Antragsgegner nur zu einem Verhalten nach eigener Beurteilung, aber **unter Beachtung der Rechtsauffassung des Gerichts (analog § 113 V S. 2 VwGO)** verpflichten.[1214]

Das Regel-Ausnahme -Verhältnis muss zuletzt auch für die Vorwegnahme der Haupt- **1026** sache beachtet werden. Da eine Entscheidung des einstweiligen Rechtsschutzes nur vorläufigen Charakter besitzt, darf das Gericht den Regelungsgehalt der Hauptsacheentscheidung grundsätzlich **nicht vorwegnehmen**. Bei Unterhaltsleistungen gilt hier aber eine Besonderheit: Ordnet das Gericht die Gewährung von Unterhalt bzw. von Sozialhilfe an, liegt damit eine Teilvorwegnahme der Hauptsache vor, da die Mittel i.d.R. verbraucht werden. Diese Teilvorwegnahme ist aber aus Gründen des effektiven Rechtsschutzes (Art. 19 IV S. 1 GG) nötig. Die Gewährung wird dann zeitlich begrenzt, d.h., bis zur Rechtskraft der Hauptsacheentscheidung angeordnet. Sollte die Hauptsacheentscheidung dann anders ausfallen, kommt ein Rückforderungsanspruch des durch die einstweilige Anordnung Verpflichteten gegenüber dem Begünstigten in Betracht.

Gegen eine Entscheidung nach § 123 VwGO kommt – wie im Rahmen des § 80 V **1026a** VwGO – **Beschwerde** nach §§ 146 ff. VwGO in Betracht (vgl. Rn 975).

[1212] Vgl. *Mückl*, JA 2000, 329, 332; *Loos*, JA 2001, 871, 874; *Happ*, in: Eyermann, VwGO, § 123 Rn 61; *Redeker/v. Oertzen*, VwGO, § 123 Rn 17 u. 19; *Kopp/Schenke*, VwGO, § 123 Rn 23; *Schoch*, in: Schoch/Schneider/Bier, VwGO, § 123 Rn 123 ff.
[1213] *Kopp*, VwGO (10. Aufl. 1994), § 123 Rn 17 m.w.N.
[1214] H.M., vgl. nur *Kopp/Schenke*, VwGO, § 123 Rn 28.

E. Vorläufiger Rechtsschutz im Normenkontrollverfahren, § 47 VI VwGO

1027 Gemäß § 47 VI VwGO kann das OVG auf Antrag eine einstweilige Anordnung erlassen, wenn dies zur Abwehr schwerer Nachteile oder aus anderen wichtigen Gründen **dringend geboten ist**. Die praktische Bedeutung dieser Art des vorläufigen Rechtsschutzes ist allerdings eher gering. Sie soll im Folgenden daher lediglich in ihren Grundzügen dargestellt werden.[1215]

Die Sachentscheidungsvoraussetzungen ergeben sich aus § 47 VI VwGO, wobei aufgrund der Unvollständigkeit wiederum die Voraussetzungen aus § 47 I-V VwGO, die allgemeinen Grundsätze der §§ 80, 123 VwGO sowie die allgemeinen Vorschriften der VwGO ergänzend heranzuziehen sind.[1216]

1028

Einstweilige Anordnung nach § 47 VI VwGO

I. Sachentscheidungsvoraussetzungen

1. Verwaltungsrechtsweg
2. Zuständigkeit des OVG
3. Statthafte Verfahrensart
4. Antragsbefugnis
5. Antragsgegner
6. Rechtsschutzbedürfnis

II. Begründetheit

⇒ wenn Erlass zur Abwehr schwerer Nachteile oder aus anderen wichtigen Gründen dringend geboten ist, § 47 VI VwGO

I. Sachentscheidungsvoraussetzungen

1. Verwaltungsrechtsweg

1029 Da das OVG wie bei der Normenkontrolle nur „im Rahmen seiner Gerichtsbarkeit" (§ 47 I VwGO) entscheidet, muss zunächst der Verwaltungsrechtsweg eröffnet sein. Dazu sind die bekannten Grundsätze zu § 40 I S. 1 VwGO heranzuziehen. Insbesondere scheidet der Verfassungsrechtsweg aus, da im Verfahren nach § 47 VwGO weder um unmittelbares Verfassungsrecht gestritten wird noch auf beiden Seiten ein unmittelbar am Verfassungsleben teilnehmendes Rechtssubjekt beteiligt ist.[1217]

2. Zuständigkeit des OVG

1030 Sachlich zuständig ist immer das Gericht der Hauptsache. Das ist im Ausgangsverfahren das OVG des betreffenden Bundeslandes. Eine Zuständigkeit des BVerwG für den Fall, dass es sich bei dem Hauptsacheverfahren um ein Revisionsverfahren handelt, ist dagegen abzulehnen, weil ein Rechtsbehelf gegen Beschlüsse des OVG nach § 47 VI VwGO ausgeschlossen ist (vgl. §§ 132 I, 152 I VwGO). Entgegen der Auffassung des BVerwG gilt dies auch dann, wenn das BVerwG im Revisionsverfahren über ein

---

[1215] Vgl. dazu VGH Kassel NVwZ 2007, 107 (Geschäftsordnung eines kommunalen Vertretungsorgans); OVG Bautzen NVwZ 2002, 615 (Parteitag in Stadthalle); OVG Münster NVwZ 2001, 1060 f. (Freistellungsverfahren nach § 67 NRW-BauO); OVG Bremen NVwZ 2000, 1435; VGH Kassel NVwZ 2000, 1438 und OVG Lüneburg NVwZ 2000, 1440 (jeweils Hundeverordnung).

[1216] *Kopp/Schenke*, VwGO, § 47 Rn. 148. Vgl. auch OVG Lüneburg NVwZ 2002, 109.

[1217] Zum Begriff vgl. Rn 25 ff.

Urteil des OVG im Normenkontrollverfahren nach § 47 I VwGO entscheidet und erst dann ein Antrag auf Erlass einer e.A. gestellt wird.[1218]

3. Statthafte Verfahrensart

Zum einen ist der Antrag nach § 47 VI VwGO statthaft, wenn das Normenkontrollverfahren seinerseits statthaft wäre (siehe dort). Zum anderen muss die betreffende Norm aber schon erlassen sein, anderenfalls käme lediglich vorbeugender Rechtsschutz (siehe Rn 1049 ff.) in Betracht. Dass die strittige Norm bereits in Kraft getreten ist, ist nicht erforderlich. Der Antrag kann sich vielmehr auf eine Aussetzung (Verhinderung) des Inkrafttretens richten.[1219] Eine e.A. im Normenkontrollverfahren kommt auch dann in Betracht, wenn die betreffende (bereits in Kraft befindliche) untergesetzliche Norm von dem OVG bereits für nichtig erklärt worden ist, die Nichtigkeitserklärung des OVG aber noch nicht rechtskräftig ist und der Antragsteller die vorläufige Aussetzung der Norm erreichen möchte.[1220] **1031**

4. Antragsbefugnis

Damit die Antragsbefugnis gegeben ist, müssen zwei Aspekte beachtet werden: Da auch eine einstweilige Anordnung nach § 47 VI VwGO nicht weiterreichen darf als das Hauptsacheverfahren nach § 47 I VwGO, müssen zunächst die Voraussetzungen der Antragsbefugnis der Hauptsache (§ 47 II S. 1 VwGO) vorliegen. Daher ist der Antragsteller, soweit er eine natürliche oder juristische Person ist, nur dann antragsbefugt, wenn eine subjektive Rechtsverletzung möglich ist. Zur Problematik der subjektiven Rechtsverletzung im stark objektivierten verwaltungsgerichtlichen Normenkontrollverfahren sei auf die Ausführungen zum Normenkontrollverfahren verwiesen. **1032**

Darüber hinaus muss der Antragsteller geltend machen, die einstweilige Anordnung sei **zur Abwehr schwerer Nachteile** oder aus einem anderen wichtigen Grund, etwa zur Abwehr schwerer Beeinträchtigungen eigener Belange, dringend geboten. Mit anderen Worten muss er die Eilbedürftigkeit darlegen, wobei wegen der weitreichenden Folgen der Außervollzugsetzung der Norm ein strengerer Maßstab anzulegen ist als bei § 123 VwGO.[1221] Dieses zweite Element bezieht sich also auf den Anordnungsgrund, wobei sich der schwere Nachteil auf das möglicherweise verletzte subjektive Recht beziehen muss.[1222]

5. Antragsgegner

Als Antragsgegner kommt im Verfahren nach § 47 VI VwGO der gleiche Rechtsträger in Betracht wie im Hauptsacheverfahren nach § 47 II S. 2 VwGO, also die Körperschaft, Anstalt oder Stiftung des öffentlichen Rechts, die die in Frage stehende Norm erlassen hat (sog. **Normgeber**).[1223] **1033**

6. Rechtsschutzbedürfnis

Wie auch bei anderen Verfahrensarten muss ein Rechtsschutzbedürfnis bestehen. **1034**
Dieses besteht hinsichtlich des Verfahrens nach § 47 VI VwGO allerdings nicht bereits dann, wenn der Betroffene sein Rechtsschutzziel nicht auf einem einfacheren, schnel-

---

[1218] Wie hier *Gerhardt*, in: Schoch/Schneider/Bier, VwGO, § 47 Rn 174; *Ziekow*, in: NKVwGO, § 47 Rn 388; a.A. BVerwGE NVwZ 1998, 1065; *Kopp/Schenke*, VwGO, § 47 Rn 158. Diese Auffassung verkennt jedoch auch i.Ü., dass sich § 47 VI VwGO systematisch auf § 47 I VwGO bezieht und damit ebenfalls nur das OVG gemeint sein kann.

[1219] *Kopp/Schenke*, VwGO, § 47 Rn 149.

[1220] OVG Münster NVwZ 2001, 1060 ff.

[1221] OVG Bautzen NVwZ-RR 2002, 20 ff.; OVG Bremen NVwZ 2000, 1435; *Dageförde*, NVwZ-Beilage II/2001, 19, 24.

[1222] Vgl. auch OVG Lüneburg NVwZ 2002, 109.

[1223] OVG Münster NVwZ 2001, 1060, 1061 f.; *J. Schmidt*, in: Eyermann, VwGO, § 47 Rn 109; *Redeker/v. Oertzen*, VwGO, § 47 Rn 52; *Kopp/Schenke*, VwGO, § 47 Rn 156; *Gerhardt*, in: Schoch/Schneider/Bier, VwGO, § 47 Rn 150; a.A. VGH Mannheim NJW 1977, 1212, wonach als Antragsgegner abw. von § 47 II S. 1 VwGO jeder Hoheitsträger in Betracht kommt, der die Norm anzuwenden hat, vgl. dazu auch OVG Bremen NVwZ 2000, 1435.

leren und effektiveren Weg erreichen kann. Vielmehr fordert § 47 VI VwGO, dass der Erlass der einstweiligen Anordnung „dringend geboten" ist. Das allgemeine Rechtsschutzbedürfnis scheitert allerdings nicht daran, dass der Antragsteller gegen spätere Bauvorhaben vorläufigen Rechtsschutz nach §§ 80, 80a VwGO bzw. gegen Bauvorhaben, die im Freistellungsverfahren[1224] verwirklicht werden, nach § 123 VwGO erlangen könnte.[1225] Denn das Verfahren nach § 47 VI VwGO ist nicht nachrangig zu diesen Verfahren.

1035 Nicht erforderlich ist auch, dass bereits ein ordentliches Normenkontrollverfahren eingeleitet wurde.[1226] Das Rechtsschutzbedürfnis ist aber nicht gegeben, wenn der Antragsteller auch im Hauptsacheverfahren sein Ziel nicht mehr erreichen kann oder wenn der den Antragsteller treffende und die subjektive Rechtsverletzung auslösende Vollzugsakt bereits unanfechtbar ist.

II. Begründetheit

1036 „Der Antrag auf Erlass einer einstweiligen Anordnung ist begründet, wenn diese zur Abwehr schwerer Nachteile oder aus anderen wichtigen Gründen dringend geboten ist, § 47 VI VwGO."

1037 Dem Wortlaut zufolge sind für die Begründetheit also wesentlich strengere Voraussetzungen einzuhalten als bei § 123 VwGO.[1227] Diese Wertung überzeugt, da die Wirkung einer auf eine Rechtsnorm bezogene e.A. erheblich schwerer wiegt als bei § 123 VwGO. Bei der Prüfung, ob der Erlass einer einstweiligen Anordnung gem. § 47 VI VwGO im konkreten Fall „dringend geboten" ist, ist eine an § 32 BVerfGG angelehnte **Interessenabwägung** vorzunehmen: Es sind die Folgen abzuwägen, die eintreten würden, wenn eine einstweilige Anordnung nicht erginge, der Normenkontrollantrag aber Erfolg hätte, gegenüber den Nachteilen, die entstünden, wenn die vielleicht gültige Norm vorläufig außer Vollzug gesetzt würde.[1228] Bei dieser Abwägung sind die Erfolgsaussichten in der Hauptsache summarisch zu prüfen.[1229] Ergibt die summarische Prüfung, dass die angegriffene Norm offensichtlich ungültig ist[1230] oder dass die Versagung des vorläufigen Rechtsschutzes zu schweren und unzumutbaren Nachteilen führt[1231], ist der Antrag auf Erlass einer einstweiligen Anordnung i.d.R. begründet.[1232]

1038 Bezüglich des Inhalts der Entscheidung kann das Gericht nicht nur über das Inkrafttreten oder die Aussetzung der Norm im Ganzen, sondern auch partiell entscheiden, sowie durch andere vorläufige Maßnahmen Nachteile verhindern.[1233] Dagegen darf das Gericht die Verwaltung nicht dazu verpflichten, die strittige Norm zu ändern.[1234] Die Entscheidung ergeht durch Beschluss (§ 123 IV VwGO) und ist zu begründen (§ 122 II VwGO).

1224 Vgl. dazu *R. Schmidt*, BauR, Rn 120.
1225 OVG Münster NVwZ 2001, 1060, 1062; VGH München BauR 1999, 1275; *Kintz*, JuS 2000, 1099, 1105; *Schoch*, in: Schoch/Schneider/Bier, VwGO, § 47 Rn 151; *Kopp/Schenke*, VwGO, § 47 Rn 149; a.A. *J. Schmidt*, in: Eyermann, VwGO, § 47 Rn 107.
1226 *J. Schmidt*, in: Eyermann, VwGO, § 47 Rn 108.
1227 Vgl. auch VGH Kassel NVwZ 2007, 107; OVG Münster NVwZ 2001, 1060, 1061; OVG Bremen NVwZ 2000, 1435.
1228 VGH Kassel NVwZ 2007, 107; OVG Lüneburg NVwZ 2002, 109, 110; OVG Bremen NVwZ 2000, 1435; *Kintz*, JuS 2000, 1099, 1105.
1229 VGH Kassel, NVwZ 2000, 1438, 1439; *Kopp/Schenke*, VwGO, § 47 Rn 153; einschränkend OVG Lüneburg NVwZ 2002, 109, 110.
1230 Vgl. BVerfGE 20, 363, 364; OVG Bautzen NVwZ 2002, 615 (Parteitag in Stadthalle).
1231 BVerfG NJW 1997, 479.
1232 OVG Bremen NVwZ 2000, 1435.
1233 *Hufen*, VerwProzR, § 34 Rn 13.
1234 VGH Mannheim DVBl 1999, 1734; *Kopp/Schenke*, VwGO, § 47 Rn 150.

Umstritten ist indes, auf welchen Personenkreis sich die Wirkung der Entscheidung erstreckt. **1039 -1048**

- Nach einer Auffassung[1235] können einstweilige Anordnungen nach § 47 VI VwGO nicht als konkrete Maßnahmen zugunsten Einzelner ergehen, sondern stellen in Anlehnung an § 32 BVerfGG ein objektives Rechtsbeanstandungsverfahren, also ein *abstrakt-generelles* Verfahren dar, sodass nur eine vollständige oder teilweise Aussetzung des Vollzugs bzw. der Anwendung der angegriffenen Rechtsnorm mit genereller Wirkung (Wirkung *inter omnes*) möglich sei.
- Eine andere Auffassung[1236] differenziert: Richte sich die einstweilige Anordnung auf die Norm oder deren Teile als solche, dann wirke sie auch allgemein und gegenüber jedermann (Wirkung *inter omnes*). Ergreife das Gericht aber Maßnahmen, die dazu bestimmt seien, Nachteile gerade für den Antragsteller zu verhindern, dann könne die Gültigkeit der Rechtsnorm im Übrigen unberührt bleiben (Wirkung *inter partes*).
- Stellungnahme: Das Normenkontrollverfahren stellt ein objektives Rechtsschutzverfahren dar. Die in § 47 II S. 1 VwGO normierte Notwendigkeit einer Antragsbefugnis lässt aber erkennen, dass das Normenkontrollverfahren und somit auch die einstweilige Anordnung *auch* einem unmittelbaren Individualinteresse zu dienen bestimmt sind. Darüber hinaus spricht die in der Begründetheitsprüfung vorzunehmende Interessenabwägung für die Möglichkeit der individuellen Aussetzung. Zuletzt kann die individuelle Aussetzung einen effektiven Rechtsschutz (Art. 19 IV S. 1 GG) gewährleisten. Daher ist die differenzierende Auffassung vorzuziehen. Das Gericht muss dann aber gewährleisten, dass aufgrund der Wirkung nur *inter partes* auch andere Behörden, die mit dem Vollzug der Norm befasst sind, von der Bindungswirkung der Entscheidung erfasst sind.[1237]

[1235] BVerfGE 37, 324; *Ziekow*, in: NKVwGO, § 47 Rn 401; wohl auch OVG Bremen NVwZ-RR 1992, 154.
[1236] *Hufen*, VerwProzR, § 34 Rn 14; *Kopp/Schenke*, VwGO, § 47 Rn 150.
[1237] *Hufen*, VerwProzR, § 34 Rn 14.

7. Kapitel – Vorbeugender Rechtsschutz

1049 Wie bereits dargelegt, geht es bei dem **vorläufigen** Rechtsschutz um die Sicherung oder Regelung eines Rechts bei bereits eingetretener Belastung, wenn ein Abwarten des Hauptsacheverfahrens ein Recht des Antragstellers vereiteln oder erschweren würde. Die gerichtlichen Entscheidungen des vorläufigen Rechtsschutzes entfalten somit nur eine einstweilige Wirkung, d.h., bis in der Hauptsache über den Sachverhalt abschließend entschieden worden ist.

1050 Dagegen kommt **vorbeugender** Rechtsschutz in Betracht, wenn dem Kläger das Abwarten bis zum *Eintritt einer Belastung* nicht zugemutet werden kann, das Gericht also *vorbeugend* eine Handlung untersagen oder wenigstens deren Rechtswidrigkeit feststellen muss.

1051 Sowohl beim vorläufigen als auch beim vorbeugenden Rechtsschutz handelt es sich also um prohibitiven Rechtsschutz, allerdings mit dem Unterschied, dass vorbeugender Rechtsschutz in Betracht kommt, bevor der Träger öffentlicher Gewalt überhaupt tätig geworden ist, und dass gerichtliche Entscheidungen des vorbeugenden Rechtsschutzes endgültigen Charakters sind. Allerdings ist auch eine Kombination möglich, wenn in der Hauptsache eine (endgültige) vorbeugende Regelung getroffen werden soll, die Entscheidung darüber für den Kläger aber zu spät käme. Dann kann dieser den vorbeugenden Rechtsschutz auch vorläufig erwirken.[1238]
Dem vorbeugenden Rechtsschutz stehen in Abhängigkeit davon, ob vorbeugend eine Handlung untersagt oder wenigstens deren Rechtswidrigkeit festgestellt werden soll, die Institute der vorbeugenden Unterlassungsklage (als Unterart der allgemeinen Leistungsklage) und ggf. der vorbeugenden Feststellungsklage zur Verfügung.

1052 Problematisch ist jedoch die grundsätzliche Zulässigkeit des vorbeugenden Rechtsschutzes. Die Zulässigkeit des vorbeugenden Rechtsschutzes setzt wie die Zulässigkeit eines jeden anderen dem Individualrechtsschutz dienenden verwaltungsgerichtlichen Rechtsbehelfs das Vorliegen eines allgemeinen Rechtsschutzbedürfnisses voraus. Ein solches Rechtsschutzbedürfnis fehlt nach allgemeinen Regeln immer dann, wenn der Antragsteller sein Ziel auf anderem Wege – etwa durch Antragstellung bei der Behörde – einfacher und schneller erreichen kann. Es fehlt auch, wenn die gewählte Rechtsschutzform über das Begehren des Klägers hinausgeht oder dieses nicht in vollem Umfang ausschöpft. Geht es in einer Fallbearbeitung demnach um einen auf vorbeugenden Rechtsschutz gerichteten Antrag, ist stets danach zu fragen, ob der Antragsteller wegen des Gewaltenteilungsprinzips (Art. 20 II S. 2 GG) eine gerichtliche Entscheidung schon vor einer abschließenden Befassung der Behörde überhaupt verlangen kann. Im Rahmen der Begründetheit des Antrags ist dann zu untersuchen, ob der Antragsteller mangels Dringlichkeit der begehrten Maßnahme auf das Hauptsacheverfahren bzw. den vorläufigen Rechtsschutz zu verweisen ist.

1053 Zunächst ist vom Grundsatz auszugehen, dass der Rechtsschutz nach der VwGO auf eine nachträgliche Kontrolle des Verwaltungshandelns zugeschnitten ist (repressiver Rechtsschutz). Ein vorbeugender Rechtsschutz kann daher sowohl im Hauptsache- als auch im Eilverfahren nur ausnahmsweise zulässig sein, nämlich bei Vorliegen eines **qualifizierten Rechtsschutzinteresses.**[1239] Daran fehlt es grundsätzlich, wenn und solange der Betroffene im Einzelfall in zumutbarer Weise nachträglichen Rechts-

[1238] Vgl. dazu OVG Münster NVwZ 2001, 1315.
[1239] Dazu ausführlich *Dreier*, JA 1987, 415, 420.

schutz in Anspruch nehmen kann.[1240] Vor allem bei Rechtsschutzbegehren, die Verwaltungsakte betreffen, ist hier ein strenger Maßstab anzulegen. Die VwGO sieht für den Regelfall diesbezüglichen Rechtsschutzes die Anfechtung des Verwaltungsakts nach dessen Erlass vor und trägt mit dem Suspensiveffekt des § 80 I VwGO und den Möglichkeiten des § 80 V VwGO dem Interesse an der Verhinderung vollendeter Tatsachen für den Regelfall gebührend Rechnung. Es wird als ein mit dem Gewaltenteilungsprinzip des Art. 20 II S. 2 GG grundsätzlich unvereinbarer Eingriff in die Eigenverantwortlichkeit der Verwaltung betrachtet, wenn das vorbeugend angerufene Gericht vor einer endgültigen Befassung der Verwaltung, dieser den Erlass einer bestimmten Regelung untersagt[1241].

Andererseits darf nicht unberücksichtigt bleiben, dass Art. 19 IV S. 1 GG eine *effektive* gerichtliche Kontrolle der Verwaltung fordert, die das Eintreten irreparabler Folgen des Verwaltungshandelns so weit wie möglich ausschließen soll.[1242] Art. 19 IV S. 1 GG kann somit ausnahmsweise vorbeugenden Rechtsschutz fordern, wenn bereits die Ankündigung eines Verwaltungsakts endgültig rechtsbeeinträchtigende Vorwirkungen zeigt oder sein zu erwartender Erlass mit nicht unerheblichen Nachteilen für den Betroffenen verbunden ist, die weder durch einen Antrag nach § 80 V VwGO noch durch eine spätere Entscheidung in der Hauptsache beseitigt werden können.[1243] **1054**

Unter den soeben genannten Voraussetzungen ist also eine praktische Konkordanz herzustellen zwischen dem grundsätzlichen Verbot des Hineinwirkens in den Aufgabenbereich der anderen Gewalt und dem ebenfalls verfassungsrechtlich verankerten Gebot des effektiven Rechtsschutzes. **1055**

Beispiel: K ist Freier Mitarbeiter eines politischen Wochenmagazins und arbeitet gerade an einem Bericht über Verbindungen von führenden Politikern zur Unterwelt. Von einem Informanten bei der Polizei erfährt er, dass die Staatsanwaltschaft[1244] eine Durchsuchung seiner Privaträume vorbereitet. Um die Durchsuchung zu verhindern, erhebt K Klage vor dem Verwaltungsgericht (VG). Das VG solle die Staatsanwaltschaft verpflichten, die geplante Maßnahme zu unterlassen.

Hier ist ausschlaggebend, ob die Staatsanwaltschaft über genügende Anhaltspunkte verfügt, die eine Durchsuchung der Räume des K rechtfertigen. Das wird nur dann der Fall sein, wenn die Wahrscheinlichkeit dafür besteht, dass K strafbare Handlungen begangen hat. Ist das nicht der Fall, wird der Eingriff der Judikative in den Funktionsbereich der Exekutive unter dem Gesichtspunkt des effektiven Rechtsschutzes gerechtfertigt sein.

I. Vorbeugende Unterlassungsklage gegen schlicht hoheitliches Handeln

Da die vorbeugende Unterlassungsklage einen Unterfall der allgemeinen Leistungsklage darstellt[1245], müssen auch deren Sachentscheidungsvoraussetzungen erfüllt sein. Insoweit sei auf die Ausführungen zur allgemeinen Leistungsklage verwiesen. Das hauptsächliche Problem bei der Zulässigkeit einer vorbeugenden Unterlassungsklage, das Rechtsschutzinteresse, wurde ebenfalls bereits erläutert. Ergänzend sei noch **1056**

[1240] BVerwGE 51, 69, 74 f.
[1241] *Schmitt Glaeser/Horn*, VerwProzR, Rn 313.
[1242] BVerfGE 51, 268, 284.
[1243] Siehe dazu *Dreier*, JA 1987, 415, 421 f.
[1244] Trotz ihrer Eingliederung in die Justiz gehört die Staatsanwaltschaft zur Exekutive (vgl. BVerfG NJW 2001, 1121, 1123).
[1245] Vgl. BVerwG NVwZ 2015, 906 f. Die Unterlassungsklage ist nicht zu verwechseln mit der Untätigkeitsklage i.S.d. § 75 VwGO, die einen Unterfall der Verpflichtungsklage darstellt, aber auch auf die Anfechtungsklage anwendbar ist.

hinzugefügt, dass im Vorfeld von schlicht hoheitlichem Handeln (Realakte) das Rechtsschutzbedürfnis besonders groß sein kann, da ein Widerspruch oder eine Anfechtungsklage, die i.d.R. aufschiebende Wirkung entfalten, in Ermangelung eines Verwaltungsakts nicht in Betracht kommen. Der Bürger hätte also sonst keine Möglichkeit, die Schaffung vollendeter Tatsachen zu verhindern.[1246] Der Kläger muss allerdings behaupten können, er werde durch die bevorstehende hoheitliche Handlung in seinen Rechten verletzt.[1247] Relevant sind Unterlassungsbegehren bzgl.

- Informationshandlungen oder Warnungen, beispielsweise vor Sekten[1248] oder vor Lebensmitteln[1249]; Offenlegung einer Scientology-Mitgliedschaft[1250]; Speicherung und Weitergabe von Informationen (etwa von erfassten Kfz-Kennzeichendaten)[1251]; allgemeinpolitische Äußerungen durch Zwangsverbände wie Kammern, Studentenschaften[1252] usw.
- Emissionen, die von öffentlichen Einrichtungen ausgehen (Lärm, wie bspw. kirchliches Glockengeläut, oder von öffentlichen Grillplätzen oder Schulhöfen, Geruch einer Kläranlage usw.)

1057 In Fällen dieser Art ist allerdings zu beachten, dass die strengen Sachentscheidungsvoraussetzungen der Anfechtungs- oder Verpflichtungsklage nicht unterlaufen werden dürfen. So muss etwa eine immissionsrechtliche Genehmigung (Verwaltungsakt) durch Anfechtungsklage angegriffen werden[1253]. Würde erst später die durch den Betrieb der Anlage faktisch erfolgte, aber im Rahmen der Genehmigung liegende Beeinträchtigung durch (vorbeugende) Unterlassungsklage (wegen bevorstehender Immissionen) angegangen werden, würde ihr das Rechtsschutzbedürfnis fehlen.

Die Frage, ob in Fällen, in denen es um den Rechtsschutz gegen solche bevorstehenden Maßnahmen geht, gegen die nach ihrem Erlass eine besondere Klageart gegeben wäre, ist insbesondere bei der vorbeugenden Klage gegen den drohenden Verwaltungsakt und den drohenden Normerlass problematisch:

II. Vorbeugende Unterlassungsklage gegen Verwaltungsakte

1058 Wie ausgeführt, ist im Regelfall dem Rechtsschutzinteresse des Betroffenen durch die Einlegung eines Widerspruchs oder einer Anfechtungsklage aufgrund der damit grundsätzlich verbundenen aufschiebenden Wirkung (§ 80 I VwGO) Genüge getan. Daher kann die vorbeugende Unterlassungsklage gegen Verwaltungsakte nur ausnahmsweise und nur unter strengen Voraussetzungen zulässig sein. Dies ist der Fall, wenn der repressive Rechtsschutz Defizite aufweist, insbesondere wenn die faktische Vorwirkung des Verwaltungsakts selbst schon so erheblich ist, dass ein Abwarten der eigentlichen Entscheidung für den Kläger unzumutbar ist.[1254] Kann also dem Kläger wegen der Rechtsschutzgarantie aus Art. 19 IV S. 1 GG ein Abwarten nicht abverlangt werden, ist unter Wahrung der genannten strengen Ausnahmevoraussetzungen die vorbeugende Unterlassungsklage auch gegen den Erlass eines Verwaltungsakts zulässig.

Typischer Anwendungsfall ist die Verhinderung des Erlasses eines Verwaltungsakts, der vollendete Tatsachen schafft. Wenn beispielsweise die Ernennung eines Mitbe-

---

[1246] Beachte aber die Möglichkeit eines Eilantrags bzw. einer einstweiligen Anordnung.
[1247] *Hufen*, VerwProzR, § 16 Rn 4.
[1248] Vgl. BVerfGE 105, 279 ff.; BVerwGE 82, 76 ff.; 90, 112 ff.
[1249] Vgl. BVerfGE 105, 252 ff.; BVerwGE 87, 37 (jeweils Glykolwein); OLG Stuttgart NJW 1990, 2690 (Birkel-Nudeln).
[1250] Vgl. BVerwG NJW 2002, 3458 ff.
[1251] Vgl. BVerwG NVwZ 2015, 906 ff.
[1252] Vgl. dazu BVerwGE 64, 298 ff.; 71, 183 ff.; VG Bremen NVwZ-RR 2002, 35 ff.; VG Düsseldorf NVwZ-RR 2002, 38 f.
[1253] Auf die Möglichkeit von Einwendungen während des Planfeststellungsverfahrens (vgl. § 73 IV VwVfG sowie spezialgesetzliche Regelungen) soll in diesem Rahmen nicht näher eingegangen werden.
[1254] *Hufen*, VerwProzR, § 16 Rn 10; *Happ*, in: Eyermann, VwGO, § 42 Rn 67; OVG Schleswig DVBl 2002, 134, 135.

werbers zum Beamten erfolgen soll, ist ein Abwarten bis zum Zeitpunkt der Ernennung und Aushändigung der Ernennungsurkunde (Verwaltungsakt) regelmäßig nicht zumutbar, da wegen des Grundsatzes der Ämterstabilität und verschiedener anderer beamtenrechtlicher Gründe die nachträgliche Anfechtung mit der Folge der Aufhebung der Ernennung des Konkurrenten i.d.R. ausgeschlossen ist.[1255]

III. Vorbeugende Feststellungsklage

Während die vorbeugende Unterlassungsklage ein künftiges schlichtes Verwaltungshandeln bzw. den Erlass eines Verwaltungsakts verhindern soll, geht es bei der vorbeugenden Feststellungsklage um die Feststellung der Rechtswidrigkeit einer sich erst in Zukunft konkretisierenden, nachteiligen Veränderung innerhalb eines (bereits bestehenden!) Rechtsverhältnisses[1256]. Im Übrigen gelten die generellen Grundsätze des vorbeugenden Rechtsschutzes (s.o.) uneingeschränkt auch für die vorbeugende Feststellungsklage. Hingegen unklar ist die Weite von deren Anwendungsbereich. **1059**
Zunächst kann festgestellt werden, dass sich der Anwendungsbereich mit Ausnahme des prohibitiven Charakters weitgehend mit dem der allgemeinen Feststellungsklage deckt. Daher stellt sich auch bei der vorbeugenden Feststellungsklage das allgemeine Problem der Subsidiarität gemäß § 43 II S. 1 VwGO. Mit dieser Norm wird eine klare Aussage getroffen, nämlich dass das Verwaltungsgericht nur dann eine Rechtslage verbindlich feststellen soll, wenn insoweit eine Gestaltungs- oder Leistungsklage *gerade nicht* in Betracht kommt. Für die Bestimmung der statthaften Klageart bedeutet dies, dass die allgemeine Feststellungsklage, und damit auch die vorbeugende Feststellungsklage, nur dann als richtige Klageart in Frage kommt, wenn der Kläger nicht durch eine andere Klageart Rechtsschutz in gleichem Umfang und mit derselben Wirkung erlangen kann oder erlangen konnte (§ 43 II S. 1 VwGO)[1257]. *Ratio* der Subsidiarität ist somit einerseits, dass unnötige Feststellungsklagen verhindert werden sollen, wenn für die Rechtsverfolgung unmittelbarere, sachnähere und wirksamere Verfahren zur Verfügung stehen. Andererseits soll insbesondere vermieden werden, dass die für die Anfechtungs-, und Verpflichtungsklagen vorgeschriebenen Sonderregelungen (Vorverfahren, Frist) unterlaufen werden. Ferner soll der von den Gestaltungs- und Leistungsklagen garantierte Vollstreckungsschutz gewährleistet werden.

Im Rahmen des vorbeugenden Rechtsschutzes kann die Subsidiaritätsklausel jedoch nicht greifen, da keine engen Sachentscheidungsvoraussetzungen unterlaufen werden könnten. Liegt demnach in Bezug auf den vorbeugenden Rechtsschutz das streitige Rechtsverhältnis in der Zulässigkeit eines bestimmten (künftigen) Verwaltungshandelns, geht es der Sache nach um deren Abwehr, wofür die vorbeugende Unterlassungsklage als Unterart der allgemeinen Leistungsklage statthafte Klageart ist. Demgemäß bleibt für die Anwendung der vorbeugenden Feststellungsklage wenig Raum. Allerdings kommt sie dann in Betracht, wenn durch sie der Kläger sein Rechtsschutzziel besser erreichen kann als durch eine vorbeugende Unterlassungsklage. Das ist immer dann der Fall, wenn es um die vorbeugende Feststellung eines bestimmten Rechtsstatus (beispielsweise eines Beamten) bzw. einer bestimmten Rechtspflicht (wie beispielsweise die Einschlägigkeit von Genehmigungs-, Leistungs- oder Duldungspflichten) geht, welche ihrerseits Voraussetzung für viele unterschiedliche Ansprüche und Rechte sind. In Bezug auf das Feststellungsinteresse der vorbeugenden Feststellungsklage muss dieses gerade darin bestehen, schon jetzt die Rechtswidrigkeit einer künftigen Handlung verbindlich festgestellt zu bekommen. Unter Berück-

---

[1255] Vgl. dazu BVerwGE 138, 102 ff. und BVerfG NVwZ 2014, 785 ff.
[1256] Vgl. *Hufen*, VerwProzR, § 18 Rn 22.
[1257] Zu der Durchbrechung dieses Grundsatzes durch die Rechtsprechung vgl. die Ausführungen zur allgemeinen Feststellungsklage.

sichtigung der allgemeinen Grundsätze des vorbeugenden Rechtsschutzes, dass ein Abwarten der Hauptsacheentscheidung für den Kläger nicht zumutbar sein darf, bedeutet dies, dass das Feststellungsinteresse nur dann gegeben ist, wenn dem Betroffenen Rechtsnachteile drohen, die mit einer späteren Anfechtungs- oder Leistungsklage nicht mehr ausgeräumt werden können oder wenn ein sonst nicht wiedergutzumachender Schaden droht.[1258]

IV. Vorbeugender Rechtsschutz gegen drohende Rechtsnormen

1060 Gegen (bereits vorhandene) untergesetzliche Normen ist die prinzipale Normenkontrolle gem. § 47 VwGO zulässige Verfahrensart. Nicht gesetzlich geregelt ist der Fall, in dem eine künftige Norm bereits Auswirkungen auf den *status quo* hat. Damit stellt sich die Frage des möglichen Rechtsschutzes gegen künftige untergesetzliche Normen: Zunächst kommt eine (vorbeugende) verwaltungsgerichtliche Normenkontrolle unter analoger Anwendung des § 47 I VwGO in Betracht. Eine Regelungslücke besteht. Diese müsste aber auch planwidrig sein. Aus der Rechtsschutzgarantie des Art. 19 IV S. 1 GG ergibt sich, dass sowohl natürliche als auch juristische Personen (grds. nur des Privatrechts) *stets* eine Rechtsschutzmöglichkeit gegen Akte der öffentlichen Gewalt haben müssen. Da sich der Wortlaut des § 47 I VwGO eindeutig nur auf bereits vorhandene untergesetzliche Rechtsnormen bezieht, könnte die Regelungslücke somit auch planwidrig sein. Zu bedenken ist allerdings, dass das verwaltungsgerichtliche Normenkontrollverfahren in erster Linie ein *objektives* Rechtsbeanstandungsverfahren darstellt. Daher lässt sich bei einer (möglichen) *subjektiven* Rechtsverletzung nur dann das Erfordernis einer vorbeugenden prinzipalen Normenkontrolle ableiten, wenn dem Betroffenen nicht auf andere Weise effektiver Rechtsschutz gewährt werden kann.

1061 In Betracht kommt eine vorbeugende Unterlassungs-, bzw. vorbeugende Feststellungsklage, wobei wegen des Grundsatzes der Subsidiarität zunächst die vorbeugende Unterlassungsklage in Erwägung zu ziehen wäre. Unabhängig von der in Erwägung zu ziehenden Klage- bzw. Verfahrensart besteht jedoch das dem vorbeugenden Rechtsschutz immanente grundsätzliche Problem des qualifizierten Rechtsschutzbedürfnisses.[1259] Da im Gegensatz zum *vorläufigen* Rechtsschutz der *vorbeugende* Rechtsschutz einen endgültigen Eingriff in einen noch nicht abgeschlossenen Entscheidungsvorgang der Verwaltung vornimmt, ist das Gewaltenteilungsprinzip (Art. 20 II S. 2 GG), das den Gerichten verbietet, in den Gestaltungsspielraum des Normgebers bereits während des Normsetzungsverfahrens einzugreifen, berührt. Um daher eine Verletzung des Gewaltenteilungsprinzips zu vermeiden, kommt vorbeugender Rechtsschutz gegen Normsetzungsakte nur in engen Ausnahmen in Betracht. Dies wiederum ist insbesondere der Fall, wenn feststeht, dass vorläufiger oder nachträglicher Rechtsschutz kein effektiver Rechtsschutz i.S.d. Art. 19 IV S. 1 GG ist.

V. Zusammenfassung zum vorbeugenden Rechtsschutz

1062 Mit Blick auf das Gewaltenteilungsprinzip sollen die Verwaltungsgerichte grds. nicht mit einer Angelegenheit befasst werden, bevor die Exekutive darüber befunden hat. Vorbeugender Rechtsschutz kann daher nur bei Vorliegen eines qualifizierten Rechtsschutzinteresses in Betracht kommen, wenn dem Kläger das Abwarten bis zum *Eintritt einer Belastung* nicht zugemutet werden kann, wenn also Rechtsnachteile drohen, die mit einer späteren Klage nicht mehr ausgeräumt werden können oder wenn ein sonst nicht wiedergutzumachender Schaden droht.

[1258] *Hufen*, VerwProzR, § 18 Rn 25 (mit Verweis auf BVerwGE 26, 23; 40, 326; 51, 74).
[1259] Vgl. dazu BVerwGE 77, 207, 212.

8. Kapitel – Das Widerspruchsverfahren

A. Der Widerspruch als förmlicher außergerichtlicher Rechtsbehelf

Die Erhebung der Anfechtungsklage gegen einen Verwaltungsakt und die Erhebung 1063
der Verpflichtungsklage, wenn der Antrag auf Erlass eines Verwaltungsakts abgelehnt worden ist (Versagungsgegenklage), setzen grundsätzlich[1260] voraus, dass vor Anrufung des Verwaltungsgerichts *Rechtmäßigkeit* und *Zweckmäßigkeit* des Verwaltungsakts in einem Vorverfahren nachgeprüft worden sind, § 68 I S. 1, II VwGO. Dieses Verfahren wird nach dem Rechtsbehelf „Widerspruch" als **Widerspruchsverfahren** bezeichnet. Nach seiner Rechtsnatur ist das Widerspruchsverfahren ein **Verwaltungsverfahren**. Bei seiner *Durchführung* handelt es sich indes um eine besondere **Sachentscheidungsvoraussetzung** für die Verwaltungsakt-Klagen (§ 68 VwGO), aber auch für alle Klagen aus dem Beamtenrechtsverhältnis (§ 126 II BBG bzw. § 54 II S. 1 und 2 BeamtStG)[1261]. Daher befindet sich im Bereich des Widerspruchsverfahrens auch der eigentliche Schnittpunkt zwischen der VwGO und dem VwVfG. Die Vorschriften des VwVfG dürfen nur ergänzend, also nur insofern herangezogen werden, als die VwGO (§§ 68 ff.) keine abschließenden Regelungen trifft (vgl. § 79 VwVfG). Nicht zuletzt wegen der komplizierten Subsidiaritätsklausel des VwVfG (vor allem dessen §§ 1 und 2) ist die Harmonisierung der beiden Gesetze zum Teil mit großen Schwierigkeiten verbunden (siehe sogleich Rn 1064 ff.).

Mit der Unterscheidung, ob das Widerspruchsverfahren einer Anfechtungsklage oder einer Verpflichtungsklage vorausgeht, handelt es sich entweder um einen **Anfechtungswiderspruch** (§ 68 I VwGO) oder um einen **Verpflichtungswiderspruch** (§ 68 II i.V.m. I VwGO). Bedeutung erlangt diese Unterscheidung vor allem für den vorläufigen Rechtsschutz i.S.d. § 80 I VwGO, denn nur der Anfechtungswiderspruch vermag aufschiebende Wirkung herbeizuführen.[1262] In beiden Fällen stellt der Widerspruch aber einen außergerichtlichen Rechtsbehelf dar, der nach wohl unstreitiger Auffassung im Wesentlichen drei Zwecke verfolgt[1263]:

- Er soll dem Bürger eine zusätzliche Beschwerdemöglichkeit eröffnen, die mit einem geringeren Kostenrisiko behaftet ist, als eine Klage vor dem Verwaltungsgericht.[1264] Darüber hinaus findet eine zusätzliche Zweckmäßigkeitsprüfung des vorangegangenen Verwaltungshandelns statt. Das Widerspruchsverfahren dient somit zunächst dem **Rechtsschutz des Bürgers**.
- Des Weiteren dient er der **Entlastung der Gerichte**, soweit entweder die Ausgangsbehörde dem Widerspruch durch *Abhilfebescheid* oder die Widerspruchsbehörde durch *Widerspruchsbescheid* stattgibt.
- Zuletzt dient er der **Verwaltung als Selbstkontrolle**, da diese ihre Entscheidung noch einmal zu überprüfen hat.

[1260] Zu den weitreichenden Ausnahmen vgl. Rn 1080 ff.

[1261] Auf Landesebene ist die Durchführung eines Vorverfahrens entbehrlich, wenn das betreffende Landes(beamten)gesetz (oder das Ausführungsgesetz zur VwGO) dies bestimmt, § 54 II S. 3 BeamtStG.

[1262] Vgl. dazu ausführlich Rn 883 ff.

[1263] Freilich sind diese Zwecke infolge des **weitreichenden Ausschlusses des Vorverfahrens auf Landesebene** ausgehebelt worden (vgl. Rn 223 ff.).

[1264] Vgl. aber die rechtsstaatlich äußerst bedenkliche, weitreichende Möglichkeit der Länder, insb. im Bereich der Kommunalabgaben (Gewerbesteuer etc.), teilweise aber auch flächendeckend, das Widerspruchsverfahren gem. § 68 I S. 2 Var. 1 VwGO auszuschließen (vgl. dazu Rn 225). Zu den Kosten eines Widerspruchsverfahrens vgl. OVG Magdeburg NVwZ 2003, 121.

B. Anwendbares Recht

1064 Die positivrechtliche Regelung des Verwaltungsverfahrens durch das VwVfG des Bundes und die VwVfGe der Länder einerseits und die Rechtsnatur des Widerspruchsverfahrens als Vorverfahren für bestimmte verwaltungsgerichtliche Klagearten andererseits zieht für das Widerspruchsverfahren Schwierigkeiten bei der Frage nach dem anwendbaren Recht nach sich. Die Rechtsnatur des Widerspruchsverfahrens als *Verwaltungsverfahren* verlangt daher eine entsprechende Verhältnisbestimmung zwischen den einschlägigen Vorschriften der VwGO und denen des VwVfG, die offenbar § 79 (Landes-)VwVfG leisten soll. Gemäß § 79 VwVfG gelten für förmliche Rechtsbehelfe gegen Verwaltungsakte die VwGO und die zu ihrer Ausführung erlassenen Rechtsverordnungen, soweit gesetzlich nichts anderes bestimmt ist. Im Übrigen gelten die Vorschriften des VwVfG. Damit sind die §§ 68 ff. VwGO unmittelbar anwendbar und gehen sonstigen Verfahrensvorschriften vor. Bemerkenswert ist dabei, dass im eigentlichen Sinne nur § 68 VwGO eine verwaltungsprozessuale Vorschrift darstellt. Die übrigen Bestimmungen in den §§ 69-73 VwGO sind verfahrensrechtlicher Natur und müssten systematisch an sich Bestandteil der VwVfGe des Bundes und der Länder bzw. kompetenzrechtlich Teil der Landesgesetzbebung sein.[1265] Da in der Praxis die VwVfGe der Länder aber häufiger zur Anwendung kommen als das des Bundes, gewährleistet der Standort der Verfahrensvorschriften in der VwGO immerhin eine bundeseinheitliche Regelung.

Die übrigen Normen der VwGO finden für das Widerspruchsverfahren nur insoweit Anwendung, als sie nicht erkennbar „prozessspezifisch"[1266] sind. Da andererseits das Verfahrensrecht lückenhaft ist, sind wegen der parallelen Problematik Vorschriften der VwGO analog heranzuziehen. Wichtigste Beispiele sind der Rechtsweg (§ 40 VwGO) und die Widerspruchsbefugnis (§ 42 II VwGO). Gleiches gilt für die Begründetheit. Dort ist je nach Art des Widerspruchs (Anfechtungs- oder Verpflichtungssituation) § 113 I oder V VwGO analog anzuwenden.

C. Ablauf des Widerspruchsverfahrens

1065 Nach den soeben dargestellten Überlegungen ist für die **Fallbearbeitung** folgende (gedankliche) Prüfungsfolge einzuhalten:

- Ausgangspunkt der Prüfung ist § 68 VwGO (keinesfalls § 79 VwVfG!), wobei zunächst die Ausnahmeregelungen („Entbehrlichkeit des Widerspruchs") gem. § 68 I S. 2 VwGO zu beachten sind. Hier sind auch ggf. die §§ 70, 74 I VwVfG heranzuziehen. Die Beachtung der Entbehrlichkeitsregelung hat den Hintergrund, dass ein entbehrlicher Widerspruch grundsätzlich **unstatthaft** ist. Hier ist sofort in die Klageprüfung einzusteigen. Etwas anderes gilt nur für die gesetzlich nicht vorgesehenen, aber vom BVerwG entwickelten Fälle der Entbehrlichkeit (vgl. dazu Rn 224 ff.). Bei diesen ist auch ein entbehrlicher Widerspruch **statthaft**.
- Sind keine Ausnahmeregelungen festzustellen, ist nunmehr der Ablauf des Widerspruchsverfahrens in erster Linie an § 68 I S. 1, II, §§ 69 ff. VwGO und den dazu ergangenen Rechtsvorschriften (vgl. die landesrechtlichen Ausführungsgesetze zur VwGO) auszurichten. Soweit die Bestimmungen der VwGO Lücken aufweisen, sind diese durch Vorschriften des VwVfG zu ergänzen, da es sich beim Widerspruchsverfahren um ein Verwaltungsverfahren handelt.
- Dieser ergänzenden Heranziehung des VwVfG darf die Subsidiaritätsbestimmung des § 1 VwVfG nicht entgegenstehen. Soweit eine(r) der in § 2 VwVfG angeführten Tätig-

---

[1265] *Hufen*, VerwProzR, § 5 Rn 12.
[1266] *Hufen*, VerwProzR, § 5 Rn 12.

keiten und Regelungskomplexe vorliegt, muss tatsächlich von der Anwendung des VwVfG abgesehen werden.

- Bei der Frage, welche Vorschriften des VwVfG im Rahmen der §§ 69 ff. VwGO herangezogen werden können, ist darauf abzustellen, ob sie ihrer Natur nach mit dem Widerspruchsverfahren vereinbar sind. Die nachfolgenden Erläuterungen werden diese Frage beantworten.
- Nachdem die bisherige Prüfungsreihenfolge zumindest gedanklich geklärt ist, beginnt die gutachtliche Prüfung des Widerspruchsverfahrens mit der Erhebung des Widerspruchs (§ 69 VwGO) entweder bei der Erlassbehörde oder der Widerspruchsbehörde (§ 70 VwGO). Das Widerspruchsverfahren unterteilt sich in zwei Abschnitte, das Abhilfeverfahren und die Entscheidung der Widerspruchsbehörde. Im Abhilfeverfahren hilft die **Erlassbehörde** selbst dem Widerspruch ab, d.h. sie beendet das Widerspruchsverfahren *zugunsten* des Widerspruchsführers und erlässt einen **Abhilfebescheid** (§ 72 VwGO). Eine Anwendung der §§ 48 ff. VwVfG ist nicht erforderlich. Der Abhilfebescheid ist ein Verwaltungsakt i.S.d. § 35 VwVfG und ist als solcher selbstständig angreifbar. Allerdings fehlt regelmäßig die erforderliche Beschwer beim Adressaten. Zu der klausurrelevanten *Dritt*anfechtung des Abhilfebescheids gem. § 68 I S. 2 Nr. 2 VwGO siehe Rn 234 ff. Kommt die Erlassbehörde dem Widerspruchsbegehren dagegen nicht nach, übergibt sie den Vorgang mit entsprechender Stellungnahme an die **Widerspruchsbehörde**. Diese prüft die dem Widerspruch zugrunde liegende Sach- und Rechtslage selbstständig und erlässt einen **Widerspruchsbescheid**, und zwar unabhängig davon, ob sie dem Widerspruch stattgibt oder ihn zurückweist (§ 73 I S. 1 VwGO).[1267]

I. Devolutiveffekt

Devolutiveffekt bedeutet, dass die Entscheidungskompetenz auf die nächsthöhere Behörde übergeht. **1066**

Im Widerspruchsverfahren ist das dann der Fall, wenn die Ausgangsbehörde dem Widerspruch nicht abhilft und den gesamten Vorgang an die Widerspruchsbehörde weiterleitet (s.o.). Fraglich ist, ob die Ausgangsbehörde einem Widerspruch auch dann noch abhelfen kann, wenn sie den ganzen Vorgang bereits an die Widerspruchsbehörde abgegeben hat. **1067**

- Nach einer Auffassung[1268] besteht die Zuständigkeit der Ausgangsbehörde nur bis zur Abhilfeverweigerung. Sie begründet ihre Auffassung mit der Parallele des Abhilfebegriffs zu anderen Rechtsvorschriften wie beispielsweise § 148 I VwGO, § 306 II StPO oder § 572 I ZPO.
- Nach der h.M.[1269] ist der Devolutiveffekt nicht abschließend. So darf die Ausgangsbehörde auch dann noch einen Abhilfebescheid erlassen, wenn sie den Vorgang bereits an die Widerspruchsbehörde abgegeben hat. Damit kommt es zwar zu einer Doppel-, bzw. Parallelzuständigkeit. Da dadurch aber eine Erhöhung der Rechtsschutzmöglichkeit des Widerspruchsführers geschaffen wird, ergeben sich keine durchgreifenden Bedenken. Außerdem bilden im Widerspruchsverfahren die Ausgangs- und Widerspruchsbehörde eine Verwaltungseinheit, was von der Gegenauffassung verkannt wird. Hinsichtlich der konkurrierenden Zuständigkeit gilt dann das Prioritätsprinzip, wonach die zuerst ergangene Entscheidung das Widerspruchsverfahren beendet.[1270]

[1267] Sind Abhilfebehörde und Widerspruchsbehörde identisch, ergeht – auch wenn dem Begehren des Widerspruchsführers abgeholfen wird – kein Abhilfebescheid, sondern stets ein Widerspruchsbescheid (*Kopp/Schenke*, VwGO, § 72 Rn 1; vgl. auch *Geis/Hinterseh*, JuS 2002, 34 ff.).

[1268] *Kopp*, VwGO (10. Aufl. 1994), § 72 Rn 2.

[1269] St. Rspr., vgl. nur BVerwGE 82, 336, 338; zust. *Hufen*, VerwProzR, § 8 Rn 4; *Kopp/Schenke*, VwGO, § 70 Rn 2; *Dolde/Porsch*, in: Schoch/Schneider/Bier, VwGO, § 70 Rn 7.

[1270] *Kopp/Schenke*, VwGO, § 70 Rn 2; *Dolde/Porsch*, in: Schoch/Schneider/Bier, VwGO, § 70 Rn 7.

II. Suspensiveffekt

1068 **Suspensiveffekt** bedeutet, dass der Verwaltungsakt vorläufig nicht vollzogen werden darf (aufschiebende Wirkung des Anfechtungswiderspruchs und der Anfechtungsklage, § 80 I VwGO).

1069 Aus Gründen der Rechtssicherheit ist auch ein (möglicherweise) rechtswidriger Verwaltungsakt grundsätzlich wirksam (§§ 43 II, III, 44 VwVfG) und damit von jedermann zu beachten. Für die Behörde bedeutet das, dass sie auch einen rechtswidrigen (aber wirksamen) Verwaltungsakt mit Mitteln des **Verwaltungszwangs** (insbesondere unmittelbarer Zwang) durchsetzen darf.[1271] Als Ausgleich für diese grundsätzliche Wirksamkeit und die damit verbundenen Folgen dienen einerseits Anfechtungswiderspruch und Anfechtungsklage, die kraft Gesetzes grundsätzlich **aufschiebende Wirkung** (Suspensiveffekt) entfalten (§ 80 I VwGO), und andererseits die behördliche Aussetzung der Vollziehung (§ 80 IV VwGO) sowie die gerichtliche Anordnung bzw. Wiederherstellung der aufschiebenden Wirkung (§ 80 V S. 1 VwGO) in Fällen, in denen die aufschiebende Wirkung gemäß § 80 II VwGO ausgeschlossen war. Zur Bedeutung der aufschiebenden Wirkung sei auf die eingehenden Ausführungen zum vorläufigen Rechtsschutz (Rn 877 ff.) verwiesen.

D. Qualifikation eines Verhaltens als Widerspruch

1070 § 70 VwGO verlangt nicht, dass der Widerspruch als solcher bezeichnet werden muss. Es genügt, dass der Rechtsschutzsuchende zum Ausdruck bringt, dass er den Verwaltungsakt nicht gelten lassen will und dass er sein Begehren schriftlich bzw. elektronisch (dazu Rn 251 und 261) oder zur Niederschrift mitteilt. Daher schadet es nicht, wenn der Widerspruchsführer seinen Widerspruch fälschlicherweise etwa als „Einspruch" oder „Beschwerde" bezeichnet.[1272] Ist das Verhalten des Bürgers nicht eindeutig einzuordnen (d.h. eventuell als Aufsichtsbeschwerde zu bewerten[1273]), muss das Vorbringen als Widerspruch angesehen werden, wenn es schriftlich bzw. elektronisch erfolgt ist und innerhalb der Widerspruchsfrist eingeht, da nur der Widerspruch (grundsätzlich) aufschiebende Wirkung entfaltet und den Weg zur verwaltungsgerichtlichen Kontrolle eröffnet. Ist dagegen die Widerspruchsfrist verstrichen und will der Betroffene dennoch die Überprüfung der Rechtmäßigkeit erreichen, kommen verschiedene Möglichkeiten in Betracht:

- Zunächst ist an eine **Wiedereinsetzung in den vorigen Stand** gem. § 60 VwGO zu denken.
- Es ist jedoch auch möglich, dass sich die Behörde ohne Antrag auf Wiedereinsetzung **sachlich auf den Rechtsstreit** einlässt. Die Zulässigkeit eines solchen Vorgehens ist umstritten: Die Rechtsprechung des BVerwG und ein Teil der Literatur räumen der Verwaltung ein freies Ermessen ein, auch noch nach Ablauf der Widerspruchsfrist über einen Widerspruch zu entscheiden. Bei Befolgung dieser Auffassung hält sie damit die Möglichkeit der späteren Klageerhebung offen (vgl. § 74 I VwGO: Klageerhebung einen Monat nach Zustellung des *Widerspruchsbescheids*). Die herrschende Literatur lehnt eine Dispositionsbefugnis der Widerspruchsbehörde über die Fristvorschrift ab. Sie macht u.a. geltend, dass mit Ablauf der Widerspruchsfrist der angegriffene Verwaltungsakt formelle Bestandskraft erlange, die nur durch Wiedereinsetzung in den vorigen Stand oder durch Wiederaufgreifen des Verwaltungsverfahrens beseitigt werden

---

[1271] Ein Rechtmäßigkeitszusammenhang bzw. eine Konnexität zwischen dem Grundverwaltungsakt und der Vollstreckungsmaßnahme besteht insoweit nicht. Die Grundverfügung muss nur wirksam sein, vgl. BVerfG NVwZ 1999, 290, 292; OVG Münster NVwZ 2001, 231; *Schenke*, POR, Rn 540; *Werner*, JA 2000, 902, 904.

[1272] Vgl. BVerwG NVwZ 2002, 1505, 1506; *Kopp/Schenke*, VwGO, § 70 Rn 5; *Zilkens*, JuS 2001, 368, 369.

[1273] Zur Abgrenzung Widerspruch/Aufsichtsbeschwerde vgl. Rn 216 ff.

könne. Es sei dogmatisch nicht zu erklären, wie die durch Fristablauf eingetretene (formelle) Bestandskraft durch bloße Sachentscheidung aufgehoben werden könne. Folgt man der h.L., kommt von vornherein nur ein Hilfsgutachten oder eine **Fachaufsichtsbeschwerde** in Betracht, nach der Rechtsprechung nur dann, wenn die Behörde sich nicht sachlich auf den Widerspruch einlässt.[1274]

Hinweis für die Fallbearbeitung: Ist ein Widerspruch als verwaltungsrechtlicher Rechtsbehelf zu prüfen und wird festgestellt, dass dessen Erhebung verfristet sein wird und dass auch kein (zulässiger) Antrag auf Wiedereinsetzung vorliegt, muss die Frage aufgeworfen werden, ob § 70 VwGO zur Disposition der Behörde steht, ob diese also auch nach Verstreichen der Widerspruchsfrist zur Sache entscheiden und - für den Fall, dass sie der Beschwer nicht abhilft - dadurch den Weg zu den Gerichten neu eröffnen darf. Lehnt man dies ab, kommt nach der hier vertretenen Auffassung kein Hilfsgutachten, sondern eine **Fachaufsichtsbeschwerde** in Betracht, um zu Fragen der Begründetheit Stellung zu nehmen. Vgl. zum Streitstand im Einzelnen die Ausführungen zu „Behördliche Sachentscheidung trotz verfristeter Einlegung des Widerspruchs" bei Rn 281 f. 1071

E. Aufbau einer Widerspruchsklausur

Die Prüfung eines Widerspruchs kommt vor allem dann in Betracht, wenn noch kein 1072
Widerspruchsbescheid ergangen ist, sei es, dass der Bürger noch keinen Widerspruch eingelegt hat, oder sei es, dass über einen eingelegten Widerspruch noch nicht entschieden ist. In diesem Fall handelt es sich bei der Fallgestaltung um die Prüfung eines **Widerspruchsverfahrens in der Gestalt eines *Verwaltungs*verfahrens**, bei dem sowohl Rechtmäßigkeit als auch Zweckmäßigkeit des Verwaltungsakts zu prüfen sind. Hierzu wird folgende Prüfungsfolge vorgeschlagen:

Zulässigkeit und Begründetheit eines Widerspruchs 1073

Obersatz: „Als förmlicher außergerichtlicher Rechtsbehelf ist der Widerspruch erfolgreich, wenn er zulässig und begründet ist."

I. Zulässigkeit

1. Verwaltungsrechtsweg, § 40 VwGO analog
2. Statthaftigkeit des Widerspruchs, § 68 VwGO
   - a. Anfechtungswiderspruch, § 68 I VwGO
   - b. Verpflichtungswiderspruch, § 68 II, I VwGO
   - c. Statthaftigkeit in sonstigen gesetzlich angeordneten Fällen
   - d. Ausnahmen von der Statthaftigkeit
     - aa. Gesetzliche Bestimmungen
       - a.) § 74 I S. 2 VwVfG i.V.m. § 70 VwVfG
       - b.) § 75 S. 1 Var. 1 VwGO
       - c.) Die Erlassbehörde des Ausgangsverwaltungsakts ist eine oberste Bundes- oder Landesbehörde, § 68 I S. 2 Var. 2 Nr. 1 VwGO
       - d.) Erstmalige Beschwer durch den Abhilfebescheid oder Widerspruchsbescheid, § 68 I S. 2 Var. 2 Nr. 2 VwGO
     - bb. Ungeregelte Fälle der Entbehrlichkeit
3. Widerspruchsbefugnis (ggf. § 42 II VwGO analog)[1275]
4. Form- und Fristerfordernisse, §§ 70 ff. VwGO
   - a. Form und notwendiger Inhalt

[1274] Vgl. dazu VG Sigmaringen NJW 2001, 628, 629.

[1275] Das Widerspruchsverfahren ist kein objektives Rechtsbeanstandungsverfahren, sondern dient – wie die sonstigen Rechtsmittel des deutschen Verwaltungsrechts auch – dem Individualrechtsschutz. Daher ist das Widerspruchsinteresse analog § 42 II VwGO notwendig.

b. Fristberechnung
c. Bekanntgabe
d. Fehlende oder unrichtige Rechtsbehelfsbelehrung
e. Zustellung eines Verwaltungsakts
f. Mangelhafte Bezeichnung des Adressaten

5. Beteiligungs- und Handlungsfähigkeit, § 79 i.V.m. §§ 11, 12 VwVfG[1276]
6. Widerspruchsinteresse (Rechtsschutzbedürfnis)

II. Begründetheit (hier: Anfechtungssituation)[1277]

Obersatz: „Der Widerspruch ist begründet, wenn der ... (Verwaltungsakt) rechtswidrig ist und den ... (Widerspruchsführer) dadurch in seinen Rechten verletzt bzw. wenn der ... (Verwaltungsakt) unzweckmäßig ist und den ... (Widerspruchsführer) dadurch in seinen rechtlich geschützten Interessen beeinträchtigt, §§ 68 ff. i.V.m. 113 I S. 1 VwGO analog."[1278]

1. Rechtsgrundlage/Anspruchsgrundlage
2. Formelle Rechtmäßigkeit
3. Materielle Rechtmäßigkeit
4. Maßgeblicher Zeitpunkt
5. Rechtsverletzung beim Widerspruchsführer
6. Prüfungsmaßstab Zweckmäßigkeit
7. Unbeachtlichkeitsregelung des § 46 VwVfG

I. Zulässigkeit

1. Verwaltungsrechtsweg, § 40 VwGO analog

1074 Käme es zu einem verwaltungs*gerichtlichen* Streitverfahren, müsste der Verwaltungsrechtsweg eröffnet sein. Nichts anderes kann für das Widerspruchsverfahren gelten, obwohl es sich bei diesem - wie bereits gesagt - um einen förmlichen außergerichtlichen Rechtsbehelf handelt. Der Grund dafür liegt darin, dass § 68 VwGO das Widerspruchsverfahren nicht nur vorschreibt, sondern als bundesrechtliche Regelung dieses auch mit der Eröffnung des Verwaltungsrechtswegs verknüpft.[1279] Zu beachten ist aber, dass § 40 VwGO nur analog herangezogen werden darf, weil diese Vorschrift sich unmittelbar nur auf die verwaltungs*gerichtlichen* Klage- und Verfahrensarten bezieht. Da § 17a GVG hier nicht zur Anwendung gelangt, handelt es sich also um eine **echte Zulässigkeitsvoraussetzung**. Daher ist in Abweichung zu den verwaltungsgerichtlichen Verfahren der Verwaltungsrechtsweg *Zulässigkeits*voraussetzung, nicht bloße *Sachentscheidungs*voraussetzung.[1280] Im Übrigen können sich die bereits im Rahmen der Bearbeitung einer verwaltungsgerichtlichen Klage beschriebenen Probleme ergeben. Insoweit wird auf diese Ausführungen (Rn 25 ff.) verwiesen.

2. Statthaftigkeit des Widerspruchs, § 68 VwGO

1075 Nach dem Wortlaut des § 68 VwGO ist – soweit gesetzlich nichts anderes bestimmt ist – vor Erhebung der Anfechtungs- oder Verpflichtungsklage die erfolglose Durchführung eines Vorverfahrens erforderlich. Im Gegensatz zu einer verwaltungsgerichtlichen Klage richtet sich die Statthaftigkeit des Verfahrens also nicht unmittelbar nach dem Streitgegenstand (vgl. § 88 VwGO), sondern nach der anschließenden Klageart.

[1276] Anders als die gerichtlichen Streitverfahren ist das Widerspruchsverfahren nicht kontradiktorisch, sodass es keinen Widerspruchsgegner gibt. Insb. ist dies nicht die Ausgangsbehörde bzw. ihr Rechtsträger. Gleichwohl muss die Behörde beteiligungs- und handlungsfähig sein (und nicht nur der Widerspruchsführer).

[1277] Vgl. auch die Schemata bei Rn 1105 (Anfechtung) und bei Rn 1106 (Verpflichtung).

[1278] Für den Verpflichtungswiderspruch gilt mit den entsprechenden Änderungen (§ 113 V statt § 113 I S. 1 VwGO) dasselbe.

[1279] *Hufen*, VerwProzR, § 6 Rn 2; *Geis/Hinterseh*, JuS 2002, 34, 37.

[1280] Zur Rechtsnatur des Verwaltungsrechtswegs vgl. die entsprechenden Ausführungen bei Rn 25 ff.

Vor anderen als Anfechtungs- und Verpflichtungsklagen ist das Widerspruchsverfahren grundsätzlich nicht erforderlich und damit auch nicht statthaft.[1281] Zu beachten ist aber, dass mit der Verpflichtungsklage nur die Versagungsgegenklage gemeint ist (§ 68 II VwGO), da im Fall der behördlichen Untätigkeit gerade kein Verwaltungsakt erlassen wurde, der mit einem Widerspruch anzugreifen wäre.[1282] Es muss also – bis auf die Fälle, in denen die Durchführung eines Widerspruchverfahrens stets vorgeschrieben ist (vgl. Rn 1079 und 231 ff.) – immer ein belastender Verwaltungsakt oder die Ablehnung eines begünstigenden Verwaltungsakts vorliegen.

a. Anfechtungswiderspruch, § 68 I VwGO

Der Anfechtungswiderspruch ist vor Erhebung der Anfechtungsklage grundsätzlich erforderlich und statthaft. Somit ist Voraussetzung für die Statthaftigkeit des Widerspruchs das Vorliegen eines belastenden Verwaltungsakts i.S.v. § 35 VwVfG. Ist der Verwaltungsakt noch nicht bekannt gegeben (§ 41 VwVfG), also noch nicht rechtlich existent[1283], ist ein „vorbeugender" Widerspruch unstatthaft.[1284] Dies würde sonst zu einer Vermischung der Instanzen, zur vorzeitigen Einbeziehung der Widerspruchsbehörde und zur Umgehung des Zwecks des Widerspruchsverfahrens, der *nachträglichen* Kontrolle, führen.[1285] 1076

Fraglich ist, ob das Widerspruchsverfahren gegen einen **nichtigen Verwaltungsakt** (vgl. § 44 VwVfG) statthaft ist. Ein nichtiger Verwaltungsakt entfaltet zwar keine Rechtswirkungen, sodass er auch nicht angegriffen werden müsste, allerdings wird sich der Fehler oft erst im Widerspruchsverfahren herausstellen, also nachdem der Widerspruch bereits eingelegt worden ist. Des Weiteren hat der Bürger aufgrund der an die tatsächliche Existenz des Verwaltungsakts anknüpfenden Rechtsscheinwirkung ein berechtigtes Interesse an der Aufhebung eines nichtigen Verwaltungsakts. Auch entfalten nur Anfechtungswiderspruch und Anfechtungsklage aufschiebende Wirkung, nicht die Nichtigkeitsfeststellungsklage, sodass der Bürger nur mit Erhebung des Widerspruchs/der Anfechtungsklage die Regelungswirkung des Verwaltungsakts (vorläufig) suspendieren kann (vgl. § 80 I VwGO), auch wenn es dem Grunde nach nichts zu suspendieren gibt. Schließlich kommt hinzu, dass der Bürger die Nichtigkeit eines Verwaltungsakts i.d.R. nicht erkennen kann, sodass es für ihn unzumutbar ist, das Risiko der z.T. schwierigen Abgrenzung zwischen nichtigem und rechtswidrigem Verwaltungsakt zu tragen. Daher ist festzustellen, dass ein Widerspruch richtigerweise auch gegen einen nichtigen Verwaltungsakt statthaft ist. 1077

b. „Verpflichtungswiderspruch", § 68 II, I VwGO

Der Widerspruch ist auch statthaft, wenn die Ausgangsbehörde den Erlass eines begünstigenden Verwaltungsakts abgelehnt hat, § 68 II VwGO. Durch Einlegung des Widerspruchs will der Bürger die Behörde somit zum Erlass des bereits abgelehnten, aber gewünschten Verwaltungsakts veranlassen. Nicht statthaft hingegen ist die Einlegung eines Widerspruchs, wenn die Behörde nach entsprechendem Antrag überhaupt noch nicht tätig geworden ist. In diesem Fall muss der Bürger direkt eine Verpflichtungsklage, und zwar in Form der **Untätigkeitsklage** (§ 42 I Var. 2 i.V.m. § 75 VwGO) erheben. 1078

[1281] Zu der Besonderheit bei beamtenrechtlichen Leistungs- und Feststellungsklagen siehe sogleich.
[1282] In diesem Fall wäre die Verpflichtungsklage nach § 75 VwGO statthaft, nicht der Verpflichtungswiderspruch.
[1283] Zur inneren und äußeren Wirksamkeit sowie zur rechtlichen Existenz vgl. *R. Schmidt*, AllgVerwR, Rn 471.
[1284] BVerwGE 25, 20, 21.
[1285] *Hufen*, VerwProzR, § 6 Rn 12.

c. Statthaftigkeit in sonstigen gesetzlich angeordneten Fällen

1079 Für einige Bereiche sind (fach-)gesetzlich hinsichtlich der Durchführung eines Widerspruchverfahrens Sonderregelungen vorgesehen. So ist für den praktisch relevanten Bereich des Beamtenrechts gem. **§ 126 II BBG** bzw. **§ 54 II S. 1 und 2 BeamtStG** die Durchführung eines Vorverfahrens nach § 68 VwGO (zwingend) vorgeschrieben, und zwar vor allen Klagen aus dem Beamtenverhältnis, somit auch für allgemeine Leistungs- und Feststellungsklagen. Vgl. ferner § 6 II UIG, § 5 IV S. 1 VIG, § 9 IV IFG und § 55 PBefG sowie die landesrechtlichen Ausführungsgesetze zur VwGO – dazu ausführlich Rn 224 ff.

d. Ausnahmen von der Statthaftigkeit

1080 Die Durchführung eines Widerspruchsverfahrens ist unter bestimmten Voraussetzungen entbehrlich, sei es aufgrund besonderer gesetzlicher Bestimmungen oder sei es, dass ein ungeregelter Fall der Entbehrlichkeit vorliegt. Diese Erkenntnis ist wichtig, weil davon die Statthaftigkeit des Widerspruchs abhängt.

aa. Gesetzliche Bestimmungen, § 68 I S. 2 Var. 1 VwGO

1081 Nach § 68 I S. 2 Var. 1 VwGO bedarf es der Durchführung eines Widerspruchsverfahrens nicht, wenn ein Gesetz dies bestimmt. Unter den Begriff „Gesetz" i.S. dieser Bestimmung fallen formelle Bundesgesetze und auch formelle Landesgesetze auf dem Regelungsgebiet des betreffenden Bundeslandes.[1286]

Zu den **gesetzlichen Vorschriften** i.S.d. § 68 I S. 2 Var. 1 VwGO vgl. die Angaben bei Rn 223 ff.

bb. Entbehrlichkeit nach § 68 I S. 2 Var. 2 VwGO

1082 § 68 I S. 2 Var. 2 VwGO enthält zwei weitere Fälle, in denen es der Durchführung eines Widerspruchsverfahrens nicht bedarf.

1083
- Die Erlassbehörde des Ausgangsverwaltungsakts ist eine **oberste Bundes- oder Landesbehörde** (§ 68 I S. 2 Var. 2 Nr. 1 VwGO). Oberste Bundesbehörden i.S. dieser Regelung sind der Bundespräsident, die Bundesregierung, die Bundesministerien, der Bundesrechnungshof und die Präsidenten von Bundestag und Bundesrat, nicht jedoch die Bundesoberbehörden gem. Art. 87 III GG.[1287] Die Ausnahmebestimmung des § 68 I S. 2 Var. 2 VwGO gilt allerdings nur soweit, als nicht ein Gesetz die Durchführung des Widerspruchsverfahrens vorschreibt. Als gesetzliche Ausnahme, die stets eine Überprüfung vorschreibt (vgl. § 68 I S. 2 Var. 2 Nr. 1 Hs. 2 VwGO, der streng genommen eine Ausnahme zur Ausnahme des § 68 I S. 2 Var. 1 VwGO darstellt), ist neben den landesrechtlichen Ausführungsgesetzen zur VwGO der bereits erwähnte und für Bundesbeamtenverhältnisse geltende **§ 126 II BBG** (vgl. auch § 41 BDG) zu nennen. So bedarf es bei bundesbeamtenrechtlichen Streitigkeiten immer eines Vorverfahrens nach § 68 VwGO[1288], und zwar vor allen Klagen aus dem Beamtenverhältnis, somit auch vor allgemeinen Leistungs- und Feststellungsklagen. Es kann somit auch zu Leistungs- und Feststellungswidersprüchen kommen (vgl. näher Rn 231 ff.).
  Eine in diesem Zusammenhang sich stellende Frage ist, ob die **Widerspruchsfrist** des § 70 VwGO gilt. Nach dem klaren Wortlaut des § 54 II S. 1 BeamtStG, der undifferenziert auf den 8. Abschnitt der VwGO (und somit auch auf § 70 VwGO) verweist, wäre das der Fall. Das BVerwG hält die Einhaltung der Monatsfrist des § 70 VwGO jedoch

---

[1286] BVerwGE 35, 65, 73. Vgl. auch *Schmitt Glaeser/Horn*, VerwProzR, Rn 179; *Kopp/Schenke*, VwGO, § 68 Rn 17.
[1287] *Geis*, in: NKVwGO, § 68 Rn 150.
[1288] Bei Landesbeamtenverhältnissen gilt nicht § 126 II BBG, sondern § 54 II BeamtStG, wobei dort aber die Besonderheit nach § 54 II S. 3 BeamtStG gilt, dass ein Landes(beamten)gesetz die Durchführung des Vorverfahrens ausschließen kann.

nur dann für erforderlich, wenn die zu überprüfende Maßnahme der Bestandskraft zugänglich ist. Das soll bei einer dienstlichen Beurteilung indes nicht der Fall sein.[1289] Anwendung findet die Regelung des § 70 VwGO jedenfalls für Bundesdisziplinarsachen (vgl. § 41 II BDG).

Hinsichtlich Richter (und Staatsanwälte) im Landesdienst vgl. § 71 DRiG, der auf das **1084**
BeamtStG verweist. Im Bundesdisziplinarrecht ist ein Widerspruchsverfahren unstatthaft, wenn die angefochtene Disziplinarmaßnahme durch eine oberste Dienstbehörde erlassen worden ist (§ 41 I S. 2 BDG, s.o.).

- Der Abhilfebescheid oder der Widerspruchsbescheid enthält eine **erstmalige Be-** **1085**
schwer, § 68 I S. 2 Var. 2 Nr. 2 VwGO. Vgl. auch hierzu ausführlich Rn 234 ff.

cc. Ungeregelte Fälle der Entbehrlichkeit

Auch außerhalb der gesetzlich geregelten Ausnahmetatbestände kann die Durchfüh- **1086**
rung eines Widerspruchsverfahrens als Verwaltungsverfahren beispielsweise in folgenden Fällen entfallen:

- Der Rechtsschutzsuchende ficht einen Verwaltungsakt an, der lediglich einen Verwaltungsakt, gegen den bereits das Vorverfahren durchgeführt worden ist, ändert, ersetzt oder wiederholt.
- Auch wenn bereits ein Dritter ein dieselbe Sache betreffendes Widerspruchsverfahren durchgeführt hat, ist eine erneute Durchführung des Widerspruchsverfahrens entbehrlich.
- Es ist Klage erhoben worden, obwohl ein Vorverfahren nicht durchgeführt wurde. Der Klagegegner (die Behörde) hat das fehlende Vorverfahren nicht gerügt, sondern sich sachlich auf die Klage eingelassen und deren Abweisung beantragt.[1290]
- Ist aufgrund des Verhaltens der Widerspruchsbehörde mit großer Wahrscheinlichkeit damit zu rechnen, dass ein Widerspruch keinen Erfolg haben wird, kann nach der Rechtsprechung des BVerwG die Durchführung des Widerspruchsverfahrens entfallen, wenn der „Zweck des Widerspruchsverfahrens schon auf andere Weise erreicht worden ist oder offensichtlich nicht mehr erreicht werden kann"[1291].
- Auch wenn der Rechtsschutzsuchende ohne vorherige Durchführung des Widerspruchsverfahrens Klage erhoben und der Klagegegner (die Behörde) das fehlende Vorverfahren nicht gerügt, sondern sich sachlich auf die Klage eingelassen und deren Abweisung beantragt hat, steht nach h.M. die fehlende Durchführung des Widerspruchsverfahrens der Zulässigkeit der Klage nicht entgegen.

Die vorgenannten Konstellationen geben lediglich die examensrelevantesten Überle- **1087**
gungen wieder. Im Einzelnen ist jedoch vieles strittig.[1292] Zu beachten ist jedenfalls: Soweit **hier** ein Widerspruch für entbehrlich (weil unzweckmäßig) gehalten wird, führt dies (im Gegensatz zur *gesetzlich* geregelten Entbehrlichkeit) **nicht zu seiner Unstatthaftigkeit**.

dd. Statthaftigkeit eines Fortsetzungsfeststellungswiderspruchs?

Wie bereits ausführlich im Rahmen der Anfechtungsfortsetzungsfeststellungsklage **1088**
dargestellt, hat sich ein Verwaltungsakt erledigt, wenn er sich inhaltlich erschöpft hat und alle seine in die Zukunft weisenden Rechtswirkungen weggefallen sind, also bei

---

[1289] BVerwGE 49, 351, 354; vgl. auch BVerwGE 52, 247, 252.
[1290] BVerwG NVwZ 2002, 1505, 1506; BVerwGE 95, 321 ff.; VG Sigmaringen NJW 2001, 628, 629; OVG Münster NWVBl 2001, 435, 436.
[1291] BVerwGE 64, 325, 330; BVerwG NVwZ 2011, 501, 502 ff. Vgl. auch *Schübel-Pfister*, JuS 2011, 420, 421.
[1292] Ausführlich *Dolde/Porsch*, in: Schoch/Schneider/Bier, VwGO, § 68 Rn 20 ff.

Wegfall jeglicher Beschwer.[1293] Unbeachtlich bleiben dabei (noch rechtswirksame) Neben- und Folgewirkungen wie beispielsweise Wiederholungsgefahr oder diskriminierende Wirkung. Es kommt allein darauf an, dass der der **Vollziehung fähige Inhalt des Verwaltungsakts gegenstandslos** geworden ist.

1089 Die Erledigung eines Verwaltungsakts kann auf verschiedene Weise erfolgen. Ein typischer Fall der Erledigung ist die **Aufhebung** nach den §§ 48 f. VwVfG (§ 113 I S. 4 VwGO spricht hier von „Zurücknahme").

1090 Erledigung tritt auch dann ein, wenn das **Regelungsobjekt**, auf das sich der Verwaltungsakt bezieht, **untergegangen**, oder wenn der Verpflichtete **gestorben** ist, sofern es sich um höchstpersönliche Rechte oder Pflichten handelt oder ein Nachfolgetatbestand nicht erfüllt wird.[1294] Weiterhin kann eine Erledigung durch **Zeitablauf** erfolgen (vgl. § 43 II Var. 4 VwVfG).

1091 Insbesondere bei **vollzugspolizeilichen Maßnahmen** (wie beispielsweise aufgrund einer Standardmaßnahme oder der Befugnisgeneralklausel) erledigt sich der Verwaltungsakt oftmals bereits *vor* Widerspruchs- bzw. Klageerhebung.

Beispiele:

(1) Bei einer Razzia wird auch A kontrolliert. Als er sich weigert, seine Personalien offenzulegen, wird er auf die Polizeiwache verbracht. Dort sieht er ein, dass er – um schnellstmöglich die Wache wieder verlassen zu können – die Personalien angeben muss. Nach entsprechender Angabe darf A die Wache wieder verlassen („Erledigung" des Verwaltungsakts *Verbringung*). Am folgenden Tag möchte A durch Einlegung eines Widerspruchs klären lassen, ob die Verbringung auf die Wache rechtmäßig war.

(2) Anlässlich einer gewalttätigen Demonstration filmte B die Festnahme von Demonstranten durch die Polizei. Der Einsatzleiter der Polizei ließ die Videokassette des B sicherstellen. Die Kassette wurde dem B vor Erhebung des Widerspruchs zurückgegeben.

1092 Tritt die Erledigung des Verwaltungsakts *vor* Widerspruchserhebung ein und ist auch die Widerspruchsfrist noch **nicht** abgelaufen (sog. **offene Widerspruchsfrist**), ist umstritten, ob ein Widerspruch (hier: **Fortsetzungsfeststellungswiderspruch**) überhaupt statthaft ist.

Beispiel: Dem K wird am 3.3.2016 (Donnerstag) der Verwaltungsakt zugestellt. Am 21.3.2016 (Montag) tritt die Erledigung ein. Am 29.3.2016 entschließt sich K, den Verwaltungsakt anzugreifen. Kann er sofort Fortsetzungsfeststellungsklage erheben oder muss er zunächst Widerspruch erheben?

⇨ Nach der Meinung eines Teils der Literatur[1295] ist auch in diesem Fall die Durchführung eines Vorverfahrens erforderlich. Zwar könne die Widerspruchsbehörde wegen der Erledigung der Beschwer dieser nicht mehr abhelfen bzw. einen Abhilfebescheid nicht mehr erlassen. Allerdings könne sie die Rechtswidrigkeit des Verwaltungshandelns feststellen (arg. § 44 V VwVfG). Zudem sei bei Ermessensverwaltungsakten ohnehin eine Zweckmäßigkeitskontrolle ausschließlich durch die Behörde möglich. Schließlich sei die Durchführung des Widerspruchsverfahrens schon deshalb sinnvoll, weil es nicht nur der Selbstkontrolle der Verwaltung und der Entlastung der Gerichte, sondern vor allem auch dem Rechtsschutz des Bürgers diene.

[1293] Vgl. dazu *Fechner*, NVwZ 2000, 121; *Jahn* JuS 2001, 173 ff.

[1294] Vgl. dazu *Gerhardt*, in: Schoch/Schneider/Bier, § 113 Rn 84.

[1295] *Kopp/Schenke*, VwGO, § 113 Rn 127; *Schenke*, VerwProzR, Rn 666; *Dolde/Porsch*, in: Schoch/Schneider/Bier, VwGO, § 68 Rn 23; *R.P. Schenke*, NVwZ 2000, 1255, 1257; *Dreier*, NVwZ 1987, 477; *Hellerbrand*, JA 1995, 153, 154.

⇨ Die Rechtsprechung und der andere Teil der Literatur[1296] halten die Durchführung des Widerspruchsverfahrens für nicht geboten und daher auch für nicht zulässig. Das Widerspruchsverfahren sei auf die Aufhebung bzw. den Erlass des begehrten Verwaltungsakts gerichtet und nicht auf die Feststellung der Rechtswidrigkeit von Verwaltungsakten (eine Aufhebung ist wegen der Erledigung ja gerade nicht mehr möglich). Eine Feststellung durch die Behörde besitze nicht die gleiche Bindungswirkung wie ein Feststellungsurteil durch das Gericht. Das Feststellungsurteil gewährleiste wegen § 121 VwGO und Art. 20 III GG einen stärkeren Rechtsschutz für den Bürger. Zudem sei ein „Fortsetzungsfeststellungswiderspruch" der VwGO fremd und schon daher bereits unstatthaft.

⇨ Stellungnahme: In einer gutachtlichen (regelmäßig im Rahmen des Polizeirechts zu erfolgenden) Ausarbeitung sollte dieser Meinungsstreit kurz dargestellt und im Ergebnis der zuletzt genannten Auffassung gefolgt werden. Denn die Durchführung des Vorverfahrens vor Erhebung der Fortsetzungsfeststellungsklage in Bezug auf vorprozessual erledigte Verwaltungsakte findet keine Stütze in der VwGO (diese schreibt die erfolglose Durchführung eines Vorverfahrens nur für die Anfechtungsklage und für die Verpflichtungsklage in Gestalt der Versagungsgegenklage vor; derartige Klagearten liegen gerade nicht vor). Darüber hinaus ist die Durchführung des Vorverfahrens kein Selbstzweck und macht nur dann einen Sinn, wenn die Verwaltung den Verwaltungsakt noch aufheben kann. Tragend ist jedoch das Argument des stärkeren Rechtsschutzes eines gerichtlichen Feststellungsurteils. Folgt man dieser Auffassung, ist ein Vorverfahren nicht nur entbehrlich, sondern auch **unstatthaft**.[1297] Tritt die Erledigung während des Widerspruchsverfahrens ein, ist nach der o.g. Rechtsprechung das Widerspruchsverfahren einzustellen und die Klageerhebung zulässig.

3. Widerspruchsbefugnis

Für das Widerspruchsverfahren ist – im Gegensatz zu den außergerichtlichen Rechtsbehelfen in Abgabenangelegenheiten nach § 350 AO – eine Widerspruchsbefugnis gesetzlich nicht geregelt. Da aber auch das Widerspruchsverfahren kein objektives Rechtsbeanstandungsverfahren, sondern ein auf Verteidigung subjektiver Rechte gerichtetes Rechtsschutzverfahren darstellt, und auch Art. 19 IV S. 1 GG den Rechtsweg nur bei subjektiver Rechtsverletzung garantiert, besteht heute Einigkeit darüber, dass der Widerspruchsführer behaupten muss, in eigenen Rechten verletzt zu sein. Ein „Popularwiderspruch" ist nicht statthaft.[1298] Daher ist (in Anlehnung an § 42 II VwGO) zunächst widerspruchsbefugt, wer **Adressat** eines ihn belastenden Verwaltungsakts ist, da nie ausgeschlossen werden kann, dass der Adressat eines Verwaltungsakts zumindest in seiner allgemeinen Handlungsfreiheit (Art. 2 I GG) verletzt ist.[1299] Bei Verwaltungsakten mit belastender Drittwirkung und beim „Verpflichtungswiderspruch" muss die Widerspruchsbefugnis anhand der **Möglichkeitstheorie** hergeleitet werden. Insofern sei auf die Ausführungen zur Anfechtungs- und Verpflichtungsklage, insbesondere auf die zu den Konkurrentenklagen, verwiesen. Für das Widerspruchsverfahren gilt allerdings die Besonderheit, dass – im Gegensatz zur Klage – nicht nur die Möglichkeit der *Rechtsverletzung* zum Widerspruch berechtigt, sondern bereits der 1093

[1296] St. Rspr., vgl. grundlegend BVerwGE 26, 161, 165 ff. und nun BVerwGE 109, 203, 209; *Jahn*, JuS 2001, 173, 174; *Fechner*, NVwZ 2000, 121, 124; *Rozek*, JuS 2000, 1162, 1163; *Schwerdtfeger/Schwerdtfeger*, Rn 54; *J. Schmidt*, in: Eyermann, VwGO, § 113 Rn 72; *Knemeyer*, POR, Rn 68, 364, 397; *Redeker/v. Oertzen*, VwGO, § 113 Rn 35; *Hufen*, VerwProzR, § 18 Rn 55; *Stern/Blanke*, Rn 257; *Geis/Hinterseh*, JuS 2001, 1074, 1077.

[1297] Auf die beamtenrechtlichen Besonderheiten soll nicht weiter eingegangen werden; vgl. dazu Rn 231 ff.

[1298] *Rennert*, in: Eyermann, VwGO, § 69 Rn 9; *Geis/Hinterseh*, JuS 2002, 34, 37.

[1299] Auch in einer Widerspruchsklausur ist zu beachten, dass der auf die allgemeine Handlungsfreiheit des Art. 2 I GG gestützte Adressatengedanke nicht uneingeschränkt vertreten wird. Zwar ist nach h.M. ein Adressat eines belastenden Verwaltungsakts immer klage- bzw. widerspruchsbefugt (vgl. nur *Hufen*, VerwProzR, § 14 Rn 60). Teilweise wird bei der Bearbeitung einer Widerspruchsklausur dennoch erwartet, dass die Möglichkeit der Verletzung *einfachen* Rechts herangezogen wird.

Umstand, dass der Betroffene geltend macht, der Verwaltungsakt sei *zweckwidrig* und würde ihn deshalb in seinen **rechtlich geschützten *Interessen* beeinträchtigen**. Die Besonderheit des Widerspruchsverfahrens als außergerichtlicher Rechtsbehelf, nämlich die Überprüfung der Recht- **und** Zweckmäßigkeit des Verwaltungsakts, schlägt sich somit auch auf die Widerspruchsbefugnis nieder. Die Widerspruchsbefugnis ist daher inhaltlich weiter gefasst als die Klagebefugnis.[1300]

Nicht zu den rechtlich geschützten Interessen gehören bloße Annehmlichkeiten wie bspw. die schöne Aussicht auf eine Landschaft oder auch Unannehmlichkeiten wie geringfügiger Lärm, ästhetisches Unbehagen oder gar Kinder, Kranke oder Asylbewerber in der Nachbarschaft.[1301] Keine rechtlich geschützten Rechte oder Interessen stellen ferner bloße Erwerbschancen, wirtschaftliche und politische Interessen dar, soweit sie sich noch nicht zu echten Vermögenspositionen verdichtet haben. Insoweit gilt das zu den Konkurrentenklagen Gesagte entsprechend.

1094 Zu beachten ist aber, dass die auf eine Verletzung der Zweckmäßigkeit gestützte Widerspruchsbefugnis schon begrifflich nur bei Ermessensentscheidungen in Frage kommen kann, und ihr auch dort nur ein kleiner Anwendungsbereich verbleibt, da unzweckmäßige Verwaltungsakte zumeist auch gegen den Verhältnismäßigkeitsgrundsatz verstoßen und deshalb aufgrund einer *Ermessensüberschreitung* i.d.R. bereits *rechtswidrig* sind.[1302]

1095 **Hinweis für die Fallbearbeitung:** Um eine „Kopflastigkeit" des Gutachtens zu vermeiden, sollte die Herbeiführung der Widerspruchsbefugnis - zumindest wenn es um einen Anfechtungswiderspruch geht - kurz, aber präzise erfolgen. Dazu bietet sich folgende Vorgehensweise an:

„W ist widerspruchsbefugt, wenn er plausibel geltend machen kann, durch die Rechtswidrigkeit (bzw. durch die Ablehnung) des Verwaltungsakts in seinen Rechten verletzt oder durch dessen Unzweckmäßigkeit in seinen rechtlich geschützten Interessen beeinträchtigt zu sein."

Im Falle des Drittwiderspruchs ist dagegen die Herleitung der Widerspruchsbefugnis aus drittschützenden Normen unerlässlich.

4. Form- und Fristerfordernisse, §§ 70 ff. VwGO

a. Form und notwendiger Inhalt; Fristberechnung

1096 Die Form und der notwendige Inhalt des Widerspruchs sowie die Fristberechnung wurden bereits ausführlich im Rahmen der Sachentscheidungsvoraussetzungen der Anfechtungsklage („Vorverfahren") besprochen. Gleiches gilt auch für die Problematik hinsichtlich der Erhebung des Widerspruchs mittels **Telefax**, **Computerfax** und in **elektronischer Form**.

b. Fehlende oder unrichtige Rechtsbehelfsbelehrung

1097 Die Monatsfrist nach § 70 I VwGO beginnt nach § 70 II i.V.m. § 58 VwGO schließlich nur dann zu laufen, wenn der (wirksam bekannt gegebene) Verwaltungsakt mit einer ordnungsgemäßen Rechtsbehelfsbelehrung versehen wurde. Ist die Belehrung unrichtig erteilt oder ganz unterblieben, gilt die Regelung des **§ 58 II VwGO**. Da auch

---

[1300] Daher sollte bei der Prüfung der Widerspruchsbefugnis von der analogen Anwendung des § 42 II VwGO nur in Bezug auf die Rechtswidrigkeit (nicht auch auf die Unzweckmäßigkeit) ausgegangen werden, da diese Vorschrift sich nur auf die Rechtswidrigkeit (nicht auch auf die Zweckmäßigkeit) bezieht (wie hier *Geis/Hinterseh*, JuS 2002, 34, 38).

[1301] Vgl. aber OLG Köln NJW 1998, 763 ff. mit Anm. von *Wassermann*, NJW 1998, 730 und *Lachwitz*, NJW 1998, 881 ff.

[1302] Zur Rechtsnatur des Verwaltungsermessens und zur Ermessensüberschreitung vgl. *R. Schmidt*, AllgVerwR, Rn 601 ff.

diese Regelung bereits ausführlich im Rahmen der Anfechtungsklage dargestellt wurde, sei darauf verwiesen.

c. Zustellung eines Verwaltungsakts

Eine besondere Form der Bekanntgabe ist die Zustellung. Auch dieser Komplex wurde bereits ausführlich im Rahmen der Darstellung zur Anfechtungsklage behandelt. **1098**

d. Mangelhafte Bezeichnung des Adressaten

Hat die Behörde den Adressaten des Verwaltungsakts nicht hinreichend bezeichnet, stellt dies bereits einen Bestimmtheitsmangel dar, der nach den §§ 37 I, 44 VwVfG zu behandeln ist. So ist ein Verwaltungsakt **nichtig**, wenn völlig unklar ist, wer daraus verpflichtet werden soll.[1303] Ist die mangelhafte Bezeichnung des Adressaten allerdings nicht so gravierend, dass sich daraus etwa ein Nichtigkeitsgrund nach § 44 VwVfG ergeben könnte, beginnt die Monatsfrist des § 70 VwGO nach Bekanntgabe zu laufen. Bestehen mehrere Adressaten (wie z.B. die Gesellschafter einer nicht rechtsfähigen Personengesellschaft), muss der Verwaltungsakt jedem einzelnen in seinen Rechten Betroffenen bekannt gegeben werden. Anderenfalls erlangt der Verwaltungsakt gegenüber denjenigen, denen er nicht bekannt gemacht worden ist, keine Wirksamkeit gemäß § 43 I VwVfG. Etwas anderes gilt nur, wenn diese Personen anderweitig Kenntnis erlangten oder hätten erlangen können. Dann beginnt ausnahmsweise die Monatsfrist von diesem Zeitpunkt an zu laufen. **1099**

e. Erhebung des Widerspruchs bei einer falschen Behörde

Legt der Widerspruchsführer den Widerspruch bei einer falschen Behörde ein (d.h. bei einer Behörde, die weder Ausgangs- noch Widerspruchsbehörde ist), führt dies nicht zur Unzulässigkeit, da diese Behörde im Rahmen der Amtshilfe verpflichtet ist, den Widerspruch weiterzuleiten. Aus dieser Amtshilfepflicht und aus dem Grundsatz der Einheit der Verwaltung kann aber nicht gefolgert werden, dass der Widerspruch auch ordnungsgemäß (i.S.v. fristgemäß) erhoben worden ist. Eine solche Annahme widerspräche dem Wortlaut des § 70 VwGO. Ordnungsgemäß erhoben ist der Widerspruch erst, sobald die unzuständige Behörde ihn an die zuständige Behörde weitergeleitet hat. Nur wenn die unzuständige Behörde den Widerspruch so rechtzeitig weitergeleitet hat, dass er noch innerhalb der Monatsfrist bei der richtigen Behörde eingegangen ist, führt dies zur ordnungsgemäßen Erhebung des Widerspruchs. **1100**

5. Beteiligungs- und Handlungsfähigkeit, § 79 i.V.m. §§ 11, 12 VwVfG

Für die rechtliche Fähigkeit, am Widerspruchsverfahren beteiligt sein zu sein, gilt § 79 i.V.m. 11 VwVfG. Da die §§ 11 und 12 VwVfG im Wesentlichen den §§ 61 und 62 VwGO nachgebildet sind und sich - bis auf den Umstand, dass anders als im Verwaltungsprozess nach § 61 VwGO im Widerspruchsverfahren Behörden immer beteiligungsfähig sind - keine nennenswerten Unterschiede ergeben, kann auf die Ausführungen zur Anfechtungsklage verwiesen werden. **1101**

Häufiges und wichtiges Klausurproblem in diesem Zusammenhang ist die Einlegung eines Widerspruchs durch einen dazu nicht bevollmächtigten Vertreter (vgl. § 14 VwVfG; Beispiel: Bürgermeister ohne Mitwirkung des Gemeinderats). In diesem Fall ist nach h.M. der Widerspruch so lange schwebend unwirksam, bis der Berechtigte ihn

---

[1303] *Kopp/Ramsauer*, VwVfG, § 44 Rn 27.

genehmigt.[1304] Verweigert er die Genehmigung, ist der Widerspruch endgültig unwirksam.

6. Rechtsschutzbedürfnis/Widerspruchsinteresse

1102 Das Rechtsschutzbedürfnis, das im Rahmen des Widerspruchs als **Widerspruchsinteresse** bezeichnet werden muss, fehlt, wenn es einen einfacheren, schnelleren und ebenso wirksamen Weg zur Erreichung des Rechtsschutzzieles gibt. Demnach ist ein Widerspruch unzulässig, wenn der Betroffene beispielsweise zur Erlangung seines Rechts keiner behördlichen Entscheidung bedarf, etwa weil er die Genehmigung einer nicht genehmigungspflichtigen Anlage beantragt hat. Das Fehlen des Rechtsschutzbedürfnisses wird freilich nur selten vorkommen, weil in den Fällen dieser Art die Behörde i.d.R. schon keinen belastenden Verwaltungsakt erlassen wird.

II. Begründetheit

1103 Der Prüfungsmaßstab für die Überprüfung eines Widerspruchs ist durch § 68 VwGO bestimmt. Demnach sind **Rechtmäßigkeit und Zweckmäßigkeit** des Verwaltungsakts nachzuprüfen.

1104 **Hinweis für die Fallbearbeitung:** Obwohl das Widerspruchsverfahren ein Verwaltungsverfahren darstellt, muss die Rechtmäßigkeitsprüfung in Anlehnung an § 113 VwGO (analog) erfolgen, und zwar in Abhängigkeit von dem Vorliegen eines Anfechtungswiderspruchs oder eines Verpflichtungswiderspruchs entweder nach Abs. 1 oder nach Abs. 5. Entsprechend kann auf den bekannten Prüfungsaufbau einer Anfechtungs- und Verpflichtungsklage zurückgegriffen werden, wobei zusätzlich die gemäß § 68 VwGO erforderliche Zweckmäßigkeitsprüfung erfolgen muss. Die Notwendigkeit einer zusätzlichen Prüfung der Zweckmäßigkeit nur im Widerspruchsverfahren ergibt sich daraus, dass aufgrund des Gewaltenteilungsgrundsatzes eine uneingeschränkte gerichtliche Überprüfung nur der Rechtmäßigkeit, nicht jedoch auch der Zweckmäßigkeit stattfinden darf (vgl. § 114 VwGO). Da sich die Verwaltung aber im Widerspruchsverfahren selbst kontrolliert, können Einschränkungen aus dem Gewaltenteilungsgrundsatz nicht greifen.

Des Weiteren wird in Prüfungsarbeiten häufig übersehen, dass die Widerspruchsbehörde im Widerspruchsbescheid Ermessensfehler des Ausgangsbescheids heilen kann. Eines Rückgriffs auf § 114 S. 2 VwGO bedarf es dabei nicht. Eine Ausnahme besteht nur bei kommunalen Ausgangsbescheiden im eigenen Wirkungskreis. Hier besteht gem. den einschlägigen Bestimmungen der Gemeindeordnungen eine Nachbesserungsmöglichkeit nur für die Kommune selbst im Abhilfeverfahren, also dem ersten Teil des Widerspruchsverfahrens.

Aus diesen Überlegungen heraus ergeben folgende Prüfungsschemata:

[1304] *Hufen*, VerwProzR, § 6 Rn 8.

Begründetheit des Anfechtungswiderspruchs 1105

Möglicher Obersatz:

„Der Widerspruch ist begründet, wenn der ... (Verwaltungsakt) rechtswidrig ist und den ... (Widerspruchsführer) dadurch in seinen Rechten verletzt, bzw. wenn der ... (Verwaltungsakt) unzweckmäßig ist und den ... (Widerspruchsführer) dadurch in seinen rechtlich geschützten Interessen beeinträchtigt, §§ 68 ff. i.V.m. 113 I S. 1 VwGO analog."

I. Rechtsgrundlage für den Erlass eines Verwaltungsakts

II. Formelle Rechtmäßigkeit des Verwaltungsakts

1. **Zuständigkeit** der handelnden Behörde
2. Ordnungsgemäßes **Verfahren**
3. Einhaltung der **Form**vorschriften

III. Materielle Rechtmäßigkeit des Verwaltungsakts[1305]

1. Rechtmäßigkeit der Rechtsgrundlage
   - a. Vereinbarkeit des Gesetzes mit EU-Recht
   - b. Vereinbarkeit des Gesetzes mit nationalem Verfassungsrecht
     - aa. Vereinbarkeit mit Grundrechten
     - bb. Einhaltung der Bestimmtheitstrias des Art. 80 I S. 2 GG bei Zwischenschaltung von Rechtsverordnungen
2. Vereinbarkeit des Verwaltungsakts mit der Rechtsgrundlage[1306]
   - a. Unbestimmte Rechtsbegriffe
   - b. Beurteilungsspielräume
   - c. Planerische Abwägungsentscheidungen
3. Ermessen
4. Kein Verstoß gegen sonstiges höherrangiges Recht

IV. Maßgeblicher Zeitpunkt

1. Noch nicht vollzogener Verwaltungsakt
2. Dauerverwaltungsakte
3. Nachschieben von Gründen

V. Rechtsverletzung beim Widerspruchsführer

VI. Prüfung der Zweckmäßigkeit

VII. Unbeachtlichkeitsregelung nach § 46 VwVfG

[1305] Vgl. dazu auch das Schema bei Rn 636.
[1306] = Voraussetzungen der Rechtsgrundlage.

1106 **Begründetheit des Verpflichtungswiderspruchs**

Möglicher Obersatz bei gebundener Verwaltungsentscheidung oder bei Ermessensreduzierung auf Null:

„Der Widerspruch ist begründet, soweit die Ablehnung (oder Unterlassung) des Verwaltungsakts rechtswidrig bzw. unzweckmäßig, der Widerspruchsführer dadurch in seinen Rechten oder rechtlich geschützten Interessen verletzt und keine andere Entscheidung möglich ist, § 113 V S. 1 VwGO analog, wenn der Widerspruchsführer also einen Anspruch auf ... (die begehrte Leistung) hat."

Obersatz bei (noch) vorhandenem Ermessen:

„Der Widerspruch ist begründet, soweit die Ablehnung (oder Unterlassung) des Verwaltungsakts rechtswidrig bzw. unzweckmäßig, der Widerspruchsführer dadurch in seinen Rechten oder rechtlich geschützten Interessen verletzt ist und einen Anspruch auf nochmalige Bescheidung hat, § 113 V S. 2 VwGO analog."

I. Anspruchsgrundlage
1. Zusicherung als Anspruchsgrundlage
2. Anspruch aus einem öffentlich-rechtlichen Vertrag
3. Spezialgesetzliche Anspruchsgrundlagen
4. Gemeinderechtliche Anspruchsgrundlagen
5. Grundrechte als Anspruchsgrundlage

II. Formelle Voraussetzungen des begünstigenden Verwaltungsakts

III. Materielle Voraussetzungen des begünstigenden Verwaltungsakts
1. Gebundene Entscheidung: dem Widerspruch wird stattgegeben
2. Ermessen: nur bei Ermessensfehlerhaftigkeit bzw. bei Ermessensreduzierung auf Null wird dem Widerspruch stattgegeben

IV. Maßgeblicher Zeitpunkt

1. Rechtsgrundlage/Anspruchsgrundlage

1107 In analoger Anwendung des § 113 VwGO gelten für den Aufbau der Begründetheitsprüfung eines Widerspruchs die gleichen Maßstäbe wie bei der Anfechtungs- und Verpflichtungsklage. Somit empfiehlt es sich aus Gründen der Behördenzuständigkeit zunächst, die Rechtsgrundlage für den Erlass des Verwaltungsakts bzw. die Anspruchsgrundlage für die Verpflichtung zu einem solchen Erlass zu ermitteln. Insoweit sei auf die Ausführungen zur Anfechtungs- und Verpflichtungsklage verwiesen.

2. Formelle Rechtmäßigkeit

1108 Für die Prüfungspunkte **Zuständigkeit**, **Verfahren** und **Form** (§§ 70-73 i.V.m. 58, 60 VwGO) bei Erlass des Verwaltungsakts durch die Ausgangsbehörde ergeben sich gegenüber der formellen Rechtmäßigkeitsprüfung von Anfechtungs- und Verpflichtungsklage grundsätzlich keine Besonderheiten. Wichtige Unterschiede ergeben sich aber aus der besonderen Struktur des Widerspruchsverfahrens und der Stellung der Widerspruchsbehörde, von denen im Hinblick auf die Klausurrelevanz zwei aufgeworfen werden sollen:

- Wurde der Verwaltungsakt von einer sachlich oder örtlich unzuständigen Ausgangsbehörde erlassen, tritt der auf einem eingelegten Widerspruch basierende Widerspruchsbescheid an die Stelle des formell rechtswidrigen Ausgangsverwaltungsakts. Gegenstand der Klausurprüfung wird dann in diesem Fall der zum Ausgangsverwaltungsakt gewordene Widerspruchsbescheid. Dieser Widerspruchsbescheid ist sodann aber ebenfalls mangels Zuständigkeit der Widerspruchsbehörde zum Erlass von Ausgangsverwaltungsakten formell rechtswidrig.

- Im Gegensatz zum Verwaltungsgericht besitzt die Widerspruchsbehörde keine Verwerfungskompetenz bezüglich untergesetzlicher Normen. Typischer Klausurfall ist der, dass die Widerspruchsbehörde bei der Überprüfung einer Baugenehmigung Zweifel an der Rechtmäßigkeit des zugrunde liegenden Bebauungsplans hat. In solchen Fällen darf die Widerspruchsbehörde sich aus Gründen der Verwaltungshierarchie, der Kompetenzabgrenzung und vor allem der Rechtssicherheit nicht einfach über die (geltende) untergesetzliche Norm hinwegsetzen (vgl. auch Art. 20 III GG). Nach BVerwGE 75, 142 ff. sind weder die Gemeinde noch die Rechtsaufsichtsbehörde zur Feststellung der Nichtigkeit eines rechtswidrigen Bebauungsplans befugt. Wie sich Gemeinde und Rechtsaufsichtsbehörde im Einzelfall zu verhalten haben, ist ausdrücklich offengelassen worden (a.a.O. S. 146). In Literatur und Rechtsprechung werden darüber alle denkbaren Auffassungen vertreten.[1307] Entspricht das Bauvorhaben den Anforderungen des (nichtigen) Bebauungsplans, darf nach der hier vertretenen Auffassung die Baugenehmigung so lange nicht versagt oder aufgehoben werden, bis die Nichtigkeit des Bebauungsplans im verwaltungsgerichtlichen Normenkontrollverfahren[1308] (bzw. inzident im Rahmen einer Individualklage) festgestellt ist bzw. bis der Bebauungsplan durch die Gemeinde selbst aufgehoben oder geändert wurde.

Hinweis für die Fallbearbeitung: Für die Fallbearbeitung bedeutet dies, dass der in der Rolle der Widerspruchsbehörde befindliche Bearbeiter zwar eine Inzidentprüfung vornehmen muss, aber keine Verwerfung von Rechtsverordnungen und Satzungen vornehmen darf. In diesem Fall muss das Widerspruchsverfahren ausgesetzt und eine Klärung durch das Verwaltungsgericht nach § 47 VwGO herbeigeführt werden. Dagegen kommt außerhalb von Selbstverwaltungsangelegenheiten eine fachaufsichtliche Verfügung an die normerlassende Behörde einschließlich einer Ersatzvornahme in Betracht. Handelt es sich um eine von der Widerspruchsbehörde selbst erlassene Norm, kann sie diese selbst aufheben oder ändern. Für ein Normenkontrollverfahren würde ihr dann schon das Rechtsschutzinteresse fehlen.[1309] **1109**

3. Materielle Rechtmäßigkeit

Gegenüber den auch für die materielle Rechtmäßigkeitsprüfung im Widerspruchsverfahren geltenden Ausführungen zur Anfechtungs- und Verpflichtungsklage ergeben sich keine Besonderheiten. **1110**

4. Maßgeblicher Zeitpunkt

Beim Widerspruchsverfahren ist nach h.M.[1310] maßgeblicher Zeitpunkt für die Beurteilung der Sach- und Rechtslage grundsätzlich derjenige der letzten Behördenentscheidung. Das ist i.d.R. der **Widerspruchsbescheid**. Änderungen der tatsächlichen oder rechtlichen Grundlagen des Verwaltungsakts, die zwischen dessen Erlass und dem Erlass des Widerspruchsbescheids eintreten, sind deshalb von der Widerspruchsbehörde grundsätzlich zu berücksichtigen.[1311] Das hat den Hintergrund, dass die Behörde gegenüber dem Bürger als Einheit auftritt und dadurch der Verwaltungsakt seine abschließende Gestalt erst mit dem Widerspruchsbescheid erhält (vgl. § 79 I Nr. 1 **1111**

[1307] Vgl. die Zusammenstellung bei *Maurer*, AllgVerwR, § 4 Rn 47.
[1308] Art. 100 I GG spielt insofern keine Rolle, da nachkonstitutionelle Gesetze nur dann vorgelegt werden können, wenn es sich um *formelle* Gesetze handelt.
[1309] *Hufen*, VerwProzR, § 7 Rn 4.
[1310] VGH Mannheim VBlBW 2007, 20; *Hufen*, VerwProzR, § 7 Rn 10.
[1311] BVerwGE 49, 197, 198; *Hufen*, VerwProzR, § 7 Rn 3.

VwGO). Die Widerspruchsbehörde hat also im Moment des Bescheids die zu diesem Zeitpunkt geltende Sach- und Rechtslage zugrunde zu legen.

5. Rechtsverletzung beim Widerspruchsführer

1112 Aus der analogen Anwendung des § 113 I S. 1 VwGO folgt, dass der Widerspruch nur dann begründet ist, wenn der Verwaltungsakt objektiv rechtswidrig ist **und** den Widerspruchsführer dadurch in seinen Rechten verletzt. Bei Adressaten eines sie belastenden rechtswidrigen Verwaltungsakts ist dies ohne weiteres der Fall. In den sog. „Drittbeteiligungsfällen" (Widerspruch eines Baunachbarn, eines beamtenrechtlichen oder eines wirtschaftsverwaltungsrechtlichen Konkurrenten) ist anhand der Möglichkeitstheorie zu untersuchen, ob der Widerspruchsführer in seinen subjektiven, d.h. drittschützenden, Rechten verletzt ist.

6. Prüfungsmaßstab Zweckmäßigkeit

1113 Im Gegensatz zur Begründetheitsprüfung der verwaltungsgerichtlichen Klage muss bei der Begründetheit eines Widerspruchs neben der Rechtmäßigkeit *auch* die Zweckmäßigkeit überprüft werden. Ermessensentscheidungen müssen also nicht nur auf Ermessensfehler, sondern auch auf Unzweckmäßigkeit, Unwirtschaftlichkeit, sachnähere Alternativen usw. untersucht werden. Zu beachten ist weiterhin, dass - in Anlehnung an die subjektive Rechtsverletzung - der Widerspruch nur dann begründet ist, wenn durch die Unzweckmäßigkeit usw. der Widerspruchsführer in seinen **rechtlich geschützten Interessen** beeinträchtigt ist. Es gibt keinen Popularwiderspruch. Inhaltlich bedeutet Zweckmäßigkeitskontrolle demnach die **volle Überprüfung des Ermessens, das von der Ausgangsbehörde getätigt wurde**. Die Widerspruchsbehörde (und somit der Klausurbearbeiter) darf - anders als das Verwaltungsgericht gem. § 114 S. 1 VwGO - somit nicht nur eine Ermessensfehlerüberprüfung durchführen, sondern das **Ermessen vollständig neu ausüben**. Etwas anderes gilt nur dann, wenn die Entscheidungskompetenz der Widerspruchsbehörde derjenigen der Ausgangsbehörde nachsteht. Das ist etwa in Selbstverwaltungsangelegenheiten der Fall (siehe sogleich).

1114 **Hinweis für die Fallbearbeitung:** Für die Klausurprüfung des Ersten Staatsexamens muss im Hinblick auf die Überprüfung des Verwaltungsakts in Bezug auf seine Zweckmäßigkeit allerdings einschränkend hinzugefügt werden, dass im Regelfall der Sachverhalt nicht genügend Informationen bietet, um eine abweichende Beurteilung anstellen zu können. Daher dürfte i.d.R. im Anschluss an die Überprüfung der Rechtmäßigkeit ein kurzer Hinweis darauf genügen, dass für eine vom Ermessen der Erlassbehörde abweichende Beurteilung keine Anhaltspunkte ersichtlich sind. Auf jeden Fall muss sich aber der Einleitungssatz sowohl auf die Rechtmäßigkeit als auch auf die Zweckmäßigkeit beziehen und nach der Rechtmäßigkeitsprüfung muss auf die Zweckmäßigkeit zurückgekommen werden.

1115 Einschränkungen bei der Überprüfung der Zweckmäßigkeit ergeben sich aber in Selbstverwaltungsangelegenheiten.[1312] Ausgangspunkt dabei ist die Überlegung, dass juristische Personen des öffentlichen Rechts, soweit sie staatliche Verwaltungsaufgaben wahrnehmen (mittelbare Staatsverwaltung), der staatlichen Aufsicht unterstehen. In diesem Bereich der Auftragsangelegenheiten (übertragener Wirkungskreis) umfasst die Staatsaufsicht sowohl die Aufsicht über die Rechtmäßigkeit der Verwaltung als auch die Aufsicht über die Handhabung des Ermessens, die Zweckmäßigkeit (sog. **Fachaufsicht**). Ist die juristische Person des öffentlichen Rechts hingegen in ihrem

[1312] Vgl. dazu grundlegend *R. Schmidt*, AllgVerwR, Rn 66 ff. (Behördenaufbau).

sog. eigenen Wirkungskreis und somit als selbstständiges Rechtssubjekt betroffen, beschränkt sich die Staatsaufsicht auf die Gesetzmäßigkeit der Verwaltungstätigkeit, die sog. **Rechtsaufsicht**. Die sich daraus ergebende Konsequenz ist, dass in *Selbstverwaltungsangelegenheiten* die Widerspruchsbehörde keine Zweckmäßigkeitsprüfung durchführen darf.

Beispiel: So darf der Innensenator der Freien Hansestadt Bremen in Kommunalangelegenheiten nur eine Rechtskontrolle gegenüber der Stadt Bremerhaven ausüben (vgl. Art. 143 ff., insbesondere Art. 147 BremVerf i.V.m. § 74 BremhVerf).

Eine weitere Einschränkung - dann allerdings des gesamten Prüfungsumfangs, ergibt sich bei Prüfungsentscheidungen und sonstigen Entscheidungen mit Beurteilungsspielraum, **wenn die Entscheidung auf Faktoren beruht, die nur der Erstbehörde zugänglich gewesen sind**, wie z.B. der Gesamteindruck in einer mündlichen Prüfung.[1313] Kommt demnach eine Überprüfung durch die Widerspruchsbehörde in Betracht, ergeht im Widerspruchsverfahren - im Gegensatz zur gerichtlichen Überprüfung, bei der in Fällen dieser Art ein Bescheidungsurteil (§ 113 V S. 2 VwGO) ergeht - nicht etwa ein „Bescheidungswiderspruchsbescheid". Das Bescheidungsurteil ist ausschließlich Instrument gerichtlicher Kontrolle. Eine Widerspruchsbehörde kann eine ausgangsbehördliche Entscheidung mit Beurteilungsspielraum lediglich aufheben und anordnen, dass die Prüfung oder ein Teil der Prüfung wiederholt wird.[1314] **1116**

7. Unbeachtlichkeitsregelung des § 46 VwVfG

Liegt nach diesen Prüfungsschritten eine individuelle Rechtsverletzung des Klägers vor, muss gegebenenfalls auf die Unbeachtlichkeitsregelung des § 46 VwVfG zurückgegriffen werden. Vgl. dazu die Ausführungen bei Rn 747. **1117**

[1313] Vgl. zu diesem klausurrelevanten Komplex *R. Schmidt*, AllgVerwR, Rn 283 ff. (Beurteilungsspielräume).
[1314] *Hufen*, VerwProzR, § 7 Rn 13.